東洋古典譯註叢書 74

武經七書直解 4

譯註 司馬法直解

附《孫子髓》· 武經七書 索引

劉寅 直解
成百曉 李蘭洙 譯註

전통문화연구회

東洋古典譯註叢書를 발간하면서

우리의 古典國譯事業은 민족문화 진흥의 기초사업으로 1960년대부터 政府 支援으로 古文獻 現代化 작업을 추진하여 많은 成果를 거두었다. 당시 이 사업 추진의 先行課題로 東洋古典이라 일컬어지는 중국의 基本古典을 먼저 飜譯하여야 한다는 學界의 주장이 있었음에도 불구하고 우리 고전이 아니라는 일부의 偏狹한 視角과 財政 事情 등으로 인하여 배제되어 왔다.

전통적으로 중국의 기본고전은 우리 歷史와 함께 숨쉬며 각종 교육기관의 教科書로 활용됨은 물론이고 지식인들의 必讀書가 되어 왔으며, 우리 文化의 基底에 자리잡고 거의 모든 방면의 體系와 根幹을 형성하여 왔다. 그래서 학문연구의 기본서 역할을 해 왔을 뿐만 아니라 오늘날에도 우리의 國學徒 및 東洋學 研究者들에게 같은 역할을 하고 있음은 주지의 사실이다. 그럼에도 불구하고 中國古典은 우리 것이 아니라 하여 專門機關의 飜譯對象에 포함하지 않음으로써, 대부분 原典에서의 직접 번역이 아닌 重譯이나 拔萃譯의 방식이 주를 이루면서 教養水準으로 出版되어 왔다.

오늘날 東洋 三國 중에서 우리의 東洋學 연구가 가장 부진한 이유는, 東洋基本古典에 대한 폭넓은 이해의 부족과 漢文古典 讀解力의 저하에 기인함을 우리는 솔직히 인정하여야 한다. 따라서 이들 중국고전에 대한 신뢰할 만한 國譯이 이루어지는 것이 한국학 연구를 촉진시키는 시급한 先行課題라 할 수 있다.

이에 韓國學 및 東洋學의 연구와 古典現代化의 基盤構築을 위해서는, 전문기관으로 하여금 동양고전을 단기간에 각 분야의 專門 研究者와 漢學者가 상호 협동하여 연구번역하여 飜譯의 傳統性과 效率性, 研究의 專門性을 높일 수 있도록 政策的 配慮가 있어야 한다.

이에 本會에서는 元老 및 中堅 漢學者와 斯界의 專攻者로 하여금 協同研究飜譯하여 공부하는 사람들이 믿고 引用하거나 깊이 있는 註釋 등을 활용할 수 있게 하고, 知識人들의 教養을 증진시켜 줄 수 있는 東洋古典의 國譯書 간행을 지속적으로 추진해 왔다. 근래에 다행히 이 사업에 대하여 각계 지도층의 폭넓은 이해와 지원에 힘입어 2001년도부터 國庫補助를 받아 東洋古典譯註叢書를 간행하게 되었다. 이를 계기로 우리 先學의 註釋과 見解를 반영하는 등 국역사업의 內實을 기하게 되었음을 이 자리를 빌려 衷心으로 감사드리며, 아울러 國譯에 參與하신 관계자 여러분의 勞苦에 깊은 謝意를 표한다.

끝으로 우리의 이러한 작업은 오랜 역사 위에 축적된 先賢들의 業績과 現代學問을 이어주는 튼튼한 架橋와 礎石이 되어 진정한 韓國學과 東洋學 발전에 기여할 것을 굳게 믿으며, 21세기를 우리 文化의 世紀로 열어 가는 밑거름이 되도록 우리의 力量을 本 事業에 경주하고자 한다. 江湖諸賢의 부단한 관심과 지원을 기대해 마지않는다.

社團法人 傳統文化硏究會 會長 李啓晃

≪司馬法直解≫ 解題

金成愛*)

≪司馬法≫은 ≪孫子兵法≫, ≪吳起兵法≫과 함께 중국의 3대 병서라고 불릴 정도로 가장 오래되고 신뢰받아온 병서이다. 司馬는 본래 周나라 六卿의 하나인 夏官 大司馬를 뜻하는 말로 병사를 총괄하는 직책이니, 사마법은 軍事와 관련된 법도나 규례를 뜻한다.

병법서로서의 ≪사마법≫은 춘추시대 齊나라 장수 司馬穰苴가 지은 병법서로 알려졌지만 사실 전국시대 齊나라 威王 때에 왕명으로 편찬한 거질의 병학서이다. 그 내용은 사마양저의 병법도 포함해 주나라 건립 이후 춘추전국시대를 거치면서 전수되어 온 군사와 관련된 모든 기술을 총 집대성한 것이다. 따라서 漢나라 初까지만 해도 155편이나 되는 거질이었지만 이후 산일되어 현재는 단지 3,400여 자의 5편 1권의 내용만 전하고 있다.

병서로서 매우 적은 분량이지만 군사 전반에 관한 내용을 두루 포괄하고 있어서 司馬遷과 班固, 許愼, 鄭玄, 曹操 등이 자신의 저작에서 ≪사마법≫을 주요 근거로 삼았을 정도로 중시하였다. 결국 宋代에 武經七書의 하나로 편입되어 武人들의 필독서가 되었고 우리나라에서도 武科의 과목으로 선정되었던 만큼 동양의 전통적 兵學사상을 대표하는 서적이라 할 수 있다.

1. 司馬穰苴와 ≪司馬法≫

≪사마법≫의 저자로 알려져 있는 司馬穰苴는 어떤 인물인가? 사마양저의 事蹟이 실린 ≪史記≫ 〈司馬穰苴列傳〉에는 매우 짧은 일화를 중심으로 세 부분으로 구성되어 있는데, 사마양저가 조정에 등장하는 계기, 군을 장악하고 공을 세우는 전성기, 주변의 질시로 몰락하고 사후 ≪司馬穰苴兵法≫이 탄생하는 과정 등이 드라마틱하게 서술되어 있다.

사마양저는 본 성명이 田穰苴이니 齊 景公 때의 인물로 田完의 서얼 후손이며, 당시 재상이었던 晏嬰의 추천을 받아 등용되었다. 선조인 전완은 본래 陳나라 厲公의 아들 陳完인

---

*) 한국고전번역원 책임연구원.

데 齊 桓公 때 제나라로 망명하여 田氏를 성으로 삼았고, 그의 후손들은 제나라에서 大夫가 되어 민심을 얻고 가문이 강성해졌다.

晏嬰은 公室마저 위협할 정도로 성장한 田氏 가문을 견제하는 입장이었지만 당시 晉나라와 燕나라의 침입을 받은 위태한 상황이었으므로 景公에게 전양저를 추천하며 말하기를, "양저가 비록 전씨의 서얼이지만 그 사람됨이 文才가 있어 사람들이 따르며 무력은 적을 굴복시킬 만하니 주군께서 한번 시험해보십시오."[1]라고 하였다.

경공이 전양저를 파격적으로 발탁해 바로 장군으로 삼고 연나라와 진나라 군대를 막게 하였는데, 양저는 자신이 미천한 몸으로 갑자기 발탁되어 권위가 서지 않을 것을 헤아리고 왕이 총애하는 신하를 監軍으로 삼아줄 것을 요청하였다. 이에 寵臣인 莊賈를 監軍으로 삼으니, 교만했던 장가는 결국 군법을 어긴 죄로 왕의 만류에도 불구하고 참수된다.

사마양저는 이를 통해 전쟁에서 승리를 할 수 있는 두 가지 큰 자산을 얻게 된다. 첫 번째는 부하들의 軍紀와 信任이고, 두 번째는 장수가 출정하면 왕명도 거부할 수 있다는 막강한 권위로 군의 전력을 집중하는 힘이다. 아울러 군중에서 가장 낮은 병사와 고락을 함께하며 군의 士氣를 최대한 고양시켰고 결국 진나라와 연나라의 군대를 물리치고 잃었던 국토를 회복하는 큰 승리를 거두었다. 이처럼 一罰百戒로 단숨에 군기를 잡거나, 말단 병사와 同苦同樂으로 인심을 얻고 사기를 높인 일화는 孫子가 吳王의 寵姬를 참수한 일이나 吳起가 병사의 종기를 빨아주었다는 일화와 유사한 서술 구조라 할 수 있다.

경공은 대승을 거둔 양저를 크게 환영하며 大司馬로 삼았고, 이로 인해 司馬穰苴로서 불리게 되었으며, 그 명성을 업은 田氏 가문은 제나라에서 더욱 백성들의 존경을 얻으며 강해졌다. 이를 경계한 다른 가문들 즉 鮑氏, 高氏, 國氏 무리들이 경공에게 양저를 참소하여 물리치게 하였고, 억울하게 쫓겨난 양저는 울분으로 병사하였다.

하지만 이와 같은 사마양저에 대한 기록이 ≪春秋≫에 보이지 않으며 경공 재위 중에 연나라와 진나라가 동시에 제나라를 친 적이 없다는 이유로 사마양저가 실제 인물이 아닐 수 있다는 설도 있다.[2] 하지만 ≪사기≫ 외에 ≪晏子春秋≫에도 사마양저의 행적이 일부 보인다. 즉 경공이 술을 마시기 위해 大臣들의 집을 찾아갔을 적에 안영과 사마양저는 國事

1) ≪史記≫ 〈司馬穰苴列傳〉. "穰苴雖田氏庶孼 然其人文能附衆 武能威敵 願君試之"

2) 사마양저가 실재 인물이 아니라고 의심한 대표적인 설은 蘇軾의 설이다. 그는 〈考史〉에서 ≪春秋≫에는 경공 때 연나라와 진나라가 제나라를 침벌했다는 일이 전혀 나오지 않으며, ≪戰國策≫에는 사마양저가 제나라 湣王 때 연나라의 침입을 물리친 인물로 나온다면서 사마천이 인물의 시대를 착오한 것이 아니겠냐고 추측하였다.

가 아니라는 이유로 거절하여 경공은 결국 梁丘據를 찾아가 즐겼다는 내용인데, 이를 보면 사마양저와 안영은 당시 각각 국내외의 업무를 분장하여 활약하였음을 알 수 있다.[3] 당시까지만 하더라도 孫武가 등장하기 전이었으므로 사마양저는 병법가로써 가장 먼저 활약한 인물이라는 점에서 특별한 의미를 가진다 하겠다.

사마양저가 죽은 후 田氏의 후손인 田常이 齊 簡公을 시해하고 高子, 國子의 일족을 멸하였으며, 마침내 증손인 田和가 즉위하여 齊 威王이 되었는데 위왕은 孫臏을 등용하여 제후들을 굴복시킨 패자가 되었다. 사마양저의 병법을 따라 수차례 군사적 승리를 거둔 威王은 대신들에게 예로부터 전해내려온 司馬兵法을 정리하게 하면서 사마양저의 병법도 그중에 포함시켜 ≪司馬穰苴兵法≫이라고 불렀다. 따라서 ≪사마양저병법≫은 처음부터 실제 사마양저의 병법과 예로부터 전해져온 병법이 합쳐진 결과물이었음을 알 수 있다. 즉 ≪사마법≫은 어느 시대 한 사람의 저작물이 아니라 주나라 이후부터 전국 말기까지 축적된 병학의 산물이었던 것이다. ≪사마법≫을 통해 사마양저는 병학가로서 후대의 인정을 받아서 후에 姜太公의 사당에 배향되는 十哲[4]의 하나로 가장 처음 이름을 올렸다.

漢 初의 司馬遷은 이 병법서를 직접 읽어보고 그 이론이 광대하면서도 심원하여 三代의 전쟁도 그 의의를 제대로 발휘할 수 없을 정도이며 사마양저도 사마법의 軍禮에 미치지 못했을 거라고 극구 칭찬하였으니, 한나라 때까지 ≪사마법≫은 세상에 널리 유통되었음을 알 수 있다. 그러나 이 거질의 ≪사마법≫은 이후 대부분 산일되어 그 원형을 찾아보기 어렵게 된다.

2. ≪司馬法≫의 成書와 傳來

司馬法이란 말이 가장 처음 보이는 것은, ≪周禮≫ 〈夏官 司兵〉으로, "司兵은 다섯 가지 병기와 다섯 가지 방패를 관장하여 각각 그 물건과 그 등급을 분별해서 군사의 일에 대비하고, 병기를 줄 때에는 사마법에 따라 나누어준다."[5] 라고 하였는데, 여기서 사마법이란 군

---

3) ≪晏子春秋≫에 보이는 안영과 사마양저의 일화에 대해서 의심하는 설도 있다. 錢穆은 ≪先秦諸子繫年≫에서 ≪史記≫에 보이는 사마양저와 안영의 일화는 田忌와 田嬰의 사적과 비슷하다며 田忌가 田穰苴로 잘못 전해졌을 것이라고 추측하기도 한다. 특히 ≪晏子春秋≫의 사료적 가치를 의심하고 전영을 안영으로 착오했을 가능성이 있다면서 소식의 말대로 사마양저는 민왕 때의 인물이라고 추정하였다.

4) 唐나라 때 공자를 모신 文廟에 상대되는 개념으로 武廟를 창설하였는데 姜太公을 모시고 張良을 배식으로 삼은 다음 이후 역사적으로 훌륭한 병략가나 장수 10명, 즉 田穰苴, 吳起, 韓信, 李牧, 李靖, 孫武子, 范蠡, 白起, 樂毅, 李勣을 올렸다.

대의 규례와 같은 의미이다. 옛 문헌에서 사마법이란 용어는 서명이 아닌 군법이라는 의미로 쓰인 곳이 많이 보인다. 병서로서의 ≪사마법≫은 사마양저 개인의 저작물이 아니라 제나라 威王 당시까지 전해져오던 병법과 군사 관련 학설을 集大成하여 편찬한 일종의 병법 총정리와 같은 성격을 가진 저술이었다. 그런데 특별히 제나라에서 古代의 사마법이 정리된 이유는 무엇일까?

齊나라는 본래 주나라 武王을 도와 건국에 큰 공을 세운 姜太公 즉 呂尙이 봉해진 나라이다. 강태공은 뛰어난 韜略을 지녀 兵法의 始祖로 추숭을 받았으니, 후대에 ≪六韜≫와 ≪三略≫, ≪太公兵法≫ 등 수많은 병법서가 그의 이름을 가탁해 편찬되었을 정도이다. 이후 제나라 桓公을 春秋五霸의 하나로 이끈 管子도 걸출한 전략가로 역사적인 존경을 받아왔으며, ≪손자병법≫의 손자가 배출된 나라이다. 때문에 전국시대까지 제나라는 辯士와 遊說家의 나라라고 할 만큼 군사적 경제적 계책을 중시하는 사상적 전통이 유지되고 있었다. 이러한 사회적 배경 하에 군사적으로 큰 위업을 세웠던 위왕이 太公 이후 전래되어 오던 병가와 관련된 저술을 정리하면서 자신의 조상이었던 사마양저의 병법도 아울러 포함시켰던 것이라 하겠다.

이후 ≪사마법≫이란 서명은 ≪漢書≫ 〈藝文志〉에 보이는데, ≪周官傳≫ 뒤에 배열하고 ≪軍禮司馬法≫ 155篇이라 하여 禮流에 편입시키고 별도로 저자를 표시하지 않았다. 班固는 ≪사마법≫을 일반적인 병법서로 보기 보다는 西周 시대 정부 조직을 다룬 周官의 일부라고 인식한 듯하다. 그러나 ≪隋書≫ 〈經籍志〉나 ≪新唐書≫, ≪舊唐書≫, ≪宋史≫ 〈藝文志〉 등에서는 모두 ≪사마법≫을 兵家類에 포함시키고 사마양저 撰으로 기술하였으며, 그 권수가 3권으로 분량이 현저히 줄어 있다. 이 책이 ≪한서≫의 ≪군례사마법≫이 시대를 거치며 逸失되고 남은 殘編인지, 아니면 본래의 전편 중 병법서라고 할 만한 내용만 분리되어 전해진 것인지 알 수 없다. 현재 전하는 분량은 5편 약 3,400여 자에 불과하다.

≪四庫全書總目提要≫에서는 〈仁本〉, 〈天子之義〉, 〈定爵〉, 〈嚴位〉로, 모두 4편 1권으로 되어 있는데, 武經七書本은, 〈仁本〉과 〈天子之義〉가 卷上이고, 〈定爵〉이 卷中이고, 〈嚴位〉 중 '用衆' 이하를 따로 떼어내어 두 편으로 만들어서 卷下로 구성한 5편 3권본이다. 현재 송대 武經七書本이 가장 오래된 판본이며, 그 외에 兵法匯編本, 曾氏叢書本, 諸子萃覽本, 子書百種本, 四庫全書本, 四部叢刊本, 續古逸叢書本 등이 있으나 무경칠서본이 가장 널리 읽히고 있다.

---

5) ≪周禮≫ 〈夏官 司兵〉. "司兵掌五兵五盾 各辨其物與其等 以待軍事 及授兵 從司馬之法以頒之"

한편 ≪太平御覽≫, ≪通典≫, ≪文選≫ 등에서 인용된 사마법의 내용 중 현재 ≪사마법≫에는 실려 있지 않는 逸文이 꽤 나온다는 점에서 실제 많은 부분이 일실되었다고 짐작할 수 있다. 馬國翰은 ≪玉函山房輯佚書≫에 위와 같은 문헌에 나오는 사마법의 일문 60여 조 1,600여 자를 모아 편찬하였는데, 三民書局의 ≪新譯 司馬法≫에 그 내용이 실려 있어 사마법의 원형을 짐작하는 데 도움을 준다.

≪사마법≫이 우리나라에 전해진 것은 武經七書의 하나로 다른 병서와 함께 들어왔는데, ≪孫子兵法≫이나 ≪吳起兵法≫에 비해 인지도가 낮아 관련된 저술이나 연구가 거의 보이지 않는다. 또 본서 자체가 일실되고 남은 殘編이라 내용적인 연결이나 체계적인 면이 다른 병서와 비교했을 때 부족한 면이 많다. 洪奭周는 내용을 통해 봤을 때 본서가 주나라의 遺制라고 보기 어렵다면서 책의 본말이 갖추어지지 않고 字句에 脫誤가 많아 읽을 수 없다고 비판하였다. 다만 문체가 古文에 가깝고 仁義信讓의 도리를 기술한 점은 다른 병서가 따를 수 없는 점이라고 평가하였다.[6)]

3. ≪司馬法≫의 思想的 特徵

본서는 모두 5개의 편으로 구성되어 있다. 〈仁本〉, 〈天子之義〉, 〈定爵〉, 〈嚴位〉, 〈用衆〉인데 편명은 특별한 의미를 가지는 게 아니라 다른 중국 고전처럼 편의 첫 구절에 나오는 글자를 따서 지은 것이다.

각 편의 내용을 간단히 살펴보면, 〈仁本〉편의 大旨는 治國과 治軍뿐 아니라 전쟁도 기본적으로 仁義를 바탕으로 해야 한다는 것이다. 반면 전쟁이란 수단을 통해서 인의를 이룰 수 있다면 "사람을 죽여서 사람을 편안히 할 수 있으면 사람을 죽여도 괜찮은 것이요, 남의 나라를 공격하여 그 백성을 사랑할 수 있으면 공격해도 괜찮고, 싸움으로써 싸움을 그치게 할 수 있으면 비록 싸우더라도 괜찮은 것이다."[7)]라고 하여 전쟁의 효용성을 매우 적극적으로 옹호하고 있다. 다만 六德이나 五刑, 九禁 등을 통해 전쟁에 임하는 장수의 자세와 토벌

6) 홍석주의 ≪淵泉集≫에 〈司馬法精言跋〉이란 발문이 있어 참고로 전문을 실어놓는다. "司馬法凡五篇 世傳爲周官大司馬遺制 或曰 齊司馬田穰苴所論次也 余見古禮樂兵刑之書 率詳於法制度數 由春秋而下者 始多議論 今是書專於議論 殆非周官之舊也 且其言有曰 夏賞而不罰 至敎也 殷罰而不賞 至威也 周而賞罰 德衰也 此尤豈成周盛時 有司者之言哉 其書本末旣不具 字句脫誤 往往不可讀 然文辭近古奧 所稱述 皆仁義信讓節制之道 在兵家諸書 固莫有能先之者也 嗚呼 後世之爲兵者 一降而爲狙詐 再降而爲獷暴 雖孫吳李靖之書 方且以爲迂濶而莫之問矣 而況於此篇乎哉"

7) ≪司馬法≫ 〈仁本〉. "殺人安人 殺之可也 攻其國 愛其民 攻之可也 以戰止戰 雖戰可也"

의 조건 등을 한정하여 무분별한 욕망을 위한 전쟁을 경계하는 모습을 보인다.

〈天子之義〉편은 天地와 聖王을 본받아 백성을 가르치는 것이 천자가 해야 할 의라는 뜻이다. 그 외에 조정과 군중의 법도가 달라야 하고 서로 간섭하지 않아야 文武의 균형을 이룬다는 점을 강조하였다. 특히 夏・商・周 三代의 전쟁관과 용병의 차이점을 기술한 것은 다른 병서에서 찾을 수 없는 부분이다. 또 상벌 제도와 兵器의 중요성, 깃발의 사용법 등을 간략하게 기술하였다.

〈定爵〉편은 公卿大夫 등의 작위를 정하여 尊卑와 上下를 구별한다는 것이다. 또 治軍과 戰備에 대한 것, 전략 지휘의 원칙, 구체적인 작전 계획 등 군사 전반에 걸친 광범위한 분야를 다루고 있지만 글뜻이 분명하지 않아서 이해하기 어려운 부분이 많다. 예컨대 "작은 죄를 지은 자를 죽이면 작은 죄를 제압할 수 있고 큰 죄도 따라서 제압할 수 있다."8)는 부분은 맥락이 잘 연결되지 않아 劉寅도 전후에 缺文이 있는 듯하다고 하였다.

〈嚴位〉는 "무릇 陣을 치고 싸우는 방도는, 병사들의 위치는 엄정해야 한다."9)는 첫 구절에서 따온 이름으로 군 기강의 확립을 주로 한 것 같지만, 내용은 그보다 戰陣의 구성이나 전쟁 상황에 알맞은 전투자세, 騎兵과 步兵의 상호보완 작전, 仁義智勇信을 두루 갖추어야 하는 장수의 자질, 승리를 취할 수 있는 敵情에 대한 대응 전략 등 구체적인 사항이 간략히 적혀 있다.

〈用衆〉편은 병력의 다소에 따른 운용방법과 陣地 선정 방법을 간략히 기술하였다. 또 敵情에 따른 대응 방법이 실려 있는데, 예컨대 적이 수비를 하면 아군도 수비를 하여 섣불리 진격해서 안 되며 적이 공격할 경우 아군은 수비 태세를 공고히 하고 반격 기회를 노려야 한다는 등의 내용이다. 그 밖에 군사들의 심리를 이용해 사기를 높이는 방법으로 친족과의 서신을 끊는 것, 인재를 선발해 병력에 충당하는 것, 적은 식량으로 출전해 必死戰을 치르는 것 등을 기술하고 있다.

본서는 5편으로 구분되어 있기는 하지만 내용적으로 구분되거나 전후 체계적인 연결 관계가 있지는 않다. 장수의 자질과 수양에 대해 논한 내용이 〈嚴位〉편에도 나오고 〈用衆〉편에도 나오며 軍陣에 대한 설명도 앞뒤로 군데군데 나온다. 誤字로 추정되는 글자도 많고 선후에 缺文이 있는 듯 맥락이 이어지지 않는 부분도 있어 劉寅도 直解에서 이를 많이 지적하고 있다. 이런 점들은 본서가 全篇이 유실되고 일부분만 남았기 때문인 듯하다. 비록 잔편이라 할지라도 仁義에 입각한 전쟁을 중요시하는 義戰思想이나 "國都의 용모 (禮法)로는

---

8) ≪司馬法≫〈定爵〉. "小罪乃殺 小罪勝 大罪因"
9) ≪司馬法≫〈嚴位〉. "凡戰之道 位欲嚴"

군대에 들어가지 않고, 군대의 용모로는 국도에 들어가지 않는다.〔國容不入軍, 軍容不入國〕" 라 하여 조정의 예와 군대의 법도를 달리해야 한다고 엄격히 구분하는 治軍論 등은 ≪사마법≫에 주로 보이는 특징적인 사상이라 할 수 있다.

4. 후대의 評價와 ≪司馬法直解≫

역대 많은 학자와 통치자들은 ≪사마법≫의 가치를 인정하여 중요한 병서로 인식하였다. 馬融, 許愼, 鄭玄, 曹操 등이 經書나 兵書를 주해할 때 ≪사마법≫을 참고하여 인용하였던 것을 보면 이를 신뢰할 만한 주요 문헌으로 여겼음을 알 수 있다. 이후 唐나라의 杜預, 賈公彦, 杜牧 등도 ≪사마법≫을 주요 근거로 삼았고, ≪李衛公問對≫에서도 ≪사마법≫을 주요 논제로 삼았으며, 宋나라 때에는 武經七書의 ≪孫子兵法≫, ≪吳起兵法≫, ≪六韜≫, ≪三略≫, ≪尉繚子≫, ≪李衛公問對≫와 함께 역대 주요 병서의 하나가 되어 더욱 그 위상이 제고되었다. 陳師道는 본서가 병서이지만 道德에 근거하고 仁義를 근본으로 삼아서 三代 軍政의 규례가 일부분이나마 보존되어 있다고 평하였다.[10] 즉 兵家이면서도 유가적 王道政治의 정신을 지향하고 있다는 것에 의의를 둔 것이다.

≪四庫全書≫ 〈兵家類 總序〉에서도 후대의 잡다한 陰陽五行, 占候 術數가 뒤섞이지 않은 古兵法으로는 ≪孫子≫, ≪吳子≫, ≪司馬法≫을 근본으로 삼는다며 높이 평가하였고, 이후 무경칠서의 僞書論을 주장하는 많은 학자들도 이들 세 병서는 후대의 僞撰이 아닌 古書로 그 가치를 인정하였다.

송대 무경칠서본이 나온 이후 ≪사마법≫은 무학의 필독서로 여겨져 여러 주석서가 나왔지만 현재까지 가장 많이 인용되는 주석서는 明나라 劉寅이 주해한 ≪武經七書直解≫에 실려 있는 ≪司馬法直解≫이다.

유인의 ≪司馬法直解≫는 구절마다 단어의 뜻을 간명하게 분석한 뒤 문장 전체의 뜻을 기술하고 춘추전국시대나 후대의 사례를 인용해 이해하기 쉽게 풀이하였다. 또 古書의 잘못된 글자도 함부로 고치지 않은 점이 엄격한 교감 자세로 후대의 평가를 받고 있다. 예컨대 〈仁本〉篇의 "會之以發禁者九"라는 구절의 直解에서 "發은 마땅히 法이 되어야 한다. 제후를 회합할 적에 법도와 금령을 사용하는 것이 아홉 가지 일이 있으니, 바로 ≪周禮≫ 〈大司馬〉에 보이는 九伐의 법이다."라고 하여 그 근거까지 분명히 제시하면서도 본문을 고치

10) ≪四庫全書總目提要≫ 〈兵家類 司馬法〉. "陳師道以傳記所載司馬法之文 今書皆無之 疑非全書 然其言大抵據道依德 本仁祖義 三代軍政之遺規 猶藉存什一於千百 蓋其時去古未遠 先王舊典 未盡無徵 摭拾成編 亦漢文博士追述王制之類也"

지 않았다. 또 〈定爵〉篇의 "變嫌推疑"에서도 "變은 마땅히 辨이 되어야 하니, 남의 혐의한 바를 분별하여 밝힘은"이라고 주석에서만 글자의 잘못을 제시하고 본문을 고치지 않았다.

≪사마법직해≫의 서문을 보면, ≪사마법≫이 周나라 이래 太公의 병법, 管仲의 병법, 司馬穰苴의 병법 등이 齊나라 威王 때에 집대성되어 편찬된 것이라고 파악한 뒤에 "내용이 예스럽고 간절하면서도 뜻이 깊고, 중간에 또 빠진 글과 誤字가 있어서 儒家들이 대부분 관심을 두지 않으니, 배우는 자들이 이로 말미암아 말뜻을 알지 못하였다. 이제 우선 곧바로 해석하여 將家의 子弟들을 가르치되, 이해할 수 없는 것들은 모두 의심스러운 부분으로 제쳐놓아 아는 자를 기다리는 바이다."라고 하여, 본서를 주해한 기본 입장을 천명하고 武學을 배우는 자들의 도움이 되기를 바란다고 기대하였다. 유인의 바람과 같이 본서는 明代 이후 무경칠서의 대표적인 주해서로 중국뿐 아니라 우리나라와 일본에까지 전해져서 많은 영향을 끼쳤다.

최근의 평가를 살펴보면 ≪新譯 司馬法≫에서 王雲路는 ≪사마법≫의 사상적 특징과 영향으로 다음 세 가지를 들고 있다.[11] 첫째, 적은 분량에도 불구하고 군사 각 방면에 걸쳐 다 언급하고 있다는 것으로 전쟁의 개념부터 준비, 작전, 陣의 배치, 兵器, 天時와 地利, 간첩의 활용, 紀律, 훈련 등에 대해 간명하게 요점을 언급하였다. 둘째, 古代로부터 춘추시대까지 用兵과 治兵의 원칙을 보존하고 있다는 것이다. 특히 구체적인 군법 내용이 많아서 夏・殷・周 삼대의 군제와 전쟁 고사, 휘장, 군례 등은 귀중한 군사상의 사료로 평가하고 있다. 셋째 춘추 후기의 전쟁관으로 병가사상과 전법을 반영하고 있는 점이다. 이러한 간명하면서도 광범위한 내용이 후대 병법가와 통치자에게 중시된 이유이며 이후 나온 병서에도 많은 영향을 끼쳤다고 평가하였다.

우리나라에서 따로 ≪사마법≫에 주해한 책은 찾기 어렵다. 다만 趙龜命의 ≪東溪集≫에 〈司馬法補註〉라는 이름으로 약간의 주해가 실려 있는데, 1,300여 자에 불과한 적은 분량이라 ≪사마법≫ 전체에 대한 주석이라고 보기보다는 저자가 ≪사마법≫을 읽으며 정리한 箚記 정도로 보인다.

국내에서 ≪사마법≫ 번역서는 오래전 국방부 전사편찬위원회에서 출간한 것과 동서문화사의 동양사상시리즈, 武經十書 시리즈 등 몇 종뿐이며, 이 유인의 직해본을 번역 대본으로 삼은 것은 전무하였다. 그런 면에서 이번에 전통문화연구회에서 유인의 직해본을 저본으로 하여 알기 쉬운 번역과 자세한 주석, 그리고 정확한 原文懸吐를 덧붙여 번역서를 출간하게 된 것은 병학서 번역에 있어서 매우 획기적인 기획이라 할 수 있다. 본 번역서는

---

11) 王雲路 注釋, ≪新譯 司馬法≫, 三民書局, 1996, 2, 3쪽.

뿐만 아니라 漢文大系本 등 다른 본을 참고하여 차이점을 명시하고 내용을 보충해주어서 독자가 본서의 내용을 보다 폭넓게 이해할 수 있도록 하였다.

이처럼 ≪武經七書直解≫가 完譯됨으로써 그동안 ≪孫子≫, ≪吳子≫만을 중심으로 이루어져왔던 동양 병법서 연구의 지평을 넓힐 수 있을 것이며, 우리나라 병학사상 연구에도 일조하리라 기대된다.

凡例

1. 본서는 東洋古典譯註叢書의 武經七書直解 ≪譯註 司馬法直解≫이다.
2. 본서의 저본은 ≪司馬法直解≫(劉寅(明) 直解, 朝鮮 木活字本(乙亥字, 光海君~仁祖年間), 國立中央圖書館 所藏本)으로 하였고, 중국에서 간행된 ≪景印明本武經七書直解≫(中國兵書集成編委會 編, 中國兵書集成 10-11, 解放軍出版社 遼沈書社, 1987~1998) 등을 참고하였다.
3. 본서는 ≪司馬法≫ 經文과 明나라 劉寅의 直解 등에 懸吐하고 번역하였다.
4. ≪司馬法≫의 篇名은 直解를 참조하여 번역하였다.
5. 본서는 원전의 傳統性과 번역의 現代性을 구현하기 위해 노력하였다.
6. 飜譯은 原義에 충실하게 하되, 이해가 어려운 부분은 意譯 또는 補充譯을 하였다.
7. 飜譯文은 한글과 漢字를 混用하였으며, 맞춤법과 띄어쓰기는 한글 맞춤법과 표준어 규정을 따르는 것을 원칙으로 하였다.
8. 原文의 分節은 저본을 따랐다.
9. 譯註는 校勘, 인용문의 出典, 故事, 難解語, 異說, 전문용어, 그리고 사건의 역사적인 배경, 人物, 官職 등에 관한 사항을 밝혔다.
10. 校勘은 원문의 誤字, 脫字, 衍字, 倒文 등을 대상으로 하였으며, 校勘의 근거는 譯註에서 밝혔다.
11. 본서에는 ≪譯註 武經七書直解≫의 附錄으로, ≪孫子髓≫(朝鮮 趙義純 撰註)와 〈武經七書 索引〉를 첨부하였다. ≪孫子髓≫는 고려대학교 중앙도서관 소장본을 저본으로 하여 譯註하였으며, 〈武經七書 索引〉은 武經七書直解를 대상으로 색인을 하여 독자들의 내용검색 및 이해를 돕고자 하였다.
12. 본서에 사용된 주요 符號와 略號는 다음과 같다.

    “　”: 對話, 각종 引用

    ‘　’: “　” 안에서 再引用, 强調

    「　」: ‘　’ 안에서 再引用

( ) : 원문에서는 讀音이 특수한 글자나 僻字의 音
번역문에서는 간단한 譯註

≪ ≫ : 書名, 出典

〈 〉 : 篇章名, 作品名, 補充譯

〔 〕 : 번역문과 뜻은 같으나 音이 다른 漢字 및 字句, 譯註에서 인용하여 번역한 原文, 저본의 脫字 補充

( )〔 〕 : (저본의 誤字)〔교감한 正字〕

( ) : 저본의 衍字

參考書目

◇ 底本 관련자료

- ≪司馬法直解≫, 司馬穰苴(周) 著, 劉寅(明) 直解, 국립중앙도서관 소장본.
- ≪孫子髓≫, 趙羲純(朝鮮) 撰註, 고려대학교 중앙도서관 소장본.
- ≪景印明本武經七書直解≫, 中國兵書集成編委會 編, 中國兵書集成 10-11, 解放軍出版社 遼沈書社, 1990.
- ≪司馬法直解≫, 漢文大系(增補版 第5刷) 제13권, 富山房, 1984.
- ≪孫子十家註≫, 孫武(周) 著, 杜牧(唐) 等註, 국립중앙도서관 소장본.

◇ 兵書 관련자료

- ≪孫武子直解≫, 孫武(周) 著, 劉寅(明) 直解, 국립중앙도서관 소장본.
- ≪吳子直解≫, 吳起(周) 撰, 劉寅(明) 直解, 국립중앙도서관 소장본.
- ≪六韜直解≫, 呂尙(周) 著, 劉寅(明) 直解, 국립중앙도서관 소장본.
- ≪三略直解≫, 劉寅(明) 直解, 국립중앙도서관 소장본.
- ≪唐太宗李衛公問對直解≫, 劉寅(明) 直解, 국립중앙도서관 소장본.
- ≪司馬法直解≫, 司馬穰苴(周) 著, 劉寅(明) 直解, 국립중앙도서관 소장본.
- ≪尉繚子直解≫, 尉繚(周) 著, 劉寅(明) 直解, 국립중앙도서관 소장본.
- ≪紀效新書≫, 戚繼光(明) 著, 渡邊敬 輔訂, 국립중앙도서관 소장본.
- ≪御定武藝圖譜通志≫, 正祖(朝鮮) 命, 李德懋・朴齊家(朝鮮) 共撰, 국립중앙도서관 소장본.

◇ 經 部

- ≪論語集註大全≫, 朱熹(宋) 集註, 胡廣(明) 等編, 朝鮮 內閣本, 影印本, 成均館大 大東文化硏究院.
- ≪大學章句大全≫, 朱熹(宋) 集註, 胡廣(明) 等編, 朝鮮 內閣本, 影印本, 成均館大 大東文化硏究院.
- ≪孟子集註大全≫, 朱熹(宋) 集註, 胡廣(明) 等編, 朝鮮 內閣本, 影印本, 成均館大 大東文化硏究院.
- ≪中庸章句大全≫, 朱熹(宋) 集註, 胡廣(明) 等編, 朝鮮 內閣本, 影印本, 成均館大 大東文化硏究院.
- ≪五禮通考≫, 秦蕙田(淸) 撰, 文淵閣四庫全書, 影印本, 臺灣商務印書館, 1983~1986.
- ≪書傳大全≫, 蔡沈(宋) 集傳, 胡廣(明) 等編, 朝鮮 內閣本, 影印本, 學民文化社.
- ≪詩傳大全≫, 朱熹(宋) 集傳, 胡廣(明) 等編, 朝鮮 內閣本, 影印本, 學民文化社.
- ≪禮記集說大全≫, 陳澔(元) 集說, 胡廣(明) 等編, 朝鮮 內閣本, 影印本, 學民文化社.
- ≪周禮注疏≫, 鄭玄(漢) 注, 賈公彦(唐) 疏, 阮元(淸) 校刻, 淸 嘉慶刊本, 影印本, 中華書局, 2009.
- ≪周易傳義大全≫, 程頤(宋) 傳, 朱熹(宋) 本義, 胡廣(明) 等編, 朝鮮 內閣本, 影印本, 學民文化社.
- ≪春秋經傳集解≫, 左丘明(周) 傳, 杜預(晉) 註, 林堯叟(宋)・朱申(宋・元) 附註, 朝鮮 金屬活字本(戊申字), 影印本, 保景文化社.

◇ 史 部

- ≪舊唐書≫, 劉昫(後晉) 等撰, 標點校勘本, 中華書局, 1975.
- ≪史記≫, 司馬遷(漢) 撰, 裴駰(宋) 集解, 司馬貞(唐), 張守節(唐) 正義, 標點校勘本, 中華書局, 1959.
- ≪三國志≫, 陳壽(晉) 撰, 裴松之(南朝 宋) 注, 標點校勘本, 中華書局, 1959.
- ≪續宋編年資治通鑑≫, 劉時擧(宋) 撰, 影印本, 中華書局 , 1985.
- ≪宋史≫, 脫脫(元) 等修, 標點校勘本, 中華書局, 1977.
- ≪隋書≫, 魏徵(元) 等撰, 標點校勘本, 中華書局, 1973.
- ≪晏子春秋≫, 晏嬰(周), 文淵閣四庫全書, 影印本, 臺灣商務印書館, 1983~1986.
- ≪資治通鑑≫, 司馬光(宋) 撰, 胡三省(元) 音註, 標點校勘本, 中華書局, 1956.
- ≪周書≫, 令狐德棻(唐) 等撰, 標點校勘本, 中華書局, 1971.
- ≪晉書≫, 房玄齡(唐) 等撰, 標點校勘本, 中華書局, 1974.
- ≪漢書≫, 班固(漢) 撰, 凌稚隆(明) 輯校, 標點校勘本, 中華書局, 1962.
- ≪後漢書≫, 范曄(宋) 著, 李賢(唐) 等注, 標點校勘本, 中華書局, 1965.

◇ 子 部

- ≪管子≫, 管仲(周) 著, 文淵閣四庫全書, 影印本, 臺灣商務印書館, 1983~1986.
- ≪孔子家語≫, 王肅(魏) 注, 文淵閣四庫全書, 影印本, 臺灣商務印書館, 1983~1986.
- ≪論衡≫, 王充(後漢) 著, 文淵閣四庫全書, 影印本, 臺灣商務印書館, 1983~1986.

- ≪荀子≫, 荀况(周) 撰, 文淵閣四庫全書, 影印本, 臺灣商務印書館, 1983~1986.
- ≪列子≫, 列禦寇(周) 撰, 張湛(漢) 注, 臺灣商務印書館 , 1968.
- ≪莊子集釋≫, 郭慶藩(淸) 輯, 郭象(西晉) 注, 陸德明(唐) 釋文, 成玄英(唐) 疏, 中華書局, 1995.
- ≪天原發微≫, 鮑雲龍(元) 編著, 文淵閣四庫全書, 影印本, 臺灣商務印書館, 1983~1986.

◇ 集 部

- ≪嘉祐集≫, 蘇洵(宋), 影印本, 臺灣商務印書館, 1968.
- ≪文選≫, 蕭統(梁) 選, 李善(唐) 注, 文淵閣四庫全書, 影印本, 臺灣商務印書館, 1983~1986.
- ≪柳河東集≫, 柳宗元(唐), 影印本, 臺灣商務印書館, 1968.
- ≪淵泉集≫, 洪奭周(朝鮮), ≪韓國文集叢刊≫ 제293, 294집, 民族文化推進會 刊, 2002.

◇ 研究論文 및 飜譯書

- 劉仲平 註譯, ≪司馬法今註今譯≫, 臺灣商務印書館, 1977.
- 王雲路 註譯, ≪新譯 司馬法≫, 三民書局, 1996.
- 林東錫 註譯, ≪司馬法≫, 동서문화사, 2009.

◇ 데이터베이스(DB) 자료

- 한국고전종합DB (http://db.itkc.or.kr)
- 동양고전종합DB (http://db.cyberseodang.or.kr)
- 電子版 文淵閣四庫全書, 上海古籍出版社.
- 상우천고 (http://www.s-sangwoo.kr)

目 次

東洋古典譯註叢書를 발간하면서
≪司馬法直解≫ 解題
凡 例
參考書目

司馬穰苴本傳　司馬穰苴의 傳記 / 21

司馬法直解

司馬法直解序　≪司馬法直解≫의 서문 / 26

仁本 第一　제1편 정치의 근본 仁 / 29
天子之義 第二　제2편 天子의 道理 / 59
定爵 第三　제3편 軍事의 요체 / 91
嚴位 第四　제4편 紀綱의 확립 / 127
用衆 第五　제5편 兵力의 運用 / 151

武經七書總評　武經七書에 대한 總評 / 161

附錄

孫子髓

≪孫子髓≫ 解題 / 175
孫子髓序　≪孫子髓≫의 서문 / 183
自序　자서 / 187
序　서 / 191

始計 第一	제1편 국방 계획 / 193
作戰 第二	제2편 군사 작전 / 205
謀攻 第三	제3편 공격의 圖謀 / 214
軍形 第四	제4편 군대의 形勢 / 225
兵勢 第五	제5편 군대의 氣勢 / 237
虛實 第六	제6편 虛와 實 / 253
軍爭 第七	제7편 군대의 전쟁 / 266
九變 第八	제8편 아홉 가지 用兵 방법 / 281
行軍 第九	제9편 군대의 출동과 주둔 / 289
地形 第十	제10편 地形의 활용 / 303
九地 第十一	제11편 아홉 가지 地勢 / 314
火攻 第十二	제12편 火攻法 / 340
用間 第十三	제13편 간첩의 활용 / 348

武經七書 索引

索引凡例 / 363

武經七書 索引 / 367

司馬穰苴本傳　司馬穰苴의 傳記

司馬穰苴[1)]者는 田完[2)]之苗裔也라 齊景公時에 晉伐阿, 甄하고 而燕侵河上이러니 齊師敗績하니 景公患之라 晏嬰[3)]이 乃薦田穰苴曰 穰苴雖田氏庶孼이나 然其人은 文能附衆하고 武能威敵하니 願君試之하소서

1) 司馬穰苴 : 司馬는 大司馬로 관명이었는데, 뒤에 자손들이 대대로 司馬 벼슬을 하였으므로 마침내 성씨가 되어 田穰苴와 司馬穰苴를 함께 사용하게 되었다.
2) 田完 : 춘추시대 陳나라의 公子였는데, 齊나라로 망명해오자 桓公이 등용하였다. 원래는 陳나라의 公族이므로 陳氏였는데, 뒤에 자손들이 田氏로 바꾸었다.
3) 晏嬰 : ?~B.C. 500. 춘추시대 齊나라의 명재상으로 孔子와 동시대 인물이다. 字가 仲이고 시호가 平이므로 晏平仲 또는 晏子로 존칭되었으며, ≪晏子春秋≫의 저자이기도 하다.

司馬穰苴는 田完의 후손이다. 齊 景公 때에 晉나라가 阿와 甄 지역을 정벌하고 燕나라가 황하 유역을 침략하였는데, 齊나라 군대가 크게 패하니, 景公이 이를 크게 걱정하였다. 晏嬰이 이에 田穰苴를 천거하며 말하기를 "田穰苴는 비록 田氏의 서얼 출신이나 이 사람은 文德은 병사들을 따르게 하고 武勇은 적을 두렵게 할 수 있으니, 임금께서는 등용하시기 바랍니다." 하였다.

景公이 召穰苴하여 與語兵事하고 大說(열)之하여 以爲將軍하여 將兵扞燕晉之師하다 穰苴曰 臣素卑賤이어늘 君擢之閭伍之中하여 加之大夫之上하시니 士卒未附하고 百姓不信이라 人微權輕하니 願得君之寵臣에 國之所尊하여 以監軍[1)]이라야 乃可니이다 於是에 景公許之하여 使莊賈往하다

1) 監軍 : 군대를 감독하는 자로 후대에는 太子를 시키기도 하였는바, 總司令官인 大將軍 아래에 있었다.

景公이 田穰苴를 불러 함께 兵事를 말해보고는 크게 기뻐하여 장군으로 삼아 군대를 거느리고 燕나라와 晉나라의 군대를 막게 하였다. 田穰苴가 청하기를 "臣

은 평소 신분이 미천하였는데, 임금께서 졸병〔行伍〕 가운데에서 발탁하여 大夫의 위에 올려놓으시니, 士卒들이 따르지 않고 백성들이 믿지 않습니다. 사람이 미천하고 권세가 미약하니, 임금께서 총애하는 신하로 나라에서 모두 높이는 분을 얻어 監軍을 삼아야 비로소 될 것입니다." 하였다. 이에 景公이 이 말을 받아들여 莊賈로 하여금 가게 하였다.

穰苴既辭에 **與莊賈約曰 旦日日中**에 **會於軍門**하라하다 **穰苴先馳至軍**하여 **立表下漏**[1)]하고 **待賈**러니 **賈素驕貴**하여 **以爲將已之軍而已爲監**이라하여 **不甚急**하고 **親戚左右送之**하여 **留飮**하다 **日中而賈不至**어늘 **穰苴則仆表決漏**하고 **入**하여 **行軍勒兵**하여 **申明約束**하다 **約束既定**에 **夕時**에 **莊賈乃至**어늘 **穰苴曰 何後期爲**오 **賈謝曰 不佞**을 **大夫親戚送之故**로 **留**하니이다 **穰苴曰 將受命之日則忘其家**하고 **臨軍約束則忘其親**하고 **援枹鼓之急則忘其身**하나니 **今敵國深侵**하여 **邦內騷動**하고 **士卒暴露**[2)]**於境**하며 **君寢不安席**하고 **食不甘味**라 **百姓之命**이 **皆懸於君**이어늘 **何謂相送乎**아하고 **召軍正**하여 **問曰 軍法**에 **期而後至者云何**오 **對曰 當斬**이니이다

1) 立表下漏 : 表는 해 그림자를 보아 시간을 알 수 있는 도구로 8尺의 막대를 사용하였는데, 정오가 되면 막대기의 그림자가 정북방을 가리키고 가장 짧기 때문에 이를 기준하여 낮 시간을 알 수 있었다. 漏는 물시계로 물을 漏에 담아놓고 물이 일정하게 빠지게 하여 시간을 알았는데, 구름이 끼어 햇빛을 볼 수 없을 때와 밤중에 사용하였다.

2) 暴露 : 병사들이 낮에는 뙤약볕에 쪼이고 밤에는 노숙하는 것으로 몹시 고생함을 말한 것이다.

田穰苴는 하직하고 나와서 莊賈와 약속하기를 "내일 한낮〔日中〕에 軍門에서 모두 회합한다." 하였다. 田穰苴는 먼저 수레를 달려 軍中에 이르러서 表를 세우고 물시계를 마련해놓고 莊賈를 기다렸는데, 莊賈는 평소 성품이 교만하고 신분이 귀하여 '내 군대를 거느리고 가고 내가 監軍이다.'라고 생각하여 그리 급하게 여기지 않았고, 친척과 左右가 그를 전송하면서 술을 마시며 머물게 하였다.

한낮이 되어도 莊賈가 오지 않자, 田穰苴는 表를 쓰러뜨리고 물시계를 터놓고 군중으로 들어가서 군대를 순행하며 병사들을 무장시켜 장병들이 지켜야 할 군율을 거듭 밝혔다. 군율이 이미 정해진 뒤에 저녁이 되어서야 莊賈가 뒤늦게 오니, 田穰苴가 묻기를 "무슨 이유로 뒤늦게 왔는가?" 하였다. 莊賈가 사죄하여 말하기

를 “不肖한 저를 大夫와 친척들이 전송하였기 때문에 머물러 있다가 늦게 왔습니다.” 하였다.

田穰苴는 꾸짖기를, “장수는 군주에게 출전 명령을 받는 날에는 자기 집안을 잊고, 군대에 임하여 장병들과 軍律을 약속하게 되면 자기 어버이를 잊고, 북채를 당겨 북을 급하게 치면서 싸우게 되면 자기 몸을 잊는 법이다. 지금 적국의 군대가 깊이 침입하여 온 나라가 소동하고, 장병들이 국경에서 낮에는 따가운 햇볕을 쪼이고 밤에는 노숙하며, 임금께서는 잠자리에 들어도 잠자리가 편안하지 못하고 음식을 먹어도 맛을 모르신다. 백성들의 운명이 모두 그대에게 달려 있는데, 어찌하여 서로 전송한단 말인가.” 하였다.

田穰苴가 군법을 담당한 軍正을 불러 “군법에 약속보다 뒤늦게 온 자에게는 어떻게 처벌한다 하였는가?”라고 물으니, 대답하기를 “斬刑에 해당합니다.” 하였다.

莊賈懼하여 使人馳報景公하여 請救하다 既往이라가 未及反하여 於是에 遂斬莊賈以徇三軍하니 三軍之士皆振慄하다 久之에 景公이 遣使者하여 持節赦賈하여 馳入軍中이어늘 穰苴曰 將在軍에 君令有所不受라하고 問軍正曰 馳三軍이면 法何오 正曰 當斬이라하니 使者大懼라 穰苴曰 君之使는 不可殺之라하고 乃斬其僕과 車之左駙[1)]와 馬之左驂[2)]하여 以徇三軍하고 遣使者還報然後에 行하다 士卒次舍井竈飲食問疾醫藥을 身自拊循之하고 悉取將軍之資糧하여 享士卒하고 身與士卒로 平分糧食하며 最比其羸弱者하여 三日而後勒兵하니 病者皆求行하여 爭奮出하여 爲之赴戰하다 晉師聞之하고 爲罷去하고 燕師聞之하고 度水而解라 於是에 追擊之하여 遂取所亡封內故境而引兵歸러니 未至國에 釋兵旅하고 解約束하고 誓盟而後入邑하다 景公이 與諸大夫郊迎하여 勞師成禮然後에 反歸寢하다 既見穰苴에 尊爲大司馬하니 田氏日以益尊於齊하니라 已而요 大夫鮑氏, 高, 國之屬이 害之하여 譖於景公이라 景公退穰苴하니 苴發疾而死하다 田乞, 田豹之徒 由此怨高, 國等이러니 其後에 及田常殺簡公하고 盡滅高子, 國子之族하다 至常曾孫和하여 因自立爲齊威王하여 用兵行威를 大放穰苴之法하니 而諸侯朝齊하니라

1) 車之左駙 : ≪史記≫의 주석서인 ≪索隱≫에 "'駙'는 마땅히 '軵(용)'이 되어야 하니, '軵' 은 수레의 상자 앞에 있는 버팀목이다." 하였다.
2) 馬之左驂 : 驂은 곁마로, 옛날 수레를 네 匹의 말이 끌었는데 중앙에 두 필의 말을 服馬라 하고, 服馬 양쪽에 덧붙여 있는 두 필의 말을 驂馬라 하였다. 왼쪽은 수레를 모는 御者가 있는 곳인데, 차마 御者를 죽이지 못하고 대신 驂馬를 죽이고 버팀목을 벤 것이다.

莊賈가 두려워하여 사람을 급히 보내 景公에게 보고하고 구원해줄 것을 청하였다. 이 사람이 갔다가 미처 돌아오기 전에 田穰苴가 莊賈를 목 베어 三軍에 조리돌리니, 三軍의 장병들이 모두 두려워 벌벌 떨었다.

얼마 있다가 景公이 보낸 使者가 節(깃발)을 가지고 莊賈를 사면하기 위해 군중으로 달려 들어왔다. 田穰苴가 말하기를 "장군이 군중에 있을 적에는 군주의 명령도 받지 않는 경우가 있다." 하고는 軍正에게 "군법에 군중에서 三軍을 치달리면 어떻게 처벌한다 하였는가?"라고 묻자, 대답하기를 "斬刑에 해당합니다." 하니, 使者가 크게 두려워하였다. 田穰苴가 말하기를 "군주의 사자는 죽일 수 없다."라 하고, 마침내 使者의 마부와 수레의 왼쪽 버팀목과 왼쪽 곁말을 목 베어서 三軍에 조리돌리고 使者를 돌려보내 景公에게 復命하게 한 뒤에 출병하였다.

田穰苴는 병사들이 머무는 막사와 우물과 부엌, 음식과 질병과 의약품을 몸소 직접 챙겨 보살피고, 장군의 물자와 양식을 모두 가져다가 士卒들에게 연향을 베풀고, 자신은 낮은 병졸들과 양식을 공평하게 나누었으며, 병졸 중에 가장 몸이 허약한 자들을 위하여 3일이 지난 뒤에 무장을 시키니, 병든 자들이 모두 출전을 원하여 다투어 나와 전쟁터로 달려갔다.

晉나라 군대는 이 말을 듣고 해산하여 떠났으며, 燕나라 군대도 이 말을 듣고는 황하를 건너 해산하였다. 이에 田穰苴는 이들을 추격하여 마침내 잃었던 경내의 옛 영토를 모두 되찾고 군대를 이끌고 돌아왔는데, 國都에 이르기 전에 군대를 해산하고 군령을 해제하고서 장병들과 맹세한 뒤에 도성으로 들어왔다. 景公은 여러 大夫들과 멀리 교외에까지 나와 환영하여 장병들을 위로하고 禮를 이룬 뒤에 正寢으로 돌아갔다. 景公은 田穰苴를 만난 뒤에 높여 大司馬로 삼으니, 田氏가 날로 더욱 齊나라에서 높아졌다.

얼마 후 大夫인 鮑氏와 高氏, 國氏의 무리들이 田穰苴를 중상하여 景公에게 참소하였다. 景公이 田穰苴를 물리치니, 田穰苴는 병이 나서 죽었다. 田乞와 田豹의 무리들이 이 때문에 高氏와 國氏 등을 원망하였는데, 그 뒤에 田常(陳恒)이 簡公

을 시해하고는 高子와 國子의 집안을 모두 멸하였다. 田常의 曾孫인 田和에 이르러 스스로 서서 齊 威王이 되어 군대를 운용하고 위엄을 행하기를 田穰苴의 병법과 똑같이 하니, 제후들이 두려워하여 齊나라에 조회하였다.

齊威王이 **使大夫**로 **追論古者司馬兵法**하고 **而附穰苴於其中**하고 **因號曰司馬穰苴兵法**이라하니라

齊 威王이 大夫들로 하여금 옛날의 ≪司馬兵法≫을 다시 논하고, 田穰苴의 병법을 그 안에 붙이고 인하여 ≪司馬穰苴兵法≫이라 이름하였다.

太史公曰 余讀司馬兵法호니 **閎廓深遠**하여 **雖三代征伐**이라도 **未能竟其義**요 **如其文也**도 **亦少褒矣**라 **若夫穰苴**는 **區區爲小國行師**하니 **何暇及司馬兵法之揖讓乎**아 **世旣多司馬兵法**이라 **以故**로 **不論**하고 **著穰苴之列傳焉**하노라

太史公이 다음과 같이 평하였다.

"내가 ≪司馬兵法≫을 읽어보니, 내용이 깊고 넓고 원대하여 비록 三代시대의 정벌이라도 그 뜻을 다할 수 없었으며, 문장도 다소 칭찬할 만하였다. 그러나 田穰苴로 말하면 區區하게 작은 나라의 군대를 운용하였으니, 어느 겨를에 ≪司馬兵法≫의 읍하고 겸양함에 미쳤겠는가. 세상에는 이미 ≪司馬兵法≫이 많다. 이 때문에 그 병법은 논하지 않고 田穰苴의 列傳을 지은 것이다."

≪史記≫ 권64 〈司馬穰苴列傳〉

司馬法直解序　≪司馬法直解≫의 서문

司馬法者는 周大司馬之法也라 司馬掌邦政하고 統六師하고 平邦國[1]하여 乃六卿之列이니 入則佐天子以治國하고 出則總戎兵以定亂이라 故로 此書仁本篇에 首言仁義禮智信하고 次言九伐之法하며 天子之義篇에 首言法天地, 觀先聖, 敎民體俗하고 次言賞善罰惡之法하며 定爵篇에 首言敎詔之法하고 次言戰攻之法하며 嚴位篇에 專言治兵之法하고 用衆篇에 專言應敵之法호되 有太公不愆於四伐五伐六伐七伐하여 乃止齊焉하고 不愆於六步七步하여 乃止齊焉[2]之義하니 此王者仁義之兵[3]也라 周武旣平殷亂에 封太公於齊하고 後에 子伋爲齊侯라 故로 其法이 傳於齊桓公之世하여 管仲用之하여 變而爲節制之兵[4]하여 遂能九合諸侯하고 一匡天下[5]하다 景公之世에 田穰苴用之하여 又變而爲權詐之兵[6]하여 遂能郤燕晉之師한대 景公以穰苴有功이라하여 封爲司馬之官하니 後世子孫이 號爲司馬氏라 至齊威王하여 追論古司馬法하여 方成此書하고 又遠述穰苴所學하여 遂有司馬穰苴書數十篇하니 今世所傳兵家者流 是也라 書中에 分權謀, 形勢, 陰陽, 技巧四種은 非此司馬法也라 是書는 言辭古簡而義深하고 中間에 又有缺文誤字하여 儒家多不經意하니 學者由是로 不得其說이라 今姑爲之直解하여 以訓將家子弟호되 其不可曉者는 悉皆闕疑하여 以俟知者焉하노라

1) 司馬掌邦政……平邦國 : 이 내용은 ≪書經≫ 〈周書 周官〉에 보인다. 六師는 천자가 통솔하는 군대로, 六軍이라고도 한다. 1軍은 1만 2,500명으로 고대에 천자국은 6군이고 제후국 중 대국은 3군이었다. 이 때문에 全軍을 가리키는 말로 쓰이기도 한다.

2) 不愆於四伐五伐六伐七伐……乃止齊焉 : 이 내용은 ≪書經≫ 〈周書 牧誓〉에 보이는데, 朱子는 ≪集傳≫에서 '不愆於四伐五伐六伐七伐'에 대해 "伐은 치고 찌름이다. 적어도 4, 5번 이하로 내려가지 말고 많아도 6, 7번을 넘지 말아서 整齊하라고 한 것이다."라 하였고, '不愆於六步七步'에 대해 "步는 걸어감이요, 齊는 整齊함이니, 今日의 싸움은 6步와 7步를 넘지 말아서 멈추어 整齊하라고 한 것이다."라고 주하였다.

3) 仁義之兵 : 王者가 거느리는 仁義의 군대로, ≪荀子≫ 〈議兵〉에 "仁人의 군대는 마음에 두고 있으면 神妙해지고 지나가는 곳마다 敎化가 되어, 때맞춰 내리는 단비와 같으니 기뻐하지 않는 자가 없다. 이로써 堯임금이 驩兜(환도)를 치고 舜임금이 有苗를 치고 禹王이 共工을 치고 湯王이 夏桀을 쳤으며, 文王이 崇을 치고 武王이 紂王을 쳤으니, 이 二帝와 四王은 모두 仁義의 군대를 가지고 天下에 행하였다. 그러므로 가까이 있는 자는 그 善함을 親하게 여기고 멀리 있는 자는 그 德을 사모하여 군대가 칼날에 피를 묻히지 않아도 멀고 가까운 곳에 있는 자들이 와서 복종하고, 덕이 여기에 盛大해져서 혜택이 사방의 끝까지 미쳤다.〔仁人之兵 所存者神 所過者化 若時雨之降 莫不說喜 是以堯伐驩兜 舜伐有苗 禹伐共工 湯伐有夏 文王伐崇 武王伐紂 此二帝四王 皆以仁義之兵 行於天下也 故近者親其善 遠方慕其德 兵不血刃 遠邇來服 德盛於此 施及四極〕"라고 보인다.

4) 節制之兵 : 節制(통제)가 잘되는 군대로, ≪荀子≫ 〈議兵〉에 "齊나라의 技擊은 魏나라의 武卒을 상대하지 못하고 魏나라의 武卒은 秦나라의 銳士를 상대하지 못하며, 秦나라의 銳士는 桓公과 文公의 節制된 군대를 상대하지 못하고 桓公과 文公의 節制된 군대는 湯王과 武王의 仁義의 군대를 대적하지 못하니, 만약 이를 상대하는 자가 있다면, 이는 마치 잿덩이로 돌을 치는 것과 같은 것이다.〔齊之技擊 不可以遇魏氏之武卒 魏氏之武卒 不可以遇秦之銳士 秦之銳士 不可以當桓文之節制 桓文之節制 不可以敵湯武之仁義 有遇之者 若以焦熬投石焉〕"라고 보인다.

5) 九合諸侯 一匡天下 : 이 구절은 ≪論語≫ 〈憲問〉의 "桓公이 諸侯들을 규합하되, 兵車(무력)를 쓰지 않은 것은 管仲의 힘이었다.〔桓公九合諸侯 不以兵車 管仲之力也〕"라는 내용과 "管仲이 桓公을 도와 諸侯의 霸者가 되게 하여 한 번 天下를 바로잡았다.〔管仲相桓公 霸諸侯 一匡天下〕"라는 내용에서 인용한 것이다.

6) 權詐之兵 : 권모술수를 써서 교묘히 변화하고 간사하게 속이는 군대로, ≪荀子≫ 〈議兵〉에 "臨武君이 '兵事에서 貴하게 여기는 바는 형세의 이로움이며, 兵事에서 실행하는 바는 교묘히 변화하고 간사하게 속이는 것이다. 用兵을 잘하는 자는 황홀하고 신비하게 적을 현혹시켜서 어디로부터 나왔는지를 모르게 한다. 孫子와 吳子는 이 방법을 써서 天下에 대적할 자가 없었으니, 어찌 반드시 백성이 따르기를 기다릴 필요가 있겠는가.'라고 하기에 내(荀子)가 '그렇지 않다. 내가 말하는 것은 仁者의 군대와 王者의 뜻이고, 그대가 貴하게 여기는 것은 권모술수와 형세의 이로움으로, 그 실행하는 바가 공격하여 빼앗고 교묘히 변화하고 간사하게 속이는 것이니, 이는 諸侯의 일이다.'라고 하였다.〔臨武君曰 兵之所貴者 勢利也 所行者 變詐也 善用兵者 感忽悠闇 莫知其所從出 孫吳用之 無敵於天下 豈必待附民哉 孫卿子曰 不然 臣之所道 仁者之兵 王者之志也 君之所貴 權謀勢利也 所行 攻奪變詐也 諸侯之事也〕"라고 보인다.

≪司馬法≫은 周나라 大司馬의 法이다. 司馬는 나라의 정사를 관장하고 六師를

통솔하며 나라를 평안히 다스리는 六卿의 반열에 드는 직책이니, 들어오면 천자를 보좌하여 나라를 다스리고 나가면 戎兵(군대)을 통솔하여 亂을 평정한다.

그러므로 이 책의 〈仁本〉편에서는 먼저 仁·義·禮·智·信을 말하였고, 다음에는 九伐의 法을 말하였다.

〈天子之義〉편에서는 먼저 天地를 본받고 先聖을 관찰하여 백성들을 가르쳐 풍속을 체찰함을 말하였고, 다음에는 善한 자에게 賞을 주고 惡한 자에게 罰을 내리는 법을 말하였다.

〈定爵〉편에서는 먼저 가르치고 명하는 법을 말하였고, 다음에는 싸우고 공격하는 법을 말하였다.

〈嚴位〉편에서는 오로지 군대를 다스리는 법을 말하였다.

〈用衆〉편에서는 오로지 적에 응하는 방법을 말하였는데, 太公(呂尙)이 '네 번 치고 다섯 번 치고 여섯 번 치고 일곱 번 치는 것에서 넘지 아니하여 멈추어 整齊하고, 6步와 7步를 넘지 않아서 멈추어 정제하라.' 한 뜻이 있으니, 이는 王者가 거느리는 仁義의 군대이다.

周 武王이 殷나라의 亂을 평정한 다음 太公을 齊나라에 봉하였는데, 뒤에 아들 伋이 齊나라 임금이 되었다. 그러므로 그 法이 齊 桓公의 세대에 전해지고 管仲이 이것을 사용하여 변화시켜 節制하는 군대를 만들어서 마침내 諸侯를 규합하고 天下를 한 번 바로잡았다.

齊 景公의 세대에 田穰苴가 이것을 사용하여 또다시 변화시켜 權詐의 군대를 만들어서 마침내 燕나라와 晉나라의 군대를 물리치니, 景公은 穰苴가 큰 功이 있다 하여 封하여 司馬의 벼슬을 삼았으므로 후세의 자손들이 司馬氏라고 불렀다.

齊 威王에 이르러 옛 司馬法을 추론하여 이 책을 완성하였고 또 멀리 穰苴의 배운 바를 기술하여 마침내 司馬穰苴의 兵書 수십 편이 있게 되었으니, 지금 세상에 전하는 兵家者流가 이것이다. 책 가운데에 權謀·形勢·陰陽·技巧 네 종류로 나뉘어 있는 것은 司馬法이 아니다.

이 책은 내용이 예스럽고 간략하면서도 뜻이 깊고, 중간에 또 빠진 글과 오자가 있어서 儒家들이 대부분 관심을 두지 않으니, 배우는 자들이 이로 말미암아 말뜻을 알지 못하였다. 이제 우선 곧바로 해석하여 將家의 子弟들을 가르치되, 이해할 수 없는 것들은 모두 의심스러운 부분으로 제쳐놓아 아는 자를 기다리는 바이다.

仁本 第一　제1편 정치의 근본 仁

仁本者는 以仁爲根本也니 因首有仁本二字라 故로 以名篇하니라

仁本은 仁을 근본으로 삼는 것이니, 첫머리에 '仁本' 두 글자가 있으므로 인하여 편을 이름하였다.

古者에 以仁爲本하고 以義治之之謂正이니

옛날에 仁을 근본으로 삼고 義로써 다스림을 '正'이라 하였으니,

古之治國治軍者는 皆以仁爲根本이라 仁者는 本心之全德이요 其用則主於愛하니 愛는 莫先於仁民이라 愛物이면 能仁民[1]이니 愛物이면 其於治國治軍也에 不難矣리라 此는 古者必以仁爲根本也라 義者는 心之制요 其用則主於斷하니 斷은 莫先於因事之宜而治之라 故로 治國治軍者 必以義治之하니 謂得其正爾라 仁義는 專言之하면 則各有體有用하고 對言之하면 則仁爲體而義爲用也[2]라

1) 愛物能仁民 : 愛와 仁은 모두 사랑하는 것이나 구분하여 말하면 愛는 아껴주는 것이고, 仁은 人道로 대우하는 것이다. 그리하여 愛보다 仁이 더 간절한바, ≪孟子≫에 齊 宣王이 벌벌 떨며 죽으러 가는 소를 차마 보지 못하여 羊으로 바꾸게 한 것이 바로 愛物이다. ≪孟子≫ 〈盡心 上〉에 "백성을 仁하게 하고서 물건을 사랑한다.〔仁民而愛物〕"라고 보인다.

2) 則仁爲體而義爲用也 : 漢文大系本에는 이 아래에 "일설에는 '義로써 다스림은 군대를 일으켜 죄를 묻는 것이니, 스스로 잘못을 뉘우치고 새롭게 하고자 하면 마침내 그 나라를 멸망시키지 않는 것과 같다.' 하였다.〔一說 義治如興兵問罪 欲其自新 不遂滅廢其國也〕"라는 내용이 추가되어 있다.

옛날에 나라를 다스리고 군대를 다스리는 자는 모두 仁을 근본으로 삼았다. 仁은 本心의 온전한 덕이요 그 用은 사랑을 위주로 하니, 사랑은 백성(사람)을 사랑하는 것보다 앞서는 것이 없다. 물건을 사랑하면 능히 사람을 사랑할 수 있으니, 물건을 사랑하면 나라를 다스리고 군대를 다스림에 있어 어렵지 않을 것이다. 이것은 옛날에 〈나

라를 다스리고 군대를 다스리는 자는〉 반드시 仁을 근본으로 삼은 것이다.

義는 마음의 制裁요 그 用은 결단을 위주로 하니, 결단은 일의 마땅함을 따라 다스리는 것보다 앞서는 것이 없다. 그러므로 나라를 다스리고 군대를 다스리는 자는 반드시 義로써 다스리는 것이니, 그 바름을 얻는 것을 이른다. 仁과 義는 전적으로 말하면 각각 體와 用이 있고, 상대하여 말하면 仁은 體가 되고 義는 用이 된다.

正不獲意則權이니 **權**은 **出於戰**이요 **不出於中人**이라 **是故**로 **殺人安人**이면 **殺之**라도 **可也**요

正道로 다스려서 뜻을 얻지 못하면 權道를 쓰니, 權道는 전투에서 나오고 中等 이하의 사람에게서는 나오지 않는다. 이 때문에 사람을 죽여서 사람을 편안히 할 수 있으면 사람을 죽여도 괜찮은 것이요,

以正治之하여 或不能得其意면 則用權變之道以濟之라 權變之道는 出於戰陳이요 不出於中人이니 中人者는 中品之人이니 未可與權者也[1]라 蓋正者는 萬世之常이요 權者는 一時之用이니 乃湯武仁義之兵[2]而濟之以權者也라 或曰 中人은 卽建中用中之人[3]이니 與戰用權之道異也라하니 未知是否[4]로라 愚謂中人上下에 疑有闕文誤字하니 姑爲此說하여 以俟知者하노라 是故로 殺人安人이면 殺之라도 可也[5]는 是故로 殺人以安天下之人이면 殺之라도 可也라 如武王誅紂伐奄[6]하고 唐太宗執高德儒[7]하여 數之曰 汝指野鳥爲鸞하여 欺人主하고 求高官하니 吾興義兵은 正爲誅佞人耳라하고 其餘는 不戮一人이라 自古로 誅其君而弔其民은 皆是殺人以安人者也[8]라

1) 未可與權者也 : 이 내용은 ≪論語≫ 〈子罕〉에 "함께 배울 수는 있어도 함께 道에 나아갈 수는 없으며, 함께 道에 나아갈 수는 있어도 함께 설 수는 없으며, 함께 설 수는 있어도 함께 權道를 행할 수는 없다.〔可與共學 未可與適道 可與適道 未可與立 可與立 未可與權〕"라고 보인다.

2) 仁義之兵 : 王者가 거느리는 仁義의 군대로 자세한 내용은 본서 27쪽의 주 3) 참조.

3) 建中用中之人 : 中은 中道로, 지나치거나 모자람이 없고 편벽되거나 치우침이 없는 道를 이른다. 建中은 ≪書經≫ 〈商書 仲虺之誥〉에 "王께서는 힘써 大德을 밝히시어 백성들에게 中道를 세우소서.〔王懋昭大德 建中於民〕"라고 보이며, 用中은 ≪中庸≫ 제6章에 "두 끝을 잡으시어 그 中을 백성에게 쓰셨다.〔執其兩端 用其中於民〕"라고 보인다.

4) 未知是否 : 漢文大系本에는 이 내용이 없고, 대신 "이 아래는 權道를 쓰는 일을 말하였다.〔以下 言用權之事〕"라고 되어있다.
5) 是故……可也 : 이 내용은 아랫글과 중첩되는바, 漢文大系本에는 이 내용이 없는 것으로 보아 잘못 기록된 듯하다. 다만 저본과 明本에 모두 있으므로 곧바로 삭제할 수 없어 그대로 두고 번역하였다.
6) 武王誅紂伐奄 : 이 내용은 ≪孟子≫ 〈滕文公 下〉에 보인다.
7) 高德儒 : ?~617. 隋 煬帝 때의 친위대 장교로서, 봉황이 출현했다는 祥瑞를 조작하고 煬帝에게 아첨하여 朝散大夫로 승진하고 이어서 西河의 郡丞이 되었다. 大業 13年(617), 唐 高祖 李淵이 기병하여 두 아들 李建成과 李世民이 西河를 함락시켰는데, 李世民이 煬帝를 미혹한 그의 罪를 논하고 死刑에 처하였다.
8) 皆是殺人以安人者也 : 漢文大系本에는 이 아래에 "≪書經≫ 〈商書 君陳〉에서 말한 '형벌하여 형벌을 그칠 수 있어야 한다.'의 뜻이다.〔書所謂辟以止辟之義〕"라는 내용이 추가되어 있다.

正道로 다스려서 혹 그 뜻을 얻지 못하면 權變의 道를 사용하여 구제하는 것이다. 權變의 道는 陣을 치고 싸우는 데에서 나오고 中人에게서 나오지 않으니, 中人은 中品의 사람으로 함께 권도를 쓸 수 없는 자이다.

正은 萬世의 떳떳함이요 權은 한때의 쓰임이니, 바로 湯王과 武王이 仁義의 군대를 거느리고서, 權道로써 구제한다는 것이다. 혹자는 말하기를 "中人은 바로 中을 세우고 中을 사용하는 사람이니, 전쟁에 權道를 쓰는 방도와 다르다."라고 하니, 그 말이 옳은지는 알지 못하겠다. 내가 생각하건대 中人의 위아래에 아마도 빠진 글이나 오자가 있는 듯하니, 우선 이렇게 설명하고 아는 자를 기다리노라.

'이 때문에 사람을 죽여서 사람을 편안히 할 수 있으면 사람을 죽여도 괜찮다.'는 것은 '이 때문에 사람을 죽여서 천하의 사람을 편안히 할 수 있으면 사람을 죽여도 괜찮다.'는 것이다. 예컨대 武王이 紂王을 정벌하고 奄나라를 정벌하였으며, 唐 太宗이 高德儒를 사로잡아 죄상을 열거하기를 "네가 들판에 있는 새를 가리켜 난새〔鸞〕라 하여 군주를 속이고 높은 관직을 차지하였으니, 내가 의로운 군대를 일으킴은 바로 너와 같은 간신을 주벌하기 위한 것이다."라고 하고, 그 나머지는 한 사람도 죽이지 않은 따위이다.

예로부터 포악한 군주를 주벌하고 〈도탄에 빠진〉 백성을 위문함은 모두 사람을 죽여서 사람을 편안히 한 것이다.

攻其國하여 **愛其民**이면 **攻之**라도 **可也**요

남의 나라를 공격하여 그 백성을 사랑할 수 있으면 공격해도 괜찮고,

攻人之國하여 而愛惜其民이면 攻之라도 可也니 如武王伐商하고 大賚(뢰)其民[1]이 是也라

1) 武王伐商 大賚(뢰)其民 : 이 내용은 ≪書經≫ 〈周書 武成〉에 "〈武王이〉 鉅橋의 곡식을 풀어서 크게 四海에 주니, 만백성이 기뻐하여 복종하였다.〔發鉅橋之粟 大賚于四海而萬姓悅服〕"라고 보인다.

남의 나라를 공격하여 그 백성을 사랑하고 아끼면 공격해도 괜찮은 것이니, 예컨대 武王이 商나라를 공격하고 그 백성들에게 크게 물건을 내려준 것이 이것이다.

以戰止戰이면 雖戰이라도 可也라

싸움으로써 싸움을 그치게 할 수 있으면 비록 싸우더라도 괜찮은 것이다.

以戰而止息天下之戰이면 雖與之戰이라도 可也라 如武王以革車三百輛과 虎賁三千人[1]으로 與紂一戰而天下定이 是也라

1) 武王以革車三百輛 虎賁三千人 : 이 내용은 ≪孟子≫ 〈盡心 下〉에 보인다. 虎賁은 호랑이처럼 용감한 군사를 이른다.

싸움으로써 천하의 싸움을 그치게 할 수 있으면 비록 적과 싸우더라도 괜찮은 것이다. 예컨대 武王이 革車 3백 輛과 虎賁 3천 명을 거느리고 紂王과 한 번 싸워 천하가 평정된 것이 이것이다.

故로 仁見親하고 義見說(열)하고 智見恃하고 勇見方하고 信見信하나니라

그러므로 仁이 있으면 사람들이 보고서 친애하고, 義가 있으면 사람들이 보고서 기뻐하고, 지혜가 있으면 보고서 믿고, 용맹이 있으면 보고서 사방에서 귀의하고, 믿음이 있으면 보고서 믿는다.

故로 有仁者는 人見而親之하고 有義者는 人見而說之하고 有智者는 人見而倚恃之하고 有勇者는 人見而歸向之하고 有信者는 人見而信服之[1]라

1) 人見而信服之 : 漢文大系本에는 이 아래에 "一說에는 이르기를 '方은 ≪書經≫ 〈周書 立政〉에 말한바, 「사방으로 천하에 행하다.〔方行天下〕」의 方이다.' 하였다.〔一云 方卽

書經方行天下之方〕"라는 내용이 추가되어 있다.

그러므로 仁이 있는 자는 사람들이 보고서 친애하고, 義가 있는 자는 사람들이 보고서 기뻐하고, 지혜가 있는 자는 사람들이 보고서 의지하고, 용맹이 있는 자는 사람들이 보고서 歸依하고, 믿음이 있는 자는 사람들이 보고서 믿고 복종한다.

內得愛焉은 所以守也요

안으로 백성이 임금의 사랑을 받음은 나라를 지키는 방법이요,

在內之民이 得其恩愛는 所以能守니 如趙襄子尹鐸守晉陽이러니 智伯以水灌之하여 城不沒者三板이요 沈竈產蛙호되 民無叛意[1)]하니 皆尹鐸之愛 有以結其心耳라

1) 趙襄子尹鐸守晉陽……民無叛意 : 趙襄子는 춘추시대 말기 晉나라의 六卿 가운데 하나인 趙氏 집안의 家主로 이름은 無恤이다. 尹鐸은 晉陽의 수령으로 일찍이 趙襄子의 아버지인 趙簡子에 의해 晉陽을 保障으로 만들라는 명을 받고 善政을 베풀었다. 智伯은 六卿 가운데 가장 강성했던 智氏 집안의 家主로 이름이 智瑤이다. 智瑤가 卿을 세습한 다음 趙襄子에게 땅을 떼어줄 것을 요구하였으나 趙襄子가 이를 거절하자, 韓氏・魏氏와 함께 趙襄子를 공격하니, 趙襄子는 晉陽으로 도망하여 晉陽城의 守將인 尹鐸과 함께 성을 굳게 지켰다. 晉陽城의 백성과 병사들은 水攻을 당하여 성이 침몰될 위기에 처하였음에도 主君인 趙氏를 배반하지 않고 끝까지 저항하여, 마침내 韓氏・魏氏의 마음을 돌려 함께 협공하여 智氏를 멸망시켰다. ≪資治通鑑 권1 周紀≫

안에 있는 백성들이 그 군주의 은혜와 사랑을 받는 것은 능히 〈나라를〉 지킬 수 있는 방법이다. 예컨대 趙襄子와 尹鐸이 晉陽을 지키는데, 智伯이 晉陽城에 물을 대어서 城이 물에 잠기지 않은 것이 세 板(板은 2尺)뿐이었고, 부엌이 오랫동안 물에 잠겨 개구리가 새끼를 쳤으나 백성들이 배반할 뜻이 없었으니, 이는 모두 尹鐸의 사랑이 백성들의 마음을 결속시킬 수 있었기 때문이다.

外得威焉은 所以戰也라

밖으로 병사들이 그 위엄을 두려워함은 적과 싸울 수 있는 방법이다.

在外之兵이 畏其威嚴은 所以能戰이니 是는 國家法令素行也[1)]라

1) 國家法令素行也 : 漢文大系本에는 이 아래에 "≪書經≫ 〈夏書 胤征〉에 '위엄이 사랑을 이기면 진실로 軍旅를 이룰 수 있다.'라고 한 것이 이것이다.〔書曰 威克厥愛 允濟軍

旅 是矣〕"라는 내용이 추가되어 있다.

밖에 있는 병사들이 군주의 위엄을 두려워함은 능히 싸울 수 있는 방법이니, 이는 국가의 법령이 평소 행해졌기 때문이다.

戰道는 **不違時**하며 **不歷民病**하니 **所以愛吾民也**요

싸우는 방도는 농사철을 잃지 않게 하며 백성들이 전염병을 앓는 곳을 지나가지 않게 하여야 하니, 이는 자기 백성을 사랑하기 위한 것이요,

戰陳之道는 **不違農之時**하고 **不歷民之病**하니 **所以親愛吾民也**라

陣을 치고 싸우는 方道는 농사철을 잃지 않게 하고 백성들이 전염병을 앓는 곳을 지나가지 않게 하여야 하니, 이는 내 백성을 친애하기 위한 것이다.

不加喪하며 **不因凶**하니 **所以愛夫其民也**요

國喪이 있는 나라에 침공을 가하지 않고 흉한 틈을 타지 않으니, 이는 적의 백성을 사랑하기 위한 것이요,

不加人之喪하고 不因人之凶하니 所以愛憐其民也라 如楚人將伐陳이라가 聞喪乃止[1] 是也라 吳王闔閭 乘允常死而伐之[2]하니 是는 加人之喪[3]하고 因人之凶者也라

1) 楚人將伐陳 聞喪乃止：이 내용은 ≪春秋左氏傳≫ 襄公 4년 조에 "3월에 陳나라 成公이 죽었다. 楚나라 사람들이 장차 陳나라를 정벌하려다가 陳나라에 國喪이 났다는 소식을 듣고 출병을 멈추었다. 그럼에도 陳나라 사람들은 楚나라의 命을 따르지 않았다.〔三月 陳成公卒 楚人將伐陳 聞喪乃止 陳人不聽命〕"라고 보인다.

2) 乘允常死而伐之：이 내용은 ≪吳子≫ 〈圖國〉의 "吳王 闔閭가 越나라의 允常이 죽었다는 소식을 듣고 越나라를 정벌한 것과 같은 것이 이것이다.〔如闔閭聞允常死而伐越 是也〕"라는 내용을 인용한 것이다. 允常은 越王 句踐의 아버지로, 이후 吳나라와 越나라는 관계가 극도로 악화되어 원수지간이 되었다. 闔閭는 闔廬로도 표기한다.

3) 加人之喪：漢文大系本에는 이 아래에 "麇나라 사람들이 楚나라에 큰 饑饉이 든 틈을 타서 百濮으로 하여금 楚나라를 치게 하였으니, 이는 남의 흉함을 틈탄 것이다.〔麇人乘楚大饑 令百濮伐之 是因人之凶者也〕"라는 내용이 추가되어 있다. 麇는 麇의 오기로 보이는바, 이 일은 ≪春秋左氏傳≫ 文公 16년 조에 "楚나라에 큰 기근이 드니……庸나라 사람은 여러 蠻族을 거느리고 楚나라를 배반하고, 麇나라 사람은 百濮을 거느리고

選에 모여 楚나라를 치려고 하였다."라고 보인다.

남의 초상에 침공을 가하지 않고 남의 흉함을 틈타지 않으니, 이는 적의 백성을 사랑하기 위한 것이다. 예컨대 楚나라 사람이 陳나라를 정벌하려 하다가 陳나라에 초상이 났다는 말을 듣고 마침내 중지한 것이 이것이다. 吳王 闔閭는 允常이 죽은 틈을 타서 정벌하였으니, 이는 남의 초상에 침공을 가하고 남의 흉함을 틈탄 것이다.

冬夏에 不興師하니 所以兼愛〔其〕[1)]民也라

1) 〔其〕: 저본에는 '其'가 없으나 漢文大系本에 의거하여 보충하였다.

겨울과 여름에 군대를 일으키지 않으니, 이는 적과 우리의 백성을 널리 사랑하기 위한 것이다.

隆冬盛夏大寒大暑之月에 不興師以伐하니 所以兼愛其民也라 兼愛는 猶曰廣愛라 蓋隆冬興師하면 必有裂膚墮指者하고 盛夏興師하면 必有冒暑疾疫者하니 此聖王所以愼之也[1)]라

1) 兼愛……此聖王所以愼之也 : 漢文大系本에는 이 내용이 없고, 대신 "예컨대 漢 高祖가 눈 내리는 날씨를 무릅쓰고 匈奴를 정벌하였다가 많은 병사들이 동상에 걸려 손가락이 떨어지고, 馬援이 무더위를 무릅쓰고 陵蠻을 원정하였다가 많은 병사들이 열병에 죽은 것이 이것이다. 이상은 仁을 근본으로 삼는 뜻을 거듭 말한 것이다.〔若漢高冒雪征匈奴 士多墜指 馬援冒暑征陵蠻 士多疫死者 是也 以上申言以仁爲本之意〕"라고 되어 있다.

漢 高祖의 일이란 平城 전투를 말한 것이다. 高祖가 중원을 통일한 뒤인 B.C. 200년에, 匈奴의 冒頓單于(묵특선우)가 중원을 침략하자, 高祖는 친히 匈奴를 정벌하고자 출병하였는데, 때마침 겨울이라 추위가 심하고 큰 눈이 내려서, 많은 병사들이 동상에 걸려 손가락이 떨어질 정도였다. 高祖는 平城에서 匈奴의 유인책에 걸려 본진과 떨어진 채 白登山에 포위되어 절체절명의 궁지에 빠졌는데, 陳平의 계략으로 冒頓單于의 왕후인 閼氏(연지)에게 후한 뇌물을 주고 겨우 포위망을 빠져나와 목숨을 구했으며, 결국 불리한 조건을 무릅쓰고 匈奴와 화친하였다. ≪史記 권110 匈奴列傳≫

馬援(B.C. 14~49)은 後漢 光武帝 때의 명장으로 太中大夫와 隴西太守를 지냈으며 伏波將軍에 임명되어 交趾 지방에서 봉기한 徵側·徵貳 자매의 반란을 토벌하고, 하노이 부근의 浪泊까지 진출하여 남방을 평정한 공로로 43년 新息侯에 봉해졌으며, 북방의 匈奴와 烏丸을 토벌하였다. 그러나 남방의 陵蠻을 토벌하러 출정하였다가 험

로에 막혀 진격하지 못하고, 열병 환자가 속출하여 고전하다가 많은 병사를 잃고 자신도 진중에서 병들어 죽었다. ≪後漢書 권24 馬援列傳≫

한겨울과 한여름의 매우 춥고 더운 달에는 군대를 일으켜 정벌하지 않으니, 이는 적과 우리의 백성을 널리 사랑하기 위한 것이다. 兼愛는 廣愛(널리 사랑한다)라는 말과 같다.

한겨울에 군대를 일으키면 반드시 추위에 피부가 터지고 손가락이 얼어 떨어지는 자가 있으며, 한여름에 군대를 일으키면 반드시 더위를 무릅써 전염병에 걸리는 자가 있으니, 이는 聖王이 이 시기에 전쟁을 삼가는 이유이다.

故로 **國雖大**나 **好戰必亡**이요 **天下雖安**이나 **忘戰必危**하나니라

그러므로 나라가 아무리 크더라도 전쟁을 좋아하면 반드시 망하고, 천하가 비록 편안하더라도 전쟁을 잊으면 반드시 위태로운 것이다.

故로 國雖大나 好戰이면 必至於亡하니 如有扈氏之君이 恃衆好勇하여 以喪其社稷[1)]이 是也라 天下雖安이나 忘戰이면 必至於危하니 如承桑氏之君이 修德廢武하여 以滅其國家[2)] 是也라

1) 有扈氏之君……以喪其社稷 : 이 내용은 ≪吳子≫ 〈圖國〉에 보인다. 有扈氏는 夏나라와 同姓의 제후로, 禹王의 아들 啓가 帝位를 계승한 것에 반발하다가, 甘 땅의 전투에서 啓에게 멸망당하였다. ≪書經≫ 〈夏書 甘誓〉는 바로 啓가 甘 땅에서 군사들에게 맹세한 내용이다.
2) 承桑氏之君……以滅其國家 : 이 내용은 ≪吳子≫ 〈圖國〉에 보인다. 承桑氏는 고대의 제후이다

그러므로 비록 나라가 크더라도 전쟁을 좋아하면 반드시 망함에 이르니, 예컨대 有扈氏의 군주가 병력을 믿고 용맹을 좋아하여 社稷을 잃은 것과 같은 것이 이것이다. 천하가 비록 편안하더라도 전쟁을 잊으면 반드시 위태로움에 이르니, 예컨대 承桑氏의 군주가 德만 닦고 武(국방)를 폐하여 국가가 멸망한 것과 같은 것이 이것이다.

天下既平이면 **天子大愷**하여

천하가 평정되면 천자가 크게 凱旋歌(개선가)를 불러서

天下既平이면 天子大愷而歸니 愷는 軍樂也라 春秋左傳에 振旅愷以入於晉[1)]이라하니 是愷爲軍樂也 明矣라 後章에 得意以愷歌示喜者[2)] 是也라

1) 振旅愷以入於晉 : 이 내용은 ≪春秋左氏傳≫ 僖公 28년 조에 보인다. 振旅는 군대를 정돈하여 撤軍하는 것을 이른다.

2) 後章 得意以愷歌示喜者 : 後章은 아래 〈天子之義〉편을 이르는바, 여기에 "승리하여 뜻을 얻으면 개선가를 부름은 기쁨을 보이는 것이다.〔得意則愷歌示喜也〕"라고 보인다.

천하가 이미 평정되면 천자가 크게 개선가를 부르고 돌아오니, 愷는 군대의 음악이다. ≪春秋左氏傳≫에 "군대를 정돈하여 철군하게 하고 개선가를 부르면서 晉나라로 돌아왔다." 하였으니, 이는 愷가 군대의 음악이 됨이 분명한 것이다. 뒷장의 '승리하여 뜻을 얻으면 凱旋歌를 부름은 기쁨을 보이는 것이다.'는 것이 이것이다.

春蒐(수)秋獮(선)하며

봄에 '蒐'라는 사냥을 하고 가을에 '獮'이라는 사냥을 하며,

春畋(전)曰蒐요 秋畋曰獮이라 蒐者는 搜也니 搜其無孕字者하여 取之요 獮者는 殺也니 順秋陰之氣而殺之[1)]니 皆於農隙에 以講武事也라

1) 順秋陰之氣而殺之 : 가을의 陰氣를 따라 죽임을 이른다. 봄에는 기후가 따뜻하여 만물이 태어나고 자라므로 이것을 陽氣라 하고, 가을에는 기후가 춥고 서리가 내려 만물을 죽이므로 이것을 陰氣라 한다. 그리하여 옛날 죄수들도 가을과 겨울철에만 형벌을 시행하고, 봄이 되면 죽이지 않았다. 漢文大系本에는 "천자가 비록 천하를 평정하여 크게 개선가를 부르더라도, 반드시 농한기에 武事를 익히는 일을 하여야 함을 말한 것이다.〔言天子雖當平定大愷 猶必於農隙以講武事也〕"라고 되어있다.

봄에 사냥하는 것을 蒐라 하고 가을에 사냥 하는 것을 獮이라 한다. 蒐는 수색한다는 뜻이니 짐승 중에 새끼를 배지 않은 놈을 찾아서 취하는 것이요, 獮은 죽인다는 뜻이니 가을에 陰氣를 순히 하여 죽이는 것으로, 모두 농한기에 하여 武事를 익히는 것이다.

諸侯春振旅하고 秋治兵하니

諸侯가 봄에 군대를 정돈하여 철군하고 가을에 군대를 다스리니,

諸侯春月則振旅하고 秋月則治兵이라 振은 止요 旅는 衆也니 言戰罷而止其衆以入也[1)]라

1) 言戰罷而止其衆以入也 : 漢文大系本에는 이 아래에 "또한 武事를 익히는 것이다.〔亦講武也〕"라는 내용이 추가되어 있다.

諸侯가 봄철이면 군대를 그치게 하고 가을철이면 군대를 다스린다. 振은 그침이요 旅는 무리(군대)이니, 전쟁을 罷하여 군대를 그치게 해서 돌아옴을 말한 것이다.

所以不忘戰也니라

이는 전쟁을 잊지 않기 위한 것이다.

天子春蒐秋獮하고 諸侯振旅治兵은 皆所以不忘戰也[1)]라

1) 皆所以不忘戰也 : 漢文大系本에는 이 아래에 "이상은 '義로써 다스린다.'는 뜻을 거듭 말한 것이다.〔以上 申言以義治之之意〕"라는 내용이 추가되어 있다.

天子가 봄에 사냥하고 가을에 사냥하며 諸侯가 군대를 그치게 하고 군대를 다스림은 모두 전쟁을 잊지 않기 위한 것이다.

古者逐奔에 不過百步하며 縱綏에 不過三舍하니

옛날에 도망하는 적을 추격할 적에 100步를 넘지 않았으며, 퇴군하는 적을 좇을 적에 三舍(90리)를 넘지 않았으니,

奔은 敗北(배)也니 謂追人敗北之兵에 不過一百步라 縱綏는 春秋左傳註에 引此爲從綏[1)]하고 柳子厚文에 引七十而從心에 亦作縱心[2)]하니 是縱從古通用也라 綏者는 御轡之索(삭)이니 乃六轡之總[3)]也라 古者에 以軍退爲綏하니 謂從人退還之軍에 不過九十里라 春秋左傳에 晉趙盾(돈)이 命三軍皆出하여 與秦戰이라가 交綏한대 註曰 軍退爲綏[4)]라하니 謂秦晉皆有備하여 各防其失하여 不戰而兩退라 故로 曰交綏라 蓋兩家車馬將士嚴整하여 各執轡當陣하여 有必戰之勢하면 所以各防其失而交退하니 是는 以綏爲不戰而退軍之名也라 後篇에 又曰 從奔不息[5)]이라하니 蓋逐奔, 從奔, 縱綏 三者는 意相似[6)]라

1) 春秋左傳註 引此爲從綏 : ≪春秋左氏傳≫ 文公 12년 조에 "12월 戊午日에 秦軍이 晉나라 上軍을 습격하니, 趙穿이 秦軍을 뒤쫓았으나 따라잡지 못하였다.……〈趙盾이〉 全軍을 다 거느리고 나가서 싸우다가 양군이 동시에 퇴각하였다.〔十二月戊午 秦軍掩晉上軍 趙穿追之不及……乃皆出戰交綏〕" 하였는데, 杜預는 '交綏'에 대해 "≪司馬法≫에 이르기를 '도망가는 敵을 멀리까지 추격하지 않고, 후퇴하는 적을 따라잡지 않는다.〔逐奔不遠 從綏不及〕' 하였으니, 그렇다면 옛날에는 退軍하는 것을 '綏'라고 한 것이다. 晉과 秦, 두 나라는 戰爭하려는 뜻이 확고하지 못하였기 때문에 무기를 서로 마주치기도 전에 兩軍이 앞을 다투어 퇴각한 것이다. 그러므로 '交綏'라고 한 것이다."라고 주하였으므로 이렇게 말한 것이다.
2) 柳子厚文……亦作縱心 : 子厚는 唐나라 중기의 문신이자 문장가로 唐宋八大家의 한 사람인 柳宗元의 字이며, 유자후의 글은 〈與楊誨之第二書〉를 이른다. 이 글에 "儒者들이 위대하다고 여김에 있어 孔子보다 더한 분이 없는데, 孔子도 일흔이 되어서야 마음에 하고자 하는 바를 좇았다.〔凡儒者之所取大 莫尙孔子 孔子七十而縱心〕"라고 하여, ≪論語≫ 〈爲政〉의 "七十而從心"의 從心을 柳宗元이 縱心으로 썼기 때문에 이렇게 말한 것이다.
3) 六轡之總 : 한 대의 수레를 모는 데 필요한 여섯 고삐의 끈을 말한다. 옛날에는 수레 한 대를 네 필의 말이 끌고 말마다 각각 두 개의 고삐를 매었는데, 수레 양쪽 가장자리에 위치하는 驂馬의 안쪽 고삐를 '軜(납)'이라 하는바, 이것들은 수레 앞턱 가로댄 나무 앞부분에 묶어놓고, 수레를 모는 자는 다만 여섯 고삐의 끈만 가지고 수레를 몰았다.
4) 晉趙盾(돈)……軍退爲綏 : 위의 주 1) 참조.
5) 後篇又曰 從奔不息 : 후편은 〈用衆〉편을 이르는데, 여기에는 "무릇 도망하는 적을 추격할 적에는 그치지 말라.〔凡從奔勿息〕"라고 되어있다.
6) 意相似 : 漢文大系本에는 이 아래에 "一說에는 이르기를 '縱綏는 수레의 고삐를 풀어놓아 이로써 적병을 추격하는 것이다.' 하였다.〔一云 縱綏謂縱放其綏 以追躡敵兵也〕"라는 내용이 추가되어 있고, "30里가 1舍이니, 3舍는 90里이다.〔三十里爲一舍 三舍則九十里〕"라는 補注가 달려 있다.

奔은 패하여 도망함이니, 적의 패배한 군대를 추격할 적에 100보를 넘지 않음을 이른다. 縱綏는 ≪春秋左氏傳≫의 註에 이 내용을 인용하면서 '從綏'로 썼고, 柳子厚의 글에 '七十而從心'을 인용하면서 또한 '縱心'으로 썼으니, 이는 縱과 從을 옛날에 통용한 것이다.

綏는 수레를 모는 말고삐의 끈이니, 바로 여섯 고삐의 끈이다. 옛날에 군대가 후퇴하는 것을 綏라 하였으니, 물러나 돌아가는 적군을 좇아갈 적에 90리를 넘지 않음을 말한 것이다. ≪春秋左氏傳≫에 "晉나라 趙盾이 三軍에게 명하여 모두 나가서 秦나라와 싸우게 하다가 交綏하였다." 하였는데, 註에 "군대가 후퇴하는 것을 綏라 한다." 하였으니, 秦나라와 晉나라가 모두 대비가 있어서 각각 실수를 방비하여 싸우지 않고 쌍방이 모두 물러감을 이른다. 그러므로 交綏라고 한 것이다.

두 나라의 수레와 말과 장수와 병사들이 엄숙히 정돈되어서 각각 고삐를 잡고 진영에 임하여 必戰의 기세가 있으면 각각 실수를 방비하기 위하여 서로 후퇴하는 것이니, 이는 싸우지 않고 군대를 후퇴하는 것을 綏라고 이름한 것이다. 후편에 또 "도망하는 적을 쫓아갈 적에는 그치지 말라." 하였으니, 逐奔, 從奔, 縱綏 세 가지는 뜻이 서로 비슷하다.

是以로 明其禮也요

이로써 禮를 밝히는 것이요,

辭讓之心은 禮之端也[1]니 蓋良心發見(현)하여 而不可掩者라 逐奔에 不過百步하고 縱綏에 不過三舍하니 非惟恐傷我之兵이요 又矜彼之敗하여 不忍窮兵逐之하니 是又讓之大者니 乃所以明其禮也라 惟仁義之兵이 如此요 若後世乘人之敗에 有不解甲하고 三日而追之者[2]하니 非明禮之道也라

1) 辭讓之心 禮之端也 : 이 내용은 ≪孟子≫ 〈公孫丑 上〉에 보인다.

2) 不解甲 三日而追之者 : 唐 太宗 李世民을 이른다. 唐 高祖 武德 2년(620)에 劉武周가 突厥의 세력에 의지하여 晉陽을 점령하고, 부장인 宋金剛으로 하여금 河東 일대로 진격하게 하여, 당시 長安을 차지하고 唐王을 칭하던 高祖를 위협하였다. 이에 李世民이 출정하여 온갖 험난함을 무릅쓰고 적의 주력부대를 궤멸시킨 다음 이틀 동안 밥을 먹지 않고 사흘 동안 갑옷을 벗지 않고, 퇴군하는 宋金剛의 남은 병력을 추격하여 소탕하고 상실하였던 영토를 수복하였다. ≪資治通鑑 권188 唐紀 高祖≫

사양하는 마음은 禮의 단서이니, 양심이 발로되어서 가릴 수 없는 것이다. 도망하는 적을 추격할 적에 100보를 넘지 않고, 후퇴하는 적을 쫓을 적에 三舍를 넘지 않으니, 이는 비단 우리의 군대가 상할까 두려워해서일 뿐이 아니요, 또 저들의 패전을 불쌍히 여겨서 차마 군대를 끝까지 출동시켜 추격하지 않는 것이다. 이는 또 辭讓의 큰 것이니, 바로 禮를 밝히기 위한 것이다.

오직 仁義의 군대가 이와 같고, 후세에 적의 패한 틈을 타서 갑옷을 벗지 않고 사흘 동안 추격한 경우가 있으니, 이는 禮를 밝히는 방도가 아니다.

不窮不能하고 **而哀憐傷病**하나니라

능하지 못한 자를 끝까지 추격하지 않고, 부상자와 병든 자를 불쌍히 여긴다.

不窮追其不能하고 而哀憐被傷及患病之人이라 若秦晉戰에 秦人將潛師而遁한대 趙盾이 欲薄之於河러니 趙穿, 胥甲〔父〕[1]當軍門하여 呼曰 死傷未收而棄之는 不惠也요 不待期而薄人於險은 無勇也라하니 趙盾聞之하고 遂不薄秦兵[2]이 卽此意也라

1)〔父〕: 저본에는 '父'가 없으나 漢文大系本에 의거하여 보충하였다.
2) 秦晉戰……遂不薄秦兵 : 이 내용은 ≪春秋左氏傳≫ 文公 12년 조에 보인다.

능하지 못한 자를 끝까지 추격하지 않고, 부상당한 자와 병을 앓는 사람(적)을 불쌍히 여기는 것이다. 예컨대 秦나라와 晉나라가 싸울 적에 秦나라 사람이 군대를 은밀히 철수하여 도망하려 하였는데, 趙盾이 황하에서 압박하고자 하였다. 이때 趙穿과 胥甲父가 軍門을 가로막고 고함치기를 "사상자를 아직 수습하지 못하고 버림은 은혜롭지 못한 일이요, 싸우기로 약속한 시기를 기다리지 않고 남을 험한 곳에서 압박함은 용맹이 없는 것이다."라고 하니, 趙盾이 이 말을 듣고 秦軍을 압박하지 않은 것이 바로 이 뜻이다.

是以로 **明其仁也**요

이로써 仁을 밝히는 것이요,

惻隱之心은 仁之端也[1]라 不窮不能하고 而哀憐傷病은 是良心善端之發見者니 乃所以明夫仁也라

1) 惻隱之心 仁之端也 : 이 내용은 ≪孟子≫ 〈公孫丑 上〉에 보인다.

惻隱해 하는 마음은 仁의 단서이다. 능하지 못한 자를 끝까지 추격하지 않고 부상자와 병든 적군을 불쌍히 여김은 바로 良心의 善한 마음이 발로된 것이니, 바로 仁을 밝히기 위한 것이다.

成列而鼓하니 **是以**로 **明其信也**요

적이 대열을 이룬 뒤에 북을 쳐 진격하니 이로써 信을 밝히는 것이요,

〔敵〕[1)]兵成行列然後에 鼓之而進하여 不乘人之不及하고 不掩人之不備하니 此所以明(其)〔吾〕[2)]信也라 信者는 以實之謂[3)]라

1) 〔敵〕: 저본에는 '敵'이 없으나 漢文大系本에 의거하여 보충하였다.
2) (其)〔吾〕: 저본의 '其'는 漢文大系本에 의거하여 '吾'로 바로잡았다.
3) 以實之謂 : 漢文大系本에는 이 아래에 "속임수로 적을 엄습하지 않는 것이니, 宋 襄公이 전열을 이루지 못한 적에게 진격을 명하는 북을 치지 않은 것과 같은 것은 한갓 작은 信을 따른 것이다.〔不以詐掩人也 若宋襄公之不鼓不成列 徒徇小信者也〕"라는 내용이 추가되어 있다.
襄公은 춘추시대 宋나라의 군주이다. B.C. 638년, 襄公은 적은 병력으로 楚나라와 싸웠는데, 楚나라의 군대가 泓水를 반쯤 건넜을 적에 司馬인 子魚가 공격할 것을 청했으나, 襄公은 正道가 아니라 하여 듣지 않았으며, 楚나라 군대가 泓水를 건너고 나서 미처 隊列을 정리하기 전에 다시 공격할 것을 청했으나 역시 듣지 않다가, 楚나라의 군대가 대열을 갖추기를 기다려 싸웠으나 부상을 입고 크게 패하였다. 이에 세상 사람들이 '宋襄之仁'이라 하여 이를 비웃었다. ≪春秋左氏傳 僖公 22년≫

적의 군대가 항렬을 이룬 뒤에 북을 쳐서 전진하여, 적이 미처 정돈하지 못한 틈을 타지 않고, 적이 대비하지 못한 것을 기습하지 않으니, 이는 우리의 信을 밝히기 위한 것이다. 信은 진실히 함을 이른다.

爭義不爭利하니 是以로 明其義也요

의로움을 다투고 이로움을 다투지 않으니, 이로써 義를 밝히는 것이요,

但爭義而不爭利하니 此所以明其義也라 如葛伯放而不祀한대 湯使遺之牛羊하고 他日又不祀한대 湯使人往爲之耕이러니 葛伯이 殺一童子而奪其黍肉이어늘 湯興兵伐之하니 但爲其不祀及殺是童子而征之耳[1)]니 此는 爭義而不爭利者也라

1) 如葛伯放而不祀……征之耳 : 이 내용은 ≪孟子≫ 〈滕文公 下〉에 보인다.

다만 의로움을 다투고 이익을 다투지 않으니, 이는 그 義를 밝히기 위한 것이다. 葛伯이 방탕하여 제사를 지내지 않자 湯王이 사람을 시켜서 소와 양을 보내주었고, 他日에 또다시 제사하지 않자 湯王이 사람을 시켜서 葛나라에 가서 농사를 지어주게 하였다. 그런데 葛伯이 한 童子를 죽이고 그가 가져온 기장밥과 고기를 빼앗자, 湯王이 군대를 일으켜 정벌하였으니, 이는 다만 선조에 제사하지 않은 것과 이 童子를 죽였

기 때문에 정벌했을 뿐이니, 이는 의로움을 다투고 이익을 다투지 않은 것이다.

又能舍服하니 **是以**로 **明其勇也**요

또 항복한 자를 놓아주니, 이로써 용맹을 밝히는 것이요,

人旣服降이면 又能捨之不殺이니 此所以明其勇也라 春秋傳曰 叛則伐之하고 服則捨之[1] 是也라

1) 春秋傳曰……服則捨之 : 이 내용은 ≪春秋左氏傳≫ 宣公 12년에 "楚君이 鄭나라를 정벌할 적에 鄭나라가 두 마음을 품은 것에 怒하여 정벌하다가 鄭伯이 몸을 낮추는 것을 보고는 이를 가엾게 여겼다. 배반하자 정벌하고 복종하자 놓아주었으니, 德行과 刑罰이 구비되었다.〔楚君討鄭 怒其貳而哀其卑 叛而伐之 服而舍之 德刑成矣〕"라고 보인다.

남이 이미 복종하여 항복하였으면 또 놓아주고 죽이지 않으니, 이는 용맹을 밝히기 위한 것이다. ≪春秋左氏傳≫에 "배반하면 정벌하고 복종하면 놓아준다."는 것이 이것이다.

知終知始하니 **是以**로 **明其智也**라

일의 끝을 알고 일의 시작을 아니, 이로써 지혜를 밝히는 것이다.

知事之所以終하고 知事之所以始[1]하니 此所以明其智也라

1) 知事之所以始 : 漢文大系本에는 이 아래에 "능히 자세히 살피고 잘못하지 않으니〔而能審察不失〕"라는 내용이 추가되어 있다.

일이 끝나는 이유를 알고 일이 시작하는 이유를 아니, 이는 지혜를 밝히기 위한 것이다.

六德을 **以時合敎**하여 **以爲民紀之道也**하니 **自古之政也**니라

여섯 가지 德을 가지고 때로 병사들을 모아 가르쳐서 民紀(人民이 행해야 할 법칙)의 道로 삼으니, 이것은 예로부터 시행해오는 정사이다.

六德者는 禮仁信義勇智也라 六德을 以時會合其衆而敎之[1]하여 先王修爲民紀之道하니 此乃自古之〔軍〕[2]政也라

1) 以時會合其衆而敎之 : 漢文大系本에는 이 아래에 "時는 장성한 자들이 한가한 날(때)을 이용하여 한다는 때와 같은 것이다.〔時 如壯者以暇日之時〕"라는 내용이 추가되어 있다. '壯者以暇日'은 ≪孟子≫ 〈梁惠王 上〉에 보인다.

2) 〔軍〕: 저본에는 '軍'이 없으나 漢文大系本에 의거하여 보충하였다.

六德은 禮・仁・信・義・勇・智이다. 六德을 가지고 때로 병사들을 모아 가르쳐서 先王이 民紀의 道를 닦았으니, 이는 바로 예로부터 시행해온 군정이다.

先王之治는 順天之道하고 設地之宜하고 官民之德하여 而正名治物하며 立國辨職하여 以爵分祿하여 諸侯說懷하고 海外來服[1]하며 獄弭而兵寢하니 聖德之至也니라

1) 海外來服 : 여기 外字에 대해 漢文大系本에는 "外는 今本에는 內로 되어있다.〔外 今本作內〕"라고 하였다.

先王의 다스림은 하늘의 道를 순히 하고 땅의 마땅함을 베풀며 백성 중에 덕이 있는 사람을 벼슬 시켜서 관명을 바로잡고 일을 다스리게 하며, 諸侯國을 세우고 직책을 분별하여 관작에 따라 녹봉을 나누어주어서 諸侯들이 기뻐하고 海外의 나라들이 와서 복종하며, 獄訟이 줄어들고 兵亂이 그치니, 이는 聖德이 지극한 것이다.

古先聖王之治는 上順天之道하고 下設地之宜하니 所謂裁成天地之道하고 輔相天地之宜[1] 是也라 官民之有德者하여 而正其名하고 治其物하니 官民有德은 謂任賢使能하여 俊傑在位也라 正名者는 公卿大夫士也요 治物者는 六卿[2]分職하여 各司其治也라 立國而辨職은 國은 謂諸侯之國이요 職은 謂公侯伯子男也라 以爵而分祿하여 爵重者는 重其祿하고 爵輕者는 輕其祿이라 所以諸侯說懷하고 海外之遠이 皆來服하며 獄訟弭滅而甲兵寢息하니 乃聖德之治也라 聖者는 神明不測之號요 德者는 行道而有得於心者也[3]라

1) 所謂裁成天地之道 輔相天地之宜 : 이 내용은 ≪周易≫ 泰卦 〈象傳〉의 "天地가 사귐이 泰卦이니, 君主가 보고서 天地의 道를 財成하며 天地의 마땅함을 輔相하여 백성을 佐佑한다.〔天地交泰 后以 財成天地之道 輔相天地之宜 以左右民〕"라는 내용을 인용한 것이다. 財成은 지나침을 제재하는 것이고, 輔相은 부족함을 보조하는 것이다. 財는 裁와 통한다.

2) 六卿 : 宰臣의 반열에 있는 여섯 명의 고위 관료를 이르는 말로, 시대마다 지칭하는

바가 약간씩 다른데, 周나라 적에는 天官인 冢宰, 地官인 司徒, 春官인 宗伯, 夏官인 司馬, 秋官인 司寇, 冬官인 司空을 가리켰고, 東漢시대 이후에는 六曹의 尙書를 가리켰으며 조선시대에는 六曹의 判書를 가리키는 말로 쓰였다.

3) 行道而有得於心者也 : 漢文大系本에는 이 아래에 "'聖德之至'는 거듭 찬탄한 말이다. ○ 이는 先王의 훌륭한 다스림을 논하고 그 효험이 이와 같음을 미루어 언급해서 이로써 군대를 반드시 출동해야 할 필요가 없음을 밝힌 것이다.〔聖德之至 是申贊之辭也 ○ 此 論先王之善治 而推及其效如此 以見兵之不必用也〕"라는 내용이 추가되어 있다.

옛날 선대 聖王의 다스림은 위로는 하늘의 道를 순히 따르고 아래로는 땅의 마땅함을 베풀었으니, 이른바 '天地의 道를 裁成하고 天地의 마땅함을 輔相한다.'는 것이 이것이다. 백성 중에 덕이 있는 사람을 벼슬시켜서 관직의 이름을 바로잡고 일을 다스리게 하였으니, '백성 중에 덕이 있는 사람을 벼슬시킨다.'는 것은 어진 이에게 맡기고 유능한 자를 부려서 준걸이 지위에 있음을 이른다.

正名은 公·卿·大夫·士의 명칭을 바로잡는 것이고, 治物은 六卿이 관직을 나누어서 각각 다스림을 맡는 것이다. '나라를 세우고 직책을 분별한다.〔立國而辨職〕'는 것은 國은 諸侯의 나라를 이르고, 職은 公·侯·伯·子·男을 이른다.

爵位에 따라 녹봉을 나누어주어서 작위가 높은 자는 녹봉을 많게 하고 작위가 낮은 자는 녹봉을 적게 하는 것이다. 이 때문에 諸侯가 기뻐하고 해외의 먼 나라가 와서 복종하며, 獄訟이 줄어들고 甲兵을 사용하는 일이 그치는 것이니, 이는 바로 聖德의 다스림이다. 聖은 神明하여 헤아릴 수 없는 칭호이고, 德은 道를 행하여 마음에 얻음이 있는 것이다.

其次는 賢王이 制禮樂法度하여 乃作五刑하고

그 다음은 현명한 王(天子)이 禮樂과 法度를 제정하여 마침내 五刑을 만들고,

其次는 有賢王者 制禮樂與法度하여 乃作墨, 劓(의), 剕, 宮, 大辟五刑[1)]이라 禮는 度數之節文이니 教民以中也요 樂은 聲音之高下니 教民以和也라 古禮有五하니 吉, 凶, 賓, 軍, 嘉요 古樂有六하니 雲門, 咸池, 大韶, 大夏, 大濩, 大武[2)]라 法은 法則也요 度는 制度也라 五는 天地之中數[3)]니 刑必用五者는 蓋欲民協於中也라

1) 乃作墨劓(의)剕宮大辟五刑 : 五刑은 古代의 다섯 가지 형벌로 얼굴에 자자하는 墨刑, 코를 베는 劓刑, 발꿈치를 베는 剕(刖)刑, 남녀의 생식기를 못 쓰게 하는 宮刑, 死刑인 大辟인바, 이 내용은 ≪書經≫ 〈虞書 舜典〉의 ≪集傳≫과 ≪書經≫ 〈周書 呂刑〉

에 보인다.

2) 雲門……大武 : 周나라에 있었던 여섯 가지 樂舞로, 雲門은 黃帝, 咸池는 堯임금, 大韶는 舜임금, 大夏는 禹王, 大濩는 湯王, 大武는 武王의 樂舞이다.

3) 天地之中數 : 中數는 중간의 수로 남송 말기의 학자인 鮑雲龍(1226~1296)의 ≪天原發微≫ 권5 〈二中〉에 "1, 2, 3, 4, 5, 6, 7, 8, 9, 10은 하늘과 땅의 전체의 수이며, 5, 6은 하늘과 땅의 中數이다. 5는 하늘의 중앙에 위치하여 낳는 數의 主體가 되고, 6은 땅의 중앙에 위치하여 이루는 數의 主體가 된다.〔一二三四五六七八九十者 天地之全數也 五六者 天地之中數也 五居天中 爲生數之主 六居地中 爲成數之主〕"라고 보인다. ≪天原發微≫는 조선조 肅宗, 英祖 연간에 韓構字本으로 간행된 바 있다. 朱子는 ≪周易≫의 河圖에 數를 설명하면서 "하늘이 1로써 水를 낳으면 땅이 6으로써 이루어주고, 땅이 2로써 火를 낳으면 하늘이 7로써 이루어주고, 하늘이 3으로써 木을 낳으면 땅이 8로써 이루어주고, 땅이 4로써 金을 낳으면 하늘이 9로써 이루어주고, 하늘이 5로써 土를 낳으면 땅이 10으로써 이루어준다. 그리하여 1, 2, 3, 4, 5는 낳는 수〔生數〕가 되고, 6, 7, 8, 9, 10은 이루는 수〔成數〕가 된다." 하였다. 그러나 鮑雲龍은 1, 3, 5, 7, 9는 낳는 數로 보아 5를 중앙에 위치하고, 2, 4, 6, 8, 10은 이루는 數로 보아 6을 중앙에 위치한 것으로 보인다.

그 다음은 현명한 王者가 禮樂과 法度를 제정하여 마침내 墨・劓・剕・宮・大辟의 다섯 가지 형벌을 제정하였다. 禮는 度數의 節文(절도와 형식)이니 백성들에게 中을 가르치는 것이고, 樂은 음률의 높고 낮음이니 백성들에게 和를 가르치는 것이다.

옛날에 禮가 다섯 가지가 있었으니 吉禮・凶禮・賓禮・軍禮・嘉禮이고, 옛날에 음악이 여섯 가지가 있었으니 雲門・咸池・大韶・大夏・大濩・大武이다. 法은 법칙이고 度는 제도이다.

5는 하늘과 땅의 중간 수이니, 형벌을 반드시 다섯 가지를 사용한 것은 백성들이 중도에 맞게 하고자 한 것이다.

興甲兵하여 以討不義하고 巡狩省方하며 會諸侯하여 考不同하나니라

甲兵(군대)을 일으켜서 義롭지 못한 자들을 토벌하고, 諸侯의 나라를 순수하여 사방을 살펴보며 諸侯들을 모아 똑같지 않음을 상고하였다.

興甲兵하여 以討不義之人하고 巡諸侯之所守하여 察方國之善惡하며 會天下之諸侯하여 而考其有不同者니 如書輯五瑞及明試以功之類[1] 是也라

1) 書輯五瑞及明試以功之類 : 五瑞는 다섯 瑞玉으로 다섯 등급의 제후들이 작위에 따라

갖고 있는 신표인데, 公은 桓圭를, 侯는 信圭를, 伯은 躬圭를, 子는 穀璧을 男은 蒲璧을 잡는바, 이 내용은 모두 ≪書經≫ 〈虞書 舜典〉에 보인다.

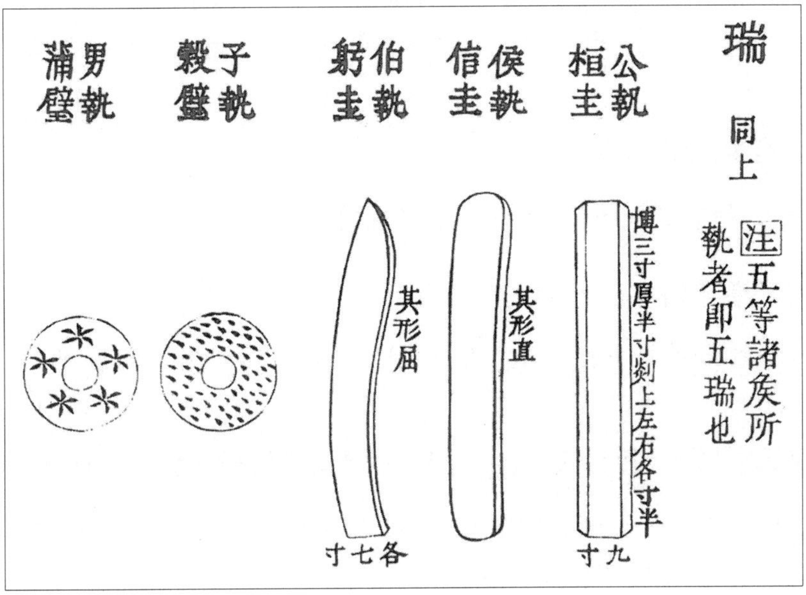

五瑞

甲兵을 일으켜서 의롭지 못한 사람을 토벌하고, 諸侯가 지키는 나라를 순수하여 方國(사방 제후국)의 善과 惡을 살피며 천하의 諸侯들을 모아 똑같지 않은 자들을 상고하는 것이니, ≪書經≫의 '五瑞를 모은다.'는 것과 '밝게 시험하기를 功으로써 한다.'는 類가 이것이다.

其有失命亂常하고 背德逆天之時하며 而危有功之君이어든

王命을 어기고 떳떳함을 어지럽히며 道德을 위배하고 하늘의 때를 거스르며 功이 있는 군주(제후)를 위태롭게 하는 자가 있거든,

其下에 有違失上命하고 紊亂典常하며 反背道德하고 不順天之時하며 而欲危殆有功之君[1)]이라

1) 而欲危殆有功之君 : 漢文大系本에는 이 아래에 "여기의 '君'자는 國君과 邦君을 가리켜 말한 것이다. 一說에는 '功이 있으면 마땅히 상을 주어야 하는데 도리어 위태롭게 한다면 이는 無道한 군주이다.'라고 하였으니, 이는 본 문장의 뜻에 위배된다.〔此君字

指國君邦君而言也 一說 有功當賞而反危之 此不道之君也 有背本文章旨〕"라는 내용이 추가되어 있다.

그 아래에 위(천자)의 명령을 어기고 떳떳한 법을 어지럽히며 도덕을 배반하고 하늘의 때를 순히 하지 않으며 功이 있는 군주를 위태롭게 하고자 하는 자가 있는 것이다.

偏告于諸侯하여 **彰明有罪**하고

諸侯들에게 두루 고하여 그의 죄를 드러내어 밝히고,

偏告天下諸侯하여 彰明有罪之人이라

천하의 諸侯들에게 두루 고하여 죄가 있는 사람을 드러내어 밝히는 것이다.

乃告于皇天上帝와 **日月, 星辰**하고 **禱于后土**와 **四海神祇**(기), **山川, 冢社**하며

이에 皇天과 上帝, 日·月과 星·辰에게 제사하여 고하고 后土와 四海의 神祇(天神과 地祇)와 山川과 冢社에 기도하며,

乃告祭于皇天上帝日月星辰하고 祈禱于后土四海神祇山川冢社라 皇은 太也라 天은 以形體言이요 帝는 以主宰言이라 日者는 陽之精이요 月者는 陰之精이라 星은 五星이니 木曰歲星이요 火曰熒惑이요 金曰太白이요 水曰辰星이요 土曰鎭星이 是也라 辰은 十二次也니 子曰玄枵(효)요 丑曰星紀요 寅曰析木이요 卯曰大火요 辰曰壽星이요 巳曰鶉(순)尾요 午曰鶉火요 未曰鶉首요 申曰實沈이요 酉曰大梁이요 戌曰降(강)婁요 亥曰陬訾(추자) 是也라 后土者는 皇地祇[1]也라 四海는 東曰 滄海요 南曰 溟海요 西曰 瀚海요 北曰 渤海라 神祇者는 四海之神祇也니 或曰 凡載在祀典之神祇也라하니라 山川者는 名山大川也니 如五嶽四瀆[2]之類 是也라 冢社者는 大(태)社也라

1) 皇地祇 : 地祇(地神)의 경칭이다.
2) 五嶽四瀆 : 五嶽은 중국의 다섯 名山으로 東嶽인 泰山, 西嶽인 華山, 南嶽인 衡山, 北嶽인 恒山, 中嶽인 嵩山이라고 하나 기록마다 약간의 차이가 있으며, 四瀆은 네 개의 큰 물로 곧 揚子江, 黃河, 淮水, 濟水를 가리킨다.

이에 皇天과 上帝, 日·月, 星·辰에 제사하여 고하고, 后土와 四海의 神祇와 山川

과 冢社에게 기도하는 것이다.

皇은 큼이다. 天은 形體로서 말하였고 帝는 主宰로서 말하였다. 日은 陽의 정기이고 月은 陰의 정기이다. 星은 五星이니, 木星을 歲星이라 하고 火星을 熒惑이라 하고 金星을 太白이라 하고 水星을 辰星이라 하고 土星을 鎭星이라 하는 것이 이것이다. 辰은 열두 방위이니, 子를 玄枵라 하고 丑을 星紀라 하고 寅을 析木이라 하고 卯을 大火라 하고 辰을 壽星이라 하고 巳를 鶉尾라 하고 午을 鶉火라 하고 未를 鶉首라 하고 申을 實沈이라 하고 酉를 大梁이라 하고 戌을 降婁라 하고 亥를 陬訾라 하는 것이 이것이다.

后土는 땅의 신이다. 四海는 동쪽을 滄海라 하고 남쪽을 溟海라 하고 서쪽을 瀚海라 하고 북쪽을 渤海라 한다. 神祇는 四海의 神祇이다. 혹자는 "무릇 祀典에 실려 있는 神祇이다."라고 말한다. 山川은 유명한 산과 큰 냇물이니, 五嶽과 四瀆과 같은 따위가 이것이다. 冢社는 太社이다.

乃造于先王하니

이에 先王에게 나아가니,

先王은 如周之文王, 武王이라 造于先王者는 告之祖廟也[1)]라

1) 造于先王者 告之祖廟也 : 漢文大系本에는 이 내용이 "造於先王之廟而告之 重其事也(先王의 사당에 나아가 고하는 것은 그 일을 중히 여기는 것이다.)"로 되어있다.

先王은 周나라의 文王, 武王과 같은 분이다. '先王에게 나아간다.'는 것은 선조의 사당에 고하는 것이다.

然後에 **冢宰徵師于諸侯**하여 **曰 某國爲不道**하여 **征之**하노니 **以某年月日**로 **師至于某國**하여 **會天子正刑**이라하나니라

그런 뒤에 冢宰가 諸侯들에게서 군대를 징발하며 말하기를 "某國이 無道한 일을 자행하여 정벌하노니, 某年 某月 某日에 군대가 某國에 이르러서 天子와 모여 형벌을 바로잡는다."라고 한다.

然後에 冢宰徵師旅于諸侯하여 曰 某國이 今爲不道之事하여 當往征之하니 以某年某月某日로 師至於某國하여 相會天子하여 乃明正其刑이라하니라 冢宰는 六卿

之長[1)]이니 統百官하고 均四海者也라

1) 冢宰六卿之長 : 冢宰는 周나라의 天官인 冢宰로, 地官 司徒, 春官 宗伯, 夏官 司馬, 秋官 司寇, 冬官 司空 등 五卿의 우두머리에 해당하므로 '六卿之長'이라 칭한 것이다. 天子를 보좌하고 百官을 통솔하였는바, 후세의 吏部尙書와 조선조의 吏曹判書가 이에 해당된다.

그런 뒤에 冢宰가 제후들에게서 군대를 징발하며 말하기를 "某國이 이제 無道한 일을 자행하여 마땅히 가서 정벌해야 하니, 某年 某月 某日에 군대가 某國에 이르러서 서로 天子와 만나 마침내 그에 대한 형벌을 밝혀 바로잡는다."라고 한다.

冢宰는 六卿의 우두머리이니, 百官을 통솔하고 四海를 고르게 하는 자이다.

冢宰與百官으로 布令於軍하여 曰 入罪人之地하여 無暴神祇하고 無行田獵하며 無毁土功하고 無燔墻屋하며 無伐林木하고 無取六畜禾黍器械하며

冢宰가 百官과 함께 軍中에 명령을 선포하기를 "죄인의 땅에 들어가서 神祇를 포악히 하지 말고 田獵(수렵)을 행하지 말며, 토목공사를 훼손하지 말고 담장과 지붕에 불을 지르지 말며, 산림에 나무를 베지 말고 六畜과 벼와 기장과 器械를 취하지 말며,

冢宰與百官으로 施布號令於軍中하여 曰 凡入罪人之地하여 無暴害國內合祀之神祇하고 無行田獵之事하여 傷農而害物하고 無毁傷其土功하고 無燔燒其墻屋하며 無斫(작)伐其林木하고 無掠取民之六畜이라하니 馬, 牛, 羊, 犬, 豕, 鷄也요 禾黍는 谷[1)]之在野者요 器械者는 民家所用之器物也라

1) 谷 : 谷은 穀의 通假字이다.

冢宰가 百官과 함께 軍中에 호령을 선포하기를 "무릇 죄인의 땅(무도한 일을 자행한 제후국)에 쳐들어가서 국내에 마땅히 제사해야 할 神祇를 포학히 하지 말고 사냥하는 일을 행하여 농사를 방해하거나 물건을 해치지 말며, 토목공사를 훼손하지 말고 담장과 지붕을 불태우지 말며, 산림의 나무를 베지 말고 백성들의 六畜을 노략질하지 말라." 하였으니, 六畜은 말·소·양·개·돼지·닭이고, 禾黍는 곡식으로 들판에 있는 것이고, 器械는 民家에서 사용하는 기물이다.

見其老幼어든 奉歸勿傷하고 雖遇壯者라도 不校勿敵하며

적의 늙은이와 어린이를 보거든 상해하지 말고 받들어 돌려보내고, 비록 건장한 자를 만나더라도 다투려 하지 않거든 적이 되지 말며,

見其老幼之人이어든 奉而歸之하여 勿得傷害하고 雖遇少壯之人이라도 他若不敢相校면 勿與之爲仇敵也라 或日 不校者는 不與之校也요 勿敵者는 勿與之敵也라하니 亦通이라 蓋王者之師는 誅有罪而弔無罪하니 彼旣無罪면 何必與之校며 又何必與之敵哉리오

적의 늙은이와 어린이를 보면 상해하지 말고 받들어 돌려보내고, 비록 젊고 건장한 사람을 만나더라도 그가 만약 감히 다투려 하지 않으면 원수와 적이 되지 말아야 한다. 혹자는 말하기를 "不校는 적과 더불어 잘잘못을 따지지 않는 것이요, 勿敵은 적과 대적하지 말라는 것이다."라고 하니, 또한 통한다. 王者의 군대는 죄가 있는 자를 주벌하고 죄가 없는 자를 위문하니, 저들이 죄가 없다면 어찌 굳이 다툴 것이 있으며 또 굳이 적이 될 것이 있겠는가.

敵若傷之어든 醫藥歸之하라

적이 만약 부상을 당했거든 醫藥으로 치료하여 돌려보내라."라고 한다.

敵若有傷之者어든 命醫藥調治之하여 而使歸其國이라

적 중에 만약 부상한 자가 있으면 명하여 醫藥으로 조리하고 치료해서 자기 나라로 돌아가게 하는 것이다.

旣誅有罪하면 王及諸侯 修正其國하고

죄가 있는 자를 주벌하였으면 왕과 諸侯가 그 나라를 닦아 바로잡고,

旣誅有罪之人하면 天子與天下諸侯로 修正其所征之國이라

죄가 있는 사람(제후)을 주벌하였으면 천자가 천하의 제후들과 함께 정벌한 나라를 닦아 바로잡는 것이다.

擧賢立明하여 **正復厥職**하나니라

어진 이를 등용하고 현명한 자를 세워서 그 나라의 직책을 바로잡아 회복하게 한다.

擧用賢士하고 更立明君하여 正復上下之職이라

어진 선비를 등용하고 현명한 군주를 다시 세워서 상하의 직책을 바로잡고 회복하는 것이다.

王霸之所以治諸侯者 六이니

왕자와 패자가 제후를 다스리는 것이 여섯 가지이니,

王者는 往也니 言天下之所歸往也요 霸者는 長也니 爲天下諸侯之長也라 王霸之所以平治天下諸侯者 有六事라

王은 사람들이 몰려간다는 뜻이니 천하 사람들이 가서 귀의하는 바를 말한 것이요, 霸는 우두머리이니 천하 제후의 우두머리가 되는 것이다. 왕자와 패자가 천하의 제후를 고르게 다스리는 것에 여섯 가지 일이 있다.

以土地로 **形諸侯**하고

토지를 가지고 제후의 강하고 약함을 드러내며,

以土地之多寡로 示强弱之形於天下之諸侯니 如天子地方千里요 大國地方百里요 小國地方五十里 是也라

토지의 넓고 좁음을 가지고 강하고 약한 형태를 천하의 제후들에게 보이는 것이니, 예컨대 천자의 나라는 땅이 사방(넓이) 천 리이고 제후 중에 큰 나라는 땅이 백 리이며 작은 나라는 땅이 오십 리인 것과 같은 것이 이것이다.

以政令으로 **平諸侯**하며

政事와 法令을 가지고 제후들을 고르게 다스리며,

以政事法令으로 平〔治〕[1)]天下之諸侯[2)]라

1) 〔治〕: 저본에는 '治'가 없으나 漢文大系本에 의거하여 보충하였다.
2) 天下之諸侯 : 漢文大系本에는 이 아래에 "그 어지러움을 안정시키는 것이다.〔定其亂也〕"라는 내용이 추가되어 있다.

政事와 法令을 가지고 천하의 제후들을 고르게 다스리는 것이다.

以禮信으로 親諸侯하며

禮와 信을 가지고 제후들을 친애하며,

以禮與信으로 親〔附〕天下之諸侯[1)]라

1) 親〔附〕天下之諸侯 : 저본에는 '附'가 없으나 漢文大系本에 의거하여 보충하였으며, 漢文大系本에는 이 아래에 "그 마음을 다스리는 것이다.〔治其心也〕"라는 내용이 추가되어 있다.

禮와 信을 가지고 천하의 제후들을 친애하는 것이다.

以材力으로 說(세)諸侯하며

재주와 힘이 있는 사람을 가지고 제후들을 설득하며,

以材力之士로 說〔懷〕天下之諸侯[1)]라

1) 說〔懷〕天下之諸侯 : 저본에는 '懷'가 없으나 漢文大系本에 의거하여 보충하였으며, 漢文大系本에는 이 아래에 "그 뜻을 회유하는 것이다.〔懷其志也〕"라는 내용이 추가되어 있다.

재주와 힘이 있는 선비를 가지고 천하의 제후들을 설득하여 회유하는 것이다.

以謀人으로 維諸侯하며

지모가 있는 사람을 가지고 제후들을 동여매며,

以智謀之人으로 維繫天下之諸侯[1)]라

1) 維繫天下之諸侯 : 漢文大系本에는 이 아래에 "그 변란을 견고히 하여 막는 것이다.〔固

其變也〕"라는 내용이 추가되어 있다. 維繫는 잡아매어 흩어지지 않게 한다는 의미이다.

지모가 있는 사람을 가지고 천하의 諸侯들을 동여매는 것이다.

以兵革으로 服諸侯하나니라

병기와 갑옷을 가지고 제후들을 복종시킨다.

以兵革之力으로 畏服天下之諸侯[1)]라

1) 畏服天下之諸侯 : 漢文大系本에는 이 아래에 "그 마음을 굴복시키는 것이다. 이 여섯 가지는 제후를 다스리는 일이다.〔屈其心也 此六者 治諸侯之事〕"라는 내용이 추가되어 있다.

병기와 갑옷의 힘을 가지고 천하의 제후들을 두렵게 하여 복종시키는 것이다.

同患同利하여 以合諸侯하고

환란을 함께하고 이로움을 함께하여 제후들을 모으며,

與之同患하고 與之同利하여 以會合天下之諸侯라

제후들과 환란을 함께하고 제후들과 이익을 함께하여 천하의 제후들을 회합하는 것이다.

比小事大하여 以和諸侯하나니라

작은 나라를 친애하고 큰 나라를 섬겨서 제후들을 화합하게 한다.

比는 親比也니 親其小國하고 事其大國하여 以和睦天下之諸侯[1)]라

1) 以和睦天下之諸侯 : 漢文大系本에는 이 아래에 "이 두 절은 제후들을 화합시키는 일이다.〔此二節 和諸侯之事〕"라는 내용이 추가되어 있다.

比는 친애함이니, 작은 나라를 친애하고 큰 나라를 섬겨서 천하의 제후들을 화목하게 하는 것이다.

會之以發禁者 九이니

法度와 禁令으로 제후들을 모으는 것이 아홉 가지이니,

發은 當作法이라 會合諸侯에 以法度禁令者有九事하니 卽周禮大司馬九伐之法也[1]라

1) 卽周禮大司馬九伐之法也 : 漢文大系本에는 이 아래에 "지금의 註解에는 '天子의 禁令을 發明한 것이다.'라고 하였으니, 이 또한 통한다. 一說에는 이르기를 '위의 여섯 가지 일은 아직 발하기 전에 懷柔하는 것이고 이 아홉 가지 일은 이미 발한 뒤에 금지하는 것이니, ≪禮記≫에 이른바 「발한 뒤에 금지한다.」는 말과 같은 것이다.' 하였다. 〔今解 作發明天子之禁令者 亦通 一云 上六事 懷之於未發之前 此九事 禁之於旣發之後 猶禮記所謂發然後禁也〕"라는 내용이 추가되어 있다.

'大司馬九伐之法'은 周나라 때 제후들을 다스리기 위해 제정한 법으로, 제후가 아홉 종류의 죄악을 저지르면 천자가 이를 토벌하였으므로 九伐之法이라 하였는바, ≪周禮≫ 〈夏官 大司馬〉에 다음과 같이 보인다.

"大司馬는 九伐의 法으로 제후들의 나라를 바로잡는다. 약한 나라를 업신여기고 작은 나라를 침략하면 봉지를 줄이고, 어진 사람을 해치고 백성을 해치면 정벌하고, 국내에서 포학한 정사를 행하고 외국을 업신여기면 제후를 가두고, 田野가 황폐하고 백성들이 흩어지면 봉지를 삭탈하고, 險固한 지형을 믿고 복종하지 않으면 침략하고, 무고하게 친족을 살해하면 죄를 다스려 바로잡고, 신하가 임금을 추방하고 시해하면 죽이고, 天子의 명령을 어기거나 政令을 업신여기면 이웃 나라와의 교통을 막고, 안팎으로 인륜을 어지럽히고 금수와 같은 행위를 하면 멸망시킨다.〔以九伐之灋正邦國 馮弱犯寡則眚之 賊賢害民則伐之 暴內陵外則壇之 野荒民散則削之 負固不服則侵之 賊殺其親則正之 放弑其君則殘之 犯令陵政則杜之 外內亂鳥獸行則滅之〕"

發은 마땅히 法이 되어야 한다. 제후를 회합할 적에 법도와 금령을 사용하는 것이 아홉 가지 일이 있으니, 바로 ≪周禮≫ 〈大司馬〉에 보이는 九伐의 법이다.

憑弱犯寡면 則眚之하고

약한 나라를 능멸하고 백성이 적은 나라를 침범하면 재앙을 내리고,

憑陵干犯國之寡弱者면 則眚之니 謂四面削其地也라

영토와 백성이 적고 약한 나라를 능멸하고 침범하는 자에게는 재앙을 내리니, 사면으로 그 영토(영지)를 삭탈함을 이른다.

賊賢害民이면 則伐之하고

어진 이를 살해하고 백성을 해치면 정벌하고,

賊殺賢人하고 擾害良民이면 則伐之니 謂聲其罪而致討之也라

어진 사람을 죽이고 양민을 騷擾하여 해치면 정벌하니, 그 죄를 성토하여 토벌함을 이른다.

暴內陵外면 則壇之하고

국내의 백성을 포학히 하고 국외의 백성을 능멸하면 그 군주를 빈터에 가두고,

暴虐國內之民하고 欺陵境外之國이면 則壇之라 壇은 讀曰墠(선)이니 謂置之空墠之地니 出其君하고 更立其次賢也라

국내의 백성을 포학히 하고 국경 밖의 나라를 능멸하면 그 군주를 빈터에 가두는 것이다. 壇은 墠으로 읽는데, 빈 땅에 군주를 가둠을 이르니, 그 군주를 내쫓고 그 다음의 어진 자를 다시 세우는 것이다.

野荒民散이면 則削之하고

들이 황폐하고 백성들이 흩어지면 깎아 내리고,

田野荒蕪하고 人民逃散이면 則削之니 謂削其地하고 貶其爵也라

밭과 들이 황폐하고 인민이 도망하여 흩어지면 깎아 내리니, 영토를 삭탈하고 작위를 낮춤을 이른다.

負固不服이면 則侵之하고

지형의 험고함을 믿고 복종하지 않으면 침략하고,

負地之險固하여 不肯服從者는 則侵之니 謂偃旗臥鼓而侵之也라

지형의 험고함을 믿고서 복종하려고 하지 않는 자는 침략하니, 깃발을 내리고 북소리를 죽인 채 습격하여 침략함을 이른다.

賊殺其親이면 則正之하고

친족을 해쳐 죽이면 바로잡고,

賊殺其同姓之親이면 則正之니 謂治其罪也라

동성의 친족을 해쳐 죽이면 바로잡으니, 그 죄를 다스림을 이른다.

放弑其君이면 則殘之하고

자기 나라의 군주를 추방하고 시해하면 잔멸하고,

放弑其本國之君이면 則殘之니 謂殘滅其國也라

본국의 군주를 추방하고 시해하면 잔멸하니, 그 나라를 잔멸함을 이른다.

犯令陵政이면 則杜之하고

천자의 명령을 어기고 정사를 능멸하면 외교를 막고,

犯上之令하고 陵國之政이면 則杜之니 謂杜塞之하여 使不得與隣國交通也라

윗사람(천자)의 명령을 어기고 나라의 정사를 능멸하면 외교를 막으니, 막아서 이웃 나라와 교통하지 못하게 함을 이른다.

外內亂하여 禽獸行이면 則滅之하나니라

내외가 문란하여 禽獸의 행실을 하면 멸망시킨다.

外內紊亂하여 與鳥獸同行[1)]이면 則滅之니 謂滅其國하고 毁其宗社也라

1) 外內紊亂 與鳥獸同行 : 漢文大系本에는 이 내용이 "내외가 음란하여 禽獸와 같은 행동을 하는 것이니, 새와 짐승이 암컷에 모여들어 混淫하는 것처럼 하면〔外內淫亂 與禽獸同行 如鳥獸之聚麀〕"이라고 되어있다.

내외가 문란하여 금수와 똑같은 행동을 하면 멸망시키니, 그 나라를 멸하고 宗廟와 社稷을 부숨을 이른다.

胡氏曰 凡兵이 聲罪致討曰伐이요 潛師入境曰侵이요 兩兵相接曰戰이요 (繯)〔環〕[1)] 其城邑曰圍요 造其國都曰入이요 徙其朝市曰遷이요 毁其宗廟社稷曰滅이요 詭道

而勝之曰敗요 悉虜而俘之曰取요 輕行而掩之曰襲이요 已行而躡之曰追요 聚兵而守之曰戍요 以弱假强而能左右之曰以니 皆誌其事實하여 以明其輕重也라

1) (繯)〔環〕: 저본의 '繯'은 문리에 의거하여 '環'으로 바로잡았다.

胡氏(胡安國)가 말하였다.

"무릇 군대가 죄를 성토하여 토벌하는 것을 伐이라 하고, 군대를 은밀히 출동하여 적의 국경으로 쳐들어가는 것을 侵이라 한다. 두 군대가 서로 접전하는 것을 戰이라 하고, 성읍을 삥 둘러싸는 것을 圍라 한다. 적의 국도로 쳐들어가는 것을 入이라 하고, 조정과 시장을 옮김을 遷이라 한다. 종묘와 사직을 허무는 것을 滅이라 하고, 속이는 방법으로 승리하는 것을 敗라 한다. 모두 사로잡아 포로로 삼는 것을 取라 하고, 경무장한 군대로 가서 습격하는 것을 襲이라 한다. 적이 이미 떠나갔는데 뒤따라가는 것을 追라 하고, 군대를 모아 지키는 것을 戍라 하며, 약함으로써 강함을 빌려 좌지우지하는 것을 以라 한다. 이는 모두 그 사실을 기록하여 경중을 밝히는 것이다."

天子之義 第二　제2편 天子의 道理

天子之義者는 君道也라 君道無所不備로되 而獨以義言者는 義主果斷하니 書曰 以義制事[1]라하니라 兵은 又事之大者니 非義면 不能果斷而裁制하니 此所以獨以義言也라 以首有天子之義四字故로 以名篇[2]하니라

1) 書曰 以義制事 : 이 내용은 ≪書經≫ 〈商書 仲虺之誥〉에 보인다.

2) 以名篇 : 漢文大系本에는 이 아래에 "이는 병사들을 교습하는 일을 말한 것이다.〔此言教習士衆之事〕"라는 내용이 추가되어 있다.

'天子之義'는 군주의 道이다. 군주의 道는 구비하지 않은 것이 없으나 유독 義를 가지고 말한 것은, 義는 과단을 위주로 하므로 ≪書經≫에 "義로써 일을 제재한다." 하였다. 군대는 또 일 중에 큰 것이니, 義가 아니면 과단하여 제재하지 못하니, 이 때문에 유독 義를 가지고 말한 것이다. 첫머리에 '天子之義' 네 글자가 있으므로 이로써 편을 이름하였다.

天子之義는 必純하여 取法天地하되 而觀於先聖하며

天子의 義는 반드시 순수하여 天地에서 법을 취하되 先聖에게서 관찰하며,

純者는 純一而不雜也니 天子之義는 必純一하여 而取(致)〔效〕[1]於天地라 天地之道는 春生而夏長하고 秋收而冬藏하니 天子亦法天地之道하여 仁以愛之하고 義以制之하고 禮以敬之하고 智以別之하여 一寬一猛也라 天地之道는 陽舒而陰慘하고 陰殺而陽生하니 天子亦法天地之道하여 修德而行政하고 明刑而愼罰하여 一張一弛[2]也라 又觀先世聖王已往之迹而儀刑之하니 此天子之義也[3]라

1) (致)〔效〕 : 저본의 '致'는 漢文大系本에 의거하여 '效'로 바로잡았다.

2) 一張一弛 : 張은 활시위를 조이는 것이고 弛는 활시위를 풀어놓는 것으로, ≪禮記≫ 〈雜記 下〉의 "활을 조이기만 하고 풀어놓지 않으면 文王과 武王도 다스리지 못하고, 풀어놓기만 하고 조이지 않으면 文王과 武王은 이렇게 하지 않으니, 한 번 조이고 한 번 풀어놓는 것이 문왕과 무왕의 도이다.〔張而不弛 文武弗能也 弛而不張 文武弗爲也 一

張一弛 文武之道也〕"라고 한 내용을 인용한 것인데, 정치 역시 백성들이 해이해졌으면 법을 엄격히 적용하고, 통제가 잘되면 느슨하게 풀어줌을 비유한 것이다.

3) 此天子之義也 : 漢文大系本에는 이 아래에 "이것을 말하여 아랫글의 士庶의 義를 일으켰다.〔言此以起下文士庶之義〕"라는 내용이 추가되어 있다.

純은 순수하고 한결같아 섞이지 않는 것이니, 天子의 義는 반드시 순수하고 한결같아 天地에서 법을 취한다. 천지의 道는 봄에 낳고 여름에 기르고 가을에 거두고 겨울에 갈무리하니, 천자 또한 천지의 道를 본받아서 仁으로써 사랑하고 義로써 제재하고 禮로써 공경하고 智로써 분별하여, 한 번은 너그럽고 한 번은 사나운 것이다. 천지의 道는 陽은 펴주고 陰은 위축시키며 陰은 죽이고 陽은 살려주니, 천자 또한 천지의 道를 본받아서 德을 닦아 仁政을 행하고 형벌을 밝혀 벌을 신중히 사용해서 한 번은 조이고 한 번은 풀어주는 것이다. 또 선대 聖王의 이미 지나간 자취를 관찰하여 본받으니, 이는 천자의 義이다.

士庶之義는 必奉於父母하고 而正於君長이니라

士庶의 義는 반드시 부모를 받들고 君長(군주와 상관)에게서 바로잡는다.

士는 秀民也요 庶는 衆民也라 或曰 士는 卽古之上士, 中士, 下士[1]也라하니라 爲士庶之義는 內必奉養其父母하고 上必取正於君長[2]이라

1) 上士中士下士 : 士의 세 등급으로, ≪孟子≫ 〈萬章 下〉에 "君이 한 位요, 卿이 한 位요, 大夫가 한 位요, 上士가 한 位요, 中士가 한 位요, 下士가 한 位이니, 모두 여섯 등급이다.〔君一位 卿一位 大夫一位 上士一位 中士一位 下士一位 凡六等〕"라고 보인다. 士는 大夫 아래의 계급인바, 조선조의 郎官이 이에 해당된다.

2) 上必取正於君長 : 漢文大系本에는 이 아래에 "一說에는 이르기를 '奉은 가르침을 받드는 것이다.' 하였다.〔一云 奉 奉敎也〕"라는 내용이 추가되어 있다.

士는 빼어난 백성이고 庶는 보통 백성이다. 혹자는 말하기를 "士는 바로 옛날에 上士와 中士와 下士이다."라고 한다. 士庶의 義는 안으로는 반드시 부모를 봉양하고 위로는 반드시 군장에게서 바름을 취하는 것이다.

故로 雖有明君이나 士不先敎면 不可用也니라

그러므로 비록 현명한 군주가 있더라도 士를 미리 가르치지 않으면 쓸 수 없는

것이다.

故로 雖有明聖之君이나 而士不先訓教면 不可任用也라 或曰 士는 教民之官也니 卽以不教民戰이면 是謂棄之[1)]之義也[2)]라하니라

1) 不敎民戰 是謂棄之 : 이 내용은 ≪論語≫ 〈子路〉에 보인다.
2) 是謂棄之之義也 : 漢文大系本에는 이 아래에 "用은 사용하여 싸우는 것이다.〔用 用以戰也〕"라는 내용이 추가되어 있다.

그러므로 비록 현명하고 성스러운 군주가 있더라도 士를 미리 가르치지 않으면 임용할 수가 없는 것이다. 혹자는 말하기를 "士는 백성을 가르치는 관원이니, 바로 '가르치지 않은 백성을 사용하여 싸우면 이를 일러 백성을 버린다고 한다.'는 뜻이다."라고 한다.

古之教民에 必立貴賤之倫經하여 使不相陵하며

옛날 백성을 가르칠 적에 반드시 貴賤의 질서와 經制(떳떳한 제도)를 세워서 서로 능멸하지 않게 하였으며,

古聖王之教民에 必立貴賤之倫次하여 使知上下之有序하고 定經制하여 使不相侵陵也라

옛날 聖王이 백성을 가르칠 적에 반드시 貴賤의 질서를 세워서 상하의 차례가 있음을 알게 하고, 經制를 정하여 서로 침범하고 능멸하지 않게 하였다.

德義不相踰[1)]하며 材技不相掩하며 勇力不相犯이라

1) 德義不相踰 : 漢文大系本의 頭註에는 "德義가 각기 분수가 행해져 서로 넘지 않는 것이다." 하였으니 역시 분명하지 않다. 바로 이어진 '材技不相掩 勇力不相犯'의 문장으로 보아 일반인과 軍中에 德義를 소유한 자가 분수를 지켜 상대방을 존경해서 서로 넘지 않음을 말한 것으로 보인다.

德義를 소유한 자가 서로 넘지 않으며 材技(재주와 기예)를 소유한 자가 서로 엄폐하지 않으며 勇力를 소유한 자가 서로 범하지 않게 하였다.

有德義者不得相踰하며 有材技者不得相掩하며 有勇力者不得相犯이라

德義를 소유한 자가 서로 넘지 못하며, 재주와 기예를 소유한 자가 서로 엄폐하지 못하며, 勇力을 소유한 자가 서로 범하지 못하게 한 것이다.

故로 方同而意和也니라

그러므로 향하는 바에 마음이 같고 뜻이 화합한 것이다.

方者는 向也[1]니 謂所向에 必心同而意和也라 一本에 方同을 作力同하니 未知是否로라

1) 向也 : 漢文大系本에는 이 아래에 "세 가지는 모두 귀천 간에 서로 능멸하지 못하게 하는 일이니, 오직 백성을 가르치기를 이렇게 하기 때문에〔三者 皆貴賤不相陵之事 惟敎民之如此〕"라는 내용이 추가되어 있으며, 다음 내용에 '謂'자가 없다.

方은 향하는 방위이니, 향하는 바에 반드시 마음이 같고 뜻이 화합함을 이른다. 一本에는 方同이 力同으로 되어있으니, 옳은지 모르겠다.

古者에 國容은 不入軍하고 軍容은 不入國하니

옛날에 國都의 용모(禮法)로는 군대에 들어가지 않고, 군대의 용모로는 국도에 들어가지 않았으니,

天子穆穆하고 諸侯皇皇하고 大夫濟濟하고 士子蹌蹌[1]하며 揖讓進退하고 升降跪拜하며 周旋中規하고 折旋中矩[2]는 此國容也니 所以不可入於軍이라 武夫前呵하고 壯士後隨하며 旌旗麾幟와 金鼓笳笛과 坐作進退와 分合解結은 此軍容也니 所以不可入於國이라

1) 天子穆穆……士子蹌蹌 : 이 내용은 ≪禮記≫ 〈曲禮〉에 보이는데, 陳澔의 ≪禮記集說≫에 "穆穆은 그윽하고 깊고 화목하고 공경하는 모습이고, 皇皇은 웅장하고 顯明한 모습이고, 濟濟는 정돈되고 꾸미고 가지런하고 한결같은 모습이고, 蹌蹌은 나래를 펴고 드날리는 모양이다." 하였다.

2) 周旋中規 折旋中矩 : '周旋中規'는 둥글게 걸으면 원형인 規(걸음쇠)의 표준에 부합하는 것이며, '折旋中矩'는 꺾어 들면 矩(曲尺)의 표준에 맞는 것이다. 이 두 가지는 모두 고대에 禮를 행할 적에 進退하고 揖讓하는 동작이다.

천자는 穆穆하고 제후는 皇皇하며 대부는 濟濟하고 士는 蹌蹌하며, 읍하고 사양하

여 나아가고 물러가며 오르고 내려올 적에 무릎 꿇고 절하며, 둥글게 돌 적에 規에 맞게 하고 꺾어 돌 적에 矩에 맞게 하니, 이는 국도의 용모이니 이 때문에 군대에 들어가서는 안 되는 것이다.

武夫는 앞에서 고함치고 壯士는 뒤에서 따라가며 旌旗와 麾幟, 징과 북, 피리와 젓대, 앉고 일어나고 나아가고 물러감과 나누고 합치고 해체하고 뭉치니, 이는 군대의 용모이니 이 때문에 국도에 들어가서는 안 되는 것이다.

故로 德義不相踰니라

그러므로 德義를 소유한 자가 서로 분수를 넘지 않는 것이다.

故로 有德義者不得相踰也라

그러므로 德義를 소유한 자가 서로 넘을 수 없는 것이다.

上貴不伐之士하니 不伐之士는 上之器也니라

윗사람은 자랑하지 않는 선비를 귀하게 여겨야 하니, 자랑하지 않는 선비는 윗사람의 器用(중요한 쓰임)이다.

在上者는 當貴重不誇伐功能之士니 不誇伐功能之士는 乃在上者之器用也라 或曰 上之器는 上品之器也라하니라

위에 있는 자는 마땅히 자신의 공과 재능을 자랑하지 않는 선비를 귀중히 여겨야 하니, 자신의 공과 재능을 자랑하지 않는 선비는 바로 윗자리에 있는 자의 器用이다. 혹자는 말하기를 "上之器는 上品의 器局이다."라고 한다.

苟不伐則無求하고 無求則不爭하여

〈선비가〉 만일 자랑하지 않으면 바람이 없고, 바람이 없으면 다투지 아니하여,

苟不誇伐이면 則無求於人이요 既無求於人이면 則與人無所爭也라 昔에 馮(풍)異見諸將爭功하면 每屛大樹下[1)]하니 得此道矣라

1) 馮(풍)異見諸將爭功 每屛大樹下 : 馮異(? ~B.C. 34)는 後漢 光武帝 때의 명장으로 자가 公孫이다. 사람됨이 겸손하여 자신의 功을 자랑하지 않았으며, 다른 장수들이

모여 앉아 戰功을 자랑하면 사람들을 피하여 홀로 나무 아래에 앉아 적을 무찌를 대책을 궁리하였다. 이 때문에 大樹將軍이란 별호를 얻었다. ≪後漢書 권47 馮異傳≫

만일 자신의 공과 재능을 자랑하지 않으면 남에게 바람이 없고, 남에게 바람이 없으면 남과 다투는 일이 없는 것이다. 옛날에 馮異가 여러 장수들이 공을 다투는 것을 보면 매번 큰 나무 아래로 물러가 있었으니, 이 道를 안 것이다.

國中之聽에 必得其情이요

國中에서 다스릴 적에 반드시 그 실정을 알고,

在國中하여 聽斷事務에 必要得民之情狀이라 〔聽〕[1]은 聽訟聽政之聽이니 得其情而斷其是非可否也라

1) 〔聽〕: 저본에는 '聽'이 없으나 漢文大系本에 의거하여 보충하였다.

國中에 있으면서 事務를 다스려 결단할 적에 반드시 백성들의 정상을 알아야 하는 것이다. 聽은 송사를 다스리고 정사를 다스린다는 聽의 뜻이니, 그 실정을 알아 옳고 그름과 可否를 결단하는 것이다.

軍旅之聽에 必得其宜라

군대에서 다스릴 적에 반드시 그 마땅함을 얻는다.

在軍旅中하여 聽斷事務에 必要得其所宜니 若不合宜면 必有濫賞罰者라

군중에 있으면서 사무를 다스려 결단할 적에 반드시 그 마땅한 바를 얻어야 하니, 만약 마땅함에 부합하지 못하면 반드시 지나친 상과 지나친 벌이 있게 된다.

故로 材技不相掩이니라

그러므로 재능과 기예를 소유한 자가 서로 엄폐하지 않는 것이다.

故로 有材技者 不得相掩也[1]라

1) 有材技者 不得相掩也 : 漢文大系本에는 이 아래에 "一說에 '능히 자랑하지 않을 수 있으면 바람이 없고 다투지 않아 國中과 軍中의 일을 다스려 결단함에 모두 그 마땅한 바를 얻는다. 그러므로 재능과 기예가 있는 자들을 능히 들어 쓸 수가 있는 것이니,

서로 엄폐하지 않는 것이다.' 하였다.〔一說 能不伐則無求而不爭 其聽斷國中軍中之事 皆得其當 故有材技者 能擧用之 不相掩也〕"라는 내용이 추가되어 있다.

그러므로 재능과 기예를 소유한 자가 서로 엄폐할 수 없는 것이다.

從命이면 **爲士上賞**이요 **犯命**이면 **爲士上戮**이라

명을 따르면 선비 된 자에게 최고의 상을 주고, 명령을 범하면 선비 된 자에게 최고의 벌을 내린다.

聽從命令이면 爲我士者를 授之以上賞하고 干犯命令이면 爲我士者를 治之以上戮이라

명령을 들어 따르면 나의 선비 된 자에게 최고의 상을 주고, 명령을 범하면 나의 선비 된 자를 최고의 벌로 다스린다.

故로 **勇力不相犯**이니라

그러므로 勇力을 소유한 자가 서로 범하지 않는 것이다.

故로 有勇力者不得相犯也라

그러므로 勇力을 소유한 자가 서로 범할 수 없는 것이다.

旣致教其民然後에 **謹選而使之**하니

백성들을 지극히 가르친 뒤에 삼가 선발하여 부리니,

旣推致教道於民[1]然後에 謹愼選擇其能者하여 任使之라

1) 旣推致教道於民 : 漢文大系本에는 이 내용 대신 "가르치는 道를 미루어 지극히 한 뒤에 백성들이 모두 하나의 道에 귀결되는 것이다.〔旣推致之教道 其民盡歸一轍〕"로 되어 있다.

백성들에게 가르치는 道를 미루어 지극히 한 뒤에 능한 자를 삼가 선발하여 관직을 맡기고 부리는 것이다.

事極修則百官給矣요

일이 지극히 닦이면 百官이 넉넉하고,

事極修整이면 **則百官給足矣**라

일이 지극히 닦이고 정돈되면 百官이 넉넉해지는 것이다.

教極省則民興良矣요

가르침이 지극히 살펴지면 백성들이 선량한 마음을 흥기시키고,

教極省察이면 **則民興良善矣**라

가르침이 지극히 살펴지면 백성들이 선량한 마음을 흥기시키는 것이다.

習貫成則民體俗矣니

습관이 이루어지면 백성들이 풍속을 體行하니,

習貫既成이면 **則民體風俗矣**[1]라 **貫**은 **與慣同**하니 **習貫如自然**[2]이 **是也**라

1) 民體風俗矣 : 漢文大系本에는 이 내용 대신 "백성들이 모두 체행하고 모방하여 힘써 행해서 자연히 풍속을 이루는 것이다.〔民皆體倣力行 自然成俗矣〕"라고 되어있다.
2) 習貫如自然 : 이 내용은 ≪孔子家語≫ 〈七十二弟子解〉의 "어려서 이루면 천성과 같고 습관이 되면 자연과 같다.〔少成則若性也 習慣若自然也〕"라는 내용을 인용한 것이다.

습관이 이루어지면 백성들이 풍속을 체행한다. 貫은 慣(습관)과 같으니, '습관이 되면 자연과 같다.'는 것이 이것이다.

教化之至也니라

교화가 지극한 것이다.

凡此는 **皆人君教化之至也**라

무릇 이것은 모두 人君의 교화가 지극한 것이다.

古者에 **逐奔不遠**하고 **縱綏不及**하니 **不遠則難誘**요 **不及則難陷**이라

옛날에 도망하는 적을 추격할 적에 멀리 좇아가지 않고, 고삐를 잡고 후퇴하는 적을 따라잡지 않았으니, 멀리 좇아가지 않으면 쉽게 유인당하지 않고, 따라잡지 않으면 쉽게 함정에 빠지지 않는다.

古之戰者는 逐人奔敗之兵에 不欲甚遠하고 從人退還之兵에 不必及之라 不遠則難爲彼所誘하니 若龍且(저)逐韓信이라가 爲信誘하여 過濰水而敗之[1)]요 不及則難爲彼所陷이니 如龐(방)涓從孫臏이라가 爲臏算至馬陵而殺之[2)]라 此는 古之爲將者所以逐奔不遠而縱綏不及也니라

1) 龍且(저)逐韓信……過濰水而敗之 : 龍且는 楚나라 項羽의 막하 장수이다. B.C. 205년, 漢나라의 韓信이 齊나라를 공격하여 臨淄를 함락시키고 齊王을 추격하자, 項羽가 龍且로 하여금 齊나라를 구원하게 하여, 濰水를 끼고 서로 대치하였다. 龍且는 평소 韓信을 輕視하여 전면전으로 韓信 軍을 섬멸하고자 하였다. 韓信이 밤중에 사람을 시켜 1만여 개의 포대를 만들어 江의 상류를 막아놓고는 군대를 이끌고 강을 반쯤 건너 공격하다가 이기지 못하는 것처럼 위장하고 후퇴하였다. 龍且가 기뻐하면서 "韓信이 겁쟁이인 것은 내가 평소에 알고 있었다."라고 하며, 공격 명령을 내려 추격하게 하였다. 韓信이 사람을 시켜 막아놓았던 물을 트니, 龍且 軍이 대혼란에 빠졌다. 이에 韓信이 반격을 가하여 龍且를 죽이고 楚軍을 대파하였다. ≪史記 권93 淮陰侯列傳≫

2) 龐(방)涓從孫臏 爲臏算至馬陵而殺之: 龐涓은 전국시대 魏나라의 장수이고, 孫臏은 齊나라 출신의 장군이자 兵法家이다. 龐涓과 孫臏은 함께 鬼谷子에게 병법을 배웠는데, 龐涓이 먼저 魏나라에서 장수로 등용되자, 孫臏의 재능을 시기하고 죄를 가하여 발을 자르게 해서 이후 두 사람은 원수지간이 되었다.

B.C. 341년, 魏나라가 趙나라와 연합하여 韓나라를 공격하자, 韓나라가 齊나라에 구원을 요청하니, 齊나라는 田忌를 장수로 삼고 孫臏을 軍師로 삼아 韓나라를 구원하게 하였다. 이때 孫臏은 魏나라 군대가 사납고 용맹하여 齊軍을 경시하고 있음을 알고 이를 이용하기 위해, 齊軍으로 하여금 魏나라 땅에 들어가 첫날에는 10만 개의 취사장을 만들게 하고, 다음 날에는 5만 개, 또 다음 날에는 3만 개로 차츰 줄여서, 적에게 아군이 약하여 도망자가 속출하는 것처럼 보이게 하였다.

이에 龐涓은 사흘 만에 齊나라의 수많은 병사가 이탈한 것이라고 판단하고, 소수의 경무장한 기병만 거느리고 행군 속도를 배가하여 齊軍의 뒤를 추격하다가, 馬陵에서 齊軍의 매복공격에 빠져 큰 타격을 입고 스스로 목을 찔러 죽으니, 齊나라는 이로 인하여 승세를 타고 魏나라 군대를 대파하였다. ≪史記 권65 孫子列傳≫

옛날 싸우는 자들은 패하여 도망하는 적의 군대를 추격할 적에 그리 멀리 쫓고자 하지 않았고, 물러나 돌아가는 적의 군대를 쫓아갈 적에 반드시 따라잡지 않았다. 멀리 쫓아가지 않으면 저들에게 쉽게 유인당하지 않으니, 〈멀리 갔다가 적에게 유인당한 경우는〉 龍且가 韓信을 추격하다가 韓信에게 유인당하여 濰水를 건너다가 패한 것과 같은 경우이고, 따라잡지 않으면 적의 함정에 쉽게 빠지지 않으니, 〈따라잡다가 적의 함정에 빠진 경우는〉 龐涓이 孫臏을 쫓아가다가 孫臏의 계략에 빠져 馬陵에 이르러 죽임을 당한 것과 같은 경우이다. 이 때문에 옛날 장수된 자들이 도망하는 적을 추격할 적에 멀리 쫓아가지 않고 고삐를 잡고 후퇴하는 적을 쫓아갈 적에 따라잡지 않은 것이다.

以禮爲固하고 以仁爲勝하며

禮를 견고함으로 삼고 仁을 승리로 삼으며,

以禮爲固者는 守之以禮也요 以仁爲勝者는 戰之以仁也니 此皆上古神武不殺[1]之道라

1) 神武不殺 : 神武는 威武가 신묘하여 적에게 무력을 사용하지 않고 굴복시킴을 이른다. ≪周易≫ 〈繫辭 上〉에 "옛날의 聰明하고 叡智하며 神武하고 죽이지 않는 자일 것이다.〔古之聰明叡知神武而不殺者夫〕"라고 보인다.

'禮를 견고함으로 삼는다.'는 것은 禮로써 지키는 것이요, '仁을 승리로 삼는다.'는 것은 仁으로써 싸우는 것이니, 이는 모두 상고시대에 神武하여 죽이지 않는 方道이다.

既勝之後에 其教를 可復(복)이라 是以로 君子貴之也니라

이미 승리한 뒤에는 교화를 다시 쓸 수 있다. 이 때문에 군자가 교화를 귀하게 여기는 것이다.

既勝敵之後에 其教化를 可得而復用이니 此[1]君子所以貴之也라

1) 此 : 漢文大系本에는 이 아래에 "이는 옛날에 용병하는 방도이니〔古者用兵之道〕"라는 내용이 추가되어 있다.

이미 적을 이긴 뒤에는 교화를 다시 쓸 수 있으니, 이 때문에 군자가 교화를 귀하게 여기는 것이다.

有虞氏는 **戒於國中**하니 **欲民體其命也**요

有虞氏는 國中(國都)에서 경계하였으니, 백성들이 명령을 체득하게 하려고 한 것이요,

有虞氏는 舜也니 都虞阪이라 凡有戎事에 必告戒於國中하니 欲民體上之命也라

有虞氏는 舜임금이니, 虞阪에 도읍하였다. 무릇 전쟁하는 일이 있을 적에 반드시 國中에서 고하여 경계하였으니, 백성들이 윗사람의 명령을 체득하게 하려고 한 것이다.

夏后氏는 **誓於軍中**하니 **欲民先成其慮也**요

夏后氏는 軍中에서 맹세하였으니, 백성들이 일에 앞서 思慮를 이루게 하려고 한 것이요,

夏后氏는 禹之後也니 都安邑이라 以其受舜之讓而爲君故로 稱曰夏后氏라 凡出師征討에 誓告於軍中하니 欲民先事而成其思慮也라

夏后氏는 禹王의 후손이니, 安邑에 도읍하였다. 舜임금의 禪讓을 받아 군주가 되었기 때문에 夏后氏라 칭하였다. 무릇 군대를 출동하여 정벌하고 토벌할 적에 군중에서 맹세하고 고하였으니, 백성들이 일에 앞서 思慮를 이루게 하려고 한 것이다.

殷은 **誓於軍門之外**하니 **欲民先意以待事也**요

殷나라는 軍門의 밖에서 맹세하였으니, 백성들이 미리 용감한 뜻을 다스려서 일을 기다리게 하려고 한 것이요,

殷者는 湯有天下之號也라 凡出師征討에 誓告於軍門之外하니 欲民先治勇銳之意하여 以待戰陣之事也라

殷나라는 湯王이 소유한 天下의 호칭이다. 무릇 군대를 출동하여 정벌하고 토벌할 적에 軍門의 밖에서 맹세하고 고하였으니, 백성들이 먼저 용맹하고 정예로운 마음을 다스려서 陣을 치고 싸우는 일에 대비하게 하려고 한 것이다.

周는 **將交刃而誓之**하니 **以致民志也**라

周나라는 장차 적과 칼날을 교차하려 할 적에 맹세하였으니, 백성이 必死의 각오를 바치게 한 것이다.

周者는 武王有天下之號也라 凡出師征討에 必待將與敵人交刃之時하여 而誓告之하니 用致民必死之志也[1]라

1) 用致民必死之志也 : 漢文大系本에는 이 아래에 "이상은 고대의 군대에 맹세한 일을 논한 것이다.〔此上 論古者誓師之事〕"라는 내용이 추가되어 있다.

周나라는 武王이 소유한 천하의 호칭이다. 무릇 군대를 출동하여 정벌하고 토벌할 적에 반드시 장차 적과 칼날을 교차하려 할 때를 기다려서 맹세하고 고하였으니, 백성들이 必死의 각오를 바치게 하려고 한 것이다.

夏后氏는 正其德也요 未用兵之刃이라 故로 其兵不雜이요

夏后氏는 덕을 바르게 하였고 군대의 병기인 칼날을 쓰지 않았다. 그러므로 병기를 뒤섞어 쓰지 않았고,

夏后氏는 以揖讓有天下[1]하니 是以正其德也요 未嘗用兵之刃이라 故로 兵器不雜이라 用兵之刃은 兵器宜雜이니 雜則難制로되 未用兵之刃故로 兵器不雜也[2]라

1) 揖讓有天下 : 揖讓은 禪讓으로 어진 이에게 帝位를 양위함을 이른다. 禹王이 舜임금에게서 제위를 선양 받아 夏나라 왕조가 성립되었으므로 말한 것이다.

2) 兵器不雜也 : 漢文大系本에는 이 아래에 "正은 盛함이니, 그 德이 성대하다고 말한 것과 같다.〔正 盛也 猶言其德盛也〕"라는 내용이 추가되어 있다.

夏后氏는 揖讓하여 천하를 소유하였으니, 이는 그 덕을 바르게 한 것이요 일찍이 병기의 칼날을 사용하지 않았다. 그러므로 병기를 뒤섞어 쓰지 않은 것이다. 병기의 칼날을 사용할 적에는 마땅히 병기를 뒤섞어 사용하여야 하니, 뒤섞어 사용하면 적이 우리를 제압하기 어렵다. 그러나 병기의 칼날을 사용하지 않았기 때문에 병기를 뒤섞어 쓰지 않은 것이다.

殷은 義也니 始用兵之刃矣요

殷나라는 義를 주장하였으니, 처음으로 병기의 칼날을 사용하였고,

殷湯이 以義取天下하여 初用兵之刃矣라 葛伯이 放而不祀어늘 湯使人問之한대 曰無以供犧牲也로라 湯使人遺之牛羊이러니 葛伯이 殺而食之하고 又不以祀어늘 湯使人問之한대 曰 無以供粢盛也로라 湯使人往爲之畊이러니 有童子以黍肉餉이어늘 殺而奪之라 湯始征을 自葛載하여 十一征而無敵於天下[1]하니 豈非義乎아

1) 葛伯放而不祀……十一征而無敵於天下 : 이 내용은 ≪孟子≫ 〈滕文公 下〉에 자세히 보이는데, '自葛載'의 載는 시작하다의 뜻이다.

殷나라 湯王이 義로써 천하를 취하여 처음 병기의 칼날을 사용하였다. 葛伯이 방탕하여 제사를 지내지 않자 湯王이 사람을 시켜 물으니, 대답하기를 "제사에 바칠 犧牲이 없어서입니다." 하였다. 湯王이 사람을 시켜 소와 양을 보내주었는데, 葛伯은 이것을 잡아먹고 또 제사하지 않았다. 湯王이 사람을 시켜 이유를 묻자 대답하기를 "제사에 바칠 粢盛(곡식)이 없어서입니다." 하였다. 湯王이 사람을 시켜 가서 농사를 지어주게 하였는데, 童子가 기장밥과 고기를 가지고 점심밥을 내오자, 葛伯이 童子를 죽이고 기장밥과 고기를 빼앗아 갔다. 湯王이 처음 정벌을 葛나라로부터 시작해서 열한 번 정벌하여 천하에 대적할 자가 없었으니, 어찌 義가 아니겠는가?

周는 力也니 盡用兵之刃矣니라

周나라는 武力을 주장하였으니, 병기의 칼날을 모두 사용하였다.

周는 以力取天下하여 盡用兵之刃矣라 革車三百輛이요 虎賁三千人[1]이며 諸侯會於孟津者八百[2]이요 鷹揚之將이 以百夫致師[3]하니 非力而何오 愚按夏商周三代各以其盛者而言이니 非殷無德而周不義也[4]니라

1) 革車三百輛 虎賁三千人 : 革車는 兵車이고 虎賁은 용사로, 이 내용은 ≪孟子≫ 〈盡心 下〉에 보인다.
2) 會於孟津者八百 : 孟津은 河南省 孟縣 남쪽에 있는 나루로, 周 武王이 이곳에서 제후들과 회맹하고 황하를 건너 殷나라 紂王을 공격하였다. ≪書經 周書 武成≫
3) 鷹揚之將 以百夫致師 : 鷹揚之將은 매처럼 높이 날아 적을 공격하는 장수로 姜太公을 가리키며, 百夫는 100명의 장사를 이르고, 致師는 적에게 도전함을 이른다.
4) 非殷無德而周不義也 : 漢文大系本에는 이 아래에 "이는 삼대의 用兵이 똑같지 않음을 논한 것이다.〔此 論三代用兵之不同〕"라는 내용이 추가되어 있다.

周나라는 武力으로 천하를 점령하여 병기의 칼날을 모두 사용하였다. 革車가 3백

輛이고 虎賁이 3천 명이었으며, 孟津에 모인 제후가 8백이었고 매처럼 날아오르는 장수가 百夫를 거느리고 적에게 도전하였으니, 무력이 아니고 무엇이겠는가.

내가 살펴보건대 夏·商·周의 三代가 각각 그 성함을 가지고 말한 것이니, 殷나라는 덕이 없고 周나라는 의롭지 않은 것이 아니다.

夏는 **賞於朝**하니 **貴善也**요

夏나라는 조정에서 상을 주었으니 善人을 귀하게 여긴 것이요,

夏后氏는 賞有功者於朝하니 貴人之善也라

夏后氏는 공이 있는 자에게 조정에서 상을 주었으니, 사람의 善함을 귀하게 여긴 것이다.

殷은 **戮於市**하니 **威不善也**요

殷나라는 시장에서 죽였으니 善하지 못한 자를 두려워하게 한 것이요,

殷家는 戮有罪者於市하니 威人之不善也라

殷나라는 죄가 있는 자를 시장에서 죽였으니, 사람 중에 선하지 못한 자를 두려워하게 한 것이다.

周는 **賞於朝**하고 **戮於市**하니 **勸君子**하고 **懼小人也**라

周나라는 조정에서 상을 주고 시장에서 죄인을 죽였으니, 군자를 권면하고 소인을 두려워하게 한 것이다.

周家는 賞有功於朝하고 戮有罪於市하니 勸爲善之君子하고 懼爲惡之小人也라

周나라는 공이 있는 자를 조정에서 상 주고 죄가 있는 자를 시장에서 죽였으니, 善을 행하는 군자를 권면하고 惡을 행하는 소인을 두려워하게 한 것이다.

三王이 **彰其德**은 **一也**니라

三王이 그 德을 밝힘은 똑같다.

夏, 商, 周三王[1)]이 彰顯其德은 則一而已[2)]라

1) 三王 : 夏나라의 禹王, 商나라의 湯王, 周나라의 文王 · 武王을 이른다.

2) 則一而已 : 漢文大系本에는 이 아래에 "이는 삼대의 형벌과 상을 논한 것이다.〔此論三代之刑賞也〕"라는 내용이 추가되어 있다.

夏 · 商 · 周의 三王이 그 德을 드러내어 밝힘은 똑같을 뿐이다.

兵을 不雜則不利하니 長兵以衛하고 短兵以守니라

병기를 뒤섞어 쓰지 않으면 이롭지 못하니, 긴 병기로써 호위하고 짧은 병기로써 지킨다.

兵器不雜而用之면 則不鋒利라 長兵은 以之而衛니 長兵은 戈戟之類 是也요 短兵은 以之而守니 短兵은 刀劍之類 是也라

병기를 뒤섞어 쓰지 않으면 칼날이 예리하지 못하다. 긴 병기를 사용하여 〈짧은 병기를 사용하는 병사들을〉 호위하니, 긴 병기는 戈(평두창)와 戟(세 갈래진 창)의 따위가 이것이다. 짧은 병기를 사용하여 〈긴 병기를 사용하는 병사를〉 지키니, 짧은 병기는 刀와 劍의 따위가 이것이다.

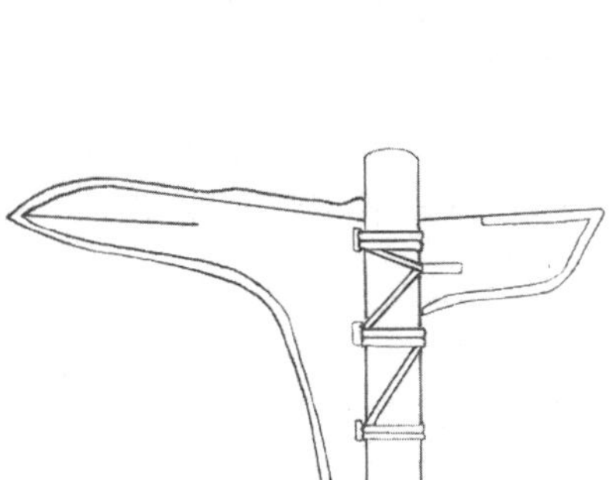

戈

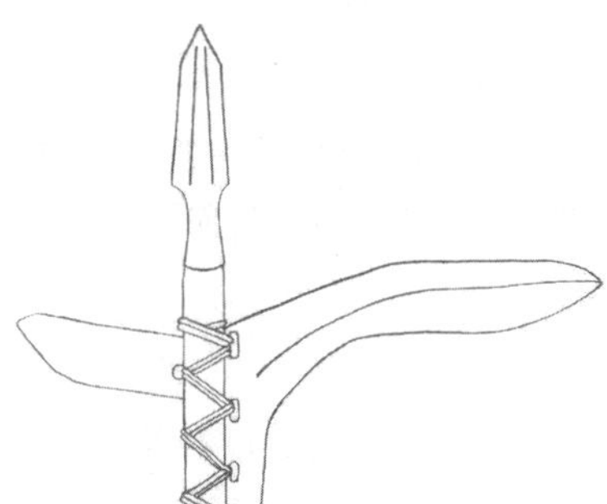

戟

太長則難犯이요 太短則不及이며 太輕則銳하니 銳則易亂이요 太重則鈍하니 鈍則不濟니라

병기가 너무 길면 범하기 어렵고 너무 짧으면 미치지 못하며, 너무 가벼우면 빠르니 빠르면 혼란하기 쉽고, 너무 무거우면 둔하니 둔하면 일을 이루지 못한다.

兵器太長이면 則難犯人이요 兵器太短이면 則不及人이라 兵器太輕則銳하니 銳則易至於亂이요 兵器(長)〔太〕[1)]重則鈍하니 鈍則不能濟事[2)]라

1) (長)〔太〕: 저본의 '長'은 漢文大系本에 의거하여 '太'로 바로잡았다.
2) 鈍則不能濟事 : 漢文大系本에는 이 아래에 "이는 병기에 대해 널리 논한 것이다.〔此泛論兵器也〕"라는 내용이 추가되어 있다.

병기가 너무 길면 적을 범하기 어렵고 병기가 너무 짧으면 적에게 미치지 못한다. 병기가 너무 가벼우면 빠르니 빠르면 혼란에 이르기 쉽고, 병기가 너무 무거우면 둔하니 둔하면 일을 이루지 못한다.

戎車는 夏后氏曰 鉤車니 先正也[1)]요

1) 鉤車 先正也 : 鉤車는 수레의 앞 난간이 굽은 것으로 ≪禮記≫ 〈明堂位〉에 "鸞車는 有虞氏의 수레이고 鉤車는 夏后氏의 수레이다.〔鸞車 有虞氏之路也 鉤車 夏后氏之路也〕"라고 보이는데, 陳澔의 ≪禮記集說≫에 "路는 輅(수레)와 같다. 鉤는 굽음이니, 수레의 牀(판자)을 輿라 이르는데 輿의 앞 난간이 굽었으므로 鉤車라 이름했다.〔路 與輅同 鉤 曲也 車床謂之輿 輿之前闌曲 故名鉤車〕"라고 보인다. ≪詩經≫ 〈小雅 六月〉에 "元戎 10乘으로 먼저 선도하여 길을 떠난다.〔元戎十乘 以先啓行〕" 하였는데, ≪集傳≫에 "夏后氏는 수레 이름을 鉤車라 하였으니, 바르게 선도하는 것이요, 殷나라는 寅車라 하였으니, 빠르게 선도하는 것이다.〔夏后氏曰鉤車 先正也 殷曰寅車 先疾也〕"라고 보인다. 鉤車는 軥車로도 표기한다.

戎車는, 夏后氏는 鉤車라 하였으니 바르게 나아가도록 선도한 것이요,

戎車는 則夏后氏名曰鉤車라하니 先導之以正也[1)]라

1) 先導之以正也 : 漢文大系本에는 이 아래에 "先은 一本에는 尙(높임)으로 되어있다.〔先一作尙〕"라는 내용이 추가되어 있다.

戎車는, 夏后氏는 鉤車라 이름하였으니, 바르게 나아가도록 선도한 것이다.

殷曰 寅車니 先疾也[1)]요

1) 寅車 先疾也 : ≪詩經≫ 〈小雅 六月〉 '元戎十乘'의 ≪箋≫에 "寅은 나아감이다. 鉤車와

寅車, 元戎은 모두 앞장서서 길을 열어 적진을 돌격하는 선두이니, 그 제도의 같고 다름은 알려져 있지 않다.〔寅 進也 二者及元戎 皆可以先前啓突敵陣之前行 其制之同異未聞〕" 하였다.

殷나라는 寅車라 하였으니 빠르게 나아가도록 선도한 것이요,

殷之車는 名曰寅車니 先導之以疾也라 鉤車, 寅車는 未詳其制라

殷나라의 수레는 寅車라 이름하였으니, 빠르게 나아가도록 선도한 것이다. 鉤車와 寅車는 그 제도가 자세하지 않다.

周曰 元戎이니 先良也라

周나라는 元戎이라 하였으니 양호하게 작전이 진행되도록 선도한 것이다.

周之車는 名曰 元戎이니 先導之以良也라 詩曰 元戎十乘으로 以先啓行[1]이 是也[2]라

1) 元戎十乘 以先啓行 : 이 내용은 《詩經》 〈小雅 六月〉에 보이는데, 朱子는 《集傳》에서 "元은 큼이고 戎은 戎車이다."라고 주하였다.

2) 是也 : 漢文大系本에는 이 아래에 "이는 삼대의 융거에 대해 논한 것이다.〔此 論三代之戎車〕"라는 내용이 추가되어 있다.

周元戎圖

周나라의 수레는 元戎이라 이름하였으니 양호하게 작전이 진행되도록 선도한 것이다. ≪詩經≫에 '元戎 10乘으로 먼저 길을 떠난다.'는 것이 이것이다.

旂(기)는 夏后氏玄首하니 人之執也요

旂는, 夏后氏는 〈旂의〉 머리(윗부분)를 검게 하였으니 사람의 형세를 의거한 것이요,

旂는 (曲禮)〔周禮〕謂(蛟)〔交〕龍爲旂[1]者 是也라 夏后氏之旂玄首者는 象人之執하니 人首黑故也라 執은 當依漢書作勢라

1) (曲禮)〔周禮〕謂(蛟)〔交〕龍爲旂 : ≪禮記≫ 〈曲禮〉에는 이 내용이 보이지 않고 ≪周禮≫ 〈天官 司常〉에 "日月爲常 交龍爲旂"라고 보이므로 바로잡았다. 交龍은 두 마리의 龍이 서로 의지하고 있는 모습인데, 이를 赤色으로 그린 것이다.

旂

旂는 ≪周禮≫ 〈天官〉에 "交龍을 그린 것을 旂라 한다."라고 한 것이 이것이다. 夏后氏의 旂가 윗부분이 검은 것은 사람의 형세를 형상한 것이니, 사람의 머리가 검기 때문이다. 執은 마땅히 ≪漢書≫에 의하여 勢가 되어야 한다.

殷은 白하니 天之義也요

殷나라는 백색을 사용하였으니 하늘의 뜻이요,

殷之旂色白은 象天之義니 天體瑩潔故也라

殷나라의 旂가 백색인 것은 하늘의 뜻을 형상한 것이니, 하늘의 體가 깨끗하고 희기 때문이다.

周는 黃하니 地之道也라

周나라는 황색을 사용하였으니 땅의 道이다.

周之旂色黃은 象地之道니 地之體黃故也[1]라

1) 地之體黃故也 : 漢文大系本에는 이 아래에 "이는 삼대의 旂의 색깔을 논한 것이다.〔此論三代之旂色〕"라는 내용이 추가되어 있다.

周나라의 기가 황색인 것은 땅의 도를 형상한 것이니, 땅의 體가 황색이기 때문이다.

章은 **夏后氏以日月**하니 **尙明也**요

휘장은, 夏后氏는 해와 달을 사용하였으니 밝음을 숭상한 것이요,

章은 **士卒所戴之章也**니 **尉繚子所謂卒有五章**[1)]이 **是也**라 **夏后氏之章**에 **用日月**은 **尙其明也**라

1) 尉繚子所謂卒有五章 : 이 내용은 ≪尉繚子≫ 〈經卒令〉에 보인다.

휘장은 사졸들이 머리에 이고(쓰고) 있는 휘장이니, ≪尉繚子≫의 이른바 '병졸은 다섯 가지 휘장이 있다.'는 것이 이것이다. 夏后氏의 휘장에 해와 달을 사용한 것은 밝음을 숭상한 것이다.

殷은 **以虎**하니 **尙威也**요

殷나라는 범을 사용하였으니 위엄을 숭상한 것이요,

殷之章에 **用虎**는 **尙其威猛也**라

殷나라의 휘장에 범을 사용한 것은 위엄과 용맹을 숭상한 것이다.

周는 **以龍**하니 **尙文也**라

周나라는 용을 사용하였으니 文彩를 숭상한 것이다.

周之章用龍은 **尙其文彩也**[1)]라

1) 尙其文彩也 : 漢文大系本에는 이 아래에 "이는 三代의 章飾을 논한 것이다.〔此 論三代之章飾〕"라는 내용이 추가되어 있다.

周나라의 휘장에 용을 사용한 것은 文彩를 숭상한 것이다.

師多務威則民詘하고 **小威則民不勝**이니라

군대가 위엄을 힘씀이 많으면 백성들(병사들)이 위축되고, 군대가 위엄이 적으면 백성들을 이겨내지 못한다.

師旅之中에 若多務威면 則民心詘而不伸이요 若少務威면 則民(力)〔心驕橫〕[1)]하여 不能制勝이라

1) (力)〔心驕橫〕: 저본의 '力'을 漢文大系本에 의거하여 '心驕橫'으로 바로잡았다.

군대 가운데에 만약 위엄을 힘씀이 많으면 민심이 굽혀 펴지지 못하고, 만약 위엄을 힘씀이 적으면 백성들의 마음이 교만하고 멋대로여서 백성들을 제압할 수 없다.

上使民에 不得其義하면 百姓不得其敍하고 技用不得其利하고 牛馬不得其任하며

윗사람이 백성을 부릴 적에 마땅함을 얻지 못하면 백성들이 적절한 차례를 얻지 못하고 技用이 적절한 이로움을 얻지 못하고 소와 말이 적절한 부림을 얻지 못하며,

在上者[1)] 使民에 不得合其宜면 則百姓不得其倫敍하고 技用不得其所利하고 牛馬不得其任使라

1) 在上者 : 漢文大系本에는 이 아래에 "정령이 까다롭고 번거로워〔政令苛煩〕"라는 내용이 추가되어 있다.

위에 있는 자가 백성을 부릴 적에 마땅함에 부합하게 하지 못하면 백성들이 적절한 차례를 얻지 못하고 技用이 적절한 이로움을 얻지 못하고 소와 말이 적절한 부림을 얻지 못한다.

有司陵之면 此謂多威니 多威則民詘이니라

有司(관리)가 백성들을 능멸하면 이것을 '위엄이 많다.'라고 하는 것이니, 위엄이 많으면 백성들이 위축된다.

爲有司者 又陵辱之면 此所謂多務威也니 多務威면 則民心詘而不伸矣[1)]라

1) 則民心詘而不伸矣 : 漢文大系本에는 이 아래에 "이상은 위엄이 많은 폐해를 말한 것이다.〔此上 言多威之弊也〕"라는 내용이 추가되어 있다.

有司가 된 자가 또 사람들을 능멸하고 욕보이면 이것이 이른바 '위엄을 힘씀이 많다.'라는 것이니, 위엄을 힘씀이 많으면 민심이 굽혀 펴지지 못한다.

上不尊德而任詐慝하고 **不尊道而任勇力**하며 **不貴用命而貴犯命**하고 **不貴善行而貴暴行**하며

윗사람이 德을 높이지 않고 간사하거나 사특한 자에게 맡기며, 도를 높이지 않고 勇力이 있는 자에게 맡기며, 명령을 따르는 자를 귀하게 여기지 않고 명령을 범하는 자를 귀하게 여기며, 선행을 귀하게 여기지 않고 폭행을 귀하게 여기며,

在上者 不尊有德之人而任用姦詐邪慝之人하고 不尊有道之人而任用有勇多力之人하며 不貴用命之人而貴犯命之人하고 不貴善行之人而貴暴行之人이라

위에 있는 자가 德이 있는 사람을 높이지 않고 간사하거나 사특한 사람을 임용하며, 道가 있는 사람을 높이지 않고 용맹과 힘이 많은 사람을 임용하며, 명령을 따르는 사람을 귀하게 여기지 않고 명령을 범하는 사람을 귀하게 여기며, 선행하는 사람을 귀하게 여기지 않고 포악한 행실을 하는 사람을 귀하게 여기는 것이다.

陵之有司면 **此謂少威**니 **少威則民不勝**이니라

백성들이 有司를 능멸하면 이것을 '위엄이 적다.'라고 하는 것이니, 위엄이 적으면 백성을 이겨내지 못한다.

又凌辱其有司[1)]면 此所謂少威也니 少務威면 則民力을 不能制勝矣[2)]라

1) 又凌辱其有司 : 漢文大系本에는 이 내용 대신 "윗사람을 두려워하지 않으면 반드시 그 유사를 능멸하고 업신여긴다.〔旣不畏上 必陵侮其有司〕"라고 되어있다.

2) 不能制勝矣 : 漢文大系本에는 이 아래에 "이는 위엄이 적은 폐해를 논한 것이다.〔此論少威之弊也〕"라는 내용이 추가되어 있다.

또 백성들이 有司를 능멸하고 욕보이면 이것을 '위엄이 적다.'라고 하는 것이니, 有司가 위엄을 힘씀이 적으면 백성들의 힘을 제압하여 이겨내지 못한다.

軍旅는 **以舒爲主**하니 **舒則民力足**이니라

군대는 느림을 위주하니, 느리면 군사들의 힘이 충분해진다.

軍旅는 以舒緩爲主하니 舒緩則民力足用이라 古者에 師行은 日三十里하니 是舒則民力足矣라

군대는 느림을 위주하니, 느리면 병사들의 힘을 충분히 쓸 수 있다. 옛날에 군대의 행군은 하루에 30리를 갔으니, 이는 느리면 병사들의 힘이 충분해지는 것이다.

雖交兵致刃이나 徒不趨하고 車不馳하고 逐奔不踰列이라 是以不亂이니라

비록 〈전투가 벌어져〉 병기가 교차되고 칼날이 부딪치더라도 보병이 급히 달려가지 않고 수레가 치달리지 않으며, 도망하는 적을 추격할 적에 항렬을 넘지 않는다. 이 때문에 혼란하지 않은 것이다.

雖與敵人交兵致刃이나 徒步者不趨走하고 御車者不馳驅하고 追逐奔走에 不踰行列이라 是以로 其軍不亂이라

비록 적과 병기를 교차하고 칼날을 부딪치더라도, 도보로 가는 자가 급히 달려가지 않고 수레를 모는 자가 치달려 몰지 않으며, 도망하는 적을 추격할 적에 항렬을 넘지 않는다. 이 때문에 군대가 혼란하지 않은 것이다.

軍旅之固는 不失行列之政하고 不絕人馬之力하며 遲速하여 不過誡命이니라

군대의 견고함을 유지하는 방도는 항렬의 政事(명령)를 잃지 않게 하고 사람과 말의 힘을 끊어지도록 부리지 않게 하며, 혹은 느리고 혹은 빨리하여 장수의 경계하는 명령을 넘지 않게 하는 것이다.

軍旅之所以固者는 不失其行列之政也요 不絕其人馬之力也며 或遲或速하여 不過越將之誡命[1]이라

1) 不過越將之誡命 : 漢文大系本에는 이 아래에 "이는 군대를 포진할 적에 군대를 견고하게 하는 절도를 논한 것이다.〔此 論陳師固軍之節也〕"라는 내용이 추가되어 있다.

군대가 견고하도록 하는 방도는 항렬의 정사를 잃지 않게 하고 사람과 말의 힘을 끊어지지 않게 하며, 혹은 느리고 혹은 빨리하여 장수의 경계하는 명령을 넘지 않게 하는 것이다.

古者에 **國容不入軍**하고 **軍容不入國**[1)]하니

1) 國容……不入國 : 軍容은 軍中의 위엄 있는 모습이고, 國容은 조정의 겸손하고 온화한 모습을 의미한다.

옛날에 國都(조정)의 용모(예법)로는 군대에 들어가지 않고, 군대의 용모로는 국도에 들어가지 않았으니,

古者에 國容不入於軍하고 軍容不入於國이라

옛날에 국도의 용모로는 군대에 들어가지 않았고, 군대의 용모로는 국도에 들어가지 않았다.

軍容入國이면 **則民德廢**하고

군대의 용모로 국도에 들어가면 백성들의 덕이 폐해지고,

軍容入國이면 則民德廢者는 是軍勝於民하고 武勝於文也라

'군대의 용모로 국도에 들어가면 백성들의 덕이 폐해진다.'는 것은 군대가 백성을 이기고 武가 文을 이기는 것이다.

國容入軍이면 **則民德弱**이라

국도의 용모로 군대에 들어가면 백성들의 덕이 약해진다.

國容入軍이면 則民德弱者는 是民逼於軍하고 文逼於武也라

'국도의 용모로 군대에 들어가면 백성들의 덕이 약해진다.'는 것은 백성들이 군대를 압박하고 文이 武를 압박하는 것이다.

故로 **在國**에 **言文而語溫**하고 **在朝**에 **恭以遜**하고 **修己以待人**하며 **不召不至**하고 **不問不言**하여 **難進易退**하나니라

그러므로 국도에 있을 적에는 말이 문채 나고 말소리가 온화하며, 조정에 있을 적에는 용모가 공손하고 사양하고 몸을 닦아 남을 대하며, 군주가 부르지 않으면 가지 않고 군주가 묻지 않으면 말하지 않아서 나아가는 것을 어렵게 여기고 물러

가는 것을 쉽게 여기는 것이다.

故로 在國에 言談文飾而辭語溫和하니 所謂與上大夫言에 誾誾如也[1] 是也요 在朝廷에 恭敬而遜順하니 所謂舜命九官에 濟濟相讓[2]이 是也라 修治自己하여 以待他人하며 君不召不至하고 君不問不言[3]하여 難進而易退하니 所謂三揖而進하고 一辭而退[4] 是也라

1) 與上大夫言 誾誾如也 : 誾誾은 온화하게 말하는 모습이다. 이 내용은 孔子가 朝廷에서 말씀하시는 태도에 대한 것으로, ≪論語≫ 〈鄕黨〉에 보인다.
2) 舜命九官 濟濟相讓 : 이 내용은 ≪漢書≫ 〈劉向傳〉에 "舜임금이 九官을 명함에 濟濟하여 서로 사양해서 화목함이 지극하였다.〔舜命九官 濟濟相讓 和之至也〕"라는 내용을 인용한 것이다. 九官은 舜임금 때의 아홉 大臣의 지위로 司空, 后稷, 司徒, 士師, 共工, 虞, 秩宗, 典樂, 納言 등을 이르며, 濟濟는 정돈되고 아름다운 모양이다.
3) 君不召不至 君不問不言 : 漢文大系本에는 이 내용 대신 "군주가 부르지 않으면 감히 제멋대로 군주의 앞에 가지 않고, 군주가 묻지 않으면 감히 함부로 國政에 대해 말하지 않는다.〔君不召 不敢擅至君前 不問 不敢妄言國政〕"라고 되어있다.
4) 難進而易退……一辭而退 : 이 내용은 ≪禮記≫ 〈表記〉에 "군주를 섬기되 나아가기를 어렵게 여기고 물러가기를 쉽게 여기면 벼슬자리가 질서가 있고, 나아가기를 쉽게 여기고 물러가기를 어렵게 여기면 벼슬자리가 혼란하다. 그러므로 君子가 세 번 揖하고서 나아가고 한 번 사양하고서 물러가는 것은 혼란을 멀리하려고 해서이다.〔事君 難進而易退 則位有序 易進而難退 則亂也 故君子三揖而進 一辭而退 以遠亂也〕"라고 보인다. 漢文大系本에는 이 아래에 "이는 國都의 용모에 대해 말한 것이다.〔此 言國容也〕"라는 내용이 추가되어 있다.

그러므로 국도에 있을 적에는 言談이 文飾이 있고 말소리가 온화하니, 이른바 '上大夫와 더불어 말씀할 적에 온화하였다.'는 것이 이것이다. 조정에 있을 적에는 용모가 공경하고 공순하니, 이른바 '舜임금이 九官을 명함에 濟濟하여 서로 겸양하였다.'는 것이 이것이다.

자기 몸을 잘 닦고 다스려서 타인을 대하며, 군주가 부르지 않으면 가지 않고 군주가 묻지 않으면 말하지 아니하여, 나아가는 것을 어렵게 여기고 물러가는 것을 쉽게 여겼으니, 이른바 '세 번 읍하고 나아가며 한 번 하직하고 물러간다.'는 것이 이것이다.

在軍에 抗而立하고 在行에 遂而果하며 介者不拜하고 兵車不式[1]하며 城上不趨하고 危事不齒하나니라

1) 介者不拜 兵車不式 : 이 내용은 ≪禮記≫ 〈曲禮 上〉의 "갑옷 입은 자가 절하지 않는 것은 절을 할 때 蓌(좌)拜(절함에 방해됨)가 되기 때문이다.〔介者不拜 爲其拜而蓌拜〕"라는 내용과 "兵車에서는 式(경례)을 하지 않으며, 武車에는 깃발을 늘어뜨리고 德車에는 깃발을 묶어 둔다.〔兵車不式 武車綏旌 德車結旌〕"라는 내용을 각각 인용한 것이다.

군중에 있을 적에는 말을 크게 하고 꼿꼿하게 서며, 行列에 있을 적에는 달려가서 과감히 결단하며, 갑옷을 입은 자는 절하지 않고 兵車에서는 경례하지 않으며, 城 위에서는 달려가지 않고 위태로운 일을 만나면 웃어서 이를 드러내 보이지 않는다.

在軍旅中에 辭語抗而立이니 如周亞夫屯軍細柳할새 漢文帝至軍門한대 都尉曰 軍中은 但聞將軍令이요 不聞天子詔[1] 是也라 在行伍中에 當馳逐而果決이라 介冑者不拜하고 在兵車不式은 不暇爲儀也라 城上不趨走는 恐驚人也요 危事不啓齒는 恐惑衆也[2]라

1) 周亞夫屯軍細柳……不聞天子詔 : 周亞夫(B.C. 199~B.C. 143)는 前漢 초기의 명장이다. 文帝 後元 6년(B.C. 158)에 匈奴가 변경에 대거 침입하자, 文帝는 宗正 劉禮와 祝玆侯 徐厲와 河內守 周亞夫를 將軍으로 삼아 각각 霸上, 棘門, 細柳에 주둔하여 匈奴를 방비하게 하였다. 文帝가 몸소 군대를 위로하기 위해 霸上과 棘門의 진영에 이르러는 곧바로 營門(軍門)으로 들어갔으며, 이 두 진영에서는 장수가 말에서 내려 天子를 맞이하고 전송하였다. 그러나 細柳에 있는 周亞夫 軍의 진영에 이르러는 병사와 장교들이 갑옷을 입고 병기를 번득이며 弓弩를 시위에 걸고서 御駕의 先驅가 營門에 당도했는데도 들여보내지 않았다. 先驅가 "天子의 행차가 당도하셨다."라고 소리치니, 軍門을 수비하는 都尉가 말하기를 "將軍께서 명령하시기를 '軍中에서는 다만 將軍의 명령을 듣고 天子의 詔命을 듣지 않는다.'라고 하셨습니다."라고 대답하였다. ≪史記 권57 絳侯周勃世家≫
2) 恐惑衆也 : 漢文大系本에는 이 아래에 "이는 軍隊의 용모에 대해 말한 것이다.〔此 言軍容也〕"라는 내용이 추가되어 있다.

군중에 있을 적에는 말소리를 크게 하고 꼿꼿하게 서 있으니, 周亞夫가 細柳에 군대를 주둔했을 적에 漢 文帝가 軍門에 이르자 都尉가 "군중에서는 다만 장군의 명령을 듣고 천자의 詔命을 듣지 않는다."고 말한 것이 이것이다.

항오 가운데에 있을 적에는 마땅히 달려가서 과감히 결단하여야 한다. 갑옷을 입고 투구를 쓴 자가 절하지 않고 兵車에 있으면서 경례하지 않는 것은 위의를 갖출 겨를이 없기 때문이다.

城 위에서 달려가지 않는 것은 사람을 놀라게 할까 두려워해서이고, 위태로운 일을 당하면 웃어서 이를 드러내 보이지 않는 것은 사람들을 혹하게 할까 두려워해서이다.

故로 禮與法은 表裏也요 文與武은 左右也라

그러므로 禮와 法은 겉과 속이요, 文과 武는 왼쪽과 오른쪽인 것이다.

故로 禮與法은 一表一裏也하여 在國尚禮하고 在軍尙法하며 文與武는 一左一右也하여 在國尙文하고 在軍尙武[1)]라

1) 在軍尙武 : 漢文大系本에는 이 아래에 "겉과 속은 각각 그 쓰임이 있음을 말한 것이고, 왼쪽과 오른쪽은 각각 먼저 하는 바가 있음을 말한 것이다.〔表裏 言各有其用也 左右 言各有所先也〕"라는 내용이 추가되어 있다.

그러므로 禮와 法은 하나는 겉이고 하나는 속이어서 국도에 있을 적에는 예를 숭상하고 군중에 있을 적에는 법을 숭상하며, 文과 武는 하나는 왼쪽이고 하나는 오른쪽이어서 국도에 있을 적에는 文을 숭상하고 군중에 있을 적에는 武를 숭상하는 것이다.

古者에 賢王이 明民之德하고 盡民之善이라 故로 無廢德하고 無簡民하며 賞無所生하고 罰無所試하니라

옛날에 현명한 왕은 백성들의 德을 밝히고 백성들 중에 善한 자를 다 등용하였다. 그러므로 버려진 德이 없고 특별히 선발할 백성이 없었으며, 賞을 쓸 곳이 없고 罰을 시험할 곳이 없었던 것이다.

古者에 賢王在上이면 明下民之德而無所隱하고 盡小民之善而無所蔽라 故로 無廢墜之德하고 無簡擇之民하니 言德皆可擧而民皆可用也니 所謂比屋可封[1)]하고 人人有士子之行이 是也라 賞無所生은 言民皆善也요 罰無所用은 言民皆不爲惡也라

1) 比屋可封 : 堯·舜시대에는 교화가 천하에 두루 미쳐 풍속이 순후해서 집집마다 모두 제후에 봉해질 만큼 덕행이 뛰어난 인물이 많음을 말한 것이다. ≪漢書≫ 〈王莽傳〉에 "堯·舜시대에는 집집마다 다 봉해주어도 되었다."라고 하였으며, ≪論衡≫ 〈率性〉에는 "堯·舜의 백성들은 집집마다 다 봉하여도 되었고, 桀·紂의 백성들은 집집마다 다 죽여도 되었다."라고 보인다.

옛날에 현명한 왕이 윗자리에 있으면 下民의 德을 밝혀 숨기는 바가 없고 小民의

善을 다하여 가려진 바가 없었다. 그러므로 廢하고 실추된 德이 없고 특별히 선발할 백성이 없었으니, 德이 있는 사람을 모두 들어 쓰고 백성들이 〈모두 훌륭하여 버릴 사람이 없어서〉 모두 등용할 수 있었음을 말한 것이니, 이른바 '집집마다 모두 봉할 수 있고 사람마다 선비의 행실이 있다.'는 것이다.

'賞을 쓸 곳이 없다.'는 것은 백성들이 모두 善함을 말한 것이요, '罰을 시험할 곳이 없다.'는 것은 백성들이 모두 惡을 행하지 않음을 말한 것이다.

有虞氏는 **不賞不罰而民可用**하니 **至德也**요

有虞氏는 賞을 주지 않고 罰을 주지 않았는데도 백성들을 쓸 수 있었으니 지극한 德이요,

有虞氏는 舜也니 舜之世에 不賞不罰而民皆可用者는 至德之所致也라

有虞氏는 舜임금이니, 舜임금의 세상에 賞과 罰을 주지 않았는데도 백성들을 모두 쓸 수 있었던 것은 지극한 德의 소치이다.

夏는 **賞而不罰**하니 **至敎也**요

夏나라는 賞을 주고 罰을 주지 않았으니 지극한 가르침이요,

夏后氏는 但賞人之善而不用罰하니 敎之至也라

夏后氏는 다만 사람 중에 善한 자에게 賞을 주고 罰을 사용하지 않았으니, 가르침이 지극한 것이다.

殷은 **罰而不賞**하니 **至威也**요

殷나라는 罰을 주고 賞을 주지 않았으니 지극히 위엄스러운 것이요,

殷人은 但罰人之惡而不用賞하니 威之至也라

殷나라 사람은 다만 사람 중에 악한 자에게 罰을 주고 賞을 사용하지 않았으니, 위엄이 지극한 것이다.

周는 **以賞罰**하니 **德衰也**라

周나라는 賞과 罰을 사용하였으니 德이 쇠한 것이다.

周人은 兼用賞罰하니 民德之衰也라

周나라 사람은 賞과 罰을 겸하여 사용하였으니, 백성의 德이 쇠한 것이다.

賞不踰時는 欲民速得爲善之利也요

賞이 때를 넘기지 않는 것은 백성들이 善을 행한 이로움을 속히 얻게 하려고 해서요,

賞人之功에 不過其時는 欲民速得爲善之利也라

사람들의 功을 포상할 적에 그때를 넘기지 않음은 백성들이 善을 행한 이로움을 빨리 얻게 하려고 해서이다.

罰不遷列은 欲民速覩爲不善之害也라

罰을 줄 적에 대열을 옮기지 않고 〈즉석에서 처벌하는 것은〉 백성들이 不善을 행한 해로움을 속히 보게 하려고 해서이다.

罰人之過에 不遷移其列은 欲民速覩爲不善之害也라

사람들의 잘못을 벌할 적에 대열을 옮기거나 바꾸지 않고 〈즉시 행함은〉 백성들이 不善을 행한 해로움을 빨리 보게 하려고 해서이다.

大捷은 不賞하여 上下皆不伐善이니 上苟不伐善이면 則不驕矣요 下苟不伐善이면 必亡(무)等矣리라

큰 승리에는 賞을 주지 않아서 윗사람과 아랫사람이 모두 자신의 功(善)을 자랑하지 않아야 하니, 윗사람이 만약 자신의 功을 자랑하지 않으면 교만하지 않고, 아랫사람이 만약 자신의 功을 자랑하지 않으면 반드시 彼我의 등급이 없을 것이다.

凡有大捷에 上下皆不賞이라 故로 上下皆不誇伐其善이라 在上者誠不伐善이면 則

不至於驕矣요 在下者誠不伐善이면 必亡等矣니 言無彼我之分也[1)]라

1) 言無彼我之分也 : 漢文大系本에는 이 아래에 "一說에는 이르기를 '無等은 등급을 따져 올라가려는 마음이 없는 것이다.' 하였다.〔一云 無等 是無等而欲上之心也〕"라는 내용이 추가되어 있다.

무릇 큰 승리가 있을 적에는 윗사람과 아랫사람에게 모두 賞을 주지 않는다. 그러므로 윗사람과 아랫사람이 모두 자신의 功을 자랑하지 않는 것이다.

위에 있는 자가 진실로 자신의 功을 자랑하지 않으면 교만함에 이르지 않을 것이요, 아래에 있는 자가 진실로 자신의 功을 자랑하지 않으면 반드시 彼我의 등급이 없을 것이니, 彼我의 분별이 없음을 말한 것이다.

上下不伐善이 若此면 讓之至也니라

윗사람과 아랫사람이 자신의 功을 자랑하지 않음이 이와 같다면 사양함이 지극한 것이다.

上下皆不伐善이 如此면 相讓之至也라

윗사람과 아랫사람이 모두 자신의 功을 자랑하지 않음이 이와 같다면 서로 사양함이 지극한 것이다.

大敗는 不誅하여 上下皆以不善在己니 上苟以不善在己면 必悔其過요 下苟以不善在己면 必遠其罪니

큰 패전에는 벌을 주지 아니하여 윗사람과 아랫사람이 모두 잘못을 자신에게 있다고 여겨야 하니, 윗사람이 만약 잘못이 자신에게 있다고 여기면 반드시 자신의 잘못을 뉘우칠 것이요, 아랫사람이 만약 잘못이 자신에게 있다고 여기면 반드시 죄를 멀리할 것이니,

凡有大敗에 上下皆不誅責이라 故로 上下皆以不善在己니 謂上下皆能自責也라 在上者誠以不善在己면 必能悔改其過요 在下者誠以不善在己면 必能遠離其罪[1)]니라

1) 必能遠離其罪 : 漢文大系本에는 이 아래에 "능히 스스로 잘못을 고치고 새롭게 하여

남의 탓으로 돌리거나 남을 허물하지 않을 것이다. 이는 옛날 상벌을 내리지 않음이 이와 같음을 논한 것이다.〔能自新而不諉咎矣 此 論古之不加賞罰者如此〕"라는 내용이 추가되어 있다.

무릇 큰 패전이 있을 적에는 윗사람과 아랫사람 모두에게 誅罰하거나 책임을 묻지 않아야 한다. 그러므로 윗사람과 아랫사람이 모두 잘못이 자신에게 있다고 여기는 것이니, 윗사람과 아랫사람이 모두 스스로 책망함을 이른다.

위에 있는 자가 진실로 잘못이 자신에게 있다고 여기면 반드시 자신의 잘못을 뉘우쳐 고칠 것이요, 아래에 있는 자가 진실로 잘못이 자신에게 있다고 여기면 반드시 죄를 멀리할 수 있을 것이다.

上下分惡이 若此면 讓之至也니라

윗사람과 아랫사람이 惡(잘못)을 분담함이 이와 같다면 사양함이 지극한 것이다.

上下皆分惡이 若此면 相讓之至也라

윗사람과 아랫사람이 모두 잘못을 분담함이 이와 같다면 서로 사양함이 지극한 것이다.

古者에 戍兵을 三年不典은 覩民之勞也니

옛날에 변경을 수비하는 병사를 3년 동안 다시 軍籍에 올리지 않은 것은 백성들의 수고로움을 보아서이니,

古者에 戍邊之兵을 三年不典하니 典은 猶籍也니 如役不再籍[1)]이 是也라 古者에 戍兵을 今年春暮行하여 明年夏代者至하면 一年卽還하여 三年을 不驗籍而役之니 是四人輪番하여 當一戍兵也라 三年不典은 王者覩民之勞苦也라

1) 役不再籍 : 이 내용은 ≪孫子≫〈作戰〉에 보인다.

옛날에 변경을 수비하는 병사를 3년 동안 군적에 올리지 않았으니, 典은 籍과 같은바 '군역을 두 번 군적에 올리지 않은 것'과 같은 것이 이것이다.

옛날 변경을 수비하는 병사는 금년 늦봄에 가서 다음 해 여름에 교대하는 자가 오면 1년 만에 즉시 돌아와서 3년 동안 군적을 대조하여 부역시키지 않았다. 이는 네 사람이 교대로 番을 서서 변방을 수비하는 병사 한 명의 자리를 담당한 것이다.

'3년 동안 군적에 올리지 않는다.'는 것은 王者가 백성의 노고를 보았기 때문이다.

上下相報若此면 和之至也니라

윗사람과 아랫사람이 서로 보답함이 이와 같다면 和合함이 지극한 것이다.

下供上之役하고 上覩下之勞하여 上下相報如此者는 和之至也라

아랫사람은 윗사람에게 부역을 바치고 윗사람은 아랫사람의 수고로움을 보아서 윗사람과 아랫사람이 서로 보답함이 이와 같다면, 화합함이 지극한 것이다.

得意則愷歌는 示喜也요

승리하여 뜻을 얻으면 凱旋歌를 부름은 기쁨을 보이는 것이요,

戰伐而勝하여 得意而還(선)에 奏以愷歌者는 示喜也라 愷歌는 軍樂也라

싸우고 정벌하여 이겨서 뜻을 얻고 돌아올 적에 개선가를 연주함은 기쁨을 보이는 것이다. 개선가는 군대의 음악이다.

偃伯靈臺는 答民之勞니 示休也니라

偃伯의 靈臺는 백성들의 수고로움에 보답하는 것이니, 휴식을 보이는 것이다.

偃伯은 恐有闕文誤字라 或曰 偃伯은 卽偃武也[1]라 靈臺[2]는 文王臺名也니 周得天下之後에 恐天子之臺를 亦曰靈臺라 國之有臺는 所以望氛祲하여 察災祥하고 時觀遊하여 節勞佚[3]이니 此修文之事라 凡勞還帥(선수)하고 勞還役에 恐皆在靈臺之下라 答民之勞는 所以示休息其民也라 或者는 又曰 偃은 姬字之誤也니 偃伯은 卽文王也라 文王時에 有靈臺하니 其詩曰 經始勿亟[4]이라하니 卽所以答民之勞也라하니 未知孰是로라

1) 偃伯……卽偃武也 : 漢文大系本에는 이 내용 대신에 "伯은 霸와 같으니, 패자가 무력을 쓰는 일을 그치고 백성과 靈臺 위에서 함께 즐기는 것은 군대를 휴식시키고 무력의 일을 그침을 보이는 것이다.〔伯霸同 偃息伯者 用武之事 而相與同樂於靈臺之上 示休兵息武也〕"라고 되어있다.

2) 靈臺 : 周 文王이 天象을 관측하기 위해 세운 臺의 이름으로 ≪詩經≫ 〈大雅 靈臺〉는

이를 읊은 詩이다.

3) 國之有臺……節勞佚 : 이 내용은 朱子의 ≪詩經集傳≫ 〈大雅 靈臺〉의 주석에 보인다.

4) 經始勿亟 : 靈臺를 지을 적에 文王이 백성들에게 급히 서둘지 말라고 경계한 것으로 ≪詩經≫ 〈大雅 靈臺〉에 다음과 같이 보인다. "靈臺를 처음 시작하여 경영하니, 庶民들이 와서 일하여 하루가 못 되어 완성하였네. 文王이 백성들에게 너무 서둘지 말라고 경계하셨으나 庶民들은 자식이 아버지 일에 달려오듯 하였네.〔經始靈臺 經之營之 庶民攻之 不日成之 經始勿亟 庶民子來〕"

偃伯은 빠진 글이나 誤字가 있는 듯하다. 혹자는 말하기를 "偃伯은 무력을 쓰지 않는 것이다."라고 한다. 靈臺는 文王의 臺 이름이니, 周나라가 천하를 얻은 뒤에도 天子의 臺를 靈臺라고 이름한 듯하다.

나라에 臺를 둠은 상서로운 기운과 나쁜 기운을 관망하여 재앙과 상서를 살피고, 군주와 백성이 때로 구경하고 놀아 수고로움과 편안함을 조절하기 위해서이니, 이는 文德을 닦는 일이다.

무릇 개선하는 장수를 위로하고 개선하는 병사들을 위로할 적에 모두 靈臺의 아래에서 한 듯하다. '백성들의 수고로움에 보답한다.'는 것은 백성들을 휴식시킴을 보이는 것이다.

혹자는 또 말하기를 "偃은 姬字의 誤字이니, 偃伯은 바로 文王이다. 文王 때에 靈臺가 있었으니, 그 詩에 '경영하여 시작하기를 서둘지 말라.' 하였는바, 이는 바로 백성들의 수고로움에 보답한 것이다."라고 하니, 누가 옳은지는 알지 못하겠다.

定爵 第三　제3편 軍事의 요체

爵者는 公卿大夫百執事之爵也라 爵定이면 則上下有分而不亂하니 以首有定爵二字故로 以名篇이라 此篇은 文義多不可曉라

爵은 公과 卿과 大夫와 여러 執事들의 관작이다. 관작이 정해지면 윗사람과 아랫사람이 분수가 있어 혼란하지 않으니, 첫머리에 '定爵' 두 글자가 있으므로 편을 이름하였다. 이 편은 글 뜻을 이해할 수 없는 부분이 많다.

凡戰은 **定爵位**하고 **著功罪**하며 **收遊士**하고 **申敎詔**하며

무릇 전쟁을 할 때에는 관작과 지위를 정하고 功과 罪를 드러내며 遊說하는 선비를 거두어 등용하고 가르침과 명령을 거듭 밝히며,

凡欲與敵戰엔 先要定公卿大夫之爵과 百執事之位면 則上下大小有分而不亂이요 著明有功有罪者면 則賞罰無僭濫之失하여 而人知所以勸懲之道라 收用遊說之士면 則能盡人之謀요 申明敎誡詔告之法이면 則民知所遵守而不犯이라

무릇 적과 전쟁하려 할 적에는 먼저 公·卿·大夫의 관작과 여러 執事들의 지위를 정하면 윗사람과 아랫사람, 높은 사람과 낮은 사람이 분수가 있어서 혼란하지 않게 된다.

功이 있는 자와 罪가 있는 자를 드러내어 밝히면 賞과 罰에 지나친 잘못이 없어서 사람들이 권면되고 징계되는 방도를 알게 된다.

遊說하는 선비를 거두어 등용하면 사람의 智謀를 다할 수 있고, 가르침과 명령하는 법을 거듭 밝히면 백성들이 준수할 바를 알아 범하지 않는다.

訊厥衆하고 **求厥技**하며 **方慮極物**하고 **變嫌推疑**하며 **養力索巧**하고 **因心之動**이니라

사람들에게 의견을 묻고 기술이 있는 자를 찾으며, 생각을 사방으로 하고 사람들의 심정을 다하며, 혐의를 분별하고 의심스러움을 미루어 밝히며, 힘을 기르고

공교한 능력이 있는 자를 찾으며, 人心의 움직임을 따라야 한다.

訊厥衆者는 欲博其識也요 求厥技者는 欲廣其能也요 方其慮者는 欲計之深也요 極其物者는 盡下之情也라 變은 當作辨이니 辨白人之所嫌者는 恐其嫌之誤也요 推明己之所疑者는 恐其疑之非也라 養兵之力者는 務制其勝也요 索人之巧者는 求盡其才也요 因人心願動而動者는 與民同志也[1]라

1) 與民同志也 : 漢文大系本에는 이 아래에 "變嫌에 대해 혹자는 이르기를 '사람이 혐의하는 바가 있으면 바꾸고 쓰지 않는 것이다.'라고 한다. 養力은 一本에는 休養民力(민력을 쉬게 하고 기름)으로 되어있다.〔變嫌 或云 人有所嫌 則變置不用 養力 一作休養民力〕"라는 내용이 추가되어 있다.

여러 사람들에게 묻는 것은 지식을 넓히고자 해서요, 기술이 있는 자를 찾는 것은 기술을 넓히고자 해서이다. 생각을 사방으로 하는 것은 계책을 깊게 하고자 해서요, 사람들의 심정을 다하는 것은 아랫사람의 심정을 다 궁구하는 것이다.

變은 마땅히 辨이 되어야 하니, 남이 혐의한 바를 분별하여 밝힘은 그 혐의가 잘못될까 염려해서요, 자기의 의심한 바를 미루어 밝힘은 그 의심스러움이 잘못될까 염려해서이다.

군대의 힘을 기르는 것은 힘써 승리를 이루고자 해서요, 남의 공교함을 찾는 것은 그의 재주를 다하게 하려고 해서요, 人心이 원하고 動함을 따라 움직이는 것은 백성과 더불어 뜻을 함께하려고 해서이다.

凡戰은 固衆相利하고 治亂進止하며 服正成恥하고 約法省(생)罰이니라

무릇 전쟁을 할 때에는 사람들의 마음을 견고히 하고 地利를 살펴보며, 혼란함을 다스려서 나아가고 멈추는 절도를 알게 하며, 바름에 복종하고 부끄러움(염치)을 이루며, 법을 간략하게 하고 벌을 줄여야 한다.

凡欲與敵戰엔 務堅固衆心하고 相度(탁)地利하며 治其兵하여 不使之亂하여 知進止之節하며 服從人之正言正諫이라 成字는 恐誤[1]라 恥者는 所當羞惡(오)也라 約法者는 法不煩也요 省罰者는 罰不濫也[2]라

1) 成字 恐誤 : 漢文大系本에는 이 내용 대신 "사람이 不善한 마음을 스스로 부끄러워할 수 있는 것은, 바로 良知와 良能이 발현해서이니, 마땅히 이를 성취하여야 한다.〔人能自恥不善之心 是良知良能發見 當成就之〕"라고 되어있다.

2) 罰不濫也 : 漢文大系本에는 이 아래에 "進止는 一本에는 '병사들 중에 멈추는 자를 나아가게 하는 것'이라고 되어있다.〔進止 一作兵之止者進之〕"라는 내용이 추가되어 있다.

무릇 적과 전쟁하려 할 적에는 힘써 사람들의 마음을 견고히 하고 地利를 살펴 헤아리며, 군대를 다스려서 혼란하지 않게 하여 나아가고 멈추는 절도를 알게 하며, 남의 바른말과 바른 諫言에 복종하여야 한다.

'成'字는 오자인 듯하다. 恥는 마땅히 부끄러워하고 미워해야 할 일이다. '법을 간략하게 한다.'는 것은 법을 번거롭게 하지 않는 것이고, '법을 줄여야 한다.'는 것은 벌을 함부로 내리지 않는 것이다.

小罪乃殺이면 小罪勝이요 大罪因이니라

작은 죄를 지은 자를 〈죄가 비록 작더라도〉 죽이면 작은 죄를 제압할 수 있고 큰 죄도 따라서 제압할 수 있다.

此句는 上下에 恐有闕文誤字라 或曰 犯小罪者를 乃殺之면 則有小罪者를 足有制勝이요 有大罪者도 亦因而制勝也라하니 未知是否[1)]로라

1) 則有小罪者……未知是否 : 漢文大系本에는 이 내용 대신 "작은 죄를 지은 자가 두려워하여 스스로 분발하면 충분히 제압할 수 있고, 큰 죄를 지은 자 또한 이로 인하여 스스로 분발해서 제압할 수 있다. 혹자는 이르기를 '勝은 罰이 되어야 하니, 작은 죄를 처벌하면 큰 죄는 따라서 경계된다.' 하였다.〔則有小罪者 懼而自奮 足以制勝 有大罪者 亦因而自奮 以制勝也 或曰 勝作罰 小罪旣罰 大罪因儆〕"라고 되어있다.

이 句는 위아래에 빠진 글이나 誤字가 있는 듯하다. 혹자는 말하기를 "작은 죄를 범한 자를 마침내 죽이면 작은 죄를 지은 자를 충분히 제압할 수 있고, 큰 죄를 범한 자 또한 따라서 제압할 수 있다."라고 하니, 옳은지는 모르겠다.

順天, 阜財, 懌(역)衆, 利地, 右兵을 是謂五慮라하니

하늘의 때를 순히 하고 재물을 많게 하고 사람들의 마음을 기쁘게 하고 지형을 이용하고 병기의 활용을 돕는 것, 이것을 일러 '다섯 가지 생각'이라 하니,

順天之時하고 阜民之財하고 說(열)衆之心하고 利地之險하고 右兵之用을 此謂之五慮[1)]라

1) 此謂之五慮 : 漢文大系本에는 이 아래에 "右는 우선하는 것이니, 병기를 우선하는 것이다.〔右 先也 兵器之當先者〕"라는 내용이 추가되어 있다.

하늘의 때를 순히 따르고 백성들의 재물을 많게 하고 장병들의 마음을 기쁘게 하고 지형의 險固함을 이용하고 병기의 활용을 돕는 것, 이것을 일러 '다섯 가지 생각'이라 한다.

順天은 奉時요

하늘의 때를 순히 함은 때를 받드는 것이요,

順天者는 奉天之時也니 所謂陰陽寒暑를 以時制之[1]也라

1) 陰陽寒暑 以時制之 : 이 내용은 ≪孫子≫ 〈始計〉의 "天時란 陰과 陽, 추위와 더위를 때에 따라 제재하는 것이다.〔天者 陰陽寒暑 時制也〕"라는 내용을 인용한 것이며, 漢文大系本에는 이 아래에 "一說에는 '順天은 바로 도탄에 빠진 백성을 위문하고 죄를 지은 자(임금)를 정벌하는 것이요, 奉時는 굶주리고 목마른 자들이 음식을 먹고 마시고 싶어 하는 때이다.' 하였다.〔一說 順天 卽弔民伐罪 奉時 如饑渴欲食飮之時也〕"라는 내용이 추가되어 있다.

'하늘의 때를 순히 한다.'는 것은 하늘의 때를 받드는 것이니, 이른바 '陰과 陽, 추위와 더위를 때에 맞게 한다.'는 것이다.

阜財는 因敵이요

재물을 많게 함은 적의 양식을 이용하는 것이요,

阜財者는 因糧於敵也니 所謂食敵一鍾이면 當吾二十鍾이요 萁秆一石이면 當吾二十石[1]也라

1) 食敵一鍾……當吾二十石 : 이 내용은 ≪孫子≫ 〈作戰〉에 보인다.

'재물을 많게 한다.'는 것은 적에게서 양식을 이용하여 취하는 것이니, 이른바 '적지에서 1鍾의 양식을 취하면 우리의 20鍾에 해당하고, 적지에서 콩깍지와 볏짚 1石을 취하면 우리의 20石에 해당한다.'는 것이다.

懌衆은 勉若이요

사람들의 마음을 기쁘게 함은 힘써 순하게 하는 것이요,

懌衆者는 勉而順之也[1]니 所謂令民與上同意하여 可與之死하고 可與之生而不畏危也[2]라

1) 懌衆者 勉而順之也 : 漢文大系本에는 이 내용 대신 "懌은 기쁘게 하는 것이고 若은 순히 따르는 것이다. 懌衆은 힘써서 사람들의 마음을 순히 따르는 것이다.〔懌 悅也 若順也 懌衆者 勉而順衆心也〕"라고 되어있다.

2) 令民與上同意……可與之生而不畏危也 : 이 내용은 ≪孫子≫ 〈始計〉에 보인다.

'사람들의 마음을 기쁘게 한다.'는 것은 힘써 사람들의 마음을 순하게 따르는 것이니, 이른바 '백성들로 하여금 윗사람과 뜻을 함께해서 더불어 죽을 수 있고 더불어 살 수 있게 하여 위태로움을 두려워하지 않게 한다.'는 것이다.

利地는 守隘險阻요

지형을 이용함은 좁은 곳과 험한 곳과 막힌 곳을 지키는 것이요,

利地者는 守吾國之狹隘, 艱險, 阻絶之地也라 所謂路狹道險과 名山大塞(새)에 十夫所守면 千夫不過[1] 是也라

1) 路狹道險……千夫不過 : 이 내용은 ≪吳子≫ 〈論將〉에 보인다.

'지형을 이용한다.'는 것은 自國의 좁은 곳과 험한 곳과 막히고 끊어진 지형을 지키는 것이다. 이른바 '좁고 험한 도로와 유명한 산과 큰 요새에 열 명이 지키고 있으면 천 명이 통과하지 못한다.'는 것이 이것이다.

右兵은 弓矢禦하고 殳(수)矛守하고 戈戟助니라

병기의 활용을 도움은 활과 화살로 방어하고 殳(날 없는 창)와 矛(세모진 창)로 수비하며 戈(평두창)와 戟(세 갈래진 창)으로 돕는 것이다.

右兵者는 長短相助而爲用也라 左傳曰 天子右之를 吾亦右之[1]라하니 右是助也라 弓矢는 殺人於百步之外하니 可以禦敵이요 殳, 矛는 長兵也니 可用以守라 殳는 攢竹八觚하여 長一丈二尺[2]이요 矛는 鉤也니 長二丈이라 戈, 戟은 亦長兵也니 可以助守者라 戈는 平頭戟也니 長六尺四寸이요 廣二寸이며 戟은 小枝向上者也니 長者는

二丈四尺이요 短者는 一丈二尺이라 又曰 矛는 謂夷矛酋矛也니 夷矛는 長二丈四尺이요 酋矛는 長二丈이라

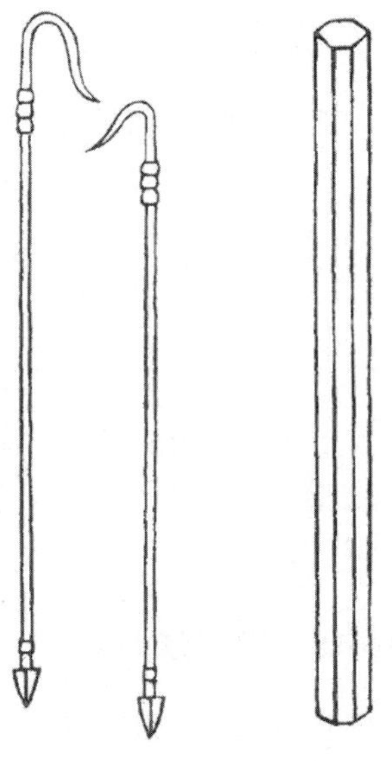

矛　殳

1) 左傳曰……吾亦右之 : ≪春秋左氏傳≫ 襄公 10년의 "天子가 돕는 것을 寡君(우리 임금) 또한 돕는다.〔天子所右 寡君亦右之〕"라는 내용을 가리킨 것인데, 劉寅이 착각하여 이렇게 쓴 것으로 보인다.

2) 殳……長一丈二尺 : ≪武藝圖譜通志≫의 '棒'을 설명한 조에 "살펴보건대 ≪詩經≫ 〈衛風〉에 '伯이 殳를 잡는다.' 하였는데, 朱子의 ≪集傳≫에 '殳는 길이가 2丈에 칼날이 없다.' 하였고, ≪說文解字≫에 '殳는 몽둥이로 사람을 끊는 것이다.〔以杖殊人也〕' 하였다. ≪圖書集成≫ 〈器械部〉의 總論에 '殳란 물건은 지금 세속에 이른바 木棍(나무로 만든 곤봉)이란 것과 같다.' 하였으므로 옛 제도에 따라 이 한 가지 기물(병기)을 구비하여 軍馬의 말을 후려치면 또한 宋나라 사람들이 사용했던 麻紮刀에 못지않을 것이다. ≪孟子≫에 '백성들로 하여금 몽둥이〔梃〕를 만들게 한다.' 하였는데, 注에 '梃은 몽둥이이다.〔梃 杖〕' 하였으며, ≪漢書≫ 〈諸侯王年表〉에 '흰 몽둥이를 휘두른다.〔奮其白梃〕' 하였고, ≪中華古今注≫에 '漢나라 조정에서는 金吾를 잡았으니, 金吾 또한 몽둥이이다. 郡守와 都尉의 무리들이 나무로 吾를 만들었다.' 하였으니, 그렇다면 殳와 梃, 吾는 모두 몽둥이이다. 太公의 ≪六韜≫에 '머리 부분이 네모진 鐵棓는 무게가 12斤이고 자루의 길이가 5尺이니, 일명은 天棓이다.' 하였으며, 茅元儀가 말하기를 '棒과 棍은 똑같은데 棒에는 殊라는 칼날이 달려 있으니, 지금의 棍은 바로 옛날의 桿棒과 白棒이다.' 하였다. 옛날에는 天棓의 머리 부분을 쇠로 만들었는데 戚氏(戚繼光)가 처음이 칼날을 가한 것이다." 하였다. 그렇다면 여기에 '殳는 대나무를 모아서 여덟 모를 만들었다.' 한 것은 자세히 알 수 없으나 대나무를 쪼개어 여러 개를 모아서 몽둥이처럼 사용한 것인 듯하다.

'병기의 활용을 도움'은 긴 병기와 짧은 병기가 서로 쓰임이 되게 하는 것이다. ≪春秋左氏傳≫에 "天子가 돕는 것을 나 또한 돕는다."라고 하였으니, 右는 바로 도움이다.

활과 화살은 사람을 100步 밖에서 죽이니 적을 막을 수 있고, 殳와 矛는 긴 병기이니, 사용하여 지킬 수 있다. 殳는 대나무를 여덟 모로 모아서 길이가 1丈 2尺이고, 矛는 갈고리이니 길이가 2丈이다.

戈와 戟 또한 긴 병기이니, 수비를 도울 수 있는 것이다. 戈는 平頭槍이니 길이가 6尺 4寸이고 너비가 2寸이며, 戟은 작은 가지가 위로 향한 창이니 길이가 긴 것은 2丈 4尺이고 짧은 것은 1丈 2尺이다. 또 이르기를 "矛는 夷矛와 酋矛를 이르니, 夷矛는 길이가 2丈 4尺이고 酋矛는 길이가 2丈이다." 하였다.

凡五兵五當하여 長以衛短하고 短以救長이니라

무릇 다섯 가지 병기를 다섯 가지 병기의 용도에 합당하게 사용하여 긴 병기로써 짧은 병기를 호위하고 짧은 병기로써 긴 병기를 구원하여야 한다.

五兵은 弓矢, 殳, 矛, 戈, 戟也라 五兵五當者는 長以防衛其短하고 短以救護其長이니 卽上文右兵之義라

五兵은 활과 화살, 殳, 矛, 戈, 戟이다. '다섯 가지 병기를 다섯 가지 병기의 용도에 합당하게 사용한다.'는 것은 긴 병기로써 짧은 병기를 방어하고 짧은 병기로써 긴 병기를 救護하는 것이니, 바로 윗글에서 '병기의 활용을 돕는다.'고 한 뜻이다.

迭戰則久요 皆戰則强이니라

번갈아 싸우면 오래 싸울 수 있고, 모두 다 나가 싸우면 강해질 수 있다.

使吾軍更迭而戰이면 則可久요 使吾兵皆出與戰이면 則力强이라 迭戰者는 吳爲三軍하여 迭出以疲楚[1] 是也요 皆戰者는 趙盾(돈)使三軍皆出하여 與秦戰[2]이 是也라

1) 吳爲三軍 迭出以疲楚 : ≪春秋左氏傳≫ 昭公 30년에 吳王 闔閭가 伍員(伍子胥)에게 楚나라를 공격할 계책을 물으니, 伍員은 대답하기를 "楚나라는 執政大臣이 많고 서로 뜻이 맞지 않아 患難을 책임지려 하지 않으니, 우리가 세 부대를 만들어 저들을 수고롭게 하여야 합니다. 우리의 한 부대가 쳐들어가면 저들은 반드시 모든 군대를 다 출동시킬 것이니, 저들이 출동하면 우리 부대는 돌아왔다가 저들이 돌아가면 또다시 한 부대를 출동시키면 楚나라는 반드시 도로에서 피폐해질 것입니다. 자주 이렇게 하여 저들을 피폐하게 하고 여러 방면으로 오판하게 해서 피폐해진 뒤에 우리의 三軍을 모두 출동하여 계속 싸우게 하면 반드시 크게 승리할 것입니다." 하였다. 闔閭가 그의 말을 따르니, 楚나라가 마침내 피폐해져 결국 吳나라에게 대패하였다.

2) 趙盾(돈)使三軍皆出 與秦戰 : 趙盾은 춘추시대 晉나라의 卿이다. B.C. 615년, 秦伯이 晉나라를 공격하자, 晉나라 장수 趙盾이 이를 방어하였다. 晉나라 上軍의 補佐인

臾駢(유변)이 말하기를 "秦나라는 지구전을 하지 못할 것이니, 城을 높이 쌓고 보루를 튼튼히 만들고서 기다리십시오." 하니, 趙盾이 이 말을 따라 싸우지 않고 굳게 성벽을 지키기만 하였다.

이때 마침 晉나라 大夫 士會가 秦나라에 망명해 있었는데 秦伯이 士會에게 계책을 물으니, 士會가 "필시 趙氏의 부하로 새로 上軍의 補佐가 된 臾駢이 이 계책을 내어서 아군을 지치게 하려는 술책일 것입니다. 趙氏에게는 穿이라는 側室의 자식이 있는데, 바로 晉君의 사위로 총애를 받고 있으나 나이가 어려 軍事를 알지 못하고 용맹을 좋아하여 함부로 잘난 체하며 또 臾駢이 上軍의 補佐가 된 것을 미워하니, 경무장한 정예병을 출동시켜 趙穿의 군대를 한 번 공격하고는 즉시 후퇴시킨다면 晉軍과 싸울 수 있을 것입니다." 하였다. 그의 계책에 따라 秦軍이 晉나라의 上軍을 습격하니, 趙穿이 이를 추격했으나 따라잡지 못하였다.

趙穿은 돌아와서 성을 내며 말하기를 "우리가 양식을 싸 짊어지고 출동한 것은 적과 싸우기 위한 것인데, 적이 쳐들어와도 공격하지 않고 장차 무엇을 기다리겠다는 것인가?" 하였다. 軍吏가 "적이 지치기를 기다려 교전해야 합니다." 하였으나, 趙穿은 "나는 그런 계책은 알지 못한다." 하고, 군대를 거느리고 홀로 출전하였다. 趙盾은 이 말을 듣고 "秦나라에서 趙穿을 사로잡으면 晉나라의 한 卿을 잡는 것이니, 秦軍이 승리하고 돌아간다면 우리가 돌아가서 무어라고 복명하겠는가?" 하고는, 全軍을 출동시켜 싸우다가 양군이 모두 동시에 퇴각하였다. 《春秋左氏傳 文公 12년》

우리 군대로 하여금 번갈아 싸우게 하면 오래 버틸 수 있고, 우리 병사들로 하여금 모두 나와 적과 싸우게 하면 힘이 강해질 수 있다.

'번갈아 싸운다.'는 것은 吳나라가 세 부대를 만들어서 번갈아 출전하여 楚나라를 피폐하게 한 것이 이것이요, '모두 나와 싸운다.'는 것은 趙盾이 三軍으로 하여금 모두 나와서 秦나라와 싸우게 한 것이 이것이다.

見物與侔를 是謂兩之니라

적의 일을 보고 똑같이 할 것을 생각하는 것을 '양자가 서로 버틴다.'라고 한다.

之는 或曰 當作支니 傳寫之誤耳라 言見一物이면 則思與之侔니 是謂兩相支持之道라하니 未知是否[1]로라

1) 之……未知是否 : 漢文大系本에는 이 내용 대신 "之는 마땅히 支가 되어야 한다. 敵의 한 가지 일을 보면 이를 본받아 사용하여 적과 똑같게 할 것을 생각해야 하니, 이를 일러 양자가 서로 버티는 방도라고 하는 것이다. 이와 같아야 비로소 '다섯 가지 병

기를 다섯 가지 병기의 용도에 합당하게 사용한다.'라고 이를 수 있는 것이다. 혹자는 '양쪽 다 이롭게 만들어서 홀로 차지하지 못하게 하는 것이다.'라고 풀이하였으니, 또한 통한다.〔之當作支 言見敵人一物 則效而用之 思與之侔 是謂兩相支持之道 如是 乃謂五當 或解作兩利而不使獨有 亦通〕"라고 되어있다.

之는 혹자는 "마땅히 支가 되어야 하니, 傳寫의 오류이다. 한 가지 일을 보면 적과 똑같이 할 것을 생각해야 함을 말한 것이니, 이것이 '양자가 서로 버티는 방도'라 한다."라고 하니, 옳은지는 모르겠다.

主固勉若하고 視敵而擧니라

주인은 무리를 굳게 지켜 힘써 따르게 하고, 적의 虛實을 보아 출동해야 한다.

爲主者 當固守其衆하여 勉而順之[1)]하고 視敵之虛實而擧動이라 主者는 主客之主也라

1) 爲主者……勉而順之 : 漢文大系本에는 이 내용 대신 "主將이 된 자는 마땅히 보루를 굳게 지킨 뒤에 힘써 병사들의 마음을 순히 따라야 한다.〔爲主將者 當固守其壘 然後 勉順士心〕"라고 되어있다.

주인이 된 자는 마땅히 무리를 굳게 지켜서 힘써 따르게 하고, 적의 虛實을 보아 출동해야 한다. 主는 主客의 主의 뜻이다.

將心은 心也요 衆心도 心也며 馬牛車兵佚飽는 力也라

장수의 마음은 마음이고 병사들의 마음도 마음이며, 말과 소, 수레와 병기, 편안함과 배부름은 힘이다.

將帥之心은 固是心也요 衆人之心도 亦是心也니 言上下要同一心耳라 馬는 所以戰이요 牛는 所以載라 車는 戰車也요 兵은 器仗也요 佚은 閑佚也요 飽는 充飽也라 凡此는 皆欲齊其力也[1)]라

1) 皆欲齊其力也 : 漢文大系本에는 이 아래에 "一說에는 이르기를 '편안하게 하여 수고로움을 대비하고 배불리 먹여 굶주림을 대비하는 것은 모두 힘으로써 마음을 따르는 것이다. 마음은 있고 힘이 없으면 예기가 고취되지 못하고, 힘은 있고 마음이 없으면 쉽게 혼란해지니, 마음과 힘이 서로 같아야 적이 우리를 당해내지 못하는 것이다.〔一云

佚以待勞 飽以待饑 皆力以從心者也 有心無力 銳氣不鼓 有力無心 易至於亂 心力相同 敵莫能當〕"라는 내용이 추가되어 있다.

장수의 마음은 진실로 마음이고 장병들의 마음 또한 마음이니, 윗사람과 아랫사람이 마음을 함께해야 함을 말한 것이다.

말〔馬〕은 전투에 사용하는 것이요 소〔牛〕는 짐을 싣는 것이다. 수레는 兵車(전차)이고 兵은 병기이며, 佚은 한가롭고 편안함이고 飽는 배불리 먹는 것이다. 무릇 이것은 모두 그 힘을 가지런히 하고자 하는 것이다.

教惟豫요 戰惟節이니라

교련(훈련)은 미리 해야 하고, 전투는 절도에 맞아야 한다.

民惟當豫先教之니 不教而戰이면 是棄民也라 與敵戰에 惟當節量之[1)]니 所謂其節短[2)]이 是也[3)]라

1) 惟當節量之 : 漢文大系本에는 이 내용 대신 "마땅히 그 節制를 삼가 닦아야 하니〔當謹修其節制〕"라고 되어있다.
2) 其節短 : 이 내용은 ≪孫子≫ 〈兵勢〉에 보인다.
3) 是也 : 漢文大系本에는 이 아래에 "一說에는 '戰惟節은 병사들이 陣을 치고 싸우는 데 지치기를 강요할 수가 없으므로 心身을 빌려 인증한 것이다.' 하였다.〔一說 戰惟節 是不强衆卒疲於戰陳也 故借心身以引證焉〕"라는 내용이 추가되어 있다.

백성들은 마땅히 미리 전술을 가르쳐야 하니, 가르치지 않고 싸우면 이는 백성을 버리는 것이다. 적과 싸울 적에는 오직 절도에 맞게 헤아려야 하니, 이른바 '그 節이 짧다.'는 것이 이것이다.

將軍은 身也요 卒은 支也요 伍는 指拇也라

將軍은 비유하면 몸이고, 卒은 비유하면 사지이고, 伍는 비유하면 손가락이다.

將軍은 譬如人之身也요 百人爲卒이니 譬如人之四肢也요 五人爲伍니 譬如人之指拇也라 所謂如身之使臂하고 臂之使指[1)] 是也라

1) 身之使臂 臂之使指 : 이 내용은 ≪漢書≫ 권48 〈賈誼傳〉에 보인다.

장군은 비유하면 사람의 몸과 같다. 백 명을 卒이라 하니 비유하면 사람의 四肢와

같고, 다섯 명을 伍라 하니 비유하면 사람의 손가락과 같다.

이른바 '몸이 팔뚝을 부리고 팔뚝이 손가락을 부리는 것과 같게 한다.'는 것이 이것이다.

凡戰은 **權也**요 **鬪**는 **勇也**요 **陳**은 **巧也**라

무릇 전투는 權變(임기응변)이고, 싸움은 용맹이고, 陳은 공교로움이다.

凡戰者는 **權變之道也**요 **鬪者**는 **勇而赴敵也**요 **陳者**는 **巧而取勝也**라

무릇 전투는 權變의 道이고, 싸움은 용감하게 적에게 달려가는 것이고, 陳은 공교롭게 승리하는 것이다.

用其所欲하고 **行其所能**하고 **廢其不欲不能**이니 **於敵**에 **反是**니라

병사들이 바라는 것을 쓰고, 병사들이 행할 수 있는 것을 행하고, 병사들이 바라지 않고 행할 수 없는 것을 버려야 하니, 적에게는 이와 반대로 해야 한다.

用其人之所欲用者하고 **行其人之所能行者**하고 **廢其不欲用不能行**이니 **於敵國則反此道**라 **謂敵所不欲**을 **吾則用之**하고 **敵所不能**을 **吾則行之**하고 **敵所欲所能**을 **吾則廢之**라

사람(병사)들이 쓰고자 하는 것을 쓰고, 사람들이 행할 수 있는 것을 행하고, 사람들이 쓰고자 하지 않고 행할 수 없는 것을 버려야 하는 것이니, 적국에는 이 방도와 반대로 한다.

즉 적이 쓰고자 하지 않는 것을 우리가 쓰고, 적이 행할 수 없는 것을 우리가 행하고, 적이 쓰고자 하고 행할 수 있는 것을 우리가 버려야 함을 말한 것이다.

凡戰은 **有天, 有財, 有善**이니

무릇 싸움에는 天時를 소유하고 재물을 소유하고 善함을 소유해야 하니,

凡與敵人戰에 **有天, 有財, 有善**이니 **三者**를 **不可闕也**라

무릇 적과 싸울 적에는 天時를 소유하고 재물을 소유하고 선함을 소유해야 하니, 세 가지를 빠뜨려서는 안 된다.

時日不遷하고 龜勝微行을 是謂有天이요

시일을 바꾸지 않고 거북점에 승리할 조짐이 나타나고 행하는 일을 은미하게 하는 것을 '天時를 소유한다.' 하고,

時日不遷은 謂遇當戰之時, 當戰之日이면 不可遷移요 務在必戰이라 龜勝者는 占而得勝兆也요 微行者는 微妙於行事也니 此所謂有天이라

'시일을 바꾸지 않는다.'는 것은 마땅히 싸워야 할 때나 마땅히 싸워야 할 날짜를 만나면 이를 옮기거나 바꿔서는 안 되고 힘써 기필코 싸워야 함을 말한 것이다. 龜勝은 거북 껍질로 점쳐서 이길 조짐을 얻는 것이고, 微行은 행하는 일을 은미하게 하는 것이니, 이것이 이른바 '天時를 소유한다.'는 것이다.

衆有有하여 因生美를 是謂有財요

사람들은 재물이 있어야 비로소 소유한 것이 되어서 이로 인하여 아름다움이 생기는 것을 '재물을 소유한다.' 하고,

衆人有라야 方可謂之有하여 因而生美하니 此所謂有財라 語曰 百姓足이면 君孰與不足[1)]이 卽此義也라

1) 百姓足 君孰與不足 : 이 내용은 ≪論語≫ 〈顔淵〉에 보인다.

사람들은 재물이 있어야 비로소 '재물을 소유했다.'고 말할 수 있어서 이로 인하여 아름다움이 생겨나니, 이것이 이른바 '재물을 소유한다.'는 것이다.

≪論語≫에 "백성들이 풍족하면 군주가 누구와 더불어 부족하겠는가?"라고 하였으니, 바로 이 뜻이다.

人習陳利하여 極物以豫를 是謂有善이라

사람들이 陣치고 싸우는 이로움을 익혀서 物力을 다하여 대비하는 것을 '善함을 소유했다.'라고 한다.

人習戰陳之利하여 盡物力以備之니 此所謂有善[1)]이라

1) 盡物力以備之 此所謂有善 : 漢文大系本에는 이 내용 대신 "物力과 器械를 다하여 미리 대비해야 하니, 이것이 이른바 '병가의 좋은 계책을 얻어 소유했다.'는 것이다.〔盡

物力器械以預備之 此所謂有得兵家之善計也〕"라고 되어있다.

사람들이 陣치고 싸우는 이로움을 익혀서 物力을 다하여 미리 대비해야 하니, 이것이 이른바 '善을 소유했다.'는 것이다.

人勉及任을 **是謂樂人**이니라

사람들이 서로 힘써 임무를 맡음에 이르는 것을 '기꺼이 싸우는 사람이다.'라고 한다.

人相勉及於任使를 是謂樂於戰陳之人이니 卽交兵接刃而人樂死之義[1]라

1) 卽交兵接刃而人樂死之義 : 漢文大系本에는 이 아래에 "一說에 이르기를 '국가가 훌륭한 인재를 얻음을 좋아하는 것이다.' 하였다.〔一云 國家樂得其人〕"라는 내용이 추가되어 있다.

사람들이 서로 힘써 임무를 맡기고 부림에 이르게 해야 한다. 이것을 '陣치고 싸우는 것을 좋아하는 사람'이라 하니, 바로 병기가 교차하고 칼날을 부딪치면 사람들이 기꺼이 죽고자 한다는 뜻이다.

大軍以固하고 **多力以煩**하고 **堪物簡治**하고 **見物應卒**을 **是謂行豫**라

大軍이면 견고하게 지키고 힘이 많으면 진영(진법)을 번거로울 정도로 되풀이하여 익히고, 일을 맡아 다스릴 수 있는 재주를 가진 자를 선발하고, 사물을 보고 창졸간에 대응하는 것을 '대비를 갖춘다.'고 한다.

大軍이면 用固其陳하고 多力이면 用煩其陳하고 堪物이면 能簡治하고 見物이면 能應卒이니 此所謂行豫之道[1]라

1) 堪物……此所謂行豫之道 : 漢文大系本에는 이 내용 대신 "눈앞에 사물이 있으면 잘못 지나치지 않으며 창졸간에 변고가 있더라도 대응하지 않음이 없어야 하니, 이것이 이른바 군대의 출동을 미리 대비하는 방도이다.〔目前有物 必不錯過 倉卒有變 不爲無應 此所謂行軍豫備之道〕"라고 되어있다.

大軍이면 이를 사용하여 진영을 견고하게 지키고, 힘이 많으면 이를 사용하여 진영을 번거로울 정도로 되풀이하여 익히고, 일을 감당할 만하면 일을 맡아 다스릴 수 있는 재주를 가진 자를 선발하고, 사물을 보면 창졸간에 대응할 수 있어야 하니, 이것이

이른바 '대비를 갖추는 방도'이다.

輕車輕徒로 弓矢固禦를 是謂大軍이요

輕車와 輕徒로 하여금 활과 화살을 가지고 굳게 방어하는 것을 '군대의 전력을 크게 한다.'라 하고,

輕車는 馳車也요 輕徒는 步兵也라 有車有徒하고 又以弓矢로 堅固禦守니 此所謂大軍이라

輕車는 馳車(兵車)이고 輕徒는 步兵이다. 수레가 있고 보병이 있으며 또 활과 화살로써 견고하게 방어하여 지켜야 하니, 이것이 이른바 '군대의 전력을 크게 한다.'는 것이다.

密靜多內力을 是謂固陳이요

치밀하고 조용하여 안에 힘이 많은 것을 '진영을 견고하게 지킨다.'라 하고,

密者는 戰欲密也요 靜者는 兵無譁也요 多內力者는 士氣內有餘也니 此所謂固守其陳이라

密은 싸움에 치밀하고자 하는 것이고 靜은 군대가 조용하여 떠들지 않는 것이며, 안에 힘이 많다는 것은 士氣가 넘쳐나는 것이니, 이것이 이른바 '진영을 견고하게 지킨다.'는 것이다.

因是進退를 是謂多力이요

이 법을 따라 나아가고 물러가는 것을 '힘이 많다.' 하고,

因是固陳之法하여 可進則進하고 可退則退[1)]니 此所謂多力이라

1) 可退則退 : 漢文大系本에는 이 아래에 "이렇게 하면 병사들의 힘이 지치지 않는다.〔則兵力不疲〕"라는 내용이 추가되어 있다.

이 진영을 견고히 지키는 방법을 따라 전진할 만하면 전진하고 후퇴할 만하면 후퇴해야 하니, 이것이 이른바 '힘이 많다.'는 것이다.

上暇人教를 是謂煩陳이요

윗사람이 한가한 틈을 타서 병사들을 교련하는 것을 '진법을 번거로울 정도로 되풀이하여 익힌다.' 하고,

上間暇而人教習이니 此所謂煩陳이라 煩陳者는 頻煩於陳이니 謂教而又教하여 使之熟也라

윗사람이 한가한 틈을 타서 병사들을 교련하여 익혀야 하니, 이것이 이른바 '진법을 번거로울 정도로 되풀이하여 익힌다.〔煩陳〕'는 것이다. 煩陳은 陣法을 자주 교련하여 번거로울 정도로 익히는 것이니, 가르치고 또 가르쳐서 익숙하게 함을 이른다.

然이나 有以職을 是謂堪物이요

그러나 일을 맡을 수 있는 것을 '일을 맡아 감당할 수 있다.' 하고,

然이나 有職主之人이니 此所謂堪物이라 堪物者는 堪爲職主其物之人也[1]라

1) 然……堪爲職主其物之人也 : 漢文大系本에는 이 내용 대신 "그러나 일에는 이것을 맡아 다스릴 사람이 있어 폐할 수 없으니, 이것을 '堪物'이라 한다. 堪物은 일을 맡아 감당할 수 있는 사람을 선발하는 것이다.〔然事物有職主之人而不廢 此所謂堪物 堪物者 堪爲簡治其物也〕"라고 되어있다.

그러나 직책을 맡을 사람이 있어야 하니, 이것이 이른바 '堪物'이라는 것이다. 堪物은 일을 맡아 다스림을 감당할 수 있는 사람이다.

因是辨物을 是謂簡治요

이로 인하여 여러 가지 일을 분별하는 것을 '다스릴 수 있는 사람을 선발한다.' 하고,

因是[1] 辨別衆物이니 此所謂簡治라 簡治者는 簡選治才也[2]라

1) 因是 : 漢文大系本에는 이 내용 대신 "일을 맡아 감당할 수 있는 사람으로 인하여 이로써〔因是堪物之人 以〕"라고 되어있다.

2) 簡選治才也 : 漢文大系本에는 이 아래에 "一說에 이르기를 '재주 있는 사람을 뽑아 등용하여 다스림을 이루는 것이다.' 하였다.〔一云 簡用人才而致治也〕"라는 내용이 추가되

어 있다.

이로 인하여 여러 가지 일을 분변하는 것이니, 이것이 이른바 '簡治'이다. 簡治는 일을 다스릴 수 있는 재주를 가진 자를 선발하는 것이다.

稱衆因地하고 **因敵令陳**하여 **攻戰守**하고 **進退止**하며 **前後序**하고 **車徒因**을 **是謂戰參**이라

병력에 맞추어 땅을 이용하고, 적의 상황에 따라 진을 치고, 기다리면서 공격하고 싸우고 수비하며, 나아가고 후퇴하고 멈추며, 앞뒤가 질서가 있고 전차와 보병이 이어지는 것을 '싸움에 임하여 자세히 살핀다.' 하는 것이다.

稱量兵衆하여 因其地之廣狹而用之하고 因敵人之虛實强弱하여 令陳以待之하여 可攻則攻하고 可戰則戰하고 可守則守하며 可進則進하고 可退則退하고 可止則止하며 前後有序而不亂하고 車徒相因而不絶이니 此所謂戰參이라 戰參者는 臨戰參詳而不忽也라

병력을 헤아려 땅의 넓이에 맞추어 이용하고, 적의 虛實과 强弱에 따라 진을 치고, 기다리면서 공격할 만하면 공격하고 싸울 만하면 싸우고 지킬 만하면 지키며, 전진할 만하면 전진하고 후퇴할 만하면 후퇴하고 멈출 만하면 멈추게 하며, 앞뒤가 질서가 있어서 혼란하지 않고 전차와 보병이 서로 이어져 끊이지 않게 해야 하니, 이것이 이른바 '戰參'이다. 戰參이란 싸움에 임하여 자세히 참고하여 소홀히 하지 않는 것이다.

不服, 不信, 不和하며 **怠, 疑, 厭, 懾**하며 **枝柱, 詘, 頄, 肆**하며 **崩, 緩**을 **是謂戰患**이요

복종하지 않고 믿지 않고 화합하지 않으며, 태만하고 의심하고 싫어하고 두려워하며, 버티고 굽히고 번거롭고 방사하며, 무너지고 느슨한 것을 '전쟁의 患害'라 하고,

不服者는 下不心服也요 不信者는 衆不聽信也요 不和者는 民不和協也요 怠者는 不致謹也요 疑者는 有所惑也요 厭者는 棄絶之也요 懾者는 畏懼也[1]요 枝柱者는 言意不相順從也요 詘者는 詰詘而不伸也요 頄者는 擾亂也요 肆者는 放肆也요 崩

者는 崩墜也요 緩者는 縱弛也니 此所謂戰患이라 戰患者는 爲戰之害也[2]라

1) 厭者……畏懼也 : 漢文大系本에는 이 내용 대신 "厭은 군주를 버리고 끊는 것이고 慴은 적을 두려워하는 것이다.〔厭者 棄絶其主也 慴者 畏懼其敵也〕"라고 되어있다.

2) 爲戰之害也 : 漢文大系本에는 이 아래에 "혹자는 枝柱를 해석하기를 枝는 枝散(支離)이니 흩어진다는 뜻이요, 柱는 膠柱(拘泥)이니 변통하지 않는다는 뜻이라 하였다.〔或解枝柱 作枝散膠柱〕"라는 내용이 추가되어 있다.

'복종하지 않는다.'는 것은 아랫사람이 마음으로 복종하지 않는 것이요, '믿지 않는다.'는 것은 병사들이 윗사람의 명령을 믿고 따르지 않는 것이요, '화합하지 않는다.'는 것은 백성들이 화합하지 못한 것이다.

怠는 삼감을 다하지 않는 것이고, 疑는 미혹하는 바가 있는 것이고, 厭은 버리고 끊는 것이고, 慴은 두려워하는 것이다.

枝柱는 말의 뜻이 서로 순종하지 않는 것이고, 詘은 굽혀서 펴지 못하는 것이며, 煩은 소란함이고, 肆는 방사함이다. 崩은 무너짐이고, 緩은 방종하고 해이함이니, 이것이 이른바 '戰患'이다. 戰患이란 전투에 해로움이 되는 것이다.

驕驕, 慴慴하며 吟曠, 虞懼, 事悔를 是謂毁折이요

교만하고 교만하며 두려워하고 두려워하며 신음하고 한탄하며 근심하고 두려워하며 일을 하면 번번이 후회하는 것을 '훼손되어 상하는 것'이라 하고,

驕驕者는 驕而又驕니 驕之甚也라 將驕者는 敗하니 項梁再破秦軍하고 有驕色[1]이 是也라 慴慴者는 畏而又畏니 畏之甚也라 畏敵者는 敗하니 苻堅登壽春하여 見八公山草木皆爲晉兵하고 有懼色[2]이 是也라 吟曠者는 軍有呻吟喧曠之聲이요 虞懼者는 人有憂虞恐懼之色이요 事悔者는 作事後輒悔니 此所謂毁折이라 毁折者는 敗毁而傷折也라

1) 項梁再破秦軍 有懼色 : 項梁은 楚나라의 명장인 項燕의 아들이자 楚霸王인 項羽의 숙부로, 陳勝과 吳廣이 농민 봉기를 일으키자, 項羽와 함께 거병하여 반란 세력을 주도한 인물이다. 이 내용은 ≪史記≫ 〈高祖本紀〉에 "項梁이 秦나라 군대를 재차 격파하고 교만한 기색이 있자, 宋義가 諫하였으나 듣지 않았는데, 秦나라에서 장군 章邯에게 병력을 증가시켜 밤중에 병사들에게 재갈을 물리고 項梁 軍을 습격하여 定陶에서 대파하니 項梁이 전사하였다.〔項梁再破秦軍 有驕色 宋義諫 不聽 秦益章邯兵 夜銜枚擊項梁 大破之定陶 項梁死〕"라고 보인다.

2) 苻堅登壽春……有懼色 : 苻堅은 남북조시대 前秦의 제3대 황제로 묘호는 世祖이다. 383년 苻堅이 東晉을 정벌하기 위해 80만 대군을 이끌고 壽陽으로 진출하여 淝水에 진을 치고 謝玄의 晉軍과 대치하였다. 謝玄이 使者를 보내 '前秦의 軍陣을 조금 뒤로 물려서 東晉의 군대로 하여금 강을 건너게 하여 승부를 결단하자.'고 요구하자, 苻堅은 반대하는 신하들의 의견을 묵살하고, 軍陣을 뒤로 물린 뒤에 강을 건너오는 東晉의 군대를 공격할 속셈으로 퇴각 명령을 내렸다. 그러나 자세한 내용을 모르는 前秦의 군대는 퇴각명령을 싸움에 패한 것으로 잘못 알고 큰 혼란에 빠지게 되었다. 秦軍이 걷잡을 수 없이 무너져 패주하자, 苻堅은 두려운 마음을 품고 壽陽城(壽春城)에 올라가 八公山을 바라보니, 山의 草木들도 모두 晉軍으로 보일 정도였다. 이 틈을 타 謝玄과 謝琰, 桓伊 등이 이끄는 東晉의 군대가 淝水를 건너 前秦軍을 급습하여 궤멸시켰다. ≪晉書 권114 苻堅 下≫

驕驕는 교만하고 또 교만한 것이니, 교만함이 심한 것이다. 교만한 장수는 패하니, 項梁이 秦나라 군대를 재차 격파하고 교만한 기색이 있었던 것이 이것이다.

慑慑은 두려워하고 또 두려워하는 것이니, 두려워함이 심한 것이다. 적을 두려워하는 자는 패하니, 苻堅이 壽春城에 올라가 八公山의 초목을 모두 晉나라 군대로 잘못 보고 두려워한 기색이 있었던 것이 이것이다.

吟曠은 군대가 신음하며 한탄하는 소리가 있는 것이고, 虞懼는 사람들이 근심하고 두려워하는 기색이 있는 것이고, 事悔는 일을 한 뒤에 번번이 후회하는 것이니, 이것이 이른바 '毁折'이란 것이다. 毁折이란 훼손되어 상하는 것이다.

大小, 堅柔, 參伍, 衆寡凡兩을 是謂戰權이니라

크게도 하고 작게도 하며 剛하게도 하고 柔하게도 하며, 3으로 헤아리기도 하고 5로 헤아리기도 하며, 병력을 많이 쓰기도 하고 적게 쓰기도 하여, 모두 두 가지로 하는 것을 '전투에 있어서 權變'이라 한다.

大小者는 能大能小也라 堅者는 剛也니 剛柔者는 有剛有柔也라 參伍者는 或參而三之하고 或伍而五之니 言變化不一也라 衆寡者는 用衆用寡하여 因其敵之强弱虛實과 地之險易廣狹也라 凡事는 必兩件對待[1]하니 此所謂戰鬪權變之道也라

1) 必兩件對待 : 漢文大系本에는 이 내용 대신 "반드시 양쪽 끝을 잡아서 헤아리는 것이다.〔必執兩端而酌之〕"라고 되어있다.

大小는 능히 크게 하고 능히 작게 하는 것이다. 堅은 剛함이니, 剛柔는 剛하게 할

때가 있고 柔하게 할 때가 있는 것이다. 參伍는 혹 3으로 하여 셋이 되고 혹 5로 하여 다섯이 되는 것이니, 변화하여 한결같지 않음을 말한다.

衆寡는 많은 병력을 사용하기도 하고 적은 병력을 사용하기도 하여 적의 强·弱과 虛·實, 지형의 험하고 평탄함과 넓고 좁음을 따르는 것이다.

모든 일은 반드시 두 가지가 상대하니, 이것이 이른바 '전투에 있어서 權變의 道'라는 것이다.

凡戰은 間遠觀邇하고 因時因財하고 貴信惡(오)疑하며

모든 전쟁에는 첩자를 이용하여 먼 곳을 엿보고 가까운 곳을 관찰하며, 天時를 이용하고 재물을 이용하며, 信賞必罰을 귀하게 여기고 의심스러움을 제거하며,

凡與人欲戰에 間其遠而觀其邇니 間者는 間使也라 間遠은 如韓信用間使하여 知趙王陳餘不用李左車之計[1] 是也요 觀邇는 如見鳥起而知其伏하고 獸駭而知其覆[2]이 是也라 因時者는 因天之時니 如黃蓋因東南風急하여 而焚曹操舟[3] 是也요 因財者는 因敵之財니 如劉裕踰大峴山하여 見南燕禾穀成熟在野而喜[4] 是也라 貴信者는 賞信罰必也요 惡疑者는 禁祥去疑也라

1) 韓信用間使 知趙王陳餘不用李左車之計 : 間使는 적을 정탐하는 使者이다. B.C. 204년에, 漢나라의 韓信이 수만의 병력을 거느리고 동쪽으로 趙나라를 공격하니, 趙王 歇과 成安君 陳餘가 이 말을 듣고 대군을 井陘(형)에 집결시켰다. 이때 廣武君 李左車가 成安君에게 "井陘의 길이 좁아 적의 양식이 반드시 그 후미에 있을 것이니, 奇兵 3만 명을 저에게 빌려주시어 샛길로 漢軍의 보급로를 끊게 하고, 足下께서는 해자를 깊게 파고 보루를 높이 쌓아 저들과 싸우지 않으시면 10일이 못 되어 두 장수의 머리를 휘하에 바칠 수 있을 것입니다." 하고 청하였으나 成安君은 廣武君의 계책을 받아들이지 않았다. 이때 韓信은 趙나라 軍中에 간첩을 침투시켜 이 사실을 탐지하고 과감히 井陘의 좁은 길로 내려가 背水陣을 쳐서 趙軍을 대파하고 趙나라를 점령하였다. ≪史記 권92 淮陰侯列傳≫

2) 見鳥起而知其伏 獸駭而知其覆 : 이 내용은 ≪孫子≫ 〈行軍〉에 "새가 나는 것은 적의 매복이 있는 것이요, 짐승이 놀라 뛰쳐나오는 것은 적군이 숨어 있다가 덮치려는 것이다.〔鳥起者 伏也 獸駭者 覆也〕"라고 보인다.

3) 黃蓋因東南風急 而焚曹操舟 : 黃蓋는 삼국시대 吳나라의 장군이다. 後漢 獻帝 建安 13년(208), 曹操가 천하를 통일하기 위해 남방에서 할거하고 있는 劉備와 孫權을 정

벌하고자 南征하였다. 曹操는 한겨울인 12월에 赤壁江에 이르러 周瑜가 거느리는 吳軍과 대치하였다. 이때 周瑜는 火攻으로 曹操의 船團을 공격하기 위해 部將 黃蓋를 거짓으로 매질하여, 黃蓋로 하여금 曹操에게 투항하겠다는 서신을 보내게 하였다. 투항하기로 한 날이 되자, 黃蓋는 전함 수십 척에 섶을 가득 싣고 그 안에 기름을 부어 천막으로 덮은 뒤에 배 위에 牙旗를 세우고 曹操의 선단을 향하여 나아갔다. 曹操 軍은 이 전함들이 黃蓋가 항복해오는 선단이라 여겨 방심하고 있었는데, 黃蓋가 전함에 불을 붙이고 曹操의 선단을 향해 돌진하니, 曹操의 모든 전함이 불타고, 때마침 세차게 부는 동남풍을 타고 江岸의 진영에까지 옮겨 붙어 曹操 軍이 대혼란에 빠졌다. 이 틈을 타 周瑜는 劉備와 함께 총공격을 감행하여 曹操 軍을 대패시켰다. ≪三國志 권54 周瑜列傳≫

4) 劉裕踰大峴山 見南燕禾穀成熟在野而喜 : 劉裕(363~422)는 東晉의 武將으로, 東晉의 국정을 전단하다가 恭帝로부터 선양을 받아 南朝의 宋나라를 건국한 인물이다. 東晉 安帝 義熙 5년(409)에 南燕의 慕容超가 淮水 북안 지역을 대거 침략하자, 劉裕가 북벌을 개시하여 水軍 선단과 보병을 이끌고 진군하였다. 劉裕의 거침없는 진군에 참모들이 南燕軍이 大峴山에 웅거하고 농작물을 베어버리는 淸野 전술을 쓰면 곤경에 처할 것임을 경고하였으나, 劉裕는 "鮮卑族들은 탐욕스러워서 원대한 계책에 미치지 못한다. 저들은 전진할 적에는 포로를 잡는 것을 이익으로 여기고, 후퇴할 적에는 농작물을 아깝게 여긴다. 우리의 고립무원한 군대가 멀리 쳐들어와서 지구전을 하지 못할 것이라 여기고, 전진하면 臨朐에 웅거하고 후퇴하면 廣固를 지키는 데에 불과할 것이다. 우리가 일단 大峴으로 들어가면 병사들은 후퇴할 마음이 없어질 것이다. 필사의 무리를 휘몰아 두 마음을 품고 있는 오랑캐를 향해 전진한다면, 어찌 이기지 못함을 걱정하겠는가. 저들은 들판을 비우고 굳게 지키는 淸野전술을 쓰지 못할 것이니, 나는 제군들에게 장담한다." 하고 곧바로 大峴山을 넘었는데, 과연 劉裕의 예상대로 南燕의 벼와 곡식이 들판에 가득히 익고 있었다. 이에 劉裕는 손을 들어 하늘을 가리키며 "나의 일이 성취되었다." 하며 기뻐하였다. 劉裕의 군대는 예상대로 南燕을 대파하여 멸망시켰다. ≪宋書 권2 武帝本紀≫

무릇 적과 전쟁하려 할 적에는 첩자를 보내어 먼 곳을 엿보고 가까운 곳을 살펴야 하니, 間은 間使이다. '먼 곳을 엿본다.'는 것은 韓信이 間使를 이용하여 趙王과 陳餘가 李左車의 계책을 사용하지 않음을 안 것과 같은 것이 이것이다.

'가까운 곳을 관찰한다.'는 것은 진영에서 새가 솟아오르는 것을 보고 복병이 있음을 알고, 짐승이 놀라는 것을 보고 적이 숨어 있음을 아는 것과 같은 것이 이것이다.

因時는 天時를 이용하는 것이니, 黃蓋가 東南風이 세차게 부는 것을 이용하여 曹操의 船團을 불태운 것과 같은 것이 이것이다. 因財는 적의 재물을 이용하는 것이니, 劉

裕가 大峴山을 넘어가서 南燕의 벼와 곡식이 익어 들에 가득히 있음을 보고 기뻐한 것과 같은 것이 이것이다.

'信을 귀하게 여긴다.'는 것은 信賞必罰이고, '의심스러움을 제거한다.'는 것은 요상함을 금하고 의심나는 것을 제거하는 것이다.

作兵義하고 作事時하고 使人惠니라

군대를 진작시킬 적에는 의로움으로써 해야 하고, 일을 할 적에는 시기에 맞춰야 하고, 사람을 부릴 적에는 은혜로써 해야 한다.

振作兵士之氣에 當喩以義니 喩以義면 則士氣自倍라 作事에 當乘其時니 乘其時면 則易成이요 使人에 當用其惠니 用其惠면 則人感恩而心服이라

병사들의 사기를 진작시킬 적에는 마땅히 의로움으로써 타일러야 하니, 의로움으로써 타이르면 사기가 저절로 배가된다. 일을 할 적에는 마땅히 시기를 타야 하니, 시기를 잘 타면 성공하기 쉽다. 사람을 부릴 적에는 마땅히 은혜로움을 써야 하니, 은혜로움을 쓰면 사람들이 은혜에 감동하여 마음으로 복종한다.

見敵엔 靜하고 見亂엔 暇하고 見危難엔 無忘其衆이니라

적을 보았을 적에는 조용히 대기하고, 혼란함을 보았을 적에는 여유롭게 대처하고, 위태로움과 어려움을 보았을 적에는 병사들을 잊지 말아야 한다.

見敵人엔 當以靜待之니 靜則敵難爲之備[1]라 見亂則暇以待之니 如亞夫時에 軍中夜驚하여 擾亂至帳下로되 亞夫堅臥不起러니 俄頃而定[2]하고 張遼屯長社할새 軍中有謀反者하여 夜驚亂起火하여 一軍盡擾러니 遼謂左右勿動하라 是不一軍盡反이요 必有造變者 欲以驚動人耳라하고 乃令軍中하여 其不反者坐安케하고 遼將親兵數十人하여 中陳而立한대 俄頃定하여 卽得首謀者殺之[3] 是也라 見有危難而無忘其衆이니 如張遼在合肥하여 與孫權戰이라가 被圍러니 遼急擊圍開하여 將麾下數十人하여 得出이러니 衆號呼曰 將軍棄我乎아한대 遼復還突圍하여 拔出餘衆[4]이 是也라

1) 靜則敵難爲之備 : 漢文大系本에는 이 아래에 "諸葛孔明이 깃발을 내리고 북을 치지 않은 채 문을 닫고 적을 맞이하니, 司馬懿가 이것을 보고 도망한 것과 같은 것이다.〔如孔明偃旗息鼓 閉門延敵 司馬懿見而遁走〕"라는 내용이 추가되어 있다.

2) 亞夫時……俄頃而定 : 亞夫는 周亞夫(B.C. 199~B.C. 143)로 前漢 초기의 명장이다. 景帝 3년(B.C. 154) 제후국인 吳나라와 楚나라가 주동이 되어 7國이 반란을 일으키자, 景帝가 周亞夫를 보내 이들을 평정하게 하였다. 周亞夫는 군대를 이끌고 昌邑으로 진출하여 굳게 수비하면서 전면전을 벌이지 않고, 輕騎兵을 보내 吳軍과 楚軍의 후미를 차단하고 식량 수송로를 끊게 하였다. 식량이 떨어져 궁지에 빠진 吳軍과 楚軍이 여러 차례 도전해왔으나, 周亞夫는 응전하지 않고 수비만 하였는데, 이때 周亞夫의 軍中에서 소란이 일어나 軍營 내에서 자군끼리 서로 공격하여 혼란이 周亞夫가 있는 장막에까지 이르렀다. 그러나 周亞夫는 꼼짝도 하지 않고 잠자리에서 일어나지도 않았는데, 잠시 후에 사태가 진정되었다. 周亞夫는 적군이 더욱 굶주리고 피곤해지기를 기다렸다가 출격해서 마침내 반군을 대파하였다. ≪史記 권57 絳侯周勃世家≫

3) 張遼屯長社……卽得首謀者殺之 : 張遼(169~222)는 삼국시대 曹操 휘하의 명장이다. 이 일은 曹操가 荊州를 도모하기 전에 張遼를 長社로 파견하였을 적에 있었던 일로 ≪三國志≫ 권17 〈張遼傳〉에 보인다.

4) 張遼在合肥……拔出餘衆 : 이 일은 後漢 建安 20년(215), 張遼가 合肥를 방어하면서 孫權의 10만 대군과 싸울 때의 일로 ≪三國志≫ 권17 〈張遼傳〉에 보인다.

적을 발견했을 적에는 마땅히 고요함으로써 대기해야 하니, 고요하면 적이 대비하기가 어렵다.

병사들의 혼란함을 보았을 적에는 여유 있게 대처하여야 한다. 周亞夫가 吳·楚의 반란군을 토벌할 적에 밤중에 군중이 놀라서 소란스러움이 장막 아래에까지 이르렀으나 周亞夫가 굳게 누워 일어나지 않았는데, 잠시 후에 진정되었다.

張遼가 長社에 주둔했을 적에 군중에 모반한 자들이 있어 밤중에 놀라 혼란에 빠지고 불길이 일어나서 온 군대가 모두 소란하였다. 張遼는 좌우에게 이르기를 "동요하지 말라. 이것은 全軍이 다 배반한 것이 아니요, 반드시 변란을 일으키려는 자가 있어서 사람들을 놀라고 동요하게 하려는 것일 뿐이다."라고 하고는 군중에 명하여 배반하지 않는 자들은 앉아서 진정시키게 하고, 張遼가 친위병 수십 명을 거느리고 진영 가운데에 서 있자, 잠시 후에 진정되어서 주모자를 잡아 죽인 것과 같은 것이 이것이다.

위태로움과 어려움이 있음을 보면 병사들을 잊지 말아야 한다. 張遼가 合肥에 있으면서 孫權과 싸우다가 포위되니, 張遼가 급히 공격하여 포위를 열고 휘하에 있는 병사 수십 명을 거느리고 탈출하였는데, 이때 다른 병사들이 울부짖으며 고함치기를 "장군은 저희들을 버리십니까." 하였다. 이에 張遼가 다시 돌아와 포위한 적진으로 돌격하여 나머지 병사들을 데리고 탈출한 것과 같은 것이 이것이다.

居國에 **惠以信**하며 **在軍**에 **廣以武**하며 **刃上**에 **果以敏**이니라

國中(國都)에 있을 적에는 은혜롭고 믿게 하며, 軍中에 있을 적에는 너그럽고 武勇이 있게 하며, 교전할 적에는 과감하고 민첩해야 한다.

居國中에 當惠以信이니 惠能懷衆이요 信能任民이라 在軍中에 當廣以武니 廣能容人이요 武能威敵이라 在兵刃上에 當果以敏이니 果能決戰이요 敏能制勝이라 刃은 謂以兵刃相接也라

國中에 있을 적에는 마땅히 은혜롭고 믿게 하여야 하니, 은혜로우면 사람들을 회유할 수 있고 믿으면 백성을 부릴 수 있다. 軍中에 있을 적에는 마땅히 너그럽고 武勇이 있어야 하니, 너그러우면 사람을 포용할 수 있고 무용이 있으면 적을 두렵게 할 수 있다.

교전할 적에는 마땅히 과감하고 민첩해야 하니, 과감하면 결전할 수 있고 민첩하면 승리할 수 있다.

刃은 병기를 가지고 교전함을 이른다.

居國에 **和**요 **在軍**에 **法**이요 **刃上**에 **察**이니라

國中에 있을 적에는 온화하고, 軍中에 있을 적에는 법을 지키고, 교전할 적에는 밝게 살펴야 한다.

居國에 要和니 和則上下相安이요 在軍에 要法이니 法則大小齊一[1)]이요 刃上에 要察이니 察者는 見之明也니 察則遇敵莫當[2)]이라

1) 法則大小齊一 : 漢文大系本에는 이 내용 대신 "법이 있으면 높고 낮은 사람들이 하나로 통일되어서 人心이 정돈되고 안정된다.〔有法則大小齊一 而人心頓肅〕"라고 되어있다.
2) 察則遇敵莫當 : 漢文大系本에는 이 내용 대신 "살피면 적이 실정을 숨기지 못한다.〔察則人無隱情〕"라고 되어있다.

國中에 있을 적에는 온화해야 하니 온화하면 상하가 서로 편안하고, 軍中에 있을 적에는 법을 잘 지켜야 하니 법을 잘 지키면 높고 낮은 사람들이 하나로 통일되고, 교전할 적에는 잘 살펴야 하니 살핀다는 것은 분명하게 보는 것이다. 살피면 적을 만남에 우리를 당할 자가 없는 것이다.

居國에 見好요 在軍에 見方이요 刃上에 見信이니라

國中에 있을 적에는 우호를 보이고, 軍中에 있을 적에는 방향을 보이고, 교전할 적에는 信實함을 보여야 한다.

居國에 要見和好니 和好則上下之情不乖요 在軍에 要見方向이니 向義則大小之心相順이요 刃上에 要見信實이니 信實則罰當罪而不濫이라

國中에 있을 적에는 화합과 우호를 보여주어야 하니 화합하고 우호하면 상하의 정이 어긋나지 않고, 군중에 있을 적에는 방향을 보여주어야 하니 義를 향하면 높고 낮은 사람들의 마음이 서로 순하고, 교전할 적에는 신실함을 보여주어야 하니 신실하면 벌이 죄에 합당하여 지나치지 않게 된다.

凡陳은 行惟疏요 戰은 惟密이요 兵은 惟雜이니라

무릇 布陣할 적에는 항렬을 듬성하게 하고, 전투할 적에는 항렬을 빽빽하게 하고, 병기는 여러 가지를 뒤섞어 사용해야 한다.

凡布陳은 行列惟疏니 疏則便擊이요 戰鬪는 惟密이니 密則力齊요 兵器는 惟雜이니 雜則難犯이라

무릇 포진할 적에는 항렬이 듬성해야 하니 듬성하면 공격하기가 편하고, 전투할 적에는 항렬이 빽빽해야 하니 빽빽하면 힘이 통일되고, 병기는 여러 가지를 뒤섞어 써야 하니 뒤섞어 쓰면 적이 범하기가 어렵다.

人教厚靜이라야 乃治요 威利章이니라

사람들에게 敦厚(후덕)함과 고요함을 가르쳐야 비로소 다스려지고, 위엄은 밝게 드러나야 이롭다.

人教以敦厚靜專이라야 乃底(지)於治요 威令則利在章顯也라

사람들에게 돈후함과 고요함과 전일함을 가르쳐주어야 비로소 다스림에 이를 수 있고, 위엄과 명령은 이로움이 밝게 드러남에 있다.

相守義면 **則人勉**이요 **慮多成**이면 **則人服**이니라

상하가 서로 義를 지키면 사람들이 권면되고, 謀慮(도모하고 생각함)에 성취가 많으면 사람들이 복종한다.

上下相守以義면 則人人自勉이요 謀慮之事에 多所成就면 則人人自服이라

상하가 서로 義를 지키면 사람마다 저절로 권면되고, 도모하고 생각한 일에 성취되는 바가 많으면 사람마다 저절로 복종한다.

時中服이면 **厥次治**하고 **物旣章**이면 **目乃明**하고 **慮旣定**이면 **心乃强**이니라

당시 사람들이 마음으로 복종하면 차서가 다스려지고, 물건(깃발)의 색깔이 분명하면 눈이 밝아지고, 謀慮가 정해지면 마음(의지)이 이에 강해진다.

時人中心悅服이면 其次序皆治니 中服者는 中心悅而誠服也라 物色旣章顯이면 衆目乃明著니 物色者는 乃旗幟旛麾[1]之類니 所以威人之目也[2]라 謀慮旣定이면 則衆心乃强盛矣[3]라

1) 乃旗幟旛麾 : 漢文大系本에는 이 아래에 '大鼓'라는 내용이 추가되어 있다.
2) 物色旣章顯……所以威人之目也 : ≪吳子≫ 〈論將〉에 "작은 북과 큰 북과 징과 방울은 병사들의 귀를 두렵게 하는 것이요, 旌旗와 麾幟는 병사들의 눈을 두렵게 하는 것이요, 禁令과 刑罰은 병사들의 마음을 두렵게 하는 것이다. 귀는 소리를 두려워하니 깨끗하게 하지 않을 수 없고, 눈은 색깔을 두려워하니 분명하게 하지 않을 수 없고, 마음은 형벌을 두려워하니 엄격하게 하지 않을 수 없는 것이다.〔夫鼙鼓金鐸 所以威耳 旌旗麾幟 所以威目 禁令刑罰 所以威心 耳威於聲 不可不淸 目威於色 不可不明 心威於刑 不可不嚴〕"라 보인다.
3) 則衆心乃强盛矣 : 漢文大系本에는 이 아래에 "一說에는 '時中의 道를 실천하면 군대의 안이 모두 잘 다스려진다.' 하였다.〔一說 服行時中之道 則軍旅之中 各得其治〕"라는 내용이 추가되어 있다.

당시 사람들이 마음으로 기뻐하고 복종하면 차서가 모두 다스려지니, 中服은 마음으로 기뻐하여 진실로 복종하는 것이다. 物色이 밝게 드러나면 사람들의 눈이 밝아진다. 物色은 바로 旗幟와 旛麾(지휘용 깃발) 따위이니, 사람의 눈을 두렵게 하는 것이다. 謀慮가 정해지면 사람들의 마음이 이에 강성해진다.

進退無疑니 **見敵無謀**하면 **聽誅**라 **無誑其名**하고 **無變其旗**니라

전진하고 후퇴함에 의혹함이 없어야 하니, 적을 보고서 謀慮가 없으면 그 일(상황)을 자세히 들어서 벌을 내려야 한다. 명칭을 속이지 말고 깃발을 바꾸지 말아야 한다.

或進或退에 無所疑惑은 慮之定也니 若見敵而無謀慮면 則審聽其事而誅責之[1]라 無誑其名上下에 疑有闕文이라

1) 則審聽其事而誅責之 : 漢文大系本에는 이 아래에 "그 이름을 속이지 않고 깃발의 칭호를 바꾸지 않는 것은 병사들을 미혹시킬까 염려해서이다. ○ 一說에는 見敵無謀는 적을 보기 전에 계책을 세우는 것이다. 하늘의 뜻을 받들어 적을 토벌할 적에 왕명을 받들어 어떤 자를 주벌할 것인가를 공개적으로 발표해서 그의 성명을 속이지 않고, 우리의 깃발을 이미 세웠으면 깃발의 칭호를 바꾸지 않아야 하니, 이 때문에 정정당당한 진영과 정정당당한 깃발이 되는 것이다. 聽誅에 대해 또 이르기를 '軍中에 誅戮의 형벌을 기다리는 자가 있으면 법을 반드시 시행하여 속이지 않는 것이다.' 하였다.〔無誑詐其名 無變易旗號 恐惑衆也 ○一說 見敵無謀 不待見敵而後有謀也 奉天討賊 聽命誅伐何人 卽聲言之 無誑詐其姓名 我旗旣張 無變易其旗號 斯爲堂堂之陳 正正之旗也 聽誅 又云 軍中 有聽候誅戮者 法在必行而無誑也〕"라는 내용이 추가되어 있다.

혹 전진하고 혹 후퇴함에 의혹하는 바가 없음은 謀慮가 정해져 있기 때문이니, 만약 적을 보고서 謀慮가 없으면 그 상황을 자세히 들어서 주벌을 내려야 한다. '無誑其名'의 위아래에 아마도 빠진 글이 있는 듯하다.

凡事善則長하고 **因古則行**하며 **誓作章**하면 **人乃强**이니 **滅厲祥**이니라

모든 일에 善을 따르면 장구하고, 옛것을 이용하면 잘 시행되며, 맹세하고 진작시켜 밝히면 사람들이 마침내 강해지니, 위태로움과 요상함을 없애야(금해야) 한다.

凡事를 從於善則長久하고 因依古道則行之하며 誓告衆士하여 振作人心하여 章章明白이면 則人力乃强이라 又當滅息厲祥之事니 滅厲祥은 卽孫子所謂禁祥去疑[1]是也[2]라

1) 孫子所謂禁祥去疑 : 이 내용은 ≪孫子≫ 〈九地〉에 보인다.

2) 是也 : 漢文大系本에는 이 아래에 "一說에는 '厲祥을 비호하는 일을 제거하고 종식시키면 도리어 상서로움을 얻는다.' 하였다.〔一說 庇厲滅息 反得祥也〕"라는 내용이 추가되어 있다.

모든 일에 善을 따르면 장구하고, 옛 방도를 이용하면 잘 시행되며, 여러 장병들에게 맹세하고 告知하여 병사들의 마음을 진작시켜 분명하고 명백하게 하면 병사들의 힘이 강해진다.

또 마땅히 위태로움과 요상한 일을 없애야 하니, '滅厲祥'은 바로 ≪孫子≫에 이른바 '요상함을 금하고 의심스러움을 제거한다.'는 것이다.

滅厲之道는 一曰義이니 被之以信이요 臨之以强하여

厲祥(위태로움과 요상함)을 없애는 방도는 첫 번째는 의리로 제재함이니, 신의를 베풀어주고 강함으로써 임하여

滅厲之道는 一曰制之以義하여 使各得其宜니 被之以信하여 使皆知所守요 臨之以强하여 使敵莫能禦라 前(日)〔曰〕[1]滅厲祥이어늘 此止曰滅厲라하여 無祥字하니 恐遺之也라

1) (日)〔曰〕: 저본의 '日'을 漢文大系本에 의거하여 '曰'로 바로잡았다.

厲祥을 없애는 방도는 첫 번째는 의리로 제재하여 각각 그 마땅함을 얻게 함이니, 신의를 베풀어주어 모두 지킬 바를 알게 하고, 강함으로써 임하여 적으로 하여금 막지 못하게 하는 것이다.

앞에서는 '滅厲祥'이라 하였는데, 여기에서는 다만 '滅厲'라 하여 '祥'字가 없으니, 빠진 듯하다.

成基하고 一天下之形하여 人莫不說을 是謂兼用其人이라

王者의 基業을 이루고 천하의 형세를 통일하여 사람마다 기뻐하지 않는 이가 없는 것을 '사람을 겸하여 사용한다.'고 한다.

成王者之基業하고 混一天下之形하여 使人心皆喜悅이니 此所謂兼用其人也[1]라

1) 此所謂兼用其人也 : 漢文大系本에는 이 내용 대신 "이것이 이른바 '사람의 마음을 겸하여 사용한다.'는 것이다.〔此所謂兼人心而用之也〕"라고 되어있다.

王者의 기업을 이루고 천하의 형세를 통일하여 사람들의 마음이 모두 기뻐하게 해야 하니, 이것이 이른바 '사람을 겸하여 사용한다.'는 것이다.

一曰權이니 **成其溢**하고 **奪其好**하며 **我自其外**하고 **使自其內**니라

첫 번째는 權變이니, 적이 교만하여 넘침을 이루어주고 적이 좋아하는 것을 빼앗으며, 우리는 외부에서 공격하고 첩자는 내부에서 도모하게 해야 한다.

一曰行之以權이니 成其所滿盈者하고 奪其所好愛者라 我軍은 自其外攻之하고 間使는 自其內應之라 成其溢者는 驕之也요 奪其好者는 孫子所謂先奪其所愛者 是也[1)]라

1) 一曰……是也 : 漢文大系本에는 이 내용 대신 "權謀에는 세 가지가 있으니, 적이 교만하거든 우리가 받들어 순종해서 적의 교만함을 이루어주는 것이고, 적이 좋아하는 것을 우리가 꺾고 빼앗는 것이니, 이는 바로 孫子의 이른바 '적이 아끼는 곳을 먼저 빼앗는다.'는 것이 이것이다. 그런 뒤에 아군은 밖에서 공격하고 間使는 안에서 호응하는 것이다.〔權謀有三 敵人溢滿 我將順之 成其驕也 敵人所好 我挫奪之 卽孫子所謂先奪其所愛者 是也 然後 我兵自外攻之 間使自內應之〕"라고 되어있다. '先奪其所愛'는 ≪孫子≫ 〈九地〉에 보인다.

첫 번째는 權變으로써 행하는 것이니, 적이 교만하여 넘침을 이루어주고, 적이 좋아하고 사랑하는 것을 빼앗는 것이다.

아군은 밖에서 공격하고 間使는 안에서 호응하는 것이다. '넘침을 이루어준다.'는 것은 적을 교만하게 만드는 것이요, '좋아하는 것을 빼앗는다.'는 것은 孫子의 이른바 '적이 아끼는 곳을 먼저 빼앗는다.'는 것이다.

一曰人이요 **二曰正**이요 **三曰辭**요 **四曰巧**요 **五曰火**요 **六曰水**요 **七曰兵**이니 **是謂七政**이라

첫 번째는 人才이고, 두 번째는 正道이고, 세 번째는 辭命(외교문서)이고, 네 번째는 巧技(공교로운 기예)이고, 다섯 번째는 火攻이고, 여섯 번째는 水利이고, 일곱 번째는 治兵이니, 이것을 '일곱 가지 정사'라고 한다.

初一曰任用賢人이요 次二曰正以率下요 次三曰修爲辭命이요 次四曰盡其巧技요

次五曰愼火攻之法이요 次六曰修水之利요 次七曰治兵有法이니 此所謂國之七政也라

첫 번째는 賢人을 등용하는 것이고, 다음 두 번째는 正道로써 아랫사람을 통솔하는 것이고, 다음 세 번째는 辭命을 잘 닦는 것이고, 다음 네 번째는 巧技를 다하는 것이고, 다음 다섯 번째는 火攻하는 법을 삼가는 것이고, 다음 여섯 번째는 水利를 닦는 것이고, 다음 일곱 번째는 治兵에 법도가 있는 것이니, 이것이 이른바 '나라의 일곱 가지 정사'라는 것이다.

榮, 利, 恥, 死를 謂之四守라

영화와 이로움, 치욕과 죽음을 '네 가지 지킴'이라고 한다.

榮은 寵渥也요 利는 貨財也니 二者는 人之所欲이며 恥는 羞辱也요 死는 刑戮也니 二者는 人之所惡(오)라 榮利는 所以賞善이요 恥死는 所以罰惡(악)이니 此所謂國之四守也[1]라

1) 此所謂國之四守也 : 漢文大系本에는 이 내용 대신 "네 가지 모두를 가지고 장병들을 권면하고 경계하여 장병들로 하여금 삼가 지키게 하는 것이다.〔四者 皆以勸戒將士 使之謹守也〕"라고 되어있다.

榮은 은총이고 利는 재화이니 은총과 재화 두 가지는 사람이 원하는 것이며, 恥는 수치와 치욕이고 死는 형벌로 죽임이니 두 가지는 사람이 싫어하는 것이다.

영화와 이로움은 善한 사람을 상 주는 것이고, 치욕과 죽임은 악한 사람을 벌주는 것이니, 이것이 이른바 '나라의 네 가지 지킴'이란 것이다.

容色積威는 不過改意니 凡此道也라

남의 얼굴빛을 포용하고 자신의 위엄을 쌓음은 상대방의 뜻을 고치려는 데 지나지 않으니, 무릇 이것이 厲祥을 없애는 방도이다.

容色者는 容人之色이니 所以勸善이요 積威者는 積我之威니 所以懲惡이라 二者는 不過更改志意而爲之니 凡此皆滅厲祥之道也라

容色은 남의 얼굴빛을 포용하는 것이니 善을 권장하는 것이요, 積威는 자신의 위엄을 쌓는 것이니 악을 징계하는 것이다. 이 두 가지는 상대방의 의지를 고쳐서 善을

하게 함에 지나지 않으니, 무릇 이것은 모두 厲祥을 없애는 방도이다.

唯仁有親이니 **有仁無信**이면 **反敗厥身**이니라

오직 仁者여야 친애함이 있으니, 仁만 있고 信이 없으면 도리어 자기 몸을 패망하게 한다.

唯仁者有所親이니 所謂民罔常懷하여 懷於有仁[1]이 是也라 若空有仁心하고 而不實之以信이면 反敗其身이니 所謂民無信不立[2]이 是也라

1) 民罔常懷 懷於有仁 : 이 내용은 ≪書經≫ 〈商書 太甲 下〉에 보인다.
2) 民無信不立 : 이 내용은 ≪論語≫ 〈顏淵〉에 보인다.

오직 仁者여야 친애하는 바가 있으니, 이른바 '백성들은 항상 그리워하는 사람이 없어서 仁이 있는 자를 그리워한다.'는 것이 이것이다. 만약 한갓 仁한 마음만 있고 信으로써 진실하게 하지 않으면 도리어 자기 몸을 패망하게 하니, 이른바 '사람은 信이 없으면 서지 못한다.'는 것이 이것이다.

人人, 正正, 辭辭, 火火니라

사람을 올바로 쓰고, 바로잡아야 할 것을 바로잡고, 辭命(辭令)을 잘 말하고, 불태울 것을 불태워야 한다.

人人者는 任人而選其所當任之人也요 正正者는 正其所當正者也요 辭辭者는 修辭命以責人이니 言其所當言者也라 如齊桓이 責楚以苞茅不入하여 王祭不供에 而楚人請盟[1]이 是也라 火火者는 火其所當火니 不可輕用焚滅以傷人害物也라 按上文에 有七政이어늘 此重言其四하고 而不言巧水兵者는 未審何義하니 疑脫之也라

1) 齊桓……而楚人請盟 : 齊桓은 춘추시대 齊나라의 桓公으로 이름이 小白인데, 명재상 管仲을 등용하여 춘추시대 최초의 霸者가 되었다. B.C. 656년에 桓公이 楚나라가 周 王室에 苞茅(띠풀)를 進貢하지 않아 天王으로 하여금 술을 거르지 못해 祭祀를 지내지 못하게 한 죄를 물어 제후들의 연합군을 거느리고 楚나라를 정벌하였다가, 楚나라가 잘못을 받아들이고 屈完을 사신으로 보내 맹약을 청하니, 제후들과 함께 맹약하였다. ≪春秋左氏傳 僖公 4년≫

人人은 사람을 임용하면서 마땅히 임용해야 할 사람을 선발하는 것이고, 正正은 마

땅히 바로잡아야 할 일을 바로잡는 것이며, 辭辭는 辭命을 닦아서 사람(적)을 책망하는 것이니, 마땅히 말해야 할 것을 말하는 것이다. 예컨대 齊 桓公이 楚나라에게 苞茅를 바치지 아니하여 王의 제사에 쓰지 못한 일을 책망하자, 楚나라 사람이 맹약을 청한 것과 같은 것이 이것이다.

火火는 마땅히 불태워야 할 것을 불태우는 것이니, 가볍게 불태워서 사람을 상하고 물건을 해쳐서는 안 되는 것이다.

살펴보건대 윗글에 일곱 가지 政事가 있는데, 여기에서 그 네 가지를 거듭 말하고 巧, 水, 兵을 말하지 않은 것은 무슨 의도인지 알 수 없으니, 아마도 빠진 듯하다.

凡戰之道는 **旣作其氣**하고 **因發其政**하며 **假之以色**하고 **道之以辭**하며 **因懼而戒**하고 **因欲而事**하며 **蹈敵制地**하여 **以職命之**를 **是謂戰法**이니라

무릇 전쟁하는 방도는 장병들의 士氣를 진작하고서 인하여 賞罰의 정사를 펴며, 온화한 안색으로 용서하고 따뜻한 말로써 인도하며, 두려움을 인하여 경계하고 하고자 함을 인하여 일을 시키며, 적의 경내에 들어가 적의 땅을 제압하고는 직책으로써 명해야 하니, 이것을 '戰法'이라 한다.

凡戰之道는 旣振作其士衆之氣하고 因開發其刑賞之政하며 假借之以顔色하고 引導之以言辭하며 因其心懼而戒飭之하고 因其所欲而往使之하며 蹈敵人之境하고 制敵人之地하여 各以職事命之니 此所謂戰法也[1)]라

1) 此所謂戰法也 : 漢文大系本에는 이 아래에 "一說에 이르기를 '적의 경내에 들어가서 자기가 다스리는 지역을 가지고 귀순한 자에게는 원래의 직책을 임명하여 그로 하여금 대대로 벼슬하게 해주는 것이다.' 하였다.〔一云 蹈敵人之境 取其制地而歸者 卽以其原職命之 使爲世爵也〕"라는 내용이 추가되어 있다.

무릇 전쟁하는 방도는 장병들의 사기를 진작시키고서 인하여 형벌을 내리고 상을 주는 정사를 펴며, 온화한 안색으로써 용서해주고 따뜻한 말로써 인도해주며, 마음의 두려움을 인하여 경계하고 하고자 하는 바를 인하여 가서 시키며, 적의 경내를 밟고서 적의 땅을 제압하고서는 각각 직책과 일로써 명해야 하니, 이것이 이른바 '戰法'이란 것이다.

凡人之形은 **由衆之求**니 **試以名行**하고 **必善行之**니라

모든 사람의 형태는 여러 사람들에게서 찾아야 하니, 명칭과 행실로써 시험하고 반드시 善한 점을 가려 행해야 한다.

凡人智勇貪愚之形[1)]은 必由衆人中求之니 試之以名行하여 若名與行相稱이면 則謂之君子요 又必擇其善而行之 可也[2)]라

1) 凡人智勇貪愚之形 : 漢文大系本에는 이 앞에 "形은 今本에는 行으로 되어있다.〔形 今本作行〕"라는 내용이 추가되어 있다.
2) 可也 : 漢文大系本에는 이 아래에 "一說에 이르기를 '모든 사람이 법을 행함은 사람들이 행할 수 있는 것을 찾아 행함에 지나지 않는다.' 하였다.〔一云 凡人之行法 不過求之衆人所能行者行之〕"라는 내용이 추가되어 있다.

모든 사람의 지혜롭고 용맹함과 탐욕스럽고 어리석은 형태는 반드시 여러 사람들 가운데에서 찾아야 한다. 명칭과 행실로써 시험하여서 만약 명칭이 행실과 서로 걸맞으면 이것을 일러 君子라 하고, 또 반드시 君子의 善한 점을 가려 행해야 한다.

若行不行이면 身以將之요 若行而行이면 因使勿忘하여 三乃成章이니 人生之宜를 謂之法이니라

만약 명령을 시행하는데도 행해지지 않으면 몸소 솔선해야 하고, 만약 명령을 시행하여 행해지면 인하여 잊지 말게 해서 세 번 명령하여야 비로소 法을 이룬다. 사람이 살아감에 마땅히 해야 할 것을 '法'이라 한다.

若令之行而不能行이면 必身先以將之요 若令之行而能行이면 因使勿忘於心하여 三令之라야 乃成章也[1)]라 人生而得義之宜를 謂之法이니 此句는 上下에 恐有闕文誤字[2)]라

1) 三令之 乃成章也 : 漢文大系本에는 이 내용 대신 "두세 번 명령하여 반드시 이를 행하게 해서 법을 이룬 뒤에 그만두는 것이다.〔再三令之 必使行之 成章而後已〕"라고 되어있다.
2) 此句上下 恐有闕文誤字 : 漢文大系本에는 이 내용 대신 "법은 바로 사람이 살면서 함께 마땅하게 여기는 것을 이르고, 사람에게 강요하는 일이 아니다.〔謂法乃人生之所共宜者 非强人之事也〕"라고 되어있다.

만약 명령을 시행하여 행해지지 못하면 반드시 자신이 앞장서서 솔선해야 하고, 만

약 명령을 시행하여 잘 행해지면 인하여 마음에 잊지 말게 해서 세 번 명령하여야 비로소 法을 이루는 것이다.

사람이 살면서 義의 마땅함을 얻는 것을 '法'이라 하니, 이 句는 위아래에 빠진 글이나 誤字가 있는 듯하다.

凡治亂之道는 **一曰仁**이요 **二曰信**이요 **三曰直**이요 **四曰一**이요 **五曰義**요 **六曰變**이요 **七曰專**이라

무릇 혼란함을 다스리는 방도는 첫 번째는 仁이요, 두 번째는 信이요, 세 번째는 直(정직)이요, 네 번째는 一(한결같음)이요, 다섯 번째는 義(마땅함)이요, 여섯 번째는 變(權變)이요, 일곱 번째는 專(專一함)이다.

治亂之道[1)]는 初一曰仁이니 仁者는 愛之理也요 次二曰信이니 信者는 以實之謂也요 次三曰直이니 直者는 不偏曲也요 次四曰一이니 一者는 誠實而無妄也요 次五曰義니 義者는 事之宜也요 次六曰變이니 變者는 權變也요 次七曰專이니 專者는 專一也[2)]라

1) 治亂之道 : 漢文大系本에는 이 내용 대신 "무릇 軍國의 혼란함을 다스리는 방도는 반드시 자신이 먼저 근본을 바로잡음에 달려 있다.〔凡所以治軍國之亂之道 必在己先端本〕"라고 되어있다.

2) 專一也 : 漢文大系本에는 '專一'이 '均平專一'로 되어있고 이 아래에 "혹자의 풀이에는 一은 法令이 통일된 것이고 專은 권력이 분산되지 않은 것으로 되어있다.〔或解一作法令一 專作權不分〕"라는 내용이 추가되어 있다.

혼란함을 다스리는 방도는, 첫 번째는 仁이니 仁은 사랑하는 원리이며, 다음 두 번째는 信이니 信은 진실히 함을 이르며, 다음 세 번째는 直이니 直은 편벽되고 굽지(不正하지) 않은 것이며, 다음 네 번째는 一이니 一은 성실하여 망령됨이 없는 것이며, 다음 다섯 번째는 義이니 義는 일의 마땅함이며, 다음 여섯 번째는 變이니 變은 權變이며, 다음 일곱 번째는 專이니 專은 專一함이다.

立法은 **一曰受**요 **二曰法**이요 **三曰立**이요 **四曰疾**이요 **五曰御其服**이요 **六曰等其色**이요 **七曰百官宜無淫服**이니라

法을 확립함은 첫 번째는 포용하여 받아들임이요, 두 번째는 법령을 밝힘이요,

세 번째는 확립이요, 네 번째는 신속함이요, 다섯 번째는 군복을 입히는 것이요, 여섯 번째는 복식의 색깔로 차등하는 것이요, 일곱 번째는 백관들이 지나친(참람한) 복장이 없게 하는 것이다.

立法[1]은 初一曰受니 受者는 能容物也요 次二曰法이니 法者는 明法令也요 次三曰立이니 立者는 執立而不能搖奪也요 次四曰疾이니 疾者는 機事欲疾也요 次五曰御其服이니 御其服者는 制其戎戰之服也요 次六曰等其色이니 等其色者는 旗幟衣服之色이 各有等也요 次七曰百官宜無淫亂之服也[2]라

1) 立法 : 漢文大系本에는 이 내용 대신 "軍國의 법을 확립함은〔立軍國之法〕"이라고 되어 있다.

2) 百官宜無淫亂之服也 : 漢文大系本에는 이 아래에 "一說에 이르기를 '受는 남에게 자신의 뜻을 받아들일 것을 요구하는 것이다.' 하였다.〔一云 受是責人以承受也〕"라는 내용이 추가되어 있다.

법을 확립함은, 첫 번째는 받아들임이니 받아들인다는 것은 남을 포용하는 것이요, 다음 두 번째는 법이니 법은 법령을 밝히는 것이요, 다음 세 번째는 확립이니 확립은 굳게 지키고 서서 흔들거나 빼앗을 수 없는 것이요, 다음 네 번째는 신속이니 신속함은 機密의 일을 신속히 하고자 하는 것이요, 다음 다섯 번째는 병사들에게 맞는 복식을 입히는 것이니 병사들에게 맞는 복식을 입힌다는 것은 전투복을 법도에 맞게 입히는 것이요, 다음 여섯 번째는 색깔로 차등하는 것이니 색깔을 차등한다는 것은 旗幟와 의복의 색깔이 각기 차등이 있는 것이요, 다음 일곱 번째는 백관이 지나친 복장이 없게 하는 것이다.

凡軍은 使法在己曰專이요 與下畏法曰法이라

무릇 군대는 法令이 장수 자신에게서 나오게 하는 것을 '專'이라 하고, 윗사람이 아랫사람과 더불어 法을 두려워함을 '法'이라 한다.

凡軍旅之中에 使法令出在己를 謂之專一이요 上與下皆懼法이라야 方可謂之法也라

모든 군중에서 법령이 장수 자신에게서 나오게 하는 것을 '專一'이라 하고, 윗사람과 아랫사람이 모두 법을 두려워하여야 비로소 이것을 '法'이라 할 수 있는 것이다.

軍無小聽이면 **戰無小利**니 **日成行微曰道**라

〈장수가〉 군중에서 작은 말을 듣지 않으면 전투에서 작은 이로움을 다투지 않으니, 날마다 성취하고 미묘하게 행하는 것을 '道'라 한다.

軍中에 無小聽이면 則戰無小利[1]니 言聽之大면 而戰之利도 亦大也라 謀慮를 日有所成하되 而行之以微妙니 此謂之道[2]라

1) 軍中……則戰無小利 : 漢文大系本에는 이 내용 대신 "軍中에서는 작은 계책을 듣지 않고, 전투에 임해서는 작은 이익을 다투지 않는다.〔軍中不聽小謀 臨戰無爭小利〕"라고 되어있다.
2) 此謂之道 : 漢文大系本에는 이 아래에 "혹자는 日成을 해석하기를 날을 헤아려 공을 성취한다라고 하였다.〔或解日成 作計日成功〕"라는 내용이 추가되어 있다.

군중에서 작은 들음이 없으면 싸움에서 작은 이로움이 없으니, 큰 것을 들으면 싸움의 이로움도 커짐을 말한 것이다. 謀慮를 날마다 성취하되 은미하게 행해야 하니, 이것을 '道'라 한다.

凡戰은 **正不行則事專**이요 **不服則法**이요 **不相信則一**이니라

무릇 전투는 正道가 행해질 수 없으면 장수가 일을 마음대로 행해야 하고, 아랫사람들이 복종하지 않으면 장수가 법령을 적용해야 하고, 서로 믿지 않으면 장수가 성실해야 한다.

凡戰에 若正不可行이면 則專其事[1]요 下不服이면 則申之以法令이요 人不相信이면 則示以誠實이니 一者는 誠也라 或曰 一其號令也니 號令一이면 則人相信也라하니라

1) 若正不可行 則專其事 : 漢文大系本에는 이 내용 대신 "일이 正道에 부합하는데, 만일 행해지지 못하거든 그 일을 마음대로 행해야 한다. ○ 一說에는 '正道가 비록 행해지지 않더라도 專一함은 고치지 않는다.' 하였다.〔事合正道 若不可行 則專其事以行之 ○ 一說 正雖不行 專一不改〕"라고 되어있다.

무릇 전투에 만약 正道가 행해질 수 없으면 장수가 그 일을 마음대로 행해야 하고, 아랫사람들이 복종하지 않으면 장수가 법령을 거듭 적용해야 하고, 사람들이 서로 믿지 않으면 장수가 성실함을 보여주어야 한다.

一은 성실이다. 혹자는 말하기를 "一은 號令을 통일하는 것이니, 號令이 통일되면

사람들이 서로 믿는다."라고 한다.

若怠면 **則動之**하고 **若疑**면 **則變之**하고 **若人不信上**이면 **則行其不復**이니 **自古之政也**니라

만약 장병들이 태만하면 진작시키고, 만약 의심하면 변경하고, 만약 아랫사람들이 윗사람을 믿지 않으면 명령을 행하고 번복하지 않아야 하니, 이것이 예로부터 행해온 政事이다.

衆若怠惰면 則動作之하여 而使之不怠요 衆若疑懼면 則變更之하여 而使之不疑요 若人不信在上之人이면 則令行에 不可反(번)復이라 書曰 令出은 惟行이요 弗惟反[1)]이 是也라 凡此는 皆自古之政也라

1) 書曰……弗惟反 : 이 내용은 ≪書經≫ 〈周書 周官〉에 보인다.

장병들이 만약 태만하면 격동하여 진작시켜서 태만하지 않게 하고, 병사들이 만약 의심하고 두려워하면 변경해서 의심하지 않게 하고, 만약 아랫사람들이 윗자리에 있는 사람을 믿지 않으면 명령을 시행할 적에 번복해서는 안 된다.

≪書經≫에 '명령을 냄은 행하려 해서이고 번복하려 한 것이 아니다.'라고 한 것이 이것이다. 무릇 이것은 다 예로부터 행해온 政事이다.

嚴位 第四　제4편 紀綱의 확립

嚴位者는 嚴整其位也니 以首有位欲嚴三字故로 以嚴位名篇하니 篇內에 亦多闕文誤字라

嚴位는 병사들의 위치를 엄정히 하는 것이니, 첫머리에 '位欲嚴' 세 자가 있으므로 '嚴位'로써 이 篇을 이름하였는데, 편 안에는 또한 빠진 글과 오자가 많다.

凡戰之道는 位欲嚴이요 政欲栗이요 力欲佻(조)요 氣欲閑이요 心欲一이니라

무릇 陣을 치고 싸우는 방도는, 병사들의 위치는 엄정해야 하고, 정사는 엄격해야 하고, 힘은 경쾌해야 하고, 기운은 익숙해야 하고, 마음은 專一해야 한다.

凡戰陳之道는 卒伍之位는 欲嚴整이니 嚴整則不至於亂이요 軍旅之政은 欲嚴栗이니 嚴栗則下不敢犯이요 衆人之力은 欲輕佻니 輕佻則力銳요 士卒之氣는 欲閑習이니 閑習則氣盛이요 上下之心은 欲專一이니 專一則心齊라

무릇 陣을 치고 싸우는 방도는, 卒伍의 위치는 엄정해야 하니 엄정하면 혼란에 이르지 않고, 군대의 정사는 엄격해야 하니 엄격하면 아랫사람들이 감히 범하지 못하고, 병사들의 힘은 경쾌해야 하니 경쾌하면 힘이 예리하고, 士卒의 기운은 익숙해야 하니 익숙하면 기운이 왕성하고, 윗사람과 아랫사람의 마음은 專一해야 하니 전일하면 마음이 똑같아진다.

凡戰之道는 等道義하고 立卒伍하고 定行列하고 正縱橫하고 察名實이니라

陣을 치고 싸우는 모든 방도는 道義가 있는 사람을 차등을 두어 임무를 맡기고, 卒伍의 長을 세우고, 行列의 위치를 정하고, 縱橫의 방향을 바로잡고, 名과 實을 살피는 것이다.

凡戰陳之道는 等道義之人이니 等者는 任之有等級也라 立卒伍之長하고 定行列之

位하고 正〔陳法〕[1]縱橫之方하고 察名與實相稱與否也라

1) 〔陳法〕: 저본에는 '陳法'이 없으나 漢文大系本에 의거하여 보충하였다.

陣치고 싸우는 모든 방도는 道義가 있는 사람을 차등하는 것이니, 等은 임무를 맡김에 등급이 있는 것이다. 卒伍의 長을 세우고, 항렬의 위치를 정하고, 陣法에 있어 종횡의 방향을 바로잡고, 명분과 실제가 서로 걸맞는가의 여부를 살피는 것이다.

立進俯하고 坐進跪하며 畏則察하고 危則坐니라

서서 나아갈 적에는 몸을 구부리고 앉아서 나아갈 적에는 무릎을 꿇으며, 두려우면 진영의 간격을 좁히고, 위태로우면 무릎 꿇고 앉힌다.

立而進者는 當俯其身이요 坐而進者는 當跪其足[1]이라 有畏則密其陳而待之坐하고 危則坐而候之라 坐는 蹲坐也니 蹲坐면 則易奮起也[2]라

1) 當跪其足 : 漢文大系本에는 이 아래에 "이것은 바로 아랫사람이 윗사람을 공경하는 禮이다.〔乃下敬上之禮也〕"라는 내용이 추가되어 있다.
2) 則易奮起也 : 漢文大系本에는 이 아래에 "바로 윗사람이 아랫사람을 돌봐주는 것이다.〔乃上所以恤下也〕"라는 내용이 추가되어 있다.

서서 나아갈 적에는 마땅히 몸을 구부려야 하고, 앉아서 나아갈 적에는 마땅히 무릎을 꿇어야 한다. 두려움이 있으면 진영을 촘촘하게 밀집해서 대기하여 앉히고, 위태로우면 무릎 꿇고 앉아서 기다리게 한다. 坐는 무릎을 꿇고 앉는 것이니, 무릎을 꿇고 앉으면 분발하여 일어나기가 쉽다.

遠者視之면 則不畏하고 邇勿視면 則不散이니라

멀리 있는 것을 보여주면 두려워하지 않고, 가까이 있는 것을 보여주지 않으면 흩어지지 않는다.

此二句는 疑有誤字하니 不敢强解[1]로라

1) 此二句……不敢强解 : 漢文大系本에는 이 내용 대신 "적이 멀리 있을 경우 저들의 실정과 세력을 잘 살필 수 있으면 병사들이 두려워하지 않는다. 邇는 가까움이니, 적이 가까이 있으면 정탐시키지 말고 마음을 오로지 하여 싸우게 하면 흩어지지 않을 수 있다. '보여주지 않는다.'는 것은 앞에 적이 없는 것처럼 하는 것이니, 능히 앞에 적이 없

는 것처럼 할 수 있다면 병사들이 흩어져 패하지 않을 것이다.〔敵遠者 能視察其情形 則不畏也 邇 近也 敵在邇 勿令䀹視 而專意進戰 可以不散 勿視 猶無敵於前也 能無敵於前 則不散敗矣〕"라고 되어있다.

이 두 句는 아마도 오자가 있는 듯하니, 감히 억지로 해석하지 않노라.

位下左右하고 下甲坐하여 誓어든 徐行之니라

병사들의 위치는 아래에 있는 사람들을 좌·우를 나누고, 아래에 있는 병사들이 갑옷을 입고 앉아서 맹세를 하였으면 천천히 행군한다.

位는 卒伍之位라 使在下之人으로 分左分右니 孫子教女兵에 分左右隊[1] 是也라 又使在下之人으로 皆被甲而坐니 若春秋左氏傳에 裹糧坐甲[2]이 是也라 誓戒旣畢이면 使徐徐而行이니 若四步五步六步七步에 乃止齊焉이 是也[3]라

孫子

1) 孫子教女兵 分左右隊 : 孫子는 춘추시대 齊나라 출신의 명장인 孫武이다. 孫武가 吳王 闔廬를 찾아가자, 闔廬가 그를 시험하기 위해 宮女들에게 전투 훈련을 시키게 하였다. 孫子는 이들을 좌·우 두 부대로 나누어 王의 寵姬 두 명을 隊長으로 삼아 훈련을 하였다. 그러나 궁녀들이 웃기만 하고 명을 따르지 않자, 隊長인 寵姬 두 명의 목을 베니, 대오가 정돈되고 규율이 엄정해졌다. 이에 闔廬가 孫武를 등용하였는데, 楚나라와 다섯 번 싸워 다섯 번 모두 승리하였으며, 齊·晉 양국을 굴복시켜 闔廬를 霸者로 부상시켰다. 闔廬는 闔閭로도 표기한다.

2) 裹糧坐甲 : 이 대목은 ≪春秋左氏傳≫ 文公 12년 조에 보인다.

3) 是也 : 漢文大系本에는 이 아래에 "一說에는 '兵事에는 右를 숭상하므로 甲士들의 자리는 왼쪽이 낮은 자리가 되고 오른쪽이 높은 자리가 된다. 그러므로 갑옷을 입은 자들을 오른쪽 아래에 있게 하여 앉아서 맹세하고 경계하게 하고, 행군은 반드시 천천히 완만하게 하여 이로써 다름을 보이는 것이다.' 하였다. 이 해석에 따르면 마땅히 位下左 右下甲으로 句를 떼고 坐誓徐行之로 句를 떼어야 한다.〔一說 兵事尙右 故甲位左爲下 右位爲尊 故帶甲者居右之下 坐而誓誡 行必徐緩 以示異也 依此解 當位下左作句 右下甲

句 坐誓徐行之作句〕"라는 내용이 추가되어 있다. 그러나 臺灣에서 간행된 ≪司馬法≫에는 "位下 左右下 甲坐"로 句를 떼고, 位下는 大將軍이 중앙에 위치하여 兵車에서 내리는 것이고, 左右下는 여러 장수들이 左右에 있으면서 또한 일제히 兵車에서 내리는 것이고, 甲坐는 여러 兵車의 위에 있는 射手와 수레 오른쪽에서 창으로 적을 공격하는 자와 御者가 甲士가 되어 여러 甲士가 兵車의 위에 있는 것이라 하였다.

位는 卒伍의 위치이다. 아래에 있는 사람들로 하여금 좌로 나누고 우로 나누는 것이니, 孫子가 여군들을 가르칠 적에 左隊와 右隊로 나눈 것이 이것이다. 또 아래에 있는 병사들로 하여금 모두 갑옷을 입혀 앉히는 것이니, ≪春秋左氏傳≫에 '양식을 싸가지고 갑옷을 입고 앉는다.'는 것이 이것이다.

맹세와 경계가 끝나면 서서히 행군하게 하니, 4步와 5步, 6步와 7步에 마침내 멈추어 정돈하는 것과 같은 것이 이것이다.

位逮徒甲이어든 **籌以輕重**하여 **振馬**하고 **譟徒甲**호되 **畏亦密之**니라

모든 병사들의 위치는 보병이 갑옷을 다 입었으면 경중을 저울질하여 馬軍(기병)을 출동시키고, 갑옷을 입은 보병으로 하여금 고함치게 하되, 두려워하면 또한 간격을 좁힌다.

凡卒伍之位는 逮徒步者皆甲이어든 然後에 籌以輕重之權하여 振起騎兵하여 使步之甲者로 皆譟呼之하여 陳而待之[1]라

1) 陳而待之 : 漢文大系本에는 이 내용 대신 "갑옷을 입은 보병들이 두려운 마음을 품으면 또한 진영을 밀집시키고 기다리게 해야 한다. ○ 一說에는 '卒伍의 위치의 法이 아래로 보병과 갑사들에게까지 미치면 모두 저울질하여 경중을 정해서 기병들로 하여금 말을 타고 떨쳐 일어나 함성을 지르게 하되 보병과 갑사들이 두려워하는 마음이 있으면 진영을 밀집시키고 안정되기를 기다리고, 軍營을 혼란시킨다고 책망해서는 안 된다.' 하였다.〔徒甲有畏心 則亦密陳而待之 ○ 一說 位法下逮徒卒甲士 皆籌度以定其重輕 使乘馬振噪 而徒甲有畏 則密陳而待其定 不責以亂營也〕"라고 되어있다.

모든 卒伍의 위치는 보병에 이르기까지 모두 갑옷을 입혔으면 그런 뒤에 경중의 권도로써 저울질하여 기병을 출동시키고 보병 중에 갑옷을 입은 자들로 하여금 모두 함성을 지르게 하여 陣을 치고 기다리게 해야 한다.

跪坐坐伏하여 **則膝行而寬誓之**하며

무릎을 꿇어앉고, 앉아 엎드려서 무릎 꿇고 기어가면 너그럽게 告戒하며,

跪而坐하고 坐而伏하여 膝行則寬以誓之니 寬은 謂不狹迫이라 此節도 亦有闕文誤字[1)]라

1) 跪而坐……亦有闕文誤字 : 漢文大系本에는 이 내용 대신 "軍中에서 무릎을 꿇어앉고 앉아 엎드리는 禮에는 모두 무릎으로 기어가되 갑옷을 입고 투구를 썼을 적에는 또 반드시 관대히 용서하고 말로써 타일러 훈계해야 할 것이요, 번잡한 禮를 요구해서는 안 된다.〔軍中跪而坐 坐而伏之禮 皆用以膝行 而當夫披甲戴胄之時 又必寬舒而告戒之 勿責以煩縟也〕"라고 되어있다.

무릎을 꿇어앉고, 앉아 엎드려서 무릎 꿇고 기어가면 너그럽게 告戒해야 하니, 寬은 편협하거나 급박하지 않음을 이른다. 이 글 또한 빠진 글과 오자가 있다.

起譟하여 鼓而進이면 則以鐸止之니라

병사들이 일어나 함성을 지르면서 북을 쳐 전진하면 방울을 울려 행군을 멈추게 한다.

譟呼而起하여 鼓之而進에 欲往이면 則以鐸止之[1)]라

1) 譟呼而起……則以鐸止之 : 漢文大系本에는 이 내용 대신 "군대가 장차 사방에서 일어나게 되면 함성을 지르고 북을 쳐서 전진시키고, 멈추게 하고자 하면 방울을 울려 걸음을 늦춘다.〔兵將四起 則譟呼鳴鼓而進 欲止則鳴鐸緩其步〕"라고 되어있으며, 頭註에는 "만약 병사들이 일어나 함성을 지르고 떠들면서 항렬에 절도가 없으면 방울을 울려 멈추게 한다."라고 설명하였는바, ≪直解≫의 해설은 말이 되지 않는다. '往'을 '住'의 오자로 보아 '병사들이 전진할 적에 멈추게 하려 하면 방울을 울려 멈추게 한다.'로 해야 할 듯하다.

병사들이 고함치고 함성을 지르면서 일어나 북을 쳐 전진할 적에 나아가고자 하면 방울을 울려서 중지시킨다.

銜枚誓하고 糗坐하고 膝行而推之니라

銜枚(枚를 입에 묾)를 하고 맹세하며 마른 양식을 먹을 적에 앉히고서 무릎으로 기어가 미루어주게 한다.

枚는 如箸하니 銜於口호되 有劃結項中하여 以止語也라 謂夜欲襲敵이면 則銜枚而誓라 糗는 乾粮也니 若食糗粮이면 則令小坐하고 膝行而推之라 此句는 上下에 亦有闕文[1)]이라

1) 則令小坐……亦有闕文 : 漢文大系本에는 이 내용 대신 "병사들로 하여금 쭈그려 앉게 하고, 만약 상황을 보고하고자 하면 반드시 무릎 꿇고 걸어서 미루어주게 하는 것이다. ○ 一說에는 '銜枚를 하는 것은 떠들지 못하게 하는 것이니, 맹세하거나 마른 양식을 먹게 되면 銜枚를 제거하고 앉아서 먹게 하며, 만일 보고할 일이 있으면 무릎 꿇고 기어가지 않고 미루어주는 것이니, 이렇게 병사들을 대한다면 관대하다고 이를 만하다.' 하였다.〔則令小坐 若欲稟事 必膝行而推移之 ○ 一說 銜枚禁譟 誓之以糗 則去之 坐而食 卽有事稟 不用膝行而推之 以是待士 可謂寬矣〕"라고 되어있다.

枚는 젓가락과 같이 생겼으니, 이것을 입에 물되 끈이 있어 목 가운데에 묶어서 말을 못하게 하는 것이다. 밤에 적을 습격하고자 하면 枚를 물고 맹세함을 이른 것이다. 糗는 마른 양식(미숫가루)이니, 만약 마른 양식을 먹게 되면 병사들로 하여금 쭈그려 앉히고 무릎 꿇고 기어가 미루어주게 하는 것이다. 이 句의 위아래에도 빠진 글이 있다.

執戮禁顧하고 譟以先之니라

적을 잡아 죽일 적에 병사들이 머리를 돌리는 것을 금지하고, 이때에는 함성을 질러 먼저 기선을 제압해야 한다.

執戮敵人에 禁勿廻顧하고 當譟呼以先之[1)]라

1) 當譟呼以先之 : 漢文大系本에는 이 아래에 "一說에 이르기를 '적을 잡아 죽이는 경우에는 돌아보고 함성을 지르며 앞을 다투는 자를 금해야 한다.〔一云 執而戮者 禁廻顧及呼噪爭先之人〕"라는 내용이 추가되어 있다.

적을 잡아 죽일 적에 병사들이 머리를 돌리는 것을 금지하고, 이때에는 마땅히 고함을 쳐서 기선을 제압해야 한다.

若畏太甚이면 則勿戮殺하고 示以顏色하며 告之以所生하며 循省其職이니라

만약 사로잡은 적이 너무 두려워하면 죽이지 말고 온화한 안색을 보여주며, 살

려줄 방도를 말해주고 그가 예전에 맡았던 직책을 살피게 해야 한다.

所執之人이 若畏懼太甚이면 則勿戮殺이라 示之以顔色은 寬之也요 告之以所生之道를 活之也요 循省其所守之職은 任之也라

사로잡은 적이 만약 너무 심하게 두려워하면 죽이지 말아야 한다. 온화한 안색을 보여줌은 너그럽게 대하는 것이요, 살려줄 방도를 말해줌은 살려주는 것이요, 그가 예전에 맡았던 직책을 따라 살피게 하는 것은 그에게 예전의 관직을 다시 맡기는 것이다.

凡三軍은 人戒分日하고 人禁不息하고 不可以分食이라 方其疑惑에는 可師可服이니라

무릇 三軍은 한 사람을 징계할 때에는 分日(반나절) 동안 하고, 한 사람을 감금할 때에는 한 번 쉴 동안을 넘지 않으며, 음식의 반만 나누어주어서는 안 된다. 적이 막 의혹할 적에는 군대를 거느려 굴복시킬 수 있다.

凡行三軍에 一人之戒는 不過分(曰)〔日〕[1]이요 一人之禁은 不過一息이라 不可以分食은 此句上下에 亦有闕文[2]이라 敵方疑惑之時에는 則可用師而服之라

1) 一人之戒 不過分(曰)〔日〕: 漢文大系本에는 이 내용 대신 "여러 병사들의 맹세와 경계는 分日을 넘지 않아야 한다. 分日은 하루를 나눔을 이르니, 바로 반나절이 이것이다.〔衆人誓戒 不過分日 謂一日之分 卽半日 是也〕"라고 되어있다. 저본의 '曰'자는 經文에 의거하여 '日'자로 바로잡았다.

2) 不可以分食……亦有闕文: 漢文大系本에는 이 내용 대신 "지체하여 오래 쉬게 하면 기밀이 누설되고 명령을 어김이 있을까 염려해서이다. 만약 쉬지 못하게 하면서 음식의 반만 나누어주면 혼란이 더욱 생길까 염려되므로 음식을 나누어주어서는 안 되는 것이다.〔恐遲久漏洩違玩也 若禁之不息 分食 恐滋其亂 故不可以分食〕"라고 되어있다.

무릇 三軍을 출동할 적에 한 사람의 징계는 반나절을 넘지 않고, 한 사람의 감금은 짧은 시간을 넘지 않아야 한다.

'不可以分食'은 이 句의 위아래에도 빠진 글이 있다. 적이 막 의혹할 적에는 군대를 출동시켜 굴복시킬 수 있다.

凡戰은 以力久하고 以氣勝하며 以固久하고 以危勝이니 本心固하고 新氣勝하며 以甲固하고 以兵勝이니라

모든 전투는 힘으로 지구전을 하고 기운으로 승리하며, 견고함으로써 오랫동안 버티고 위태로움으로써 승리하니, 本心을 지키면 견고하고 새로운 기운을 진작시키면 승리하며, 甲冑로 견고하게 하고 병기로 이긴다.

凡戰之道는 以力持久하고 以氣制勝하니 力者는 佚飽 是也요 氣者는 朝氣銳[1)]하고 一鼓作氣[2)] 是也라 兵以固則能久하고 以危則能勝[3)]하니 固者는 下文車以密固하고 徒以坐固하고 甲以重固 是也라 危者는 上文譟鼓而進이니 孫子所謂其勢險하고 其節短[4)]이 是也라 能守人之本心則固하고 能振作兵之新氣則勝하며 士衆은 以甲冑爲固하고 軍旅는 以兵刃制勝이라

1) 朝氣銳 : 이 내용은 ≪孫子≫ 〈軍爭〉에 "아침 기운은 예리하고 낮 기운은 나태하고 저녁 기운은 지쳐서 돌아가려 한다. 그러므로 用兵을 잘하는 자는 적의 예리한 기운을 피하고 나태하여 돌아갈 적에 공격하는 것이니, 이는 기운을 잘 다스리는 자이다.〔朝氣銳 晝氣惰 暮氣歸 故善用兵者 避其銳氣 擊其惰歸 此治氣者也〕"라고 보인다.

2) 一鼓作氣 : 춘추시대 魯나라의 명장인 曹劌(궤)가 임금 莊公을 모시고 齊軍과 싸워 승리한 뒤에 莊公에게 아뢰었던 말로, ≪春秋左氏傳≫ 莊公 10년 조에 "전쟁의 승패는 용기에 달려 있습니다. 북이 한 번 울리면 용기가 진작되고, 두 번 울리면 용기가 쇠하고, 세 번 울리면 용기가 고갈됩니다."라고 보인다.

3) 兵以固則能久 以危則能勝 : 漢文大系本에는 이 내용 대신 "군대는 軍陣의 형세가 견고하면 오래 지킬 수 있고 위태로운 자리에 놓으면 승리를 거둘 수 있다.〔兵以陳勢堅固則能持久 以置之危地 則能制勝〕"라고 되어있다.

4) 其勢險 其節短 : 이 내용은 ≪孫子≫ 〈兵勢〉에 보인다.

무릇 전투하는 방도는 힘〔力〕으로 지구전을 하고 기운〔氣〕으로 승리하니, 力은 편안함과 배부름이 이것이요, 氣는 '아침 기운은 예리하고 한 번 북치면 기운을 진작시킨다.'는 것이 이것이다.

군대는 堅固하면 오랫동안 버티고 위태로우면 승리하니, 固는 아랫글에 '전차는 밀집함으로써 견고하고, 보병은 앉음으로써 견고하고, 갑옷은 무거움으로써 견고하다.'는 것이 이것이다.

危는 윗글에 '함성을 지르고 북을 쳐 전진한다.'는 것이니, 孫子의 이른바 '그 기세가 험하고 그 절도가 짧다.'는 것이 이것이다.

사람의 본심을 지키면 견고하고, 병사들의 새로운 기운을 진작시키면 승리하며, 병사들은 갑옷과 투구로 견고함을 삼고, 군대는 병기와 칼날로 승리한다.

凡車는 **以密固**하고 **徒**는 **以坐固**하고 **甲**은 **以重固**하고 **兵**은 **以輕勝**이니라

무릇 전차는 밀집함으로써 견고하고, 보병은 앉음으로써 견고하고, 갑옷은 무거움으로써 견고하고, 병기는 가벼움으로써 승리한다.

凡車는 以密則固하니 密者는 陳不欲踈也요 徒는 以能坐則固하니 坐는 小坐也니 小坐면 則有勃然騰躍之勢라 如鳥之將擊에 必斂其翅(시)하고 獸之將搏에 必伏其身이라 故로 徒는 以能坐爲固也라 甲은 以重爲固하니 重者는 堅重也요 兵은 以輕制勝하니 輕者는 便利也라

무릇 전차는 밀집〔密〕하면 견고하니, 密은 진영을 성글게 하고자 하지 않는 것이다. 보병은 쪼그리고 앉아〔坐〕 있으면 견고하니, 坐는 쪼그리고 앉는 것이다. 쪼그리고 앉아 있으면 勃然히(분발하여) 날아오르고 뛰어오를 기세가 있게 된다.

새가 공격하려 할 적에 반드시 날개를 거두고, 짐승이 공격하려 할 적에 반드시 몸을 엎드리는 것과 같다. 그러므로 보병은 앉아 있는 것을 견고함으로 삼는 것이다.

갑옷은 무거움〔重〕을 견고함으로 삼으니 重은 견고하고 무거운 것이요, 병기는 가벼움〔輕〕으로써 승리하니 輕은 편리한 것이다.

人有勝心이면 **惟敵之視**요 **人有畏心**이면 **惟畏之視**니 **兩心交定**이면 **兩利若一**이요 **兩爲之職**은 **惟權視之**니라

병사들이 〈사기가 진작되어〉 승리할 마음이 있으면 적의 虛實을 살펴보고, 병사들이 적을 두려워하는 마음이 있으면 두려워하는 것을 살펴보아야 한다.

승리하려는 마음과 두려워하는 마음 두 가지가 서로 정해지면 두 가지 이익이 한결같고, 두 가지를 잘 수행함은 오직 權變으로써 보는 것이다.

人有制勝之心이면 惟視敵之虛實如何니 敵虛然後에 勝可爲也라 人有畏懼之心이면 惟視其畏之何如니 若畏將을 甚於敵者는 勝하고 畏敵을 甚於將者는 敗라 勝心與畏心이 兩心交定이면 則兩利若一〔途〕[1]矣요 勝心畏心이 凡兩爲之主면 惟以權變視之[2]니라

1) 〔途〕: 저본에는 '途'가 없으나 漢文大系本에 의거하여 보충하였다.

2) 惟以權變視之 : 漢文大系本에는 이 내용 대신 "오직 權變을 사용하여 승리하려는 마음과 두려워하는 마음이 어떠한 지를 살피는 것이다.〔惟用權變 以示其所勝所畏之如何〕"

라고 되어있고, 이 아래에 "一說에 이르기를 '세 視자는 다만 눈으로 보는 것이 아니요, 보고서 똑같이 한다는 뜻이 있으니, 보아서 두 가지 이익이 위주가 되면 후세 사람들이 오직 나의 權變을 보아서 법으로 삼을 것이다.' 하였다.〔一云 三視字 非止目視 有視倣意 兩利爲主 則後人惟我之權是視而取法矣〕"라는 내용이 추가되어 있다.

병사들이 승리하려는 마음이 있으면 적의 虛實이 어떠한가를 살펴보아야 하니, 적이 허점이 있게 된 뒤에야 승리를 쟁취할 수 있는 것이다.

병사들이 두려워하는 마음이 있으면 그 두려워함이 어떠한가를 살펴보아야 한다. 만약 적보다 자기 장수를 더 두려워하는 경우는 승리하고, 자기 장수보다 적을 더 두려워하는 경우는 패한다.

승리하려는 마음과 두려워하는 마음이 서로 정해지면 두 가지 이익이 한길과 같고, 승리하려는 마음과 두려워하는 마음이 모두 주장이 되면 오직 權變으로써 살펴보아야 하는 것이다.

凡戰은 以輕行輕則危하고 以重行重則無功하며 以輕行重則敗하고 以重行輕則戰이라 故로 戰은 相爲輕重이니라

무릇 전투는 경무장한 군대를 데리고 輕地에 들어가면 위태롭고, 중무장한 군대를 데리고 重地에 들어가면 功이 없으며, 경무장한 군대를 데리고 重地에 들어가면 패하고, 중무장한 군대를 데리고 輕地에 들어가면 싸움을 잘한다. 그러므로 싸움은 서로 輕重에 맞게 해야 한다.

輕重二字는 不止於一이라 謂凡與人戰에 以輕兵行輕地면 則危殆而不安이라 入人之地不深者 爲輕地라 輕地則無止니 輕兵行輕地면 所以危也라 以重兵行重地면 則無功이니 入人之地深하고 (皆)〔背〕[1]城邑多者爲重地라 重地則掠이니 重兵行重地[2]면 所以無功也라 以輕兵行重地則致敗하니 如龐涓이 棄其步兵하고 率輕銳하여 倍日倂行하여 深入重地라가 敗於馬陵[3]이 是也라 以重兵行輕地則務戰이니 如司馬宣王이 伐遼東할새 公孫文懿 阻水相拒러니 宣王領兵하고 直趨襄平한대 文懿出兵邀之어늘 宣王三戰三捷[4]이 是也라 故로 戰道는 須要相爲輕重이 可也[5]라

1) (皆)〔背〕: 저본의 '皆'는 漢文大系本에 의거하여 '背'로 바로잡았다.
2) 重兵行重地 : 漢文大系本에는 이 아래에 "병력이 많으면 식량을 계속 대지 못할까 두렵다.〔恐兵多而食不繼〕"라는 내용이 추가되어 있다.

3) 龐涓……敗於馬陵 : 龐涓은 戰國시대 魏나라의 장수이다. B.C. 341년, 龐涓은 孫臏의 계책에 속아 馬陵에서 패하고 자살하였는바, 이 사례는 본서 67쪽 주 2)에 보인다.

4) 司馬宣王……宣王三戰三捷 : 司馬宣王은 삼국시대 魏나라의 名將이자 大臣인 司馬懿(179~251)로, 손자 司馬炎이 晉王이 되자 宣王으로 추존되었고 晉나라를 건국하자 宣帝로 추존되었다. 文懿는 公孫淵의 자이다.

魏 明帝 景初 2년(238), 遼東의 公孫淵이 배반하자, 魏나라는 司馬懿로 하여금 이를 토벌하게 하였다. 司馬懿가 병력을 이끌고 遼水로 진출하니, 公孫淵이 步兵과 騎兵 수만을 보내어 遼水에서 막고 성벽을 굳게 지켜 저항하였다. 司馬懿는 적이 굳게 성을 지키고 있어 승리하기 어려울 것이라고 판단하고, 빈 진영을 만들어 적을 속이고 은밀히 遼水를 건너 강물을 끼고 길게 포위망을 구축한 다음, 첩자를 풀어 魏軍이 적을 버려두고 襄平으로 향한다고 소문을 퍼뜨렸다.

諸將들이 이에 반대하였으나, 司馬懿는 "적이 굳게 수비하며 아군을 지치게 하려고 하니, 이를 공격하는 것은 바로 그 계략에 빠져드는 것이다. 적의 대병력이 여기에 있다면 저들의 소굴인 襄平은 반드시 비어 있을 것이다. 내가 곧바로 襄平으로 향하면 저들은 속으로 두려워하는 마음을 품을 것이니, 틀림없이 격파할 수 있을 것이다." 하고, 군대를 정돈하여 적군의 진영을 지나갔다.

公孫淵은 이를 보고 魏軍이 참으로 襄平을 공격하는 것으로 오판하고 이를 막기 위해 수비 전술을 바꾸어 魏軍을 급히 요격하자, 司馬懿는 마침내 군대를 풀어 역공을 가해 대파하였는데, 세 번 싸워 세 번 모두 승리하였다. ≪晉書 권1 高祖宣帝紀≫

5) 須要相爲輕重 可也 : 漢文大系本에는 이 내용 대신 "모름지기 군대의 경중과 지형의 경중을 서로 참작해서 써야 하는 것이다.〔須要使兵之輕重 與地之輕重 相參爲用也〕"라고 되어있다.

'輕重' 두 글자는 한 가지에 그치지 않는다. 언제나 적과 싸울 적에 경무장한 군대를 데리고 輕地에 들어가면 위태로워 편안하지 못함을 이른다. 적의 땅에 깊숙이 들어가지 않은 것을 輕地라 한다. 輕地에서는 행군을 그치지 말아야 하니, 경무장한 군대를 데리고 輕地에 들어가면 이 때문에 위태로운 것이다.

중무장한 군대를 데리고 重地에 들어가면 공이 없으니, 적의 땅에 깊숙이 들어가고 적의 성읍을 뒤에 많이 둔 것을 重地라 한다. 重地에서는 노략질을 해야 하니, 중무장한 군대를 데리고 重地에 들어가면 이 때문에 공이 없는 것이다.

경무장한 군대를 데리고 重地에 들어가면 패하니, 예컨대 龐涓이 보병을 버리고 輕銳한 기병을 거느리고서 이틀 갈 길을 하루에 가서 重地에 깊숙이 들어갔다가 馬陵에서 패한 것과 같은 것이 이것이다.

중무장한 군대를 데리고 輕地에 들어가면 전투에 힘쓰니, 예컨대 司馬宣王이 遼東을 정벌할 적에 公孫文懿가 遼水를 막고 魏軍과 대치하고 있었는데, 司馬宣王이 군대를 거느리고 곧바로 襄平으로 달려가자, 公孫文懿가 군대를 내어 요격하므로 司馬宣王이 세 번 싸워 세 번 승리한 것과 같은 것이 이것이다.

그러므로 전쟁하는 방도는 반드시 서로 輕重이 맞게 해야 하는 것이다.

舍에 **謹兵甲**하고 **行**에 **愼行列**하고 **戰**에 **謹進止**니라

머물러 있을 적에는 병기와 갑옷을 삼가고, 행군할 적에는 항렬을 삼가고, 싸울 적에는 멈추고 나아감을 삼가야 한다.

舍止에 要謹兵甲이니 謹兵甲은 防敵人之襲也요 軍行에 要愼行列이니 愼行列은 慮敵之遇也요 與人戰에 要謹進止니 謹進止는 恐敵之乘也라 兵甲不謹이라가 被敵襲之면 則無所禦요 行列不愼이라가 卒遇敵人이면 必至於亂이요 進止不謹이라가 敵來乘我하면 必至於敗라

머물러 있을 적에는 병기와 갑옷을 삼가야 하니, 병기와 갑옷을 삼감은 적의 습격을 방비하려고 해서이다. 행군할 적에는 항렬을 삼가야 하니, 항렬을 삼감은 적을 갑자기 만날까 염려해서이다. 적과 싸울 적에는 나아가고 멈춤을 삼가야 하니, 나아가고 멈춤을 삼감은 적이 기회를 틈탈까 두려워해서이다.

병기와 갑옷을 삼가지 않다가 적의 습격을 당하면 막을 수가 없고, 항렬을 삼가지 않다가 갑자기 적을 만나면 반드시 혼란에 이르고, 나아가고 멈춤을 삼가지 않다가 적이 와서 우리를 틈타 공격하면 반드시 패전하게 된다.

凡戰은 **敬則慊**하고 **率則服**하며 **上煩**하면 **輕**하고 **上暇**면 **重**하며 **奏鼓**는 **輕**하고 **舒鼓**는 **重**하며 **服膚**면 **輕**하고 **服美**면 **重**이니라

모든 전투는 공경(조심)하면 만족스럽고, 솔선하면 아랫사람들이 복종하며, 윗사람이 명령을 번거롭게 내리면 아랫사람들이 명령을 가볍게 여기고, 윗사람이 명령을 여유롭게 내리면 아랫사람들이 명령을 소중하게 여긴다.

달려가라는 북소리는 경쾌하고, 서서히 가라는 북소리는 무거우며, 병사들의 군복 색깔이 가벼우면 병사들이 가볍게 보이고, 군복 색깔이 아름다우면 병사들이 중후하게 보인다.

凡與人戰에 能敬其事면 則心慊이니 慊은 快足也라 能以身率下면 則衆心服이라 在上者令煩이면 則人輕하고 在上者令暇면 則人重이라 奏鼓는 欲其輕也니 奏는 奔奏也요 輕은 疾速也니 鼓輕則人趨戰이라 舒鼓은 欲其重也니 舒는 緩攻也요 重은 遲重也니 鼓重則進止易라 膚는 淺也라 服色淺薄이면 則人輕이요 服色鮮美면 則人重[1]이라

1) 則人重 : 漢文大系本에는 이 아래에 "'上煩輕' 이하 두 句는 모두 軍勢의 가볍고 약함과 견고하고 무거움으로 풀이하였고, '服膚輕' 이하 두 句는 모두 군대의 용모가 가볍고 무거움으로 풀이한 것이다.〔上煩輕二句 一解兵勢輕弱 兵勢堅重 服膚輕二句 一解兵容輕兵容重〕"라는 내용이 추가되어 있다.

무릇 적과 싸울 적에 일을 매우 조심하면 마음이 만족〔慊〕하니, 慊은 快하고 만족함이다. 장수가 능히 자신이 앞장서서 아랫사람들을 솔선하면 아랫사람들의 마음이 복종한다. 위에 있는 자가 명령을 번거롭게 내리면 아랫사람들이 명령을 가볍게 여기고, 위에 있는 자가 명령을 여유롭게 내리면 아랫사람들이 명령을 소중하게 여긴다.

달려가라〔奏〕는 북소리는 경쾌〔輕〕해야 하니, 奏는 달려감이요, 輕은 신속함이니, 북소리가 경쾌하면 사람들이 싸움에 신속하게 달려간다. 느린〔舒〕 북소리는 重厚해야 하니, 舒는 느리게 공격하는 것이요, 重은 더디고 무거운 것이니, 북소리가 무거우면 나아가고 그침이 쉽다.

膚는 옅음이니, 군복의 색깔이 옅으면 병사들이 가볍게 보이고, 군복의 색깔이 곱고 아름다우면 병사들이 무겁게 보인다.

凡馬車堅하고 甲兵利하면 輕乃重이니라

무릇 말이 건장하고 수레가 견고하며 갑옷이 단단하고 병기가 예리하면 경무장한 군대가 비로소 重地에 들어갈 수 있다.

凡馬車堅壯하고 甲兵犀利하면 輕兵이 乃可以行重地也라

무릇 말이 건장하고 수레가 견고하며 갑옷이 단단하고 병기가 예리하면 경무장한 군대가 비로소 重地에 들어갈 수 있는 것이다.

上同이면 無獲이요 上專이면 多死하며 上生이면 多疑요 上死면 不勝이니라

윗사람이 아첨하면 인심을 얻지 못하고, 윗사람이 제멋대로 행동하면 아랫사람

이 죽는 자가 많으며, 윗사람이 살려고 하면 의심함이 많고, 윗사람이 용맹만 있어 죽으려 하면 이기지 못한다.

上은 指主將而言也라 同은 阿比也요 專은 擅也라 生은 期必於生全하여 而不致死也요 死는 期必於致死하여 而不愛生也라 將有阿比之私하면 必不公故로 不得衆人之心이요 將自專擅이면 必不受諫故로 在下之人이 多得罪而死라 將期必至於生全이면 則不能果敢於戰故로 多疑惑之心이요 將期必於死면 是勇而無謀者라 故로 不能勝敵이라 孫子曰 必死可殺이요 必生可虜[1]가 卽此義也라

1) 孫子曰……必生可虜 : 이 내용은 ≪孫子≫ 〈九變〉에 보인다.

上은 主將을 가리켜 말한 것이다. 同은 부화뇌동하여 阿比(아첨)함이요 專은 제멋대로 행동하는 것이다. 生은 살아 온전하기를 기필하여 사력을 바치지 않는 것이요, 死는 사력을 바칠 것을 기필하여 삶을 아끼지 않는 것이다.

장수가 사사롭게 阿比하는 마음이 있으면 반드시 공평하지 못하므로 사람들의 마음을 얻지 못하고, 장수가 제멋대로 행동하면 반드시 諫言을 받아들이지 않으므로, 아래에 있는 사람이 죄를 얻어 죽는 자가 많은 것이다.

장수가 살아서 온전함에 이르기를 기필하면 과감하게 싸우지 못하므로 의심하는 마음이 많고, 장수가 죽기를 기필하면 이는 용맹하기만 하고 智謀가 없는 자이므로 적을 이길 수 없는 것이다.

≪孫子≫에 '〈적장이 미련하여〉 필사적으로 싸우려 하면 죽일 수 있고, 〈적장이 겁이 많아〉 반드시 살려 하면 사로잡을 수 있다.'는 것이 바로 이 뜻이다.

凡人은 死愛, 死怒, 死威, 死義, 死利니라

모든 사람들은 사랑에 죽고 노여움에 죽고 위엄에 죽고 의리에 죽고 이익에 죽는다.

凡在下之人이 感惠愛之深이면 則致死요 激而怒之면 則致死요 畏之以威면 則致死요 勸之以義면 則致死요 誘之以利면 則致死니 此所謂死愛, 死怒, 死威, 死義, 死利也라

모든 아래에 있는 사람들은 은혜와 사랑의 깊음에 감동하면 死力을 다하고, 격동하여 노여워하게 하면 死力을 다하고, 위엄으로써 두렵게 하면 死力을 다하고, 의리로써

권면하면 死力을 다하고, 이익으로써 유인하면 死力을 다한다.

이것이 이른바 '사랑에 죽고 노여움에 죽고 위엄에 죽고 의리에 죽고 이익에 죽는다.'는 것이다.

凡戰之道는 **敎約**이면 **人輕死**요 **道約**이면 **人死正**이니라

모든 전투하는 방도는, 敎令으로 약속하면 사람들이 죽는 것을 가볍게 여기고, 道義로 약속하면 사람들이 正道에 죽는다.

凡戰之道는 以敎令約束之면 則人輕於死하니 輕於死는 是不愛其死也라 以道義約束之면 則人死於正하니 死於正은 謂將死鼓하고 御死轡하고 百吏死職하고 士衆死行列이 是也라

모든 전투하는 방도는, 敎令으로 약속하면 사람들이 죽음을 가볍게 여기니, 죽음을 가볍게 여긴다는 것은 자기의 목숨을 아까워하지 않는 것이다.

道義로써 약속하면 사람들이 바름에 죽으니, 바름에 죽는다는 것은 장수는 북채에 죽고 마부는 고삐에 죽고 여러 관리는 직책에 죽고 병사들은 항렬에 죽는 것이 이것이다.

凡戰은 **若勝, 若否**요 **若天, 若人**이니라

모든 전투에는 승리할 기운을 순히 하고 승리할 수 없는 기운을 순히 하며, 天時를 순히 하고 人事를 순히 하여야 한다.

若은 順也라 凡與人戰에 順吾士卒有制勝之氣면 則鬪요 順吾士卒未有制勝之氣면 則守라 又當順天時하고 順人事하면 則戰無不勝矣리라

若은 순히 따름이다. 무릇 적과 싸울 적에 우리 병사들이 승리할 기운이 있음을 순히 따르면 용감하게 싸우고, 우리 병사들이 승리할 기운이 없음을 순히 따르면 잘 수비한다.

또 마땅히 天時를 순히 하고 人事를 순히 해야 하니, 이렇게 하면 싸움에 승리하지 않음이 없을 것이다.

凡戰에 **三軍之戒**는 **無過三日**이요 **一卒**[1]**之警**은 **無過分日**이요 **一人之禁**은 **無過**

皆息이니라

1) 一卒 : 고대에 병졸 100명을 1卒이라 하였으며, 兵車 30乘을 1卒이라 하기도 하였다.

모든 전투에 三軍의 경계는 3일을 넘지 않고, 一卒의 경계는 반나절을 넘지 않고, 한 사람의 禁令은 순식간을 넘지 말아야 한다.

皆息은 未詳이라 或曰 猶瞬息也라하니 未知是否로라 凡欲與人戰에 三軍誓戒之命은 無過三日之中이요 一卒警示之言은 無過半日之內요 一人禁止之令은 無過瞬息之間이라

皆息은 자세하지 않다. 혹자는 말하기를 "瞬息과 같다." 하니, 옳은지는 알지 못하겠다. 무릇 적과 싸우려 할 적에 三軍을 단속하고 경계하는 명령은 3일을 넘지 않고, 一卒에게 경계하는 뜻을 보이는 말은 반나절을 넘지 않고, 한 사람에게 금지하는 명령은 순식간을 넘지 않는 것이다.

凡大善은 **用本**하고 **其次**는 **用末**이니 **執略守微**하여 **本末唯權**이 **戰也**라

무릇 최고로 좋은 것은 근본〔本〕을 사용하는 것이고, 그 다음은 末을 사용하는 것이니, 謀略으로 지키고 미묘함으로 지켜서 本과 末을 權變에 맞게 쓰는 것이 전투이다.

凡大善者는 用本以制勝이니 本은 卽下文執略守微也라 其次者는 用末以制勝이니 末은 謂斬將搴旗也라 執은 持也요 略은 謀也니 執之以深謀하고 守之以微妙니 此卽所謂本也라 或用本하고 或用末하여 唯以權變이니 此戰道也라

무릇 최고로 좋은 것은 근본〔本〕을 써서 승리하는 것이니, 本은 바로 아랫글에 '지략으로 지키고 미묘함으로 지킨다.'는 것이다. 그 다음은 末을 사용하여 승리하는 것이니, 末은 적장을 베고 적의 깃발을 말아오는 것을 말한다.

執은 잡아 지킴이요 略은 모략이니, 깊은 모략으로 잡아 지키고 미묘함으로 지켜 행해야 하니, 이것이 바로 이른바 '本'이란 것이다. 혹은 本을 사용하고 혹은 末을 사용하여 오직 權變에 따라야 하니, 이것이 전투하는 방법이다.

凡勝三軍은 **一人勝**이니라

무릇 三軍을 승리하게 함은 장수 한 사람이 승리하게 하는 것이다.

大凡勝三軍之衆者는 **在一人之能制勝耳**라 **若張遼守合肥**하여 **與吳戰**[1)]하고 **唐太宗征遼東**할새 **薛仁貴與蓋蘇文戰**[2)]하니 **皆一人制勝而後**에 **能勝三軍也**라

1) 張遼守合肥 與吳戰 : 張遼(169~222)는 삼국시대 曹操 휘하의 명장이다. 赤壁大戰에서 대패한 曹操가 許昌으로 돌아가면서 張遼·樂進·李典 등에게 7천여 명의 병력을 주어 合肥를 수비하게 하였는데, 曹操는 떠날 적에 만약 孫權의 군대가 쳐들어오면 뜯어보라며 편지 한 통을 남겼다.

孫權이 10만 대군을 거느리고 와서 合肥를 포위하자, 張遼는 曹操의 편지를 개봉하였는데, 여기에 '張遼와 李典은 나가 싸우고 樂進은 수비하라.'고 쓰여 있었다. 이에 용기백배한 張遼가 李典과 함께 결사대를 뽑아 함께 적진으로 뛰어들어 수십 명을 죽이고 두 장수를 목 베고 孫權의 陣前에 이르렀다. 불의에 기습을 받은 孫權과 그의 부하들은 어찌할 바를 몰라 높은 언덕에 올라가 가까스로 방어하였다. 張遼는 孫權을 겁쟁이라고 꾸짖고 군대를 거느리고 성으로 돌아가니, 모든 장병들이 사기가 충천하여 한마음으로 城을 지켜 孫權의 공격을 막아내었다. 孫權은 合肥城을 공격한 지 10여 일이 되었으나 성을 함락할 수 없자, 마침내 병력을 이끌고 철수하였다. ≪三國志 권17 張遼傳≫

2) 唐太宗征遼東 薛仁貴與蓋蘇文戰 : 薛仁貴(614~683)는 唐나라 초기의 명장으로 唐太宗을 따라 고구려 원정에 종군하였다. 蓋蘇文은 淵蓋蘇文으로, 唐나라에서는 高祖의 이름이 淵이므로 이를 휘하여 泉蓋蘇文 또는 蓋蘇文으로 표기하였다. 唐 太宗이 이끄는 唐나라 주력부대가 安市城을 포위하자, 고구려의 高延壽와 高惠眞이 이를 구원하기 위하여 출동하였는데, 薛仁貴가 高句麗軍을 포위 공격하여 항복을 받음으로써 安市城을 孤立無援의 상황에 빠뜨려 唐軍의 전세를 유리하게 이끄는 功을 세웠으므로 이렇게 말한 것이다. ≪舊唐書 권83 薛仁貴列傳≫

대체로 三軍의 무리를 승리하게 하는 것은 장수 한 사람이 승리함에 달려 있을 뿐이다. 예컨대 張遼가 合肥를 지키면서 吳나라와 싸우고, 唐 太宗이 遼東을 정벌할 적에 薛仁貴가 蓋蘇文과 싸운 경우와 같은 것이니, 이는 모두 장수 한 사람이 승리한 뒤에 능히 三軍을 승리하게 한 것이다.

凡鼓는 **鼓旌旗**하고 **鼓車, 鼓馬**하고 **鼓徒, 鼓兵**하고 **鼓首, 鼓足**하니 **七鼓兼齊**니라

모든 북소리에는 깃발을 신호하는 북소리가 있고, 전차병을 신호하는 북소리가 있고, 기병을 신호하는 북소리가 있고, 보병을 신호하는 북소리가 있고, 병기를

정돈하라는 신호의 북소리가 있고, 머리를 돌리라는 신호의 북소리가 있고, 발을 움직이라는 신호의 북소리가 있으니, 일곱 가지의 북소리가 일제히 울리면 달려가 싸운다.

凡鼓는 所以進三軍也로되 而其中에 各有所主焉이라 有鼓之而開合旌旗以進兵者하고 有鼓之使車前驅者하고 有鼓之使騎前衝者하고 有鼓之使步兵前行者하고 有鼓之使整治兵器者라 有鼓之使左顧左하고 右顧右하고 前顧前하고 後顧後者하고 有鼓之使坐作進退者하니 此所謂鼓首鼓足이라 七鼓若兼齊면 則大小畢戰하여 三軍皆進矣라

모든 북소리는 三軍을 진격하게 하는 것인데, 이 가운데 각각 주장하는 바가 있다.

북을 쳐서 깃발을 열고 합쳐 군대를 전진하게 하는 것이 있고, 북을 쳐서 전차병으로 하여금 앞으로 몰게 하는 것이 있고, 북을 쳐서 기병으로 하여금 앞으로 충돌하게 하는 것이 있고, 북을 쳐서 보병으로 하여금 앞으로 가게 하는 것이 있고, 북을 쳐서 병기를 정돈하여 다스리게 하는 것이 있다.

북을 쳐서 왼쪽으로 고개를 돌리라 하면 왼쪽으로 돌리고 오른쪽으로 고개를 돌리라 하면 오른쪽으로 돌리며, 앞으로 고개를 돌리라 하면 앞으로 돌리고 뒤로 고개를 돌리라 하면 뒤로 돌리게 하는 것이 있으며, 북을 쳐서 앉고 일어나고 나아가고 물러가게 하는 것이 있으니, 이것이 이른바 '머리를 돌리라는 신호의 북소리요 발을 움직이라는 신호의 북소리'인 것이다.

일곱 가지 북소리가 만약 일제히 울리면 높고 낮은 자가 다 함께 싸워서 삼군이 모두 진격하는 것이다.

凡戰은 旣固면 勿重이요 重進이면 勿盡이니 凡盡이면 危니라

모든 전투는 견고하면 持重(신중히 지킴)하지 말고 경쾌하게 나가 싸워야 하며, 重兵(중무장한 군대)은 진격하면 다 출동하지 말아야 하니, 무릇 다 출동하면 위태롭다.

凡與人戰에 行陳車馬甲胄旣固[1)]어든 勿用持重이요 若用重兵進戰[2)]이면 勿得盡行이니 凡重兵盡行이면 則危殆而不安矣라

1) 行陳車馬甲胄旣固 : 漢文大系本에는 이 아래에 "즉시 속히 진군하여야 한다.〔卽當速進〕"라는 내용이 추가되어 있다.

2) 若用重兵進戰 : 漢文大系本에는 이 아래에 "마땅히 멈춰야 할 만함을 보면 멈춰야 한

다.〔當見可止而止〕"라는 내용이 추가되어 있다.

무릇 적과 싸울 적에 行陳(진영)과 전차와 말과 갑옷과 투구가 견고하면 持重을 하지 말아야 하고, 만약 重兵을 사용하여 나가 싸우게 되면 다 출동하지 말아야 하니, 重兵이 다 출동하면 위태로워 편안하지 못하다.

凡戰은 非陳之難이라 使人可陳이 難이요 非使可陳難이라 使人可用이 難이요 非知之難이라 行之難이니라

무릇 전투는 진을 치는 것이 어려운 것이 아니라 병사들로 하여금 진을 제대로 칠 수 있게 하는 것이 어려운 것이요, 병사들로 하여금 진을 제대로 칠 수 있게 하는 것이 어려운 것이 아니라 전쟁에 병사들을 사용하여 싸우게 하는 것이 어려운 것이다.

그리고 이것을 아는 것이 어려운 것이 아니라 행하는 것이 어려운 것이다.

凡與人戰에 非陳列行陳之難이요 使人可陳이 爲難이며 又非使可陳이 爲難이요 使人可用이 爲難이니 言得人而用之면 則可陳矣니 猶孫子擇人而任勢[1)]之說이라 然이나 人又非知之爲難이요 能行之爲難也라

1) 擇人而任勢 : 이 내용은 ≪孫子≫ 〈始計〉에 보인다.

무릇 적과 싸울 적에 진영을 진열하는 것이 어려운 것이 아니라 병사들로 하여금 진을 제대로 칠 수 있게 하는 것이 어려운 것이요, 또 병사들로 하여금 진을 칠 수 있게 하는 것이 어려운 것이 아니라 병사들로 하여금 전투에 사용되어 싸울 수 있게 하는 것이 어려운 것이니, 사람을 제대로 얻어 사용하면 진을 칠 수 있음을 말한 것이다.

이는 ≪孫子≫의 '사람을 가려 쓰고 기세에 맡긴다.'는 말과 같다. 그러나 사람은 또 이것을 아는 것이 어려운 것이 아니라 능히 행하는 것이 어려운 것이다.

人方有性하니 性州異나 敎成俗이요 俗州異나 道化俗이니라

사람은 방위(지역)에 따라 성질이 있으니, 성질은 州마다 다르나 가르치면 아름다운 풍속을 이루고, 풍속은 州마다 다르나 道로 교화하면 아름다운 풍속을 이룬다.

凡人은 每方에 各有所稟之性하니 此性字는 兼指氣質而言也[1)]라 以氣質而論性이면

則九州[2]之人이 各不同이로되 但以教變化之면 則成美俗이라 民之風俗이 九州又各異로되 但以道變化之면 則可使之同也라 此一節은 蓋言化民成俗之義라

1) 此性字 兼指氣質而言也：橫渠 張載는 "사람의 性은 두 가지가 있으나, 本然之性과 氣質之性이 이것이다." 하였다. 本然之性은 本然의 性으로 仁·義·禮·智의 本性을 이르고, 氣質之性은 氣質이 개입된 性으로 성질 등을 이르는바, 程子와 朱子는 橫渠의 이 말을 높이 평가하였다.

2) 九州：중국 또는 천하를 가리키는 말로 冀州·兗州·青州·徐州·揚州·荊州·豫州·梁州·雍州의 아홉 州를 이르는데, 왕조에 따라 변동이 있다.

모든 사람은 방위마다 각기 받은 바의 성질이 있으니, 이 '性'자는 기질을 겸하여 가리켜 말한 것이다. 기질을 가지고 性을 말하면 九州의 사람이 각각 똑같지 않으나, 가르침으로써 변화하게 하면 아름다운 풍속을 이룬다.

백성의 풍속은 九州가 또 각기 다르나, 道로써 변화하게 하면 풍속을 같게 할 수 있는 것이다.

이 한 節은 백성을 교화하여 아름다운 풍속을 이루는 意義를 말하였다.

凡衆寡若勝若否에 兵不告利하고 甲不告堅하고 車不告固하고 馬不告良하여 衆不自多니 未獲道니라

모든 군대는 병력이 많든 적든 승리하든 승리하지 못하든 간에, 병기는 예리함을 아뢰지(자랑하지) 않고 갑옷은 견고함을 아뢰지 않고 수레는 튼튼함을 아뢰지 않고 말은 좋음을 아뢰지 아니하여 병사들이 스스로 자랑하지 않게 해야 하니, 이와 반대로 하면 아랫사람의 도리를 얻지 못한다.

凡兵은 衆寡旣勝與否에 兵刃不告其利하고 甲胄不告其堅하고 車乘不告其固하고 馬匹不告其良이라 告者는 言之於上이니 亦誇伐之義라 衆士不自誇其功이니 反是면 則不得其爲臣之道矣라 此句는 上下에 疑有闕文이라 此一節은 卽前篇上貴不伐之士니 苟不伐則無求요 無求則不爭之意[1]라

1) 此句……無求則不爭之意：漢文大系本에는 이 내용 대신 "一說에 '우리 병력이 많고 적의 병력이 적으면 반드시 이길 수도 있고 질 수도 있다는 마음을 가져야 하고, 자신들의 갑옷이 견고하고 수레가 튼튼하고 馬匹이 좋고 병력의 많음을 자랑해서 이로써 승리하는 道를 잃어서는 안 된다.' 하였다.〔一說 我衆敵寡 必須以若勝若否之心參之 不可

自誇其甲堅車固馬良軍衆之多寡 而失制勝之道也〕"라고 되어있다.

모든 군대는 병력이 많든 적든 승리하든 승리하지 못하든 간에, 병기의 칼날은 예리함을 말하지 않고, 갑옷과 투구는 견고함을 말하지 않고, 수레는 튼튼함을 말하지 않고, 馬匹은 좋음을 말하지 않아야 한다.

告는 윗사람에게 말하는 것이니, 또한 자신을 자랑하는 뜻이다. 병사들이 스스로 자기 공을 자랑하지 않아야 하니, 이와 반대로 하면 신하가 된 도리를 얻지 못한다.

이 句는 위아래에 빠진 글이 있는 듯하다.

이 한 節은 바로 앞 편의 '윗사람은 자랑하지 않는 선비를 귀하게 여겨야 하니, 만일 자랑하지 않으면 바람이 없고 바람이 없으면 다투지 않는다.'는 뜻이다.

凡戰은 **勝則與衆分善**하고 **若將復戰**이면 **則重賞罰**하며 **若使不勝**이면 **取過在己**하고 **復戰則誓**하여 **己居前**호되 **無復先術**이라 **勝否**에 **勿反**이니 **是謂正則**이니라

무릇 전투에는 승리하면 장병들과 善을 나누고, 만약 다시 싸우게 되면 상벌을 무겁게 내린다. 만약 싸워 승리하지 못하면 잘못을 남에게 전가하지 말고 자신에게 돌려야 한다.

다시 싸우게 되면 맹세하고서 자신이 앞 열에 있되, 다시 앞서의 방법을 쓰지 말아야 한다. 승리하든 승리하지 못하든 이 방법을 위반하지 말아야 하니, 이것을 '바른 법칙'이라 한다.

凡戰에 若勝則與衆人分善이니 分善은 謂與人分功也요 若將復與人戰이면 則重立賞罰이라 若使人戰에 脫其不勝이면 取過在己하며 復戰則誓戒之하여 使居前列호되 無復先任以智術이라 或勝或否에 勿反此道니 此謂正人之法則[1]이라

1) 使居前列……此謂正人之法則 : 漢文大系本에는 이 내용 대신 "자신이 앞 열에 있고, 다시 자신의 지혜와 방법을 먼저 써서 다른 사람들을 앞 열에 두지 말아야 한다. 혹은 승리하든 혹은 승리하지 못하든 이 방도를 위반하지 말아야 하니, 이것을 '자기를 바루고 남을 바루는 兵法'이라고 하는 것이다. 승리하든 승리하지 못하든 이 방법을 위반하지 말아야 한다는 것은 이 節을 통틀어 가리켜 말한 것이다.〔自己居前列 無復如先任智術 令彼居前也 或勝或否 勿反此道 此謂正己正人之兵法也 勝否勿反 指通節而言也〕"라고 되어있다.

무릇 전투에 만약 승리하였으면 사람들과 善을 나누어야 하니, 善을 나눈다는 것은

남과 功을 나눔을 이른다. 만약 다시 적과 싸우게 되면 상벌을 무겁게 내린다. 만약 적과 싸울 적에 혹시라도 승리하지 못하면 잘못을 자신에게 돌려야 한다.

다시 싸우게 되면 병사들을 단속하고 경계하고서 자신이 앞 열에 있되, 다시 먼저의 지혜와 방법을 쓰지 말아야 한다. 승리하든 승리하지 못하든 이 방도를 위반하지 말아야 하니, 이것을 '사람을 바로잡는 법칙'이라 하는 것이다.

凡民은 **以仁救**하고 **以義戰**하고 **以智決**하고 **以勇鬪**하고 **以信專**하며 **以利勸**하고 **以功勝**이라

무릇 백성은 仁으로써 구원하고, 義로써 싸우고, 智로써 결단하고, 勇으로써 싸우고, 信으로써 專一하며, 利로써 권면하고, 功으로써 승리한다.

凡民은 以仁愛로 救其危難하고 以義로 激之使戰하고 以知로 斷決其是非하고 以勇으로 率之使鬪하고 以信으로 專一其心하며 以利로 勸其勤惰하고 以功으로 較其所勝이라

무릇 백성은 仁과 사랑으로써 위급함과 어려움을 구원하고, 義로써 격동하여 싸우게 하고, 지혜로써 옳고 그름을 결단하고, 용맹으로써 솔선하여 싸우게 하고, 信으로써 마음을 전일하게 하며, 이익으로써 부지런함과 태만함을 권면하고, 功으로써 이기는 바를 비교하는 것이다.

故로 **心中仁**하고 **行中義**니 **堪物**은 **智也**요 **堪大**는 **勇也**요 **堪久**는 **信也**라

그러므로 마음이 仁에 맞고 행실이 義에 맞는 것이니, 사물의 옳고 그름을 구별할 수 있는 것은 지혜요, 큰일을 감당할 수 있는 것은 용맹이요, 오랫동안 지구전을 할 수 있는 것은 信이다.

故로 上之心中乎仁而行中乎義也라 堪別物之是非者는 智也요 堪任大事者는 勇也요 堪與衆持久者는 信也[1]라

1) 信也 : 漢文大系本에는 이 아래에 "이는 위에서 말한 다섯 가지를 이어서 거듭 말한 것이다.〔此 承上五者而申言之〕"라는 내용이 추가되어 있다.

그러므로 윗사람의 마음이 仁에 맞고 행실이 義에 맞는 것이다. 사물의 옳고 그름을 구별할 수 있는 것은 지혜요, 큰일을 맡을 수 있는 것은 용맹이요, 여러 사람과 지구전을 할 수 있는 것은 信이다.

讓以和하면 **人自治**이니 **自予以不循**이면 **爭賢以爲**하여 **人說**(열)**其心**하여 **效其力**하나니라

사양하고 온화하면 사람들이 저절로 융화된다. 장수 자신이 이치를 따르지 않았음을 스스로 인정하면 아랫사람들이 어짊을 다투어 훌륭한 일을 해서, 사람들이 마음에 기뻐하여 자기 힘을 바치게 된다.

相讓以和하면 則人心自洽[1)]이라 予는 猶許也라 不循은 不順於理니 謂事有不順於理에 上之人이 自歸於己하면 則下之人이 皆爭相賢以有爲하여 而人乃說其心하여 效其力矣[2)]라

1) 相讓以和 則人心自洽 : 漢文大系本에는 이 내용 대신 "공손하고 사양하며 겸손하고 화합하면 사람들의 마음이 자연 자신과 서로 융화된다.〔遜讓謙和 則人心自與我相洽〕"라고 되어있다.
2) 效其力矣 : 漢文大系本에는 이 아래에 "一說에는 '爭賢以爲人'을 '서로 다투어 어질다고 칭찬해서 오직 남을 위하고 자신을 위하지 않으면 사람들의 마음이 기뻐하여 기꺼이 쓰이는 것이다.'라고 한다.〔一說 爭賢以爲人 作爭相賢譽 惟以爲人而不爲己 則人心悅而樂爲用矣〕"라는 내용이 추가되어 있다.

서로 사양하여 화합하면 人心이 저절로 융화된다. 予는 許與(인정)와 같다. 不循은 이치(도리)를 따르지 않음이다. 일이 이치를 따르지 않음이 있을 적에 윗사람이 잘못을 자신에게 돌리면 아랫사람들이 모두 서로 어짊을 다투어 훌륭한 일을 해서, 사람들이 마음에 기뻐하여 자기 힘을 바침을 이른다.

凡戰은 **擊其微靜**하고 **避其强靜**하며 **擊其倦勞**하고 **避其閑佻**하며 **擊其大懼**하고 **避其小懼**니 **自古之政也**니라

무릇 전투할 적에는 미약하면서 고요한 적을 공격하고, 강하면서 고요한 적을 피하며, 멀리 와서 지쳐 있는 적을 공격하고, 훈련이 잘 되어있으면서 경쾌하게 움직이는 적을 피하며, 크게 두려워함을 공격하고, 작게 두려워함을 피해야 하니, 이것이 예로부터 해온 政事이다.

凡與人戰에 擊其兵微弱而靜者하고 避其兵强盛而靜者하며 擊其兵之遠來而勞倦者하고 避其兵之閑習輕佻者하며 擊其敵人之大懼者니 大懼는 是畏我者也요 避其

敵人之小懼者니 小懼는 是自謹者也라 孔子所謂臨事而懼[1] 是也니 此謂自古之政也라

1) 孔子所謂臨事而懼 : 이 내용은 ≪論語≫ 〈述而〉에 보인다.

무릇 적과 싸울 적에는, 미약하면서 고요한 적군을 공격하고 강성하면서 고요한 적군을 피하며, 멀리 와서 지쳐 있는 적군을 공격하고 훈련이 잘 되어있으면서 경쾌하게 움직이는 적군을 피해야 한다.

크게 두려워하는 적군을 공격해야 하니, 크게 두려워함은 바로 우리를 두려워하는 것이다. 조금 두려워하는 적군을 피해야 하니, 조금 두려워함은 자기들이 스스로 삼가는 것이다. 孔子께서 말씀한 '전쟁하는 일에 임하여 두려워한다.'는 것이 이것이니, 이것을 '예로부터 해온 政事'라고 하는 것이다.

用衆 第五　제5편 兵力의 運用

用衆者는 用衆以戰也니 以首有用衆二字故로 以名篇[1)]하니라

1) 用衆者……以名篇 : 漢文大系本에는 이 내용 대신 "이 편은 모두 行兵을 논하였는데, 이 편 안에 신중히 함을 주장하여, 적국에 깊숙이 쳐들어가서 집 생각을 끊어 더욱 강하게 하고 장병들의 마음을 열어주어 병사들이 죽을힘을 다하게 하는 것이다. 그러므로 이를 취하여 편을 이름한 것이다.〔此篇 全論行兵 其篇內主於愼重 深入敵國 以致絶慮益强開意 全用衆人之死力也 故取名篇〕"라고 되어있다.

用衆은 병력을 사용하여 싸우는 것이니, 첫머리에 '用衆' 두 글자가 있으므로 이로써 편을 이름한 것이다.

凡戰之道는 用寡固하고 用衆治하며 寡利煩하고 衆利正이니라

무릇 陣을 치고 싸우는 방도는 적은 병력을 사용할 적에는 진영을 견고히 하고, 많은 병력을 사용할 적에는 진영을 정돈되게 하며, 병력이 적을 적에는 자주 변화함이 이롭고, 병력이 많을 적에는 正兵을 사용함이 이롭다.

凡戰陳之道는 若用寡면 宜堅固其陳이요 若用衆이면 宜整治其陳이며 兵寡엔 宜頻變化出奇하여 以制勝이요 兵衆엔 宜踐墨隨敵하여 利以正合而制勝이니 是正亦勝이요 奇亦勝也[1)]라

1) 奇亦勝也 : 漢文大系本에는 이 아래에 "一說에 '번거로울 정도로 자주 敎習하여 紀綱을 바르게 한다.'라고 한다.〔一說 煩敎習 正紀綱〕"라는 내용이 추가되어 있다.

무릇 陣을 치고 싸우는 방도는 적은 병력을 사용할 경우에는 마땅히 진영을 견고히 하여야 하고, 만약 많은 병력을 사용할 경우에는 마땅히 진영을 질서정연하게 다스려야 한다.

병력이 적을 경우에는 자주 변화하여 기이한 계책을 내어 승리하고, 병력이 많을 경우에는 규칙을 따르고 적의 변화에 따라 正兵으로 싸워서 승리하는 것이 이롭다.

이는 正兵으로도 승리하고 奇兵으로도 승리하는 것이다.

用衆進止하고 **用寡進退**니라

많은 병력을 사용할 적에는 나아가고 그침을 알아야 하고, 적은 병력을 사용할 적에는 전진하고 후퇴함을 알아야 한다.

用衆에 要知進知止니 所謂五伐六伐에 乃止齊焉이라 用寡에 要知進知退니 所謂進不可當하고 退不可追[1] 是也라

1) 進不可當 退不可追 : 이 내용은 ≪吳子≫ 〈治兵〉에 보인다.

많은 병력을 사용할 적에는 나아감을 알고 그침을 알아야 하니, 이른바 '다섯 번 치고 여섯 번 쳐서 마침내 멈추어 정돈한다.'는 것이다.

적은 병력을 사용할 적에는 전진함을 알고 후퇴함을 알아야 하니, 이른바 '전진하면 적이 당해내지 못하고 후퇴하면 적이 추격하지 못한다.'는 것이다.

衆以合寡면 **則遠裹而闕之**니라

많은 병력으로 적의 적은 병력과 싸울 적에는 멀리 포위하되, 한 면에 허술한 곳을 남겨두어야 한다.

我衆以合敵人之寡者는 則遠圍而闕其一面이니 所謂圍師必闕[1]이 是也라

1) 圍師必闕 : 이 내용은 ≪孫子≫ 〈軍爭〉에 보인다.

우리가 많은 병력으로 적의 적은 병력과 싸울 적에는 멀리 포위하되, 한 면을 비워두어야 한다. 이른바 '적을 포위할 적에는 반드시 한쪽을 비워둔다.'는 것이 이것이다.

若分而迭擊이면 **寡以待衆**이니 **若衆疑之**면 **則自用之**니라

만약 병력을 나누어 번갈아 공격하게 되면 이는 적은 병력으로 적의 많은 병력을 상대하는 것이니, 만약 장병들이 의심하면 스스로 권모를 써야 한다.

若分兵而更迭擊之면 是寡以待衆也니 若衆有所疑懼면 則自用權以制勝이라

만약 병력을 나누어 번갈아 공격하면 이는 적은 병력으로 많은 적을 상대하는 것이니, 만약 장병들이 의심하고 두려워하는 마음이 있으면 스스로 권모를 써야 승리할 수 있다.

擅利면 **則釋旗**하고 **迎而反之**니라

적이 이익만을 다투고자 하면 旗를 버리고 도망가는 척하다가 적을 맞이하여 반격해야 한다.

若專欲爭利면 則釋旗하고 迎而反擊之니 此疑有闕文誤字[1)]라

1) 若專欲爭利……此疑有闕文誤字 : 漢文大系本에는 이 내용 대신 "만약 적이 오로지 이익만을 다투고자 하면 旗를 버리고 달아나다가 적이 추격하여 오면 맞이하여 반격해야 한다. 一說에 '적이 지형의 이로움을 독차지하려고 하는 것이다.' 하였다.〔若敵專欲爭利 則釋去旗物而走 及其追來 迎而反擊之 一說 敵專擅地利也〕"라고 되어있다.

만약 오로지 이익만을 다투고자 하면 旗를 버리고 달아나는 것처럼 하다가 〈적이 오면〉 적을 맞이하여 반격해야 하니, 여기에는 아마도 빠진 글과 誤字가 있는 듯하다.

敵若衆이면 **則相衆而受裹**하며

적이 만약 병력이 많으면 적의 병력이 얼마나 되는가를 살펴보아 포위를 당하며,

敵人若衆[1)]이면 則相視彼衆如何而受其圍니 如張遼突入吳衆而受圍[2)] 是也라

1) 敵人若衆 : 漢文大系本에는 이 아래에 "적의 이러한 기세를 당해낼 수 없으면〔是勢之不可敵〕"이라는 내용이 추가되어 있다.

2) 張遼突入吳衆而受圍 : 張遼(169~222)는 삼국시대 曹操 휘하의 명장으로 吳나라 孫權의 10만 대군과 싸워 요충지인 合肥를 방어한 인물이다. 이 사례는 본서 143쪽의 주 1)에 보인다.

적이 만약 병력이 많으면 적의 병력이 얼마나 되는가를 살펴보아 적의 포위를 받아야 하니, 張遼가 吳나라 군중으로 돌입하여 포위를 당한 것과 같은 것이 이것이다.

敵若寡若畏면 **則避之開之**니라

적이 만약 병력이 적고 조심하면 피하여 길을 열어주어야 한다.

敵人若寡少하고 若謹畏면 則且避之開之하여 以伺其便[1)]이라

1) 以伺其便 : 漢文大系本에는 이 아래에 "적의 움직임을 살펴야 한다.〔而觀其動〕"라는 내용이 추가되어 있다.

적이 만약 병력이 적고 조심하면 우선 피하고 길을 열어주고서 유리한 기회를 살펴보아야 한다.

凡戰에 **背風背高**하고 **右高左險**하고 **歷沛歷圮**하고 **兼舍環龜**니라

무릇 전투할 적에는 바람을 등지고 높은 산을 등지며, 높은 산을 오른쪽에 두고 험한 곳을 왼쪽에 두며, 늪지대와 무너지는 땅을 빨리 지나가고 環龜에 주둔해야 한다.

凡與人戰에 背風之逆하고 背山之高라 左高右險者는 右背山陵하고 前左水澤也라 沛는 澤也요 圮는 道路傾壞之地요 歷者는 過之而不止也라 環龜는 地形之似環龜者니 宜舍止之也[1]라

1) 宜舍止之也 : 漢文大系本에는 이 아래에 "一說에 '모두 버리고 가고 머물러서는 안 된다.' 하였다.〔一說 弁舍去之 不可止也〕"라는 내용이 추가되어 있다.

무릇 적과 싸울 적에 逆風을 등지고 높은 산을 등져야 한다. '높은 산을 왼쪽에 두고 험한 곳을 오른쪽에 둔다.'는 것은 산과 구릉을 오른쪽과 등 뒤에 두고, 水澤을 앞과 왼쪽에 두는 것이다.

沛는 못이요 圮는 도로가 기울고 무너지는 땅이며, 歷은 지나가고 주둔하지 않는 것이다. 環龜는 지형이 거북 등 모양과 같은 것이니, 마땅히 이곳에 머물러야 하는 것이다.

凡戰에 **設而觀其作**하고 **視敵而擧**하며 **待則循而勿鼓**하고 **待衆之作**하여 **攻則屯而伺之**니라

무릇 전투할 적에 적의 진영이 설치되었으면 적의 동작이 어떠한가를 관찰하고 적의 허실을 살펴보아 출동하여야 한다.

적이 만약 우리를 기다리고 있으면 적의 의도에 따라 북을 쳐 전진시키지 말고, 적의 동작을 기다려서 적이 공격해오면 군대를 주둔하고 살펴야 한다.

凡與人戰에 行陳既設이면 觀其動作如何[1]요 又當視敵虛實而擧라 敵若待我면 我則順其意而勿鼓進其兵하고 待敵之動作如何하여 若來攻我어든 我則屯兵伺之니 如趙奢厚集其陣하여 以待秦兵[2]이 是也라

1) 觀其動作如何 : 漢文大系本에는 이 아래에 "혹자는 이르기를 '형세를 갖추기 위한 것이다.' 하였다.〔或云 設其形勢也〕"라는 내용이 추가되어 있다.
2) 趙奢厚集其陣 以待秦兵 : 趙奢는 戰國시대 趙나라의 名將으로 馬服君에 봉해진 인물이다. 秦나라가 韓나라를 치기 위해 閼與로 진군해오자, 趙王은 趙奢를 장군으로 임명하여 閼與를 구원하도록 하였다. 趙奢는 성벽을 굳게 지키며 28일을 지체하여 행군하지 않고 보루를 더욱 증축하였다. 秦나라에서 趙軍의 실정을 탐색하기 위해 間使를 보내자 趙奢는 잘 대접하여 보냈는데, 間使가 돌아가 이러한 사실을 秦나라 장수에게 보고하니, 秦나라 장수는 趙奢가 싸울 뜻이 없는 것으로 오판하고 방심하였다. 趙奢는 間使를 보내자마자, 갑옷을 말아 급히 행군하여 秦軍보다 한 발 앞서 전투에 유리한 고지인 北山을 선점하고 秦軍을 대파하여 閼與의 포위를 풀게 하였다. ≪史記 권81 廉頗藺相如列傳≫

무릇 적과 싸울 적에 진영이 이미 설치되었으면 적의 동작이 어떠한가를 관찰하고, 또 마땅히 적의 허실을 살펴보아 출동하여야 한다.

적이 만약 우리를 기다리고 있으면 우리는 적의 의도에 따라 북을 쳐 군대를 전진시키지 말고, 적의 동작이 어떠한가를 기다려서 적이 만약 와서 우리를 공격하면 우리는 군대를 주둔하고 살펴야 하니, 趙奢가 진영에 병력을 크게 결집하여 秦나라 군대를 기다린 것과 같은 것이 이것이다.

凡戰에 衆寡以觀其變하고 進退以觀其固하고 危而觀其懼하고 靜而觀其怠하고 動而觀其疑하고 襲而觀其治니라

무릇 전투할 적에 병력의 많고 적음으로써 적이 어떻게 변동하는가를 관찰하고, 전진하고 후퇴함으로써 적이 견고하게 수비하는가를 관찰하며, 위태롭게 하여 적의 두려워함을 관찰하고, 고요히 하여 적의 나태함을 관찰하며, 계략으로 움직여서 적의 의혹을 관찰하고, 습격하여 적의 군대가 다스려짐을 관찰하여야 한다.

凡與人戰에 或用衆하고 或用寡하여 以觀其變動如何하며 一進一退하여 以觀其固備如何하며 以危迫之勢臨之하여 而觀其懼之如何하며 靜以待之하여 而觀其怠心如何하며 設計動之하여 而觀其疑惑如何하며 以兵潛襲之하여 而觀其治亂如何라

무릇 적과 싸울 적에 혹은 많은 병력을 사용하고 혹은 적은 병력을 사용하여 적이 어떻게 변동하는가를 관찰하며, 한 번 전진하고 한 번 후퇴하여 적의 수비가 얼마나 견고한가를 관찰한다.

위태롭고 급박한 형세로 적에게 임하여 적이 얼마나 두려워하는가를 관찰하며, 고요히 기다려서 적의 나태한 마음이 어떠한가를 관찰한다.

계략을 써서 적을 움직이게 하여 적의 의혹이 어떠한가를 관찰하며, 병력을 이끌고 은밀히 습격하여 적군의 다스려짐과 혼란함이 어떠한가를 관찰하여야 한다.

擊其疑하고 **加其卒**하며 **致其屈**하고 **襲其規**니라

적이 의혹을 품으면 공격하고 창졸간에 공격해온 적에게 반격을 가하며, 적이 굽히도록 만들고 바르게 정돈된 적을 기습해야 한다.

敵人心志疑惑이면 則擊之하고 敵人倉卒而來면 則加之하며 致其力之屈하고 襲敵之規也[1)]라

1) 則加之……襲敵之規也 : 漢文大系本에는 이 내용 대신 "군대로 공격을 가하고 군대로 어지럽게 하여 적의 힘을 굴복시켜 곤궁에 처하게 하고, 적진이 바르게 정돈되어 있으면 은밀히 군대를 출동시켜 기습공격을 가하여 적으로 하여금 혼란에 빠지게 해야 한다.〔則以兵加之 以兵擾之 致使其力困屈 敵陳規正 則潛師襲之 而使之亂〕"라고 되어있다.

적이 마음속에 의혹을 품으면 공격하고 적이 창졸간에 오면 반격을 가하며, 적의 힘이 굽히도록 만들고 바르게 정돈된 적진을 기습공격해야 한다.

因其不避하며 **阻其圖**하고 **奪其慮**하며 **乘其懾**이니라

적의 대비하지 않음을 이용하며, 적의 도모함을 저지하고 적의 智謀를 빼앗으며, 적이 두려워함을 틈타야 한다.

避는 當作備니 因其不備는 卽所謂乘其無備也라 阻其所謀하고 奪其所慮는 卽所謂上兵伐謀[1)]也요 乘其敵之畏懾은 卽所謂擊其大懼也[2)]라

1) 上兵伐謀 : 이 내용은 ≪孫子≫ 〈謀攻〉에 보인다.

2) 卽所謂擊其大懼也 : 漢文大系本에는 이 아래에 "一說에는 '因其不避'는 '적이 두려워하여 피하지 않으면 이를 인하여 공격한다.'라고 한다.〔一說 因其不避 謂敵不畏避 則因而擊之〕"라는 내용이 추가되어 있다.

避는 마땅히 備가 되어야 하니, '적이 대비하지 않음을 이용한다.'는 것은 바로 이른바 '적이 대비하지 않음을 틈탄다.'는 것이다.

'적의 도모함을 저지하고 적의 智謀를 빼앗는다.'는 것은 바로 이른바 '최고의 군대는 적의 計略을 깨뜨린다.'는 것이다.

'적이 두려워함을 틈탄다.'는 것은 바로 이른바 '적이 크게 두려워함을 공격한다.'는 것이다.

凡從奔에 勿息이로되 敵人或止於路면 則慮之니라

무릇 도망하는 적을 추격할 적에는 그치지 말되, 적이 혹 도로에서 멈추고 있으면 적의 복병을 염려하여야 한다.

凡從敵之奔敗에 勿得止息이로되 敵人或止息於路면 則慮之니 恐有伏也라

무릇 패하여 도망하는 적을 추격할 적에는 그치지 말아야 하나, 적이 혹 도로에서 멈추어 있으면 염려해야 하니, 적의 복병이 있을까 우려해서이다.

凡近敵都에 必有進路니 退必有反慮니라

무릇 적의 도성에 가까이 진격할 적에는 반드시 전진할 길을 마련해두어야 하고, 후퇴할 적에는 반드시 돌아올 생각을 하여야 한다.

凡近敵之都邑에 吾必要有前進之路니 若無進路면 則無所往也요 退亦要有還反之慮니 無反慮면 恐爲敵所薄也라

무릇 적의 도성에 가까이 진격할 적에는 반드시 우리가 전진할 길이 있어야 하니, 만약 전진할 길이 없으면 갈 곳이 없게 된다. 후퇴할 적에도 돌아올 생각을 해야 하니, 돌아올 대비가 없으면 적에게 압박을 받을까 염려스러운 것이다.

凡戰은 先則弊하고 後則懾하며 息則怠하고 不息亦弊하며 息久면 亦反其懾이니라

무릇 전투는 먼저 출동하면 피폐해지고, 늦게 출동하면 장병들이 두려워하며, 휴식하면 태만해지고 휴식하지 않으면 또한 피폐해지며, 오랫동안 휴식하면 또한 도리어 두려워한다.

凡與人戰에 若先敵而動이면 則致疲弊而爲敵所乘이요 後敵而動이면 則畏懼而爲敵所欺라 若休息之면 則怠心必生이요 若不休息之면 其力亦致疲弊하며 休息若久면

有畏愼之心이라

무릇 적과 싸울 적에 만약 적보다 먼저 출동하면 병사들이 피폐하여 적에게 공격을 받게 되고, 적보다 늦게 출동하면 장병들이 두려워하여 적에게 능멸을 당한다.

만약 장병들을 휴식하면 반드시 태만한 마음이 생기고 만약 휴식하지 않으면 힘이 또한 피폐해지며, 오랫동안 휴식하면 두려워하는 마음이 생기게 된다.

書親絶을 是謂絶顧之慮요

친족과의 書信을 끊는 것을 '돌아보는 생각을 끊는다.'라고 한다.

凡初入敵人之境하여 彊埸〔疆埸〕[1]之限의 所過關梁津要를 使吾踵軍在後로 告畢書絶은 所以禁人內顧之情하여 而止其退還之心也라 故로 曰 書親絶을 是謂絶顧之慮也[2]라하니라

1) 彊埸〔疆埸〕: 저본의 '彊埸'은 漢文大系本에 의거하여 '疆埸'으로 바로잡았다.

2) 故……是謂絶顧之慮也 : 漢文大系本에는 이 내용 대신 "혹자는 '書親絶'을 해석하기를 무릇 적의 국경에 들어가면 친척과 가까운 사람의 편지라도 반드시 소통하지 못하도록 금하고 끊어야 하니, 이는 안으로 돌아보는 생각을 끊는 것이다.'라 하였다.〔或解書親絶 凡入敵境 雖親近之書 必禁絶而不通 所以絶內顧之慮也〕"라고 되어있다.

무릇 처음 적의 국경에 들어가서 국경의 지나온 관문과 교량과 나루터와 요해처에, 뒤에 있는 우리 뒤따르는 군대로 하여금 병사들에게 모든 서신을 끊는다고 알려주게 하는 것은 병사들이 친족을 돌아보는 마음을 막아서 후퇴하여 돌아가려는 마음을 저지하기 위한 것이다.

그러므로 친족과의 서신을 끊는 것을 '돌아보는 생각을 끊는다.'라고 하는 것이다.

選良次兵을 是謂益人之强이요

훌륭한 인재를 선발하여 병력을 차례하게 하는 것을 '우리의 강함을 더한다.'고 한다.

簡擇良材하여 以次〔第〕其兵[1]을 是謂益吾衆人之强이니 春秋傳所謂分良以擊其左右[2] 是也라

1) 〔第〕: 저본에는 '第'가 없으나 漢文大系本에 의거하여 보충하였다.

2) 分良以擊其左右 : 이 내용은 ≪春秋左氏傳≫ 成公 16년 조에 "苗賁皇이 晉侯에게 말하기를 '楚나라의 정예병은 中軍에 있는 王族뿐이니, 우리의 정예병을 나누어 楚軍의 좌우를 공격하고서 三軍이 楚나라의 王卒(中軍)을 집중 공격하면 반드시 그들을 대패시킬 수 있습니다.' 하였다.〔苗賁皇言於晉侯曰 楚之良 在其中軍王族而已 請分良以擊其左右 而三軍萃於王卒 必大敗之〕"라고 보인다.

훌륭한 인재를 선발하여 병력을 차례하게 하는 것을 '우리 군대의 강함을 더한다.'고 하는 것이다. ≪春秋左氏傳≫에 이른바 '정예병을 나누어 적의 좌우를 공격한다.'는 것이 이것이다.

棄任節食을 是謂開人之意니 自古之政也니라

짐을 버리고 먹을 것을 조금만 가지고 가는 것을 '사람의 전투할 마음을 열어놓는다.'고 하니, 이는 예로부터 해온 政事이다.

任은 負任之物也니 棄任은 卽孫子所謂士無餘(則)〔財〕[1]之意라 節食者는 約其軍之食也니 如春秋左傳의 所謂塞井夷竈[2]요 項羽沈船破甑하고 持三日糧[3]之意라 使吾軍士로 棄其所負任之物하고 約持其糧食하여 示以必死를 是謂開啓衆人之意하여 使專心一志하여 奮勇而戰이라 已上三者는 皆自古行軍之政也라

1) 孫子所謂士無餘(則)〔財〕 : 이 내용은 ≪孫子≫ 〈九地〉에 보인다. 저본의 '則'은 ≪孫子≫에 의거하여 '財'로 바로잡았다.

2) 塞井夷竈 : 이 내용은 ≪春秋左氏傳≫ 成公 16년 조에 "范匄(개)가 종종걸음으로 나와 말하기를 '우물을 메우고 부뚜막을 허물어 평지로 만든 다음 軍中에 진을 쳐서 行列의 통로를 넓게 벌려놓으십시오.' 하였다.〔范匄趨進曰 塞井夷竈 陳於軍中而疏行首〕"라고 보이는데, 林堯叟의 注에 "군대가 주둔하면 반드시 우물을 파고 부뚜막을 쌓아 식수와 취사를 스스로 해결한다. 그런데 지금 楚軍이 晉軍을 압박해 진을 쳐서 교전할 장소가 좁기 때문에, 스스로 우물을 메우고 부뚜막을 허물어 평지로 만들어서 교전할 장소로 삼고자 한 것이다."라고 풀이하였다.

3) 項羽沈船破甑 持三日糧 : 秦나라 말기에 楚 懷王이 宋義로 하여금 秦軍에 포위된 趙나라를 구원하게 하였으나, 宋義는 46일 동안 지체하고 진격하지 않았다. 이에 項羽는 새벽에 宋義의 막사로 가서 그를 죽이고 자신이 大將軍이 되어 兵權을 장악하였다. 項羽는 출전하면서 타고 온 배를 부수고 취사도구인 시루를 깨뜨리고 배를 모두 가라앉히고 막사를 불태우고, 3일 동안 먹을 양식만 가지게 하여, 병사들에게 필사의 각오를 보여준 다음, 秦軍과 싸워 이를 대파하고 秦將 王離를 사로잡았다. ≪史記 권7 項

羽本紀≫

任은 등에 지는 물건이니, '짐〔任〕을 버린다.'는 것은 바로 ≪孫子≫의 이른바 '우리 병사들이 남긴 재물이 없다.'는 뜻이다.

節食은 군사들의 먹을 것을 절약하는 것이니, ≪春秋左氏傳≫에 이른바 '우물을 메우고 부뚜막을 허물어서 평평히 했다.'는 것이요, 項羽가 타고 온 배를 침몰시키고 밥을 짓는 시루를 깨뜨리고서 3일 동안 먹을 양식만 가져간 뜻이다.

우리 병사들로 하여금 지고 가는 물건을 버리고 양식을 조금만 가지고 가서 필사의 자세를 보이는 것을, '장병들의 마음을 열어주어서 한마음을 가져 용맹을 분발시켜 싸우게 한다.'라고 한다.

이상 세 가지는 모두 예로부터 군대에서 행해 온 政事이다.

武經七書總評[1] 武經七書에 대한 總評

○ 愚按 黃帝平蚩尤之亂에 始制軍法[2]하고 因井田而定卒伍之數[3]하니 一以奮武威하고 一以昭文德이니 雖聖人이나 亦不免於不用也라 是以로 虞有三苗之師[4]하고 夏有甘扈之征[5]하고 湯有鳴條之伐[6]하고 武有牧野之戰[7]하고 周公有東山之役[8]하고 孔子有却萊墮(휴)費之擧[9]하시니 由是言之하면 兵其可廢乎아 成周之世에 其法盡美라 有事則選將於卿하고 徵兵於農이라가 事平則將歸于朝하고 兵散于野라 故로 在廷에 無跋扈之臣하고 在郊에 無暴橫之卒하니 是何也오 由能合文武兵農而一者也라

1) 武經七書總評 : 明나라 本 武經七書直解에는 ≪孫子≫, ≪吳子≫, ≪司馬法≫, ≪尉繚子≫, ≪李衛公問對≫, ≪三略≫, ≪六韜≫의 순서로 엮어져 있는데, ≪六韜≫의 맨 끝부분에 이 總評이 붙어 있다. 따로 제목이 없어 '武經七書總評'이라 假題하였다.

2) 黃帝平蚩尤之亂 始制軍法 : 黃帝는 黃帝 軒轅氏로 伏羲·神農과 함께 三皇으로 일컬어지는 신화적 인물이다. 처음으로 방패와 창을 만들었으며 指南車라는 수레를 만들어 蚩尤와 阪泉에서 싸워 승리하고 蚩尤를 죽였다 한다. 蚩尤는 고대 九黎族의 우두머리라 한다.

3) 因井田而定卒伍之數 : 井田은 옛날 농지를 井자 모양으로 구획한 것이다. 周나라는 900畝의 농지를 井자 모양으로 구획하여 각각 100묘가 되게 하고, 한가운데에 있는 것을 公田이라 하고 나머지 여덟 구역을 私田이라 하여 여덟 농가에 나누어주었다. 여덟 농가에서 公田을 함께 경작해서 그 수입을 나라에 바치게 하였는데, 이에 따라 병사를 내었으므로 이렇게 말한 것이다.

4) 虞有三苗之師 : 虞나라는 舜임금의 나라 이름이며, 三苗는 苗族으로 舜임금 당시 자주 배반하여 ≪書經≫ 〈虞書 舜典〉에 "三苗의 군주를 三危로 멀리 귀양보냈다.〔竄三苗于三危〕"라고 보이며, 그 후 禹王에게 명하여 토벌한 일이 〈虞書 大禹謨〉에 보인다.

5) 夏有甘扈之征 : 甘扈는 有扈氏의 남쪽 교외인 甘 땅을 이른다. ≪書經≫ 〈夏書 甘誓〉에 "甘 땅에서 크게 싸울 적에 마침내 六卿을 불렀다.〔大戰于甘 乃召六卿〕"라고 보이는데, 이는 夏王 啓가 복종하지 않는 有扈氏를 토벌한 것이라 한다. 啓는 禹王의 아들이다.

6) 湯有鳴條之伐 : 湯王은 夏나라의 폭군인 桀王을 추방하고 商나라를 일으킨 군주로 성은

子이고 이름은 履이며 天乙이라고도 칭한다. 명재상인 伊尹을 얻어 商王朝를 세우고 夏의 禹王, 周의 文王·武王과 함께 三王으로 알려져 있다. 鳴條는 桀王과 결전한 지명으로, 河南省 安邑의 서쪽에 있었다.

7) 武有牧野之戰 : 武는 周나라 왕조를 일으킨 武王으로 성은 姬이고 이름은 發이며 文王의 아들이다. 文王의 뒤를 이어 즉위하고 殷나라의 폭군인 紂王과 牧野에서 싸워 승리하니, 紂王은 스스로 불타 죽었다. 牧野는 지금의 河南省 淇縣 남쪽에 있었다.

8) 周公有東山之役 : 周公은 이름이 旦으로 文王의 아들이고 武王의 아우인데, 武王을 도와 천하를 통일하고 善政을 베풀었다. 武王은 殷나라를 멸망하고 紂王의 아들 武庚을 殷나라의 古都에 봉한 다음, 아우인 管叔·蔡叔·霍叔으로 하여금 武庚을 감시하게 하였다. 武王이 죽고 어린 成王이 즉위하여 周公이 섭정하자, 管叔과 蔡叔 등은 '周公이 어린 成王을 몰아내고 왕위를 차지할 것'이라는 유언비어를 퍼뜨리고 武庚과 함께 반란을 일으키니, 周公은 군대를 이끌고 동쪽으로 정벌하였다. 東山은 동쪽으로 정벌하던 산으로 ≪詩經≫ 〈豳風 東山〉은 바로 周公이 東征하고 돌아오면서 군사들의 노고를 읊은 내용이다.

9) 孔子有却萊墮(휴)費之擧 : 萊는 萊夷로, 殷·周時代 지금의 山東반도 동북쪽에 있던 오랑캐 이름이며, 費는 春秋時代 魯나라에 있었던 땅으로 季孫氏의 食邑이었다. 孔子는 B.C. 500년 魯 定公을 모시고 齊 景公과 함께 夾谷에서 회맹하였는데, 유사시에 대비하여 옷 속에 무장을 하고 무사들을 대동하였다. 齊나라에서는 孔子는 禮는 잘 알지만 軍事에는 白面書生이라 하여, 포로로 잡은 萊夷들을 동원해서 魯나라의 군주와 신하를 협박하고 땅을 할양받으려 하였다. 그러나 孔子는 이러한 기미를 알고 대동한 武士들을 동원하여 萊夷를 물리치고 완강히 저항하니, 齊 景公은 잘못을 사과하고 그동안 魯나라에서 빼앗아간 땅을 되돌려주었다.

당시 魯나라에는 孟孫氏·仲孫氏·叔孫氏의 세 집안이 권력을 독단하고 魯나라를 차지하여 魯나라 군주는 유명무실한 존재였다. 孔子는 이것을 바로잡기 위해 제자인 仲由를 季孫氏의 家臣으로 삼아 季孫氏의 食邑인 費의 城을 허물고 여기에 보관되어 있던 병기와 갑옷을 환수하였다.

내가 살펴보건대, 黃帝가 蚩尤의 난을 평정할 적에 처음으로 軍法을 만들고 井田을 따라 대오(군대)의 수를 정하였으니, 한편으로는 武威를 떨치고 한편으로는 文德을 밝힌 것으로, 비록 聖人이라도 군대를 사용함을 면치 못한 것이다.

이 때문에 虞나라는 三苗를 정벌한 군대가 있었고 夏나라는 甘扈의 정벌이 있었으며, 湯王은 鳴條의 정벌이 있었고 武王은 牧野의 전투가 있었으며, 周公은 東山의 戰役이 있었고 孔子는 萊夷를 물리치고 費邑의 성곽을 허문 조처가 있었던 것이니, 이것을 가지고 말하면 군대를 어찌 폐할 수 있겠는가.

成周의 세대에는 그 법이 극진히 아름다웠다. 전쟁할 일이 있으면 장수를 卿 가운데에서 선발하고 군대를 농군에서 소집하였다가, 일이 평정되면 장수는 조정으로 돌아가고 병사들은 들로 해산하였다. 그러므로 조정에는 발호하는 신하가 없고 교외에는 횡포하는 병사가 없었으니, 이는 어째서인가? 능히 文과 武, 병사와 농군을 합하여 하나로 만들었기 때문이다.

春秋之時에 **齊桓晉文之爲君**과 **夷吾子犯之爲臣**[1)]도 **尙能敎民以義**하고 **齊民以禮**하고 **撫民以信而後**에 **用之**러니 **下迨戰國**하여는 **魏置武卒**하고 **齊置技擊**하고 **秦置銳士**[2)]하고 **任用起翦頗牧**[3)]**之徒**하여 **日尋干戈以相征伐**하여 **荼**(도)**毒生民**하고 **麋爛萬姓**이라 **爭地以戰者**는 **則殺人盈野**하고 **爭城以戰者**는 **則殺人盈城**하니 **於是乎文自文, 武自武**하고 **兵自兵, 農自農**이라

1) 齊桓晉文之爲君 夷吾子犯之爲臣 : 齊桓과 晉文은 齊 桓公과 晉 文公으로 모두 春秋時代 霸者들이다. 桓公은 이름이 小白으로 명재상인 管仲을 등용, 부국강병을 이룩하고 패자가 되었는바, 孔子는 ≪論語≫ 〈憲問〉에서 "管仲이 桓公을 도와 諸侯의 霸者가 되게 하여 한 번 천하를 바로잡았다.〔管仲相桓公 霸諸侯 一匡天下〕"라고 칭찬하였다. 文公은 이름이 重耳로 19년의 망명생활 끝에 狐偃과 趙衰 등의 賢臣을 등용하고 나라를 부강하게 만듦으로써 齊 桓公의 뒤를 이어 패자가 되었다. 여기에 宋 襄公과 秦 穆公, 楚 莊王을 합하여 五霸라 칭하였다.

夷吾는 管仲의 이름인데 字로 행세하였다. 管仲은 정치와 경제, 군제에도 밝아 그의 저서인 ≪管子≫에 이러한 내용이 자세히 기록되어 있다. 子犯은 狐偃의 字인데, 文公의 외숙으로 晉나라를 부강하게 하는 데 큰 역할을 한 인물이다.

2) 魏置武卒……秦置銳士 : 武卒은 武勇이 있는 병사이고 技擊은 용맹과 힘으로 적을 공격함을 이른다. ≪荀子≫ 〈議兵〉에 "齊나라의 技擊은 魏나라의 武卒을 당해내지 못하고, 魏나라의 武卒은 秦나라의 精銳兵을 당해내지 못하고, 秦나라의 정예병은 齊 桓公과 晉 文公의 節制 있는 군대를 당해내지 못하고, 齊 桓公과 晉 文公의 절제 있는 군대는 湯王과 武王의 仁義를 행하는 군대를 대적하지 못한다.〔齊之技擊 不可以遇魏之武卒 魏之武卒 不可以直秦之銳士 秦之銳士 不可以當桓文之節制 桓文之節制 不可以敵湯武之仁義〕"라고 보인다.

3) 起翦頗牧 : 白起와 王翦, 廉頗와 李牧으로, 모두 戰國時代 말기의 명장들이다. 白起는 秦나라의 장수로 많은 戰功을 세우고 武安君에 봉해졌으며, 王翦은 始皇帝의 장수로 趙와 楚를 차례로 멸망시켜 秦나라의 천하통일에 크게 기여하였다. 廉頗와 李牧은 趙나라의 장수로, 廉頗는 여러 차례 戰功을 세우고 강한 秦軍을 맞아 잘 싸웠으며, 李牧은 북쪽

변경을 수비하면서 匈奴와 東胡를 대파하였다.

春秋 때에는, 齊 桓公과 晉 文公 같은 군주와 夷吾와 子犯 같은 신하들도 오히려 백성들을 義로 가르치고 백성들을 禮로 가지런히 하고 백성들을 信으로 어루만진 뒤에야 백성들을 전쟁에 동원하였다.

그런데 아래로 戰國시대에 이르러는, 魏나라는 武卒을 두고 齊나라는 技擊을 두고 秦나라는 銳士(정예병)를 두었으며, 白起와 王翦, 廉頗와 李牧의 무리를 임용하여 날마다 창과 방패를 찾아 서로 공격해서 백성들에게 해독을 끼치고 많은 백성들을 죽게 하였다. 땅을 다투어 싸우는 자는 사람을 죽인 것이 들에 가득하고, 城을 다투어 싸우는 자는 사람을 죽인 것이 城에 가득하니, 이에 〈文과 武가 분리되어〉 文은 文이고 武는 武가 되었으며, 병사는 병사이고 농군은 농군이 되었다.

漢置南北二軍[1]하여 **而居重馭輕**[2]**之術**이 **粗備**라 **七國之叛**에 **命周亞夫**하여 **將三十六將軍**하여 **建瓴東下**하여 **不三月而平之**[3]하니 **良有以也**라 **李唐**은 **因西魏後周舊制**하여 **而立府兵**[4]하니 **初焉甚善**이러니 **其後**에 **張說壞之**하고 **李林甫又壞之**[5]하여 **兵壞於內**하고 **藩鎭盛於外**하니 **終唐之世**하여 **以迄五代**[6]하여 **其弊**를 **不可救止**라

1) 南北二軍 : 南軍과 北軍의 두 군대로 모두 前漢時代 禁衛軍이다. 南軍은 長安의 未央宮을 수위하였는데, 未央宮이 남쪽에 있었으므로 南軍이라 칭하였으며, 北軍 역시 宮門 안을 宿衛하였다. ≪舊唐書≫ 〈職官志 3〉에 "漢나라는 南軍과 北軍을 두어 京師(長安)를 수위하게 하니, 南軍은 지금의 여러 衛와 같고 北軍은 지금의 羽林軍과 같다." 하였다.

2) 居重馭輕 : 重은 도성을, 輕은 지방을 가리킨 것으로, 중앙에 병력을 집중하여 지방이나 변경을 쉽게 통제함을 이른다.

3) 七國之叛……不三月而平之 : 周亞夫는 漢나라의 개국공신인 周勃의 아들로 文帝·景帝 때의 명장이다. 高祖 劉邦은 漢나라 왕조를 세운 다음 皇室을 견고히 하기 위하여 친족들을 크게 봉하였는데, 景帝 때에 이르러 제후들을 통제하기 어렵게 되자, 晁錯의 건의로 이들의 영지를 차츰 축소하니, 吳王 濞, 楚王 戊 등이 趙·齊·膠西·膠東·濟南 등과 연합하여 7개국이 반란을 일으켰다. 周亞夫는 景帝의 명에 따라 36명의 장수를 거느리고 이들을 토벌하여 모두 평정하였다.

4) 李唐……而立府兵 : 李唐은 李氏 唐나라란 뜻으로 隋나라 말기 李淵이 일으킨 唐나라를

가리키며, 西魏는 원래 北朝의 魏(北魏)로, 姓이 拓跋氏였는데 뒤에 元氏로 고쳤다. 拓跋氏는 鮮卑族의 일파로 대대로 북쪽 지역에 거주하였는데 孝文帝(拓跋宏)가 洛陽으로 遷都하였다. 그 후 孝武帝(拓跋脩)가 즉위하였는데, 高歡이 권력을 독단하자 서쪽으로 달아나 宇文泰에게 의지하고 長安에 도읍하니 이것을 西魏라 하고, 高歡이 세운 孝靜帝(拓跋見善)는 鄴으로 천도하니 이것을 東魏라 하였다. 그 후 宇文泰의 아들 宇文覺이 西魏를 찬탈하고 國號를 北周라 하니 이것을 또 後周라 칭하였으며, 高歡의 아들 高洋이 西魏를 찬탈하고 國號를 北齊라 칭하였다.

5) 張說壞之 李林甫又壞之 : ≪新唐書≫ 권50 〈兵志〉에 "府兵制가 처음 파괴된 것은 張說이 군대를 모집하여 보충하고 彍騎라 이름함에 연유하였으며, 또다시 파괴된 것은 折衝의 여러 府에 교대할 병사가 없으므로 李林甫가 마침내 魚書(임명장)를 내려주고 지방에서 도성으로 올려 보내는 것을 정지시켜 다만 병사의 숫자만 남아 있을 뿐, 六軍의 宿衛兵이 모두 시장의 장사꾼이어서 다시는 갑옷을 입지 않았으니, 이 두 차례의 파괴를 거쳐 府兵制가 땅을 쓴 듯이 사라지게 되었다."라고 보인다.

6) 五代 : 唐나라 말기 계속된 혼란 속에 있었던 다섯 왕조로 後梁의 朱全忠, 後唐의 李存勖, 後晉의 石敬瑭, 後漢의 劉知遠, 後周의 郭威이다. 北宋의 太祖 趙匡胤은 後周의 대장군으로 있다가 혁명을 일으켜 宋나라를 개국하였다.

漢나라는 南軍과 北軍 두 군대를 두어 중요한 곳(중앙)에서 가벼운 곳(지방)을 제어하는 방법이 대강 갖추어졌었다. 吳・楚 7國이 반란을 일으켰을 적에 周亞夫에게 명하여 36명의 장군을 거느리고, 병 속의 물을 지붕 위에서 쏟아내듯 일사천리로 아래로 내려가서 3개월이 못 되어 평정하였으니, 진실로 〈훌륭한 軍制가 있는〉 이유에서였다.

李氏의 唐나라는 西魏와 後周의 옛 제도를 인습하여 府兵制를 세우니, 처음에는 매우 좋았는데, 그 뒤에 張說이 이것을 파괴하고 李林甫가 또다시 파괴하여 군대는 안에서 파괴되고 藩鎭은 밖에서 강성하니, 唐나라가 끝나 五代에 이르도록 그 폐해를 바로잡을 수가 없었다.

趙宋[1]은 **監前之失**하여 **罷石守信**[2]**等兵權**하고 **而用郭進, 李漢超**[3]**等**하여 **爲將**하여 **控扼西山**하고 **鎭守關南**[4]하여 **小其名而崇其勢**하고 **略其細而求其大**하고 **久其官而責其成**하여 **隆之以恩**하고 **厚之以誠**하고 **富之以財**라 **故**로 **養士少而蓄力多**하고 **操術簡而收功博**하니 **可謂得任將之術, 治兵之道矣**라

1) 趙宋 : 趙匡胤의 北宋을 가리킨다. 南朝의 宋나라와 구분하기 위하여 앞에 성씨를 붙여 구별한 것으로, 李淵의 唐나라를 李唐이라 칭하는 경우와 같다.
2) 石守信 : 浚儀 사람으로 後周에서 벼슬하여 洪州防禦使로 있었는데, 宋 太祖가 즉위하자 歸德軍節度使가 되어 李筠을 토벌, 평정하였다. 뒤에 兵權을 내놓고 여러 번 中書令이 되었으며, 檢校太師로 魏國公에 봉해졌는바, 시호는 武烈이다. ≪宋史 권250 石守信列傳≫
3) 郭進李漢超 : 郭進은 博野 사람으로 後周에서 潞州團練使를 지냈으며, 宋 太祖가 澤潞지역을 토벌할 적에 澤潞防禦使로 山西巡檢이 되어 曹彬 등과 함께 太原에 들어가 큰 功을 세우고 石嶺關에서 契丹軍을 대파하였다.
李漢超는 雲中 사람으로 北宋 초기 關南兵馬都監이 되고 太宗 때에 應州觀察使가 되었는데 정치를 잘하여 칭송이 높았다.
4) 控扼西山 鎭守關南 : 控扼은 控制와 같으며, 西山은 北京市 서쪽에 있는 여러 산의 총칭이다. 關南은 北宋 때에 瓦橋·益津·淤口 세 관문 이남 지역을 지칭하였는데, 대략 지금의 河北省 白洋淀 이동의 大清河 유역 이남에서 河間縣 일대에 해당된다.

趙氏의 宋나라는 예전의 잘못을 거울삼아 石守信 등의 兵權을 거두고 郭進과 李漢超 등을 장수로 등용하여 西山을 통제하고 關南을 鎭守해서 그 명칭을 작게 하고 권세를 높이며 세세한 것을 생략하고 큰 것을 찾으며 관직을 오래 맡기고 성공을 책임지워 은혜를 높게 하고 정성을 후하게 하고 재물을 풍부히 주었다. 그러므로 병력을 조금 기르고도 힘을 쌓은 것이 많고, 방법을 잡은 것이 간략하면서도 공을 거둔 것이 많았으니, 장수를 임명하는 방법과 군대를 다스리는 방도를 얻었다고 이를 만하다.

然이나 此는 止可以戒殘唐五代之覆車니 而烏可比隆成周[1)]之盛哉아 澶淵之盟에 不能命一方叔하고 選一衛青하고 任一李靖하여 總銳師以破契丹(거란)之衆[2)]하고 而勞翠華[3)]之遠幸이라 其後承平日久에 專事因循하여 西不能滅繼遷之侵侮[4)]하고 北不能禦女眞之强暴라 雖曰設武擧나 而不知所擧者何人이며 雖曰修武備나 而不知所備者何事오 馴致至於靖康[5)]하여 狂胡憑陵於郡縣하고 戎馬馳騖於郊畿라 却李綱, 种師道[6)]之謨謀하고 信郭京, 劉孝竭[7)]之妖術하여 欲用六甲法, 六丁力士, 北斗神兵, 天關大將[8)]하여 生擒斡离不[9)]等이러니 旣而作法無效하여 欺衆下城南走라 金虜四(人)〔入〕[10)]登城에 守兵披靡而散하니 嗚

呼痛哉라

1) 成周 : 周公이 成王을 보필하여 周나라가 가장 흥왕했을 때를 이른다.
2) 澶淵之盟……總銳師以破契丹(거란)之衆 : 澶淵은 湖澤의 이름으로 河北省 濮陽縣 서남쪽에 있다. 北宋 眞宗 때에 契丹이 대거 침입하자, 재상인 寇準은 眞宗을 모시고 출정하여 승리하였으나 전쟁을 싫어하는 眞宗과 신하들의 건의로 契丹과 澶淵에서 맹약을 하였는데, 契丹軍의 퇴각만을 고대하여 수많은 歲幣를 契丹에 주는 조건으로 맹약하였다. 이 때문에 北宋은 많은 歲幣로 국력이 크게 쇠진하였다.
   方叔은 周 宣王 때의 명장으로 흉노족인 玁狁을 정벌하였고, 衛青은 漢 武帝 때의 명장으로 흉노족 정벌에 큰 공을 세웠으며, 李靖은 唐 太宗 때의 명장으로 많은 戰功을 세우고 突厥族을 토벌하였는데, 당시 北宋에는 이러한 명장들을 등용하여 契丹을 토벌하지 못했음을 말한 것이다.
3) 翠華 : 푸른 일산으로 帝王의 儀仗이기 때문에 帝王의 수레를 가리킨다.
4) 西不能滅繼遷之侵侮 : 繼遷은 李繼遷으로 西夏 사람인데 李繼捧의 族弟이다. 李繼捧이 北宋에 귀순하였으나 李繼遷은 西夏로 도망하여 군대를 일으키니, 서부 지역 사람들이 많이 귀부하여 점점 강대해졌다. 太宗·眞宗 때에 관작을 하사하여 회유하였으나 자주 배반하고 宋나라 지역을 침공하였으며 스스로 왕을 칭하였는데, 아들 德明이 즉위하여 황제로 추존되었다.
5) 靖康 : 北宋 欽宗의 연호이다. 이때 女眞族인 金나라의 공격을 받고 수도 開封(汴京)이 함락되었으며, 徽宗과 欽宗이 차례로 잡혀가고 高宗이 즉위하여 臨安으로 천도함으로써 南宋이 되었는데, 이를 '靖康의 변'이라 한다.
6) 李綱种師道 : 李綱과 种師道는 南宋 高宗 때의 名臣으로, 金나라가 침입하였을 때 대항해 싸울 것을 주장한 사람들이다. ≪宋史 권335 种師道列傳≫, ≪宋史 권358 李綱列傳≫
7) 郭京劉孝竭 : 郭京은 北宋 때 易數를 통달했다고 스스로 말하던 요망한 사람이다. 靖康 연간에 龍衛의 병사였는데, 어떤 好事者가 "그가 六甲法을 잘 시행하니, 金나라 군대를 막게 하면 金나라의 粘罕과 斡离不 두 장수를 사로잡고 金軍을 소탕할 수 있다."고 하였는바, 六甲法은 병사 7,777명을 사용하는 방술이었다. 朝廷에서는 그의 말을 믿어 郭京을 成忠郎으로 임명하고 黃金과 비단을 주어 군대를 모집하게 하였는데, 다만 태어난 햇수(干支)가 六甲法에 맞는 자를 모집하여 10일 만에 숫자를 다 채웠으나 얻은 자가 모두 市井의 잡배들이었다. 郭京은 즉시 이들을 거느리고 출전하였으나 金나라 군대가 함성을 지르며 뛰쳐나오자 병사들이 대부분 패하여 죽으니, 郭京은 남쪽으로 도망하였다. 劉孝竭 역시 郭京과 함께 술수를 부린 사람으로 보인다. ≪宋史 권353 列傳≫, ≪宋史紀事本末 권13 金人南侵≫

8) 六丁力士……天關大將 : 六丁은 六十甲子 가운데 丁卯·丁丑·丁亥·丁酉·丁未·丁巳로, 術書에 이 여섯 종류의 力士(神將)가 있다 하며, 北斗神兵과 天關大將도 모두 당시 郭京 등이 명칭을 붙인 병사와 장군들의 칭호이다.

9) 斡离不 : 金 太宗의 아들로 斡魯補라고도 칭하며 또 다른 이름은 宗望이라고도 하였는데, 江南 지방에서는 二太子로 불리었다. 北宋을 침략하는 계책을 세워 粘罕과 함께 北宋의 도성인 汴京을 함락하고 徽宗과 欽宗을 차례로 사로잡아 북쪽으로 가서 五國城에 유치하니, 五國城은 바로 우리나라의 會寧이다.

10) (人)〔入〕: 저본에는 '人'으로 되어 있으나, 文理에 맞게 '入'으로 바로잡았다.

그러나 이것은 다만 쇠망한 唐나라와 五代시대의 전복된 수레를 경계 삼았을 뿐이니, 어찌 成周의 훌륭함에 높음을 견줄 수 있겠는가. 澶淵의 맹약에 한 명의 方叔에게 명하고 한 명의 衛青을 선임하고 한 명의 李靖에게 맡겨서 정예병을 통솔하여 契丹의 군대를 격파하지 못하고, 수고롭게도 翠華가 멀리 행차하였다.

그 뒤에 태평성대가 오래 계속되자 오직 因循(姑息)을 일삼아서 서쪽으로는 李繼遷의 침략과 모멸을 제거하지 못하고, 북쪽으로는 女眞의 강포함을 막아내지 못하였다. 비록 武學(武科)를 설치했다 하나 武學에서 선발한 자가 누구인지 알지 못하며, 비록 武備를 닦았다 하나 닦은 것이 무슨 일인지 알지 못하겠다.

점점 쇠약해져서 靖康 연간에 이르러는 미친 오랑캐가 郡縣에서 능멸하고 변방을 지키는 軍馬가 郊外와 京畿에서 치달렸다. 李綱과 种師道의 훌륭한 계책을 물리치고 郭京과 劉孝竭의 요망한 방법을 믿어서, 六甲法과 六丁力士와 北斗神兵과 天關大將을 사용하여 斡离不 등 金나라의 장군을 생포하려 하였는데, 이윽고 술법을 시행하였으나 효험이 없어 사람들을 속이고 城에서 내려와 남쪽으로 도망하였다. 이에 金나라의 오랑캐가 사방으로 들어와 城에 오르자, 수비하는 군대가 이리저리 흩어졌으니, 아! 애통하다.

南渡之初에 志在恢復이러니 及李綱竄而宗澤[1]死하고 秦檜相而岳飛亡[2]하여 復仇討賊之計를 不聞하고 割地講和之(義)〔議〕[3] 蠭起라 典樞機者 醉生而夢死하고 執兵柄者 鳥竄而鼠伏하여 坐使氈裘腥羶之氣로 充滿關河淮濟之間이라 孝宗淳熙二年에 試進士擧할새 蜀人楊甲이 對言호되 恢復之志不堅者二니 其一은 策士之始에 及於兵者 不過一言이라 是以로 談兵革爲諱하고 論兵革爲迂

也라하니라 夫旣以兵革爲迂而諱之하니 宜乎終宋之世而不振焉이라 元氏乃爲失計하여 隳(휴)名城而不守하고 棄武備而不修하며 禁漢人南人하여 不得執弓矢, 操刀兵하니 而所謂七書者를 又孰得而聞之리오 抑不審天生五材[4]에 民竝用之하니 誰能去兵이리오 庚申之季에 甿隷一呼하니 中原因之而土崩瓦解矣[5]라

1) 宗澤 : 北宋의 義烏 사람으로 字는 汝霖이다. 元祐 연간에 進士에 及第하였는데 文武兼全한 재주가 있어 부임하는 州郡마다 명성이 있었다. 金나라의 침공으로 徽宗과 欽宗이 북쪽으로 잡혀가자 副元帥로서 潞州에 있다가 들어와 구원하여 여러 번 戰功을 세웠다. 뒤에 知開封府事와 東京留守가 되었는데, 북쪽 오랑캐들이 宗爺爺라고 칭호하면서 감히 다시는 東京을 침범하지 못하였다. 20여 차례 上疏하여 잡혀간 두 皇帝를 되돌아오게 할 것을 주청하였으나 번번이 저지당하자, 울분으로 병을 이루어 "黃河를 건너가야 한다.〔過河〕"라고 세 번 외치고는 죽었다. 시호는 忠簡이고 저서로는 ≪宗忠簡集≫이 있으며, ≪宋名臣錄≫에 기록되어 있다.

2) 秦檜相而岳飛亡 : 秦檜는 南宋 高宗 때의 정승으로 金나라와의 화친을 주장하고 主戰論者인 岳飛를 살해함으로써 천고의 小人이 되었다.
　岳飛는 당시 명장으로 金나라와의 싸움에서 승리를 거두었으나 主和論者인 秦檜에게 죽임을 당하여 천고의 충신으로 알려졌다. 이로 인해 岳飛는 중국에서 삼국시대 關羽와 함께 민간 신앙의 대상이 되었다.

3) (義)〔議〕 : 저본에는 '義'로 되어있으나, 文理에 따라 '議'로 바로잡았다.

4) 五材 : 다섯 가지 재료로 일반적으로 金·木·水·火·土를 가리킨다. 그러나 ≪六韜≫ 〈龍韜 論將〉에는 "이른바 五材라는 것은 勇·智·仁·信·忠이다." 하였는데, ≪直解≫에 "이른바 장수의 다섯 가지 재능이란 용맹과 지혜와 인자함과 성실함과 충성이니, 용맹한 자는 과감하기 때문에 범할 수가 없고, 지혜로운 자는 계책이 많기 때문에 어지럽힐 수가 없고, 인자한 자는 측은해하는 마음이 있기 때문에 사람을 사랑하고, 성실한 자는 진실하기 때문에 속일 수가 없고, 충성스러운 자는 자기 마음을 다하기 때문에 두 마음이 없는 것이다."라고 풀이하였다. 여기에서 말한 五材는 확실하지 않으나 金으로 만든 병기를 가리킨 것이 아닌가 추측된다. 다만 太公이 말한 '장수의 다섯 가지 재능' 역시 하늘이 내고 사람들이 쓰는 것이므로 함께 소개하였다.

5) 庚申之季……土崩瓦解矣 : 庚申年은 元나라 때로 보이나 어느 해인지 자세하지 않으며, 甿隷는 賤民으로 역시 누구를 지칭한 것인지 확실하지 않다. 元 順帝 至正 11년(1351) 白蓮會 소속인 劉福通 등이 潁州에서 起兵하면서 紅巾을 머리에 써 紅巾賊으로 불렸으며, 그 후 사방에서 元나라를 반대하는 세력이 봉기하여 결국 망하게 되었는바, 至正 10년은 庚寅, 11년은 辛卯이다. '庚申'은 '庚辛'의 오자인 듯하다.

宋나라가 남쪽으로 천도한 초기에는 강토를 收復할 마음이 있었는데, 李綱이 귀양 가자 宗澤이 죽고 秦檜가 정승이 되자 岳飛가 죽어서, 원수를 보복하고 역적을 토벌하는 계책을 듣지 못하고, 땅을 떼어 講和하자는 의논이 일어났다. 樞機(국가의 기무)를 맡은 자가 흐리멍덩한 채 세월을 보내며 병권을 잡은 자가 새처럼 도망하고 쥐처럼 숨었다. 그리하여 마침내 털방석과 갖옷의 비린내 나는 오랑캐의 기운이 關河와 淮水와 濟水의 사이에 충만하게 되었다.

孝宗 淳熙 2년에 進士를 뽑을 적에 蜀 땅 사람 楊甲이 對策하면서 말하기를 "恢復하는 뜻이 견고하지 못한 이유가 두 가지이니, 하나는 선비들을 뽑을 초기에 兵事에 대해 언급하는 것이 한마디에 지나지 않습니다. 이 때문에 兵革(전쟁)을 말하는 것을 忌諱하고 兵革을 논하는 것을 迂闊하다 합니다."라고 하였다. 이미 兵革을 우활하다 하여 忌諱하였으니, 宋나라가 망할 때까지 떨치지 못한 것이 당연한 것이다.

元나라는 마침내 실책을 하여 유명한 城을 허물어 지키지 않고 武備를 버려 닦지 않았으며, 漢人(漢族)과 남쪽 지방 사람들은 활과 병기를 잡지 못하게 금하였으니, 이른바 '武經七書'라는 것을 또 누가 얻어서 들을 수 있었겠는가. 그러나 하늘이 五材를 냄에 사람들이 함께 쓰는 것을 살피지 못하였으니, 누가 兵을 버릴 수 있겠는가. 庚申年 말엽에 노예가 한번 고함치자 中原이 따라 흙처럼 무너지고 와해되었다.

我朝混一海宇에 **內立五府**하여 **以統十二都司**하고 **十二都司控制管軍衛所**하여 **無事則屯田積穀**하여 **完城固守**하고 **有事則選將練兵**하여 **禦敵制勝**하니 **此卽寓兵於農之法**이라 **洪武丁丑歲**에 **太祖高皇帝 俾軍官子孫**으로 **演習弓馬**하고 **講讀武書**하여 **慣熟通曉者**를 **臨期試用**하니 **誠持盈守成之首務**요 **安不忘戰之要道也**라 **學者其可不體之而盡其心乎**아 **欲盡心而爲學**인댄 **當以仁義忠恕爲本**이요 **無狃**(뉴)**於詐謀詭計**하여 **以力相尙**이니 **曷不觀夫杜郵之白起**[1]와 **陰陵之項籍**[2]과 **再世爲將之趙括**과 **三世爲將之王離**[3]**乎**아 **以仁義忠恕爲本**하여 **必若鄧禹曹彬**[4]**而後**에 **可**니 **吁盛矣**라

1) 杜郵之白起 : 杜郵는 옛 지명으로 杜郵亭이라고 칭하는데, 지금의 陝西省 咸陽市 동쪽에

있었다. 白起는 戰國時代 말기 秦나라 장수로 趙나라 장수 趙括을 죽이고 항복한 趙나라 병사 40만을 長平에 묻어 죽였는데, 정승인 應侯 范雎와의 반목으로 결국 秦 昭王으로부터 劍을 하사받고 杜郵에서 자결하였다.

2) 陰陵之項籍 : 陰陵은 지금의 安徽省 定遠 서북쪽에 있었던 지명이다. 項羽는 이름이 籍인데, 楚나라 장수 項燕의 손자로 秦나라 말기 봉기하여 襄城에서 항복한 秦나라의 병사 20만 명을 묻어 죽이고, 秦나라의 도성 咸陽에 들어가 始皇帝의 무덤을 발굴하고 秦王 子嬰을 죽였으며 阿房宮을 불태우는 등 포악한 짓을 자행하였는데, 결국 垓下에서 漢 高祖 劉邦과 싸우다가 陰陵에서 길을 잃고 끝내 자결하였다. 여기서는 사람을 많이 살상하면 白起나 項羽처럼 제명에 죽지 못함을 말한 것이다.

3) 再世爲將之趙括 三世爲將之王離 : 趙括은 趙나라의 명장인 馬服君 趙奢의 아들로, 秦나라의 명장인 武安軍 白起에게 패하여 죽었고, 王離는 王翦의 손자로, 秦나라 말기 楚나라의 項羽에게 패하여 죽임을 당하였다. 趙括과 王離는 모두 명장의 후손으로서 선대가 오랫동안 장군이 되어 많은 사람을 죽인 인과응보로 역시 패망하였음을 말한 것이다.

4) 鄧禹曹彬 : 鄧禹는 後漢 光武帝의 장수이고, 曹彬은 北宋의 太祖 趙匡胤의 장수이다. 이들은 장수가 되어 여러 번 출전하였으나 살상을 자행하지 않았는데, 모두 복록을 누리고 자손들도 번성했으므로 이렇게 말한 것이다.

우리 조정(明나라)이 海內를 통일하자, 안으로 5府를 세워서 12都司를 통솔하고 12都司가 管軍衛所를 통제하여, 일이 없으면 屯田하여 군량을 비축하고 城을 완전히 보수하여 굳게 수비하며, 일이 있으면 장수를 선발하고 병사를 훈련시켜 적을 막고 승리하게 하였으니, 이는 군대를 農에 붙여둔 法이다.

洪武 丁丑年(1397)에 太祖 高皇帝가 軍官의 자손들로 하여금 활쏘기와 말타기를 연습하고 武書(兵書)를 강독하게 하여, 兵書에 깊이 통달한 자들을 시기에 맞추어 시험해서 등용하니, 진실로 가득함을 유지하고 성공을 지키는 첫 번째 일이요, 국가가 편안하여도 전쟁을 잊지 않는 중요한 방도이다. 배우는 자가 어찌 체득하여 그 마음을 다하지 않을 수 있겠는가.

마음을 다하여 배우고자 하면 마땅히 仁義와 忠恕를 근본으로 삼을 것이요, 권모술수의 속임수에 익숙하여 서로 힘을 숭상하지 말아야 할 것이니, 어찌 杜郵의 白起와 陰陵의 項籍, 두 대에 걸쳐 장수가 된 趙括과 3대에 걸쳐 장수가 된 王離를 보지 않았는가.

仁義와 忠恕를 근본으로 삼아서 반드시 鄧禹와 曹彬과 같이 한 뒤에야 옳을 것이니, 아! 거룩하다.

附錄 孫子髓

≪孫子髓≫ 解題

金成愛*)

≪孫子髓≫는 朝鮮朝 高宗(1863~1907) 때 禁衛大將을 지낸 趙羲純이 저술한 ≪孫子兵法≫의 註解書이다. 우리나라에 ≪孫子≫가 도입된 것은 高麗 때부터이고 朝鮮 초기 이후로 武科의 시험과목으로 지정되어 文武官員의 필독서가 되어왔다. 그리하여 국가에서도 여러 차례 ≪武經七書≫의 하나인 ≪손자≫를 간행하였고 懸吐書와 註解書를 편찬하였다.[1] 하지만 우리나라 학자의 ≪손자≫ 주해서 중 현존하는 것은 조희순의 ≪손자수≫뿐이다. 舊韓末 외세의 침략을 겪던 近世의 역사적 상황 속에서 편찬된 본서는 전통시대의 병법 주해서 이상의 의미를 가진다. ≪武經七書直解≫와 ≪孫子髓≫의 完譯은 중국의 전통 병서에 대한 이해의 의미뿐 아니라 朝鮮時代 兵學에 대한 연구 수준을 한 단계 더 높여 줄 것이다.

1. 朝鮮時代 ≪孫子≫에 대한 연구

≪朝鮮王朝實錄≫에 ≪孫子≫에 대한 내용이 처음 나오는 것은 太祖(1392~1398)의 卽位敎書이다.[2] 즉 ≪武經七書≫를 武人들에게 강습하게 해서 일정 수준 이상의 성취를 본 사람을 발탁해 兵曹에서 등용하라는 내용인데, 이는 곧 당시 ≪무경칠서≫가 조선에 광범위하게 유통되어 있었고, 武科의 入格 기준이 될 만큼 당대에 필독서로 인정을 받고 있었음을 말한다. 이후 太宗 연간(1400~1418)에도 계속 ≪무경칠서≫가 무과의 과목으로 거론되었으며 世祖(1418~1450) 때에는 文科의 과목으로까지 올랐고[3], 그에 대한 註解와

---

*) 한국고전번역원 책임연구원.

1) ≪손자≫의 懸吐本과 註解本에 관하여 1462년 崔恒이 申叔舟와 함께 武經의 구결을 논하고 校註하였다는 기록이 있으며, 李裕元의 ≪林下筆記≫에서 자신이 ≪孫武子≫를 현토를 하여 올렸다는 기사가 있다.

2) ≪太祖實錄≫ 太祖 1년 7월 28일 기사에 "訓鍊觀에서 ≪武經七書≫와 射御의 기술을 강습시켜, 그 통달한 經書의 多少와 기예의 精粗를 가지고 등급을 정하여, 入格한 사람 33명에게 出身牌를 주고, 명단을 兵曹로 보내어 擢用에 대비하게 하라."라고 하여 무과의 방식을 규정하였다.

校訂이 행해졌다.

이러한 경향은 조선 후기까지 계속 이어져 正祖(1776~1800)도 ≪무경칠서≫를 편집 교정한 뒤에 平安道에서 간행할 것을 명하면서 "≪무경칠서≫의 주석이 소략하니 반드시 이들 책을 잘 익힌 자를 찾아서 편집하도록 해야 할 것이다. ≪孫武子≫와 ≪司馬法≫ 같은 책들은 모두 먼 옛날에 쓰인 것이므로 문체가 매우 좋아서 唐宋八大家보다 나으니, 武備를 위한 책으로만 보아서는 안 될 것이다."[4] 하였다. 이처럼 조선시대 ≪손자병법≫은 대체로 ≪무경칠서≫의 하나로 인식되었다.

하지만 당시 ≪손자병법≫이 武經七書本만 전해졌던 것은 아니다. ≪무경칠서≫는 宋나라 神宗(1067~1085) 때 정리된 것이고, 劉寅의 直解本은 明나라 때 이루어진 것으로 조선 후기에 전해져서[5] 무과의 시험용 서적은 직해본이 많이 쓰였지만 학자들 간에는 오히려 魏晉 이래 주해서가 집적된 孫子十家注本이 많이 읽혔다.

十家注란 열 명의 학자들이 편찬한 ≪손자≫ 주석서로 魏나라 曹操의 ≪孫子略解≫를 비롯하여 梁나라 때 ≪孟氏解詁≫, 唐나라의 李筌, 杜牧, 陳皥, 賈林의 주석과 宋나라 梅堯臣, 王晳, 何延錫, 張預의 주석을 말한다. 杜佑의 경우 ≪손자≫에 직접 주석을 단 것이 아니라 ≪通典≫ 중에 ≪손자≫ 관련 내용을 모아놓은 것이기 때문에 十家에는 포함을 안 시키기도 한다.

이중 曹操의 주석은 가장 대표적인 주석이며, 매우 간략하면서도 적절하여 후세인들의 추앙을 받았다. 사실 조조 이후 대부분의 학자들은 조조가 교감한 ≪손자≫ 13편본을 바탕으로 주석한 것이기 때문에 절대적으로 그의 영향을 받았다고 볼 수 있다. 杜牧은 曹操 이후 가장 영향력이 컸던 주석가인데, 역사에 밝았던 그는 주석에서 실제 사례를 많이 인용

---

3) ≪世祖實錄≫ 世祖 14년 2월 10일 기사에 "文科는 四書・五經・武經七書・≪兵要≫・≪兵將說≫・≪將鑑博議≫・≪百將傳≫ 중에 제비 뽑아 강하게 하라."라고 하여 문관의 시험에도 무경칠서가 포함되어 있음을 알 수 있다.

4) ≪正祖實錄≫ 20년 12월 13일 기사

5) 조선 초부터 ≪무경칠서≫에 대한 기사는 실록에 여러 번 나오지만 直解本의 등장은 仁祖 이후의 기록에 나온다. 仁祖 24년(1646)에 東萊府使 黃㦿이, 왜인들이 ≪武經七書直解≫ 1질을 얻기를 청한다고 보고한 기사가 나온다.(≪조선왕조실록, 인조 47권≫) 따라서 직해본의 전래가 壬亂 이후에 전해진 것으로 추정하였다. 그 이전에는 ≪直解≫가 아닌 다른 주석본을 구했다는 기록이 보인다. 즉 成宗 25년(1494)에 河叔溥가 중국에 사신 갔다가 ≪輯註武經七書≫를 구입해 와 올린 기사가 있다.(≪조선왕조실록, 성종 294권≫) 현재 규장각 등에 소장되어 있는 ≪武經七書直解≫의 판본은 18세기 이후 平安監營에서 발간된 것으로 추정하는데 정확한 발간 연도는 알 수 없다.

하여 증거를 제시하였으므로 發明한 바가 많다. 陳皥는 조조의 주석이 隱微하고 杜牧의 주소는 疏闊하다고 생각하여 다시 주석을 달았다. 대체로 ≪손자≫의 주석에서는 曹操, 杜牧, 陳皥 3인의 주석을 최고로 인정하고 있다. 十家注本은 宋나라 吉天保가 이를 모두 합한 ≪十家孫子會注≫를 편찬하였는데, 오래된 주석을 모아놨으므로 古注本, 舊注라고 불리기도 한다.

조선시대 학자들이 ≪손자≫에 대해 儒家 경전처럼 본격적인 註解나 箚記를 부기한 전문 연구서는 없지만 간간이 베껴두거나 새로이 축약해 편집하거나 감상하여 읽었던 흔적은 찾아볼 수 있다.

茶山 丁若鏞의 문집에는 〈讀孫武子〉라는 장편의 鑑賞詩가 실려 있으며, 安錫儆(1718~1744)은 ≪雪橋集≫에서 아우가 손수 베껴 쓴 ≪孫武子≫를 읽고 詩人이나 兵書를 좋아하는 것은 기이하고 장대한 것을 좋아하는 기질이 서로 들어맞기 때문이라고 논하였다.[6)]

李種徽(1731~1797)는 ≪孫武子精選≫을 편찬하고 그 서문에서 小人이 병서를 잘못 응용하면 나라와 자신을 망치기에 딱 좋을 뿐이라고 하면서 "내가 어려서부터 兵家의 책 보기를 좋아하였는데, ≪손자≫에 대해서는 그 문장이 간략하면서도 의미가 절실하고, 법도가 기묘하면서도 이치가 바름을 더욱 좋아하였다. 그래서 그 절요를 뽑아 1권으로 만들고 篇章句讀를 모두 刪節하여 참고해보기에 편하게 하였다."라고 하였다.

李裕元은 憲宗 때 직접 ≪손무자≫에 懸吐하여 올렸던 일이 있다고 하였으며[7)], 李南珪는 李淸烈이 엮은 ≪增解孫武子≫에 대한 서문에서, 이청렬이 劉寅의 直解本을 바탕으로 해서 빠진 점을 보충하고 자신의 의견을 덧붙여서 편찬하였으니, 그동안 儒家가 ≪손자≫에 대해 홀대하였는데, 무인으로서 직분을 다했다고 평가하였다.[8)] 그러나 ≪增解孫武子≫나 ≪孫武子精選≫ 등은 현재 모두 전하지 않아서 그 내용이나 체제에 대해 자세히 알 수 없다.

이를 보면 조선시대에 ≪손자병법≫에 대해 주해를 덧붙이거나 精選한 選集도 편찬되었다는 것을 알 수 있다. 그러나 앞에서 언급했듯이 현재 전하는 ≪손자≫ 주해서는 趙羲純의 ≪孫子髓≫뿐이다.

6) ≪雪橋集≫ 권5 〈書季華手寫孫武書後〉
7) ≪林下筆記≫ 권25 〈春明逸事〉
8) ≪修堂集≫ 6책 〈增解孫武子序〉

2. 저자 趙義純과 ≪孫子髓≫의 간행

≪손자수≫의 저자는 高宗朝의 武臣인 趙義純(1814~?)이다. 조희순의 본관은 平壤이고, 자는 德一, 호는 學海堂이며, 부친은 進士 存榮이다. 〈武譜〉에 따르면 1814년 생으로 되어 있으며, 1839년 25세의 나이로 庭試 武科에 급제한 영재였다. 그 후 1864년부터 1887년까지 ≪高宗承政院日記≫에 110차례나 기록이 나올 정도로 武官으로서의 활약이 뛰어났던 인물이다.

≪승정원일기≫를 통해 그의 官歷을 살펴보면, 1864년(고종 1)부터 3년간 竹山府使로 있었으며, 丙寅洋擾 때에는 참모군관을 겸임하였다. 1866년 12월 富寧府使로 임명되었으나 그 다음 해 1월에 곧 병으로 교체되었고, 3월에 訓鍊都監 千摠, 內禁將을 지내다가 1868년 左副承旨가 되었다. 그해 8월부터 1872년까지 濟州牧使를 지내고, 1873년 慶尙左道兵馬節度使에 제수되었다가 병으로 체직되었다. 이해에 嘉善大夫로 승급하여 1874년 左承旨, 都摠府副摠管, 1875년 同知中樞府事가 되었고, 1876년 咸鏡北道兵馬節度使 등을 역임하였다. 北兵使 재임 동안 貢蔘의 품등을 제대로 살피지 않았다거나 속하의 殿最를 엄격하게 하지 않았다는 이유로 자주 兵曹의 계사에 거론되었다. 1878년 조정으로 돌아와 동지중추부사가 되고, 1879년 禁軍別將이 되었다가 1880년 南陽府使가 되었다. 1881년 11월, 統理衙門이 설치되자 經理統理機務衙門事로 軍務司堂上에 임명되었으며, 그 뒤 軍務司分局節目에 따라 參謀局을 담당하였다.

1882년 6월 壬午軍亂이 일어나자 大院君에 의하여 발탁되어 禁衛大將과 御營大將, 訓鍊大將 등을 겸임하였으며, 대원군 정권이 붕괴한 다음인 8월 5일 左邊捕盜大將으로 임명되었다. 조희순에 대한 마지막 기록은 1887년 남양부사 당시 園陵의 나무를 남벌했다는 이유로 拿問을 받았다는 것뿐이다. 이를 보면 1883년 이후 70이 넘은 나이었으므로 벼슬을 그만두고 고향으로 내려가 노년을 보내고 있었던 것으로 보인다. 저서로는 ≪孫子髓≫가 전하고 있고 그 외의 저술은 보이지 않는다. 조희순에 대한 기록은 ≪實錄≫ 외에 다른 墓道文字가 발견되지 않아 자세한 행적을 알기는 어렵다.

조희순은 조선 말기 나라의 안팎이 혼란스러운 시기에 지방과 중앙의 무관직을 두루 거쳤다는 점에서 강력한 국방의 필요성을 절감하였을 것이다. 自序를 보면, 조희순은 항상 ≪손자≫를 연구하면서 武經七書本의 劉寅 설은 너무 淺近하고, 十家注 등 80여 명의 주석가들의 설은 너무 번다하여 요점을 얻지 못하였다고 생각하였다. 그는 ≪손자≫의 새로운 주해서를 구상하면서 역사상 전쟁의 승패 사례를 가지고 ≪손자≫를 분석하려고 했는데 그

분야에는 鄧廷羅가 ≪兵鏡≫이 있고, 다른 兵書의 말을 통해 ≪손자≫의 내용을 附益하려고 했는데 이 방면에는 李卓吾의 ≪參同≫이 먼저 나와 있어 포기하였다가 餘暇에 ≪손자≫에 관련된 내용을 정리해두기 시작했다. 諸家의 의론을 모아서 그 요점만을 뽑아 정리하고 정수를 취하였다는 의미에서 이를 ≪孫子髓≫라고 이름 지었다.

본서는 章句의 구분도 자신의 견해에 따라 武經本과 일부 달리하여 주석을 달았다. 특히 각 편마다 말미에 附錄을 두어 舊註에 대한 비평과 아울러 ≪吳子≫, ≪尉繚子≫ 등 다른 병서의 설을 인용하여 보충하고, 또 각 편의 내용에 대해 나름대로 분석을 가하였다. 조선시대 학자들이 ≪손자≫를 읽고 자신의 감상이나 이견을 기록한 글들은 문집 중에 종종 보이지만 이처럼 13편 전체에 대해 새로이 주석을 가한 別著는 없다.

저자는 自序에서 자식에게 읽히기 위해 본서를 저술하였다고 하였지만 본서는 당시에 필사본으로 세상에 제법 유통되었으며 刊本이 요구될 정도로 인정을 받았던 듯하다. 저자는 무과 급제 이후 상당히 일찍부터 본서를 정리해왔고 계속 다듬으며 필사본이 유통되다가 1869년경 南相吉(1820~1869)에 의해 간행되었던 것이다. 金學性(1807~1875)의 서문과 조희순의 자서에는 연도가 적혀 있지 않지만 남상길의 서문에 己巳年(1869)이라는 기록이 있고 또 그 내용 중에 "孫武의 책은 百代에 兵法을 말하는 원조가 된다. 그러므로 역대에 註釋本이 매우 많으니, 주석에 曹操, 王凌, 張子尙, 賈詡, 孟氏, 沈友, 李筌, 杜牧, 王晳, 張預, 賈林, 梅堯臣, 陳皥, 杜佑, 何氏, 解元, 張鏊, 李材, 黃治, 孫鎬, 紀燮이 있고, 비평에 蘇洵, 王沂, 唐順之, 王世貞, 陳深, 李贄, 梅國楨, 焦竑, 郎文煥, 陸宏祚가 있으나, 여러 의논에 각기 得失이 있다."라 하여 본서에서 인용한 주석가들의 이름을 거의 빠짐없이 소개하였으며, 殘本이 떠돌아다니는 것을 안타깝게 여겨 판각해서 세상에 오래 전해지게 하고자 한다고 하여 자신이 본서를 간행하였음을 밝혔다.

즉 본서는 저자가 기존의 ≪손자≫ 주해본을 바탕으로 오랫동안 새로운 체제를 구상하며 정리하여 필사본으로 유통되었는데, 1869년에 南相吉이 金學性과 자신의 서문을 실어 1책의 活字本으로 간행한 것으로, 현재 국립중앙도서관과 고려대학교 도서관에 소장되어 있다.

3. ≪孫子髓≫의 내용과 특징

≪손자수≫는 기본적으로 ≪손자≫의 주해서이기 때문에 내용이나 사상적 특징은 ≪譯註 孫武子直解≫의 해제를 참고로 하는 편이 좋을 듯하다. 여기서는 ≪손자수≫의 구성과

체제를 중심으로 본서의 특징을 살펴보겠다.

먼저 전체 구성은 ≪손자≫의 편수를 따라 13편으로 되어 있으며, 책 첫머리에 金學性의 序와 저자의 自序, 南相吉의 序 등 세 편의 서문이 실려 있다. 각 편의 첫머리에는 본문에 들어가기에 앞서 小序와 같은 식으로 해당 편의 大旨를 소개하면서 전후편 내용과의 연계점, 저자의 의견 등을 싣고 있다. 예컨대 제6편 〈虛實〉에서 "奇와 正, 虛와 實은 서로 연관되는 것이다. 앞 편은 奇와 正을 자세히 말하고, 虛와 實에 대해서는 약간 그 단서를 열어놓았다. 그러므로 이 편에서는 마침내 오로지 虛와 實을 논한 것이다."[9] 라고 하여 제5편 〈兵勢〉에서 군대의 奇正을 논한 것을 이어서 6편에서 虛實을 논한 것이라고 설명하였다. 다음으로 ≪손자≫ 본문과 저자의 주가 실려 있으며, 각 편의 말미에는 附錄이 실려 있다. 본문의 章句 구분 또한 무경칠서본의 장구와 다른 곳이 곳곳에 보인다. 篇末의 부록은 본서의 가장 특징적인 면을 압축적으로 보여주는 부분이다. 주해에서 劉寅의 直解나 기존 주석가와 다른 의견을 취한 경우 부록에서 다시 근거를 제시하고 舊註의 부족한 부분들을 하나하나 지적하였다.

≪孫子髓≫의 특징으로 몇 가지를 꼽아보자면, 첫째 自序에서도 밝혔지만 ≪무경칠서≫ 중 ≪孫子≫ 외에 6書, 즉 ≪吳子≫, ≪司馬法≫, ≪六韜≫, ≪三略≫, ≪尉繚子≫, ≪李衛公問對≫의 내용을 가지고 ≪손자≫의 구절을 敷衍 해석하였다는 점이다. 본서 중 ≪이위공문대≫ 30여 차례, ≪오자≫가 20여 차례로 가장 많이 인용되었는데, 특히 군대의 운용이나 奇兵과 正兵, 虛實 등 전략에 대한 부분에서는 ≪이위공문대≫와 ≪오자≫의 구절을 가지고 ≪손자≫를 설명한 경우가 많다. 이는 저자가 ≪무경칠서≫에 두루 해박한 지식을 갖고 있었음을 증명할 뿐 아니라, 후대에 나온 병서들이 어떻게 손자의 영향을 받았는지도 살펴볼 수 있는 매우 의미 있는 시도라 하겠다.

둘째 저자는 유인의 直解와 十家註를 포함해 紀燮, 蕭吉, 曾皎, 許洞, 李卓吾, 鄧廷羅, 呂惠卿 등 수십여 명의 주해를 샅샅이 조사해 논리를 따져 취사하였는데, 그중 曹操의 해석을 채택한 경우가 많다. 自序에서 조조에 대해 "魏晉으로부터 明나라에 이르기까지 주석을 낸 자가 80여 가인데 曹孟德을 첫 번째로 꼽으니, 이는 다만 용병술이 孫吳에 방불할 뿐만이 아니요, 겸하여 또 文章이 晉나라 司馬氏의 시작이 되어서 ≪손자≫의 글에 나타난 뜻 이외의 의미를 많이 깨달아, 후세에 글을 잘하는 선비가 능히 바라고 미칠 바가 아니기 때문이다."라고 평가한 것을 보아도 알 수 있다. 물론 조조의 해석이 잘못되었다고 비판한 경우도 없지 않지만[10] 다른 舊注 특히 張預의 경우 거의 말도 안 되는 터무니없는 설로

9) 第6篇 〈虛實〉 "奇正虛實 相因者也 前篇 詳於奇正 而虛實則微啓其端 故此篇遂專論之"

비판받는 경우가 대부분이었던 것과 비교해보면 조조의 주장을 가장 뛰어나다고 인정한 것으로 보인다.

셋째, 저자는 본서를 편찬하면서 兵書와 ≪손자≫ 주해서뿐 아니라 각종 儒家 經書와 史書를 두루 사용하였다. 언뜻 보이는 것만 해도 ≪春秋左氏傳≫, ≪詩經≫, ≪書經≫, ≪周易≫, ≪孟子≫, ≪荀子≫, ≪史記≫, ≪漢書≫, ≪通鑑≫, ≪管子≫ 등 십여 종이 넘는다. 저자는 무과 출신임에도 경서와 사서에 해박한 지식을 가지고 있었고 그 내용을 ≪손자≫와 연결시켜 주석의 근거로 삼았다. 이렇게 수많은 儒家 자료를 통해 ≪손자≫를 해석하였으므로 당시 학자들의 호응을 얻었고 "儒學에 근본하고 武經을 참작해서 옛 주석의 천착을 변론하고 여러 말의 同異를 절충하였으며, 중간에 자기 뜻을 붙여서 예전에 발명하지 못한 뜻을 발명함이 많았다."[11]는 평을 얻게 되었을 것이다.

4. ≪孫子髓≫ 譯註의 의의

앞에서 보았듯이 ≪손자수≫는 조희순이 기존의 ≪손자≫에 대한 연구를 모두 조사하고 자신의 논거로 정리하여 주해한 책이라 할 수 있다. 본서가 현재 유일하게 남아 있는 우리나라의 ≪손자≫ 주해서라는 의의도 있지만 무엇보다 그 내용의 깊이나 구성체제를 살펴볼 때 다른 주석서에 뒤지지 않는다는 점에서 이를 譯註한다는 것은 매우 큰 의미가 있다. 현재까지 ≪손자수≫에 대한 연구가 이루어지지 못하였는데, 본 譯註書를 통해 우리나라 전통시대 학자들이 ≪손자≫를 바라본 시각을 재조명할 수 있을 것으로 기대된다.

또한 저자가 舊韓末 외세의 침입으로 시달리고 있던 역사적인 시기에 조정에서 무장으로 활동하던 인물이었다는 점에서 본서를 대하는 마음이 새삼 달라진다. 즉 단순한 학문적 호

---

10) 예컨대 제2편 〈作戰〉의 부록에서 "曹公이 말하기를 '군대가 출동하여 이미 국경을 나가면 군대에 가까이 거주하는 백성들이 재물을 탐하여 모두 물건을 비싸게 파니, 이렇게 되면 백성들의 재정이 고갈된다.' 하였다.……우리 병사와 백성들이 적과 뒤섞여 있는데 물건을 매매함을 금하지 않는다면 어찌 이것을 군대의 정사라 할 수 있겠는가. 이는 반드시 없을 일이니, 어찌 曹公의 말이라 하여 마침내 그대로 두고 분변하지 않을 수 있겠는가." 라고 하였고, 제3편 〈謀功〉에서는 "이러한 점들은 본래 曹操의 소략한 부분인데, 어찌하여 주석가들이 분분하게 구차히 따라서 전혀 세밀히 연구하지 않았단 말인가."라고 하여 무조건적으로 조조의 의견을 따른 것이 아니라 논리를 따져 비판적으로 수용했음을 보여주고 있다.

11) 金學性의 序文 "本諸儒術 參以武經 辨難舊註之穿鑿 折衷群言之同異 間附已意 發前未發者多"

기심에서 편찬한 학자의 책이 아니라 당대의 상황 속에서 나라가 안정을 되찾을 수 있는 길을 병서를 통해 암중모색하는 武人의 고뇌가 느껴지기 때문이다. ≪손자병법≫에 대한 현대적 해석이라는 미명 아래 처세술이나 경영 기법으로 때로는 심리전의 교본으로 평가되는 요즘에 亂世의 무장이 본 ≪손자병법≫의 본 모습을 살필 수 있지 않을까 생각된다.

孫子髓序　≪孫子髓≫의 서문

兵者는 士不可以不知也라 地水之象이 權輿於羲文하고 甘費之辭가 家法於禹周[1)]하니 此尙矣라 太公著略하고 吳子談兵에 必稱道德仁義하고 仲尼之文事武備와 孟氏之地利人和[2)]는 皆千古不刊之韜鈐이라 漢宋之諸儒 言兵事하고 策戰略也에 莫不尊俎(준조)而折(衷)〔衝〕之[3)]하니 則儒而不知兵이면 非通儒也라 昔孫武著書十三篇에 凡攻守戰備之要 在於知彼知己知天知地之理라 所謂致人不致於人과 形兵之極이 至於無形[4)]等語는 皆出自吾儒正論하니 非特四利七計(尤)〔九〕變五間[5)]之秘妙而已라 其章句之分疏와 旨義之訂翼이 諸家匯(회)解에 已備矣라 近閱趙君羲純所撰註釋하니 本諸儒術하고 參以武經하여 辨難舊註之穿鑿하고 折衷群言之同異하며 間附己意하여 發前未發者多하고 迂直岐逕이 井井若航海之分針이라 噫라 趙君은 武名而儒行者也라 於書無不讀하고 讀而悟其眞諦하여 見識迢邁(초매)하여 妙有自得之神이요 而尤長於同甫之論兵과 西山之演陣[6)]하여 分析古作者微奧하여 釐爲一家之藏하니 雖謂之後世子雲[7)]이라도 未爲侈語也라 要余訂定하여 弁之于卷하니 余以爲子游之詩序 取舍於毛氏箋義[8)]하고 康成之禮疏 刪正於秦氏通考[9)]로되 而以余所未嘗學者로 顧安所質劑於此乎아 然竊自有得於涉獵中일새 略敍兵家源委하여 以明儒者不得不知하노라 記云 儒有忠信以爲甲冑하고 禮義以爲干櫓[10)]라하니 夫甲冑干櫓之尙忠信禮義는 是爲用兵之本이니 讀兵者又不可不知此也라 淸風後人金學性[11)]은 書하노라

1) 地水之象……家法於禹周：地水의 象은 ≪周易≫의 師卦로, 地는 坤☷을, 水는 坎☵을 이르는바, 師卦는 卦畫이 ䷆이고 군대를 의미한다. 羲文은 伏羲와 文王을 병칭한 것으로, 伏羲가 처음 八卦를 그리고 文王이 卦辭를 지었다고 전해지기 때문에 이렇게 말한 것이다.

　權輿는 처음이라는 뜻인바, ≪詩經≫ 〈秦風 權輿〉에 "나에게 깊고 넓은 집을 주더니 지금에는 밥 먹을 때마다 남음이 없도다. 아, 權輿를 잇지 못함이여.〔於我乎 夏屋渠渠 今也每食无餘 于嗟乎 不承權輿〕" 하였는데, 朱子의 ≪集傳≫에 "權輿는 처음이다."라고 보인다.

甘費之辭는 ≪書經≫의 〈甘誓〉와 〈費誓〉를 이른다. 〈甘誓〉는 夏나라 禹王의 아들 啓가 즉위하자 有扈가 복종하지 않으므로 그를 토벌하기 위해 출병하면서 甘 땅에서 장병들에게 맹세한 내용이며, 〈費誓〉는 周나라 周公의 아들 伯禽이 魯나라에 봉해진 뒤에 夷戎들이 복종하지 않으므로 이들을 토벌하기 위해 출병하면서 費 땅에서 장병들에게 맹세한 내용이다.

2) 太公著略……孟氏之地利人和 : '太公이 韜略에서 道德과 仁義를 말했다.'는 것은, ≪三略≫ 〈下略〉에 "道·德·仁·義·禮 다섯 가지는 一體이다. 道는 사람이 행하는 바요, 德은 사람이 얻은 바요, 仁은 사람이 친애하는 바요, 義는 사람이 마땅히 행해야 할 바요, 禮는 사람이 체행하는 바이니, 한 가지도 없어서는 안 된다."라고 보인다.

'文事와 武備'는 孔子가 魯 定公에게 올린 경계의 말씀으로 ≪史記≫ 〈孔子世家〉에 "文과 관계된 일을 할 때에도 반드시 武의 대비가 있어야 하고, 武와 관계된 일을 할 때에도 반드시 文의 대비가 있어야 합니다.〔有文事者 必有武備 有武事者 必有文備〕"라고 보인다.

孟氏의 '地利와 人和'는 ≪孟子≫ 〈公孫丑 下〉에 "천시가 지리만 못하고 지리가 인화만 못하다.〔天時不如地利 地利不如人和〕"라고 보인다.

3) 罇俎(준조)而折(衷)〔衝〕之 : 굳이 군대를 동원하여 전쟁터에서 싸우지 않고 외교상의 담판으로 상대방을 꺾어 승리를 취한다는 뜻이다. '罇俎之間'은 술과 도마의 사이라는 뜻으로 연회석을 가리키며, '折衝'은 적군의 전차를 물리쳐 전투에서 승리한다는 의미로, 衝은 전투용 수레의 일종이다. 齊나라의 名相인 晏嬰이 晉나라에서 정탐하러 온 使臣의 의도적인 결례를 연회석상에서 지적하며 결연한 모습을 보이자, 사신은 晉나라로 돌아가 齊나라를 공격할 수 없다고 보고하였다. 孔子는 이 말을 듣고 "잔치 자리를 벗어나지 않으면서도 천 리 밖의 일을 안다는 것은 晏子(晏嬰)를 이른 것이다. 절충했다고 이를 만하다.〔夫不出于罇俎之間而知千里之外 其晏子之謂也 可謂折衝矣〕' 하였다. ≪晏子春秋 권5 雜上 第5≫ 저본에는 '衷'으로 되어있으나 ≪吳子春秋≫에 의거하여 '衝'으로 바로잡았다.

4) 所謂致人不致於人……至於無形 : 이 내용은 ≪孫子≫ 〈虛實〉에 보인다.

5) 四利七計(尤)〔九〕變五間 : 모두 ≪孫子≫에 보인다. 저본에는 '尤'로 되어있으나, ≪孫子≫에 의거하여 '九'로 바로잡았다.

四利는 군대를 주둔함에 있어 이로운 지역을 선택하는 네 가지 방법이다. 산에 주둔하는 군대〔處山之軍〕는 높은 곳에 주둔해야 하고 적이 높은 곳을 점거하였으면 올라가 싸우지 말아야 하며, 물가에 주둔하는 군대〔處水上之軍〕는 살 곳을 살펴보아 높은 곳에 주둔하고 물의 하류에 주둔하지 말아야 하며, 갯벌과 늪지대에 주둔하는 군대〔處斥澤之軍〕는 물과 풀이 좋은 곳을 의지하고 여러 나무를 등지고 있어야 하며, 平陸에 주둔하는 군대〔處平陸之軍〕는 높은 언덕을 오른쪽과 뒤에 두고 앞에는 죽을 땅(낮은 곳)을 두고 뒤에는 살 땅(높은 곳)을 두어야 하는 것으로, 이 네 가지는 〈行軍〉의 맨 앞에 보인다.

七計는 적과 우리의 실정을 비교하는 일곱 가지 기준 항목인 君主의 올바름, 전쟁을 지휘하는 將帥의 재능, 天時와 地利의 이로움, 法令의 엄정함, 강한 병력, 士卒의 훈련 정도, 賞罰의 분명함으로, 〈始計〉에 보인다.

九變은 용병에 있어 변화하는 방법 아홉 가지로 〈九變〉에 보이며, 五間은 다섯 부류의 간첩인 因間, 內間, 反間, 死間, 生間으로 〈用間〉에 보인다.

6) 同甫之論兵 西山之演陣 : 同甫는 南宋의 학자인 陳亮의 자로 호가 龍川인데, 實事實功을 강조하며 병사를 논하기를 좋아하여 지나치게 功利를 추구한다는 朱子의 비판을 받았다. 西山은 남송의 학자인 蔡元定의 호로 주자에게 수학하였는바, 陣圖를 만들었으므로 이렇게 말한 것이다.

7) 後世子雲 : 孫子의 병법을 후세에 깊이 이해한 자라는 의미이다. 子雲은 前漢의 학자인 揚雄의 字로, ≪太玄經≫과 ≪法言≫을 지었는데, 사람들이 이 책들의 내용이 너무 심오하여 당세에 알아볼 사람이 없다고 비판하자, 揚雄은 "나는 후세의 자운을 기다린다."라고 대답한 데서 유래하였다. ≪漢書 권87 揚雄傳≫

8) 子游之詩序 取舍於毛氏箋義 : 子游는 孔子의 弟子로 성은 言이고 이름은 偃인데, 子夏와 함께 문학으로 명성이 높아 孔門四科에 든 인물이다. ≪詩經≫에 연관된 기록이 보이지 않는바, 이는 子夏의 오기로 보인다. 子夏는 성이 卜이고 이름이 商인데 詩序를 썼다고 전해진다. 毛氏는 大毛公인 毛亨과 小毛公인 毛萇을 가리키며, 箋義는 毛萇의 ≪詩傳≫을 가리킨 것이다.

鄭玄의 ≪詩譜≫에 "魯나라 사람 大毛公이 자기 집에서 ≪訓詁傳≫을 지었는데, 河間獻王이 이것을 얻어 황제에게 바쳐서 小毛公을 博士로 삼게 했다." 하였으며, 陸璣의 ≪毛詩草木鳥獸魚蟲疏≫에는 "孔子가 詩를 산정하여 卜商에게 전수하였고, 卜商이 詩序를 지어 魯나라 사람 曾申에게 전수하였고……荀卿이 魯나라의 毛亨에게 전수하였고 毛亨이 ≪訓詁傳≫을 지어 趙나라의 毛萇에게 전수하였는데, 당시 사람들이 毛亨을 大毛公이라 하고 毛萇을 小毛公이라 하였다."라고 보인다.

9) 康成之禮疏 刪正於秦氏通考 : 康成은 後漢의 대학자인 鄭玄의 자이며, 禮疏는 ≪禮記≫의 注疏를 이른다. 秦氏는 淸나라 학자 秦蕙田으로 그가 ≪五禮通考≫를 지으면서 鄭玄의 주석을 참고하였으므로 이렇게 말한 것이다.

10) 起云……禮義以爲干櫓 : 이 내용은 孔子가 魯 哀公이 물은 선비의 행실〔儒行〕에 대해 대답한 내용의 일부로 ≪禮記≫ 〈儒行〉에 그대로 보이는바, 앞에 吳起가 말했다고 한 것은 誤記로 보인다.

11) 金學性 : 1807~1875. 자는 景道, 호는 松石, 본관은 淸風이며, 시호는 文獻이다. 1829년(순조29) 정시 문과에 급제하고, 弘文館 副提學과 예조·형조·공조의 판서를 역임하고 侍講院의 右賓客으로 재직 중 별세하였다.

兵法은 선비가 알지 않으면 안 된다. 地水의 象이 伏羲와 文王에게서 시작되었고,

甘誓의 글이 禹王과 周나라 때에 家法이 되었으니, 이는 참으로 오래되었다.

太公이 韜略을 짓고 吳子(吳起)가 兵法을 논할 적에 반드시 道德과 仁義를 말하였고, 仲尼의 文事와 武備와 孟氏의 地利와 人和는 모두 千古에 없앨 수 없는 韜鈐(韜略)이다. 漢·宋의 여러 학자들은 兵事를 말하고 戰略을 계책할 적에 尊俎에서 折衝하지 않음이 없었으니, 학자로서 兵法을 알지 못하면 통달한 선비가 아니다.

옛날 孫武가 兵書 13篇을 지었는데, 공격과 수비, 전투에 대비하는 모든 요점이 敵을 알고 자기를 알며, 天時를 알고 地理를 아는 데 있었다. 이른바 '적이 오도록 만들고 적에게 끌려가지 않는다.'라는 것과, '병력을 나타냄이 지극함은 형체가 없음에 이르는 것이다.' 등의 말은 모두 우리 儒家의 正論에서 나왔으니, 네 가지 이로움과 일곱 가지 계산함과 아홉 가지 변함과 다섯 가지 間諜의 비밀스러운 묘리뿐만이 아니다. 章句를 나누어 해석함과 뜻을 수정하고 보충한 것은 諸家의 註解에 이미 구비되어 있다.

근간에 趙君 羲純이 지은 주석을 보니, 儒學에 근본하고 武經을 참작해서 옛 주석의 穿鑿함을 변론하고 여러 말의 同異를 절충하였으며, 중간에 자기 뜻을 붙여서 예전에 아직 드러내지 못한 뜻을 발명함이 많았고, 우회와 직선, 갈림길과 오솔길이 분명하여 航海의 分針과 같았다.

아! 趙君은 武臣의 이름으로 선비의 행실을 하는 자이다. 책을 읽지 않은 것이 없고, 읽으면 그 참된 뜻을 깨달아서 식견이 고매하여 스스로 터득하는 신묘함이 있고, 더더욱 同甫의 兵法을 논함과 西山의 陣法을 부연함에 장점이 있어서 옛날 作者들의 은미하고 심오한 뜻을 분석하여 한 사람의 藏書로 정리하여 만드니, 비록 후세의 子雲이라고 평하더라도 지나친 말이 되지 않을 것이다.

나에게 이것을 수정하여 책의 머리글을 써줄 것을 요구하니, 내 생각건대 子游의 ≪詩序≫가 毛氏의 箋義에 취해졌고 康成의 禮疏가 秦氏의 ≪通考≫에 刪正되었으나, 나는 일찍이 兵書를 배우지 않은 자로서, 돌아보건대 어찌 여기에 대해 질정할 수 있겠는가. 그러나 적이 이 책을 섭렵하는 가운데 얻음이 있었으므로 兵家의 源流를 간략히 서술하여 선비가 兵法을 알지 않으면 안 됨을 밝히는 것이다.

吳起가 말하기를 "선비는 忠信으로써 甲胄를 삼고 禮義로써 방패를 삼는다." 하였으니, 甲胄와 방패를 사용하면서도 忠信과 禮義를 숭상함은 이것이 用兵하는 근본이 되니, 兵書를 읽는 자가 또 이것을 알지 않으면 안 된다.

淸風 後人 金學性은 쓰다.

自序 자서

有畸人[1)]志士 每秋夜涔寂에 落葉撲窓하고 竹涼乍侵이면 悄對螢燈하고 看劍引杯하며 抽古人書하여 讀數篇이라가 竟爲之拍案掀髯하여 以紓其胸中湮鬱之氣하니 當此之時하여 吾知其所讀者必兵書也로라 旣而泛覽諸家하여 博而約之하면 則吾又知其必歸於孫子하니 由天下有同耆焉[2)]이라 故로 唐文皇亦云 諸兵書無出孫子[3)]라하니 是則註釋之所以獨多也라 魏晉迄明히 凡八十餘家로되 曹孟德而爲稱首하니 不止用兵髣髴孫吳[4)]요 兼又文章이 權輿典午[5)]하여 多得言外之意하여 有非後世能言之士의 所可幾及이라 然이나 往往瑕不掩瑜하니 豈以下筆在得意後하여 務於矜伐而未暇攻苦歟아 劉寅說은 極淺近하니 可無譏리오마는 而今偏列於武學하니 豈刊行時他善本이 未及東來歟아

1) 畸人 : 倚人과 같은 말로, 독특한 志行으로 세상과 화합하지 못하는 사람을 가리킨다. ≪莊子≫ 〈大宗師〉에 "子貢이 묻기를 '감히 倚人에 대해 묻습니다.' 하니, 孔子가 말씀하였다. '倚人은 사람에게는 불우하나 하늘과는 대등한(짝하는) 자이다. 그러므로「하늘의 소인이 인간에 있어서는 군자이고, 인간의 군자가 하늘에 있어서는 소인이 되는 것이다.」한 것이다.'〔子貢曰 敢問倚人 曰 倚人者 倚於人而侔於天 故曰 天之小人 人之君子 人之君子 天之小人也〕"라고 보인다. 畸를 奇로 보아 '인간에 있어서 기이함'으로 해석하는 경우도 있다.

2) 由天下有同耆焉 : 천하 사람들의 생각이나 기호가 비슷하다는 의미로, ≪孟子≫ 〈告子上〉의 "입이 맛에 있어서 똑같이 즐김이 있으니, 易牙는 우리 입이 즐기는 것을 먼저 안 자이다.〔口之於味 有同耆也 易牙先得我口之所耆者也〕"라는 구절을 원용한 것이다.

3) 唐文皇亦云 諸兵書無出孫子 : 唐文皇은 唐 太宗으로, 이 내용은 ≪李衛公問對≫ 〈中卷〉에 보인다.

4) 曹孟德而爲稱首 不止用兵髣髴孫吳 : 孟德은 後漢 말기의 丞相인 曹操의 자인데, 첫 번째로 ≪孫子≫에 주석을 달았다. 孫吳는 孫子(孫武)와 吳子(吳起)의 병칭이다. 曹操는 당대 최고의 兵略家로 後漢 말의 혼란기에 봉기한 群雄들을 뛰어난 용병술로 평정하였는바, 諸葛亮의 〈後出師表〉에 "曹操는 지모와 계략이 보통 사람보다 크게 뛰어나 용병술이

孫吳와 방불하다."라고 보인다.

5) 權輿典午 : 權輿는 시작을 뜻하며, 典은 司를 午는 十二地支의 馬로 典午는 司馬를 뜻하는바, 司馬는 晉나라의 國姓으로 곧 晉나라 文章의 시조가 되었음을 말한 것으로 보인다. 晉나라의 초대 황제인 司馬炎은 司馬昭의 아들이고 司馬懿의 손자로 魏나라를 찬탈하여 晉나라를 세웠는데, 晉나라는 魏나라의 文章制度를 따랐다.

畸人과 志士들이 매번 고요한 가을밤에 낙엽이 창문을 때리고 대나무 숲의 차가운 기운이 침입해오면, 근심스레 등잔불을 대하며 劍을 보고 술잔을 들면서 古人의 책을 뽑아 몇 편을 읽다가 끝내 책상을 치고 수염을 쓰다듬으면서 가슴의 답답한 기운을 펼치게 되니, 이때를 당하여 나는 그들이 읽는 책이 반드시 兵書임을 아노라.

이윽고 諸家의 설을 두루 살펴 널리 보고 요약하면 나는 또 반드시 ≪孫子≫로 돌아올 줄을 아니, 이는 천하 사람들의 기호가 똑같기 때문이다. 그러므로 唐나라 文皇 또한 말하기를 "여러 兵書가 ≪孫子≫를 벗어날 것이 없다." 하였으니, 이 때문에 ≪孫子≫의 주석서가 유독 많은 것이다.

魏·晉으로부터 明나라에 이르기까지 註釋을 낸 자가 모두 80여 家인데, 曹孟德을 첫 번째로 꼽으니, 이는 다만 용병술이 孫吳에 방불할 뿐만이 아니요, 겸하여 또 그의 文章이 晉나라 司馬氏의 시작이 되어서 ≪孫子≫의 글에 나타난 뜻 이외의 의미를 많이 깨달아, 후세에 글을 잘하는 선비가 능히 바라고 미칠 바가 아니기 때문이다.

그러나 왕왕 玉의 티가 아름다운 玉을 가리지 못하니, 이는 어찌 曹孟德이 득의양양한 뒤에 주석을 쓰면서 자신의 지식을 자랑함을 힘쓰고, ≪孫子≫를 열심히 공부할 겨를이 없어서가 아니겠는가. 劉寅의 說은 지극히 淺近하니 비판이 없을 수 있겠는가마는 지금 유독 武學에 나열되어 있으니, 이는 아마도 우리나라에서 兵書를 간행할 적에 다른 좋은 本이 미처 들어오지 못했기 때문일 것이다.

余少喜兵家言하여 讀史至有國戰守하면 未嘗不三復(복)하여 擬以勝敗之迹으로 參徵於孫子러니 先我而鄧廷羅有兵鏡之撰[1)]이라 更思以六子之緒言[2)]으로 翼附於孫子러니 先我而李卓吾有參同之述[3)]하여 爲窅然綴作者라 久之에 晩有幽憂之疾하여 無意於當世하여 養疴山齋하니 容易得閒이라 兒子頭角稍長하여 有志學裘[4)]하여 請業甚勤이어늘 取刊本(量)〔彙〕[5)]解하여 試使讀之로되 而粹駁兼收하여 欠於折中하고 語氣萎苶(날)하여 苦不當意라 性又褊拗하여 不能苟從하고 竊不自揆하여 每手疏數則而課之하니 蓋以百己之工으로 容有一得之愚耳[6)]라 編旣成에 有騁談之客이 亟相然可[7)]曰 吾少志於

此하여 閱亦多矣라 孫子一書 欠爲註家所寃이로되 千載之下에 莫有白者러니 今子是編은 專推究用心하여 下字處 幾乎剝其膚而精入髓矣니 盍以是名之리오 余笑而首肯하고 遂名之曰孫子髓라하노라

1) 鄧廷羅有兵鏡之撰 : 鄧廷羅는 淸나라 초기의 문신이자 학자로 호는 偶樵, 자는 叔奇이다. 順治 연간에 貢生에 선발되었고, 벼슬이 知湖廣荊南道에 이르렀다. 중국 역대 名將들의 用兵과 機略을 다룬 ≪兵鏡備考≫ · ≪兵鏡或問≫ · ≪孫子集注≫를 지었는데, 여기서 말한 ≪兵鏡≫은 세 책을 통괄하여 이른 것으로 보인다.
2) 六子之緖言 : 六子는 孫武를 제외한 나머지 武經七書의 저자들인 吳起 · 司馬穰苴 · 尉繚 · 李靖 · 黃石公 · 呂望을 이른다. 緖言은 이들이 남긴 가르침을 의미한다.
3) 李卓吾有參同之述 : 卓吾는 李贄(1527~1602)의 자이다. 明나라 晉江 사람으로 禪學을 좋아하였으며, 뒤에 머리를 깎고 佛法을 숭상하며 禮敎를 무시하다가 탄핵받고 옥중에서 죽었다. ≪參同≫을 지은 것은 자세하지 않다.
4) 有志學裘 : 자손으로서 조상의 世業에 뜻을 두었음을 이른다. ≪禮記≫ 〈學記〉에 "풀무질을 잘하는 대장장이의 아들은 반드시 갖옷 만드는 것을 배우게 되고, 활을 잘 만드는 사람의 아들은 반드시 키를 만드는 것을 배우게 된다.〔良冶之子 必學爲裘 良弓之子 必學爲箕〕"라고 한 구절을 원용한 것이다.
5) (彙)〔稟〕: 저본에는 '彙'으로 되어있으나 문맥에 맞게 '稟'로 수정하였다.
6) 百己之工 容有一得之愚耳 : '百己之工'은 ≪中庸≫ 제20장의 "남이 한 번에 능하거든 나는 백 번을 하며, 남이 열 번에 능하거든 나는 천 번을 하여야 한다.〔人一能之 己百之 人十能之 己千之〕"라는 구절에서 온 것이며, '一得之愚'는 ≪史記≫ 권92 〈淮陰侯列傳〉에 "어리석은 자라도 천 번을 생각하면 반드시 한 번은 옳은 생각을 한다.〔愚者千慮 必有一得〕"하는 구절에서 온 것으로, 다소의 식견이 있음을 겸손히 말한 것이다.
7) 亟相然可 : 相은 도움이며 可는 상대방의 말에 동의하는 것으로, 급히 찬성함을 이른 것이다.

나는 젊어서부터 兵家의 글을 좋아하여 역사책을 읽다가 국가의 전쟁과 수비에 이르면 일찍이 세 번 반복하여 읽지 않은 적이 없었다. 이에 勝敗의 자취를 가지고 ≪孫子≫에 참고하고 징험하려고 하였는데, 나보다 먼저 鄧廷羅가 ≪兵鏡≫이라는 책을 지었다. 다시 생각하기를 六子가 남긴 말을 가지고 ≪孫子≫에 附翼할까 하였는데, 나보다 먼저 李卓吾가 ≪參同≫이라는 책을 저술하여 아득히 作者가 되었다.

얼마 후에 나는 뒤늦게 깊이 간직한 속병을 앓고 당세에 뜻이 없어 山齋에서 병을 조섭하니, 한가한 시간을 얻기가 용이하였다. 아들이 재주와 기개가 차츰 자라서 대장장이의 아들이 갖옷 만들기를 배우기에 뜻을 둔 것처럼 학업을 매우 부지런히 청

하였는데, 간행되어 있는 本들의 여러 해석을 취하여 한번 읽게 하였으나, 순수함과 雜駁함이 함께 실려 있어서 절충하기에 부족하였고, 문장의 기운이 약해 마음에 합당하지 못하여 괴로웠다. 나는 또 성품이 편협하여 구차히 남의 말을 따르지 못하고는 스스로 자신을 헤아리지 않고 매번 손수 몇 쪽을 써서 공부를 시키니, 남이 한 번 하면 자기는 백 번 하는 공부로, 이렇게 하면 아무리 어리석은 자라도 한 번은 통할 수 있기 때문이었다.

책이 이루어지자 談論하는 손님이 급히 찬성하여 말하기를 "내 젊어서 여기에 뜻을 두어 책을 본 것이 또한 많았습니다. ≪孫子≫ 한 책은 유감스럽게도 주석가들에 의해 잘못 해석되었는데, 천 년 뒤에도 이것을 밝히는 자가 없었습니다. 그런데 지금 그대의 이 책은 오로지 孫子의 用心을 미루어 究明해서 글자를 놓은 것이 거의 살을 파고 精髓에 들어갔으니, 어찌 이것으로 이름하지 않겠습니까." 하였다. 내가 웃고 고개를 끄덕이고서 마침내 이름을 ≪孫子髓≫라 하였다.

序 서

孫子髓者는 趙學海堂所注解也라 夫武書는 爲百代談兵之祖라 故로 歷代注本極夥하니 注釋에 有曹操, 王凌, 張子尙, 賈詡, 孟氏, 沈友, 李筌, 杜牧, 王晳, 張預, 賈林, 梅堯臣, 陳皥, 杜(祐)〔佑〕[1], 何氏, 解元, 張鏊, 李材, 黃治, 孫鎬, 紀燮하고 批評에 有蘇洵, 王沂, 唐順之, 王世貞, 陳深, 李贄, 梅國楨, 焦竑, 郎文煥, 陸宏祚로되 而諸論이 各有得失이라 歐陽修謂兵以不窮爲奇하여 宜其說者之多라하니 其言이 最爲有理也라 蓋此書綴輯諸家之論하여 筆其精粹하여 深得孫子之奧旨하여 如慧可之得達磨髓[2]然일새 是以命名焉하노라 余惜其流傳殘本하여 遂付繡梓하여 俾壽于世하니 亦使後學으로 知其生聚訓鍊[3]하고 權謀運用之術云爾라 己巳三月上澣에 宜寧南相吉[4]은 序하노라

1) (祐)〔佑〕: 저본에는 '祐'로 되어있으나 ≪孫子十家註≫에 의거하여 '佑'로 바로잡았다.

2) 慧可之得達磨髓 : 達磨는 남인도 鄉至國의 왕자로서 般若多羅에게 불법을 배워 大乘禪을 제창하고 중국에 건너와 梁 武帝을 만났으나 뜻을 얻지 못하자, 다시 嵩山의 少林寺에 들어가 面壁參禪하여 道를 깨닫고 禪宗의 시조가 된 인물이다.

慧可(487~593)는 達磨의 제자로, 가르침을 구하기 위해 달마 앞에서 자신의 왼팔을 잘라 결연한 의지를 보여 禪宗의 精髓와 스승의 衣鉢을 전수받아 禪宗의 제2대 祖師가 된 인물이다.

3) 生聚訓鍊 : 백성들이 자식을 많이 낳게 하여 인적자원을 확보하고 재정을 모으며 병사들을 훈련시키는 것으로, 춘추시대 越나라를 멸망 직전에 몰아넣은 吳王 夫差가 伍子胥의 반대를 무릅쓰고 월나라와의 講和를 허락하자, 伍子胥가 주위 사람들에게 "越나라가 10년 동안 백성을 많이 낳고 재력을 축적하고서 또 10년 동안 백성을 교육하고 兵馬를 훈련시킬 것이니, 20년 뒤에는 吳나라의 궁전이 沼澤이 될 것이다.〔越十年生聚 十年敎訓 二十年之外 吳其爲沼乎〕"라고 한 말을 원용한 것이다. ≪春秋左氏傳 哀公 元年≫

4) 宜寧南相吉 : 1820~1869. 宜寧은 본관이고, 자는 子裳, 호는 六一齋, 초명은 秉吉이다. 1848년(헌종14) 증광문과에 급제하고, 황해도관찰사·형조판서 등을 역임하고, 1862년(철

종13) 左參贊에 이르렀다. 학문이 깊었으며 특히 천문학에 정통하여 당대에 이름이 높았다.

≪孫子髓≫는 學海堂 趙義純이 注解한 것이다. 孫武의 책은 百代에 兵法을 말하는 원조가 된다. 그러므로 역대에 註釋本이 매우 많으니, 주석에 曹操, 王凌, 張子尙, 賈詡, 孟氏, 沈友, 李筌, 杜牧, 王晳, 張預, 賈林, 梅堯臣, 陳皥, 杜佑, 何氏, 解元, 張鏊, 李材, 黃治, 孫鎬, 紀燮이 있고, 비평에 蘇洵, 王沂, 唐順之, 王世貞, 陳深, 李贄, 梅國楨, 焦竑, 郎文煥, 陸宏祚가 있으나, 여러 의논에 각기 得失이 있다.

歐陽脩가 말하기를 "兵法은 무궁무진함을 기이하게 여겨서 그 해설이 많은 것이 당연하다." 하였으니, 이 말이 가장 이치에 맞는다. 이 책은 諸家들의 의논을 모아 그 精粹를 뽑아서 孫子의 심오한 뜻을 깊이 얻어 慧可가 達磨의 정수를 얻은 것과 같으므로, 이 때문에 ≪孫子髓≫라고 命名한 것이다.

나는 세상에 殘本이 유행하는 것을 애석히 여겨서 마침내 판각에 부쳐 세상에 오래 전하게 하니, 또한 後學들로 하여금 백성을 낳고 재력을 모으고 병사들을 훈련시키며, 權謀를 운용하는 방법을 알게 하는 바이다.

己巳年(1869) 3월 상순에 宜寧 南相吉은 쓰다.

始計 第一 제1편 국방 계획

凡欲興師動(象)〔衆〕[1]인댄 君相이 與訐謀於廟堂之上하여 校計彼我之情하여 見勝乃擧라 故로 有不戰이언정 戰必勝이니 其法則五事七計也라 隨其得算多(小)〔少〕[2]하여 以知勝負라 故로 首始計하니라

1) (象)〔衆〕: 저본에는 '象'으로 되어있으나 문맥에 맞게 '衆'으로 바로잡았다.
2) (小)〔少〕: 저본에는 '小'로 되어있으나 문맥에 맞게 '少'로 바로잡았다.

무릇 군대를 일으키고 병력을 동원하려 하면 군주와 정승이 서로 廟堂(朝廷)의 위에서 큰 계책을 세워 彼我의 실정을 비교하고 헤아려서 승리를 발견하여야 비로소 군대를 일으킬 수 있다. 그러므로 싸우지 않을지언정 싸우면 반드시 승리하는 것이니, 그 방법은 다섯 가지 일과 일곱 가지 계책이다. 勝算을 얻음이 많고 적음에 따라 승부를 알 수 있다. 그러므로 〈始計〉를 맨 앞에 놓은 것이다.

孫子曰 兵者는 國之大事라 死生之地요 存亡之道니 不可不察也니라

孫子가 말하였다.
'兵(전쟁)'이란 국가의 큰일이다. 죽고 삶이 달려 있는 자리이며 나라가 보존되고 멸망하는 갈림길이니, 살피지 않으면 안 된다.

傳曰 國之大事는 在祀與戎[1]이라하고 吳起曰 兵戰之場은 止屍之地니 必死則生이요 倖生則死[2]라하니 兵之勝敗는 係國存亡이라 故로 須審察也니라

1) 傳曰……在祀與戎 : 이 구절은 ≪春秋左氏傳≫ 成公 13년 3월 조에 보인다.
2) 吳起曰……倖生則死 : 이 구절은 ≪吳子≫ 〈治兵〉에 보인다.

傳(옛 책)에 이르기를 "나라의 큰일은 제사와 전쟁에 있다." 하였고, 吳起가 말하기를 "병사들이 싸우는 戰場은 시신이 쌓여 있는 곳이니, 必死의 각오로 싸우면 살고 요행으로 살기를 바라면 죽는다." 하였다. 군대의 勝敗는 국가의 存亡에 관계되므로 모름지기 자세히 살펴야 하는 것이다.

故로 經之以五事하고 校之以計하여 而索其情하나니

그러므로 다섯 가지 일로써 다스리고 계책으로써 비교하여 그 실정을 찾아야 하는 것이다.

經은 如經緯之經이니 彼我未分也요 校는 較量也니 彼我形也라 索은 求也요 情은 勝負之情也라

'經'은 經緯의 經과 같으니 敵과 우리가 아직 나뉘지 않은 것이요, '校'는 비교하여 헤아림이니 敵과 우리가 나타난 것이다. '索'은 찾음이요, '情'은 승부의 실정이다.

一曰道요 **二曰天**이요 **三曰地**요 **四曰將**이요 **五曰法**이라 **道者**는 **令民與上同意**하여 **可與之死**하고 **可與之生**하여 **而不畏危也**요 **天者**는 **陰陽, 寒暑**를 **時制也**요 **地者**는 **遠近, 險易, 廣狹, 死生也**요 **將者**는 **智, 信, 仁, 勇, 嚴也**요 **法者**는 **曲制, 官道, 主用**[1)]이라 **凡此五者**는 **將莫不聞**이로되 **知之者**는 **勝**하고 **不知者**는 **不勝**이라 **故**로 **校之以計**하여 **而索其情**이니라

1) 曲制官道主用 : 劉寅은 ≪孫武子直解≫에서 張預의 설을 채택하여 이 구절을 "法令이란 部曲(부대)과 節制(통제)와 관작을 맡김과 군량 수송로와 군수물자를 주관함과 사용할 물건을 계산함이다.〔法者 曲, 制, 官, 道, 主, 用〕"라고 해석하여 여섯 가지로 보았으나, 저자는 이를 아래 附錄에서 비판하고 세 가지로 해석하였는바, 이는 曹操의 설을 일부 수용한 것이다.

첫 번째는 道요, 두 번째는 天時요, 세 번째는 地利요, 네 번째는 將帥요, 다섯 번째는 法令(제도와 호령)이다.

道란 백성(병사)들로 하여금 윗사람과 뜻을 함께하여 함께 죽고 함께 살아서 위태로움을 두려워하지 않게 하는 것이다. 天時란 陰과 陽, 추위와 더위를 때에 따라 制裁(조절)하는 것이다. 地利란 거리의 멀고 가까움과 지형의 험하고 평탄함과 넓고 좁음과 죽고 사는 지역이다. 장수란 지혜와 신의와 인자함과 용맹함과 엄격함이다. 法令이란 部曲(部隊)에는 각기 節制가 있고, 百官은 각기 자기 도리를 따르고, 軍用은 오로지 주장하는 자가 있음을 이른다.

무릇 이 다섯 가지는 장수가 듣지 못한 자가 없으나, 이것을 아는 자는 승리하고 알지 못하는 자는 승리하지 못한다. 그러므로 계략으로써 비교하여 그 실정을 찾는 것이다.

道者는 如孟子所謂民皆親上事長[1)]이요 荀卿所謂子弟衛父兄하고 手臂捍頭目[2)]하여 不待勉强也라 故로 三略曰 如肢體相隨하고 骨節相救하여 天道自然하여 其巧無間[3)]이라하니 夫然後에 可與之生死하여 而不計危亡也라 時制者는 陰陽寒暑를 以時制宜也니 謂雨暘時若하고 舒慘應令[4)]하며 年穀豐登하고 民無夭札也라 主乎天而言故로 下文曰 天地孰得고하니라 地形者는 兵之助也라 故로 料敵制勝에 計險易遠近이니 表裏山河[5)]는 所以無虞요 漢水方城[6)]은 恃此無恐也라 高陽爲生이요 下濕爲死니 行軍曰 前死後生이 是也라 將之五德에 缺一不可로되 而智尤居先也라 曲制, 官道, 主用은 謂部曲各有節制하고 百官各遵其道하고 軍用專有主者라 傳曰 百官象物而動하여 軍政不戒而修[7)]라하고 三略曰 無使仁者主財[8)]라하고 孟子曰 天時不如地利요 地利不如人和라하고 又曰 環而攻之에 必有得天時[9)]라하니 蓋謂天官孤虛[10)]故로 其言如是로되 而此則雨暘災祥之謂라 故로 先道, 次天, 次地하고 而將與法이 又次之하니라

1) 孟子所謂民皆親上事長 : ≪孟子≫ 〈梁惠王 上〉의 "왕께서 만일 仁政을 백성들에게 베풀어 형벌을 줄이고 세금을 적게 거두신다면, 백성들이 깊이 밭을 갈고 잘 김매고, 장성한 자들이 한가한 날로써(여가를 이용하여) 孝悌와 忠信을 닦아서, 들어가서는 父兄을 섬기고 나가서는 長上을 섬길 것입니다.〔王如施仁政於民 省刑罰 薄稅斂 深耕易耨 壯者以暇日 修其孝悌忠信 入以事其父兄 出以事其長上〕"라는 구절을 인용한 것이다.

2) 荀卿所謂子弟衛父兄 手臂捍頭目 : ≪荀子≫ 〈議兵〉의 "신하와 군주, 아랫사람과 윗사람의 관계는 마치 자식이 부모를 섬기고 아우가 형을 섬기는 것과 같고, 마치 손과 팔이 머리와 눈을 막아내고 가슴과 배를 감싸 보호하는 것과 같다.〔臣之於君也 下之於上也 若子之事父 弟之事兄 若手臂之扞頭目而覆胸腹也〕"라는 구절을 인용한 것이다.

3) 三略曰……其巧無間 : 이 구절은 ≪三略≫ 〈上略〉에 보인다.

4) 雨暘時若 舒慘應令 : 若은 順의 뜻이고, 舒慘은 陽인 봄과 여름에 만물이 펴지고 陰인 가을과 겨울에 만물이 쇠잔해짐을 이른다. 張衡의 〈西京賦〉에 "대저 사람은 陽의 때에는 펴지고 陰의 때에는 쇠잔해진다." 하였는데, 薛綜이 "陽은 봄과 여름을 이르고 陰은 가을과 겨울을 이른다."라고 주한 데서 유래하였다. 令은 時令(節氣)을 이른다.

5) 表裏山河 : 이 구절은 ≪春秋左氏傳≫ 僖公 28년 조에 "임금께서는 싸우소서. 싸워서 승리하면 반드시 諸侯를 얻을 것이고 승리하지 못하더라도 안과 밖에 山河가 막고 있으니, 반드시 폐해가 없을 것입니다.〔戰也 戰而捷 必得諸侯 若其不捷 表裏山河 必無害也〕"라고 보인다.

6) 漢水方城 : 漢水는 武都에서 發源해서 長江으로 들어가는 강인데 楚나라 수도인 郢 땅 옆을 흐르고, 方城은 郢 땅 근처에 있는 산의 이름이다. 楚나라 屈完이 齊 桓公에게 "齊侯께서 만약 무력을 사용하신다면 우리 楚나라는 方城山을 城으로 삼고 漢水를

해자로 삼을 것이니, 齊나라 군대가 아무리 많아도 사용할 곳이 없을 것입니다." 하였다. ≪春秋左氏傳 僖公 4년≫

7) 百官象物而動 軍政不戒而修 : 이 구절은 ≪春秋左氏傳≫ 宣公 12년 조에 보이는데, 杜預의 註에 "物은 類와 같다." 하였고, 朱申의 附註에 "物은 깃발이니, 百官이 각각 깃발을 상징해 행동하는 것이다." 하였다.

8) 三略曰 無使仁者主財 : 이 내용은 ≪三略≫ 〈中略〉에 보인다.

9) 孟子曰……必有得天時 : 이 내용은 모두 ≪孟子≫ 〈公孫丑 下〉에 보인다.

10) 天官孤虛 : '天官'은 時日의 支干(干支)과 孤虛와 旺相을 이르는바, ≪尉繚子≫에 〈天官〉이 있다. 孤虛는 日辰이 완전하지 않음을 이르는바, 예를 들면 甲子日로부터 癸酉日의 10일간에는, 地支 중 戌과 亥가 빠지므로 戌과 亥는 孤가 되고, 戌과 亥의 반대 방향인 辰과 巳는 虛가 되는 따위이다.

道는 孟子가 말한 "백성들이 모두 윗사람을 親愛하고 어른을 섬긴다."는 것과, 荀卿이 말한 "子弟가 父兄을 호위하고 손과 팔이 머리와 눈을 막아낸다."는 것과 같아서 억지로 힘씀을 기다리지 않는 것이다. 그러므로 ≪三略≫에 이르기를 "肢體가 서로 따르듯이 하고 骨節이 서로 구원하듯이 해서 天道가 자연히 그러하여 그 교묘함이 간격이 없다." 하였으니, 이렇게 한 뒤에야 병사들과 더불어 生死를 함께하여 위태로움과 멸망함을 헤아리지 않을 수 있는 것이다.

時制는 陰과 陽, 더위와 추위를 때에 맞춰 알맞게 조절하는 것이니, 날이 개고 비 오는 것이 때에 순하며, 봄과 여름의 펴짐과 가을과 겨울의 쇠잔해짐이 時令에 응하며, 곡식이 풍년 들고 백성들이 역병으로 일찍 죽는 일이 없는 것이다. 하늘을 위주하여 말했으므로 아래의 글에 "天時와 地利를 누가 얻었는가?"라고 한 것이다.

地形은 군대에 도움이 된다. 그러므로 敵을 헤아려 승리할 적에 지형의 험하고 평탄함과 거리의 멀고 가까움을 계산하는 것이니, 안과 밖에 山河가 막고 있음은 근심이 없는 것이요, 漢水와 方城은 이것을 믿고 두려워하지 않는 것이다. 높고 양지바른 곳을 살 땅이라 하고, 낮고 저습한 곳을 죽을 땅이라 하니, 아래 〈行軍〉에 "앞에는 죽을 땅을 두고 뒤에는 살 땅을 둔다."는 것이 이것이다.

장수의 다섯 가지 德에 하나만 없어도 불가하나, 지혜가 더욱 앞에 있다. 曲制, 官道, 主用은 部曲(部隊)에는 각기 節制가 있고 百官은 각기 자기 道理를 따르고 軍用은 오로지 주장하는 자가 있음을 이른다.

傳(옛 책)에 이르기를 "百官이 각자 지위를 상징하는 깃발을 세우고서 여기에 맞게 행동하여 軍政이 경계하지 않아도 닦인다." 하였으며, ≪三略≫에 이르기를 "인자한 자로 하여금 재물을 주관하게 하지 말라." 하였고, ≪孟子≫에 이르기를 "天時가 地利

만 못하고, 地利가 人和만 못하다.” 하였고, 또 이르기를 “적을 포위하여 공격할 적에 반드시 天時를 얻을 때가 있다.” 하였으니, 이는 天官의 孤虛를 말한 것이므로 그 말이 이와 같으나, 여기서는 날이 개고 비가 오는 것과 재앙과 상서를 말하였다. 그러므로 맨 앞에 道를 말하고, 다음에 하늘(天時)을 말하고, 다음에 땅(地利)을 말하고, 장수와 法이 또 그 다음이 된 것이다.

曰 主孰有道며 **將孰有能**이며 **天地孰得**이며 **法令孰行**이며 **兵衆孰强**이며 **士卒孰練**이며 **賞罰孰明**고하니 **吾以此知勝負矣**로라

군주는 누가 더 道가 있으며, 장수는 누가 더 재능이 있으며, 天時와 地利를 누가 얻었으며, 법령을 누가 더 잘 행하며, 병력은 누가 더 강하며, 士卒은 누가 더 훈련되었으며, 상과 벌은 누가 더 분명한가를 비교하니, 나는 이것을 가지고 승부를 아노라.

此七者는 所以校量彼己之孰多也라

이 일곱 가지는 적과 우리에게 누가 더 많은가를 비교하여 헤아리는 것이다.

將聽吾計[1)]하여 **用之必勝**이어든 **留之**하고 **將不聽吾計**하여 **用之必敗**어든 **去之**니라

1) 將聽吾計 : 劉寅의 ≪孫武子直解≫에는 ‘將’을 裨將으로, ‘吾’를 將帥로 해석하였으나, 저자는 이를 附錄에서 비판하였다.

장수가 나(군주)의 계책을 잘 따라서 그를 임용하여 반드시 승리할 경우에는 머물러 있게 하고, 장수가 나의 계책을 따르지 않아서 그를 임용하여 반드시 실패할 경우에는 제거해야 한다.

雖主有道하고 天地得하고 法令行이나 而兵强卒練하고 信賞必罰은 在將得其人이라 故로 以七計之호되 四總之五事하고 而餘三者를 歸重於將[1)]하니 所以審愼於置將也라 苟或傲狠自用하여 剛不可使면 則必得算少하여 而勝不在我라 故로 申戒勿用也라

1) 以七計之……歸重於將 : 일곱 가지란 바로 앞에 말한 主有道, 將有能, 天地得, 法令行, 兵衆强, 士卒練, 賞罰明을 이르고, 五事는 道, 天, 地, 將, 法의 다섯 가지 일이다. 일곱 가지 계산 가운데 兵衆强, 士卒練, 賞罰明은 장수의 책임이므로 이렇게 말한 것이다.

비록 군주에게 道가 있고 天時와 地利를 얻고 法令이 행해지더라도, 군대가 강하고 士卒이 훈련되고 信賞必罰을 내리는 것은 훌륭한 장수를 얻음에 달려 있다. 그러므로 일곱 가지로 계산하되 五事를 네 가지로 총괄하고 나머지 세 가지는 장군에게 중점을 돌렸다. 이 때문에 장수를 임명함에 삼가고 신중히 하는 것이다.

만일 혹시라도 장수가 오만하고 난폭하며 자신의 의견만을 주장해서, 장수가 강하여 임금이 부릴 수 없으면 반드시 승산이 적어서 승리가 우리에게 있지 못하게 된다. 그러므로 쓰지 말라고 거듭 경계한 것이다.

計利以聽이어든 **乃爲之勢**하여 **以佐其外**니 **勢者**는 **因利而制權也**라 **兵者**는 **詭道也**라 **故**로 **能而示之不能**하고 **用而示之不用**하며 **近而示之遠**하고 **遠而示之近**하며 **利而誘之**하고 **亂而取之**하며 **實而備之**하고 **强而避之**하며 **怒而撓之**하고 **卑而驕之**하며 **佚而勞之**하고 **親而離之**하며 **攻其無備**하고 **出其不意**라 **此**는 **兵家之勝**이니 **不可先傳也**니라

계산하여 우리가 이롭고 장수가 또 나를 믿고 따르거든 마침내 勢를 만들어 그 밖을 도와야 한다. 勢라는 것은 이로움을 따라 權變(임기응변)을 만드는 것이다. 兵이라는 것은 속이는 방도이다. 그러므로 능하면 능하지 못한 것처럼 보이고 유능한 사람을 등용하면 등용하지 않는 것처럼 보이며, 가까이하려 하면 멀리할 것처럼 보이고, 멀리하려 하면 가까이할 것처럼 보이며, 이익으로 적을 유인하고 적을 혼란하게 만들어 취하며, 적이 堅實하면 대비하고 적이 강하면 피하며, 적장을 노하게 하여 흔들리게 하고 말을 낮추어 적장이 교만하게 하며, 적이 편안하면 수고롭게 하고 적이 상하 간에 친하면 이간질하며, 적이 대비하지 않는 곳을 공격하고 적이 예상하지 않은 곳으로 출동해야 한다. 이는 兵家의 승리하는 방도이니, 미리 전(누설)해서는 안 된다.

計利以聽은 言校計旣利而將又聽從也라 勢는 謂能而示之不能以下十四條니 皆因利制權之事니 皆佐其外之事라 外는 謂將得專制之外也라 能而示之不能은 如孫權之任陸遜[1]이니 以其無名也요 用而示之不用은 如秦用白起而戒勿泄也[2]라 遠近은 互形하니 或攻伐之地요 或興師之期也라 智伯이 遺夙繇鍾而以兵隨之[3]는 利而誘之也요 齊因子之之亂而取燕[4]은 亂而取之也라 隨侯聽季梁而修政[5]은 實而備之也요 句踐事吳[6]는 强而避之也며 晉拘宛春[7]은 怒而撓之也요 唐高祖下李密[8]은 卑而驕之也라 吳分三軍肆楚[9]는 佚而勞之也요 漢委陳平하여 間楚君臣[10]은 親而離之也며 晉滅虢(괵)하고 還襲

虞[11]는 攻無備也요 漢燒棧道하여 示無東意하고 而遣韓信하여 定三秦[12]은 出不意也라 凡此는 皆君主爲之勢也니 皆詭道也니 勝由詭立이라 故로 不可泄也라

1) 孫權之任陸遜：三國시대에 吳나라의 장수 呂蒙이 魯肅을 대신하여, 關羽가 수비하고 있는 荊州의 접경지대인 陸口에 부임하자, 關羽는 呂蒙을 경계하여 魏나라의 樊城을 공격하면서도 많은 병력을 잔류시켜 公安과 南郡을 방비하게 하였다. 이에 呂蒙은 孫權에게 關羽를 방심하게 하기 위해 자신을 도성인 建業으로 소환할 것을 청원하자, 孫權은 공개적으로 呂蒙을 도성으로 불러들이고 陸口의 守將을 나이 어린 陸遜으로 교체하였다. 陸遜은 關羽에게 편지를 보내어 그의 공로와 훌륭한 덕을 칭송하고 스스로 의탁하려는 뜻을 표명하니, 關羽가 안심하고 차츰 수비병을 철수하여 樊城으로 집결하였다. 이에 呂蒙은 장사꾼으로 위장한 배에 정예병을 숨겨 關羽가 설치해둔 강변의 초소와 망루들을 기습 점거하였다. 關羽는 吳軍에게 公安과 南郡을 빼앗기고 마침내는 荊州 전역을 잃게 되었다. ≪三國志 권54 呂蒙列傳≫

2) 秦用白起而戒勿泄也：戰國시대인 B.C. 260년에 秦나라 장수 王齕(흘)이 趙나라를 공격하였으나 趙나라의 명장 廉頗의 수비 전술에 막혀 승기를 잡지 못하였다. 이에 應侯(范雎)가 趙나라에 첩자를 보내 "秦나라에서 두려워하는 것은 오직 馬服君(趙奢)의 아들 趙括이 장수가 되는 것일 뿐이니, 廉頗는 상대하기 쉽고 장차 항복할 것이다."라고 반간계를 퍼뜨렸다. 趙王은 이에 속아 廉頗 대신 趙括을 장수로 임명하여 秦나라를 공격하게 하였다. 秦王은 이 소식을 듣자 백전노장인 武安君 白起를 上將軍으로 삼고, 군중에 "武安君이 장수가 된 것을 감히 누설하는 자가 있으면 斬刑에 처하겠다."는 영을 내렸다. 秦軍을 얕잡아본 趙括은 출병하여 秦軍을 공격하다가 거짓으로 敗走하는 秦軍의 계략에 빠져 전사하였고, 趙軍 40만은 포로가 되어 모두 구덩이에 매몰되어 죽임을 당하였다. ≪史記 권73 白起列傳≫

3) 智伯 遺夙繇鍾而以兵隨之：智伯은 춘추시대 晉나라의 대부인 智襄子(智瑤)이고 夙繇는 晉나라 근처에 있던 戎族의 나라로 厹(구)由 혹은 仇繇로도 불린다. 智伯이 夙繇를 정벌하고자 하였으나 지형이 험하여 공격하기가 어렵자, 큰 鍾을 주조하여 이를 선물로 보내면서 병사를 딸려 보내니, 夙繇의 군주가 종을 탐내 이를 받아들였다가 마침내 멸망을 당하였다. ≪呂氏春秋 권15 愼大覽≫

4) 齊因子之之亂而取燕：燕王 噲가 정승인 子之에게 나라를 선양하자 燕나라가 큰 혼란에 빠졌는데, 齊나라가 이 틈을 타 공격하니, 燕나라 士卒들은 싸우지도 않고 城門을 닫지도 않았다. 이에 齊나라가 燕나라를 점령하였다. ≪史記 권34 燕召公世家≫

5) 隨侯聽季梁而修政：隨侯는 춘추시대 隨나라 군주로 姬姓이고 侯爵이며 季梁은 隨나라의 어진 大夫이다. B.C. 706년 楚 武王이 隨나라를 침공하다가 隨나라 군대를 유인하기 위해 철수하자 隨侯가 이를 공격하려 하니, 季梁이 이를 만류하며 정치를 닦

고 형제의 나라들을 친애할 것을 건의하였다. 隨侯가 이를 받아들여 정치를 닦으니, 과연 楚나라가 감히 침범하지 못하였다. ≪春秋左氏傳 桓公 6년≫

6) 句踐事吳 : B.C. 495년 越王 句踐이 숙적인 吳王 夫差와 夫椒에서 싸워 크게 패하고 會稽山에서 농성하다가 吳나라에 항복하여 나라를 바치고 臣妾이 될 것을 간청하면서 吳나라의 太宰 伯嚭에게 막대한 뇌물을 바치니, 伯嚭가 夫差를 설득하여 결국 越나라는 멸망의 위기에서 벗어나게 되었다. 이후 句踐은 복수를 위해 臥薪嘗膽하여 10년 동안 范蠡·文種과 함께 백성을 기르고 재정을 모아 부국강병을 이룩하고, 마침내 吳나라를 대파하여 夫差를 자살하게 함으로써 복수에 성공하였다. ≪史記 권41 越王句踐世家≫

7) 晉拘宛春 : B.C. 633년에 楚나라가 晉나라의 동맹국인 宋나라를 포위 공격하자, 晉文公은 楚나라와 친한 衛나라를 공격하였다. 이로 인해 다음 해 晉나라와 楚나라가 城濮에서 결전을 하게 되었는데, 楚王은 晉나라와의 전쟁을 회피하려 하였으나 令尹 子玉이 기어이 싸울 것을 청하니, 楚王은 병력을 조금만 주었다. 子玉은 大夫인 宛春을 晉 文公에게 사신으로 보내어 "晉나라에서 衛나라 임금을 復位시키고 曹나라를 봉해주면 저희도 宋나라의 포위를 풀겠습니다."라고 하였다. 晉나라의 子犯(狐偃)은 "子玉이 무례합니다. 군주(文公)는 한 가지를 취하려 하고 신하(子玉)는 둘을 취하려 하니, 이 기회를 놓치지 말고 공격해야 합니다." 하였는데, 先軫의 계책을 따라 宛春을 구류하고 또 은밀히 曹나라와 衛나라의 임금을 복위시킬 것을 허락하였다. 이로 인해 子玉은 분노를 참지 못하고 출전하였다가 대패하였다. ≪春秋左氏傳 僖公 27년≫

8) 唐高祖下李密 : 隋 恭帝 말년에 천하가 혼란에 빠져 군웅들이 각축하였는데, 唐公 李淵과 魏公 李密이 그중 가장 강성하였다. 義寧 원년(617) 7월에 李淵이 李密과 연합하기 위해 편지를 보내 초청하자, 李密은 군대의 강성함을 믿고 스스로 盟主가 되고자 하여 李淵에게 호언장담의 편지를 보냈다. 李淵은 "李密이 自尊妄大하나, 우리가 현재 關中(長安)에 일이 많은 상황에서 이를 갑자기 끊어버리면 바로 또다시 하나의 적을 만들어내는 것이다. 말을 낮추어 추켜주고 칭찬하여 그 뜻을 교만하게 해서 그로 하여금 成皐의 길을 막고 東都(洛陽)의 병사를 묶어두게 하면 우리는 西征에 전념할 수 있을 것이다. 그런 다음 關中이 평정되기를 기다려 서서히 漁夫之利를 거두어도 늦지 않을 것이다." 하고는 李密에게 겸손한 답장을 보내었다. 李密은 이 편지를 받고 매우 기뻐하여 말하기를 "唐公(李淵)의 추대를 받았으니, 천하를 평정하고 말 것도 없다."라고 하였다. 그 후 李密은 唐나라에 귀부하였으나 끝내 만족할 줄 모르고 다시 반란을 도모하다가 죽임을 당하였다. ≪資治通鑑 권184 唐紀 恭皇帝≫

9) 吳分三軍肄楚 : 이 내용은 본서 97쪽 주 1)에 보인다.

10) 漢委陳平 間楚君臣 : '楚나라의 군주와 신하'는 項羽와 范增으로, 漢 高祖가 項羽와

패권을 다툴 적에, 項羽의 軍師인 范增을 제거하기 위해 陳平이 획책한 反間計이다. 高祖가 滎陽城에서 포위되어 위태롭게 되자 項羽와 화친을 도모하였는데, 范增이 이를 반대하였다. 이때 漢나라의 상황을 살피고자 項羽가 사신을 보냈는데, 陳平이 성찬을 장만하여 사신에게 올리다가 사신을 보고는 거짓으로 놀란 체하며 말하기를 "나는 亞父(范增)의 사신이라고 여겼는데 지금 보니 바로 項王의 사신이다." 하고는 도로 가져가게 하고, 다시 나쁜 음식을 차려 楚나라의 사신에게 올렸다. 楚나라의 사신이 돌아가 項羽에게 이 사실을 아뢰니, 項羽가 이로 말미암아 范增을 크게 의심하여 둘의 사이가 갈라지게 되었다. ≪史記 권56 陳丞相世家≫

11) 晉滅虢(괵) 還襲虞 : 춘추시대 강대국인 晉나라가 虢나라를 점령하고자 하였으나 虞나라에게 길을 빌리지 않으면 정벌하러 갈 수가 없었다. 이에 대부 荀息이 계책을 내어 虞公에게 많은 선물을 보내고 길을 빌려달라고 요청하자 虞公이 이를 허락하였다. 이에 晉나라는 길을 빌려 虢나라를 멸망시키고 돌아오는 길에 虞나라까지 멸망시켰다. ≪春秋左氏傳 僖公 20년≫

12) 漢燒棧道……定三秦 : 項羽가 秦나라를 멸망시킨 다음 劉邦을 경계하여 벽지인 巴·蜀과 漢中을 주어 漢王으로 삼았는데, 제후들이 각자의 봉지로 갈 적에 張良이 漢王에게 漢中으로 들어가면서 지나가는 곳의 잔도를 태워 제후들의 침략에 대비하고 項羽에게 동쪽으로 진출할 뜻이 없음을 보이게 하였다. 漢王은 張良의 계책을 따르고, 大將 韓信에게 故道를 따라 관중으로 나와 三秦을 멸망시키게 하였다. ≪漢書 권1 高帝紀≫

'계산하여 우리가 이롭고 장수가 또 나를 믿고 따른다.'는 것은 헤아리고 비교하여 이미 이롭고 장수가 또 군주의 말을 잘 따름을 말한 것이다. '勢'는 '능하면 능하지 못한 것처럼 보인다.'는 것 이하의 14가지 조항이다. 이는 모두 '이로움을 따라 權變을 만듦'을 말한 것인데, 모두 그 '밖'의 일을 돕는 것이다. '外'는 장수가 밖에서 專制하게 함을 이른다. '능하면 능하지 못한 것처럼 보인다.'는 것은 孫權이 陸遜에게 陸口를 맡긴 것과 같으니, 그가 명성이 없었기 때문이요, '유능한 사람을 등용하면 등용하지 않는 것처럼 보인다.'는 것은 秦나라가 白起를 등용하면서 누설하지 말라고 경계한 것과 같은 것이다.

멀고 가까움은 상대적으로 나타낸 것이니, 혹은 공격하고 정벌하는 지역이고 혹은 군대를 일으키는 시기이다. 智伯이 夙繇에게 鍾을 보내면서 병사를 뒤따르게 한 것은 '이익으로 적을 유인한 것'이요, 齊나라가 子之의 혼란으로 인하여 燕나라를 점령한 것은 '적을 혼란하게 하여 취한 것'이다.

隨侯가 季梁의 말을 듣고 정사를 잘 닦은 것은 '적이 堅實하면 대비한 것'이고, 句踐

이 吳나라를 섬긴 것은 '적이 강하면 피한 것'이다. 晉나라가 宛春을 구속한 것은 '적장을 노하게 하여 흔들리게 한 것'이고, 唐 高祖가 李密을 항복시킨 것은 '자신을 낮추어 적장이 교만하게 한 것'이다.

吳나라가 군대를 셋으로 나누어 楚나라를 수고롭게 한 것은 '적이 편안하면 수고롭게 한 것'이고, 漢나라가 陳平에게 맡겨서 楚나라의 君主와 신하를 이간질시킨 것은 '적이 상하 간에 친하거든 이간질시킨다는 것'이다.

晉나라가 虢나라를 滅하고 돌아오는 길에 虞나라를 습격한 것은 '적이 대비가 없는 것을 공격한 것'이고, 漢나라가 棧道를 불태워 동쪽으로 진출할 뜻이 없음을 보이고 韓信을 보내어 三秦을 평정한 것은 '적이 예상하지 않은 곳으로 출동한 것'이다.

무릇 이것은 다 군주가 勢를 만드는 것으로 모두 속임수이니, 승리는 속임수로 말미암아 확립된다. 그러므로 누설해서는 안 되는 것이다.

夫未戰而廟算勝者는 **得算多也**요 **未戰而廟算不勝者**는 **得算少也**라 **多算**이면 **勝**하고 **少算**이면 **不勝**이어든 **而況於無算乎**아 **吾(於)〔以〕此觀之**[1]하면 **勝負見矣**로라

1) 吾(於)〔以〕此觀之 : 저본에는 '於'로 되어있으나 諸本에 의거하여 '以'로 바로잡았다.

싸우기 전에 廟堂에서 계산하여 우세한 자는 승산을 얻음이 많은 것이요, 싸우기 전에 묘당에서 계산하여 우세하지 않은 자는 승산을 얻음이 적은 것이다. 승산이 많으면 이기고 승산이 적으면 이기지 못하는데, 하물며 승산이 없음에랴. 내가 이것을 가지고 관찰하면 이기고 지는 형세가 나타난다.

尉子曰 不暴甲而勝者는 主勝也[1]라하고 又曰 兵有勝于朝廷[2]이라하니 多算之謂也라 李靖曰 前代戰鬪는 多以少術而勝無術하고 片善勝無善[3]이라하니 少算無算之謂也니라

1) 不暴甲而勝者 主勝也 : 이 내용은 ≪尉繚子≫ 〈兵談〉에 보인다.

2) 兵有勝于朝廷 : 이 내용은 ≪尉繚子≫ 〈攻權〉에 "兵有勝於朝廷"이라고 보인다.

3) 李靖曰……片善勝無善 : 이 내용은 ≪李衛公問對≫ 〈上卷〉에 보인다.

尉繚子가 말하기를 "갑옷을 꺼내어 햇볕에 말리지 않고도 승리하는 것은 군주가 승리하는 것이다." 하였고, 또 말하기를 "군대가 朝廷에서 승리하는 경우가 있다." 하였으니, 이것은 승산이 많음을 이른 것이다.

李靖이 말하기를 "고대의 전투는 대부분 작은 계책으로 계책이 없는 자를 이겼고, 조금 잘하는 것으로 잘하지 못하는 자를 이겼다." 하였으니, 이것은 계책이 적음과 계책이 없음을 이른 것이다.

附錄

舊註에 以時爲辰日支干하고 制爲五行剋制[1)]라하니 失之遠矣라

1) 舊註……制爲五行剋制 : 어느 판본의 註를 가리키는지 분명한 언급은 없으나, 그 내용으로 보아 ≪孫武子直解≫의 劉寅 주와 다른 판본의 주를 함께 이른 것으로 보인다. '以時爲辰日支干 制爲五行剋制'란 말은 ≪孫子≫ 본문 중 "天時란 陰과 陽, 추위와 더위를 때에 따라 制裁하는 것이다.〔天者 陰陽寒暑 時制也〕"라는 구절의 주이다.

舊註에 "때를 日辰의 干支라 하고, 制를 五行이 서로 이기는 것"이라 하였으니, 크게 잘못되었다.

尉子曰 黃帝刑德은 刑以伐之요 德而守之니 非所謂天官時日陰陽向背也[1)]라하고 李靖曰 天官時日을 明將不法하고 暗將拘之[2)]라하니 曾謂孫子而爲此說哉아 又引冬夏不興師하고 則乃以人順天也라하니 若然則下文에 豈復云天地孰得耶아

1) 尉子曰……非所謂天官時日陰陽向背也 : 이 내용은 ≪尉繚子≫ 〈天官〉에 보인다.
2) 李靖曰……暗將拘之 : 이 내용은 ≪李衛公問對≫ 〈下卷〉에 보인다.

≪尉繚子≫에 이르기를 "黃帝의 刑罰과 德은 형벌로써 정벌하고 德으로써 지키는 것이니, 이른바 '天官의 時日과 陰陽의 向背'가 아니다." 하였고, 李靖이 말하기를 "天官의 時日을 훌륭한 장수는 본받지 않고 어리석은 장수는 구애된다." 하였는데, 일찍이 孫子처럼 뛰어난 병법가가 이런 말을 했다고 볼 수 있겠는가. 또 겨울과 여름에 군대를 일으키지 않음을 인용하고, "마침내 이것을 사람이 하늘을 순히 한다." 하였는데, 만약 그렇다면 아랫글에 어찌 다시 "天時와 地利를 누가 얻었는가."라고 말하였겠는가.

舊註에 以險易爲勢하고 廣狹爲形하고 死生爲機[1)]하니 誤也라 勢者는 所處之地也요 機者는 隨時而變者也니 安有未戰而論勢與機哉아 蓋謂地有遠近險易廣狹高下之形耳라

1) 險易爲勢……死生爲機 : 이 구절은 ≪孫子≫ 본문 중 "地理란 멀고 가까움과 험하고 평탄함과 넓고 좁음과 죽고 사는 지역이다.〔地者 遠近險易廣狹死生也〕"라는 구절의 주이다.

舊註에 험함과 평탄함을 勢라 하고 넓음과 좁음을 形이라 하고 죽음과 삶을 機라 하였으니, 잘못이다. 勢는 처한 땅이요 機는 때에 따라 변화하는 것이니, 어찌 싸우기 전에 勢와 機를 논할 수 있겠는가. 이는 땅에는 멀고 가까움과 險하고 평탄함과 넓고 좁음과 높고 낮음의 지형이 있음을 말한 것일 뿐이다.

曹公曰 曲은 部曲旛幟金鼓之制也요 官은 百官之分也요 主用은 主軍費用也라하니 今從之하노라 但以道爲糧路는 似偏이라

曹公(曹操)이 말하기를 "曲은 部曲의 깃발과 징과 북의 제도요, 官은 百官을 나눈 것이요, 主用은 군대의 비용을 주관하는 것이다." 하였는데, 이제 이 말을 따른다. 다만 道를 군량 수송로라 한 것은 편벽된 듯하다.

張預는 以曲制官道主用으로 分六項說하여 而主爲職掌軍資之人이라하고 用爲計度(탁)費用之物이라하니 安有主者與用物을 可分而二之哉[1]아

1) 張預……可分而二之哉 : 張預는 北宋 때 兵法學者로 字는 公立이고 東光(현재 河北省 東光縣) 사람이며 ≪十七史百將傳≫의 저자이다. 그의 주석이 ≪十家注孫子≫에 등재되어 있다.

'曲制官道主用'에 대해 劉寅은 ≪孫武子直解≫에서 "曲은 部曲을 이르고, 制는 節制를 이르고, 官은 偏裨의 임무를 나누어 맡김을 이르고, 道는 군량의 수송로를 편리하게 함을 이르고, 主는 군수물자를 주관하는 사람을 이르고, 用은 사용하는 물건을 계산함을 이른다."라고 주하였는바, 이는 張預의 주를 따른 것이다.

張預는 '曲制官道主用'을 여섯 조항으로 나누어 말해서 '主'를 '군수물자를 관장하는 사람'이라 하고, '用'을 '사용하는 물건을 계산하고 헤아리는 것'이라 하였으니, 어찌 주관하는 자와 사용하는 물건을 둘로 나눌 수 있단 말인가.

舊註에 以將聽吾計之將으로 爲偏將[1]이라하니 誤矣라 此篇이 以廟算而言이면 則計出於君主요 而將은 指專征者也라

1) 舊註……爲偏將 : '將'을 裨將으로 '吾'를 將帥로 해석한 劉寅의 ≪孫武子直解≫를 가리킨 것이다.

舊註에 '將聽吾計'의 '將'을 '偏將'이라 하였으니, 이는 잘못이다. 이 篇은 廟堂의 계산을 가지고 말했으니, 그렇다면 계책은 군주에게서 나오고, 장수는 정벌을 전담하는 자를 가리킨 것이다.

作戰 第二　제2편 군사 작전

旣校計而得多算이면 斯可興師矣라 但十萬之(象)〔衆〕[1]이 日費千金하여 國貧於遠輸하고 氣挫於久頓이면 則雖有破軍殺將之功이나 而諸侯起而乘其弊라 故로 必因糧於敵하고 而以速爲貴然後에 乃能勝敵而益强이니 所謂合於利而動하고 不合於利而止[2]也라 故로 次作戰하니라

1) (象)〔衆〕: 저본에는 '象'으로 되어있으나 諸本에 의거하여 '衆'으로 바로잡았다.

2) 所謂合於利而動 不合於利而止 : 이 내용은 ≪孫子≫ 〈九地〉에 보인다.

비교하고 헤아린 뒤에 많은 勝算을 얻었으면 이에 군대를 일으킬 수 있다. 다만 10만의 병력이 하루에 千金을 소비하고 군량을 멀리 수송하느라 나라가 가난해지며 오랫동안 주둔하여 병사들의 銳氣가 꺾이면, 비록 敵軍을 격파하고 敵將을 죽이는 공을 세우더라도 다른 諸侯들이 일어나 피폐한 틈을 타고 공격해올 것이다. 그러므로 반드시 敵에게서 양식을 취하고 속전속결을 귀하게 여긴 뒤에야 비로소 적을 이겨 더욱 강해질 수 있으니, 이른바 '이익에 부합하면 출동하고 이익에 부합하지 않으면 멈추어야 한다.'는 것이다. 그러므로 〈作戰〉을 다음에 둔 것이다.

孫子曰 凡用兵之法은 **馳車千駟**와 **革車千乘**과 **帶甲十萬**이요 **千里餽糧**이면 **內外之費**와 **賓客之用**과 **膠漆之材**와 **車甲之奉**이 **日費千金**이니 **然後**에 **十萬之師**를 **擧矣**니라

孫子가 말하였다.

무릇 用兵하는 법은 치달리는 수레〔馳車〕가 1천 駟이고 革車가 1천 乘〔輛〕이고 무장한 甲士〔帶甲〕가 10만 명이다. 천 리에 군량을 공급하면 內外의 비용과 賓客의 비용과 아교와 옻칠의 재료와 수레와 갑옷의 장만에 하루에 千金을 소비하니, 그런 뒤에야 10만 명의 군대를 동원할 수 있는 것이다.

馳車는 戎車也[1]요 駟는 四馬也니 兩驂兩服[2]也라 周制에 每車一乘에 甲士三人이니 將主旗鼓하고 左御右擊하고 步卒七十二人이 挾轅而戰하며 又二十五人이 將重車在後하니 卽革車也라 當時諸侯 皆千乘之國이라 故로 以爲率也라 興師十萬하고 而又千里餽糧이면 則兼計內外軍資之費하여 約日千金也라 奉은 需也具也라 漢書註云 秦以一鎰爲一

金하고 漢以一斤爲一金이라하니 蓋黃金也라

1) 馳車 戎車也 : 戎車는 전투의 선봉에 서는 작고 날렵한 兵車(戰車)로 보통 무장한 甲士 3인이 승차하고 戈(평두창), 戟(세 갈래진 창), 殳(날 없는 창) 등의 무기와 白旆(끝이 갈라진 흰색의 깃발)를 장착하였다.
2) 兩驂兩服 : 고대의 수레에는 대부분 네 필의 말을 멍에하였는데, 중앙에 있는 두 필을 兩服이라 하고 양쪽에 있는 곁말 두 필을 兩驂이라 하였다.

'馳車'는 戎車이고 '駟'는 네 필의 말이니, 두 驂馬와 두 服馬이다. 周나라 제도에 戰車 한 대마다 甲士가 3명이니, 이 가운데 장수가 깃발과 북을 주관하고 왼쪽 병사는 수레를 몰고 오른쪽 병사는 적을 공격하며 步卒이 72명이어서 수레의 멍에를 사이에 두고 싸운다. 또 25명이 重車(輜重車)를 거느리고 뒤에 있으니, 바로 革車이다.

당시 諸侯가 모두 兵車 1천 乘의 나라였으므로 이것을 비율로 삼은 것이다. 10만의 군대를 일으키고 또 천 리 멀리 군수품을 공급하면 안팎으로 드는 군수물자의 비용을 합쳐 계산해서 대략 하루에 千金을 소비하는 것이다.

'奉'은 씀이요 갖춤이다. ≪漢書≫의 註에 "秦나라는 1鎰(24兩)을 1金이라 하였고, 漢나라는 1斤을 1金이라 했다." 하였으니, 이는 黃金이다.

其用戰也勝이니 久則鈍兵挫銳하고 攻城則力屈하고 久暴(폭)師則國用不足하나니 夫鈍兵挫銳하고 屈力殫貨하면 則諸侯乘其弊而起하리니 雖有智者라도 不能善其後矣니라

用兵은 신속히 승리를 추구하는 데 있으니, 전쟁을 오래 끌면 병기를 무디게 하고 병사들의 銳氣를 꺾게 되고, 적의 성을 오랫동안 공격하면 힘이 쇠진하고, 오랫동안 군대를 밖에 동원하면 국가의 財用이 부족하게 된다. 병기를 무디게 하고 병사들의 銳氣를 꺾으며 힘이 쇠진하고 재물을 다하게 되면 諸侯들이 피폐한 틈을 타고 일어날 것이니, 비록 지혜로운 자가 있더라도 뒤를 잘 수습할 수 없는 것이다.

戰者는 求勝而已니 久持而士氣挫沮하고 民窮財竭이면 坐自敗耳라 敵必觀釁而動하리니 智者도 不能爲之謀矣리라

전쟁은 승리를 추구할 뿐이니, 오랫동안 지구전을 하여 士氣가 꺾이고 백성들이 곤궁해지고 재물이 고갈되면 앉아서 스스로 피폐하게 되는 것이다. 적이 반드시 틈을 보아 출동할 것이니, 이렇게 되면 지혜로운 자도 계책을 세우지 못한다.

故로 **兵聞拙速**이요 **未睹巧之久也**니 **夫兵久而國利者**는 **未之有也**니라

그러므로 군대는 졸속히 하여 승리한다는 말은 들었어도, 공교롭게 하여 오랫동안 지체하는 것은 보지 못하였으니, 군대를 오랫동안 동원하고서 국가가 이로운 경우는 있지 않았다.

速則非拙이요 **久便不巧**니 **反言之者**는 **所以甚言之也**라 **土兵久戍**하여 **屯田坐餉**은 **不在此論**이라

속히 싸우면 졸속한 것이 아니고 오랫동안 싸우면 공교롭지 못한 것이니, 뒤집어 말한 것은 그 폐해를 심하게 말한 것이다. 土兵(지방의 병사)들이 오랫동안 주둔하여 屯田을 경작하면서 군량을 조달함은 이 의논에 해당되지 않는다.

故로 **不盡知用兵之害者**는 **則不能盡知用兵之利也**라 **善用兵者**는 **役不再籍**하고 **糧不三載**하여 **取用於國**하고 **因糧於敵**이라 **故**로 **軍食**을 **可足也**니라

그러므로 用兵의 폐해를 다 알지 못하는 자는 用兵의 이로움을 다 알지 못하는 것이다. 用兵을 잘하는 자는 병사를 두 번 장부에 올리지 않고 군량을 세 차례 수송하지 않으며, 사용하는 器物은 本國에서 취하고 軍糧은 敵地에서 이용한다. 그러므로 군대의 식량을 충족할 수 있는 것이다.

利害相爲倚伏이라 **故**로 **審能知害**하면 **亦能知利也**라 **籍**은 **籍民爲兵也**니 **不再籍**은 **一擧便勝也**라 **送迎二載**요 **糧在敵境**이면 **則因糧故**로 **不三載也**[1]라 **九地曰 重地則掠**이라하고 **傳曰 晉師三日穀**[2]이 **皆因糧也**라 **用**은 **隨軍資械也**라 **此節**은 **言因糧之利也**라

1) 送迎二載……不三載也 : '三載'에 대한 해설은 아래 附錄에 보이는바, 바로 군대를 처음 출동시킬 적에 필요한 양식〔隨糧〕과 군대에 계속 공급하는 양식〔繼糧〕과 개선하는 군대를 맞이하는 양식〔迎糧〕이다. 적지에서는 적의 양식을 취하여 사용해서 繼糧은 수송하지 않으므로 세 차례 수송하지 않는다고 말한 것이다.

2) 傳曰 晉師三日穀 : 이 내용은 ≪春秋左氏傳≫ 僖公 28년 조에 "晉軍이 사흘 동안 주둔하며 楚軍이 버리고 간 군량을 먹고 癸酉日에 還軍하였다.〔晉師三日館穀 及癸酉而還〕"라고 보이는데, 杜預의 주에 "館은 주둔이다. 3일 동안 楚軍의 양식을 먹은 것이다." 하였다.

利와 害가 서로 숨어 있고 의지한다. 그러므로 진실로 해로움을 알면 또한 이로움을 아는 것이다. '籍'은 백성을 장부에 올려 병사로 삼는 것이니, 두 번 장부에 올리지

않음은 일거에 곧바로 승리하는 것이다. 군량은 군대를 처음 출동시킬 적과 개선하는 군대를 맞이할 적에 두 차례 수송하고, 敵의 경내에 있으면 적의 양식을 이용한다. 그러므로 군량을 세 차례 수송하지 않는 것이다.

〈九地〉에 "重地에서는 노략질하여야 한다." 하였고, 傳에 "晉나라 군대가 사흘 동안 주둔해 있으면서 적의 양식을 먹었다." 한 것은 모두 '적의 양식을 이용한다.'는 것이다. '用'은 군대에 따르는 물자와 병기이다.

이 節은 적의 양식을 이용하는 이로움을 말하였다.

國之貧於師者는 **遠輸**니 **遠輸則百姓貧**하고 **近師者**는 **貴賣**하니 **貴賣則百姓財竭**하고 **財竭則急於丘役**[1]하나니 **力屈財殫**하여 **中原**이 **內虛於家**하면 **百姓之費 十去其七**이요 **公家之費**는 **破車罷馬**하고 **甲冑, 弓矢, 戟楯, 矛櫓, 丘牛大車**와 **十去其六**이라

1) 丘役 : 농지 1丘에서 내는 軍馬 한 필과 소 세 마리를 이른다. 옛날 전쟁에 사용하는 兵車와 사냥에 사용하는 田車와 일반인이 승용하는 乘車는 모두 말이 끈 반면, 큰 짐수레는 소가 끌었다.

국가가 군대로 인해 빈곤해지는 것은 군량을 멀리 수송하기 때문이니, 멀리 수송하면 백성들이 빈곤해진다. 군대와 가까이 있는 자들이 비싼 값으로 물건을 파니, 비싼 값으로 물건을 팔면 백성들의 재정이 고갈되고, 재정이 고갈되면 丘役(세금)이 급하게 된다. 힘이 쇠하고 재정이 다하여 中原이 안으로 집이 텅 비게 되면 백성들의 비용이 10분의 7을 잃게 되고, 국가의 비용은 수레가 부서지고 말이 피폐하며 갑옷과 투구, 활과 화살, 창과 방패, 갈고리 창과 큰 방패, 丘牛의 大車가 10분의 6을 잃게 된다.

百姓不足이면 君誰與足이리오 故로 三略曰 運糧千里면 無一年之食[1]이라하니라 大國이 約計百萬家而興師十萬이면 不得操事者七十萬家라 故로 曰 百姓之費에 十去其七이요 車馬甲冑等凡隨軍資械 取用於國者에 而又十分去六也라 百姓은 以遠輸而貧하고 公家는 以破罷而耗하며 而師或停頓境內하면 則近師之地에 人衆湊聚하여 貨賣皆翔貴하여 而百姓財竭也라 如在敵境이면 猶將掠矣니 又何恤丘役丘甸之役也리오 周禮에 九夫爲井하고 十六井爲丘하니 出戎馬一匹과 牛三頭하고 六十四井爲甸이니 出長轂一乘과 戎馬四匹과 牛十二頭와 甲士三人과 步卒七十二人이라 丘役雖常賦나 而急則不能供也라 戟은 有枝兵이요 矛는 鉤兵이니 三廉이요 櫓는 大楯이라 丘牛는 丘甸之牛也요 大車는 任載之車也라

此節은 言輸糧之害也라

1) 三略曰……無一年之食 : 이 내용은 ≪三略≫ 〈上略〉에 보인다.

백성이 풍족하지 못하면 군주가 누구와 더불어 풍족함을 누리겠는가. 그러므로 ≪三略≫에 이르기를 "천 리 멀리 군량을 운반하면 1년 동안 먹을 것이 없게 된다." 하였다. 큰 나라는 대략 100만 가호인데, 10만의 군대를 일으키면 전쟁 때문에 농사일을 하지 못하는 자가 70만 가호가 된다. 그러므로 "백성의 비용이 10분의 7을 잃게 된다." 하였고, 수레와 말과 갑옷과 투구 등, 모든 군대에 따르는 군수물자와 병기로 나라에서 취하여 쓰는 것이 또 10분의 6이 없어진다.

백성은 군량을 멀리 수송함으로 인해 가난해지고, 국가는 병기가 부서지고 물자가 피폐해짐으로 인해 집이 텅 비게 되며, 군대가 혹 경내에 오랫동안 주둔하면 군대와 가까이 있는 지역에 사람들이 모여들어 재화를 파는 값이 모두 폭등해서 백성들의 재물이 고갈되는 것이다. 만일 적의 경내에 있다면 그래도 노략질할 수가 있으니, 또 어찌 丘役과 丘甸의 부역을 걱정하겠는가.

≪周禮≫에 "9夫를 井이라 하고 16井을 丘라 하니 1丘에서 戎馬 1필과 소 3마리를 내고, 64井을 甸이라 하니 1甸에서 長轂車(화물을 수송하는 큰 수레) 1乘과 戎馬 4필과 소 12마리와 甲士 3명과 步卒 72명을 낸다." 하였다. 丘役은 비록 일정한 부세이나 급하면 납부하지 못한다.

'戟'은 갈래가 있는 병기이고, '矛'는 갈고리가 있는 병기이니 날이 셋이며, '櫓'는 큰 방패이다. '丘牛'는 丘甸의 소이고 '大車'는 짐을 싣는 수레이다.

이 節은 군량을 수송하는 폐해를 말하였다.

故로 智將은 務食於敵이니 食敵一鍾이면 當吾二十鍾이요 萁稈(기간)一石은 當吾二十石이라

그러므로 지혜로운 장수는 적지에서 양식을 취하는 것을 힘쓰니, 적지에서 1鍾의 양식을 취하면 우리의 20鍾에 해당하고, 적지에서 콩깍지와 볏짚 1石을 취하면 우리의 20石에 해당한다.

承上文公私之費하여 而言軍若出境이면 則必務因糧也라 十釜爲鍾이니 受六斛四斗라 萁는 豆稭요 稈은 禾莖이니 皆所以飼馬也라 三十斤爲鈞이요 四鈞爲石이니 百二十斤也라 一當二十은 言轉輸之費니 蓋當時折算也라 此節은 申言因糧之利也라

윗글의 公私 비용을 이어서 군대가 만약 국경을 나가게 되면 반드시 적국에서 양식을 취함에 힘써야 함을 말한 것이다. 10釜를 1鍾이라 하니, 1鍾은 6斛 4斗를 수용한

다. '萁'는 콩깍지이고 '秆'은 볏짚이니, 모두 말을 먹이는 것이다. 30斤을 1鈞이라 하고 4鈞을 1石이라 하니, 1石은 120斤이다. 하나가 20에 해당한다는 것은 옮기고 수송하는 비용을 말한 것이니, 이는 당시에 대략 계산한 것이다.

이 節은 적국에서 양식을 취함의 이로움을 거듭 말한 것이다.

故로 **殺敵者**는 **怒也**요 **取敵之利者**는 **貨也**라 **〔故〕**[1]로 **車戰**에 **得車十乘以上**이면 **賞其先得者**하고 **而更**(경)**其旌旗**하며 **車**를 **雜而乘之**하고 **卒**을 **善而養之**니 **是謂勝敵而益强**이라 **故**로 **兵貴勝**이요 **不貴久**라 **故**로 **知兵之將**은 **民之司命**이요 **國家安危之主也**니라

1)〔故〕: 저본에는 '故'가 없으나 諸本에 의거하여 보충하였다.

그러므로 적을 죽이는 것은 분노요, 적의 이로움을 취하는 것은 재화이다. 그러므로 戰車로 싸워서 적의 전차 10乘 이상을 얻었으면 맨 먼저 얻은 자에게 상을 주고, 적의 깃발을 바꾸며 적에게서 얻은 수레를 우리 수레와 뒤섞어서 타게 하고 포획한 병사들을 잘 길러야 하니, 이것을 일러 '적을 이기면 더욱 강해진다.'라 하는 것이다. 이 때문에 군대는 속히 싸워 승리함을 귀하게 여기고, 오랫동안 지체함을 귀하게 여기지 않는 것이다. 그러므로 병법을 아는 장수는 백성의 생명을 좌우하는 자〔司命〕이고 국가 安危의 주체인 것이다.

怒는 激之하여 使致怒於敵也요 貨는 勸之하여 使趨利於敵也라 賞其先得은 不可周也일새라 車戰得車는 吳起之令曰 車不得車하고 騎不得騎하고 徒不得徒하면 雖破軍이나 皆無功[1]이라하니 擧車以見騎徒也라 十乘以下는 賞亦微矣라 更旌旗는 與吾同也요 雜而乘은 不獨使也라 速勝則費省(생)하고 因糧則財不匱하고 雜而乘, 善而養이면 則勝敵而益强也라 國之安危는 係於民이요 而民之命은 將實司之라 故로 三略曰 將者는 國家之命也니 將能制勝이면 國家安定이라하니라

1) 吳起之令曰……皆無功 : 이 내용은 ≪吳子≫ 〈勵士〉에 보인다.

'怒'는 격동시켜서 장병들로 하여금 적에게 노하게 만드는 것이고, '貨'는 재화로써 장병들을 권면하여 이익을 좇아 적에게 달려가게 하는 것이다. 맨 먼저 얻은 자에게 賞을 주는 것은 여러 사람에게 두루 줄 수 없어서이다. '戰車로 싸워서 戰車를 얻는다.'는 것은 吳起의 軍令에 "우리의 戰車가 적의 戰車를 얻지 못하고 騎兵이 적의 騎兵을 잡지 못하고 步兵이 적의 步兵을 잡지 못하면, 비록 적군을 격파하더라도 모두 功이 없다." 하였으니, 전차를 들어서 步兵과 騎兵을 나타낸 것이다.

10乘 이하는 賞이 또한 적다. 旌旗를 바꿈은 우리와 똑같게 만드는 것이요, 뒤섞여 타게 함은 항복한 자만을 부리지 않는 것이다. 속히 싸워 승리하면 비용이 줄어들고, 적지에서 적의 양식을 취하면 재물이 고갈되지 않으며, 〈항복해온 병사들을〉 뒤섞여 수레에 태우고 잘 급양하면 적을 이기고 더욱 강해지는 것이다.

나라의 편안하고 위태로움은 백성들에게 달려 있고, 백성들의 목숨은 실로 장수가 주관한다. 그러므로 ≪三略≫에 이르기를 "장수는 국가의 목숨이니, 장수가 군대를 승리하도록 만들면 국가가 안정된다." 한 것이다.

附錄

曹公曰 籍은 猶賦也니 不再籍은 言初賦民而便取勝이요 不復歸國發兵也라 三載는 隨糧, 繼糧, 迎糧也라하니 今從之[1)]하노라

1) 曹公曰……今從之 : ≪孫子≫ 본편의 '役不再籍 糧不三載'에 대한 주석이다.

曹公이 말하기를 "籍은 賦(군역)와 같으니, '병사를 두 번 籍에 올리지 않음'은 처음 백성들에게 군역을 시키고 곧바로 승리를 취하여 다시는 본국으로 돌아가 군대를 더 징발하지 않음을 말한 것이다. '三載'는 군대를 처음 출동시킬 적에 필요한 양식〔隨糧〕과 군대에 계속 공급하는 양식〔繼糧〕과 개선하는 군대를 맞이하는 양식〔迎糧〕이다." 하였으니, 이제 이 말을 따른다.

曹公曰 軍行已出界하면 近師者貪財하여 皆貴賣하니 則百姓虛竭이라하니 蓋云 千里餽糧은 則以爲列國地境이 無過千里라 故로 謂之出界也라 張預文其說하여 云 近師之民이 必貪利하여 而貴賣其物于遠來輸糧之人이면 則財不得不竭이라하니 蓋慮其無與貨賣者하여 尋得輸餉人하여 以當百姓하여 而不自知其倍理耳라 果軍已出界면 則近師者는 敵國之民也라 將收堡未遑이니 安有貨賣리오 賈不易肆는 (遂)〔邃〕[1)]古莫追어늘 而曾謂戰國而有之乎아 況我兵民이 與敵人雜湊而無禁이면 則豈得謂軍政乎아 此必無之事也니 豈可以曹公之言이라하여 而遂置不辨也[2)]리오

1) (遂)〔邃〕 : 저본에는 '遂'로 되어있으나, 文理에 따라 '邃'로 바로잡았다.
2) 曹公曰……而遂置不辨也 : ≪孫子≫ 본편의 '國之貧於師者……則百姓財竭'에 대한 주석이다.

曹公이 말하기를 "군대가 출동하여 이미 국경을 나가면 군대에 가까이 거주하는 백성들이 재물을 탐하여 모두 물건을 비싸게 파니, 이렇게 되면 백성들의 재정이 고갈된다." 하였다. '천 리에 군량을 공급한다.' 함은 당시 列國의 국경이 천 리를 넘는 자가 없었으므로 '국경을 나간다.'라고 한 것이다.

張預는 이 말을 文飾하여 이르기를 "군대에 가까이 있는 백성들이 반드시 이익을 탐하여 멀리 와서 양식을 수송하는 자들에게 물건을 비싸게 팔면 재물이 고갈되지 않을 수 없다." 하였으니, 이는 상대해 재화를 팔 자가 없음을 우려해서 양식을 수송하는 사람을 찾아내어 이것을 백성들에게 해당시킨 것인데, 이 말이 도리에 위배됨을 스스로 알지 못한 것이다.

과연 군대가 이미 출동하여 국경을 나갔으면 군대에 가까이 있는 자들은 적국의 백성들이다. 장수가 자기 백성들을 보루로 거둬들이기에도 경황이 없을 것이니, 어찌 재물을 팔 수 있겠는가. 〈공격해 온 자가 仁義의 사람이어서 전쟁이 일어났는데도〉 장사꾼이 가게를 바꾸지 않음은 먼 옛날이야기여서 후세에서는 따를 수가 없는데, 일찍이 전국시대에 이런 일이 있다고 말하는가. 더구나 우리 병사와 백성들이 적과 뒤섞여 있는데 물건을 매매함을 금하지 않는다면 어찌 이것을 군대의 정사라 할 수 있겠는가. 이는 반드시 없을 일이니, 어찌 曹公의 말이라 하여 마침내 그대로 두고 분변하지 않을 수 있겠는가.

舊註云 大車는 長轂車라하고 呂惠(鄉)〔卿〕[1]曰 大車는 輜重之革車라하니 皆誤矣라 此說遠輸之弊면 則大車는 卽輸糧之車也[2]라

1) 呂惠(鄉)〔卿〕: 저본에는 '鄉'으로 되어있으나, '卿'의 誤字이므로 '卿'으로 바로잡았다. 呂惠卿은 北宋의 晉江 사람으로 神宗 때 王安石에 의해 재상이 되었으나 王安石이 실패한 뒤에는 王安石을 적극 모함한 小人으로, 그의 이 말은 출처가 미상이다.

2) 舊註云……卽輸糧之車也 : ≪孫子≫ 본편의 '急於丘役'의 丘役에 대한 주석이다.

舊註에 "大車는 長轂車이다." 하였고, 呂惠卿은 "大車는 輜重의 革車이다." 하였으니, 모두 잘못이다. 여기에서는 멀리 수송하는 폐해를 말했으니, 그렇다면 大車는 바로 군량을 멀리 수송하는 수레이다.

黃皇肱曰 轉輸之法은 費十이라야 方得其一이라 況敵失一鍾一石이면 我又多一鍾一石이라 故로 可當二十鍾二十石이라하니 此說이 似巧而鑿[1]이라

1) 黃皇肱曰……似巧而鑿 : ≪孫子≫ 본편의 '食敵一鍾……當吾二十石'에 대한 주석이다.

黃皇肱이 말하기를 "군량을 수송하는 방법은 열을 허비하여야 비로소 그 하나를 얻

는다. 더구나 적이 1鍾과 1石을 잃으면 우리는 또 1鍾과 1石이 많아진다. 그러므로 '20鍾과 20石을 당해낼 수 있다.'고 한 것이다." 하였으니, 이 말이 공교한 듯하나 穿鑿된 것이다.

謀攻 第三　제3편 공격의 圖謀

兵凶戰危하니 不得已用之라 故로 雖多算勝於廟堂이라도 而預料其勞費하고 兵威震於敵國이라도 而或慮於內虛라 所以優游恬淡而不進者는 非止恐傷人物而已라 必務以謀攻人하여 如魯連之取聊城[1]과 韓信之下全燕[2]하여 無亡矢遺鏃之患하고 而有拓土服衆之實이라야 斯乃上着也라 故로 次謀攻하니라

1) 魯連之取聊城 : 魯連은 魯仲連으로, 전국시대 말기 齊나라의 高士이다. 기이한 계책을 잘 내어 명성이 높았으나 얽매여 사는 것을 싫어하여 벼슬하지 않았다. 聊城은 齊나라의 성이다. 명장 樂毅가 이끈 燕軍의 공격에 의해 거의 멸망 직전에 몰렸던 齊나라가, 田單의 반간계로 樂毅를 대장의 자리에서 물러나게 하고 일대 반격을 가하여 燕나라 군대를 대파하고 빼앗겼던 성들을 수복하였는데, 이때 聊城을 수비하던 燕나라의 장수가 성을 사수하여 田單은 1년이 넘도록 이를 함락시키지 못하였다. 이에 魯仲連은 燕나라 장수에게 '이 守城戰이 의미가 없고 사졸과 백성들의 목숨을 살려야 한다.'고 설득하는 글을 써서 화살에 매달아 성 안으로 쏘아 보냈는데, 이 글을 읽은 燕나라 장수가 과연 싸움을 중지할 것을 결심하여 군대를 퇴각시키고 자신은 자결하여 齊나라가 마침내 聊城을 수복하였다. ≪史記 권83 魯仲連列傳≫

2) 韓信之下全燕 : B.C. 204년 漢나라 장군인 韓信이 수만의 병력을 거느리고 동쪽으로 趙나라를 공격하여 趙王 歇과 成安君 陳餘가 이끄는 趙나라 대군을 대파하였다. 韓信은 여세를 몰아 辯士를 燕나라에 보내어 협박하고 항복할 것을 설득하니, 燕나라가 순순히 항복하였다. ≪史記 권92 淮陰侯列傳≫

병기는 凶器이고 전쟁은 위험한 일이니, 부득이한 경우에만 사용한다. 그러므로 비록 廟堂에서 승산이 많더라도 미리 수고로움과 비용을 헤아리고, 군대의 위엄이 적국에 진동하더라도 혹 국내가 텅 비게 됨을 우려하는 것이다. 이 때문에 여유롭고 조용하여 곧바로 진격하지 않는 것이니, 이는 다만 사람과 물건을 상함을 두려워할 뿐만이 아니다. 반드시 계책으로 적을 공격하는 데 힘써서 魯仲連이 聊城을 취하고 韓信이 燕나라 전역을 함락시키듯이 하여 화살을 잃고 화살촉을 버리는 폐해가 없고, 영토를 개척하고 적의 군대를 복종시키는 실제가 있어야 이것이 바로 上着(제일 좋은 일)인 것이다. 그러므로 〈謀攻〉을 다음에 둔 것이다.

孫子曰 (夫)〔凡〕[1]用兵之法은 **全國爲上**이요 **破國次之**하며 **全軍爲上**이요 **破軍次之**하며 **全旅爲上**이요 **破旅次之**하며 **全卒爲上**이요 **破卒次之**하며 **全伍爲上**이요 **破伍次之**라 **是故**로 **百戰百勝**은 **非善之善者也**요 **不戰而屈人之兵**이 **善之善者也**니라

1) (夫)〔凡〕: 저본에는 '夫'로 되어있으나 諸本에 의거하여 '凡'으로 바로잡았다.

孫子가 말하였다.

무릇 用兵하는 방법은 敵의 나라를 온전하게 점령하는 것이 上이 되고 적의 나라를 격파하는 것이 그 다음이 되며, 적의 軍을 온전하게 거두는 것이 上이 되고 적의 軍을 격파하는 것이 그 다음이 되며, 敵의 旅를 온전하게 거두는 것이 上이 되고 적의 旅를 격파하는 것이 그 다음이 되며, 적의 卒을 온전하게 거두는 것이 上이 되고 적의 卒을 격파하는 것이 그 다음이 되며, 적의 伍를 온전하게 거두는 것이 上이 되고 적의 伍를 격파하는 것이 그 다음이 된다. 이 때문에 백 번 싸워서 백 번 승리하는 것은 잘하는 중에 또 잘하는 것이 아니요, 싸우지 않고 적의 군대를 굴복시키는 것이 잘하는 중에 또 잘하는 것이다.

萬二千五百人爲軍이요 **五百人爲旅**요 **百人爲卒**이요 **五人爲伍**라 **兩虎共鬪**하여 **小者死**하고 **大者傷**하면 **壯士得梃刃而制之**라 **夫兵戰而勝**하면 **雖有覆軍殺將之功**이나 **亦必殺士費財**하고 **勞民病國**하니 **愈勝而愈弊**하여 **必有鼓掌掀髯而起者**리니 **吳子所謂五勝者禍**요 **一勝者帝**[1] **是也**라 **惟以謀攻人**하여 **使敵國不戰而服**하여 **以至軍旅卒伍**히 **無往而不求全**하여 **無智名**하고 **無勇功**하고 **不傷財**하고 **不害民**하여 **勝無形而收全功**이 **乃用兵之極致**라 **詩曰 不大聲以色**[2]이라하고 **易曰 聰明睿智神武而不殺**[3]이 **幾矣**니라

1) 吳子所謂五勝者禍 一勝者帝 : 이 내용은 ≪吳子≫ 〈圖國〉에 보이는바, 전문은 다음과 같다. "天下의 싸우는 나라 중에 다섯 번 승리한 자는 禍를 당하고, 네 번 승리한 자는 피폐해지고, 세 번 승리한 자는 霸者가 되고, 두 번 승리한 자는 王者가 되고, 한 번 승리한 자는 皇帝가 된다.〔天下戰國 五勝者禍 四勝者弊 三勝者霸 二勝者王 一勝者帝〕"

2) 不大聲以色 : 이 내용은 ≪詩經≫ 〈大雅 皇矣〉에 보인다.

3) 聰明睿智神武而不殺 : 神武는 무력을 사용하지 않고도 상대방에게 신묘하게 위엄을 보여 굴복시키는 것으로, 이 내용은 ≪周易≫ 〈繫辭傳 上〉에 보인다.

1만 2,500명을 軍이라 하고 500명을 旅라 하고 100명을 卒이라 하고 5명을 伍라 한다. 두 호랑이가 서로 싸워서 작은 놈이 죽고 큰 놈이 부상하면 壯士가 몽둥이와 칼을 가지고 제어할 수 있는 것이다. 군대가 싸워 승리하면 비록 적군을 전복시키고

적장을 죽이는 功을 세우더라도 반드시 우리의 장병들이 죽고 재물을 허비하며 백성을 수고롭게 하고 나라를 피폐하게 하니, 승리할수록 나라가 더욱 피폐해져서 반드시 손바닥을 치고 수염을 쓰다듬으면서 틈을 타 일어나는 적이 있게 된다. ≪吳子≫에 이른바 "다섯 번 승리한 자는 禍를 당하고 한 번 승리한 자는 황제가 된다."는 것이 이것이다.

오직 계략으로 적을 공격하여, 적국으로 하여금 싸우지 않고 굴복하게 만들어서 軍·旅와 卒·伍에 이르기까지 가는 곳마다 온전함을 구하지 않음이 없어서, 지혜로운 명성이 없고 용맹한 功이 없으며 재물을 손상하지 않고 백성을 해치지 아니하여, 승리하는 것이 드러나지 않고 온전한 공을 거두는 것이 바로 用兵의 극치이다. ≪詩經≫에 이르기를 "음성과 얼굴빛을 크게 하지 않는다." 하였고, ≪周易≫에 이르기를 "聰明하고 睿智하며 神武해서 죽이지 않는다."는 것이 이에 가까운 것이다.

故로 上兵은 伐謀요 其次는 伐交요 其次는 伐兵이요 其下는 攻城이니 攻城之法은 爲不得已라. 修櫓轒轀(분온)하고 具器械를 三月而後에 成하고 距闉(거인)을 又三月而後已니 將不勝其忿而蟻附之하여 殺士卒三分之一이로되 而城不拔者는 此는 攻之災也니라

그러므로 최상의 군대는 적의 계략을 정벌하는(깨뜨리는) 것이고, 그 다음은 적의 外交를 정벌하는 것이고, 그 다음은 적의 군대를 공격하는 것이고, 그 다음은 적의 城을 공격하는 것이니, 성을 공격하는 방법은 부득이해서이다. 큰 방패와 轒轀을 수리하고 器械(攻城 장비)를 구비하는 것을 3개월이 지난 뒤에야 이루며, 距闉을 또 3개월이 지난 뒤에야 끝마칠 수 있다. 공격하는 장수가 분노를 이기지 못하여 〈攻城 장비가 구비되기를 기다리지 않고〉 兵士들을 개미떼가 붙어 성에 올라가듯이 독려해서 병사 3분의 1을 죽이고도 적의 성을 함락시키지 못하는 것은, 이는 성을 공격하는 재앙인 것이다.

櫓는 大楯이니 所以蔽矢石者也라 轒轀은 四輪車니 如木驢洞屋之類[1]요 器械는 雲梯衝車[2]等凡攻城之具 皆是也라 闉은 土山이니 距闉은 謂築闉附城也라 傳曰 子反乘堙而窺[3]라하고 尉子曰 築大堙而臨之[4]라하니라 明者는 見於無形하니 方敵人有謀하여 而逆折之 上也요 審於料敵하여 已交有形而計離之 次也요 陳兵原野하여 推鋒爭銳 又次之요 頓兵堅城하여 久持逾時면 計斯下矣라 況不待攻具之成하여 而徒殺士卒하고 城且不拔이면 則下猶未也라 故로 謂之災而已니라

1) 木驢洞屋之類 : 木驢와 洞屋은 모두 공성용 兵車로 轒轀을 가리키는 경우가 많다. 성벽을 공격하거나 갱도를 팔 때, 병사들을 보호하기 위해 지붕을 덮은 戰車이다.
2) 雲梯衝車 : 雲梯는 성을 공격할 때 쓰는 사다리를 이르고, 衝車는 성을 공격하거나 성벽을 무너뜨리는 데 쓰던 수레 모양의 기구이다.
3) 傳曰 子反乘堙而窺 : 이 내용은 ≪春秋公羊傳≫ 宣公 15년 조에 보인다.
4) 尉子曰 築大堙而臨之 : 이 내용은 ≪尉繚子≫ 〈兵教 下〉에 보인다.

'櫓'는 큰 방패이니, 화살과 砲石을 막는 것이다. '轒轀'은 네 바퀴가 달린 수레이니, 木驢와 洞屋 같은 따위요, '器械'는 雲梯와 衝車 등 모든 공성 기구가 다 이것이다. '闉'은 土山이니, '距闉'은 토산을 쌓아 城에 붙임을 이른다. 傳에 이르기를 "子反이 토산을 타고 올라가서 엿보았다." 하였고, ≪尉繚子≫에 이르기를 "큰 토산을 쌓고 굽어본다." 하였다.

현명한 자는 형체가 없을 때에 보니, 적국이 계책을 세울 때를 당하여 미리 꺾는 것이 上策이요, 적을 잘 헤아려서 이미 적국이 다른 나라와 외교하는 형체가 있을 적에 계책으로 이간질시키는 것이 다음이요, 초원과 들판에 군대를 진열하여 칼날을 가지고 예리함을 다투는 것이 또 다음이요, 견고한 성 아래에 군대를 주둔하여 오랫동안 지구전을 해서 철을 넘김은 가장 나쁜 下策이다.

더구나 공성 장비가 이루어지기를 기다리지 않고, 한갓 병사를 죽이고 성도 함락시키지 못하면 오히려 下策도 못 된다. 그러므로 재앙일 뿐이라고 말한 것이다.

故로 **善用兵者**는 **屈人之兵**이로되 **而非戰也**요 **拔人之城**이로되 **而非攻也**요 **毁人之國**이로되 **而非久也**니 **必以全爭於天下**라 **故**로 **兵不頓而利可全**하니 **此**는 **謀攻之法也**니라

그러므로 用兵을 잘하는 자는 적의 군대를 굴복시키되 전쟁으로써 하는 것이 아니요, 적의 城을 함락시키되 공격으로써 하는 것이 아니요, 적의 나라를 훼손하되 오랫동안 전쟁하는 것이 아니니, 반드시 온전함으로써 천하와 다툰다. 그러므로 병기가 무뎌지지 않고도 이로움을 온전히 할 수 있는 것이니, 이것이 '謀攻'의 법이다.

屈人兵句는 所以結上文軍, 旅, 卒, 伍必務於全也요 拔人城句는 所以補上文攻城未盡語라 蓋轒轀器械距闉을 必三月而成이니 待之則持久하고 不待則殺士라 然則城終不可得歟아 亦必以謀而不以兵하여 擧而拔之를 如拔禾然하여 不逾時하고 不殺士라야 乃得爲全也라 毁人國句는 所以救全國之文이니 若宗廟不毁하고 重器不遷하며 土地人民을 已無與焉은 則王者弔伐之師니 而非孫子以利動之兵也라 慮人誤認全字故로 復下毁

字라 然이나 所以爭全者는 止於欲全其利而已니 殊異乎不嗜殺人者[1)]也라

1) 不嗜殺人者 : 천하를 능히 통일할 수 있는 心性과 도량을 지닌 인물을 이른다. 梁 襄王이 孟子에게 "천하를 누가 능히 통일할 수 있겠습니까?"라고 묻자, 맹자가 "사람 죽이기를 좋아하지 않는 자가 능히 통일할 수 있습니다.〔不嗜殺人者 能一之〕"라고 대답하였다. ≪孟子 梁惠王 上≫

'적의 군대를 굴복시킨다.'는 구절은 윗글의 軍·旅·卒·伍를 반드시 온전하도록 힘쓴다는 글을 맺은 것이요, '적의 城을 함락한다.'는 구절은 윗글의 攻城의 미진한 말을 보충한 것이다. 轒轀과 器械를 갖추고 距闉을 쌓는 것을 반드시 3개월이 지난 뒤에야 이룰 수 있으니, 이것들이 이루어지기를 기다리면 지구전을 하게 되고, 기다리지 않으면 병사를 죽음으로 내몰게 된다.

그렇다면 城을 끝내 점령할 수 없는가? 또한 반드시 계책을 사용하고 군대를 사용하지 않아서 일거에 함락하기를 벼의 뿌리를 뽑듯이 하여 한 철을 넘기지 않고 병사를 죽이지 않아야 비로소 온전함이 될 수 있는 것이다.

'적의 나라를 훼손한다.'는 구절은 '나라를 온전히 한다.'는 글을 구원하기 위한 것이다. 적국의 宗廟를 부수지 않고 귀중한 器物을 옮겨오지 않으며, 적국의 土地와 人民을 자신이 관여하지 않는 경우는, 王者가 적국의 불쌍한 백성을 위로하고 죄 있는 자를 정벌하는 군대이니, 孫子가 말한 이익에 따라 출동하는 군대가 아니다. 사람들이 '全'자를 잘못 인식할까 우려하였으므로 다시 '毁'자를 놓은 것이다. 그러나 온전함으로써 다투는 것은 다만 그 이익을 온전히 하고자 함에 그칠 뿐이니, 사람을 죽이기를 좋아하지 않는 仁者와는 크게 다른 것이다.

故로 用兵之法은 十則圍之하고 五則攻之하고 倍則分之하고 敵則能戰之하고 少則能守之[1)]하고 不若則能避之라 故로 小敵之堅은 大敵之擒也니라

1) 少則能守之 : 諸本에는 '守'가 모두 '逃'로 표기되어 있으나, 趙羲純은 '守'로 바꾸고 逃避보다 나은 경우를 상정한 것이다. 예컨대 적의 병력이 아군의 2배 정도일 경우에는 힘써 지켜야 하고, 5배 이상일 경우에는 지킬 수 없으니 힘써 피해야 하는 것이다.

그러므로 用兵하는 방법은 병력이 10배가 되면 적을 포위하고, 병력이 5배가 되면 적을 공격하고, 병력이 2배가 많으면 둘로 나누고, 병력이 적과 대등하면 적과 싸우고, 병력이 적보다 적으면 능히 지켜야 하고, 우리 군대가 적만 못하여 〈지킬 수 없다면〉 능히 피하여야 한다. 그러므로 약한 군대가 굳게 지킴은 강한 적에게 사로잡히는 것이다.

此는 申上文伐兵意하여 設勢均而論衆寡也라 以十擊一이면 敵有走形故로 圍之요 五倍於敵이면 則圍不固故로 只可攻之요 倍於敵이면 則更(경)番迭休하여 我佚彼勞故로 分之라 十圍, 五攻, 倍分은 皆順境也요 勝勢也라 故로 只擧常法이라 敵則戰而勝負決故로 下能字하니 能者는 能所難能也요 少而能守는 守亦難也라 不若者는 謂少而又不能守면 則引而去之니 猶愈於堅而擒也라 然이나 衆寡勢懸이면 避之猶難이라 故로 亦着能字하니라

이는 윗글의 '적의 군대를 공격한다.'는 뜻을 거듭하여 형세가 대등할 경우를 가설해서 병력의 많고 적음을 논한 것이다. 10배의 병력으로 10분의 1인 적을 공격하면 적이 도주할 형세가 있으므로 포위하는 것이요, 병력이 적보다 5배가 되면 포위가 견고하지 못하므로 다만 공격하는 것이요, 적보다 곱절이 되면 번갈아 쉬어서 우리는 편안하고 적은 수고로우므로 병력을 나누는 것이다.

병력이 적보다 10배이면 포위하고 5배이면 공격하고 갑절이면 나누어 공격함은 모두 順한 입장이고 이기는 형세이므로 다만 떳떳한 法을 든 것이다. 대등하면 싸워서 승부가 결판나므로 '能'자를 놓았으니, '能'이라는 것은 능히 하기 어려운 것을 능하게 할 수 있는 것이다. '병력이 적보다 적으면 능히 지켜야 한다.'는 것은 지키기가 또한 어려움을 말한 것이다.

우리 군대가 적만 못한 경우에는 병력이 적고 또 능히 지킬 수 없으면 군대를 이끌고 떠나가니, 오히려 견고히 버티다가 사로잡히는 것보다는 나은 것이다. 그러나 병력의 형세가 현격하면 피하는 것도 어려우므로 또한 '能'자를 놓은 것이다.

夫將者는 國之輔也니 輔周則國必强하고 輔隙則國必弱이니라

장수란 자는 나라의 輔佐이니, 보좌가 周密(주도면밀)하면 나라가 반드시 강성해지고, 보좌가 틈(하자)이 있으면 나라가 반드시 쇠약해진다.

輔는 當如字讀[1]이라 周는 密也요 隙은 密之反也라 謂國之强弱이 在君與將之密與隙也니 此一節은 所以起下文三患也라

1) 輔 當如字讀 : '輔'자를 補助 또는 補佐의 의미로 읽고 輔車(바퀴 덧방나무)의 의미로 읽지 말아야 함을 말한 것이다. 아래 附錄에서 金千仞이 "수레에는 輔車가 없으면 가지 못하고, 나라에는 장수가 없으면 반드시 위태롭다." 하였으므로 이렇게 말한 것이다. 金千仞은 조선조의 병법 주석가로 보이나, 누구인지는 미상이다.

'輔'는 마땅히 本字와 같이 읽어야 한다. '周'는 周密함이요, '隙'은 주밀함의 반대이

다. 나라의 강하고 약함이 군주와 장수의 주밀하고 주밀하지 못함에 달려 있음을 말한 것이니, 이 한 節은 아랫글의 세 가지 폐해를 말하기 위해 쓴 것이다.

故로 **君之所以患於軍者**[1)]**三**이니 **不知軍之不可以進而謂之進**하며 **不知軍之不可以退而謂之退**를 **是謂縻軍**이요 **不知三軍之事而同三軍之政**이면 **則軍士惑矣**요 **不知三軍之權而同三軍之任**이면 **則軍士疑矣**니 **三軍**이 **旣惑且疑**면 **則諸侯之難**이 **至矣**리니 **是謂亂軍引勝**이니라

1) 君之所以患於軍者 : 諸本에는 모두 '軍之所以患於君'으로 되어있는데, 저자는 '軍'과 '君'을 바꿔 놓았다.

그러므로 군주가 군대에게 폐해를 입히는 경우가 세 가지이다. 군주가, 군대가 전진해서는 안 됨을 알지 못하고 전진하라고 명하며, 군대가 후퇴해서는 안 됨을 알지 못하고 후퇴하라고 명하는 것을 일러 '군대를 옭아맨다.'고 하는 것이다. 군주가 三軍의 일을 알지 못하면서 三軍의 정사에 함께 참여하면 병사들이 미혹되고, 三軍의 權變을 알지 못하면서 三軍의 임무에 함께 참여하면 병사들이 의심한다. 三軍이 이미 미혹하고 의심하면 諸侯의 공격이 이를 것이니, 이것을 일러 '자기의 군대를 혼란스럽게 만들어 적에게 승리를 안겨준다.'는 것이다.

承上文하여 言君不知兵而疑貳於將이면 則三患生也라 三略曰 出軍行師는 將在自專[1)]이라하니 進退內御면 則功難成이라 縻는 縶也요 同은 參也요 權은 稱也요 惑은 眩也요 疑는 不信也라 不知事而干其政하고 非其任而移其權이면 則軍心疑惑하여 莫適所從也라 故로 吳子曰 三軍之災 生於狐疑[2)]라하니라 亂軍引勝은 李靖曰 己自潰散이요 非敵勝之也[3)]라하니라

1) 三略曰……將在自專 : 이 내용은 ≪三略≫ 〈中略〉에 보인다.
2) 吳子曰……生於狐疑 : 이 내용은 ≪吳子≫ 〈治兵〉에 보인다.
3) 李靖曰……非敵勝之也 : 이 내용은 ≪李衛公問對≫ 〈上卷〉에 보인다.

윗글을 이어서 군주가 兵法을 알지 못하면서 장수를 의심하면 세 가지 폐해가 생김을 말한 것이다. ≪三略≫에 이르기를 "군대를 출동하고 군사를 운용함은 장수가 스스로 마음대로 하여야 한다." 하였으니, 전진과 후퇴를 군주가 안에서 통제하면 장군이 戰功을 이루기 어렵다.

'縻'는 옭아맴이요, '同'은 함께 참여함이요, '權'은 저울질이요, '惑'은 현혹됨이요,

'疑'는 믿지 않는 것이다. 군주가 兵事를 알지 못하면서 軍政에 참여하고, 자신이 맡을 수 있는 일이 아닌데 그 권력을 차지하면, 장병들의 마음이 의혹되어 따를 바를 알지 못한다. 그러므로 《吳子》에 이르기를 "三軍의 재앙은 여우처럼 의심하는 데에서 생긴다." 한 것이다.

우리 군대를 혼란하게 만들어 적이 승리하도록 함에 대하여, 李靖이 말하기를 "자기가 스스로 궤멸하여 흩어진 것이지, 적이 이긴 것이 아니다." 하였다.

故로 **知勝有五**하니 **知可以與戰**과 **不可以與戰者**는 **勝**하고 **識衆寡之用者**는 **勝**하고 **上下同欲者**는 **勝**하고 **以虞待不虞者**는 **勝**하고 **將能而君不御者**는 **勝**하나니 **此五者**는 **知勝之道也**니라

그러므로 승리를 아는 방법이 다섯 가지가 있으니, 적과 싸울 수 있음과 싸울 수 없음을 아는 자는 승리하고, 많은 병력과 적은 병력의 운용을 아는 자는 승리하고, 윗사람과 아랫사람이 함께 하고자 하는 자는 승리하고, 대비함으로써 대비하지 않는 적을 상대하는 자는 승리하고, 장수가 유능한데 군주가 통제하지 않는 자는 승리한다. 이 다섯 가지는 승리를 아는 방도이다.

知可以與戰과 不可以與戰은 審彼己也라 識衆寡之用은 有以戰陣而言者하니 司馬法曰 用寡固요 用衆治니 寡利煩하고 衆利正[1]이 是也요 有以地形而言者하니 吳子曰 用衆務易하고 用少務隘[2] 是也라 上下同欲은 兵將志一也라 虞는 預備也니 傳曰 不備不虞면 不可以師[3]라하니라 將能而君不御는 謂將有五德而君無三患也[4]라 此節은 以五知勝으로 承三患이요 而末一句는 所以申結之也라

1) 司馬法曰……衆利正 : 이 내용은 《司馬法》〈用衆〉에 보인다.
2) 吳子曰……用少務隘 : 이 내용은 《吳子》〈應變〉에 보인다.
3) 傳曰……不可以師 : 이 내용은 《春秋左氏傳》 隱公 5년 조에 보인다.
4) 將有五德而君無三患也 : '五德'은 다섯 가지 덕으로 위 〈始計〉의 주에 말한 智·信·仁·勇·嚴을 이르고, '三患'은 위에서 말한 '縻軍'과 '軍士惑'과 '軍士疑'를 이른다.

'적과 싸울 수 있음과 적과 싸울 수 없음을 안다.'는 것은 적과 자기를 자세히 살피는 것이다.

'많은 병력과 적은 병력의 운용을 안다.'는 것은 陣 치고 싸우는 것을 가지고 말한 경우가 있으니, 《司馬法》에 "적은 병력을 사용할 경우에는 진영을 견고하게 하여야 하고 많은 병력을 사용할 경우에는 대오를 질서정연하게 다스려야 하니, 병력이 적을

경우에는 자주 변화함이 이롭고, 병력이 많을 경우에는 正兵을 사용함이 이롭다."는 것이 이것이다. 地形을 가지고 말한 경우가 있으니, ≪吳子≫에 "많은 병력을 운용할 경우에는 평탄한 곳을 힘쓰고 적은 병력을 운용할 경우에는 좁은 곳을 힘쓴다."는 것이 이것이다.

'윗사람과 아랫사람이 함께 하고자 한다.'는 것은 병사와 장수의 뜻이 한결같은 것이다. '虞'는 미리 대비하는 것이니, 傳에 이르기를 "방비하지 않고 미리 대비하지 않으면 군대를 출동할 수 없다." 하였다.

'장수가 유능한데 군주가 통제하지 않는다.'는 것은 장수에게는 다섯 가지 德이 있고 군주에게는 세 가지 폐해가 없음을 말한 것이다.

이 節은 다섯 가지 승리를 아는 방도로써 세 가지 폐해를 이었고, 마지막 한 구절은 거듭 맺은 것이다.

故로 **曰 知彼知己**면 **百戰不殆**하고 **不知彼而知己**면 **一勝一負**하고 **不知彼, 不知己**면 **每戰必敗**라하니라

그러므로 옛말에 이르기를 "적을 알고 자기를 알면 백 번 싸워도 위태롭지 않으며, 적을 알지 못하고 자기만 알면 한 번 이기고 한 번 지며, 적을 알지 못하고 자기를 알지 못하면 매번 싸울 때마다 반드시 패한다."라고 한 것이다.

此는 引古人成語[1]하여 以總結之也라 戰國時에 尙有古兵家言之遺傳者하여 孫子書에 引軍政及黃帝四軍[2]하고 而三略에 有軍讖軍勢之引[3]하고 尉子, 吳子에 所引尤多하고 左傳에 亦有軍志之引[4]이나 而今皆不傳矣라

1) 成語 : 이전부터 세상에서 널리 인용되어 쓰이는 말을 이른다.
2) 孫子書 引軍政及黃帝四軍 : ≪軍政≫은 고대 병법서 중 하나로 西周 시기의 병서로 보이나 지금은 失傳되었고 작자 또한 미상인데, ≪孫子≫ 〈軍爭〉에 이를 인용한 것이 보이며, 黃帝는 상고시대 伏羲・神農과 함께 三皇으로 일컬어지는 軒轅氏로, 土德으로 천하를 차지하였으므로 黃帝라고 칭한 것이다. 처음으로 방패와 창을 만들고 여러 제후들과 싸워 이겨 중국 兵家의 시조로 칭해진다. 黃帝의 四軍은 ≪孫子≫ 〈行軍〉에 보인다.
3) 三略 有軍讖軍勢之引 : ≪軍讖≫은 전쟁의 승패를 예언적으로 서술한 저자 미상의 고대 병법서로 지금은 실전되었는데, ≪三略≫ 〈上略〉에는 주로 이를 인용하고 있으며, ≪軍勢≫ 또한 실전된 저자 미상의 고대 병법서로 兵家의 형세를 논한 책인데, ≪三略≫ 〈中略〉에는 주로 이를 인용하고 있다.

4) 左傳 亦有軍志之引 : ≪軍志≫ 또한 실전된 저자 미상의 고대 병법서로 ≪春秋左氏傳≫ 僖公 28년 조에 이를 인용한 것이 보인다.

이는 옛사람의 成語를 인용하여 총괄해서 맺은 것이다. 전국시대에는 옛 兵家의 말이 아직 유전되고 있었다. 그리하여 ≪孫子≫에는 ≪軍政≫의 말과 黃帝의 四軍을 인용하였고, ≪三略≫에는 ≪軍讖≫과 ≪軍勢≫를 인용한 글이 있으며, ≪尉繚子≫와 ≪吳子≫에는 成語를 인용한 것이 더욱 많고, ≪春秋左氏傳≫에 또한 ≪軍志≫를 인용한 글이 있으나, 지금은 이 책들이 모두 전하지 않는다.

附錄

曹公曰 以五敵一이면 則三術爲正하고 二術爲奇요 以二敵一이면 則一術爲正하고 一術爲奇라하여 殊異乎五則攻之之意라 舊註에 以不若則能避之로 爲勢力交援이 俱不如敵이라하니 誤矣라 十五倍敵少에 已盡衆寡之形하니 少之下에 何可更安一等[1)]이리오

1) 曹公曰……何可更安一等 : ≪孫子≫ 본편의 '用兵之法……大敵之擒也'에 대한 주석이다.

曹公은 말하기를 "다섯으로 하나를 대적할 경우에는 세 부대를 正兵으로 삼고 두 부대를 奇兵으로 삼으며, 둘로 하나를 대적할 경우에는 한 부대를 正兵으로 삼고 한 부대를 奇兵으로 삼는다." 하였으니, 이는 '병력이 5배가 되면 공격하라.'는 孫子의 뜻과 크게 다르다.

舊註에는 "우리 군대가 적만 못하면 능히 피하여야 한다.〔不若則能避之〕"는 것에 대해 "세력과 외교와 원조가 모두 적만 못한 것이다." 하였으니, 잘못이다. 10배와 5배와 대등함과 적음에 이미 병력의 많고 적은 형세를 다 말하였으니, 적음의 아래에 어찌 또다시 한 등급을 놓을 수 있겠는가.

金千仞曰 車無輔면 不行하고 國無將이면 必危라하니 奚必作輔車解리오 輔는 只是佐也니 用間云 非主之佐也[1)]라하니라

1) 金千仞曰……非主之佐也 : 이 구절은 ≪孫子≫ 본편의 '夫將者 國之輔也'에 대한 주석이다. 用間은 ≪孫子≫의 편 이름이다.

金千仞이 말하기를 "수레에는 輔車가 없으면 가지 못하고, 나라에는 장수가 없으면 반드시 위태롭다." 하였는데, 굳이 '輔'를 輔車로 해석할 필요가 있겠는가? '輔'는 다만

輔佐이니, 〈用間〉에 "군주의 보좌가 아니다." 하였다.

曹公曰 將周密이면 謀不泄이라하니 似誤라 若爾則無涉於三患하여 而文義孤[1)]矣라

1) 曹公曰……而文義孤矣 : ≪孫子≫ 본편의 '輔周則國必强 輔隙則國必弱'에 대한 주석이다.

曹公은 말하기를 "장수가 周密하면 계책이 누설되지 않는다." 하였으니, 잘못인 듯하다. 만약 그렇다면 세 가지 폐해에 해당됨이 없어서 글의 뜻이 외롭게 된다.

曹公曰 軍容은 不入國이요 國容은 不入軍[1)]이니 禮不可以治兵이라하니 所引이 旣不切於三患이요 而又曰 不知三軍之權이면 將不得其人이라하니 乃大誤矣라 不知權而同其任은 只如不知事而同其政이니 則豈容別有奧義리오 若爾則決不仍着同字[2)]라 此自是曹公疎處어늘 而何註家之紛紛苟從하여 全不細究耶아

1) 軍容不入國 國容不入軍 : ≪司馬法≫ 〈天子之義〉에 보이는바, 軍容은 군대의 당당한 모습과 절도를 말하고, 國容은 도성의 겸양하는 禮制와 儀節을 말한다.

2) 曹公曰……若爾則決不仍着同字 : ≪孫子≫ 본편의 '君之所以患於軍者三……則諸侯之難至矣'에 대한 주석이다.

曹公은 말하기를 "군대의 모습으로는 國都에 들어가서는 안 되고 國都의 모습으로는 군대에 들어가서는 안 되니, 禮로는 군대를 다스릴 수 없다." 하였는데, 인용한 내용이 이미 세 가지 폐해에 간절하지 못하고, 또 "三軍의 權變을 알지 못하면 훌륭한 장수를 얻을 수 없다." 하였으니, 이는 크게 잘못된 것이다.

'權變을 알지 못하면서 임무에 함께 참여한다.'는 것은 다만 그 일을 알지 못하면서 政事(군대의 일)에 관여하는 것이니, 어찌 별도로 깊은 뜻이 있겠는가. 만약 그렇다면 결코 그대로 '同'字를 놓을 수 없는 것이다.

이러한 점들은 본래 曹公의 소략한 부분인데, 어찌하여 주석가들이 분분하게 구차히 따라서 전혀 세밀히 연구하지 않았단 말인가.

軍形 第四　제4편 군대의 形勢

上兵은 伐謀하고 其次는 伐交로되 而若伐未及謀하고 交亦已合이면 則惟有戰耳라 故로 前此三篇은 皆不欲戰之意요 至於不得已而戰이라도 亦必制敵於萬全이요 不可求勝於僥倖이라 故로 先爲不可勝하여 以待敵之可勝이로되 形之以有餘不足하여 而終能自保全勝이니 寧可無智名勇功而務歸리오 先勝後戰이면 於是乎兵始形矣라 故로 次軍形하니라

최상의 군대는 적의 계책을 정벌하는(깨뜨리는) 것이고, 그 다음은 적의 외교를 정벌하는 것인데, 만약 적이 계책을 세울 적에 정벌이 미처 계책을 깨뜨리지 못하고 적의 외교가 또한 이미 이루어졌으면, 전쟁이 있을 뿐이다. 그러므로 앞에 있는 세 편은 모두 싸우고자 하지 않는 뜻이고, 부득이하여 전쟁에 이르더라도 또한 반드시 萬全을 기하여 적을 제압하여야 하고 요행으로 승리를 바라서는 안 된다.

그러므로 먼저 적이 이기지 못하도록 만들어놓은 뒤에 적에게 이길 수 있는 기회가 오기를 기다려야 하는데, 有餘한가 부족한가를 드러내 보여서 끝내 스스로 全勝을 보전해야 하니, 어찌 지혜로운 명성과 용맹한 功이 없이 그대로 돌아오기를 힘쓰겠는가. 먼저 승리할 계책을 세운 뒤에 싸우면 이에 비로소 군대의 모습을 드러내 보여 싸울 수 있다. 그러므로 〈軍形〉을 다음에 둔 것이다.

孫子曰 昔之善戰者는 先爲不可勝하여 以待敵之可勝이니라

孫子가 말하였다.

옛날에 전쟁을 잘한 자는 먼저 〈수비를 잘하여 적이〉 승리할 수 없게 만들어놓고 적에게 승리할 수 있는 틈이 있기를 기다렸다.

吳子曰 以治爲勝[1]이라하니 謂在我也요 三略曰 伺其空隙이라하니 謂在敵也[2]라 故로 李靖曰 先爲不可勝者는 知己者也요 以待敵之可勝者는 知彼者也[3]라하니라

1) 吳子曰 以治爲勝 : 이 내용은 ≪吳子≫ 〈治兵〉에 보인다.
2) 三略曰……謂在敵也 : 이 내용은 ≪三略≫ 〈上略〉에 보인다.
3) 李靖曰……知彼者也 : 이 내용은 ≪李衛公問對≫ 〈下卷〉에 보인다.

≪吳子≫에 이르기를 "군대는 잘 다스림으로써 승리한다." 하였으니, 다스림이 우리

에게 있음을 말한 것이요, ≪三略≫에 이르기를 "적의 빈틈을 엿보아야 한다." 하였으니, 빈틈이 적에게 있음을 말한 것이다. 그러므로 李靖이 말하기를 "먼저(미리) 수비를 잘하여 적이 승리할 수 없게 만들어놓는 것은 자기를 아는 것이요, 적에게 승리할 수 있는 틈이 있기를 기다리는 것은 적을 아는 것이다." 하였다.

不可勝은 **在己**요 **可勝**은 **在敵**이라 **故**로 **善戰者**는 **能爲不可勝**이요 **不能使敵之必可勝**이라 **故**로 **曰 勝**은 **可知而不可爲**라하니라

승리할 수 없음은 자기에게 있고, 이길 수 있음은 적에게 있다. 그러므로 전쟁을 잘하는 자는 적이 자기를 이길 수 없게는 할 수 있어도, 적으로 하여금 우리가 반드시 이기게 할 수는 없는 것이다. 이 때문에 "승리는 알 수는 있어도 만들 수는 없다." 한 것이다.

己與敵이 只爭一誤하니 勿誤는 雖在我나 敵誤는 故在敵하니 在我者可爲요 而在敵者難必이라 故로 敵誤雖可知나 不能强敵誤라 李靖曰 譬如奕碁에 兩敵均焉이라가 一着或失이면 竟莫能救[1]라하니 此之謂也니라

1) 李靖曰……竟莫能救 : 이 내용은 ≪李衛公問對≫ 〈下卷〉에 보인다.

자기와 적이 다만 한 번 실수함을 다툴 뿐이니, 실수하지 않는 것은 비록 나에게 있으나, 적이 실수함은 그 연고가 적에게 있는 것이다. 나에게 있는 것은 내가 할 수 있고 적에게 있는 것은 내가 기필하기가 어렵다. 그러므로 적이 실수함은 비록 내가 알 수 있으나 적이 실수하도록 억지로 만들 수는 없는 것이다.

李靖이 말하기를 "비유하건대 바둑을 둘 적에 두 적수가 대등하다가 한 번 바둑알을 잘못 놓으면 끝내 구원할 수 없는 것과 같다." 하였으니, 이것을 말한 것이다.

不可勝者는 **守也**요 **可勝者**는 **攻也**니 **守則不足**이요 **攻則有餘**라 **善守者**는 **藏於九地之下**하고 **善攻者**는 **動於九天之上**이라 **故**로 **能自保而全勝也**니라

승리할 수 없는 경우에는 지키고 승리할 수 있는 경우에는 공격하여야 하니, 수비는 부족한 것처럼 보이고 공격은 有餘한 것처럼 보인다. 수비를 잘하는 자는 九地의 아래에 감추듯이 하고, 공격을 잘하는 자는 九天의 위에서 출동하듯이 한다. 그러므로 지키면 스스로 보전하고, 싸우면 온전히 승리하는 것이다.

李靖曰 敵未可勝이면 則我且自守하고 待敵可勝이면 則攻之爾니 非以强弱爲辭也라하고 又曰 攻是守之機요 守是攻之策이니 同歸于勝而已라 若攻不知守하고 守不知攻이면 不惟二其事요 抑又二其官[1)]이라하고 唐太宗曰 守之法은 要在示敵以不足이요 攻之法은 要在示敵以有餘라 示敵以不足이면 則敵必來攻이니 此是敵不知其所攻者也요 示敵以有餘면 則敵必自守니 此是敵不知其所守者也[2)]라하니라 王守仁曰 有餘不足은 畢竟是審勢니 如孫子十三篇의 十則圍之, 五則攻之等句에 可見矣[3)]라하니라 據太宗云 守之法은 要在示敵以不足이라하니 若有餘면 則固不必守矣요 若果不足이면 則示敵以來攻이 豈計之得也리오 蓋攻與守는 原是二事로되 惟能守면 便能攻이요 能攻이면 便能守니 所以攻是守之機요 守是攻之策하여 其實은 一也라 譬之碁者컨대 欲殺他人이면 先活自己니 豈二其官哉아 按衛公이 深得孫子本意요 而得太宗說益明하고 又經陽明點綴[4)]하여 而義無餘蘊이라 蓋攻守之說은 仍是上文의 先爲不可勝하여 以待敵之可勝이니 則我之攻守始因敵形하여 而敵無可勝之隙이라 故로 以有餘不足으로 形之於攻守하니 守則藏於九地하고 攻則動於九天하여 而所以有餘不足之者極矣라 然이나 形之在我하고 而從之在敵이라 故로 敵無釁則守而自保하고 敵有隙則攻而全勝이로되 惟能以守爲攻하고 以攻爲守故耳라 若曰弱而守하고 强而攻云爾라하면 則非止語氣萎枯하여 不成文理而已라 正是二其官也니라

1) 李靖曰……抑又二其官 : 이 내용은 ≪李衛公問對≫ 〈下卷〉에 보인다.
2) 唐太宗曰……此是敵不知其所守者也 : 이 내용은 ≪李衛公問對≫ 〈下卷〉에 보인다.
3) 王守仁曰……可見矣 : 王守仁(1472~1528)은 明나라 중기의 문신이자 사상가로 자는 伯安, 호는 陽明, 시호는 文成이며, 弘治 12년(1499) 진사시에 급제하고 벼슬이 南京兵部尙書에 이르렀다. 병법에 조예가 깊어 45세부터 약 4년 동안 御史가 되어 각 지방의 도적을 토벌하였는데 매번 대승을 거두었다. 유학을 깊이 연구하였는데, 朱子學을 비판하고 陸九淵의 心性論을 계승, 心卽理와 知行合一과 致良知의 원리를 제창하여 陽明學이란 새로운 유학을 창도하였는바, 이후 陽明學은 동아시아 지성사에 심대한 영향을 끼쳤다. '十則圍之 五則攻之'는 ≪孫子≫ 〈謀攻〉에 보인다.
4) 點綴 : '點綴成金'의 줄임말로 본래 道家에서 연금술로 금을 만들어냄을 이르는데, 여기서는 보완하여 완전한 글로 만듦을 비유하는 말로 쓰였다.

李靖이 말하기를 "적을 이길 수 없으면 우리가 우선 스스로 수비하고 적을 이길 수 있는 기회가 오면 공격하는 것이니, 强弱을 가지고 말한 것이 아니다." 하였다. 또 말하기를 "공격은 바로 수비의 기틀이요, 수비는 바로 공격의 계책이니, 똑같이 승리로 귀결될 뿐이다. 만약 공격하면서 수비하는 방법을 알지 못하고 수비하면서 공격할 줄

을 모르면, 그 일을 두 가지로 생각할 뿐만 아니요 또 그 관원을 두 가지로 두는 것이다." 하였다.

唐 太宗은 말하기를 "수비하는 방법은 요점이 적에게 부족함을 보임에 달려 있고, 공격하는 방법은 요점이 적에게 有餘함을 보임에 달려 있다. 적에게 부족함을 보이면 적이 반드시 와서 공격할 것이니, 이는 적이 그 공격할 곳을 알지 못하는 것이요, 적에게 유여함을 보이면 적이 반드시 스스로 수비할 것이니, 이는 적이 그 수비할 방법을 알지 못하는 것이다." 하였다.

王守仁은 말하기를 "유여함과 부족함은 끝내 彼我의 형세를 살피는 것이니, 예컨대 ≪孫子≫ 13편에 '병력이 10배이면 포위하고 5배이면 공격한다.'는 등의 句에서 볼 수 있다." 하였다.

太宗의 말에 근거하면 '수비하는 방법은 요점이 적에게 부족함을 보임에 달려 있다.' 하였으니, 만약 자기의 형세가 有餘하다면 진실로 굳이 수비할 필요가 없는 것이요, 만약 참으로 부족하다면 적이 와서 공격하도록 보이는 것이 어찌 좋은 계책이겠는가. 공격과 수비는 원래 두 가지 일인데, 오직 능히 수비할 수 있으면 능히 공격할 수 있고 능히 공격할 수 있으면 능히 수비할 수 있으니, 이 때문에 공격은 바로 수비의 기틀이고 수비는 바로 공격의 계책이어서 그 실제는 하나인 것이다. 이것을 바둑을 두는 자에게 비유하면 他人을 죽이고자 한다면 먼저 자기가 살아야 하니, 어찌 그 맡은 일을 둘로 나눌 수 있겠는가.

살펴보건대 이 經文의 뜻은 李衛公이 孫子의 本意를 깊이 얻었고, 太宗의 말을 얻어 더욱 분명해졌으며, 또 王陽明(王守仁)의 點綴을 거쳐 뜻이 미진함이 없게 되었다.

공격과 수비의 說은 바로 윗글에 '먼저 〈수비를 잘하여 적이〉 승리할 수 없게 만들어놓고 적에게 승리할 수 있는 틈을 기다린다.'는 것이니, 이렇게 하면 우리의 공격과 수비가 비로소 적의 형세에 따라 드러나서 적이 승리할 만한 틈이 없게 되는 것이다. 그러므로 유여함과 부족함을 가지고 공격과 수비에 드러냈으니, 수비할 때에는 九地의 아래에 감춘 듯이 하고 공격할 때에는 九天의 위에서 출동하듯이 하여, 유여하고 부족하게 함이 지극한 것이다.

그러나 드러내 보임은 나에게 있고 따름은 적에게 있다. 그러므로 적에게 빈틈이 없으면 수비하여 스스로 보전하고 적에게 빈틈이 있으면 공격하여 완전히 승리하되, 오직 수비를 공격으로 삼고 공격을 수비로 전환할 뿐이다.

만약 "약하면 수비하고 강하면 공격한다."라고 말한다면 문장의 기운이 약하여 文理가 제대로 이루어지지 못할 뿐만 아니라, 바로 그 맡은 관직을 두 가지로 나누는 것이 된다.

見勝이 **不過衆人之所知**는 **非善之善者也**요 **戰勝**에 **而天下曰善**은 **非善之善者也**니라

승리를 발견함이 보통 사람이 아는 바를 넘지 못하는 것은 잘하는 중에 잘하는 자가 아니요, 싸워서 승리했을 적에 천하 사람들이 잘 싸웠다고 말하는 것은 잘하는 중에 잘하는 자가 아니다.

六韜曰 智與衆同이면 非國師[1]라하고 吳子曰 數(삭)勝以亡者衆[2]이라하니라

1) 六韜曰……非國師 : 이 내용은 ≪六韜≫ 〈軍勢〉에 보인다.

2) 吳子曰 數(삭)勝以亡者衆 : 이 내용은 ≪吳子≫ 〈圖國〉의 "자주 싸워 이겨서 천하를 얻는 자는 드물고, 자주 싸워 이겨서 천하를 잃는 자는 많다.〔數勝 得天下者稀 以亡者衆〕"라는 구절을 요약한 것이다.

≪六韜≫에 이르기를 "지혜가 보통 사람과 같다면 나라의 스승이 아니다." 하였고, ≪吳子≫에 이르기를 "자주 싸워 이겨서 천하를 잃는 자가 많다." 하였다.

故로 **擧秋毫**는 **不爲多力**이요 **見日月**은 **不爲明目**이요 **聞雷霆**은 **不爲聰〔耳〕**[1]니라

1) 〔耳〕: 다른 본에는 '耳'자가 없는데, 저자가 보충한 것으로 보인다.

그러므로 가을의 털끝을 드는 것은 힘의 많음이 되지 못하고, 해와 달을 보는 것은 눈의 밝음이 되지 못하고, 귀로 천둥소리를 듣는 것은 귀의 밝음이 되지 못하는 것이다.

申上見勝不過衆人非善意라

위의 '승리를 발견함이 보통 사람이 아는 것을 넘지 못함은 잘하는 중에 잘하는 자가 아니다.'라는 뜻을 거듭 밝힌 것이다.

古之所謂善戰者는 **勝於易勝者也**라 **故**로 **善戰者之勝也**는 **無智名**하고 **無勇功**이라 **故**로 **其戰勝不忒**(특)하니 **不忒者**는 **其所措〔必〕**[1]**勝**하여 **勝已敗者也**니라

1) 〔必〕: 저본에는 '必'이 없으나 諸本에 의거하여 보충하였다.

옛날에 이른바 '전쟁을 잘했다.'는 자는 쉽게 승리하게 만들어놓고 승리한 자이다. 이 때문에 전쟁을 잘하는 자의 승리는 지혜로운 명성이 없고 용맹한 功이 없는 것이다. 그러므로 전쟁함에 승리가 어긋나지 않는 것이니, 어긋나지 않는다는 것은 그

조처하는 바가 반드시 승리하도록 만들어 이미 패한 자에게 승리하는 것이다.

申上戰勝而天下曰善非善意라 忒은 差也요 (指)〔措〕[1]는 置也라 鶡(갈)冠子曰 扁鵲兄弟三人이 皆善於醫러니 魏文侯問 孰最善고 鵲曰 長兄은 視色故로 名不出家하고 仲兄은 視毫毛故로 名不出門하고 鵲은 鍼人血脈하고 投人毒藥故로 名聞諸侯[2]라하니라 勝於易勝已敗하니 奚功名之有리오 視色視毛之類也요 破軍殺將하여 天下震動은 鍼人毒人之類也라

1) (指)〔措〕: 저본에는 '指'로 되어있으나 經文에 의거하여 '措'로 바로잡았다.
2) 鶡(갈)冠子曰……名聞諸侯 : 이 구절은 南宋의 張杲가 지은 ≪醫說≫ 권2 〈醫書〉에 "鶡冠子云 扁鵲兄弟三人竝醫 魏文侯問孰最 扁鵲曰 長兄神視 故名不出家 仲兄視毫毛 故名不出閭 臣鍼人血脈 投人毒藥 故名聞諸侯"라고 보이는바, 이를 약간 바꿔 쓴 것이다.

위의 '싸워서 승리했을 적에 천하 사람들이 잘 싸웠다고 말하는 것은 잘하는 중에 잘하는 자가 아니다.'라는 뜻을 거듭 말한 것이다. '忒'은 어긋남이요, '措'는 조치이다. ≪鶡冠子≫에 이르기를 "扁鵲의 형제 세 사람이 모두 醫術이 뛰어났는데, 魏 文侯가 '누가 가장 뛰어난가?'라고 묻자, 扁鵲이 대답하기를 '長兄은 사람의 顔色을 살피기 때문에 명성이 집안을 벗어나지 않고, 仲兄은 털끝을 살피기 때문에 명성이 문 밖을 나가지 않고, 저는 사람의 血脈에 침을 놓고 남에게 독약을 투여하므로 명성이 諸侯들에게 알려졌습니다.'라고 했다." 하였다.

쉽게 승리하도록 만들어놓고 이미 패한 적에게 승리하니, 어찌 功名이 있겠는가. 이는 바로 의원이 안색을 살피고 털끝을 살핀다는 따위이고, 적군을 격파하고 적장을 죽여서 천하가 진동함은 의원이 사람의 혈맥에 침을 놓고 사람에게 독약을 투여하는 따위이다.

故로 善戰者는 立於不敗之地하고 而不失敵之敗也니라

그러므로 전쟁을 잘하는 자는 패하지 않을 자리에 서고, 적의 패할 기회를 놓치지 않는 것이다.

李靖曰 節制在我云爾[1]라하니라 此節은 申結首章之旨也라

1) 李靖曰 節制在我云爾 : 이 내용은 ≪李衛公問對≫ 〈下卷〉에 보인다.

李靖이 말하기를 "節制는 자신에게 있다." 하였다.
이 節은 머리 章의 뜻을 거듭 맺은 것이다.

是故로 **勝兵**은 **先勝而後**에 **求戰**하고 **敗兵**은 **先戰而後**에 **求勝**하나니 **善用兵者**는 **修道而保法**이라 **故**로 **能爲勝敗之政**이니라

이 때문에 승리하는 군대는 먼저 승리할 방책을 세운 뒤에 싸움을 청하고, 패하는 군대는 먼저 싸운 뒤에 승리하기를 바라니, 用兵을 잘하는 자는 道를 닦고 병법을 보전한다. 그러므로 능히 승패의 정사를 하는 것이다.

先戰而後求勝者는 雖勝이나 幸勝也요 先勝而求戰者는 修道而保法也니 即所謂立於不敗之地也라 故로 其軍政이 必出於勝易勝, 勝已敗也라

먼저 싸운 뒤에 승리하기를 바라는 자는 비록 승리하더라도 요행으로 승리한 것이요, 먼저 승리할 방책을 세운 뒤에 싸움을 청하는 자는 道를 닦고 병법을 보전하는 것이니, 바로 이른바 '패하지 않을 땅에 선다.'는 것이다. 그러므로 그 軍政이 반드시 승리하기 쉽게 만들어놓은 뒤에 승리하고, 이미 패한 적에게 승리함에서 나오는 것이다.

兵法은 **一曰度**(도)요 **二曰量**이요 **三曰數**요 **四曰稱**이요 **五曰勝**이니 **地生度**하고 **度生量**하고 **量生數**하고 **數生稱**하고 **稱生勝**이라 **故**로 **勝兵**은 **若以鎰**(일)**稱銖**하고 **敗兵**은 **若以銖稱鎰**하나니 **勝者之戰**이 **若決積水於千仞之谿者**는 **形也**니라

兵法은 첫 번째는 度이고 두 번째는 量이고 세 번째는 數이고 네 번째는 稱이고 다섯 번째는 勝이니, 땅은 度를 낳고 度는 量을 낳고 量은 數를 낳고 數는 稱(저울질)을 낳으며 稱은 勝(승리)을 낳는다. 그러므로 승리하는 군대는 鎰(900g)을 가지고 銖(9g)를 다는 것과 같고, 패하는 군대는 銖를 가지고 鎰을 다는 것과 같다. 승리하는 자의 싸움이 마치 저장해놓은 물을 천 길의 계곡에 쏟아놓는 것과 같은 것은, 형태〔形〕이다.

隨地置陳하여 先度(탁)長短은 地生度也요 既有度矣에 縱橫引直(치)하여 界而旋之면 是有方圓이요 方圓則可容受니 度生量也라 量地計人은 量生數也요 既有衆寡하여 而稱校彼已之强弱治亂은 數生稱也요 如以鎰稱銖는 則稱生勝也라 李靖曰 教士는 猶置碁于盤하니 若無畫路면 碁安用之[1)]리오하고 又六花陣은 占地以地方四百步하여 容兵衆五千

人[2)]하고 而司馬法曰 稱衆因地[3)]라하고 尉子曰 所以知勝敗者는 稱敵于將[4)]이라하니 此皆度量數稱之謂也라 蓋古兵家言이어늘 而孫子引之라 然이나 借象設喩하고 由麤入細하여 未易辨析하니 讀者宜深察之니라 銖는 二十四分兩之一也요 鎰은 二十四兩也니 以鎰稱銖는 輕重相懸이요 而至於決積水於千仞之谿하여는 則不啻若決江河而莫之禦矣라 八尺曰仞이라 孫子論兵이 至此하여 始有成形이라 蓋先爲敵人不可勝我之形하고 而又必不失敵人可勝之形이라 故로 守則毁形以致之하고 攻則張形以震之하여 藏於九地하고 動於九天하여 而敵不能測我之形矣라 勝於易勝하고 勝於已敗하여 而所以措勝者 幾於無形矣라 以至營陣하여는 則有長短廣狹之形하고 兵士則有衆寡治亂之形하고 審勢則有强弱之形하고 勝負則有鎰銖之形하니 擧一篇而皆形也로되 而蓄於意中하여 秘而不發이라가 直至篇終積水一喩하여 纔肯露出一箇形字하니 若非度金針手면 何能爾也리오

1) 李靖曰……棋安用之 : 이 내용은 ≪李衛公問對≫ 〈下卷〉의 “병사들을 교련함은 마치 바둑판에 바둑알을 펼쳐놓는 것과 같으니, 만약 그은 줄이 없으면 바둑알을 어디에 놓아서 승부를 결정하겠는가.〔敎士 猶似布碁於盤 若無所畫之路 碁安用之而爲勝負矣〕”라는 구절을 요약한 것이다.
2) 六花陣……容兵衆五千人 : 六花陣은 唐나라의 李靖이 諸葛亮의 八陣法에 기초하여 만든 진법으로, 병력이 적어 9軍陣을 만들기 곤란한 경우, 주위에 6陣을 만들고 가운데에 中軍이 들어가는 형태의 7軍陣으로 만든 것인데, 마치 여섯 잎의 꽃처럼 보인다 하여 붙여진 이름이다. 한 陣마다 사방 4백 보를 점거하고 병사 5천 명을 배치하는 바, 이 내용은 ≪李衛公問對≫ 〈中卷〉에 보인다.
3) 司馬法曰 稱衆因地 : 이 내용은 ≪司馬法≫ 〈定爵〉에 보인다.
4) 尉子曰……稱敵于將 : 이 내용은 ≪尉繚子≫ 〈兵令 上〉에 “승패를 아는 것은 자기 장수를 敵將과 저울질하는 것이다.〔所以知勝敗者 稱將於敵也〕”라는 구절을 약간 변형한 것이다.

지형에 따라 진영을 설치해서 먼저 진영의 길고 짧음을 헤아림은 땅이 度를 낳는 것이요, 이미 度가 있으면 군대를 종횡으로 펼쳐놓고서 경계를 정하여 돌게 하면 이에 方形과 圓形이 있게 되고, 方形과 圓形이 있으면 병력을 수용할 수 있으니, 이것이 度가 量을 낳는 것이다. 땅을 헤아려 병력을 배치함은 量이 數를 낳는 것이요, 이미 병력의 많고 적음이 있어서 彼我의 강하고 약함과 다스려지고 혼란함을 비교함은 數가 稱을 낳는 것이요, 鎰로써 銖를 다는 것처럼 함은 稱이 승리를 낳는 것이다.

李靖이 말하기를 “병사들을 교련함은 마치 바둑판에 바둑알을 놓는 것과 같으니, 만약 그어놓은 線이 없으면 바둑알을 어디에 놓겠는가.” 하였고, 또 六花陣은 넓이 4백 보 되는 땅을 점거하여 병력 5천 명을 수용하게 하였으며, ≪司馬法≫에는 “병력을

헤아려 땅을 이용한다.” 하였고, ≪尉繚子≫에는 “승패를 아는 것은 적장을 저울질하여 헤아리는 것이다.” 하였으니, 이는 모두 度와 量, 數와 稱을 말한 것이다. 이는 옛날 兵家의 말인데, 孫子가 인용한 것이다.

그러나 象을 빌려 비유하고 거친 것으로 말미암아 세밀함에 들어가서 쉽게 분변하여 분석하기가 어려우니, 독자들이 마땅히 깊이 살펴야 한다. 銖는 한 냥의 24분의 1이고 鎰은 24냥이니, ‘鎰을 가지고 銖를 단다.’는 것은 가벼움과 무거움이 서로 현격한 것이요, 저장해놓은 물을 천 길의 계곡에 쏟아놓음에 이르러서는 마치 江河를 터놓는 것에 그치는 것이 아니어서 막을 수가 없는 것이다. 8尺을 仞이라 한다. 孫子가 兵法을 논한 것이 이에 이르러 비로소 이루어진 형태가 있게 되었다.

적이 우리를 이길 수 없는 형태를 먼저 만들어놓고, 또 반드시 적을 이길 수 있는 형태를 놓치지 않아야 한다. 그러므로 수비할 경우에는 우리의 형태를 훼손하여 적을 불러들이고, 공격할 경우에는 우리의 형태를 과장하여 적을 진동시켜서 九地에 감추듯이 하고 九天의 위에서 출동하듯이 하여 적이 우리의 형세를 측량할 수 없게 하는 것이다. 승리하기 쉽게 만들어놓은 뒤에 승리하고 이미 패한 적에게 승리하여, 승리를 조처하는 것이 無形에 가깝다.

진영에 이르러서는 길고 짧음과 넓고 좁음의 형태가 있고, 병사에 이르러서는 병력의 많고 적음과 다스려지고 혼란함의 형태가 있다. 형세를 살핌에 이르러서는 강하고 약한 형태가 있고, 勝負에 이르러서는 鎰과 銖의 형태가 있으니, 한 篇의 전체가 모두 형체이나 마음속에 간직되어 있어서 숨기고 말하지 않다가, 곧바로 이 篇의 끝에 ‘저장해놓은 물을 천 길의 계곡에 쏟아놓는 것과 같다.’는 한 비유에 이르러 겨우 한 개의 ‘形’字를 노출하였으니, 만약 金針을 저울에 다는 솜씨가 아니면 어찌 능히 이와 같이 하겠는가.

附錄

李筌曰 力不足者는 可以守요 力有餘者는 可以攻[1)]이라하고 梅堯臣曰 守則知力不足이요 攻則知力有餘[2)]라하니 語意萎苶(날)하여 殆不成文하니 從何見解오 厚誣古人이로다

1) 李筌曰……可以攻 : 李筌은 唐나라 玄宗・肅宗 때의 인물로 호는 達觀子이며, 벼슬이 御史中丞에 이르렀다. 병법에 밝아 ≪孫子≫에 주석을 내어, 그의 주석이 清나라 고증학자 孫星衍이 편찬한 ≪孫子十家註≫에 등재되어 있다. ‘力不足者可以守 力有餘

者可以攻'이란 구절은 ≪孫子≫의 '守則不足 攻則有餘'에 대한 李筌의 주석으로 ≪孫子十家註≫에 보인다.

2) 梅堯臣曰……攻則知力有餘 : 梅堯臣(1002~1060)은 北宋 초기의 시인이자 문신으로 자는 聖兪, 호는 宛陵이고, 벼슬이 尙書都官員外郎에 이르렀으며 歐陽脩와 함께 고문운동을 제창, 담백하고 질박한 시풍으로 새로운 宋詩의 開祖가 된 인물이다. 병법에도 관심이 많아 ≪孫子≫에 주석을 내었다. '守則知力不足 攻則知力有餘'란 구절은 ≪孫子≫의 '守則不足 攻則有餘'에 대한 梅堯臣의 주석으로 ≪孫子十家註≫에 보인다.

李筌이 말하기를 "힘이 부족한 자는 수비할 수 있고 힘이 有餘한 자는 공격할 수 있다." 하였고, 梅堯臣은 말하기를 "수비하면 힘이 부족함을 알 수 있고 공격하면 힘이 有餘함을 알 수 있다." 하였으니, 말뜻이 나약하여 거의 文理를 이루지 못한다. 어디서 나온 견해인가. 옛사람을 크게 무함하였다.

舊註에 以勝敗之政으로 爲制勝敗敵하니 疎矣라 蓋所以結勝於易勝已敗之句[1]라

1) 舊註……蓋所以結勝於易勝已敗之句 : ≪孫子≫ 본편의 "勝兵……故能爲勝敗之政"에 대한 주석이다.

舊註에 '勝敗之政'을 "승리하게 만들어 적을 패하게 하는 것이다." 하였으니, 너무 소략하다. 이것은 "우리가 쉽게 승리하도록 만들어놓고 이미 패한 적에게 승리한다."는 句를 맺은 것이다.

地生度一節을 賈林[1]曰 以數推之하면 衆寡可知요 虛實可見이니 旣知衆寡하고 兼知彼我之德業輕重과 才能之長短이라하고 王晳[2]曰 稱은 權(衝)〔衡〕也라하고 曹公曰 用兵之法은 當以此五者로 稱量하여 知敵之情이라하고 杜牧[3]曰 稱校旣熟이면 我勝敵敗 分明見也라하고 王世貞[4]曰 地生度者는 謂因地形勢而度(탁)之也요 度生量者는 言度地旣熟然後에 酌量糧餉之多少也요 量生數者는 謂旣酌量其多少하고 又必計算其士卒之衆寡也요 數生稱者는 謂旣知人數衆寡면 又當因敵以權勢力之重輕也요 稱生勝者는 因輕重하여 可以知勝負也라 五者는 皆因地形而得이라 故로 自地而生之也라하고 開宗云 度量數稱은 皆作虛字看[5]이라하니라 按諸家皆糊塗하여 無的解하고 復掛漏[6]하여 不歷擧로되 而賈氏說은 只如影響하고 王氏則尤無分曉라 度地量餉은 兩無相涉하니 士卒衆寡를 奚待計數乎아 所謂輕重勝負 又何以因地形乎아 惟開宗所云 皆作虛字看이 雖不能形諸言이나 而猶勝於鹵而强解者矣[7]라

1) 賈林 : 唐나라 때 ≪孫子≫의 주석가로, ≪孫子十家註≫에 들어 있다.

2) 王晳 : 宋나라 때 ≪孫子≫의 주석가로, ≪孫子十家註≫에 들어 있다.

3) 杜牧 : 803~852. 唐나라 중기의 문신이자 시인으로 자는 牧之, 호는 樊川이며, 벼슬이 中書舍人에 이르렀다. 병법에도 밝아 ≪孫子≫에 주석을 내어 ≪孫子十家註≫에 들어 있다.

4) 王世貞 : 1526~1590. 明나라 후기의 문신이자 시인으로, 자는 元美, 호는 弇州이며, 벼슬이 刑部尙書에 이르렀다. 젊을 때부터 문명이 높아 後七子의 한 사람으로 꼽혔고, 학식이 그중에도 제일이라는 평을 받아 李攀龍과 함께 李王으로 병칭되었으며, 이반룡이 죽은 뒤에 古文辭派를 이끌고 문단을 주도하였다. 史學에도 정통하여 많은 논저를 남겼다.

5) 開宗云……皆作虛字看 : 開宗은 명말 청초의 高士인 賈開宗(1594~1661)으로 자는 靜子, 호는 野鹿居士이며, 벼슬하지 않고 천하를 주유하였다. 박학다재하고 兵法과 擊劍 등에도 정통하였다. '度·量·數·稱을 모두 虛字로 보아야 한다.'는 것은 이 네 글자에 특별한 뜻이 없고 단지 지형과 병역 등을 헤아림을 말한 것이다.

6) 掛漏 : '掛一漏萬'의 줄임말로 한 가지만을 들고 만 가지를 빠뜨렸다는 뜻인바, 글이 매우 소략하여 빠진 것이 많음을 이른다.

7) 地生度一節……而猶勝於鹵而强解者矣 : ≪孫子≫ 본편의 "兵法 一曰度……稱生勝"에 대한 주석이다.

'地生度' 한 節을 賈林은 말하기를 "숫자로 미루어보면 병력의 많고 적음을 알 수 있고 虛하고 實함을 볼 수 있으니, 이미 병력의 많고 적음을 알고 겸하여 彼我의 德業의 輕重과 재능의 長短을 아는 것이다." 하였고, 王晳은 말하기를 "稱은 저울추와 저울대이다." 하였고, 曹公은 말하기를 "용병하는 방법은 마땅히 이 다섯 가지로 저울질하고 헤아려서 적의 실정을 아는 것이다." 하였다.

杜牧은 말하기를 "저울질하고 비교함이 이미 익숙하면 우리가 승리하고 적이 패함을 분명히 볼 수 있다." 하였고, 王世貞은 말하기를 "땅이 度를 낳는다는 것은 땅의 형세를 인하여 헤아림을 이르고, 度가 量을 낳는다는 것은 땅을 헤아림이 이미 익숙한 뒤에 군량의 많고 적음을 참작하여 헤아리는 것이요, 量이 數를 낳는다는 것은 이미 군량의 많고 적음을 참작하여 헤아렸으면 또 반드시 병사들의 많고 적음을 계산하는 것이요, 數가 稱을 낳는다는 것은 이미 병력의 많고 적음을 알고 또 마땅히 적을 인하여 세력의 경중을 저울질하는 것이요, 稱이 勝을 낳는다는 것은 輕重을 인하여 승부를 아는 것이다. 다섯 가지는 모두 地形을 인하여 얻어지므로 땅으로부터 낳는다." 하였고, 賈開宗은 말하기를 "度, 量, 數, 稱은 모두 虛字로 보아야 한다." 하였다.

살펴보건대 諸家의 설이 모두 모호하여 분명한 견해가 없고 또 빠진 것이 많아 일일이 들지 않았는데, 賈氏(賈林)의 說은 다만 그림자와 메아리와 같고, 王氏(王世貞)는 더욱 분명하지 못하다.

땅을 헤아림과 군량을 헤아림은 두 일이 서로 상관이 없는데, 병력의 많고 적음을 어찌 계산할 필요가 있겠는가. 이른바 경중과 승부가 또 어찌 지형을 따른단 말인가. 오직 賈開宗이 말한 "모두 虛字로 보아야 한다."는 것이 비록 말로 형용하지는 못했으나 잘 모르면서 억지로 해석한 자보다는 오히려 나은 것이다.

舊註에 以千仞之谿로 爲不測深淺하니 誤矣라 千仞은 言其高懸이요 而非謂其深也[1]라

1) 舊註……而非謂其深也 : ≪孫子≫ 본편의 "勝者之戰 若決積水於千仞之谿者 形也"에 대한 주석이다.

舊註에 '천 길의 계곡을 깊고 얕음을 헤아리지 못하는 것이다.' 하였으니, 잘못이다. 천 길은 높게 매달려 있음을 말한 것이요, 깊음을 말한 것이 아니다.

兵勢 第五　제5편 군대의 氣勢

兵已成形而稱衆因地면 則必分數以治之라 形名以齊之하고 奇正以變之하고 虛實以形之니 然後에 以陳則定하고 以守則固하고 以戰則勝이라 分數明故로 能以治爲亂하고 虛實審故로 能以堅爲瑕하고 奇正相生故로 可先合而後阨之하고 形名以齊勇怯故로 可任勢而戰人하여 如轉圓石於千仞之山而莫之禦矣라 故로 次兵勢하니라

군대가 이미 형태를 이루고 병력에 맞추어 땅을 이용하게 되면 반드시 分數(대오의 편성)로써 다스리고 形·名(旗幟와 金鼓)으로써 통일하고 奇·正(奇兵과 正兵의 운용)으로써 변화하고 虛·實로써 나타내야 하니, 이렇게 한 뒤에 陣을 치면 안정되고 수비하면 견고하고 전투하면 승리하는 것이다.

分數가 밝기 때문에 능히 적의 다스려짐을 혼란함으로 만들 수 있고, 虛·實을 자세히 살피기 때문에 능히 적의 견고함을 하자로 만들 수 있고, 奇·正이 서로 낳기 때문에 먼저 교전한 뒤에 적을 곤궁하게 하고, 形·名으로 용맹한 자와 겁이 많은 자를 통일시키기 때문에 勢에 맡겨 사람들을 싸우게 해서 마치 둥근 돌을 천 길 높은 산에서 굴리듯이 하여 막을 수가 없는 것이다. 그러므로 〈兵勢〉를 다음에 둔 것이다.

孫子曰 凡治衆을 如治寡는 分數 是也요 鬪衆을 如鬪寡는 形名이 是也요 三軍之衆을 可使必受敵而無敗者는 奇正이 是也요 兵之所加에 如以碬(하)投卵者는 虛實이 是也니라

孫子가 말하였다.

무릇 많은 병력을 다스림을 적은 병력을 다스리는 것과 같게 함은 分·數가 이것이요, 많은 병력을 싸우게 하기를 적은 병력을 싸우게 하는 것과 같게 함은 形·名이 이것이요, 三軍의 병력을 반드시 적의 침공을 받아도 패함이 없게 함은 奇·正이 이것이요, 병력을 가하는 곳에 마치 숫돌을 가지고 새의 알을 깨는 것과 같게 함은 虛·實이 이것이다.

多多益辨[1)]은 不過分數明也라 形은 可見하니 旌旗也요 名은 可聞하니 金鼓也라 耳威於聲하고 目威於色이라 故로 勇不獨進하고 怯不獨退也라 如山如林은 所以正合이요 如炮如

燔은 所以奇勝이니 受敵無敗는 明乎奇正也라 旣審敵虛하고 加以己實이라 故로 如石投卵也니 以碬投卵은 蓋當時有此語也라 奇正은 詳如篇末하니 此四者는 一篇之綱也라

1) 多多益辦 : 多多益善과 같은 말이다. 漢 高祖가 천하를 평정한 다음, 韓信과 함께 장수들의 능력에 대해 의논을 하다가, 高祖가 韓信에게 그대는 얼마의 병사를 거느릴 수 있느냐고 묻자, 韓信은 "臣은 多多益善이어서 많으면 많을수록 좋습니다." 하였다. ≪史記 권92 淮陰侯列傳≫

'병력이 많을수록 더욱 잘 다스려짐'은 分數가 밝음에 지나지 않는다. 形은 눈으로 볼 수 있는 것이니 깃발이요, 名은 귀로 들을 수 있는 것이니 징과 북이다. 귀는 소리에 위엄을 느끼고 눈은 색깔에 위엄을 느낀다. 그러므로 〈形·名으로 지휘하면〉 용맹한 자가 홀로 전진하지 못하고, 겁이 많은 자가 홀로 후퇴하지 못하는 것이다. 산과 같고 숲과 같음은 正兵으로 교전하는 것이요, 불로 태우는 것과 같고 불로 지지는 것과 같음은 奇兵으로 승리하는 것이니, 적의 공격을 받아도 패함이 없는 것은 奇·正에 밝아서이다.

이미 적의 虛함을 살피고서 자기의 實함을 가하여 공격하기 때문에 숫돌을 새의 알에다가 던지는 것과 같은 것이니, '숫돌을 가지고 새의 알에다가 던진다.'는 말은 아마도 당시에 이런 成語가 있었던 듯하다.

奇·正은 篇의 끝에 자세히 나와 있으니, 이 네 가지는 한 篇의 綱領이다.

凡戰者는 以正合하고 以奇勝이라 故로 善出奇者는 無窮如天地하고 不竭如江海하니 終而復始는 日月이 是也요 死而更生은 四時 是也라 聲不過五로되 五聲之變을 不可勝聽也요 色不過五로되 五色之變을 不可勝觀也요 味不過五로되 五味之變을 不可勝嘗也요 戰勢不過奇正이로되 奇正之變을 不可勝窮也라 奇正相生이 如循環之無端하니 孰能窮之哉리오

무릇 전투는 正兵으로 교전하고 奇兵으로 승리한다. 그러므로 奇兵을 잘 출동시키는 자는 무궁무진함이 하늘과 땅 같고 다하지 않음이 강과 바다 같으니, 끝마쳤다가 다시 시작함은 해와 달이 이것이요, 죽었다가 다시 살아남은 四時가 이것이다.

소리는 다섯 가지에 지나지 않으나 다섯 가지 소리의 변화를 이루 다 들을 수 없고, 색깔은 다섯 가지에 지나지 않으나 다섯 가지 색깔의 변화를 이루 다 볼 수 없고, 맛은 다섯 가지에 지나지 않으나 다섯 가지 맛의 변화를 이루 다 맛볼 수 없고, 싸우는 기세는 奇兵과 正兵에 지나지 않으나 奇兵과 正兵의 변화를 이루 다할 수 없

는 것이다. 奇兵과 正兵이 서로 낳음은 순환에 끝이 없는 것과 같으니, 누가 능히 이것을 다하겠는가.

如韓信破趙에 背水萬人은 正合也요 赤幟二千은 奇勝也[1]라 奇正雖相生이나 始必奇由正分故로 曰出奇요 善出奇면 則可無窮故로 喩以天地江海日月四時요 所以無窮이 由乎變故로 喩以聲色味之變이요 變由乎相生故로 喩以循環이라 五聲은 角徵(치)宮商羽也요 五色은 靑赤黃白黑也요 五味는 辛苦甘酸鹹也라 此節은 因上文奇正하여 而總論其妙用也라 旣云善出奇면 則有似專論乎奇로되 而若非復變爲正이면 則便窮矣니라

1) 韓信破趙……奇勝也 : 漢 高祖와 楚 項羽가 천하를 다툴 적인 B.C. 204년에, 漢나라의 장군인 韓信이 수만의 병력을 거느리고 동쪽으로 趙나라를 공격하여, 趙王 歇과 成安君 陳餘가 거느린 20만 대군과 회전하였다. 韓信은 본대에게 背水陣을 치게 하고 주력군 1만 명을 거느리고 진격하여 趙軍을 유인하는 한편, 2천 명의 정예병으로 趙軍의 성벽 아래 잠복해 있다가 趙軍이 성벽을 비우자 곧바로 성벽을 점령하고 한나라의 붉은 깃발을 꽂게 하였다. 이에 趙軍이 우왕좌왕하자, 漢軍이 협공하여 대파하고 陳餘를 참수하고, 趙王 歇을 사로잡아 趙나라를 점령하였다. ≪史記 권92 淮陰侯列傳≫

예컨대 韓信이 趙나라를 격파할 적에 1만 명으로 背水陣을 친 것은 正兵으로 교전한 것이요, 붉은 깃발을 가지고 2천 명이 趙軍의 성벽으로 달려간 것은 奇兵으로 승리한 것이다. 奇와 正이 비록 相生하나 처음에는 반드시 正兵에서 奇兵이 나눠지므로 '奇兵을 출동시킨다.'고 말한 것이요, 奇兵을 출동시키면 군대의 운용이 무궁무진할 수 있기 때문에 하늘과 땅, 강과 바다, 해와 달, 四時로써 비유한 것이요, 무궁무진한 이유가 변화에 달려 있으므로 소리와 색깔과 맛의 변함으로써 비유하였고, 변화가 相生에서 말미암음으로 순환으로써 비유한 것이다.

五聲은 角·徵·宮·商·羽이고, 五色은 靑色·赤色·黃色·白色·黑色이고, 五味는 매운맛·쓴맛·단맛·신맛·짠맛이다.

이 節은 윗글에서 奇正을 말한 것을 인하여 妙하게 운용함을 총론한 것이다. 이미 奇兵을 잘 출동시킨다고 말했으면 오로지 奇兵을 논한 듯하다. 그러나 만일 다시 奇兵을 변화하여 正兵으로 만들지 않는다면 곧바로 다하여 끝나게 된다.

激水之疾이 至於漂石者는 勢也요 鷙鳥之疾이 至於毁折者는 節也라 故로 善戰者는 其勢險하고 其節短하니 勢如彍(확)弩하고 節如發機하니라

격동한 물의 빠름이 돌을 표류하게 함에 이르는 것은 勢(氣勢)요, 鷙鳥(猛禽)의 빨리 공격함이 새를 훼손하고 꺾음에 이르는 것은 절도이다. 그러므로 전투를 잘하는 자는 그 기세가 험하고 그 절도가 짧으니, 기세는 쇠뇌를 가득히 당긴 것과 같이 하고, 절도는 機牙를 발동하는 것과 같이 하여야 한다.

此는 言奇兵之勢也라 毁折은 謂被搏者毁折其肢體也라 彍은 張也요 機는 弩牙也라 水本柔弱이로되 而因激爲勢故로 有時而漂石하고 鷙惟羽翮이로되 而搏必審節故로 或至於毁折하니 有似乎善出奇而猶有未也라 夫彀滿之弩는 勢必勁險而難犯하고 已發之機는 節則短促而駭疾하니 差可相方耳라 李靖敎戰에 立隊는 相去十步하고 馬軍은 以五十步爲節[1)]하니 蓋有得於此也라 尉子曰 勝兵은 似水하니 夫水는 至柔弱이로되 而所觸에 丘陵皆爲之崩은 無異也라 性專而觸誠[2)]이라하고 又曰 兵은 如總木弩하고 如鳥擊하고 如赴千仞之谿[3)]라하여 與此略同하니 豈所謂暗合[4)]者歟아

1) 李靖敎戰……以五十步爲節 : 이 내용은 ≪李衛公問對≫ 〈中卷〉의 "臣이 그 방법을 닦아서 무릇 隊를 세울 적에는 거리가 각각 10步씩 되게 하고……馬軍(기병)은 등 뒤에서 나오되 또한 50步로 그때마다 節制에 따라 멈춰 서게 하였습니다.〔臣修其術 凡立隊 相去各十步……馬軍從背出 亦以五十步 臨時節止〕"라는 구절을 요약한 것이다.
2) 尉子曰……性專而觸誠 : 이 내용은 ≪尉繚子≫ 〈武議〉의 "승리하는 군대의 형세는 물과 유사하다. 물의 성질은 지극히 유약하나 저촉하면 丘陵도 반드시 물에 의해 무너지니, 이는 다른 기이함이 있는 것이 아니요, 성질이 專一하여 저촉하기를 진실히 하기 때문이다.〔勝兵之形 有似乎水 夫水之性 至柔弱者也 然有所觸 丘陵必爲之崩摧 此無他奇異也 性專一而觸之誠也〕"라는 구절을 요약한 것이다.
3) 兵如總木弩……如赴千仞之谿 : 이 내용은 ≪尉繚子≫ 〈兵談〉의 "군대는 나무로 만든 쇠뇌를 잡고 있는 것과 같고 羊角의 회오리바람과 같다.〔兵 如總木弩 如羊角〕"라는 구절과, 같은 책 〈制談〉의 "우리 병사들의 武勇을 길러서 발동하기를 사나운 새가 공격하는 것과 같고 천 길의 계곡으로 달려가는 것과 같다.〔養吾武勇 發之如鳥擊 如赴千仞之谿〕"라는 구절을 합하여 요약한 것이다.
4) 所謂暗合 : 暗合은 兵法을 염두에 두지 않으나 하는 행위가 결국은 병법에 맞아 떨어짐을 이르는바, 이 내용은 ≪李衛公問對≫ 〈上卷〉에 보인다.

이는 奇兵의 勢(기세)를 말한 것이다. '毁折'은 공격을 받은 자의 肢體가 훼손되고 부러짐을 말한 것이다. '彍'은 펼침이요 '機'는 쇠뇌의 機牙이다. 물은 본래 유약하나 격동시킴으로 인하여 勢를 삼기 때문에 때로 돌을 떠내려가게 할 수 있고, 猛禽類는 오직 날개뿐인데도 공격할 적에 반드시 깃으로 절도를 살피기 때문에 혹 상대방을 毁

折함에 이르게 하니, 奇兵을 잘 출동시키는 것과 유사하나 아직 완전하지는 못하다. 활줄을 가득 당긴 쇠뇌는 기세가 반드시 굳세고 험하여 범하기가 어렵고, 이미 발사한 機牙는 절도가 짧아서 빠르니, 이 두 가지가 어느 정도 서로 비교될 수 있다.

李靖이 전술을 가르칠 적에 서 있는 부대는 서로 10步쯤 떨어져 있게 하고 馬軍은 50步를 절도로 삼았으니, 아마도 이 兵法에서 얻음이 있었을 것이다.

≪尉繚子≫에 이르기를 "승리하는 군대는 물과 같으니, 물은 지극히 유약하나 저축되면 丘陵이 모두 무너짐은 다른 이유가 없다. 성품이 전일하여 저축하기를 진실히 하기 때문이다." 하였고, 또 이르기를 "군대는 나무 쇠뇌를 잡은 것과 같고 사나운 새가 상대방을 공격하는 것과 같고 천 길의 계곡으로 물이 달려가는 것과 같다." 하여, 이와 대략 유사하니, 아마도 이른바 '은연중 兵法과 부합했다.'는 것일 것이다.

紛紛紜紜하여 **鬪亂而不可亂**이요 **渾渾沌沌**하여 **形圓而不可敗**니라

분분하고 어지러운 것처럼 하여 어지럽게 싸우되 어지럽힐 수가 없고, 渾渾하고 沌沌하여 형체가 둥그나 패퇴시킬 수가 없다.

此는 **言正兵之勢也**라 **紛紜**은 **亂貌**요 **渾沌**은 **無頭尾也**라 **鬪亂不可亂**은 **節制素定也**요 **形圓不可敗**는 **觸處爲首也**라 **吳子曰 前却有節**하고 **左右應麾**하여 **雖絶成陣**하고 **雖散成行**[1]이 **是也**라

1) 吳子曰……雖散成行 : 이 내용은 ≪吳子≫ 〈治兵〉에 보인다.

이는 正兵의 형세를 말한 것이다. '紛紜'은 어지러운 모양이고, '渾沌'은 머리와 꼬리가 없는 것이다. '어지럽게 싸우나 어지럽힐 수 없음'은 節制가 평소에 정해져 있기 때문이요, '형체가 둥그나 패퇴시킬 수 없음'은 닿는 곳이 머리가 되기 때문이다. ≪吳子≫에 이르기를 "진퇴에 절도가 있고 좌우로 이동함에 모두 깃발에 응하여, 비록 대오가 끊기더라도 진영을 이루고 비록 해산하더라도 항렬을 이룬다."는 것이 이것이다.

亂生於治하고 **怯生於勇**하고 **弱生於强**[1]이니 **治亂**은 **數也**요 **勇怯**은 **勢也**요 **强弱**은 **形也**니라

1) 亂生於治……弱生於强 : 이 내용은 군대가 질서정연하면서도 적을 속이기 위해 혼란한 것처럼 꾸미고 군대가 용감하면서도 적을 속이기 위해 겁이 많은 것처럼 꾸미고, 군대가 강하면서도 적을 속이기 위해 약한 것처럼 꾸밈을 말한 것이다.

혼란함은 다스림에서 생기고 겁냄은 용맹에서 생기고 약함은 강함에서 생겨야 하

니. 다스림과 혼란함은 數이고 용맹과 겁냄은 기세이고 강함과 약함은 형세이다.

承上文하여 言非止似亂而實治요 亦可似怯而實勇하고 似弱而實强하니 皆所以形敵也라 治亂數, 勇怯勢, 强弱形三句는 所以結篇首分數形名虛實語라 蓋分數明이면 則能治衆如治寡하고 戰以勢면 則可齊勇怯하여 而鬪衆如鬪寡하고 示以形이면 則可以强詐弱하여 而致敵虛實矣라 此篇은 以分數形名奇正虛實爲綱하고 而因上文順勢하여 專論奇正이로되 而餘却欠于收結이라 故로 着此三句하여 作引線以遙相牽屬이요 而治亂一段은 已輕提於正兵論中이라 故로 徑以形敵으로 接虛實而結之하고 至篇終一喩하여는 復回顧爲形名收局하니 讀者宜深味之니라

윗글을 이어서 혼란한 듯하나 실로 다스려짐에 그치지 않고, 또한 겁내는 듯하나 실로 용감하고, 약한 듯하나 실로 강함을 말하였으니, 모두 적에게 드러내 보이는 것이다. '다스림과 혼란함은 分數이고 용맹과 겁냄은 기세이고 강함과 약함은 형세이다.' 라는 세 구는, 편 머리의 分數와 形・名, 虛・實의 말을 맺은 것이다.

分數가 분명하면 많은 병력을 다스리기를 적은 병력을 다스리는 것과 같이 하고, 싸우기를 기세로써 하면 용맹한 자와 겁이 많은 자를 통일시켜 많은 사람을 싸우게 하기를 적은 사람을 싸우게 하는 것과 같이 하고, 形으로써 보여주면 강한 것을 약한 것처럼 속여서 敵의 허실을 알 수 있다.

이 편은 分數와 形・名, 奇・正과 虛・實을 가지고 綱領을 삼고, 윗글의 順한 형세를 인하여 오로지 奇・正을 논하였으나, 나머지는 거두어 끝맺음이 부족하였다. 그러므로 이 세 句를 놓아서 線을 이어 멀리 서로 연결되게 하였고, 治亂 한 단락은 이미 正兵을 논한 가운데 간략히 제기하였으므로 곧바로 적에게 드러내 보임을 가지고 虛實을 이어 끝맺었으며, 편의 끝에 있는 한 비유에 이르러서는 또다시 形・名을 돌아보고 전체를 수습하였으니, 읽는 자가 마땅히 깊이 음미하여야 한다.

故로 善動敵者는 形之면 敵必從之하고 予之면 敵必取之하나니 以利動之하고 以本待之니라

그러므로 적을 잘 움직이게 하는 자는 드러내 보이면 적이 반드시 따라오고 주면 적이 반드시 취하니, 이익을 가지고 움직이고 근본을 가지고 대비한다.

動은 致之來也요 予는 餌也라 承上文하여 言示敵以亂怯弱之形이면 則敵必從我求戰하리니 而我乃以治勇强之本待之也라 李靖曰 奇正者는 所以致敵之虛實[1)]이라하니 蓋先形而後有待는 則必有奇正故耳니라

1) 李靖曰……所以致敵之虛實 : 이 내용은 ≪李衛公問對≫ 〈中卷〉에 보인다.

'動'은 적이 움직여 오도록 만드는 것이요, '予'는 낚싯밥을 주는 것이다. 윗글을 이어서 적에게 우리의 혼란하고 겁내고 약한 형세를 보여주면 적이 반드시 우리를 따라 싸우러 올 것이니, 이에 우리는 다스려지고 용맹하고 강한 근본으로 대비하는 것이다.

李靖이 말하기를 "奇와 正은 적의 虛와 實을 나타나게 하는 것이다." 하였으니, 먼저 形(형태)을 드러내 보인 뒤에 대비함이 있음은 반드시 奇·正이 있기 때문이다.

故로 **善戰者**는 **求之於勢**하고 **不責於人**이라 **故**로 **能擇人而任勢**하나니 **任勢者**는 **其戰人也 如轉木石**이니 **木石之性**은 **安則靜**하고 **危則動**하고 **方則止**하고 **圓則行**이라 **故**로 **善戰人之勢 如轉圓石於千仞之山者**는 **勢也**니라

그러므로 전쟁을 잘하는 자는 기세에서 찾고 사람에게서 바라지 않는다. 그러므로 능히 사람을 가려 쓰고 기세에 맡기는 것이다.

기세에 맡기는 자는 병사들을 싸우게 함이 나무와 돌을 굴리는 것과 같으니, 나무와 돌의 성질은 편안하면 고요하고 위태로우면 움직이며 네모나면 그치고 둥글면 굴러간다. 그러므로 적과 잘 싸우는 사람의 형세가 둥근 돌을 천 길의 산 위에서 굴리는 것과 같은 것은 기세 때문이다.

求之於勢면 則齊勇若一[1)]이니 安得人人而責之哉리오 然이나 亦無他謬巧也요 但能擇人所長하여 任其自然之勢而已라 如下喩人之有長短은 猶木石之有方圓하니 取圓不取方은 擇人也라 圓旣自行이요 而危而動之는 任勢也니 況轉於千仞之山乎아 李靖謂番長于馬하니 馬利速鬪요 漢長于弩하니 弩利緩戰이니 各隨番漢所長而戰이 所謂擇人而任勢[2)]라하니 證引確矣라 此節은 承上勇怯句하여 仍論任勢之術하니 所以結形名이라

1) 齊勇若一 : 아래 〈九地〉에 '齊勇若一 政之道也'라고 보이는데, 劉寅의 ≪孫武子直解≫에는 "힘의 가지런함과 기운의 용맹함을 만 명이 똑같게 만드는 것이다.〔力之齊 氣之勇 萬人如一〕"라고 해석하였으나, 趙義純은 "용감한 자와 겁이 많은 자를 막론하고 똑같게 만드는 것이다.〔人無勇怯而可以齊一〕"로 해석하였다.

2) 李靖謂……所謂擇人而任勢 : 이 내용은 ≪李衛公問對≫ 〈上卷〉의 "番兵은 기마전에 뛰어나니 기마전은 속전속결에 유리하고, 漢兵은 弓弩에 뛰어나니 弓弩는 서서히 싸우는 데 유리한바, 이는 자연히 각각 그 기세에 맡기는 것이다.〔番長於馬 馬利乎速鬪 漢長於弩 弩利乎緩戰 此自然各任其勢也〕"라는 구절을 약간 변형하여 인용한 것이다.

기세에서 구하면 용맹한 자와 겁이 많은 자를 똑같게 만드니, 어찌 사람마다 책할 것이 있겠는가. 그러나 또한 특별히 공교로운 방법이 없고, 다만 사람의 所長을 가려서 그 자연의 기세에 맡길 뿐이다. 예컨대 아래 구절의 비유에 사람에게 장점과 단점이 있음은 나무와 돌에 方形과 圓形이 있는 것과 같다고 하였으니, 원형을 취하고 방형을 취하지 않음은 사람을 가려 쓰는 것이다. 둥글면 저절로 굴러가고, 위태롭게 하여 움직이게 함은 기세에 맡기는 것인데, 하물며 천 길의 산 위에서 〈둥근 돌을〉 굴림에 있어서이겠는가.

李靖이 이르기를 "番兵은 기마전에 뛰어나니 기마전은 속전속결에 유리하고, 漢兵은 弓弩에 뛰어나니 弓弩는 서서히 싸우는 데 유리하다. 각각 番兵과 漢兵의 所長에 따라 싸우게 하는 것이 이른바 사람을 가려 기세에 맡긴다는 것이다." 하였으니, 인증함이 확고하다.

이 節은 위의 용맹과 겁냄을 말한 句를 이어서 기세에 맡기는 방법을 논하였으니, 形·名을 끝맺은 것이다.

附錄

曾皎曰 旣以天地江海日月四時之造化로 喩之하고 又以人事之五聲五色五味喩之하니 無非狀其不可窮이라하니 似無分曉矣라 取喩亦有次序하니 豈容許費하여 不憚煩語耶[1)]아

1) 曾皎曰……不憚煩語耶 : ≪孫子≫ 본편의 "善出奇者……不可勝窮也"에 대한 주석이다.

曾皎는 말하기를 "이미 하늘과 땅, 강과 바다, 해와 달, 四時의 造化를 가지고 비유하고, 또 人事의 五聲과 五色, 五味를 가지고 비유하였으니, 모두가 그 다할 수 없음을 형용한 것이다." 하였는데, 분명하지 않은 듯하다. 취하여 비유한 것 또한 차례가 있으니, 어찌 힘을 허비하여 번거로운 말을 함을 꺼리지 않을 수 있겠는가.

許洞[1)]曰 機不盈寸이면 人不及備라하니 誤矣라 發機는 喩其駭疾而已요 非謂大小也[2)]라

1) 許洞 : 976~1015. 北宋 초기의 문신이자 학자로, 자는 洞天이고, 벼슬이 烏江縣主簿에 이르렀다. 兵法에 밝아 그가 지은 ≪虎鈐經≫은 중국 10대 병서 중의 하나이다.

2) 許洞曰……非謂大小也 : ≪孫子≫ 본편의 "善戰者……節如發機"에 대한 주석이다.

許洞은 말하기를 "機牙가 한 치에 차지 못하면 적이 미처 대비하지 못한다." 하였으

니, 잘못이다. 機牙를 발동한다는 것은 빨리 함을 비유했을 뿐이요, 크고 작은 것을 말한 것이 아니다.

杜佑[1)]曰 紛紛은 旌旗象이요 紜紜은 士卒貌라하고 又以渾渾爲車하고 沌沌爲步라하니 皆誤矣라 紛紜은 勢也요 渾沌은 形也니 何必分而二之[2)]리오

1) 杜佑 : 735~812. 唐나라 중기의 문신이자 학자로 자는 君卿이다. 3대에 걸쳐 재상을 지냈으며 사학에 정통하여 역사서 ≪通典≫을 지었는데, 여기에 ≪孫子≫를 인용하고 풀이한 글이 많이 있어 이를 ≪孫子十家註≫에 넣고 ≪孫子十一家註≫라 하였다.

2) 杜佑曰……何必分而二之 : ≪孫子≫ 본편의 "紛紛紜紜……形圓而不可敗"에 대한 주석이다.

杜佑는 말하기를 "紛紛은 깃발의 모양이요, 紜紜은 士卒의 모양이다." 하였고, 또 "渾渾은 戰車兵이고, 沌沌은 步兵이다." 하였으니, 모두 잘못이다. '紛紜'은 勢이고 '渾沌'은 形이니, 하필 나누어 둘로 만들 것이 있겠는가.

曹公曰 亂生于治三句는 皆毁形匿情이라하니 今從之[1)]하노라

1) 曹公曰……今從之 : ≪孫子≫ 본편의 "亂生於治……弱生於强"에 대한 주석이다.

曹公이 말하기를 "'혼란함은 다스려짐에서 생겨야 한다.' 이하 세 句는 모두 自軍의 본래 형체를 훼손하여 실정을 숨기는 것이다." 하였으니, 이제 그 말을 따른다.

數勢形三句[1)]를 或謂欲治吾之亂인댄 以分數齊之하고 欲勇吾之怯인댄 以兵勢振之하고 欲强吾之弱인댄 以軍形張之라하고 或謂治可爲亂而非眞亂者는 以十百千萬之數明也요 勇可爲怯而非眞怯者는 以奮出疾擊之勢審也요 强可爲弱而非(直)〔眞〕[2)]弱者는 以攻取守固之形密也라하고 張預曰 治而示之亂은 惟有分數者能然이요 勇而示之怯은 惟識兵勢者能然이요 强而示之弱은 惟知軍形者能然이라하여 或重治勇强三字하고 或重亂怯弱三字하니 總不如平重作指點推原之辭하니 皆强解也라 果如諸說이면 則非結非起하여 而留之無益이요 去之無害라 古人惜字如金하니 安肯作此剩語리오

1) 數勢形三句 : ≪孫子≫ 본편의 "治亂數也……强弱形也"를 말한 것이다.

2) (直)〔眞〕: 저본에는 '直'으로 되어있으나 文理에 따라 '眞'으로 바로잡았다.

數, 勢, 形 세 句를, 혹자는 "나의 혼란함을 다스리고자 한다면 分數로써 가지런히 해야 하고, 나의 겁내는 병사들을 용감하게 하고자 한다면 兵勢로써 진작시켜야 하고, 나의 약한 군세를 강하게 하고자 한다면 軍形으로써 군세를 확장하여야 한다."라 하고, 혹자는 말하기를 "다스려짐을 혼란한 것으로 꾸미나 진짜 혼란함이 아닌 것은 십,

백, 천, 만의 分數가 밝기 때문이요, 용맹한 자를 겁쟁이로 꾸미나 진짜 겁쟁이가 아닌 것은 분발하여 나가고 빨리 공격하는 기세를 자세히 살피기 때문이요, 강한 군대를 약한 군대로 꾸미나 진짜 약한 군대가 아닌 것은 공격하여 점령하고 굳게 수비하는 형세가 치밀하기 때문이다." 하였다.

張預는 말하기를 "다스려졌으면서도 혼란한 것처럼 보임은 오직 分數가 있는 자만이 능하고, 용감하면서도 겁이 많은 것처럼 보임은 오직 兵勢를 아는 자만이 능하고, 강하면서도 약한 것처럼 보임은 오직 軍形을 아는 자만이 능하다." 하여, 혹은 治·勇·强 세 글자를 중요시하고, 혹은 亂·怯·弱 세 글자를 중요시하였다. 이는 모두 고르게 중시하고 정확하게 가리켜서 본래의 뜻을 미루어 근원하는 말만 못하니, 다 억지로 해석한 것이다.

과연 이 여러 說과 같다면 끝맺음도 아니고 시작도 아니어서 남겨두어도 유익함이 없고 제거하여도 해로울 것이 없다. 옛사람은 글자를 金처럼 아꼈으니, 어찌 이처럼 쓸데없는 말을 하였겠는가.

紀燮[1]曰 以本待之를 謂正兵이라하니 誤矣라 安有詐形致敵而待以正兵者乎[2]아

1) 紀燮 : 唐나라 때의 학자로, 孟氏와 賈林과 杜佑의 ≪孫子≫ 주석을 모으고 자신의 주석을 붙인 ≪紀燮集注孫子≫를 지었다.

2) 紀燮曰……安有詐形致敵而待以正兵者乎 : ≪孫子≫ 본편의 "善動敵者……以本待之"에 대한 주석이다.

紀燮은 "근본을 가지고 대비함〔以本待之〕은 正兵을 이른다."라고 하였으니, 잘못이다. 어찌 형체를 속여 적을 오게 하면서 正兵으로 상대하는 자가 있겠는가.

蕭吉曰 不才之人은 責成重事하면 亦不能勝任故로 不責[1]이라하고 陳皥曰 善戰者는 專求于勢하여 見利速進하여 不爲敵先하고 專任機權하여 不責成于人이로되 苟不獲已而用之면 卽須擇而用之[2]라하고 王世貞曰 擇人任勢는 言有濟于事之人을 方用하고 無濟于事之人을 便不用이라 然이나 極沒緊要的人이라도 一時有濟于事면 不妨擇之以任一時之勢라하니라 諸說이 非止無當於本文이요 雖自己行文이라도 未免瘢疵하니 所不可解라

1) 蕭吉曰……不責 : 蕭吉은 隋나라 때의 道家 인물로 자는 文休이고 벼슬이 太府少卿에 이르렀다. 博學多才하고 陰陽과 曆算, 養生術 등에 정통하였는바, 陰陽과 五行의 원리를 밝힌 ≪五行大義≫를 지었으며, 병법에도 관심이 많아 ≪孫子≫에 주석을 내었다. 이 구절은 ≪孫子≫ 본편의 '善戰者……故能擇人而任勢'에 대한 주석이다.

2) 陳皥曰……卽須擇而用之 : 陳皥는 唐나라 때 ≪孫子≫의 주석가로, ≪孫子十家註≫

에 들어 있다. 이 구절은 경문의 '善戰者……故能擇人而任勢'에 대한 주석이다.

蕭吉은 말하기를 "재주가 없는 사람은 중요한 일을 이루도록 책임 지우면 또한 임무를 이겨내지 못한다. 그러므로 책망하지 않는 것이다." 하였고, 陳皥는 말하기를 "전투를 잘하는 자는 오로지 기세에서 구하여, 이로운 상황을 발견하면 속히 전진해서 적에게 선두를 빼앗기지 않고, 오로지 임기응변에 맡겨서 사람들에게 성공을 책임 지우지 않으나, 만일 부득이해서 사람을 쓰게 되면 반드시 가려서 쓴다." 하였다.

王世貞은 말하기를 "'사람을 가려서 기세에 맡긴다.〔能擇人而任勢〕'는 것은 일에 성공할 수 있는 사람을 쓰고 일에 성공할 수 없는 사람은 곧 쓰지 않는 것이다. 그러나 지극히 긴요하지 않은 사람이라도 한때 일에 도움이 되면 가려 써서 한때의 기세에 맡기는 것만 못하다." 하였다.

여러 說이 本文에 합당하지 못할 뿐만 아니라, 비록 자기가 쓰는 일반적인 글이라도 하자를 면치 못했으니, 이해할 수 없다.

此篇은 平分四條하니 起端의 其分數, 形名, 虛實은 無甚剩義라 故로 略申於下文하고 而徑接奇正하여 引喩專論하여 已自分曉라 只緣後世歧貳之說하여 滋惑後學일새 今爲辨析如左하노라

이 篇은 네 조항을 고르게 나누었으니, 처음 부분의 分數와 形·名, 虛·實은 그다지 남은 뜻이 없다. 그러므로 아랫글에 간략히 거듭하였고, 곧바로 奇·正과 연접하여 비유를 이끌어 오로지 논해서, 이미 스스로 분명하다. 다만 후세의 여러 說로 인하여 後學들에게 의혹을 주었으므로 이제 아래와 같이 분변하여 해석한다.

孫子所謂勢險節短과 紛紜渾沌은 奇正之體也요 正合奇勝은 其用也니 古之所謂奇正은 概不出此라 而李衛公謂 大衆所合爲正이요 將所自出爲奇라하고 又云 正兵受之君하고 奇兵將所自出[1]者는 言奇正之所由分也라 蓋將始受命하여 兵合未分하니 安分奇正이리오 此時엔 只可名正이요 及梱外專征하여는 惟將所使而奇從正分이라 然이나 由此而生分合하여 爲奇正之說하니 衛公曰 兵散則以合爲奇하고 合則以散爲奇[2]라하니 此一奇正也요 有以戰勢言者하니 衛公曰 凡兵은 前進爲正이요 後却爲奇[3]라하니 此又一奇正也라 然이나 因此而起兵却皆奇之疑하여 旣以旗鼓號令으로 辨其(直)〔眞〕[4]敗與奇하여 而霍邑回護之論이 亦本於此라 其言曰 師以義擧者는 正也요 右軍少却者는 奇也라하니 旣以少却爲奇면 則不得不以橫突爲正이니 奇正互易하여 不可爲訓일새 乃以正變爲奇, 奇變爲正之說로 文之라 蓋云右軍雖正而少却故로 變爲奇하고 鐵騎雖奇而當敵故로 變爲正耳[5]라 奇正於兵에 無乎不寓하니 如此說去라도 非爲大謬라 但義擧之正은 非奇正之正이니

奚名爲正이며 右軍之却은 非預謀之却이니 奚名爲奇리오 右軍當敵은 正也요 鐵騎橫突은 奇也니 此正正合奇勝之說이니 乃奇正之大勢也라 設令右軍有爲而却이면 此則戰勢之奇正也니 本不相涉이어늘 而忽然攙入許多辭費하여 未免疵瘢이라 故로 今爲辨正하노라

1) 李衛公謂……奇兵將所自出 : 이 내용은 모두 ≪李衛公問對≫ 〈上卷〉에 보인다. '正兵受之君'은 경문에는 '正兵 受之於君'으로 되어있다.
2) 衛公曰……合則以散爲奇 : 이 내용은 ≪李衛公問對≫ 〈中卷〉에 보인다.
3) 衛公曰……後却爲奇 : 이 내용은 ≪李衛公問對≫ 〈上卷〉에 보인다.
4) (直)〔眞〕: 저본에는 '直'으로 되어있으나 文理에 따라 '眞'으로 바로잡았다.
5) 旣以旗鼓號令……變爲正耳 : 이 단락에 나오는 인용문은 모두 ≪李衛公問對≫ 〈上卷〉의 霍邑 전투에 대한 太宗과 李衛公의 질의와 대답에 보인다. 霍邑 전투는 太宗이 隋나라의 虎牙郎將인 宋老生을 물리친 전투로, 隋 煬帝 13년(617) 8월에 벌어졌다. 이때 高祖(李淵)와 태자 建成은 右軍을 거느리고 성 동쪽에 포진하고, 太宗은 성 남쪽에 포진하였는데, 宋老生의 군대가 성을 나와 공격하면서 先鋒이 빠른 속도로 高祖의 진영을 압박하니, 적을 보고 당황한 建成이 말에서 떨어졌다. 이를 본 宋老生이 공세를 취하니, 高祖와 建成의 군대가 모두 퇴각하여 패색이 짙어졌는데, 太宗이 남쪽 언덕에서 두 鐵騎를 거느리고 가파른 언덕을 달려 내려가 적군의 대열을 무찔러 적을 큰 혼란에 빠뜨리자, 唐나라 군대가 다시 진격하여 적을 대파하고 霍邑을 평정하였다.

≪孫子≫에 이른바 '기세가 험하고 절도가 짧다.'는 것과 '紛紛紜紜'과 '渾渾沌沌'은 奇・正의 體요, '正兵으로 교전하고 奇兵으로 승리한다.'는 것은 그 用이니, 옛날에 이른바 奇와 正은 대략 여기에서 벗어나지 않았다. 그런데 李衛公은 말하기를 "큰 병력을 모아 싸우는 것이 正兵이요, 장군이 직접 출동시키는 것이 奇兵이다." 하였고, 또 이르기를 "正兵은 장수가 君主에게서 받은 것이고, 奇兵은 장수가 직접 출동시키는 것이다." 하였으니, 이는 奇・正이 나뉘게 된 이유를 말한 것이다.

장수가 처음 군주에게 명령을 받고서 군대를 모아 아직 부대를 나누지 않았으니, 어찌 奇와 正을 나누겠는가. 이때에는 오직 正兵이라고만 이름할 수 있고, 도성문 밖을 나와 정벌을 전담함에 이르러서는 오직 장수가 부리는 대로 하여 正兵에서 奇兵이 나누어진다.

그러나 이로 말미암아 분산과 집합이 생겨서 奇・正의 說이 나오게 되었다. 李衛公이 말하기를 "군대는 해산하여 흩어져 있으면 합치는 것을 奇兵으로 삼고, 합쳐져 있으면 흩어지는 것을 奇兵으로 삼는다." 하였으니, 이는 별도로 한 奇・正이다.

戰勢를 가지고 奇・正을 말한 경우가 있다. 李衛公이 말하기를 "무릇 군대는 앞으로 향하는 것을 正兵이라 하고, 뒤로 퇴각하는 것을 奇兵이라 한다." 하였으니, 이는 또

한 奇・正이다.

그러나 이로 인하여 후퇴하는 군대는 모두 奇兵이라는 의심을 불러 일으켰다. 이에 이미 깃발과 북을 가지고 호령하는 것을 가지고 진짜로 패하는 것과 奇兵을 분변해서 霍邑의 전투를 비호하는 의논이 또한 여기에 근본하게 되었다. 李衛公의 말에 "군대를 義理로 출동한 것은 正兵이요, 右軍이 조금 퇴각한 것은 奇兵이다." 하였으니, 이미 조금 퇴각한 것을 奇兵이라 한다면 〈鐵騎가〉 가로질러 돌격함을 正兵이라 하지 않을 수가 없는데, 奇와 正이 서로 바뀌어서 올바른 가르침이 될 수 없자, 마침내 '正兵이 변하여 奇兵이 되고 奇兵이 변하여 正兵이 된다.'는 말을 가지고 문식하였다. 이는 右軍이 비록 正兵이었으나 다소 퇴각하였기 때문에 변하여 奇兵이 되고, 鐵騎가 비록 奇兵이었으나 적을 담당하여 싸웠기 때문에 변하여 正兵이 되었다고 한 것이다.

奇兵과 正兵은 군대에 있지 않은 곳이 없으니, 이와 같이 말하더라도 크게 잘못되지 않는다. 다만 앞에 말한 '군대를 義理로 출동한 것은 正兵이다.〔師以義擧者正〕'의 正은 奇・正의 正이 아니니, 어찌 이것을 正兵이라 이름할 수 있으며, 右軍이 퇴각한 것은 미리 계책한 퇴각이 아니니, 어찌 이것을 奇兵이라 이름할 수 있겠는가. 右軍이 적을 맡은 것은 正兵이고 鐵騎가 가로질러 돌격한 것은 奇兵이니, 이것이 바로 正兵으로 교전하고 奇兵으로 승리한다는 설이니, 바로 奇・正의 大勢인 것이다. 설령 右軍이 이유가 있어서(적을 유인하기 위하여) 퇴각했다면 이것은 戰勢의 奇・正이니 본래 상관이 없는데, 李衛公이 갑자기 허다한 쓸데없는 말을 끼워 넣어서 하자를 면치 못하였다. 그러므로 지금 이것을 분변하여 바로잡는 것이다.

有以技械言者하니 唐太宗은 以勁馬奔衝爲奇하고 强弩掎角爲正[1)]하며 戚繼光[2)]은 長短授器하여 以牌筅槍鈀爲正하고 鏢火弓矢爲奇하니 此又一奇正이라 然이나 凡此皆奇正之分名이로되 而總之於勢하여 勢之所使에 隨而隸焉하니 是亦所謂任勢也라 故로 衛公對以馬亦有正하고 弩亦有奇[3)]하니 如北虜戰에 必以馬하니 其當敵者는 非馬之正乎아 馬陵伏弩[4)]는 非弩之奇乎아 且奇正非素分이나 而曹公分術之說[5)]은 不可廢於教戰이니 此有時而素分也요 旁擊誠奇兵이나 而衛公無拘之對[6)]는 殊無妨於權辭하니 此致遠而恐泥也라 惟以番漢變號易服으로 爲奇正相生者[7)] 最爲得之라 其意以爲番漢之伎倆旣殊하고 而臨陣忽變이면 失其待之之道하니 所謂敵意其番而實漢이요 意其漢而實番也라 亦所謂吾之正을 使敵視以爲奇하고 吾之奇를 使敵視以爲正也[8)]니 亦卽所謂奇正者는 所以致敵之虛實也[9)]라 致之云者는 敵雖實而能虛之之謂也라 然이나 此特指其一端이니 引伸觸類[10)]면 則敵雖對面이나 莫知吾奇正者[11)] 庶幾近之矣라 要之컨대 奇正者는 兵家異狀之名이라 故로 隨方異名하니 止於體用而分言之하면 則分合前却과 長短疾徐가 旣皆

殊形하여 不妨各自爲奇正이라 然이나 所可分言者는 亦此數種而已라 噫라 古所謂奇正은 簡明易知러니 而後世紛紛立名하여 轉益疑晦하여 遂使初學으로 無從下手하여 語到奇正하면 莫不河漢[12)]하니 此兵學之所以浸微也라 玆將膚見하여 以公同志하니 非謂管蠡[13)]能有裨益이요 竭吾才而請學大方하노니 不自知其不可也로라

1) 唐太宗……强弩掎角爲正 : 이 내용은 ≪李衛公問對≫ 〈上卷〉에 보이는데, 태종이 이를 단정한 것은 아니고 李衛公에게 이렇게 보아도 좋은지를 물은 것이다. '掎角'은 서로 협조하여 적을 꼼짝 못하게 해서 물리친다는 뜻으로, ≪春秋左氏傳≫ 襄公 14년 조의 '〈사슴을 잡을 적에〉 晉나라 사람들은 뿔을 잡고 諸戎은 다리를 잡는다.〔晉人角之 諸戎掎之〕'라는 구절에서 나왔다.

2) 戚繼光 : 1528~1588. 明나라 중기의 명장으로, 자는 元敬, 호는 南塘, 시호는 武毅이며, 벼슬이 太子太保에 이르렀다. 嘉靖 연간에 福建省·浙江省·廣東省 등에서 왜구의 침입을 물리치는 데 공을 세우고, 隆慶 2년(1568) 薊遼總督 譚綸의 추천으로 薊州의 방위를 맡아 십여 년 동안 이곳에 있으면서 지역 상황에 맞게 軍制를 개편하고, 長城 등 각종 군사 시설을 수축하고 장병들의 훈련을 강화하여 몽고의 침략을 완벽히 막아내는 성과를 거두었다. 그가 지은 ≪紀效新書≫는 중국 10대 병서 중에 하나이다.

3) 衛公對以馬亦有正 弩亦有奇 : 이 내용은 ≪李衛公問對≫ 〈上卷〉에 보이는바, 앞의 주 1)의 태종의 물음에 답한 것이다.

4) 馬陵伏弩 : 馬陵은 전국시대에 齊나라의 孫臏이 계책으로 魏나라의 장군 龐涓을 죽인 곳이다. B.C. 341년 魏나라가 韓나라를 공격하자, 이를 구원하기 위해 齊나라는 田忌를 장수로 삼고 孫臏을 軍師로 삼아 魏나라로 쳐들어갔다. 이에 龐涓은 魏나라로 돌아와 齊軍을 추격하였는데, 孫臏은 방연이 저녁 무렵 길이 좁고 양쪽에 험한 산이 많아 복병을 배치하기에 알맞은 馬陵에 도착할 것으로 예측하고, 도끼로 큰 나무를 찍어 하얗게 만들고 여기에 '龐涓이 이 나무 아래에서 죽을 것이다.〔龐涓死此樹下〕'라고 써놓았다. 그런 다음, 齊軍 가운데 弓弩를 잘 쏘는 병사 1만여 명을 뽑아 馬陵의 길 양쪽에 매복시키면서 "해가 저물어 이곳에서 불빛이 보이거든 쇠뇌를 일제히 발사하라."고 명하였다. 龐涓이 과연 밤중에 이곳에 이르렀는데, 나무의 흰 부분에 글씨가 쓰여 있는 것을 보고 내용을 확인하기 위해 횃불을 들어 올리자, 곧바로 매복해 있던 齊나라의 弩手들이 일제히 활을 쏘니, 魏軍은 큰 혼란에 빠졌다. 孫臏은 곧바로 공격해서 魏軍을 대파하여 龐涓을 자살하게 하였다. ≪史記 권65 孫子列傳≫

5) 曹公分術之說 : "다섯으로 하나를 대적할 경우에는 세 부대를 正兵으로 삼고 두 부대를 奇兵으로 삼으며, 둘로 하나를 대적할 경우에는 한 부대를 正兵으로 삼고 한 부대를 奇兵으로 삼는다.〔以五敵一 則三術爲正 二術爲奇 以二敵一 則一術爲正 一術爲奇〕" 한

말을 가리킨 것이다. 曹操의 이 말은 위 〈謀攻〉의 附錄에 보인다.

6) 衛公無拘之對 : 이는 위의 주 3)의 내용을 이른 것으로, "騎兵에도 正兵이 있으니 완전히 奇兵이라고 말할 수 없고, 弓弩에도 奇兵이 있으니 완전히 正兵이라고 말할 수 없으니, 어찌 일정하여 바뀌지 않음이 있겠습니까."라고 보인다.

7) 惟以番漢變號易服 爲奇正相生者 : 番은 番兵으로 匈奴나 이민족의 군대를 이르고, 漢은 漢兵으로 중국의 군대를 이른다. 이 구절은 ≪李衛公問對≫ 〈上卷〉의 "番兵은 기마전에 뛰어나니 기마전은 속전속결에 유리하고, 漢兵은 弓弩에 뛰어나니 弓弩는 서서히 싸우는 데 유리한바, 이는 자연히 각각 그 형세에 맡기는 것입니다. 그러나 奇兵과 正兵으로 나눌 수 있는 것이 아닙니다. 臣이 일찍이 말씀드린 '番兵과 漢兵을 반드시 칭호를 바꾸고 복장을 바꿔야 한다.'는 것은 奇兵과 正兵을 相生하는 방법입니다.〔番長於馬 馬利乎速鬪 漢長於弩 弩利乎緩戰 此自然各任其勢也 然非奇正所分 臣前曾述番漢必變號易服者 奇正相生之法也〕"라는 내용을 가리켜 말한 것이다.

8) 吾之正……使敵視以爲正也 : 이 내용은 ≪李衛公問對≫ 〈上卷〉에 보인다.

9) 奇正者 所以致敵之虛實也 : 이 내용은 ≪李衛公問對≫ 〈中卷〉에 보인다.

10) 引伸觸類 : 이 구절은 ≪周易≫ 〈繫辭傳 上〉의 "이끌어 펴며 類에 따라 확장한다.〔引而伸之 觸類而長之〕"라는 구절을 줄여서 인용한 것이다.

11) 敵雖對面 莫知吾奇正者 : 이 구절은 ≪李衛公問對≫ 〈中卷〉의 "적이 비록 얼굴을 상대하고 있더라도 우리의 奇와 正이 어디에 있는지를 측량하지 못하게 된다.〔敵雖對面 莫測吾奇正所在〕"라는 구절을 약간 변형하여 인용한 것이다.

12) 河漢 : 은하수를 이르는바, 말한 내용이 막연하여 그 뜻을 알기 어려움을 비유하는데, 이는 ≪莊子≫ 〈逍遙遊〉의 "그 말은 하늘의 은하수와 같아서 끝없이 크기만 하였습니다.〔猶河漢而無極也〕"라는 구절에서 유래하였다.

13) 管蠡 : '管窺蠡測'의 줄임말로, '대통 구멍으로 하늘을 보고 전복 껍질로 바닷물의 양을 헤아린다.'는 의미인바, 좁은 식견을 이른다.

技械를 가지고 奇·正을 말한 경우가 있으니, 唐 太宗은 굳센 말을 치달려서 충돌함을 奇兵이라 하고, 강한 弓弩를 사용하여 掎角함을 正兵이라 하였으며, 戚繼光은 길고 짧은 병기를 병사들에게 주어서, 藤牌와 狼筅, 長槍과 鎲鈀를 사용하는 자를 正兵이라 하고 鏢槍과 火箭, 弓·矢를 사용하는 자를 奇兵이라 하였으니, 이는 또 다른 한 奇·正이다.

그러나 무릇 이것은 모두 奇·正의 나누어진 명칭인데, 기세에 총괄되어서 기세가 부리는 바에 따라 예속되니, 이 또한 이른바 기세에 맡긴다는 것이다. 그러므로 李衛公은 대답하기를 "馬軍에도 正兵이 있고 弓弩를 사용하는 군대에도 奇兵이 있다." 하였으니, 예컨대 북쪽 오랑캐와 싸울 적에는 반드시 말을 이용하니, 적을 담당하여 싸우는 자가 馬軍의 正兵이 아니겠는가. 〈孫臏이〉 馬陵에서 弩手를 매복시킨 것은 弩手의 奇兵이 아니겠는가. 또 奇兵과 正兵은 평소 나누는 것이 아니나, 曹公의 '군대를 나눈다는 說'은 戰術을 가르치는 데 버릴 수가 없으니, 이는 때로는 奇와 正을 평소 나누는 것이요, 옆에서 공격함은 진실로 奇兵이나 李衛公의 '奇·正에 구애될 것이 없다.'는 대답은 자못 權道로 하는 말에 무방하지만 원대함을 이루기에 장애가 될 듯하다.

오직 番兵과 漢兵의 명칭을 변경하고 복장을 바꾸는 것을 가지고 奇·正이 相生하는 것으로 삼은 것이 가장 이치에 맞는다. 이 말의 뜻은 番兵과 漢兵의 기량이 이미 다른데 적진을 대해 갑자기 변경하면 적이 대응하는 방도를 잃으니, 이른바 '적이 番兵이라고 생각하였으나 실제로는 漢兵이요, 적이 漢兵이라고 생각하였으나 실제로는 番兵이다.'라는 것이다. 또한 이른바 '우리의 正兵을 적이 보고서 奇兵이라고 여기게 하고, 우리의 奇兵을 적이 보고서 正兵이라고 여기게 한다.'는 것이니, 또한 이른바 '奇와 正은 적의 虛와 實을 나타나게 하는 것이다.'라는 것이다. '적의 虛와 實을 나타내게 한다.'는 것은 적이 비록 실하나 허약하게 만들 수 있음을 이른다. 그러나 이는 다만 그 한 부분을 가리켰을 뿐이니, 이끌어 펴며 類에 따라 확장하면 '적이 비록 얼굴을 상대하고 있더라도 우리의 奇·正을 알지 못한다.'는 것이 거의 여기에 가까울 것이다.

요컨대 奇와 正은 내용이 다른 兵家의 명칭이다. 그러므로 방향에 따라 명칭을 달리하니, 다만 體·用을 가지고 나누어 말하면 분산과 집합, 전진과 후퇴, 길고 짧음과 빠르고 느림이 이미 모두 형태가 달라서 각자 奇와 正이 됨에 무방하다. 그러나 나누어 말할 수 있는 것은 또한 이 몇 가지일 뿐이다.

아! 옛날에 이른바 奇·正이란 것은 간략하고 분명하여 알기 쉬웠는데, 후세에 분분하게 명칭을 세워서 더욱더 의혹이 심해져 마침내 초학자들로 하여금 손쓸 곳이 없어서 말이 奇·正에 이르면 모두들 河漢처럼 여기니, 이는 兵學이 더욱 쇠퇴한 이유이다.

이에 나의 淺見을 가지고 동지들에게 보이니 나의 좁은 식견이 큰 도움이 된다고 말하는 것이 아니요, 나의 재주를 다하여 大方家에게 배우기를 청하는 것이니 그 불가함을 스스로 알지 못하는 것이다.

虛實 第六　제6편 虛와 實

李靖曰 奇正者는 所以致敵之虛實[1]이라하니 奇正虛實은 相因者也라 前篇은 詳於奇正하고 而虛實則微啓其端이라 故로 此篇은 遂專論之라 始言審敵虛實하고 而推其妙用하여 至於致敵虛實이면 則敵人之命이 操之在我하니 乃用兵之極致也라 然이나 善於奇正이면 則可馴致요 而非有譎巧也라 故로 次虛實하니라

1) 李靖曰……所以致敵之虛實 : 이 내용은 ≪李衛公問對≫〈中卷〉에 보인다.

李靖은 말하기를 "奇와 正은 적의 虛와 實을 드러나게 하는 것이다." 하였으니, 奇와 正, 虛와 實은 서로 연관되는 것이다. 앞 편은 奇와 正을 자세히 말하고, 虛와 實에 대해서는 약간 그 단서를 열어놓았다. 그러므로 이 편에서는 마침내 오로지 虛와 實을 논한 것이다. 처음에는 敵의 虛·實을 살핌을 말하고, 그 妙用을 미루어 적의 虛·實을 드러나게 함에 이르면 적의 목숨(운명)이 내 손안에 들어 있으니, 바로 용병의 극치이다. 그러나 奇·正을 잘하면 이것(虛·實)은 서서히 이루어지는 것이요, 특별한 속임수나 교묘한 계책이 있는 것이 아니다. 그러므로 〈虛實〉을 다음에 둔 것이다.

孫子曰 凡先處戰地而待敵者는 佚하고 後處戰地而趨戰者는 勞라 故로 善戰者는 致人而不致於人이니라

孫子가 말하였다.

무릇 싸울 장소에 먼저 있으면서 적을 기다리는 자는 편안하고, 싸움터로 늦게 달려가는 자는 수고롭다. 그러므로 전쟁을 잘하는 자는 적이 오도록 만들고 적에게 끌려가지 않는 것이다.

趙奢之先據北山[1]은 先處戰地也요 高歡之趨赴渭曲[2]은 後處戰地也라 勞佚主客之勢를 將莫不聞이로되 而有致人者하고 有致於人者는 能與不能而已니라

1) 趙奢之先據北山 : 이 내용은 본서 155쪽 주 2) 참조.
2) 高歡之趨赴渭曲 : 高歡(496~547)은 東魏의 丞相으로 뒤에 아들 高洋이 北齊를 창건하여 神武帝로 추존된 인물이다. 渭曲은 지명으로 高歡이 西魏의 丞相 宇文泰

(507~556)와 회전하여 대패한 곳이다. 西魏 大統 3년(537), 高歡이 西魏를 정벌하고자 10만의 대군을 이끌고 遠征하였다가, 渭曲에 배수진을 치고 기다린 宇文泰의 1만 군대에 대패하였다. ≪周書 권2 文帝 下≫

趙奢가 먼저 北山을 점거함은 싸울 장소에 먼저 있은 것이요, 高歡이 渭曲으로 달려감은 싸울 곳에 뒤늦게 달려간 것이다. 수고로움과 편안함, 主人과 客의 형세를 듣지 못한 장수가 없으나, 적이 오도록 만드는 자가 있고 적에게 끌려가는 자가 있는 것은 〈장수의〉 능하고 능하지 못함일 뿐인 것이다.

能使敵人自至者는 **利之也**요 **能使敵人不得至者**는 **害之也**라 **故**로 **敵佚**이어든 **能勞之**하고 **飽**어든 **能飢之**하고 **安**이어든 **能動之**니라

능히 적으로 하여금 스스로 오게 하는 것은 적을 이롭게 하기 때문이요, 능히 적으로 하여금 오지 못하게 하는 것은 적을 해롭게 하기 때문이다. 그러므로 적이 편안하거든 능히 수고롭게 하고, 적이 배부르거든 능히 굶주리게 하고, 적이 안심하거든 능히 동요하게 해야 한다.

此는 卽致人之術也니 能致人이면 則敵之進退飢飽安佚勞動之權이 操之在我요 致於人者는 反是라

이것은 바로 적이 오도록 하는 방법이다. 적이 오도록 하면 적의 전진과 후퇴, 굶주림과 배부름, 편안함과 수고로움의 권세가 내 손안에 달려 있고, 적에게 끌려가는 자는 이와 반대이다.

出其所不趨하고 **趨其所不意**니 **行千里而不勞者**는 **行於無人之地也**요 **攻而必取者**는 **攻其所不守也**요 **守而必固者**는 **守其所不攻也**라 **故**로 **善攻者**는 **敵不知其所守**하고 **善守者**는 **敵不知其所攻**하나니 **微乎微乎**여 **至於無形**이요 **神乎神乎**여 **至於無聲**이라 **故**로 **能爲敵之司命**이니라

적이 달려오지 않는 곳으로 출동하며 적이 예상하지 않은 곳으로 달려가야 한다. 천 리를 행군하고도 수고롭지 않은 것은 사람(적병)이 없는 지역을 가기 때문이요, 공격하여 반드시 점령하는 것은 적이 지키지 않는 곳을 공격하기 때문이요, 지키면 반드시 견고한 것은 적이 공격하지 않는 곳을 지키기 때문이다. 그러므로 공격을 잘

하는 자는 적이 지킬 곳을 알지 못하고, 수비를 잘하는 자는 적이 공격할 곳을 알지 못하는 것이다. 미묘하고 미묘하여 형체가 없음에 이르고, 신묘하고 신묘하여 소리가 없음에 이른다. 그러므로 능히 적의 司命이 되는 것이다.

審敵虛實이면 則出敵所不趨하고 趨敵所不意하여 如行無人之地하여 雖千里而不勞라 蓋謂敵所不虞之地니 豈必如鄧艾之裹氈耶[1]아 推而至於攻其所不守하고 守其所不攻하여도 莫不皆以虛實爲妙用이라 故로 其極致 能使敵不知所守所攻하여 而至於無形可見하고 無聲可聞이라 詩云 上天之載無聲無臭[2]라하니 微而神이 幾矣라 誠如是也면 雖謂司敵之命이라도 可也니라

1) 豈必鄧艾之裹氈耶 : 鄧艾(197~264)는 삼국시대 魏나라의 명장이다. 景元 4년(263), 鄧艾가 蜀漢을 정벌할 적에 陰平에서 景穀의 길을 따라 사람이 없는 지역으로 7백 리를 행군하였는데, 털방석으로 몸을 싸서 협곡을 통과하여 江油에 이르러, 蜀漢의 守將 馬邈의 항복을 받고 綿竹關에서 蜀漢의 衛將軍 諸葛瞻을 격파하니, 蜀漢의 後主인 劉禪이 항복을 청하였다. ≪三國志 권28 鄧艾列傳≫

이 경문과 관련하여 ≪孫子十家註≫ 중 張預의 註에 "적의 텅 빈 곳을 엄습하고 대비가 없는 곳을 공격하면 비록 천 리의 먼 곳을 공격하더라도 병사들이 피로하지 않는 것은, 鄧艾가 蜀을 칠 적에 陰平의 지름길을 통하여 사람이 없는 지역 700여 리를 행군한 것과 같음이 이것이다."라고 하였는바, 趙羲純이 이를 비판하고, 당시 적이 수비하지 않는 곳으로 출동하면 비록 천 리 멀리 행군하여도 수고롭지 않음을 말한 것이다.

2) 上天之載無聲無臭 : 이 구절은 ≪詩經≫ 〈大雅 文王〉에 보인다.

적의 虛·實을 살펴서 알면 적이 달려오지 않는 곳으로 출동하고, 적이 예상하지 않은 곳으로 달려가 사람이 없는 지역을 가듯이 하여, 비록 천 리를 행군하더라도 수고롭지 않은 것이다. 이는 적이 예상하지(수비하지) 않은 지역을 말한 것이니, 하필 鄧艾가 털방석으로 몸을 싸서 陰平으로 진출한 것과 같게 할 것이 있겠는가. 미루어서 적이 지키지 않는 곳을 공격하고 적이 공격하지 않는 곳을 수비함에 이르러서도 모두 다 虛와 實을 가지고 妙用으로 삼는다. 그러므로 極致에 이르게 되면 능히 적으로 하여금 지킬 바와 공격할 바를 알지 못하게 하여, 볼 만한 형체가 없고 들을 만한 소리가 없음에 이르게 되는 것이다.

≪詩經≫에 "上天의 일은 소리도 없고 냄새도 없다." 하였으니, 은미하고 신묘함이 여기에 가까운 것이다. 진실로 이와 같게 한다면 비록 적의 운명을 쥐고 있다고 말하더라도 괜찮을 것이다.

進而不可禦者는 衝其虛也요 退而不可追者는 速而不可及也라 故로 我欲戰이면 敵雖高壘深溝라도 不得不與我戰者는 攻其所必救也요 我不欲戰이면 雖畫地而守之라도 敵不得與我戰者는 乖其所之也니라

진격하면 적이 막지 못하는 것은 적의 빈 곳을 공격하기 때문이요, 후퇴하면 적이 추격해오지 못하는 것은 신속하게 행동하여 적이 미칠 수가 없기 때문이다. 그러므로 우리가 적과 싸우고자 하면 적이 비록 보루를 높이 쌓고 해자를 깊이 파고 수비하더라도 우리와 싸우지 않을 수 없는 것은 적이 반드시 구원할 곳을 공격하기 때문이요, 우리가 싸우고자 하지 않으면 비록 땅을 긋고 지키더라도 적이 우리와 싸울 수 없는 것은 적이 가는 곳을 어긋나게 하기 때문이다.

> 乘虛而進이면 則莫我禦요 其疾如風이면 則莫我追니 蓋又進於出所不趨, 趨所不意라 然이나 猶是審於虛實也라 利誘而不來면 則攻其所必救하고 計害而猶來면 則誤之使他往은 乃實能虛之也니 尙安有不聽者哉아
>
> 虛한 틈을 타서 전진하면 우리를 막지 못하고, 질풍과 같이 빠르게 행동하면 우리를 추격하지 못할 것이니, 이는 또 적이 달려오지 않는 곳으로 출동하고 적이 예상하지 않은 곳으로 달려가는 것에서 더 진보한 것이다. 그러나 이것은 오히려 虛와 實을 살피는 것이다.
>
> 이익으로 적을 유인하여 따라오지 않으면 적이 반드시 구원할 곳을 공격하고, 계책으로 적을 해롭게 하는데도 적이 오면 적을 오판하게 하여 다른 데로 가게 하는 것은 바로 실하면서도 허하게 만들 수 있는 것이니, 이러고도 오히려 나의 계책을 따르지 않는 자가 있겠는가.

故로 形人而我無形이면 則我專而敵分하리니 我專爲一하고 敵分爲十이면 是는 以十攻其一也니 則我衆敵寡라 能以衆擊寡면 則吾之所與戰者約矣라 吾所與戰之地를 不可知니 不可知면 則敵所備者多하고 敵所備者多면 則吾所與戰者寡矣라 故로 備前則後寡하고 備後則前寡하며 備左則右寡하고 備右則左寡하며 無所不備면 則無所不寡하니 寡者는 備人者也요 衆者는 使人備己者也니라

그러므로 적에게 형체를 드러내 보이되 우리가 실제로 형체가 없게 하면, 우리는 專一하고 적은 분산될 것이다. 우리는 전일하여 하나가 되고 적은 분산되어 열이 되

면 이는 열을 가지고 하나를 공격하는 것이니, 우리는 많고 적은 적게 된다. 많은 병력을 가지고 적은 병력의 적을 공격하면 우리가 상대하여 싸우는 자들이 적게 된다.

우리가 적과 싸우는 지역을 적이 알지 못하게 하여야 하니, 알지 못하면 적이 대비하는 곳이 많게 되고, 적이 대비하는 곳이 많게 되면 우리가 상대하여 싸우는 곳이 적게 된다. 그러므로 앞쪽을 대비하면 뒤쪽이 적어지고 뒤쪽을 대비하면 앞쪽이 적어지며, 왼쪽을 대비하면 오른쪽이 적어지고 오른쪽을 대비하면 왼쪽이 적어지며, 대비하지 않는 곳이 없으면 적어지지 않는 곳이 없게 되니, 〈적의 병력이〉 적어지는 까닭은 우리를 대비하기 때문이요, 〈우리의 병력이〉 많아지는 까닭은 적으로 하여금 여러 곳에서 우리를 대비하게 하기 때문이다.

如上文利敵使至하고 害敵使止하여 佚而勞之하고 飽而饑之는 皆形人也요 出所不趨하고 趨所不意하여 進不可禦하고 退不可追는 皆無形也라 使敵不知所守所攻이면 則分也요 在我無形無聲이면 則專也라 欲戰則攻其必救하고 不欲則乖其所之하여 戰權不在敵하고 而戰地不可知하면 惶惑疑眩하여 四處置備하여 愈備而愈寡하니 所備十則所分亦十이라 故로 雖衆寡本均이나 而可以十攻一이니 是는 彼以備我而寡요 我以與戰者約而衆也라

윗글에서 말한 것처럼 적을 이롭게 하여 적이 싸우러 오게 하고, 적을 해롭게 하여 적이 추격을 중지하게 해서, 적이 편안하거든 수고롭게 만들고 적이 배부르거든 굶주리게 만드는 것은 모두 남에게 형체를 드러내 보이는 것이요, 적이 달려오지 않는 곳으로 출동하고 적이 예상하지 않는 곳으로 달려가서, 진격하면 적이 막지 못하고 후퇴하면 적이 추격해오지 못하는 것은 모두 형체가 없는 것이다.

적으로 하여금 지킬 곳과 공격할 곳을 알지 못하게 하면 적의 병력이 분산되고, 나에게 있어 형체도 없고 소리도 없게 하면 우리의 병력이 전일하게 된다. 우리가 싸우고자 하면 적이 반드시 구원해야 할 곳을 공격하고, 우리가 싸우고자 하지 않으면 적이 가는 곳을 어긋나게 한다. 그리하여 전쟁의 권한이 적에게 있지 않게 하고 싸울 지역을 적이 알 수 없게 하면, 적이 두렵고 의혹에 빠져 사방의 여러 곳에 병력을 배치해서 우리를 방비할수록 적의 병력이 더욱 적어질 것이니, 방비하는 곳이 열 곳이면 적의 병력이 또한 열로 분산된다.

그러므로 비록 병력의 많고 적음이 본래 彼我가 대등하였더라도 우리의 병사 열 명으로 적의 병사 한 명을 공격할 수 있는 것이니, 저들은 우리를 대비하느라 병력이 분산되어 적어지고, 우리는 싸우는 상대가 적어져서 병력이 많아지는 것이다.

故로 **知戰之地**하고 **知戰之日**이면 **則可千里而會戰**이요 **不知戰地**하고 **不知戰日**이면 **則左不能救右**하고 **右不能救左**하며 **前不能救後**하고 **後不能救前**이어든 **而況遠者數十里**며 **近者數里乎**아

그러므로 전투할 지역을 알고 전투할 날짜를 알면 천 리 멀리에서도 적과 會戰할 수 있고, 전투할 지역을 알지 못하고 전투할 날짜를 알지 못하면 왼쪽이 오른쪽을 구원하지 못하고 오른쪽이 왼쪽을 구원하지 못하며, 앞쪽이 뒤쪽을 구원하지 못하고 뒤쪽이 앞쪽을 구원하지 못하는데, 하물며 먼 경우에는 수십 리이고 가까운 경우도 몇 리에 있어서이겠는가.

戰日은 以戰地而帶敍也라 承上文하여 言 形人者는 權常在我하여 而預料戰日戰地라 故로 可千里而如赴約矣어니와 形於人者는 旣隨處分備하여 及其戰也에 寡不敵衆하여 而雖欲撤救나 左右前後不能相及이어든 況所分이 在數里數十里之距乎아

전투할 날짜는 전투할 지역에 덧붙여 말한 것이다. 윗글을 이어서 적의 형체를 드러나게 하는 자는 권세가 항상 자신에게 있어서, 전투할 날짜와 전투할 지역을 미리 헤아린다. 그러므로 천 리 멀리에서도 약속에 달려가듯 할 수 있는 것이다.

그러나 적에게 자신의 형체를 드러내 보이는 자는 이미 곳에 따라 병력을 분산 대비하여 전투할 때에 병력이 적어져서 많은 적을 상대하지 못한다. 그리하여 비록 병력을 철수하여 구원하고자 하나 左와 右, 앞과 뒤가 서로 미치지 못하는데, 더구나 분산 배치한 병력이 몇 리와 몇 십 리의 먼 거리에 있음에랴.

以(吾)〔吳〕[1]**度之**컨대 **越人之兵**이 **雖多**나 **亦奚益於勝哉**리오 **故**로 **曰勝可爲也**라하니 **敵雖衆**이나 **可使無鬪**니라

1) (吾)〔吳〕: 저본에는 '吾'로 되어있으나, 아래 주에도 모두 '吳'로 되어있는 것으로 보아, 저자가 '吳'로 바꾸어 孫子가 당시 소속되어 있던 吳나라를 가리킨 것으로 보인다. 그러나 뜻에는 큰 차이가 없다.

吳나라를 가지고 헤아려보건대 越나라 사람의 병력이 비록 많으나 또한 어찌 승리에 유익함이 있겠는가. 그러므로 "승리는 만들 수 있다."라고 한 것이니, 적의 병력이 비록 많으나 우리와 싸우지 못하게 할 수 있는 것이다.

孫子佐吳以霸는 蓋能度(탁)越人之情形而從之라 故로 擧當時之事하여 著之篇曰 越兵

雖多나 無益於勝하여 而勝可由我니 尙何足與我鬪哉리오하니라 軍形曰 勝은 可知而不可爲라하고 此云 勝可爲者는 彼以敵守固하여 機無乘而言이요 此以旣形敵하여 已入彀而言이니라

孫子가 吳나라를 보좌하여 霸者가 되게 한 것은 越나라 사람의 실정과 형체를 잘 헤아려 대응하였기 때문이다. 그러므로 당시의 일을 들어서 이 편에 드러내기를 "越나라의 병력이 비록 많더라도 승리에 유익함이 없어서 승리를 우리 마음대로 할 수 있으니, 어찌 우리와 싸울 수 있겠는가."라고 한 것이다.

〈軍形〉에 이르기를 "승리는 알 수는 있어도 만들 수는 없다." 하였는데 여기에서 "승리를 만들 수 있다."라고 한 것은, 저 〈軍形〉에서는 적이 굳게 수비하여 틈탈 만한 기회가 없음을 가지고 말하였고, 여기서는 이미 적의 형태를 드러나게 하여 적이 이미 사정거리 안에 들어온 것을 가지고 말한 것이다.

故로 策之而知得失之計하고 作之而知動靜之理하고 形之而知死生之地하고 角之[1]而知有餘不足之處니라

1) 角之 : 이 내용은 ≪春秋左氏傳≫ 宣公 12년 조에 '左右角之'라고 보이는데, 杜預의 주에 "兩角(양쪽)으로 펼쳐 옆에서 협공하는 것이다.〔張兩角 從旁夾攻之〕" 하였다.

그러므로 적을 헤아려 得失의 계책을 알며, 적을 격동시켜 적의 動靜의 이치를 알며, 형체를 보여주어 죽고 사는 땅을 알며, 적과 다투어(적을 협공하여) 적의 有餘하고 부족한 곳을 아는 것이다.

策은 如薛公料黥布之三計[1]요 作은 如樂伯致師[2]와 吳起相敵之術[3]이요 形은 如陳湯之算烏孫[4]과 蹇叔之期二陵[5]이 是也라 角은 角力也요 有餘不足은 堅瑕也라

1) 薛公料黥布之三計 : 黥布는 六縣 사람으로 項羽 밑에서 큰 공을 세워 九江王에 봉해졌다가 漢 高祖(劉邦)에게 귀순하여 淮南王에 봉해진 인물이다. 高祖 11년(B.C. 196)에 黥布가 배반하자, 高祖가 薛公을 불러 물으니, 대답하기를 "만일 黥布가 上策으로 나오면 山東 지방은 漢나라의 소유가 아닐 것이요, 中策으로 나오면 승패를 알 수 없고, 下策으로 나오면 陛下께서 베개를 높이 베고 누우셔서 漢나라에 아무 일이 없을 것입니다." 하였다. 高祖가 묻기를 "黥布의 계책이 장차 어디로 나오겠는가?" 하니, 薛公은 "黥布는 驪山에서 부역하던 무리로서 스스로 萬乘의 군주가 되었으니, 이는 모두 자신을 위하고 후손을 돌아보지 아니하여 반드시 下策으로 나올 것입니다."라고 대답하였는데, 黥布는 과연 下策을 따르다가 멸망하였다. ≪史記 권91

黥布列傳≫

2) 欒伯致師 : 欒伯은 춘추시대 楚 莊王의 신하이고, 致師는 도전을 이른다. B.C. 597년, 楚나라와 晉나라가 싸우다가 楚나라 임금이 晉나라에 화친을 청하고 晉나라가 이를 허락하여 결맹할 날짜를 정하였는데, 欒伯이 許伯을 御(마부)로, 攝叔을 車右로 삼아 戰車를 몰고 나가 진나라 군영까지 쳐들어갔다가 무사히 돌아왔다. ≪春秋左氏傳 宣公 12년≫

3) 吳起相敵之術 : 吳起(B.C. 440~B.C. 381)는 춘추시대 衛나라 출신의 장군이자 兵法家로 ≪吳子≫의 저자이다. '相敵'은 적장의 능하고 능하지 못함을 살피는 것인바, 魏 武侯가 이에 대해 묻자, 吳起는 "천하고 용감한 자로 하여금 경무장한 정예병을 거느리고 적을 시험하게 하되, 되도록 패하여 달아나고 얻는 것을 힘쓰지 않게 하여 적이 추격해오는 것을 살펴야 한다."라고 대답하였다. ≪吳子 論兵≫

4) 陳湯之算烏孫 : 陳湯(?~B.C. 6)은 前漢 元帝 때의 무신으로 字가 子公이다. 匈奴의 郅支單于가 漢나라를 배반하고 漢나라의 사신을 살해하자, 당시 西域副校尉로 있던 陳湯이 西域都護 甘延壽와 함께 황제의 制書를 위조하고 여러 성의 병력을 징발하여 匈奴를 불시에 공격해서 郅支單于를 목 베었다. 이 공으로 甘延壽는 義成侯, 陳湯은 關內侯에 봉해졌다.≪漢書 권70 陳湯傳≫

烏孫은 본래 漢나라 때에 天山 北路 주변에 살던 터키계 유목 민족을 이르나, 여기서는 匈奴를 가리켜 말하였다.

5) 蹇叔之期二陵 : 蹇叔은 춘추시대 秦 穆公을 도와 패자가 되게 한 名臣이다. B.C. 628년 秦나라의 대부였던 杞子가 鄭나라에 있으면서 사람을 보내 穆公에게 고하기를 "鄭나라가 나로 하여금 北門의 자물쇠를 관장하게 하였으니, 만일 군대를 은밀히 출동하면 정나라를 얻을 수 있다."고 하자, 穆公이 이 일을 蹇叔과 상의하였다. 蹇叔이 극력 반대하였으나 목공은 이를 물리치고 마침내 孟明 등으로 하여금 정나라를 공격하게 했다가 晉 襄公에게 殽山에서 대패하였는바, 이때 蹇叔이 출전하는 자신의 아들에게 울며 말하기를 "晉나라 장수는 반드시 우리 군대를 殽山에서 막을 것이다. 殽山에는 두 언덕〔二陵〕이 있는데, 남쪽 언덕은 夏后 皐의 무덤이 있는 곳이고, 북쪽 언덕은 文王이 風雨를 피했던 곳이다. 네가 반드시 이 두 언덕 사이에서 죽을 것이니, 내가 그곳으로 가서 너의 시신을 거두리라." 하였는데, 그 후 과연 그의 말대로 되었다. ≪春秋左氏傳 僖公 32년≫

'策'은 薛公이 黥布의 세 가지 계책을 헤아린 것과 같은 것이고, '作'은 欒伯이 적을 격동시킨 것과 吳起가 적을 살펴본 것과 같은 방법이요, '形'은 陳湯이 烏孫을 계산하고 蹇叔이 두 언덕을 기약한 것과 같은 것이 이것이다. '角'은 힘으로 다툼이요, '有餘'와 '不足'은 견고함과 하자이다.

故로 形兵之極은 至於無形이니 無形이면 則深間不能窺하고 智者不能謀하니 因形而措勝於衆호되 衆不能知라 人皆知我所以勝之形하고 而莫知吾所以制勝之形이라 故로 其戰勝不復(복)[1]이요 而應形於無窮이니라

1) 其戰勝不復(복) : 대부분의 주석서에는 '復'자를 '다시'의 뜻으로 보아, '不復'을 '전에 사용한 계책을 두 번 다시 사용하지 않는 것'으로 보았으나, 저자는 "이러한 해석 또한 뜻은 통하나 글 뜻이 자못 짧다."라고 비판하고, 아래의 해설처럼 復을 '회복하다', '돌아오다'로 해석하였다.

그러므로 병력을 드러내 보임의 지극함은 형태가 없음에 이르는 것이니, 형태가 없으면 깊이 숨어든 간첩도 엿보지 못하고 지혜로운 자도 도모하지 못한다. 형태를 인하여 사람들(병사)에게서 승리를 취하되 사람들이 알지 못한다. 사람들은 모두 내가 승리하는 형태만 알고, 내가 승리하게 만드는 형태는 알지 못한다. 그러므로 싸우면 승리하여 후회함이 없으니, 적의 형태에 대응하기를 무궁무진하게 하는 것이다.

我既無形이요 而所以形人者亦無形이면 則非止敵之深間智計無從窺謀也라 即我兵衆聽我措畫者도 只知其勝하고 而莫知我因敵形之術이라 如韓信背水破趙에 而引兵法陷死地之說하여 以解諸將之惑[1]하고 李光弼營于平野라가 已潛夜去하고 而但留羸兵守之하여 卒降高暉[2] 是也라 復은 悔之之辭[3]니 無失何悔리오 語曰 克己復禮[4]라하고 易曰 不遠復[5]이 是也라

1) 韓信背水破趙……以解諸將之惑 : B.C. 204년에 漢나라 將軍인 韓信이 수만의 병력을 거느리고 동쪽으로 趙나라를 공격하였는데, 이때 韓信은 주력군 1만 명으로 背水陣을 치고, 또 2천 명의 奇兵을 운용하여 대승을 거두었다. 전투가 끝난 뒤에 여러 장수들이 병법에서 금기로 여기는 背水陣을 사용한 까닭을 묻자, 韓信은 "병법에 '死地에 빠진 뒤에 살고 망할 땅에 놓인 뒤에 보존된다.'고 말하지 않았는가. 또 나는 평소에 어루만져 복종하는 병사와 軍官를 얻은 것이 아니니, 이는 이른바 '장꾼을 몰아서 싸운다.'는 것이다. 이들에게 살 땅을 주면 모두 달아날 것이니, 어떻게 쓰겠는가?"라고 대답하여 諸將들을 悅服시켰다. ≪史記 권92 淮陰侯列傳≫

2) 李光弼營于平野……卒降高暉 : 李光弼(708~764)은 唐나라 玄宗·肅宗 때의 명장으로 安祿山과 史思明의 난을 평정한 인물이며, 高暉는 安祿山이 죽은 뒤에 반란군의 수장이 된 史思明의 부장인 高庭暉이다. 史思明이 河淸에 주둔하자 李光弼이 野水渡에 진영을 설치하였으나 史思明 군대의 기습을 예상하고 병사들을 일부만 잔류시켜 놓고 기다렸다가 賊將 李日越을 사로잡아 후대하니 高庭暉가 마침내 항복하였다. ≪資

治通鑑 권221 唐紀37 肅宗皇帝 上≫

3) 復 悔之之辭 : 復은 잃었다가 다시 되찾거나 다른 길로 가다가 다시 원래의 길로 돌아오는 것이므로, '후회하는 말'이라고 한 것이다.

4) 語曰 克己復禮 : '克己復禮'는 자기의 私慾을 이겨 禮로 돌아온다는 의미로 ≪論語≫ 〈顔淵〉 1장에 보인다.

5) 易曰 不遠復 : 멀리 가지 않고 다시 善으로 돌아온다는 의미로, ≪周易≫ 復卦 初九 爻辭에 보인다.

우리가 이미 형태가 없고 적에게 드러내 보임이 또한 형태가 없으면, 단지 깊이 숨어든 간첩과 지혜롭게 계책을 세우는 자도 따라서 엿보고 도모할 수 없을 뿐만 아니라, 바로 우리의 병사로서 나의 지시를 따르는 자들도 오직 승리함만 알고 내가 적의 형태를 따르는 방법을 알지 못하게 된다.

예컨대 韓信이 背水陣을 쳐서 趙나라를 격파하고는 兵法의 '死地에 빠진다.'는 말을 인용하여 장수들의 의혹을 풀어주었고, 李光弼이 平野에 진영을 설치했다가 이윽고 밤중에 은밀히 떠나가고 잔약한 병사들만 남겨두어 지키게 하여 끝내 高庭暉를 항복시킨 것과 같은 것이 이것이다. '돌아온다.〔復〕'는 것은 후회하는 말이니, 잃음이 없으면 어찌 후회하겠는가. ≪論語≫에 이르기를 "자기 사욕을 이겨 예로 돌아온다." 하였고, ≪周易≫에 이르기를 "멀리 가지 않고 돌아온다." 한 것이 이것이다.

夫兵形은 **象水**하니 **水之形**은 **避高而趨下**하고 **兵之形**은 **避實而擊虛**하나니 **水因地而制流**하고 **兵因敵而制勝**이라 **故**로 **兵無常勢**하고 **水無常形**하니 **能因敵變化而取勝者**를 **謂之神**이니라

군대의 형태는 물을 형상하니, 물의 형태는 높은 곳을 피하고 낮은 곳으로 달려가고, 군대의 형태는 적의 견실한 곳을 피하고 허약한 곳을 공격한다. 그리하여 물은 땅에 따라 흐르고 군대는 적에 따라 승리하는 것이다. 그러므로 군대는 일정한 형세가 없고 물은 일정한 형태가 없는 것이니, 적에 따라 변화하여 승리하는 것을 神妙하다 이른다.

以水喩兵은 雙融俱解하여 簡當切該하니 詎復須註리오 兵無常勢하여 因敵形也요 水無常形하여 性趨下也라 因敵變化는 變化任敵而因者我也라 三略曰 變動無常하여 因敵轉化[1]라하고 尉子曰 敵白者堊(악)之하고 赤者赭之[2] 是也라

1) 三略曰……因敵轉化 : 이 내용은 ≪三略≫ 〈上略〉에 보인다.

2) 尉子曰……赤者赭之 : 이 내용은 ≪尉繚子≫ 〈武議〉에 보인다.

물을 가지고 군대를 비유함은 두 가지 모두 잘 이해되어서 간략하고 합당하고 간절하고 명백하니, 어찌 다시 註를 낼 필요가 있겠는가. 군대는 항상 일정한 형세가 없어서 적의 형태를 따르고, 물은 항상 일정한 형태가 없어서 성질이 아래로 달려간다. 적을 이용하여 변화함은 변화를 적에게 맡기고 내가 이용하는 것이다. ≪三略≫에 이르기를 "변동함에 일정함이 없어서 적에 따라 바꾸고 변화한다." 하였고, ≪尉繚子≫에 이르기를 "敵이 희면 우리도 희게 만들고, 敵이 붉으면 우리도 붉게 만들어야 한다."는 것이 이것이다.

故로 五行은 無常勝하고 四時는 無常位하고 日有短長하고 月有死生[1)]이니라

1) 五行……月有死生 : 五行은 金·木·水·火·土로, 金은 木을, 木은 土를, 土는 水를, 水는 火를, 火는 金을 돌려가면서 이기며, 四時는 봄·여름·가을·겨울로, 봄은 동쪽, 여름은 남쪽, 가을은 서쪽, 겨울은 북쪽에 해당하는데, 이 역시 변화하므로 말한 것이다. 해는 冬至부터는 길어지고 夏至부터는 짧아지며, 달은 초사흘에는 초승달이 생기고 그믐에는 달빛이 보이지 않으므로 죽고 삶이 있다고 말한 것이다.

그러므로 五行은 항상 이기는 것이 없고 四時는 일정한 자리(위치)가 없으며, 해는 짧고 긺이 있고, 달은 죽고 삶이 있는 것이다.

因上文以水喩兵而擬之於神이라 故로 復引造化之妙하여 申喩以結之하니라

윗글에 물로 군대를 비유하고 神에게 비견함을 인하여 말하였다. 그러므로 다시 造化의 묘함을 인용해서 거듭 비유하여 맺은 것이다.

○ 軍形者는 兵始成形也요 兵勢者는 以勢使人하여 人自爲戰也요 虛實者는 因敵變化而取勝也니 三篇이 相因爲始終이라 故로 軍形之度量數稱은 但有陣形이요 而兵勢之勢險節短과 紛紜混沌은 乃戰勢也며 兵勢之利動本待는 始言形敵이로되 而虛實之無形은 乃因形措勝也라 形은 有形而隱故로 喩積水하고 勢는 無形而著故로 喩木石하고 虛實則變而化之故로 喩五行四時日月하니라

○ 軍形은 군대가 처음 형태를 이룬 것이고, 兵勢는 기세로써 사람을 부려 사람들이 스스로 싸우게 하는 것이고, 虛實은 적의 변화를 인하여 승리를 쟁취하는 것이니, 〈軍形〉·〈兵勢〉·〈虛實〉 세 篇이 서로 연하여 시작과 끝이 되었다. 그러므로 軍形의 度와 量, 數와 稱은 다만 陣의 형체만 있고, 兵勢의 '氣勢가 험하고 節度가 짧은 것'과

‘紛紛紜紜하고 混混沌沌함’은 바로 戰勢이며, 兵勢의 ‘이로움에 따라 동하고 근본으로 대비함’은 처음으로 적에게 형태를 드러내 보임을 말했으나, 虛·實의 형체가 없음은 바로 형태를 따라 승리하게 만드는 것이다. 形은 형태가 있으나 숨겨져 있으므로 저장해놓은 물로 비유하였고, 勢는 형태가 없으나 드러나 보이므로 나무와 돌로 비유하였고, 虛實은 變化하므로 五行과 四時와 日月로 비유한 것이다.

附錄

李卓吾[1)]曰 軍形에 言勝可知而不可爲라하고 今言勝可爲者는 軍形은 以攻守言이니 敵有善守면 奈之何哉아 此는 以虛實言이니 以實擊虛면 何難之有리오하니 前後矛盾하여 不可無此辨[2)]이라

1) 李卓吾 : 明나라의 사상가인 李贄(1527~1602)로 탁오는 그의 字이다. 앞의 서문에서 그가 ≪參同≫을 지었다고 하였으나 書名은 자세하지 않다.

2) 李卓吾曰……不可無此辨 : ≪孫子≫ 본편의 “以(吾)〔吳〕度之……可使無鬪”에 대한 주석이다.

李卓吾가 말하기를 “〈軍形〉에서는 ‘승리는 알 수 있으나 만들 수는 없다.’ 하였고, 이제 ‘승리를 만들 수 있다.’고 말한 것은, 〈軍形〉은 공격과 수비를 가지고 말하였으니, 적이 잘 수비하고 있으면 어떻게 승리할 수 있겠는가. 여기서는 虛實을 가지고 말하였으니, 實로 虛를 공격한다면 승리함이 무슨 어려움이 있겠는가.” 하였으니, 앞뒤가 서로 모순되어 이에 대한 변론이 없을 수 없다.

角之之角을 舊註에 訓觸은 似誤라 不復을 諸家皆以爲謀不襲前[1)]이라하니 亦通이라 然이나 文義殊短促[1)]이라

1) 角之之角……然文義殊短促 : ≪孫子≫ 본편의 “角之而知有餘不足之處”와 “其戰勝不復 而應形於無窮”에 대한 주석이다.

‘角之’의 ‘角’을 舊註에는 ‘觸’으로 訓하였으니, 잘못인 듯하다. ‘不復’을 諸家들은 모두 ‘예전의 계책을 다시 인습하지 않는 것’이라 하였으니, 또한 통한다. 그러나 글의 뜻이 자못 짧다.

朱鹿岡曰 若而字在因敵下而變化取勝四字一連이면 則變化屬我어늘 今而字在變化

下면 則變化屬敵이라하니 得之矣[1)]라

1) 朱鹿岡曰……得之矣 : ≪孫子≫ 본편의 “兵無常勢……謂之神”에 대한 주석이다.

〈‘能因敵變化而取勝’에 대하여〉 朱鹿岡은 말하기를 “만약 ‘而’字가 ‘因敵’의 아래에 있고 ‘變化取勝’의 네 글자가 하나로 연결되면 變化가 자신에게 소속되는데, 지금 ‘而’字가 ‘變化’의 아래에 있으면 變化가 적에게 소속된다.” 하였으니, 이 말이 맞다.

軍爭 第七 제7편 군대의 전쟁

始計는 未戰而校勝負也요 作戰은 先事而計勞費也요 謀攻은 坐運而服人也니 皆兵之機謀요 而非兵之事也라 軍形은 兵有形也요 兵勢는 聲勢張也며 虛實則變而極矣요 神而化矣요 鼓舞之至矣라 如庖丁之技 莫不中音하고 季子之觀이 止於韶箾[1)]하니 言亦可以止此라 然이나 六翮擧而毛毳闕이면 何以成全鳥리오 故로 軍爭以下는 綴拾撰次에 多以類從하여 文或不屬이나 而隨擧字眼爲題요 非預立篇目하여 刻意結構하여 首尾相貫하고 一氣呵成[2)]之體也라 故로 軍爭之趨利而附以四治하고 九變之達權而戒以五危하며 處軍相敵竝論하여 而治兵從之하고 六地六敗相屬하여 而將道厠焉이라 致警愼于慍怒는 殊無涉於火攻이요 宜微密以鉤情故로 專論乎用間하니 此는 皆言兵之所不可無하니 而具眼者所易見也라 註家之强欲牽合은 亦獨何哉아 至於九地一篇하여는 匠心益巧하여 別出機杼하니 如驥困太行하고 船經呂梁[3)]하여 必死而生하고 幾危而安이라 兵家秘藏을 發露無餘하여 爲全書殿後文字하여 與蒙莊之天下[4)]와 孟堅之敍傳[5)]으로 同一收結法이라 此乃一部之分段이니 而不可不知者也니라

1) 庖丁之技……止於韶箾 : 庖丁은 전국시대 이름난 白丁으로 소를 잡아 해체하는 데에 神技에 가까운 기술을 가졌다. '莫不中音'은 ≪莊子≫ 〈養生主〉에 "庖丁이 文惠君을 위해 소를 잡았는데, 손이 닿는 곳과 어깨를 기대는 곳과 발을 딛는 곳과 무릎으로 누르는 곳마다, 획획 뼈를 발라내는 소리와 칼로 가르는 소리가 절도(음률)에 모두 맞았다.〔庖丁爲文惠君解牛 手之所觸 肩之所倚 足之所履 膝之所踦 砉然嚮然 奏刀騞然 莫不中音〕"라고 보인다.

   季子는 춘추시대 吳王 壽夢의 넷째 아들인 季札을 이르며, 韶箾는 舜임금의 음악이다. 계찰이 禮樂에 밝아 魯나라로 사신 가서 周나라의 음악을 듣고 列國의 치란과 흥망성쇠를 예견하였으며, 또 여러 왕조의 춤을 관람하였는데, 象箾舞·南籥舞·韶濩舞·大夏舞를 차례로 보고 평하다가, 韶箾舞를 보고서는 "아무리 盛大한 德이라 해도 이보다 더할 수 없으니, 훌륭하기 그지없습니다. 설령 다른 樂舞가 있다 하더라도 나는 감히 더 보기를 청하지 않겠습니다."라고 하였다. ≪春秋左氏傳 襄公 29년≫

2) 一氣呵成 : 문장이 하나로 연결되어 단숨에 이루어진 것을 이른다.

3) 驥困太行 船經呂梁 : 驥는 驥馬로 천리마를 이르고, 太行은 太行山으로 중국 河南省과 山西省 경계에 있는 대협곡인데, 길이 험준하기로 유명하다. 呂梁은

중국 泗水에 있는 여울로, 물살이 급하고 험하기로 이름난 곳이다. ≪莊子≫〈達生〉에 "孔子가 여량을 구경하였는데, 폭포가 30길 높이였고 거센 물결의 물거품이 40리나 퍼지니, 자라와 악어, 물고기와 거북도 헤엄치지 못하는 곳이었다.〔孔子觀於呂梁 縣水三十仞 流沫四十里 黿鼉魚鱉之所不能游也〕"라고 보인다.

4) 與蒙莊之天下 : 蒙莊은 莊周로, 그가 蒙縣 사람이기 때문에 이렇게 칭한 것이다. 莊周가 지은 ≪莊子≫는 33편 가운데 〈天下〉가 맨 끝에 있으므로 말한 것이다.

5) 孟堅之敍傳 : 孟堅은 後漢 중기의 문신이자 역사가로 ≪漢書≫의 편찬자인 班固(32~92)의 字인바, ≪漢書≫의 〈敍傳〉이 맨 끝에 있으므로 이렇게 말한 것이다.

〈始計〉는 싸우기 전에 勝負를 비교하는 것이고, 〈作戰〉은 전쟁에 앞서 수고로움과 비용을 계산하는 것이고, 〈謀攻〉은 앉아서 수판을 움직여 적을 굴복시키는 것이니, 모두 군대의 機謀이고 군대의 전쟁하는 일이 아니다.

〈軍形〉은 군대에 형체가 있는 것이고, 〈兵勢〉는 聲勢(기세)를 확장하는 것이며, 〈虛實〉은 변하여 지극하고 神妙하게 化하고 鼓舞함이 지극한 것이다. 마치 푸줏간 白丁의 손놀림이 음률(절도)에 맞지 않음이 없고, 季子가 음악을 구경함이 韶箾에서 그친 것과 같으니, 말 또한 여기에서 끝날 수 있다.

그러나 여섯 개의 깃털을 들어도 솜털이 빠져 있으면 어떻게 온전한 새가 될 수 있겠는가. 그러므로 〈軍爭〉 이하는 여러 兵法을 모아 차례로 엮어서 대부분 비슷한 종류끼리 서로 따르게 하여 文章이 혹 이어지지 않으나, 중요한 글자의 눈〔字眼〕을 들어 제목으로 삼았고, 미리 篇의 제목을 세워 結構의 뜻을 다해서 머리와 꼬리가 서로 관통하고 단숨에 이루어진 文體가 아니다.

그러므로 〈軍爭〉은 군대가 이익으로 달려가는 것으로 네 가지 다스림을 덧붙였고, 〈九變〉은 權變을 통달하는 것으로 다섯 가지 위험을 경계하였으며, 군대를 주둔함과 적을 살펴봄을 함께 논하면서 治兵이 뒤따르고 六地와 六敗가 서로 이어지면서 장수의 道가 끼어 있다.

분노와 노여움에 대해 지극히 경계하고 신중히 함은 자못 〈火攻〉과 상관이 없고, 마땅히 은미하고 치밀히 행동하여 적의 실정을 탐지하여야 하므로 오로지 間諜을 사용함을 〈用間〉에서 논하였는데, 이는 모두 兵法을 논함에 없을 수 없는 것으로, 안목을 구비한 자가 쉽게 볼 수 있는 것이다. 그런데 주석가들이 억지로 이것을 끌어다가 맞추고자 함은 또한 유독 어째서인가.

〈九地〉 한 篇에 이르러서는 匠人의 마음이 더욱 공교로워 따로 한 문장을 지어냈으니, 마치 驥馬가 太行山에서 곤궁하고 배가 呂梁을 지나오는 것과 같아서, 거의 죽었다가 살아나고 거의 위태로웠다가 편안해졌다. 兵家에서 남모르게 간직하고 있는 비밀을 남김없이 노출하여, ≪孫子≫ 全書의 후미를 장식하는 文字가 되었는바, 蒙莊의 〈天下〉와 孟堅의 〈敍傳〉과 함께 수습하여 맺은 法이 동일하니, 이는 바로 이 한 권의 단락을 나눈 것으로 讀者들이 알지 않으면 안 되는 것들이다.

孫子曰 凡用兵之法은 **將受命於君**하여 **合軍聚衆**하여 **交和而舍**에 **莫難於軍爭**이니 **軍爭之難者**는 **以迂爲直**하고 **以患爲利**라 **故**로 **迂其途而誘之以利**하여 **後人發**하고 **先人至**하니 **此**는 **知迂直之計者也**니라

孫子가 말하였다.

무릇 用兵하는 방법은 장수가 군주에게 명령을 받아 군대를 합치고 무리(병력)를 모아서 和門을 마주하여 머물(대치할) 적에는 軍爭보다 더 어려운 것이 없다. 軍爭의 어려움은 우회하는 길을 직선의 길로 만들고 환란을 이로움으로 만드는 것이다. 그러므로 길을 우회하되 이로움으로써 적을 유인해서 적보다 뒤에 출발하여 적보다 먼저 도착하여야 하니, 이는 우회와 직선의 계책을 아는 것이다.

軍門曰和라하니 交和는 謂與敵相對而軍也라 吳子曰 不和於國이면 不可以出軍이요 不和於軍이면 不可以出陣이요 不和於陣이면 不可以進戰이요 不和於戰이면 不可以決勝[1)]이라하니라 舍는 止舍니 爲營壘也라 軍爭은 卽九地之爭地[2)]니 彼我得之皆利라 故로 不可不爭이라 然이나 彼若先據而我往爭之면 彼將以佚待勞하고 憑高乘之하리니 此는 必敗之道也라 故로 法曰 無攻而趨其後라하니라 言敵雖先我發而由直徑이나 須設計悞之하여 使他往하고 以利誘之하여 使淹留하고 而我却利其患難하여 迤從迂路而後發先至니 此其所以難也라 我則以迂爲直하고 敵則以直爲迂라 故로 結之曰知迂直之計라하니라

1) 吳子曰……不可以決勝 : 이 내용은 ≪吳子≫ 〈圖國〉에 보인다.

2) 九地之爭地 : 九地는 아래에 보이는 편명이다. 爭地는 〈九地〉에 "우리가 얻어도 이롭고 적이 얻어도 이로운 것을 爭地라 한다.〔我得亦利 彼得亦利者 爲爭地〕"라고 보인다.

軍門을 和門이라 하니, '交和'는 敵과 상대해 軍을 주둔함을 이른다. ≪吳子≫에 "나라에서 화합하지 못하면 군대를 출동할 수 없고, 군대에서 화합하지 못하면 나아가 진을 칠 수 없고, 陣營에서 화합하지 못하면 나아가 싸울 수 없고, 싸움터에서 화합하지 못하면 승리할 수 없다." 하였다. '舍'는 머무는 것이니, 머물면서 진영과 보루를 만드는 것이다.

軍爭은 바로 〈九地〉의 爭地(다투는 땅)이니, 적과 우리가 얻으면 모두 이로우므로 다투지 않을 수가 없는 것이다. 그러나 적이 만약 먼저 점거하였는데 우리가 가서 다투면, 적이 장차 편안함으로써 수고로운 우리를 상대하고 높은 곳에 의지하여 기세를 탈 것이니, 이는 必敗의 방도이다. 그러므로 兵法에 이르기를 "공격하면서 그 뒤로 달려가지 말라." 한 것이다.

적이 비록 나보다 먼저 출발하여 직선의 길로 가더라도, 모름지기 계책을 만들어 적을 그르쳐서 적으로 하여금 딴 곳으로 가게 하고, 이익으로 유도하여 지체하게 만들며, 우리가 도리어 적의 환난을 이롭게 여겨 우회하는 길을 따라 뒤늦게 출발해서 먼저 싸움터에 이르러야 하니, 이것이 그 어려운 이유이다.

우리는 우회하는 길을 직선으로 만들고, 적은 직선의 길을 우회하게 만든다. 그러므로 "우회와 직선의 계책을 안다."라는 구절로 끝맺은 것이다.

故로 **軍爭爲利**나 **衆〔爭〕**[1]**爲危**니라

1) 〔爭〕: 저본에는 '爭'이 없으나 諸本에 의거하여 보충하였다.

그러므로 군대가 적과 다툼은 자신을 이롭게 하기 위한 것이나, 무리(오합지졸)를 동원하여 다툼은 위태로움이 되는 것이다.

軍爭이 雖則爲利나 但動衆以爭則危하니 詳見下文하니라

軍爭이 비록 이로움이 되나 무리(오합지졸)를 동원하여 다투면 위태로우니, 자세한 내용이 아랫글에 보인다.

擧軍而爭利면 **則不及**하고 **委軍而爭利**면 **則輜重捐**이라 **是故**로 **卷甲而趨**하여 **日夜不處**하고 **倍道兼行**하여 **百里而爭利**하면 **則擒三將軍**이요 **勁者先**하고 **疲者後**니 **其法**이 **十一而至**하고 **五十里而爭利**하면 **則蹶上將軍**하니 **其法**이 **半至**하고 **三十里而爭利**하면 **則三分之二至**라 **是故**로 **軍無輜重則亡**하고 **無糧食則亡**하고 **無委積**(자)**則亡**하나니라

全軍을 동원하여 이로움을 다투면 제때에 도착하지 못하고, 군대(행군속도가 느린 보병)를 버리고 이익을 다투면 輜重을 버리게 된다. 이 때문에 갑옷을 말아 급히 달려가서 밤낮으로 머물지 않고 행군속도를 배가하여 백 리에 이익을 다투면, 세 장군이 사로잡히게 되고 굳센 자가 먼저 도착하고 피로한 자가 뒤에 도착하게 되니, 그 법이 10분의 1만 도착한다. 50리를 달려가 이익을 다투면 上將軍이 쓰러지니 그 법

이 군대가 반만 도착하고, 30리를 달려가 이익을 다투면 군대의 3분에 2가 도착한다. 이 때문에 군대는 輜重이 없으면 망하고 양식이 없으면 망하고 委積(저축)가 없으면 망하는 것이다.

卷은 猶束也니 束甲은 欲其速也요 處는 猶息也라 三將軍은 上中下軍之帥也라 此는 承上文하여 言軍爭之危也라 蓋全軍則行緩不及하고 輕軍疾馳則軍資棄捐이요 而若所爭愈遠이면 則師行愈不屬하여 不能復整部伍하여 必勁者先하고 疲者後요 而遇有邀截이면 則或三帥見擒하고 或上將顚蹶이라 其最近者는 雖可太半得至나 然器械糧食蓄積皆闕하니 安得不亡이리오 所以至危也라

'卷'은 束과 같으니, 갑옷을 말아 묶음은 신속히 행군하고자 해서이다. '處'는 쉼과 같다. 세 장군은 上軍·中軍·下軍의 장수이다. 이는 위의 글을 이어 軍爭의 위태로움을 말한 것이다. 全軍을 이끌고 가면 행군속도가 느려서 미치지 못하고, 경무장한 군대로 급히 달려가면 군수물자를 버리게 되고, 만약 다투는 곳이 더욱 멀면 군대의 행군이 더욱 이어지지 못해서 다시는 부대를 정돈하지 못하여, 반드시 굳센 자가 먼저 이르고 피곤한 자가 뒤에 이르며, 적이 길을 가로막고 차단함을 만나면 혹 세 장군이 사로잡히거나 上將軍이 쓰러진다.

가장 가까운 경우는 〈하루에 30리를 달려가는 것으로〉 비록 太半이 도착할 수 있으나, 만일 병기와 양식과 저축이 모두 없게 되면 어찌 망하지 않을 수 있겠는가. 이 때문에 위태로움에 이르는 것이다.

故로 不知諸侯之謀者는 不能豫交하고 不知山林險阻沮澤[1]之形者는 不能行軍하고 不用鄕導者는 不能得地利하나니라

1) 山林險阻沮澤 : 劉寅의 ≪孫武子直解≫에 "지세가 높은 것이 山이고 나무가 빽빽이 모인 것이 林이며, 구덩이가 險이고 한 번 높고 한 번 낮은 것이 阻이며, 진흙이 있어서 저습한 것이 沮이고 여러 물이 모여 흐르지 않는 것이 澤이다.〔勢崇峻者爲山 木叢聚者爲林 坑坎者爲險 一高一下者爲阻 泥濘漸洳者爲沮 衆水所歸不流者爲澤〕"라고 풀이하였다.

그러므로 제후들의 계책을 알지 못하는 자는 미리 外交하지 못하고, 山林과 險阻와 沮澤(저습한 늪지와 못)의 지형을 알지 못하는 자는 행군하지 못하고, 鄕導를 사용하지 않는 자는 지리를 얻지 못하는 것이다.

一高一下曰阻라 沮는 洳也라 衆水所委爲澤이라 鄕導는 以土着鄕人으로 爲前導也라 承

上文하여 言擧軍委軍俱不可라 然則將奈何오 惟豫交면 則可以先至而得衆하여 借助而自給이요 而知險阻, 用鄕導는 尤爲先務也라 當時列國繡錯하여 所爭이 多三屬之地라 故로 其說如此하니라

한 번 높고 한 번 낮은 것을 阻라 한다. '沮'는 습지이다. 여러 물이 모이는 곳을 澤이라 한다. '鄕導'는 지방의 토착민을 앞세워 길을 인도하게 하는 것이다. 위의 글을 이어서 全軍을 총동원하거나 군대(보병)를 버리는 것이 모두 불가함을 말하였다.

그렇다면 장수는 어찌하여야 하는가? 오직 미리 外交를 하면 먼저 도착하여 병력을 얻어서 이웃 나라의 도움을 받아 스스로 공급할 수 있다. 지형의 험하고 막힘을 알고 鄕導를 사용함은 더더욱 급선무가 된다.

당시 列國의 지형이 서로 교차하여 다투는 지역이 세 나라에 소속한 땅이 많았으므로 그 말이 이와 같은 것이다.

故로 兵은 以詐立하고 以利動하고 以分合爲變者也라 故로 其疾如風하고 其徐如林하고 侵掠如火하고 不動如山하고 難知如陰하고 動如雷霆이라 掠鄕分衆하고 廓地分利[1]하여 懸權而動하여 先知迂直之計者勝하니 此는 軍爭之法也니라

1) 掠鄕分衆 廓地分利 : 이 구절을 劉寅의 ≪直解≫와 몇몇 주석가들은 "향촌을 노략질할 적에는 병력을 나누며, 넓은 지역에는 편리한 곳을 나누어 지킨다."라고 해석하였으나, 趙義純은 이를 구차하여 찬성할 수 없다고 附錄에서 비판하였다.

그러므로 군대는 속임수를 근본으로 세우고, 이익에 따라 출동하고, 분산하고 합치는 것을 변화로 삼는 것이다. 이 때문에 빠름이 바람과 같고 느림이 숲과 같으며, 적을 침략할 적에는 불꽃과 같게 하고 움직이지 않을 적에는 산과 같게 하며, 〈적으로 하여금 우리를〉 알기 어려움이 그늘과 같게 하고 출동할 적에는 천둥벼락과 같게 하며, 지방을 노략질하여 병력을 분산 배치하고 땅을 넓혀 편리한 곳을 점거해야 하며, 저울대를 매달아놓고 거동(출동)하여, 먼저 우회와 직선의 계책을 아는 자는 승리하니, 이것이 軍爭의 법이다.

承上文하여 言軍爭之法은 必交諸侯하고 知險阻하고 用鄕導라 然이나 趨利者는 非狙詐면 無以自立이라 故로 必以分合爲變하고 多方以誤之하여 使敵莫測하여 如風之疾하고 如林之徐하며 火急而掠하고 山峙而鎭하며 陰秘而難知하고 雷動而莫禦하니 皆所以迂其途而後發先至之術也라 旣而掠其鄕而分置兵衆하고 廓其地而分據便利라 故로 能委資而足

食하고 深入而益固也라 然이나 凡此는 皆至險至危之事也니 不可輕擧妄動이요 必稱敵於己하여 見勝乃擧니 夫然後에 方可謂知迂直之計하여 而勝斯在我矣라 此節은 以詐立三句起端이로되 而其喫緊處는 專在分合하니 蓋敵旣先發而我趨其後는 非出奇면 何以得濟리오 故로 必奇正相生하여 以詭道而變人耳目也라

위의 글을 이어 군대가 서로 다투는 法은 먼저 반드시 諸侯들과 外交하여야 하고, 지형의 험하고 막힘을 알고, 鄕導를 활용하여야 함을 말하였다. 그러나 이익에 달려가는 자는 속임수가 아니면 스스로 성립할 수가 없다. 그러므로 반드시 분산하고 합치는 것으로 변화를 삼고 여러 方略으로 적을 그르쳐서 적으로 하여금 측량하지 못하게 하여, 바람의 빠름과 같고 숲의 느림과 같게 하며 불꽃처럼 급하게 노략질하고 산처럼 우뚝이 솟아 안정하며 陰地처럼 비밀스러워 알기가 어렵고 우레처럼 신속히 출동하여 막지 못하게 하여야 하니, 이는 모두 그 길을 우회하여 뒤늦게 출발해서 먼저 이르는 방법이다.

이윽고 적의 지역을 노략질하여 병력을 분산 배치하고 땅을 넓혀 편리한 곳을 점거해야 한다. 그러므로 능히 노략질한 물자를 쌓아 양식이 풍족하고 깊이 쳐들어가 더욱 견고한 것이다. 그러나 이것은 모두 지극히 위험한 일이니 경거망동해서는 안 되고, 반드시 적을 자기와 저울질해서 勝算을 발견하고서 비로소 출동하여야 한다. 이렇게 한 뒤에야 비로소 우회와 직선의 계책을 안다고 이를 수 있어서 승리가 우리 편에 있게 되는 것이다.

이 節은 '以詐立' 이하 세 句로 시작하였으나, 긴요한 부분은 오로지 분산하고 합침에 있으니, 적이 이미 먼저 출발하고 우리가 그 뒤로 달려감은 奇兵을 출동시키지 않으면 어떻게 성공할 수 있겠는가. 그러므로 반드시 奇와 正을 相生하여 속임수로써 적의 귀와 눈을 變亂시켜야 하는 것이다.

軍政[1]曰 言不相聞故로 爲之金鼓하고 視不相見故로 爲之旌旗라하니 夫金鼓旌旗者는 所以一人之耳目也라 人旣專一이면 則勇者不得獨進하고 怯者不得獨退하나니 此는 用衆之法也니라

1) 軍政 : 고대 병법서 중의 하나로 西周 시기의 병서로 보이나 지금은 失傳되었고 작자 또한 미상이다.

≪軍政≫에 이르기를 "말소리가 서로 들리지 않기 때문에 징과 북을 사용하고, 시력이 서로 보이지 않기 때문에 깃발을 사용한다." 하였으니, 징과 북과 깃발은 사람

의 귀와 눈을 통일시키는 것이다. 사람의 귀와 눈이 이미 통일되면 용감한 자가 홀로 전진할 수 없고 겁이 많은 자가 홀로 후퇴할 수 없으니, 이것은 많은 병력을 운용하는 방법이다.

軍政은 古兵家言也라 金은 鉦也니 詩云 鉦人伐鼓[1]라하니라 析羽注竿曰旌旗요 鼓則通稱也라 金鼓旌旗는 所以一視聽而爲進退之節也라 前獲雙首면 則以獨進而誅[2]하고 背後被創이면 則以獨退而死[3]하니 勇怯을 安得不齊也리오 此節은 以形名[4]으로 起下文奪氣也라

1) 鉦人伐鼓 : '징 치는 사람이 북을 친다.'는 뜻으로, 이 구절은 ≪詩經≫ 〈小雅 采芑〉에 보이는바, 이는 '징 치는 사람은 징을 치고, 북 치는 사람은 북을 친다.'는 표현을 축약하여 쓴 것으로, 이러한 문장을 互文이라 한다.
2) 前獲雙首 則以獨進而誅 : 이 내용은 ≪尉繚子≫ 〈武議〉에 다음과 같이 보인다. "吳起가 秦나라와 싸울 적에 교전하기 전에 한 병사가 자기의 용맹을 주체하지 못하고 앞으로 나가 적의 首級 두 개를 베어 가지고 돌아오자, 吳起가 그 자리에서 그의 목을 베었다. 이때 軍吏가 諫하기를 '이는 勇力이 뛰어난 병사이니, 목을 베어서는 안 됩니다.' 하였으나, 吳起는 '勇力이 뛰어난 병사임은 분명하지만 나의 명령을 따른 것이 아니다.'라 하고, 참수하였다.〔吳起與秦戰 未合 一夫不勝其勇 前獲雙首而還 吳起立斬之 軍吏諫曰 此는 材士也 不可斬 起曰 材士則是也 非吾令也 斬之〕"
3) 背後被創 則以獨退而死 : 이 내용은 위 경문의 '勇者不得獨進 怯者不得獨退'를 설명하기 위해 趙羲純이 앞 문장과 對句를 맞춘 것으로 다른 병서에는 보이지 않는다.
4) 形名 : 形은 旌旗와 麾幟(깃발)의 형체를 이르고, 名은 징과 북, 피리와 젓대의 名聲(소리)을 이른다.

≪軍政≫은 옛 兵家의 말이다. 金은 鉦(징)이니, ≪詩經≫에 이르기를 "징 치는 사람이 북을 친다." 하였다. 깃털을 쪼개어 깃대에 매단 것을 旌旗라 하고, 북은 큰 북과 작은 북의 통칭이다. 징과 북과 旌旗는 사람의 보고 들음을 통일시켜 전진하고 후퇴하는 節度로 삼는 것이다. 미리 출전하여 적의 首級 두 개를 베어오면 홀로 나갔다 하여 주벌하고, 등 뒤에 있다가 상처를 입으면 홀로 후퇴했다 하여 죽이니, 용맹스런 자와 겁이 많은 자를 어찌 통일시키지 않을 수 있겠는가.

이 節은 形·名을 가지고 아랫글의 '奪氣〔三軍 可奪氣〕'의 구절을 일으킨 것이다.

故로 夜戰에 多火鼓하고 晝戰에 多旌旗는 所以變人之耳目也니라

그러므로 야간 전투에는 불과 북을 많이 사용하고, 주간 전투에는 깃발을 많이 사

용하니, 이는 사람(적)의 귀와 눈을 어지럽게 하는 것이다.

夜則旌旗不可見故로 代以火라 夜不言金하고 晝止擧旗는 互文也[1]라 變은 亂也요 人은 謂敵人이라 言多其火鼓旌旗하여 使敵震於耳目而怖於心也라 傳曰 鈞鼓以震楚師[2]라하고 吳子曰 可震而走[3]라하니라

1) 晝止擧旗 互文也 : 互文이란 똑같은 내용이 중복될 경우 두 번 다 쓰지 않고 각각 한 가지만 씀을 이르는바, 곧 '징〔金〕'을 밤과 낮에 모두 사용하는 것이다.
2) 傳曰 鈞鼓以震楚師 : 이 내용은 춘추시대 蔡나라의 聲子가 楚나라에 빙문 가서 令尹 子木과 나눈 대화에 "繞角의 전투에 晉軍이 도주하려 하자, 析公이 '楚軍은 경솔하여 쉽게 동요시킬 수 있으니, 일제히 북을 울리면서 야음을 틈타 공격하면 楚軍은 반드시 도망갈 것입니다.'라고 하였습니다. 晉人이 그 말을 따르니, 과연 楚軍은 밤에 흩어져 도망하였습니다.〔繞角之役 晉將遁矣 析公曰 楚師輕窕 易震蕩也 若多鼓鈞聲 以夜軍之 楚師必遁 晉人從之 楚師宵潰〕"라고 보인다. ≪春秋左氏傳 襄公 26년≫
3) 吳子曰 可震而走 : 이 내용은 ≪吳子≫ 〈論將〉에 보인다.

밤에는 깃발을 볼 수 없으므로 불로 대신하는 것이다. 밤에는 징을 말하지 않고 낮에 다만 깃발을 든 것은 互文이다. 變은 어지럽히는 것이요, 사람은 敵을 이른다. 불과 북과 旌旗를 많이 사용하여 적으로 하여금 귀와 눈이 놀라 마음에 두려워하게 함을 말한 것이다. 傳에 이르기를 "일제히 북을 쳐서 楚나라 군대를 동요하게 하였다." 하였고, ≪吳子≫에 이르기를 "적을 놀라게 하여 패주시킬 수 있다." 하였다.

〔故〕[1]로 三軍은 可奪氣요 將軍은 可奪心이라 是故로 朝氣銳하고 晝氣惰하고 暮氣歸라 〔故〕로 善用兵者는 避其銳氣하고 擊其惰歸하나니 此는 治氣者也니라

1) 故 : 저본에는 '故'가 두 곳에 모두 없으나 諸本에 의거하여 보충하였다.

그러므로 三軍은 氣를 빼앗을 수 있고 장군은 마음을 빼앗을 수 있는 것이다. 이 때문에 아침 기운은 예리하고 낮 기운은 태만하고 저녁 기운은 지쳐서 돌아가려 한다. 그러므로 용병을 잘하는 자는 적의 예리한 기운을 피하고 나태하여 돌아갈 적에 공격하는 것이니, 이는 기운을 잘 다스리는 자이다.

范蠡曰 盡敵陽節하고 盈吾陰節而奪之[1]라하고 左傳에 曹劌(귀)待齊人三鼓而敗之[2] 皆治氣也라 李靖曰 含生稟血이 鼓作爭鬪하여 雖死不省은 氣使然也라 吳起四機에 氣機居先하니 能使人人自鬪면 則其銳莫當[3]이라하고 又曰 所謂朝氣銳者는 非限時刻而言

也요 擧一日始末爲喩也[4]라하니라 按銳惰歸者는 有以一日而言者하니 古人避朝待暮而得勝者甚多하고 亦有以止舍始末而言者하니 吳子曰 停久不移하여 將士懈怠하고 其軍不備면 可潛而襲[5]이라하니라

1) 范蠡曰……盈吾陰節而奪之 : 陽節은 剛强한 기세를 이르고, 陰節은 침착하고 안정된 기세를 이른다. 이 내용은 ≪李衛公問對≫ 〈中卷〉에 보이는데, 劉寅은 ≪孫武子直解≫에서 "范蠡는 越나라 사람이니, ≪漢書≫ 〈藝文志〉에 '≪范蠡≫ 2편이 있다.' 하였으나, 지금은 볼 수가 없다." 하였다.
2) 左傳 曹劌(귀)待齊人三鼓而敗之 : 曹劌는 춘추시대 魯나라의 대부이다. B.C. 684년 봄, 齊軍이 魯나라를 공격하자, 魯 莊公이 曹劌와 같은 수레를 타고 長勺에서 齊軍과 전투하였는데, 莊公이 공격의 북을 치려 하자 曹劌는 아직 때가 아니라고 말렸다. 齊軍이 북을 세 번 치자, 曹劌는 이제 때가 되었다고 하여 북을 쳐 공격해서 齊軍을 대패시켰다. 승전한 뒤에 莊公이 曹劌에게 북을 늦게 치게 한 이유를 묻자, 曹劌는 "전쟁의 승패는 용기에 달려 있습니다. 북이 한 번 울리면 용기가 진작되고, 두 번 울리면 용기가 쇠하고, 세 번 울리면 용기가 고갈됩니다. 齊軍이 북을 세 번 울렸을 때 저들은 이미 용기가 고갈되고 아군은 한창 용기가 왕성하였기 때문에 승리한 것입니다." 라고 대답하였다. ≪春秋左氏傳 莊公 10년≫
3) 李靖曰……則其銳莫當 : 이 내용은 ≪李衛公問對≫ 〈下卷〉의 "생명을 간직하고 피를 가지고 있는 자가 鼓舞되어 싸워서 비록 죽더라도 돌아보지 않는 것은 기운이 그렇게 만드는 것입니다.……吳起의 四機 중에 氣機를 제일로 삼은 것은 다른 방도가 없습니다. 능히 사람마다 스스로 싸우게 하면 그 예기를 당할 수가 없습니다.〔含生稟血 鼓作鬪爭 雖死不省者 氣使然也……吳起四機 以氣機爲上 無他道也 將能使人人自鬪 則其銳莫當〕" 라는 구절을 약간 바꿔서 인용한 것이다. 吳起의 四機는 ≪吳子≫ 〈論將〉에 "무릇 군대에는 네 가지 機가 있으니, 첫 번째는 氣機이고 두 번째는 地機이고 세 번째는 事機이고 네 번째는 力機이다."라고 보인다.
4) 又曰……擧一日始末爲喩也 : 이 내용은 ≪李衛公問對≫ 〈下卷〉에 보인다.
5) 吳子曰……可潛而襲 : 이 내용은 ≪吳子≫ 〈論將〉에 보인다.

范蠡가 말하기를 "적의 陽節이 다하기를 기다리고 우리의 陰節을 가득 채워 빼앗는다." 하였고, ≪春秋左氏傳≫에 '曹劌가 齊나라 사람이 세 번 북치기를 기다려 공격해서 齊軍을 패퇴시킨 것'이 모두 기운을 다스린 것이다. 李靖이 말하기를 "생명을 간직하고 피를 가지고 있는 자(사람)가 鼓舞되어 싸워서, 비록 죽더라도 돌아보지 않는 것은 기운이 그렇게 만드는 것이다. 吳起의 四機 중에 氣機를 앞에 두었으니, 사람들로 하여금 스스로 싸우게 하면 그 銳鋒을 당할 수 없다." 하였고, 또 말하기를 "이른바

아침 기운이 예리하다는 것은 시각을 제한하여 말한 것이 아니요, 하루의 처음과 끝을 들어 비유한 것이다." 하였다.

살펴보건대 '아침 기운은 예리하고 낮 기운은 태만하고 저녁 기운은 지쳐서 돌아가려 한다.'는 것은 하루를 가지고 말한 경우가 있으니, 옛사람이 아침을 피하고 저녁을 기다려 승리한 자가 매우 많으며, 또한 군대를 주둔한 처음과 끝을 가지고 말한 경우가 있으니, ≪吳子≫에 "적군이 오랫동안 정체하고 이동시키지 아니하여 적의 장병들이 태만해지고 군대가 대비함이 없으면, 은밀히 군대를 출동시켜 습격할 수 있다." 하였다.

以治待亂하고 **以靜待譁**하니 **此**는 **治心者也**요 **以近待遠**하고 **以佚待勞**하고 **以飽待饑**하니 **此**는 **治力者也**요 **無邀正正之旗**하고 **勿擊堂堂之陣**이니 **此**는 **治變者也**니라

自軍의 다스려짐으로써 적이 혼란하기를 기다리고 自軍의 고요함으로써 적이 떠들기를 기다려야 하니 이는 마음을 다스리는 것이요, 가까이 있는 自軍으로 멀리서 온 적을 기다리고 편안한 自軍으로 수고로운 적을 기다리고 배부른 自軍으로 굶주린 적을 기다려야 하니 이는 힘을 다스리는 것이요, 바르고 정돈된 적의 깃발을 맞아 싸우지 말고 당당한 적의 진영을 공격하지 말아야 하니, 이는 변화를 다스리는 것이다.

治亂之由乎心은 不待言矣니 心撓故로 譁라 魏武之意思安閒하여 如不欲戰[1]은 善治心者也라 含生稟血은 皆有氣故로 氣屬之軍하고 將能則整暇故로 心屬之將이라 勞佚饑飽는 將與卒均也라 上文에 多設火鼓旌旗는 固欲變亂人耳目이요 而今正正堂堂은 則去變遠矣라 按兵勿擊은 所以治變也라

1) 魏武之意思安閒 如不欲戰 : 魏武는 曹操로, 아들인 曹丕가 魏나라 황제의 지위에 오른 뒤에 武帝로 추존되었다. 조조는 평소 전투에 임했을 적에 태연하여 마치 전쟁하지 않으려는 자와 같았으므로 이와 같이 말한 것이다.

다스려짐과 혼란함이 마음에 달려 있음은 굳이 말할 필요가 없으니, 병사들의 마음이 흔들리기 때문에 시끄럽게 떠드는 것이다. 魏 武帝가 전투에 임해서 意思를 편안하고 한가롭게 하여 전투하고자 하지 않는 듯이 함은 마음을 잘 다스린 것이다. 生命을 간직하고 피를 가지고 있는 자는 모두 기운을 간직하고 있으므로 기운을 병사에게 소속시켰고, 장수가 유능하면 군대를 정돈하여 여유가 있으므로 마음을 장수에게 소속시켰다. 수고로움과 편안함, 굶주림과 배부름은 장수와 병사가 똑같다.

위의 글에 불과 북, 旌旗를 많이 설치함은 진실로 적의 귀와 눈을 어지럽히고자 한

것이요, 지금 正正하고 堂堂하게 대함은 變과는 거리가 멀다. 군대를 주둔하고 공격하지 않음은 變을 다스리는 것이다.

故로 用兵之法은 高陵勿向하고 背邱勿逆하고 佯北勿從하고 銳卒勿攻하고 餌兵勿食하고 歸師勿遏하고 圍師必闕하고 窮寇勿追니 此는 用兵之法也니라

그러므로 用兵하는 방법은 높은 언덕의 적은 향하지 말고, 언덕을 등진 적은 맞서 싸우지 말고, 거짓 패하여 달아나는 적은 추격하지 말고, 정예로운 적은 공격하지 말고, 미끼로 내놓은 적은 취하지 말고, 돌아가는 적은 막지 말고, 포위된 적은 반드시 한쪽을 비워주고, 궁지에 빠진 적은 압박하지 말아야 하니, 이는 용병하는 방법이다.

大阜曰陵이요 土山爲邱니 高陵勿向하고 背邱勿逆은 皆勢不順也라 語意大同이나 而勿向勿逆은 亦隨其大小而分也라 佯北疑於眞敗하니 將所宜察也라 銳卒은 選鋒也니 漢李陵以奇材劍客으로 自當一隊[1]하고 明商石英이 以十二騎로 殺賊四百[2]이 是也라 餌兵은 以利誘我也니 食은 如魚之食餌也라 歸師는 只可尾追니 遏則求奮矣요 圍而闕이면 則見生路하여 不致死也요 追窮寇면 則殊死戰也라 此節은 當自爲一段이니 而借接上文勿擊來하니라

1) 漢李陵以奇材劍客 自當一隊 : 李陵은 前漢 武帝 때의 장군으로, 天漢 2년(B.C. 99) 匈奴를 공격할 적에 武帝가 그를 貳師將軍 李廣利의 부하로 輜重隊를 이끌고 군량 수송을 담당하게 하자, 李陵이 "臣이 거느리고 있는 병사들은 모두 吳·楚 지방의 기이한 재주가 있는 劍客으로서 힘이 호랑이를 겨드랑이에 끼어 죽일 수 있고 활을 쏘면 명중시킬 수 있으니, 스스로 한 부대를 담당하여 單于의 군대를 분산시키겠다."라고 한 내용을 축약한 것이다.

2) 明商石英……殺賊四百 : 이 내용은 자세하지 않다.

큰 언덕을 陵이라 하고 土山을 邱라 하니, '높은 언덕의 적은 향하지 말고 언덕을 등진 적은 맞서 싸우지 말라.'는 것은 모두 형세가 순하지 않아서이다. 말뜻은 대략 같으나, 향하지 말라는 것과 맞서지 말라는 것은 그 크고 작음에 따라 나눈 것이다. 거짓 패주함은 진짜 패주함과 유사하니, 장수가 마땅히 살펴야 한다.

'銳卒'은 선발된 선봉대이니, 漢나라 李陵이 기이한 재주가 있는 劍客을 데리고 스스로 한 부대를 담당하였고, 明나라 商石英이 12명의 騎兵으로 4백 명의 적을 죽인 것

이 이것이다. '餌兵'은 이익으로써 우리를 유인하는 것이니, '食'은 고기가 낚싯밥을 먹는 것과 같다. 돌아가는 군대는 다만 후미를 추격해야 하니, 앞을 가로막으면 분발하여 싸우게 된다. 적을 포위할 적에 한쪽을 비워주면 적이 살 길을 보고서 死力을 다해 결사적으로 싸우지 않으며, 궁지에 빠진 적을 추격하면 결사적으로 싸운다.

이 節은 마땅히 따로 한 단락이 되어야 하니, 위의 글에 '공격하지 말라.'는 것을 빌려 접속한 것이다.

附錄

軍爭爲利, 衆爭爲危를 王鳳洲曰 按部伍而行則爲軍이요 不按部伍而行則爲群衆而已라하니 此說이 旣合於勁先疲後之文하고 且不疊於擧軍爭利之句하니라

'軍爭爲利'와 '衆爭爲危'를 王鳳洲는 말하기를 "部伍를 따라 행군하면 올바른 군대가 되고, 部伍를 따라 행군하지 않으면 무리(오합지졸)가 될 뿐이다." 하였는데, 이 말이 '군센 자가 먼저 도착하고 피로한 자가 뒤에 도착하게 된다.'는 글에 들어맞고, 또 '군대를 동원하여 이로움을 다툰다.'는 句와 중복되지 않는다.

張預曰 卷甲은 猶悉甲也니 謂輕重俱行[1]이라하니 旣戾於旨요 又無於訓이라

1) 張預曰……謂輕重俱行 : ≪孫子≫ 본편의 "是故卷甲而趨……疲者後"에 대한 ≪十家註≫의 주석 중 張預의 註에는 "卷甲 猶悉甲也 悉甲而進 謂輕重俱行也"라고 보이는데, 趙羲純이 이를 축약해 쓴 것이다.

張預는 말하기를 "卷甲은 갑옷을 다 입는 것과 같으니, 〈갑옷을 다 입고 나아간다 함은〉 경무장한 군대와 중무장한 군대가 모두 출동함을 이른다." 하였으니, 이는 이미 本旨에 어긋나고, 또 兵書에 이러한 訓(뜻풀이)이 없다.

其疾如風六句[1]를 或以爲奇正分合이라하고 或以爲敵可乘則宜疾速이요 敵無隙이면 宜徐緩이라하여 皆無指的爲說者라 蓋趨利는 非曠日之事요 而奇正屢變은 有似悠泛하여 而不切於爭하니 宜其持論之不根也니라

1) 其疾如風六句 : ≪孫子≫ 본편의 "其疾如風 其徐如林 侵掠如火 不動如山 難知如陰 動如雷霆"을 가리킨다.

'그 빠름이 바람과 같다.〔其疾如風〕'는 이하 여섯 句를 혹은 奇와 正, 분산과 집합이

라 하고, 혹은 '적의 빈틈을 탈 만하면 마땅히 신속히 타야 하고, 적에게 빈틈이 없으면 마땅히 느리게 해야 한다.'라고 해서, 모두 분명하게 지적하여 말한 자가 없다. 이익에 달려감은 여러 날이 걸리는 일이 아니요, 奇·正을 자주 변함은 泛然한 듯하여 군대의 다툼에 간절하지 않으니, 그 지론이 근거가 없는 것이 당연하다.

掠鄕分衆하고 **廓地分利**를 **杜牧曰 敵之鄕(色)〔邑〕聚落**에 **無有守兵**하고 **六(蓄)〔畜〕[1]財穀**이 **易于剽掠**이면 **則須分番次第**하여 **使衆人皆得往**이라하고 **張預曰 用兵之道**는 **大率務因糧于敵**이라 **然而鄕邑之民**이 **所積無多**면 **必分兵隨處掠之**라야 **乃可足用**이요 **開廓平易之地**엔 **必分兵守利**하여 **不使敵人得之**라하니 **皆支吾苟且之解**니 **不敢以爲是**로라

1) (色)〔邑〕……(蓄)〔畜〕: 저본의 '色'과 '蓄'을 ≪孫子十一家註≫에 의거하여 '邑'과 '畜'으로 바로잡았다.

'掠鄕分衆 廓地分利'의 句에 대해 杜牧은 말하기를 "적의 鄕邑과 聚落에 지키는 병사가 없고 六畜과 재물과 곡식이 노략질하기 쉬우면 모름지기 番을 나누어 차례를 정해서 병사들로 하여금 모두 가게 하여야 한다." 하고, 張預는 말하기를 "用兵하는 방도는 대체로 적에게서 양식을 이용함을 힘쓴다. 그러나 鄕邑의 백성들이 저축한 것이 많지 못하면 반드시 군대를 나누어 곳에 따라 노략질하여야 財用을 충분히 마련할 수 있고, 탁 트이고 평탄한 지역에서는 반드시 군대를 나누어 이익을 지켜서 적으로 하여금 얻지 못하게 하여야 한다." 하였으니, 모두 지루하고 구차한 해석이어서 감히 옳다고 여기지 못하겠다.

高陵勿向八句를 **張賁**은 **欲離而合於下篇絶地無留**하여 **以充九變之數**[1]라 **凡改竄古文者**는 **必其仍舊則說不去**하고 **改之則確無疑然後**에 **乃可**로되 **而猶不如闕疑之爲愈**라 **今此八則**은 **皆常理**니 **無所謂變**이요 **而況九地之變**이 **不翅明的**하니 **則豈可全無留難而離合之哉**아

1) 高陵勿向八句……以充九變之數 : 張賁은 본편의 '高陵勿向' 이하 여덟 가지를 簡策이 탈락하여 순서가 뒤바뀐 것으로 보고, 다음 〈九變〉의 '絶地(끊어진 땅)에서는 머물지 말라.〔絶地無留〕'는 한 구와 합하여 모두 '아홉 가지의 변화〔九變〕'라고 하였는바, ≪孫武子直解≫에 자세히 보인다.

'높은 언덕의 적은 향하지 말라.〔高陵勿向〕'는 이하 여덟 구를 張賁은 본편에서 분리하여 아래 篇의 '絶地에서는 머물지 말라.'는 것과 합해 九變의 數에 채웠다. 무릇 옛글을 改竄(바꿈)하는 경우는 반드시 옛것을 따르면 말이 되지 않고 고치면 확실하여 의심이 없는 뒤에야 비로소 고칠 수 있으나, 오히려 의심스러운 것을 그대로 제쳐놓

는 것만 못하다. 지금 이 여덟 가지는 모두 떳떳한 이치로서 이른바 '變'이라는 것이 없고, 더구나 九地의 變이 분명할 뿐만이 아니니, 그렇다면 어찌 전혀 거리낌 없이 떼고 붙일 수 있겠는가.

舊註曰 餌는 魚食也라 敵忽棄飮食而去하면 先須嘗試요 不可便食은 慮有毒이라하니 非是[1]라

1) 舊註曰……非是 : ≪孫子≫ 본편의 "餌兵勿食"에 대한 주석이다.

舊註에 "餌는 물고기의 밥이다. 적이 갑자기 음식을 버리고 가면 먼저 모름지기 물고기에게 맛보여 시험해야 하고, 곧바로 먹어서는 안 되니, 이는 해독이 있음을 우려해서이다." 하였으니, 옳지 않다.

諸家는 必以一篇爲連屬文字하여 以軍政形名一段[1]과 及篇終八句[2]로 牽合於軍爭이라 故로 許多疵病이 皆從此生하여 不能成文하니라

1) 以軍政形名一段 : 본편의 경문 중에 ≪軍政≫에서 말한 "말소리가 서로 들리지 않기 때문에 징과 북을 사용하고, 시력이 서로 보이지 않기 때문에 깃발을 사용한다.〔言不相聞 故爲之金鼓 視不相見 故爲之旌旗〕"는 구절을 이른 것이다.

2) 篇終八句 : ≪孫子≫ 본편의 "高陵勿向……窮寇勿追"를 가리킨다.

諸家들은 반드시 이 한 篇을 연결된 文字라고 생각하여, ≪軍政≫의 形·名 한 단락과 편 끝의 여덟 句를 억지로 〈軍爭〉에 끌어다가 맞추었다. 이 때문에 허다한 병통이 이로부터 생겨나서 문장을 이루지 못하였다.

九變 第八　제8편 아홉 가지 用兵 방법

此篇은 論將宜達權이요 不可拘守常法也라 故로 首論九變五利하니 九變은 多在害思利之事하고 五利는 是在利思害之事니 皆變而適宜者也라 苟不能雜於利害면 是不能役諸侯而爲霸王之兵也요 且不免褊於性而犯五危之戒也니라

이 篇은 장수가 마땅히 權變을 통달하여야 하고, 일정한 법식에 구애되어서는 안 됨을 논하였다. 그러므로 첫 번째에 九變과 五利를 논하였으니, 九變은 대부분 해로운 가운데 있으면서 이로움을 생각하는 일이고, 五利는 이로운 가운데 있으면서 해로움을 생각하는 일이니, 모두 변통하여 마땅하게 하는 것이다. 만일 利害를 뒤섞어 생각하지 못하면, 諸侯를 사역하여 霸者와 王者의 군대가 될 수 없고, 또 성질이 편벽되어 다섯 가지 위태로운 경계를 범함을 면치 못한다.

○ 九變者는 九地之變也니 其目與法이 既詳本篇이어늘 而此却論通變은 則所重在變이요 不在地라 故로 不復一一하고 只約最緊數事하니 蓋恐別尋九變이니 若曰此即後篇所云圮, 衢, 圍, 死等九地之變耳라 第散, 輕, 交地는 無甚爲變이요 而爭地又有專論이라 故로 就其餘而擧絶遺重하니 不欲以數外而終沒也라 故로 於九地之論에 爲客을 只約絶, 衢, 重, 輕, 圍, 死者는 亦所重在客也라 然이나 所約止四而復攙絶地하여 聯屬五利하고 而不分畛域하니 宜讀者之滋惑也라 故로 張賁은 以軍爭篇終八句로 合絶地無留[1]爲九하고 而以圮, 衢, 圍, 死로 爲九地錯簡하니 是는 別有九變이요 而非所謂九地之變也라 然이나 五利猶得全矣어니와 鄭靈曰 自圮地로 至地有所不爭히 爲九요 自無舍로 至不爭히 爲變이며 中間에 以無舍無留不由로 爲一利하고 合交爲一利하고 謀戰爲一利하고 不擊爲一利하고 不攻不爭爲一利하고 而君命則遍寓于九者之中이라하니 是는 九變之五 合五利之四而爲九變矣요 五利復爲九變中物하여 而剩其一矣라 然則較九變之全하면 尙餘其四하니 將何究竟고 所謂五利 又何合竝無節이 若是耶아 何氏謂圮地無舍로 至君命有所不受히 其數十矣로되 而君命與地는 事不類故로 當從鄭說이라하고 王鳳洲는 又從何氏說하여 乃曰 九者는 數之極也니 九變者는 用兵之變法이 有九也요 九地之變者는 遇九地而處之有變法也라하여 欲別異九變之名하고 劉寅은 復從張賁說이라 噫라 海上逐臭에 嗜雖異[2]나 而無害於人이어니와 吾恐徒能讀而誤人國者는 非止趙括而已[3]로라

1) 張賁……合絶地無留：이 내용은 본서 279쪽의 주 1) 참조.

2) 海上逐臭 嗜雖異 : ≪呂氏春秋≫ 권14 〈遇合〉의 “어떤 사람이 몸에 냄새가 몹시 심하게 나자, 친척·형제·처첩과 알고 지내는 사람들이 같이 있지 못하였다. 이에 괴로워하다가 홀로 바닷가에서 사는데, 바닷가 사람 중에 한 사람이 그 냄새를 좋아하여 밤낮으로 쫓아 다녀서 떠나갈 수가 없었다.〔人有大臭者 其親戚兄弟妻妾知識 無能與居者 自苦而居海上 海上人有說其臭者 晝夜隨之 而弗能去〕” 라는 고사를 인용한 것으로, 사람은 각자 취향이 다름을 말한 것이다.

3) 能讀而誤人國者 非止趙括而已 : 趙括은 아버지인 馬服君 趙奢에게 兵法을 배웠으나 兵法을 쉽게 말하며 신중한 태도가 없으므로, 趙奢는 趙나라에서 만일 趙括을 장수로 임명하면 반드시 패전할 것이라고 우려했었다. 뒤에 趙王이 그를 장수로 삼아 秦나라와 싸우려 하자, 藺相如가 “趙括은 다만 아버지의 兵書를 읽었을 뿐, 변통을 모릅니다.”라고 간하였으나, 결국 장수가 되어 長平의 전투에서 크게 패하여 趙軍 40만 명이 죽임을 당하였다.

○ 九變은 九地의 변통이니, 그 조목과 방법이 이미 本篇에 자세히 나와 있는데, 여기에서 도리어 通變(변통)을 논한 것은, 중점이 변통에 있고 땅에 있지 않기 때문이다. 다시 하나하나 말하지 않고 다만 가장 긴요한 것 몇 가지 일만을 요약하였다. 이는 독자들이 九變을 별도로 찾을까 우려해서이니, 바로 다음 편에서 말한 圮地, 衢地, 圍地, 死地 등 九地의 변통과 같은 것이다.

다만 散地, 輕地, 交地는 그다지 큰 변통이 될 수 없고, 爭地는 또 오로지 이것을 논한 편이 따로 있다. 그러므로 그 나머지에서 絶地를 들고 重地를 뺐으니, 〈絶地를〉 열외라 하여 끝내 없애고자 하지 않은 것이다.

그러므로 九地의 의논에 客이 된 것을 다만 絶地, 衢地, 重地, 輕地, 圍地, 死地로 요약한 것은 또한 중점이 客에 있기 때문이다. 그러나 요약한 것이 넷에 그치고 다시 絶地를 끼워 넣어서 다섯 가지 이로움〔五利〕에 연속하고 구역을 나누지 않았으니, 독자들의 의혹이 불어남이 당연하다. 그러므로 張賁은 〈軍爭〉 끝에 있는 여덟 句를 '絶地無留'와 합쳐 아홉으로 만들고, 圮地, 衢地, 圍地, 死地를 〈九地〉의 錯簡이라 하였으니, 그의 말대로 하면 이는 별도로 九變이 있는 것이요, ≪孫子≫에서 말한 '九地의 변통'이라는 것이 아니다. 그러나 다섯 가지 이로움은 오히려 온전할 수 있다.

그런데 鄭靈은 말하기를 “圮地로부터 '地有所不爭'에 이르기까지가 아홉이 되고, '無舍'로부터 '不爭'에 이르기까지가 변통이 되며, 中間에 '無舍'·'無留'·'不由'를 한 이로움으로 삼고, '合交'를 한 이로움으로 삼고, '謀戰'을 한 이로움으로 삼고, '不擊'을 한 이로움으로 삼고, '不攻不爭'을 한 이로움으로 삼고, 君命은 아홉 가지 가운데 두루 붙어 있다.” 하였으니, 이는 九變의 다섯 가지가 五利의 네 가지와 합쳐져서

九變이 되고, 五利가 다시 九變 가운데의 물건이 되어서 그 하나가 남게 된다. 그리하여 九變의 온전함을 비교하면 오히려 그 넷이 남으니, 장차 어떻게 끝마칠 수 있겠는가. 이른바 五利란 것이 또 어찌 합병하여 절차가 없음이 이와 같단 말인가.

何氏는 이르기를 "'圮地無舍'로부터 '君命有所不受'까지는 그 숫자가 열인데, 君命과 땅은 일이 똑같지 않으므로 마땅히 鄭靈의 說을 따라야 한다." 하였고, 王鳳洲는 또 何氏의 說을 따라 말하기를 "九는 數의 지극함이니, 九變은 用兵의 변화하는 法이 아홉 가지가 있는 것이고, 九地의 變은 九地를 만나 대처함에 변화하는 法이 있는 것이다." 하여, 九變의 명칭을 별도로 달리하고자 하였고, 劉寅은 다시 張賁의 說을 따랐다.

아! 바닷가에 사는 자가 냄새를 좇아다니는 것은 비록 기호가 다르나 다른 사람에게는 害가 없지만, 나는 한갓 兵書를 읽기만 하여 남의 나라를 그르치는 자가 趙括 한 사람에게 그칠 뿐이 아닐까 두려워하노라.

孫子曰 凡用兵之法은 **將受命於君**하여 **合軍聚衆**호되 **圮地無舍**하고 **衢地合交**하고 **絶地無留**하고 **圍地則謀**하고 **死地則戰**이니라

孫子가 말하였다.

무릇 용병하는 방법은 장수가 군주에게 명령을 받고서 군대를 합치고 무리(병력)를 모으되, 圮地(허물어지는 땅)에서는 머물지 말고, 衢地(길거리가 되는 땅)에서는 외국과 외교를 하고, 絶地(끊어진 땅)에서는 머물지 말고, 圍地(포위될 땅)에서는 도모하고, 死地(죽을 땅)에서는 싸워야 한다.

此는 止九變之四로되 而絶地則猶其外也라 詳下九地하니 玆不復贅하노라

이것은 九變 중에 네 가지인데, 絶地는 열외이다. 아래 〈九地〉에서 자세히 논하였으니, 여기서는 다시 덧붙여 말하지 않는다.

途有所不由하고 **軍有所不擊**하고 **城有所不攻**하고 **地有所不爭**하고 **君命有所不受**니라

가지 않아야 할 도로가 있고, 공격해서는 안 되는 적의 군대가 있고, 공격하지 않아야 할 적의 城이 있고, 다투지 않아야 할 적의 땅이 있고, 받아들이지 않아야 할 군주의 명령이 있는 것이다.

此는 卽五利也니 在利思害故로 所以爲利니 皆合於利而動이요 不合於利而止也라

이것은 바로 다섯 가지 이로운 것〔五利〕이니, 이로운 입장에 있으면서 해로움을 생각하기 때문에 이로움이 되는 것이다. 모두 이로움에 부합하면 출동하고, 이로움에 부합하지 않으면 중지하는 것이다.

故로 將通於九變之利者는 知用兵矣니 將不通九變之利면 雖知地形이나 不能得地之利矣요 治兵에 不(通)〔知〕[1]九變之術이면 雖知五利나 不能得人之用矣리라

1) (通)〔知〕: 저본에는 '通'으로 되어있으나 諸本에 의거하여 '知'로 바로잡았다.

그러므로 장수가 九變의 이로움에 통달한 자는 用兵할 줄을 아는 것이니, 장수가 九變의 이로움을 통달하지 못하면 비록 地形을 알더라도 지형의 이로움을 얻지 못하고, 군대를 다스림에 있어 九變의 방법을 알지 못하면 비록 다섯 가지 이로움을 알더라도 훌륭한 사람을 얻어 쓰지 못할 것이다.

九變者는 隨地處變이니 其權在地故로 但知地形而不知通變이면 則不能得地之利矣요 五利者는 隨機其酌量이니 其權在人故로 但知其利而不知慮害면 則不能得人之用也라 然이나 九變, 五利는 皆權也라 中人以下는 不可與權이니 不知九變之術이면 不可以推於五利矣요 不能得地之利면 則亦不能得人之用也라 九地를 專言之則固勢也요 對變而言則形也니 以地形則曰九變之利者는 變而適宜故로 利也요 以治兵則曰九變之術者는 概謂將所宜聞也라

九變은 지형에 따라 變에 대처하는 것이니, 그 權道(權變)가 땅에 있으므로 다만 지형만 알고 변통할 줄을 모르면 땅의 이로움을 얻지 못하는 것이요, 五利는 기회에 따라 참작하여 헤아리는 것이니, 그 權道가 사람에게 달려 있으므로 다만 그 이로움만 알고 해로움을 생각할 줄 모르면 훌륭한 사람을 얻어 쓰지 못하는 것이다. 그러나 九變과 五利는 모두 權道이다. 中人 이하는 權道에 참여할 수가 없으니, 九變의 계책을 알지 못하면 五利에 미룰 수가 없고, 땅의 이로움을 얻을 수 없으면 훌륭한 사람을 얻어 쓰지 못할 것이다.

九地는 오로지 말하면 진실로 勢이고, 變과 상대해 말하면 形이니, 地形을 가지고 九變의 利를 말한 것은 變하여 마땅하게 하는 것이므로 이로운 것이요, 治兵을 가지고 九變의 術(방법)을 말한 것은 대개 장수가 마땅히 알아야 할 바를 말한 것이다.

是故로 智者之慮는 必雜於利害니 雜於利而務可信[1]也요 雜於害而患可解也니라

1) 信 : 伸・申과 같다.

이 때문에 지혜로운 자의 사려는 반드시 이로움과 해로움을 뒤섞어 생각하는 것이다. 해로운 것을 가지고 이로운 것과 뒤섞어서 생각하면 힘써야 할 바를 펼 수 있으며, 이로운 것을 가지고 해로운 것과 뒤섞어서 생각하면 환란을 풀 수 있다.

雜은 參互也라 在害思利而事務可申은 卽九變之利也니 如在圍死之害而處謀戰之變은 所以利而申也요 在利思害而患難可解는 卽五利之用也니 如在攻城爭地之利而有所不攻不爭은 慮其後患也라

'雜'은 뒤섞고 서로 합침이다. 해로움 속에 있으면서 이로움을 생각하여 事務를 펼 수 있음은 바로 九變의 이로움이니, 예컨대 圍地와 死地의 해로움 속에 있으면서 전투를 모의하는 權變에 대처함과 같은 것은 이롭게 하여 펴는 것이요, 이로움 속에 있으면서 해로움을 생각하여 환란을 풀 수 있음은 바로 五利의 활용이니, 예컨대 城을 공격하고 땅을 다투는 이로움 속에 있으면서 공격하지 않을 城이 있고 다투지 않을 땅이 있는 것은 그 후환을 우려해서이다.

是故로 屈諸侯者는 以害요 役諸侯者는 以業이요 趨諸侯者는 以利니라

이 때문에 이웃의 제후를 굴복시키는 것은 적의 해로움으로써 하고, 이웃의 제후를 사역시키는 것은 부강한 基業으로써 하고, 이웃의 제후들을 달려오게 하는 것은 이익으로써 하는 것이다.

以有所害故로 不得已屈服이니 如鄭宋之於晉楚[1]也요 畏其富强之業故로 往役焉이니 如師旅賦兵車, 土功, 具畚鍤(분삽)也요 有所利故로 自趨焉이니 如來朝乞師之類 是也라 此節은 借承利害而遂及霸者之略하니 蓋謂將不適權而慮不雜於利害면 則亦不能以害屈諸侯하고 以利趨諸侯也라 桓文之後에 晉楚競霸하여 迄武子時猶然이라 故로 其言如是하니라

1) 鄭宋之於晉楚 : 춘추시대 晉 文公 이후, 晉・楚 두 나라가 패권을 다투는 와중에, 두 나라 사이에 있던 鄭나라와 宋나라는 어느 한쪽의 동맹국이 되지 않으면 안 되었는데, 晉나라에 붙으면 楚나라의 공격이 뒤따르고, 楚나라에 붙으면 晉나라의 공격이 뒤따라 오랫동안 곤궁하였는바, 이러한 내용이 ≪春秋左氏傳≫에 자세히 보인다.

해로운 바가 있기 때문에 부득이 굴복하는 것이니 약소국인 鄭나라와 宋나라가 강대국인 晉나라와 楚나라에 있어서와 같은 경우요, 상대방의 부강한 基業을 두려워하

여 가서 부역하는 것이니 약소국의 군대가 兵車와 土功을 내고 삼태기와 삽을 갖추는 것과 같은 것이요, 이로운 바가 있기 때문에 스스로 달려오는 것이니 약소국의 제후들이 강대국에 와서 朝會하고 군대를 청하는 따위가 이것이다.

이 節은 利害를 빌려 마침내 霸者의 戰略을 언급하였으니, 이는 장수가 權變에 적응하지 못하고 利害를 뒤섞어 생각하지 못하면, 또한 해로움으로써 諸侯를 굴복시키지 못하고 이로움으로써 諸侯를 달려오게 하지 못함을 말한 것이다. 齊 桓公과 晉 文公 뒤에 晉나라와 楚나라가 霸權을 다투어서 孫武子에 이를 때까지도 그러하였으므로 그의 말이 이와 같은 것이다.

故로 用兵之法은 無恃其不來요 恃吾有以待之하며 無恃其不攻이요 恃吾有所不可攻也니라

그러므로 용병하는 방법은 적이 쳐들어오지 않음을 믿지 말고 우리가 대비함이 있음을 믿어야 하며, 적이 공격하지 않음을 믿지 말고 적이 우리를 공격할 수 없는 대비가 있음을 믿어야 하는 것이다.

卽所謂先爲不可勝也니 慮勝而戒敗도 亦在利思害之事라 故로 以是結之하니라

바로 이른바 '먼저 〈수비를 잘하여 적이〉 승리할 수 없게 만들어놓는다.'는 것이니, 승리할 것을 생각하고 실패할 것을 경계함도 이로움 속에 있으면서 해로움을 생각하는 일이다. 그러므로 이것으로써 끝맺은 것이다.

故로 將有五危하니 必死는 可殺이요 必生은 可虜요 忿速은 可侮요 廉潔은 可辱이요 愛民은 可煩이니 凡此五者는 將之過也니 用兵之災也라 覆軍殺將이 必以五危니 不可不察也니라

이 때문에 장수에게는 다섯 가지 위태로움이 있으니, 장수가 필사적으로 싸우려 하면 죽일 수 있고, 장수가 반드시 살려 하면 사로잡을 수 있고, 장수가 화를 잘 내고 급하면 업신여길 수 있고, 장수가 청렴하고 결백하면 모욕을 줄 수 있고, 장수가 백성을 사랑하면 번거롭게 할 수 있으니, 무릇 이 다섯 가지는 장수의 잘못이니, 용병하는 災害이다. 군대를 전복시키고 장수를 죽임은 반드시 이 다섯 가지 위태로움 때문이니, 살피지 않으면 안 된다.

必死는 如齊公孫夏令軍中歌虞殯[1)]하고 秦苻登刻鎧牟爲死休字[2)] 是也요 必生은 凡怯懦棄軍先逃者 皆是也요 忿速은 如曹咎之因辱渡汜[3)] 是也며 廉潔則不耐汙辱하고 愛民則疲於奔命하니 此皆性之一偏이요 而亦守經不知變之過也라 故로 人得而制之니라

1) 齊公孫夏令軍中歌虞殯 : 公孫夏는 춘추시대 齊나라의 장수이며, 虞殯은 葬送曲이다. B.C. 484년, 魯 哀公이 吳子와 會合하여 齊나라를 정벌하였는데, 이때 公孫夏가 자신의 병사들에게 虞殯을 노래하게 하였는바, 이는 必死의 각오를 드러낸 것으로 결국 公孫夏는 패전하였다. ≪春秋左氏傳 哀公 11년≫
2) 秦苻登刻鎧牟爲死休字 : 苻登(343~394)은 南北朝時代 前秦의 5대 황제로 苻堅의 손자이다. 355년 苻堅이 姚萇에게 시해되고 뒤이어 즉위한 苻丕마저 이듬해 西燕의 慕容永에게 살해되자, 苻登이 황제에 즉위하였는데, 이때 부등은 부견의 신주를 군중의 수레에 모시고 秦나라의 모든 장병들에게 필사의 각오로 복수할 것을 다짐하고자 갑옷에 '死休(복수를 함에 반드시 죽고야 말겠다는 의미)'라고 새기게 하였다. 그러나 끝내 패망하였다. ≪資治通鑑 권106 晉紀28≫
3) 曹咎之因辱渡氾 : 曹咎는 楚나라의 장수이다. 漢나라 4년(B.C. 203), 項羽가 魏나라 지역을 평정하러 가면서 당시 大司馬인 海春侯 曹咎에게 절대로 漢軍과 교전하지 말고 수비만 하라고 당부하였으나, 漢나라 병사들이 며칠 동안 큰 소리로 曹咎를 겁쟁이라고 욕하자, 曹咎는 크게 노하여 군대를 거느리고 氾水를 건너다가 漢軍의 공격을 받고 대패하여 자결하였다. ≪史記 권8 高祖本紀≫

장수가 必死的으로 싸우려 한 경우는 齊나라 公孫夏가 軍中으로 하여금 虞殯을 노래하게 하고, 秦나라 苻登이 갑옷에 '死'字와 '休'字를 새기게 한 것과 같은 것이 이것이요, 장수가 반드시 살려고 한 경우는 겁이 많고 나약하여 군대를 버리고 먼저 도망하는 자가 모두 여기에 해당한다.

장수가 화를 잘 내고 성질이 급한 경우는 曹咎가 자신을 욕함으로 인하여 氾水를 건넌 것과 같은 것이 이것이며, 장수가 청렴하고 결백하면 탐욕스럽다는 욕을 견디지 못하고, 장수가 백성을 사랑하면 명령에 달려감에 피로하니, 이는 모두 성질이 한쪽으로 편벽되고 또한 經道만을 지키고 변통할 줄을 모르는 잘못이다. 그러므로 상대방이 제재할 수 있는 것이다.

附錄

五利[1)]는 顧所處之如何耳어늘 註家紛紛欲預具其目하니 庸有旣乎아

1) 五利 : ≪孫子≫ 본편의 "途有所不由 軍有所不擊 城有所不攻 地有所不爭 君命有所不受"를 가리킨다.

五利는 대처하는 바가 어떠한가에 달려 있는데, 주석가들이 紛紛하게 미리 그 조목을 갖추고자 하였으니, 어찌 끝이 있겠는가.

五利는 卽在九變中하니 辯如篇題라

五利는 바로 九變 속에 있으니, 논변함이 篇 제목에서 말한 바와 같다.

屈諸侯三句를 註家誤認以敵國하여 乃云 饋以淫樂하고 遺以美女하여 破其政令하고 惑亂其心이라하니 過矣라 書中言諸侯者는 皆泛論耳라

'諸侯를 굴복시킨다.〔屈諸侯〕' 이하의 세 句는 주석가들이 諸侯를 적국으로 오인하여, 마침내 말하기를 "음탕한 음악을 선물하고 미녀를 보내서 적국의 政令을 깨뜨리고 敵國 군주의 마음을 미혹하여 혼란시킨다." 하였으니, 지나치다. 兵書 가운데서 말한 諸侯는 모두 泛然히 이웃나라를 논했을 뿐이다.

行軍 第九　제9편 군대의 출동과 주둔

此篇은 論處軍四利와 相敵三十二條하니 皆謹嚴醇正하여 絶無狙詐之術이요 次則戒其無慮易敵하고 而惟以併力料敵爲貴하고 次則治兵之法也라 文雖不屬이나 而皆行軍之要也니 謂之渾就文字라도 亦可니라

이 편은 군대를 주둔하는 네 가지 이로움과 적을 살펴보는 32개의 조항을 논하였으니, 모두 근엄하고 醇正하여 속이는 꾀가 전혀 없으며, 다음은 생각이 없이 적을 깔봄을 경계하고, 오직 힘을 합치고 적을 헤아림을 귀함으로 삼았으며, 다음은 군대를 다스리는 法이다.

文章이 비록 연결되지 않으나 모두 군대를 운용하는 요점이니, 하나로 이루어진 文章이라고 말하더라도 괜찮을 것이다.

孫子曰 凡處軍相敵에 絶山依谷하고 視生處高하고 戰隆無登이니 此는 處山之軍也니라

孫子가 말하였다.

무릇 군대를 주둔시키고 적을 살펴볼 적에, 험한 산을 지나갈 경우에는 골짜기에 의지하고 살 곳을 살펴보아 높은 곳에 주둔하며, 적이 높은 곳을 점거하였으면 올라가 싸우지 말아야 하니, 이는 산에 군대를 주둔하는 방법이다.

處는 止舍也요 相은 察也요 絶은 過也라 依谷傍水草는 便畜牧也니 但高無水는 馬謖所以敗也[1]라 視는 相也니 地高陽爲生이요 下濕爲死니 視生處高는 卽地形之必居高陽也요 戰隆無登은 卽軍爭之高陵勿向也라 蜀先主登馬鞍山하여 自衛러니 而陸遜引兵蹙之에 皆土崩[2]은 則已敗之勢也라

1) 但高無水 馬謖所以敗也 : 馬謖(190~228)은 삼국시대 蜀漢의 장수로, 승상 諸葛亮의 총애를 받았다. 建興 6년(228)에 蜀漢의 승상 諸葛亮이 魏나라를 정벌하기 위해 군대를 거느리고 漢中을 나가 祁山으로 향할 적에, 諸葛亮은 평소에 아끼던 馬謖을 선봉으로 발탁하여 魏나라 장수 張郃과 街亭에서 싸우도록 하였는데, 마속이 제갈량의 지휘를 어기고 산 위에 진을 쳤다가 張郃에게 포위되고 마침내 식수가 떨어져 대패하였다. ≪三國志 권39 董劉馬陳董呂傳≫

2) 蜀先主登馬鞍山……皆土崩 : 蜀先主는 蜀漢의 昭烈皇帝 劉備를 이르고, 馬鞍山은

지금의 峽州 夷陵縣에 있다. 222년 昭烈帝가 대군을 이끌고 吳나라를 정벌하였다가 陸遜의 火攻에 대패하고 馬鞍山으로 철수한 다음 군대를 진열하여 자기 주위를 호위하게 하였는데, 陸遜이 諸軍을 독촉하여 사면으로 압박하니, 昭烈帝의 군대가 흙이 무너지고 기와가 부서지듯 무너져서 죽은 자가 만 명으로 헤아렸다. ≪資治通鑑 권39 魏紀1≫

'處'는 머물러 주둔함이요, '相'은 살펴봄이요, '絶'은 지나감이다. 골짝에 의지하여 물과 풀을 가까이하는 것은 목축을 편리하게 하기 위한 것이다. 다만 높고 물이 없음은 馬謖이 패한 이유이다. '視'는 살펴봄이니, 땅은 높고 양지바른 곳을 生地라 하고, 낮고 습한 곳을 死地라 한다.

살 곳을 살펴보아 높은 곳에 주둔함은 바로 〈地形〉의 '반드시 먼저 높고 양지바른 곳에 주둔한다.'는 것이요, '적이 높은 곳을 점거하였으면 올라가 싸우지 말라.' 한 것은 바로 〈軍爭〉에 '높은 언덕의 적은 향하지 말라.'는 것이다. 蜀漢의 先主가 馬鞍山에 올라가 스스로 호위하고 있었는데, 陸遜이 병력을 이끌고 와서 압박하자, 모두 흙이 무너지듯 흩어진 것은 이미 패한 형세에 있었기 때문이다.

絶水에 **必遠水**요 **客絶水而來**어든 **勿迎之於水內**하고 **令半(渡)〔濟〕**[1]**而擊之**면 **利**요 **欲戰者**는 **無附水而迎客**하고 **視生處高**하여 **無迎水流**니 **此**는 **處水上之軍也**니라

1) (渡)〔濟〕: 저본에는 '渡'로 되어있으나 諸本에 의거하여 '濟'로 바로잡았다.

물을 통과할 적에는 반드시 물에서 멀리 떨어져 있어야 하며, 客(적군)이 물을 건너오거든 물가에서 맞아 싸우지 말고, 적군이 물을 절반쯤 건너왔을 때에 공격하면 이롭다. 적과 싸우려 할 경우에는 물에 가까이 붙어서 적을 맞아 싸우지 말며, 살 곳을 살펴보아 높은 곳에 주둔하고, 물의 하류에 마주하여 주둔하지 말아야 하니, 이는 물가에 군대를 주둔하는 방법이다.

半渡而薄之는 必敗之道也라 故로 我欲過水趨戰이면 則防敵薄我故로 必稍遠水然後에 先渡者得以警備니 而後에 可迄濟也라 敵若過水來戰이어늘 而待其畢濟하여 迎於水內면 則是與之死地니 非我之利也라 我欲戰而附水迎客이면 則彼必防其失敗하여 而不肯渡하리니 非所以求戰也라 視生處高는 隨處皆利也요 無迎水流는 慮漑我하고 防暴雨하고 恐投毒也라

반쯤 건너갔을 때에 적에게 압박(공격)을 받음은 반드시 패하는 방도이다. 그러므로 우리가 물을 건너가 싸우고자 하면 적이 우리를 압박함을 막아야 하는 것이다. 이 때

문에 반드시 물에서 약간 떨어진 뒤에 먼저 건너간 자가 철저히 경비해야 하니, 이렇게 한 뒤에 다 건널 수 있는 것이다.

적이 만약 물을 건너와서 싸우려 하는데 적이 다 건너오기를 기다려서 물가 안에서 맞아 싸운다면 이는 적에게 결사적으로 싸울 수 있는 땅을 주는 것이니, 이는 우리의 이로움이 아니다. 우리가 싸우고자 하면서 물가에 붙어서 적을 맞이하면 저들이 반드시 패할 것을 방비하여 건너오려 하지 않을 것이니, 싸움을 구하는 방법이 아니다.

生地를 보고 높은 곳에 주둔함은 머무는 곳마다 모두 이로운 것이요, 흐르는 물을 마주하지 않는 것은 적이 우리에게 물을 주입시킬까 우려하고 폭우를 방비하고 적이 강물에 독약을 넣을까 두려워해서이다.

絶斥澤이어든 **唯亟去無**[1]**留**로되 **若交軍於斥澤之中**이면 **必依水草而背衆樹**니 **此**는 **處斥澤之軍也**니라

1) 無 : 諸本에는 '勿'로 되어있고, 漢文大系本에는 '無'로 되어있다.

갯벌과 늪지대를 통과하게 되면 오직 빨리 떠나가고 지체하지 말되, 만약 갯벌과 늪 가운데에서 교전하게 되면 반드시 물과 풀이 좋은 곳을 의지하고 여러 나무를 등지고 있어야 하니, 이는 갯벌과 늪지대에 군대를 주둔하는 방법이다.

地斥鹵則鮮水草요 地沮洳則易生疾이라 故로 不可止舍로되 而必不得已면 則有水草면 斥鹵之善也요 背衆樹면 沮洳之固也라

땅이 소금기가 많은 갯벌이면 물과 풀이 적고, 땅이 저습하면 병사들의 질병이 생기기 쉬우므로 머물러서는 안 되나, 반드시 부득이한 경우에는 물과 풀이 있으면 소금기가 많은 갯벌 중에 좋은 곳이요, 여러 나무를 등질 수 있으면 저습한 지역 중에 견고한 곳이다.

平陸은 **處易**하고 **右背高**하며 **前死後生**이니 **此**는 **處平陸之軍也**니라

평지와 고원〔平陸〕에서는 평탄한 곳에 주둔하여, 높은 언덕을 오른쪽과 뒤쪽에 두고, 앞에는 죽을 땅(낮은 곳)을 두고 뒤에는 살 땅(높은 곳)을 두어야 하니, 이는 평지와 고원에 군대를 주둔하는 방법이다.

高平曰陸이라 易는 平地也라 擇其稍高而右背之는 亦以便勢也라

높고 평평한 것을 陸이라 한다. 易는 平地이다. 약간 높은 곳을 선택하되, 오른쪽과 뒤쪽에 둠은 또한 형세에 편리하려고 해서이다.

凡此四軍之利는 黃帝之所以勝四帝也니라

무릇 이 네 가지 군대의 편리한 지역은 黃帝가 네 帝王과 싸워서 승리한 이유이다.

四帝는 謂炎帝之後[1]及諸侯之僭號者니 蚩尤[2]亦其一也라 黃帝始用兵하여 遺法傳後라 故로 尉子亦有黃帝刑德之語[3]나 而今不可考라

1) 炎帝之後 : 炎帝는 神農氏로 쟁기와 보습을 만들어 백성들에게 농사짓는 방법을 가르치고 온갖 약초를 맛보아 의약을 처음으로 만들었다는 전설 속의 인물이다. ≪史記≫ 〈黃帝紀〉에 "黃帝가 炎帝와 阪泉에서 싸우고 蚩尤와 涿鹿에서 싸우고 북쪽으로 獯鬻(훈육)을 쫓아냈다."라고 하였는데, 저자는 炎帝를 神農氏로 보고 黃帝가 싸운 것은 炎帝의 후손으로 본 것이다.

2) 蚩尤 : 黃帝 당시 九黎族의 우두머리로, 머리가 구리로 되어있고 이마가 쇠로 되어있으며 불을 뿜어냈다는 전설적인 인물인데, 黃帝가 指南車를 만들어 涿鹿에서 싸워 물리쳤다 한다.

3) 尉子亦有黃帝刑德之語 : 이 내용은 ≪尉繚子≫ 〈天官〉에 보이는바, 梁 惠王이 "黃帝의 형벌과 德의 말이 백 번 싸워 백 번 승리할 수 있다고 하니, 이러한 것이 있는가?"라고 묻자, 尉繚子가 "형벌로써 정벌하고 德으로써 지키는 것은 이른바 天官의 時日과 陰陽의 向背라는 것이 아니니, 黃帝는 사람의 일을 다했을 뿐입니다.〔刑以伐之 德以守之 非所謂天官時日陰陽向背也 黃帝者 人事而已矣〕"라고 대답하였다.

四帝는 炎帝의 후손과 諸侯 중에 天子의 칭호를 참람하게 쓴 자를 이르니, 蚩尤 또한 그중에 하나이다. 黃帝가 처음 전쟁을 사용하여 兵法을 후세에 전해주었으므로 ≪尉繚子≫에도 黃帝의 형벌과 덕이라는 말이 있으나, 이제 상고할 수가 없다.

凡軍은 好高而惡(오)下하고 貴陽而賤陰이니 養生處實하여 軍無百疾이면 是謂必勝이라 丘陵隄防에 必處其陽而右背之니 此는 兵之利요 地之助也라 上雨水沫至어든 欲涉者는 待其定也니라

모든 군대는 높은 곳을 좋아하고 낮은 곳을 싫어하며, 陽地를 귀하게 여기고 陰地를 천하게 여긴다. 병사들의 생기를 길러주고 견실한 곳에 주둔하여 군대가 아무런 질병이 없으면 이것을 必勝이라 하는 것이다. 구릉과 제방에는 반드시 양지바른 곳

에 주둔하되, 구릉과 제방을 오른쪽과 등 뒤에 두어야 하니, 이는 군대의 이로움이요 지형의 도움이다. 상류에 빗물이 불어나 泡沫이 떠내려 오거든 물을 건너려는 자는 水位가 안정되기를 기다려야 한다.

好高惡下하고 貴陽賤陰은 處軍之利니 吳子所謂陰停陽起하여 貴高賤下[1] 是也라 實은 謂土堅實하여 不虛燥也니 向陽處實은 所以養吾生氣하여 無疫厲之患하고 有必勝之勢也라 丘陵은 屬山하고 隄防은 屬水하니 皆居其陽而右背之니 此乃得地之利요 爲兵之助也라 水將漲而沫先作하니 待定而深淺可知也라 此節은 總結處軍之法也라

1) 吳子所謂陰停陽起 貴高賤下 : 이 내용은 ≪吳子≫ 〈應辯〉의 “전차를 사용하는 자는 날씨가 음습하면 정지하고 날씨가 맑고 건조하면 출동하여, 높은 곳을 귀하게 여기고 낮은 곳을 천하게 여긴다.〔凡用車者 陰濕則停 陽燥則起 貴高賤下〕”라는 내용을 축약한 것이다.

높은 곳을 좋아하고 낮은 곳을 싫어하며, 陽地를 귀하게 여기고 陰地를 천하게 여김은 軍隊를 주둔하는 편리함이니, ≪吳子≫에 이른바 “음습하면 정지하고 날씨가 맑고 건조하면 출동하여 높은 곳을 귀하게 여기고 낮은 곳을 천하게 여긴다.”는 것이 이것이다.

實은 땅이 堅實(단단하고 실함)하여 무르고 건조하지 않음을 이르니, 양지바른 곳을 향하고 견실한 곳에 처함은 우리의 生氣를 길러서 전염병에 걸리는 근심이 없게 하고, 必勝의 형세가 있게 하는 것이다.

구릉은 山에 속하고 제방은 물에 속하니, 모두 양지에 주둔하고 〈구릉과 제방을〉 오른쪽과 등 뒤에 두는 것이니, 이는 바로 땅의 이로움을 얻고 군대의 도움이 되기 때문이다. 물이 불어나려 하면 포말이 먼저 일어나니, 포말이 가라앉기를 기다리면 물의 깊고 얕음을 알 수 있다.

이 節은 군대를 주둔하는 방법을 總結하였다.

凡地에 有絶澗, 天井, 天牢, 天羅, 天陷, 天隙이어든 必亟(극)去之하고 勿近也니 吾遠之면 敵近之하고 吾迎之면 敵背之니라

무릇 땅에 絶澗・天井・天牢・天羅・天陷・天隙이 있으면 반드시 빨리 떠나가고 가까이하지 말아야 한다. 우리가 이곳을 멀리하면 적이 가까이하고, 우리가 이곳을 마주하면 적이 등지게 된다.

山夾水曰澗이니 絶澗은 澗之峭絶者也라 井은 四高中下하여 水所湊者也라 牢는 獄也니 不可遠瞭者也요 羅는 網也니 林木蒙密하여 進退罣礙(괘애)者也요 陷은 坎也라 隙은 兩山之間이 僅如隙也라 凡此諸形은 皆不利於軍이라 故로 我亟遠之하고 而冀敵近之也라

산골짝의 물을 澗(시내)이라 하니, '絶澗'은 매우 높은 벼랑에 있는 시내이다. '井'은 사방이 높고 가운데가 낮아서 물이 모이는 곳이다. '牢'는 감옥이니 멀리 조망할 수 없는 곳이요, '羅'는 그물이니 숲과 나무가 빽빽하여 전진과 후퇴에 장애되는 곳이요, '陷'은 구덩이이다. '隙'은 두 산의 사이가 가까워 좁은 틈이 있는 것과 같은 것이다.

무릇 이 여러 지형은 모두 군대를 주둔하는 데 불리하므로 우리는 빨리 이런 곳을 멀리 떠나가고 적이 가까이 다가오기를 바라는 것이다.

軍旁에 有險阻, 潢井에 蒹葭, 林木[1] 蘙薈(예회)者어든 必謹覆索之니 此는 伏姦之所也니라

1) 蒹葭林木 : 直解本에는 '林木蒹葭'로 바뀌어 있다.

군대 부근에 險阻한 곳과 저습한 웅덩이에 갈대와 숲이 우거진 곳이 있으면 반드시 적이 매복을 설치하였는가 철저히 수색하여야 하니, 이는 적의 伏兵과 간사한 첩자가 숨을 수 있는 곳이다.

潢은 汚池也라 蒹은 似萑而細하여 中簾箔이라 葭는 葦也라 蘙薈는 茂密繆結之貌라 地形深奧하고 樹草蒙菀(울)은 則藏伏匿姦之處라 故로 再三搜索也라 此等은 皆處軍之當避者也라

'潢'은 웅덩이와 못이다. '蒹'은 갈대와 비슷한데 가늘어서 발을 만들기에 알맞다. '葭'는 갈대이다. '蘙薈'는 초목이 무성하고 빽빽하게 뒤엉켜 있는 모습이다. 지형이 깊은 오지이고 나무와 풀이 무성하게 자라고 있는 경우에는 복병이 숨어 있고 간사한 細作(첩자)이 숨어 있으므로 두세 번 철저히 수색해야 하는 것이다.

이들은 모두 군대를 주둔할 적에 마땅히 피해야 할 곳이다.

〔敵〕[1]近而靜者는 恃其險也요 遠而挑戰者는 欲人之進也요 其所居易者는 利也요 衆樹動者는 來也요 衆草多障者는 疑也요 鳥起者는 伏也요 獸駭者는 覆也라

1) 〔敵〕: 저본에는 '敵'이 없으나 諸本에 의거하여 보충하였다.

적이 가까이 있으면서 조용한 것은 험함을 믿는 것이요, 〈적이〉 멀리 와서 도전하

는 것은 적을 나아오게 한 것이요, 적이 평탄한 곳에 주둔하고 있는 것은 이익으로 우리를 유인하기 위한 것이요, 여러 나무가 움직이는 것은 적이 오는 것이요, 여러 가지 草木으로 장애물을 많이 만드는 것은 의심하게 하는 것이요, 새가 나는 것은 적의 매복이 있는 것이요, 짐승이 놀라 뛰쳐나오는 것은 적의 복병이 숨어 있는 것이다.

尉子曰 矢射未交하고 長刃未接에 不譟者를 謂之秘[1)]라하니 所居雖近이나 而必矢射不及之地故로 恃險而靜也라 遠而挑戰은 欲以佚待勞也요 居易而示弱은 則餌也라 除道故로 樹動이라 藏伏之處에 草作藉蔽故로 詐設以疑我也라 鳥飛忘機[2)]로되 而驚人沖高故로 知下有伏也라 覆는 掩也니 掩人不備하여 行不由途하여 而駭獸也라

1) 尉子曰……謂之秘 : 이 내용은 ≪尉繚子≫ 〈兵令 上〉에 보인다.

2) 忘機 : 機心을 잊는다는 뜻으로 機心은 기회를 보아 상대방을 해치려는 마음을 이른다. ≪列子≫ 〈黃帝〉에 "어떤 사람이 바닷가에 이르러 무심히 앉아 있자, 백로와 백구들이 무수히 날아와 함께 놀았는데, 다음날 기회를 엿보아 잡으려는 마음을 품자, 海鳥들이 눈치를 채고는 일절 가까이 오지 않았다."라고 보인다. 여기서는 새의 입장에서 말한 것이므로 아래와 같이 번역하였다.

≪尉繚子≫에 "쏘는 화살이 서로 미치지 않고 긴 칼날이 서로 접하지 않았을 적에 적이 시끄럽게 떠들지 않는 것을 '비밀스럽다〔密〕'고 이른다." 하였으니, 주둔하는 곳이 비록 가까우나 반드시 우리의 화살이 미치지 않는 지역이므로 험함을 믿고 고요히 있는 것이다. 적이 멀리 와서 도전함은 편안함으로써 수고로움을 상대하고자 하는 것이요, 평지에 주둔하면서 약함을 보임은 낚싯밥이다. 길을 掃除하기 때문에 나무가 움직이는 것이다. 복병이 숨어 있는 곳에는 풀이 깔려 있으므로 속임수를 써서 우리를 의심하게 하는 것이다. 새가 날 때에는 경계하는 마음을 잊으나 사람에게 놀라면 높이 날기 때문에 아래에 복병이 있음을 아는 것이다.

'覆'은 덮치는 것이니, 남이 대비하지 않았을 때 덮치려고 해서, 행군할 적에 길을 따르지 아니하여 짐승을 놀라게 하는 것이다.

塵高而銳者는 **車來也**요 **卑而廣者**는 **徒來也**요 **散而條達者**는 **樵採也**요 **少而往來者**는 **營軍也**라

먼지가 높이 날면서 직선으로 올라가는 것은 적의 戰車가 오는 것이요, 먼지가 낮게 날면서 넓게 퍼지는 것은 적의 步兵이 오는 것이요, 먼지가 흩어지면서 여기저기

서 나오는 것은 적이 나무를 채취하는 것이요, 먼지가 적게 일어나면서 오가는 것은 적이 군영을 설치하는 것이다.

車重而駛하고 徒輕而徐하며 樵採에 必分隊四出하고 止營에 必往返相察하니 塵隨狀異는 亦其情也라

수레는 무거우면서 빠르고 步兵은 가벼우면서 느리며, 땔나무를 채취할 적에는 반드시 부대를 나누어 사방으로 나가고, 진영을 설치할 적에는 반드시 오고 가며 자세히 살피니, 먼지가 상황에 따라 달라짐은 또한 그 실정이다.

辭卑而益備者는 進也요 辭强而進驅者는 退也요 輕車先出하여 居其側者는 陣也요 無約而請和者는 謀也요 奔走而陳兵〔車〕[1]者는 期[2]也요 半進半退者는 誘也요 仗而立者는 饑也요 汲而先飮者는 渴也요 見利而不進者는 勞也라

1) 兵〔車〕: 저본에는 '車'가 없으나 諸本에 의거하여 보충하였다.

2) 期 : 直解本에는 期約의 뜻으로 보아 '싸움을 기약하는 것'으로 해석하였으나, 저자는 '期'를 '誓戒'의 뜻으로 보아, '表를 세우고 달려가는 것'으로 해석하였다.

적의 使者(사신)가 왔을 적에 말이 겸손하면서 더욱 대비하는 것은 진격하기 위한 것이요, 使者의 말이 완강하면서 군대가 급히 전진하는 것은 후퇴하기 위한 것이요, 적이 경무장한 戰車로 먼저 출동하여 옆에 주둔하는 것은 陣을 치기 위한 것이요, 적이 약속이 없으면서 화친을 청하는 것은 계략이요, 적이 분주히 兵士와 戰車들을 진열하는 것은 表를 세우고 달려가는 것이요, 적이 반쯤 전진하고 반쯤 후퇴하는 것은 유인하는 것이요, 적이 병장기에 기대 있는 것은 굶주리기 때문이요, 적이 물을 길어 먼저 마시는 것은 목마르기 때문이요, 적이 이로움을 보고도 진격하지 않는 것은 수고롭기 때문이다.

敵使卑辭而間覘益備는 則欲驕我弛備也요 辭强而進驅는 則使我備戰而不虞其去也라 側은 敵營之側이니 輕車先出은 表而界也라 無素約이면 則何忽請和리오 宜防他謀也라 期는 誓戒也니 立表奔赴也라 半進而不遽退는 示我如將及之也라 饑乏則倚仗하고 渴則不暇搬也요 勞苦切身이면 則無心趨利也라

적의 사신이 겸손한 말을 하면서 엿보아 더욱 대비함은 우리를 교만하게 만들어 대비를 해이하게 하려는 술책이요, 말이 완강하면서 적군이 급히 전진하는 것은 우리로

하여금 싸움을 대비하게 해서 자기들이 떠나감을 예상하지 못하게 하려는 술책이다. '側'은 적진의 곁이니, 경무장한 戰車가 먼저 나옴은 진영을 설치할 자리를 표시하여 경계를 삼는 것이다. 평소의 약속이 없다면 어찌 갑자기 화친을 청하겠는가. 마땅히 다른 계략을 방비하여야 한다. '期'는 맹세하고 경계함이니, 表를 세우고 달려가는 것이다. 반쯤 전진하고 급히 물러가지 않음은 우리에게 장차 쫓아올 것처럼 보이려는 술책이다.

굶주려 기운이 없으면 병장기에 기대고, 목마르면 물을 길어갈 겨를이 없으며, 勞苦가 몸에 간절하면 이익에 달려갈 마음이 없게 된다.

鳥集者는 **虛也**요 **夜呼者**는 **恐也**요 **軍擾者**는 **將不重也**요 **旌旗動者**는 **亂也**요 **吏怒者**는 **倦也**요 **殺馬食肉**[1]**者**는 **軍無糧也**요 **懸缻**(부)**不返其舍者**는 **窮寇也**요 **諄諄翕翕**하여 **徐與人言者**는 **失衆也**요 **數**(삭)**賞者**는 **窘也**요 **數罰者**는 **困也**요 **先暴而後畏其衆者**는 **不精之至也**요 **來委謝者**는 **欲休息也**라 **兵怒而相迎**하여 **久而不合**하고 **又不相去**어든 **必謹察之**니라

1) 殺馬食肉 : 直解本과 明本에는 '殺馬肉食'으로, 漢文大系本에는 '粟馬肉食'으로 되어있다.

적의 진영에 새가 모이는 것은 진영이 빈 것이요, 적이 밤중에 함성을 지르는 것은 두려워하기 때문이요, 적의 병사들이 소요하는 것은 적의 장수가 厚重하지 못하기 때문이요, 적의 깃발이 움직이는 것은 적의 대오가 혼란스러운 것이요, 적의 관리가 노여워하는 것은 적이 지쳐 있는 것이요, 적이 말을 잡아 말고기를 먹는 것은 군대에 양식이 없는 것이요, 취사도구를 매달아놓고 자기의 숙소로 돌아가지 않는 것은 〈적이 병사들을〉 궁지로 몰아 결사적으로 싸우려는 것이요, 적장이 간곡하고 다정하게 천천히 병사들과 말하는 것은 병사들의 마음을 잃은 것이요, 적장이 자주 賞을 내리는 것은 군색한 것이요, 적장이 자주 罰을 내리는 것은 곤궁한 것이요, 먼저 병사들을 포학하게 대하다가 뒤에 두려워하는 것은 정밀하지 못함이 지극한 것이요, 적이 와서 우리에게 사례하는 것은 휴식하고자 하는 것이다.

적군이 분노하며 서로 대치해 있으면서 오랫동안 교전하지 않고 또 서로 떠나가지 않으면 반드시 〈적의 계략을〉 삼가 살펴야 한다.

營壘空虛면 則烏鳥無猜而來集이니 傳曰 城上有烏하니 齊師其遁[1]이라하니라 人值夜而恐이면 則故呼喚以自强이라 軍數(삭)驚擾는 無所恃也니 三略曰 將無勇則士卒恐하고 將

妄動則軍不重[2)]이라하니라 吏卒無常하여 陳兵縱橫故로 旌旗動이요 不任上令故로 吏怒也라 軍中은 恃馬爲强이니 無故면 不應殺也라 懸缻하여 示不復炊하고 暴處하여 不返舍는 將以致死也라 諄諄翕翕은 款洽慰勉之貌라 勢窘則慮衆叛故로 數賞而悅之하고 兵困則慢故로 數罰以警之니 困은 猶愈於窘也라 寬猛不相濟는 將之不精也라 無故委謝는 非困極而欲休息이면 則設計以有待也라 怒而相迎이면 發必粗厲어늘 而久不合하고 又不去는 必有計也라 或分兵抄後하고 或襲我必救하여 待我陣動而乘之也니 此時엔 察亦晚矣라 以上은 皆相敵之術也라 開宗[3)]云 未可眩於似而中于計라하고 許洞[4)]은 有反用古法論하니 在將之諦審也라

1) 傳曰……齊師其遁 : 이 내용은 ≪春秋左氏傳≫ 襄公 18년 조에 보이는바, 겨울 10월에 晉·齊 두 나라가 싸웠는데, 齊侯가 晉나라 군대의 강성함을 보고 밤중에 도망했을 때의 일이다.
2) 三略曰……將妄動則軍不重 : 이 내용은 ≪三略≫ 〈上略〉에 보인다.
3) 開宗 : 明末淸初의 高士인 賈開宗(1594~1661)으로 자는 靜子, 호는 野鹿居士이며, 벼슬하지 않고 천하를 주유하였다. 박학다재하고 兵法과 擊劍 등에도 정통하였다. 본서 235쪽의 주 5) 참조.
4) 許洞 : 본서 244쪽의 주 1) 참조.

진영과 보루가 비어 있으면 까마귀와 새가 꺼리지 않고 와서 모이니, ≪春秋左氏傳≫에 이르기를 "城 위에 까마귀가 있으니, 齊나라 군대가 도망간 듯하다." 하였다. 사람들이 밤중에 두려운 마음이 생기면 일부러 함성을 질러 스스로 강하게 한다. 군대가 자주 놀라고 소요하는 것은 믿는 바가 없어서이니, ≪三略≫에 이르기를 "장수가 용맹이 없으면 士卒들이 두려워하고, 장수가 경망스럽게 행동하면 병사들이 신중하지 못하다." 하였다. 관리와 사졸이 일정함이 없어서 군대의 진열이 멋대로 종횡하기 때문에 깃발이 움직이는 것이요, 윗사람의 명령을 감당하지 못하기 때문에 관리가 노여워하는 것이다.

軍中에서는 말〔馬〕을 믿어 강함으로 삼으니, 연고가 없으면 죽이지 말아야 하는 것이다. 취사도구를 매달아놓아 다시 밥을 짓지 않음을 보이고 야외에서 거처하고 자기의 숙소로 돌아가지 않음은 장차 死力을 다해 싸우려는 것이다.

諄諄과 翕翕은 다정하게 위로하고 권면하는 모양이다. 형세가 군색하면 병사들이 배반할까 우려되므로 자주 상을 내려 장병들을 기쁘게 하고, 군대가 곤궁하면 태만해지므로 자주 벌을 내려 경계하는 것이니, 곤궁함은 그래도 군색함보다는 나은 것이다.

너그러움과 사나움을 적절히 배합하여 쓰지 못함은 장수가 정밀하지 못한 것이다.

적이 연고 없이 와서 사례함은 곤궁함이 지극하여 휴식하고자 하거나 그렇지 않으면 계략을 만들어놓고 우리를 기다리는 것이다.

피아 兩軍이 분노하여 서로 대치하게 되면 얼굴과 말소리에 發露됨이 반드시 거칠고 사나운데, 적이 오랫동안 교전하지 않고 또 떠나가지 않는다면 반드시 계략이 있는 것이다. 혹은 병력을 나누어 뒤를 노략질하고 혹은 우리가 반드시 구원해야 할 곳을 습격하여 우리 진영이 움직이기를 기다려서 기회를 타려는 것이니, 이때에는 살펴도 이미 늦다.

이상은 모두 적을 살펴보는 방법이다. 賈開宗은 말하기를 "비슷한 것에 현혹되어서 적의 계략에 넘어가서는 안 된다." 하였고, 許洞은 옛 兵法을 원용하라는 의논이 있으니, 장수가 자세히 살펴봄에 달려 있는 것이다.

兵은 **非貴益多**요 **惟無武進**하고 **足以併力**하여 **料敵取人而已**니 **夫惟無慮而易敵者**[1]는 **必擒於人**이니라

1) 夫惟無慮而易敵者 : 直解本에는 '易'자 아래에 '於'자가 있다.

군대는 병력이 더 많은 것을 귀하게 여기지 않고, 武勇만으로 경솔하게 진격하지 말고 충분히 힘을 길러서 적의 허실을 헤아려 적에게서 승리를 쟁취할 뿐이다. 깊은 생각이 없이 적을 깔보는 자(장수)는 반드시 적에게 사로잡힌다.

武進은 恃勇輕進也요 併力은 併氣積力也라 取敵人者는 不在兵多요 在無武進하고 併吾力, 料敵審也라 旣能此三者하고 而兵力足以取人이면 則可耳니 兵何必貴多乎아 孫權發兵三萬하여 使拒曹兵八十萬이로되 而周瑜謂之足用[1]하니 蓋能此三者면 則三萬兵力이 自足取人也요 反是면 則無慮易敵하여 擒於人而衆不可恃也라 此節은 論制勝不在衆寡而在知彼己하니라

1) 孫權發兵三萬……而周瑜謂之足用 : 孫權(182~252)은 삼국시대 吳나라의 초대 황제로 자는 仲謀, 시호는 大皇帝이다. 周瑜(175~210)는 자가 公瑾으로 孫權의 형 孫策에게 등용되었는데, 孫策이 죽자 孫權을 보좌하여 前部大都督이 되어 吳나라의 병권을 장악하였다. 後漢 獻帝 建安 13년(208) 7월, 曹操가 천하를 통일하기 위해 남방에 있던 劉備와 孫權을 정벌하고자 하였다. 孫權은 劉備와 연합하고 周瑜에게 水軍 3만 명을 주었는데, 이때 사람들은 3만의 병력으로는 曹操의 80만 대군을 상대하기 어렵다고 하였으나, 周瑜는 "이 정도면 충분하다."라고 하였다. 그는 유명한 赤壁大戰에서 曹操의 80만 대군을 대파하였다. ≪三國志 권1 武帝紀≫

'武進'은 용맹을 믿고 가볍게 전진하는 것이고, '倂力'은 기운을 합하고 힘을 축적하는 것이다. 적군을 무찌르는 것은 병력이 많음에 달려 있는 것이 아니요, 武勇으로 경솔하게 진격하지 말고 우리의 힘을 합치고 적을 자세히 헤아림에 달려 있는 것이다. 이미 이 세 가지를 잘하고 병력이 충분히 적을 무찌를 수 있으면 가능하니, 어찌 굳이 병력이 많음을 귀하게 여길 것이 있겠는가.

孫權은 3만 명의 병력을 동원하여 曹操의 80만 대군을 막게 하였는데, 周瑜가 말하기를 "3만 명이면 충분히 쓸 수 있다." 하였으니, 이 세 가지에 능하다면 3만 명의 병력으로 충분히 적과 싸워 승리할 수 있는 것이요, 이와 반대이면 생각이 없이 적을 깔보아서 적에게 사로잡혀 많은 병력을 믿을 수 없는 것이다.

이 節은 적을 제압하여 승리하는 것이 병력의 많고 적음에 달려 있지 않고, 적을 알고 자기를 앎에 달려 있음을 논하였다.

卒未親附而罰之면 **則不服**이니 **不服則難用**이요 **卒已親附而罰不行**이면 **則不可用也**라 **故**로 **令之以文**하고 **齊之以武**면 **是謂必取**라 **令素行**하여 **以教其民**이면 **則民服**이요 **令不素行**하고 **以教其民**이면 **則民不服**이니 **令素行者**는 **與衆相得也**니라

병사들이 친애하고 따르지 않는데 벌을 주면 복종하지 않으니 복종하지 않으면 쓰기 어렵고, 병사들이 이미 친근하게 따르는데 형벌을 제대로 시행하지 못하면 병사들을 쓸 수 없는 것이다. 그러므로 文教로 명령하고 武罰(무력으로 벌을 줌)로 통일시키면, 이것을 일러 반드시 승리를 쟁취한다고 하는 것이다. 명령이 평소 행해져서 백성(병사)들을 가르치면 백성들이 복종하고, 명령이 평소 행해지지 못하고서 백성들을 가르치면 백성들이 복종하지 않으니, 명령이 평소 행해지는 자(장수)는 병사들과 서로 마음이 맞는 것이다.

親은 愛也요 不服은 離叛也요 難用은 無恩也요 不可用은 恩竭而慢也라 令文教也요 齊武罰也라 司馬法曰 文與武는 左右也[1)]라하고 尉子曰 武爲表요 文爲裏[2)]라하니 所以不可偏廢라 然이나 要之컨대 恩先於威라 故로 曰 蓄恩不倦이면 以一取萬[3)]이라하니 取는 取勝也라

1) 司馬法曰……左右也 : 이 내용은 ≪司馬法≫ 〈天子之義〉에 보인다.
2) 尉子曰……文爲裏 : 이 내용은 ≪尉繚子≫ 〈兵令 上〉에 보인다.
3) 蓄恩不倦 以一取萬 : 이 내용은 ≪三略≫ 〈上卷〉에 보인다.

'親'은 사랑함이요, '복종하지 않음'은 離叛하는 것이요, '쓰기 어려움'은 은혜가 없는

것이요, '쓸 수 없음'은 은혜가 고갈되어 태만한 것이다. 文敎로 명령하고 武罰로 통일시키는 것이다.

≪司馬法≫에 이르기를 "文과 武는 左와 右이다." 하였고, ≪尉繚子≫에 이르기를 "武는 표면이 되고 文은 이면이 된다." 하였으니, 이 때문에 文과 武를 어느 한 가지도 폐할 수 없는 것이다. 그러나 요컨대 은혜를 위엄보다 먼저 베풀어야 하므로 "은혜를 쌓기를 게을리하지 않으면 한 명으로 만 명을 취한다."라고 하였으니, '取'는 승리를 쟁취하는 것이다.

附錄

舊註에 **以視生之生**으로 **爲向陽**하고 **前死後生之生**으로 **爲高**라하니 **不容同文異解**요 **視又作目前解**하니 **不如依訓**(誥)〔詁〕[1]하여 **作相視**라

1) (誥)〔詁〕: 저본에는 '誥'로 되어있으나 文理에 따라 '詁'로 바로잡았다.

舊註에 '視生'의 '生'을 '양지바른 곳을 향하는 것'이라 하고, '前死後生'의 '生'을 '높은 곳'이라 하였으니, 똑같은 글자에 해석이 다를 수가 없는 것이요, '視'를 또 '目前'으로 해석하였으니, 본래의 訓詁에 따라 '살펴봄'으로 보는 것만 못하다.

賈林曰 跨山無後患하고 **依谷有水草**라하니 **不幾看作分據山谷乎**[1]아

1) 舊註……不幾看作分據山谷乎 : ≪孫子≫ 본편의 "視生處高 戰隆無登"과 "平陸 處易 右背高 前死後生"에 대한 주석이다.

賈林은 "山에 오르면 후환이 없고 골짝에 의지하면 물과 풀이 있다." 하였으니, 山과 골짝을 나누어 점거한 것으로 봄에 가깝지 않겠는가.

張預曰 伏姦은 **當爲兩事**[1]라하니 **是矣**라

1) 伏姦 當爲兩事 : ≪孫子≫ 본편의 "此伏姦之所也"의 伏姦을 가리킨 것이다.

張預가 말하기를 "伏과 姦은 마땅히 두 가지 일(伏兵과 간사한 첩자)이 되어야 한다." 하였으니, 이 말이 옳다.

張預曰 敵捨險爲易者는 **必有利**[1]라하니 **平易之地**에 **未聞有利**로라

1) 敵捨險爲易者 必有利 : ≪孫子≫ 본편의 "其所居易者 利也"를 가리킨 것이다.

張預가 말하기를 "敵이 험한 곳을 버리고 평탄한 곳을 점령하는 것은 반드시 이로움이 있어서이다." 하였는데, 평탄한 지역에 이로움이 있다는 말을 나는 듣지 못하였다.

鳥集者虛나 古人有縛羊於鼓而潛遁者[1)]하고 或以柏樹爲幕則鳥不集[2)]하니 爲將者所當知也니라

1) 古人有縛羊於鼓而潛遁者 : 南宋 寧宗 때의 명장인 畢再遇(1147~1217)의 고사를 든 것이다. 畢再遇는 字가 德卿인데 지략과 용맹으로 명장이란 칭송을 들었다. 寧宗 開禧 연간에 金나라와 싸워 泗州를 탈환하고 盱眙(우이)를 안정시켰으며 楚州를 방어하였는데, 정예병인 金軍을 상대하기 위해 변화무쌍한 진격과 후퇴를 거듭하였는바, 한 번은 적군이 너무 많아 상대하기가 힘들자, 군대를 퇴각시키면서 적의 추격을 우려하여, 營壘에 旗幟를 남겨두고 양을 묶어 앞발을 북 앞에 두어서 계속 북을 두드리게 하여 적이 아군의 퇴각을 알지 못하게 하였다. ≪續宋編年資治通鑑 권13 宋寧宗2≫

2) 或以柏樹爲幕則鳥不集 : 출전이 분명하지 않다.

'적의 진영에 새가 모이는 것은 진영이 빈 것이다.'라고 하였으나, 옛사람 중에 북에다가 羊을 묶어놓아 북을 울리게 하고서 은밀히 도망한 자가 있었고, 혹은 '측백나무로 막사를 만들면 새가 내려앉지 않는다.' 하니, 장수 된 자가 마땅히 알아야 할 바이다.

近而靜三句는 相其居也요 衆樹動二句는 相其草木也요 鳥起二句는 相其鳥獸也요 塵高而銳四句는 相其塵也요 辭卑二(向)〔句〕[1)]는 相其詞令也요 輕車先出七句는 相其動靜也요 鳥集者虛四句는 相其形也요 吏怒者倦三句는 相其吏卒也요 諄諄翕翕六句는 相其將也라

1) (向)〔句〕 : 저본에는 '向'으로 되어있으나 文理에 따라 '句'로 바로잡았다.

'가까이 있으면서 조용하다.〔近而靜〕' 이하의 세 句는 적의 주둔지를 살펴보는 것이요, '여러 나무가 움직인다.〔衆樹動〕' 이하의 두 句는 草木을 살펴보는 것이요, '새가 난다.〔鳥起〕' 이하의 두 句는 새와 짐승을 살펴보는 것이요, '먼지가 높으면서 직선으로 오른다〔塵高而銳〕' 이하의 네 句는 먼지를 살펴보는 것이요, '말이 겸손하다.〔辭卑〕' 이하의 두 句는 적의 말〔辭〕을 살펴보는 것이요, '경무장한 戰車로 먼저 출동한다.〔輕車先出〕' 이하의 일곱 句는 적의 動靜을 살펴보는 것이요, '적의 진영에 새가 모이는 것은 진영이 빈 것이다.〔鳥集者虛〕' 이하의 네 句는 적의 형체를 살펴보는 것이요, '적의 관리가 노여워하는 것은 적이 지쳐 있는 것이다.〔吏怒者倦〕' 이하의 세 句는 적의 관리와 병사들을 살펴보는 것이요, '적장이 간곡하고 다정하다.〔諄諄翕翕〕' 이하의 여섯 句는 적장을 살펴보는 것이다.

地形 第十 제10편 地形의 활용

此篇에 六地之下에 承以六敗는 類從也[1]요 必勝必敗句下는 仍論勝敗之機요 寧違君命은 借接也라 次治兵一段은 則非類非借요 而申前篇未盡意也며 末復收到地形하여 參之彼己而結之하여 有首尾相顧意하니라

1) 六地之下……類從也 : 六地는 여섯 가지 지형으로, 通·掛·支·隘·險·遠을 이르고, 六敗는 여섯 가지 패전하는 것으로, 走·弛·陷·崩·亂·北(배)를 이르며, 類從은 같은 종류끼리 서로 있음을 말한다.

이 편에서 '六地'의 아래에 '六敗'를 이은 것은 같은 종류끼리 모은 것이고, '必勝'과 '必敗'의 句 아래는 이어서 승패의 기미를 논한 것이고, '차라리 君主의 명령을 어긴다.'는 것은 빌려서 連接한 것이며, 다음 '治兵' 한 단락은 같은 종류도 아니고 빌린 것도 아니고 前篇에 미진한 뜻을 거듭 밝힌 것이다.

끝에는 다시 地形을 거두어서 적과 자기를 참고하여 맺어서 처음과 끝이 서로 돌아보는 뜻이 있다.

孫子曰 地形이 有通者하고 有掛者하고 有支者하고 有隘(애)者하고 有險者하고 有遠者하니 我可以往이요 彼可以來를 曰通이니 通形者는 先居高陽하여 利糧道以戰則利라 可以往이나 難以返을 曰掛니 掛形者는 敵無備하면 出而勝之하고 敵若有備하여 出而不勝이면 難以返이니 不利라 我出而不利하고 彼出而不利를 曰支니 支形者는 敵雖利我나 我無出也하고 引而去之하여 令敵半出而擊之면 利라 隘形者는 我先居之어든 必盈之而待敵이니 若敵先居之어든 盈而勿從하고 不盈而從之라 險形者는 我先居之어든 必居高陽以待敵이니 若敵先居之어든 引而去之하고 勿從也라 遠形者는 勢均[1]하여 難以挑戰이니 戰而不利라 凡此六者는 地之道也요 將之至任이니 不可不察也니라

1) 勢均 : 劉寅은 《孫武子直解》에서 舊注에 따라 '彼此의 軍勢가 대등한 것'으로 보았으나, 저자는 이를 '彼此의 거리가 약간 떨어져 있어 똑같이 먼저 도전하기 어려운 것'으로 해석하고, 附錄에서 劉寅의 설을 비판하였다.

孫子가 말하였다.

지형은 通形인 것이 있고, 掛形인 것이 있고, 支形인 것이 있고, 隘形인 것이 있고, 險形인 것이 있고, 遠形인 것이 있다.

우리도 갈 수 있고 적도 올 수 있는 것을 通形이라 하니, 통형인 곳에서는 높고 양지바른 곳을 먼저 차지하여 군량 수송로를 편리하게 하고서 전투하면 이롭다.

갈 수는 있어도 돌아오기 어려운 것을 掛形이라 하니, 괘형인 곳에서는 적이 대비함이 없으면 출동하여 승리하고, 적이 만약 대비가 있어서 출동하였다가 승리하지 못하면 돌아오기 어려우니, 불리하다.

우리가 출동하여도 불리하고 적이 출동하여도 불리한 것을 支形이라 하니, 지형인 곳에서는 적이 비록 우리에게 이익을 주더라도 우리가 출동하지 말고, 군대를 이끌고 물러나서 적으로 하여금 반쯤 나오게 하고서 공격하면 이롭다.

隘形인 곳은 우리가 먼저 점령하였으면 반드시 병력을 꽉 채우고서 적이 오기를 기다려야 하니, 만약 적이 먼저 점령하여 적군이 가득하면 적을 따라 싸우지 말고, 가득하지 않으면 따라 싸워야 한다.

險形인 곳은 우리가 먼저 점령하였으면 반드시 먼저 높고 양지바른 곳에 주둔하여 적이 오기를 기다려야 하니, 만약 적이 먼저 점령하였으면 병력을 이끌고 물러나고 따라 싸우지 말아야 한다.

遠形은 彼此의 거리가 약간 멀어서 서로 비슷하여 도전하기 어려운 곳이니, 이러한 곳에서 싸우면 불리하다. 무릇 이 여섯 가지는 地形에 따라 승리하는 방도이고 장수의 지극한 임무이니, 살피지 않으면 안 된다.

前篇四軍之利는 歸重行軍而總論其法也요 今此六形은 乃因地制勝者也라 通은 卽平陸之四通者也니 法必先居高陽이로되 而彼旣可來故로 防敵邀截糧道也라 戰則利는 謂地誠利矣니 其有不利는 地無與也니 下文利不利倣此라 掛는 後高前下하여 形如掛也니 敵旣不備하고 我又趨下하면 勝固易矣어니와 敵若有備면 升高難返이요 且慮抄截也라 法曰 戰隆無登[1]이라하니 而我旣處高어늘 掛之不利는 何오 曰 戰隆無登은 謂一高一下하여 兵刃相接也요 掛는 有往返距稍遠也라 乘高而奮은 與不勝而返으로 固不相侔하니 所謂日暮路遠하여 還有挫氣[2]者也라 支는 兩壘之中有險也라 彼我必過險相迎故로 不利先出이니 惟無爲敵誘而反誘之하여 伺其半出이면 則我專敵分也라 何不先據中險고 曰 險而不可居니 如絶澗天井等也라 隘는 兩山之中通谷也니 法必齊居谷口하여 如水滿器하면 則敵雖衆이나 無所用也요 或敵已先據而不知盈口하면 則從而(共)〔攻〕[3]之니 以勝負在人하고 不在地라 如兩鼠鬪于穴中하여 將勇者勝也라 險則先據爲利하니 不可爭也라 遠은

兩壘距遠이니 先挑者勞하여 彼我均也요 非謂强弱等也라 何不稍近之오 曰 恐爲所乘也라 凡此六地는 隨形異處하니 將所當察也라

1) 法曰 戰隆無登 : 이 내용은 앞의 〈行軍〉에 보인다.
2) 所謂日暮路遠 還有挫氣 : 이 내용은 ≪尉繚子≫ 〈兵敎 下〉에 보인다.
3) (共)〔攻〕 : 저본에는 '共'으로 되어있으나 文理에 따라 '攻'으로 바로잡았다.

앞 편에 四軍(네 군데의 편리한 주둔 지역)의 이로움은 行軍에 중점을 돌려서 그 방법을 總論하였고, 지금 이 여섯 가지 지형은 바로 지형을 인하여 적을 제압하여 승리하는 것이다.

通形은 바로 평평한 육지의 四通五達하는 곳이니, 兵法에는 반드시 높은 양지에 먼저 주둔해야 한다고 하였으나, 적들이 먼저 올 수 있으므로 적이 우리의 군량 수송로를 차단함을 방비해야 하는 것이다. '전투하면 이롭다.'는 것은 지형이 진실로 이로움을 말한 것이니, 이롭지 못함이 있는 것은 지형과 상관이 없으니, 아랫글에 이로움과 불리함도 이와 같다.

掛形은 뒤가 높고 앞이 낮아서 모습이 걸려 있는 것과 같은 것이니, 적이 대비하지 않고 우리가 또 아래를 향해 달려가면 승리하기가 참으로 쉬우나, 적이 만약 대비하면 우리가 높은 곳으로 올라가 돌아오기 어렵고, 또 적이 측면이나 배후에서 공격할까 염려된다.

兵法에 이르기를 "적이 높은 곳을 점거하였으면 올라가 싸우지 말라." 하였으니, 우리가 이미 높은 곳에 주둔하였는데, 掛形이 이롭지 않음은 어째서인가? '적이 높은 곳을 점거하였으면 올라가 싸우지 말라.'는 것은 한쪽은 높고 한쪽은 낮아서 兵器와 칼날이 서로 접할 수 있는 곳을 말한 것이요, 掛形은 오고 가는 거리가 다소 먼 것을 이른다. 높은 곳에 올라가 奮擊함은 승리하지 못하고서 돌아오는 것과 진실로 똑같지 않으니, 이른바 '해가 저물고 갈 길이 멀며, 또 병사들의 사기가 저상되어 있다.'는 것이다.

支形은 두 보루 가운데 험함이 있는 곳이다. 적과 우리가 반드시 험한 곳을 통과하다가 서로 만나게 되므로 먼저 나가는 것이 불리하니, 오직 적에게 유인되지 말고 도리어 적을 유인해서 적이 반쯤 나오기를 기다려 공격하면 우리는 힘이 한곳으로 모이고 적은 분산되는 것이다. 어찌하여 보루 가운데 험한 곳을 먼저 점거하지 않는가? 험하여 주둔할 수가 없어서이니, 絶澗과 天井 등과 같은 것이다.

隘形은 두 산 가운데 통하는 골짝이니, 兵法에 '반드시 일제히 골짝 어귀에 군대를 주둔시켜 마치 물이 그릇에 가득하듯이 하면 적의 병력이 비록 많더라도 쓸 곳이 없을 것이요, 혹 적이 이미 먼저 점거하였더라도 골짝 어귀를 꽉 채울 줄을 모르면 따

라서 공격해야 한다.'는 것이니, 승부는 사람에게 달려 있고 지형에 달려 있지 않기 때문이다. 예컨대 두 마리의 쥐가 구멍 속에서 싸우는 것과 같아서 장수가 용맹한 자가 이기는 것이다.

險形에서는 먼저 점거함이 이로우니, 다투어서는 안 된다.

遠形은 두 堡壘의 거리가 먼 것이니 먼저 도전하는 자가 수고로운바, 이는 피차가 똑같은 것이요, 강하고 약한 것이 대등함을 말한 것이 아니다. 어찌하여 다소 가까이 접근하지 않는가? 적이 틈을 타고 공격할까 두려워해서이다.

무릇 이 여섯 가지 地形은 형태에 따라 주둔을 달리해야 하니, 장수가 마땅히 살펴보아야 할 바이다.

故로 **兵**은 **有走者**하고 **有弛者**하고 **有陷者**하고 **有崩者**하고 **有亂者**하고 **有北者**하니 **凡此六者**는 **非天地之災**요 **將之過也**라 **夫勢均**[1)]에 **以一擊十曰走**요 **卒强吏弱曰弛**요 **吏强卒弱曰陷**이요 **大吏怒而不服**하고 **遇敵**에 **懟而自戰**호되 **將不知其能**[2)]**曰崩**이요 **將弱不嚴**하고 **敎道不明**하여 **吏卒無常**하여 **陳兵縱橫曰亂**이요 **將不能料敵**하여 **以少合衆**하고 **以弱擊强**하며 **兵無選鋒曰北**라 **凡此六者**는 **敗之道也**니 **將之至任**이라 **不可不察也**니라

1) 勢均 : 劉寅은 ≪孫武子直解≫에서 이를 "彼我의 세력이 균등한 것"으로 해석하였으나, 저자는 附錄에서 "피아의 강하고 약함과 용맹하고 비겁함이 대등한 것"으로 해석하였다.

2) 將不知其能 : 劉寅은 ≪孫武子直解≫에서 "장군이 사람들의 재능을 알지 못하는 것"으로 해석하였으나, 저자는 아래 附錄에서 "'不知其能'은 '어떻게 할 수 없어서 다시 군대를 제대로 통솔하지 못한다.'는 말과 같다.〔不知其能 猶云無如之何 不復能軍也〕"라고 주장하였다.

그러므로 군대는 敗走하는 것이 있고, 解弛한 것이 있고, 빠지는 것이 있고, 무너지는 것이 있고, 혼란한 것이 있고, 패배하는 것이 있으니, 무릇 이 여섯 가지는 하늘과 땅의 재앙이 아니요 장수의 잘못인 것이다.

彼我의 강하고 약함과 용맹하고 비겁함이 대등할 적에 我軍 한 명으로 敵軍 열 명을 공격하는 것을 '敗走'라 하고, 병사들이 강하고 장교들이 약한 것을 '解弛'라 하고, 장교들이 강하고 병사들이 약한 것을 '빠진다' 하고, 偏將이 분노하여 복종하지 않고 적을 만났을 적에 서로 원망하여 스스로 싸우려 하는데도 장수가 군대를 제대로 통솔하지 못하는 것을 '무너진다' 하고, 장수가 나약하고 엄격하지 못하며 가르치는 방도가 분명하지 못하여 장교와 병사들이 일정하게 지킴이 없어서 군대를 縱으로 橫으로 어지럽게 진열한 것을 '혼란'이라 하고, 장수가 적을 제대로 헤아리지 못하여 적

은 병력으로 많은 병력의 적과 교전하고 약한 병력으로 강한 적을 공격하며 선발된 선봉 부대가 없는 것을 '패배'라 한다.

무릇 이 여섯 가지는 패하는 방도이다. 장수의 지극한 임무이니, 살피지 않으면 안 된다.

一擊十은 鄒敵楚[1]也니 得走幸耳라 其或勢懸이면 則寡勝衆者多矣라 故로 着勢均字라 卒强吏弱이면 則慢其上令이니 如弓之弛也요 吏强卒弱이면 則不量而輕合이니 陷敗必矣라 大吏는 偏將也라 崩은 如邲之戰에 先縠以偏師先濟한대 而荀林父(보)不復能軍하여 敗如土崩[2]이 是也요 亂은 如尉子所云 將已鼓而士卒相囂하여 拗矢折矛抱戟하여 利後發戰[3]이 是也라 李靖이 以吏卒無常으로 爲將臣無久任[4]이라하여 而不切於情하니 不敢苟從이라 以寡弱擊衆强者는 必料敵審而卒選銳也니 無是二者면 與走等耳라 選鋒은 如齊技擊, 魏武卒[5]也요 北(배)는 分背而走也라 此節은 承上文六地하여 遂及六敗하여 申戒將之致察也라

1) 鄒敵楚 : 약소국이 강대국을 상대로 이길 수 없는 전쟁을 벌임을 말한 것이다. 鄒나라는 전국시대 약소국이고 楚나라는 강대국으로, ≪孟子≫ 〈梁惠王 上〉에 "孟子가 묻기를 '추나라가 초나라와 전쟁을 하면, 왕께서는 누가 이기리라고 생각하십니까?' 하니, 惠王이 답하기를 '초나라가 이길 것입니다.' 하였다. 맹자가 말씀하기를 '그렇다면, 작은 나라는 큰 나라에 맞설 수 없고, 인구가 적은 나라는 인구가 많은 나라에 맞설 수 없고, 약한 나라는 강한 나라에 맞설 수 없습니다.' 하였다.〔曰 鄒人與楚人戰 則王以爲孰勝 曰 楚人勝 曰 然則小固不可以敵大 寡固不可以敵衆 弱固不可以敵强〕"라고 보인다.

2) 邲之戰……敗如土崩 : 先縠과 荀林父는 모두 晉나라의 大夫로, B.C. 597년 6월, 楚나라의 공격으로부터 鄭나라를 구원하기 위해 출정한 晉軍의 지휘를 맡았는바, 荀林父는 中軍의 大將이고 先縠은 副將이었다. 鄭나라가 楚나라와 화평했다는 말을 듣고 荀林父는 회군하고자 하였으나, 先縠이 싸울 것을 주장하며 자신에게 소속된 장병을 거느리고 黃河를 건너가자 晉軍은 어쩔 수 없이 黃河를 건너 楚軍과 싸우게 되었는데, 이 전투에서 荀林父는 楚軍의 기습공격에 대패하였다. ≪春秋左氏傳 宣公 12년≫

3) 尉子所云……利後發戰 : 이 내용은 ≪尉繚子≫ 〈制談〉에 보인다.

4) 李靖……爲將臣無久任 : 이 내용은 ≪李衛公問對≫ 〈上卷〉의 "관리와 병사들이 일정한 직책이 없다는 것은, 將臣의 권세와 임무를 오래 맡기지 않는 것을 말한다.〔吏卒無常者 言將臣權任 無久職也〕"라는 구절을 약간 바꿔 인용한 것이다.

5) 齊技擊 魏武卒 : 技擊은 치고 찌르는 무예의 일종인데 여기서는 이러한 무예를 구사하는 군대를 이른 것이다. 魏武卒은 魏나라의 常備軍으로, 魏나라는 文侯 때 常備軍

제도를 도입하여 이를 武卒制라 하였다. ≪荀子≫ 〈議兵〉에 "齊나라의 技擊은 魏나라의 武卒을 상대하지 못하고 魏나라의 武卒은 秦나라의 銳士를 상대하지 못한다.〔齊之技擊 不可以遇魏氏之武卒 魏氏之武卒 不可以遇秦之銳士〕"라고 보인다.

'아군 한 명으로 적군 열 명을 공격함'은 鄒나라가 楚나라를 대적하는 격이니, 敗走만 하여도 다행이다. 혹 군대의 강하고 약함과 용맹하고 비겁한 勢에 큰 차이가 나면 적은 병력으로 많은 병력을 이긴 사례가 많다. 그러므로 '勢均'이라는 글자를 놓은 것이다.

병사들이 강하고 장교가 약하면 윗사람의 명령을 태만히 하니, 마치 활이 풀어져 있는 것〔解弛〕과 같은 것이다. 장교가 강하고 병사들이 약하면 병사들의 힘을 헤아리지 않고 가볍게 交戰하니, 이렇게 되면 반드시 실패한다. '大吏'는 偏將이다. '崩'은 邲邑의 전투에서 先穀이 偏師(1軍)를 거느리고 먼저 황하를 건너가자, 荀林父가 다시 군대를 정돈하지 못하여 흙이 무너지듯이 패한 것과 같은 사례가 이것이다.

'혼란'은 ≪尉繚子≫에 이른바 "장수가 북을 치는데도 병사들이 서로 시끄럽게 떠들면서 화살을 꺾고 창을 부러뜨리고 戟을 버리고서 뒤늦게 출발하는 것을 이롭게 여긴다."는 것과 같은 것이다.

李靖은 '관리와 병사들이 일정한 직책이 없다.〔吏卒無常〕'는 것을 將臣에게 오래 맡기지 않는 것이라고 하였으나, 실정에 간절하지 않으니, 감히 구차히 따를 수가 없다.

적고 약한 병력으로 많고 강한 적을 공격하는 경우에는 반드시 적을 자세히 살피고 정예병을 선발해야 하니, 이 두 가지가 없으면 敗走와 같을 뿐이다. '선발된 선봉 부대'는 齊나라의 技擊과 魏나라의 武卒과 같은 것이다. 北는 패하여 등을 돌리고 도망하는 것이다.

이 節은 윗글의 여섯 가지 地形을 이어 마침내 여섯 가지 패전함을 언급해서 장수가 자세히 살펴야 함을 거듭 경계한 것이다.

夫地形者는 **兵之助也**니 **料敵制勝**하고 **計險阨遠近**은 **上將之道也**라 **知此而用戰者**는 **必勝**하고 **不知此而用戰者**는 **必敗**니라

무릇 지형이라는 것은 군대의 보조이니, 적을 헤아려 승리하고, 지형의 험하고 좁음과 멀고 가까움을 계산하는 것은 上將軍의 도리이다. 이것을 알고 싸우는 자는 반드시 승리하고, 이것을 알지 못하고 싸우는 자는 반드시 패배한다.

吳子四機에 地機居二[1)]하고 晁錯論兵에 歷擧步兵車騎弓弩長戟矛鋋劍楯之地[2)]하니 若

是乎地之宜講也라 然이나 先須料敵制勝하고 後計險阨遠近하여 正以地爲兵助而已라 此節은 因六地之後하여 次以六敗하니 慮人認地爲重故로 發明地爲兵助也라

1) 吳子四機 地機居二 : 이 내용은 ≪吳子≫ 〈論將〉에 "무릇 군대에는 네 가지 機가 있으니, 첫 번째는 氣機이고 두 번째는 地機이고 세 번째는 事機이고 네 번째는 力機이다.〔凡兵有四機 一曰氣機 二曰地機 三曰事機 四曰力機〕"라고 보인다.
2) 晁錯論兵……劍楯之地 : 晁錯(?~B.C. 154)는 前漢 때의 문신으로, '鼂錯'로도 표기하는바, 刑名學을 배웠으며 지혜가 뛰어나 智囊으로 불렸다. 文帝 때에 태자의 집안 일을 맡아보는 令이 되었다가, 태자가 즉위하여 황제(景帝)가 되자 御史大夫에 올라 중요한 정사가 있을 때마다 景帝와 독대할 만큼 신임을 받았다. 晁錯가 兵事를 논한 것은 그가 文帝에게 올린 〈言兵事疏〉로, 晁錯는 이 상소에서 지형에 따른 병기의 장단점을 논하고 匈奴를 상대하는 방책을 설파하였다. ≪漢書 권49 鼂錯傳≫

≪吳子≫의 四機에 地機가 두 번째를 차지하고, 晁錯가 兵事를 논할 적에 보병과 전차병과 기병과 弓弩와 긴 창과 세모진 창과 작은 창과 劍과 방패를 사용하는 지형을 논하였으니, 장수는 마땅히 이와 같이 지형을 강구해야 하는 것이다. 그러나 먼저 모름지기 적을 헤아려 승리할 수 있게 만들어놓고, 그런 뒤에 지형의 험하고 좁음과 거리의 멀고 가까움을 헤아려서 지형을 군대의 보조로 삼을 뿐이다.

이 節은 여섯 가지 지형의 뒤를 이어서 여섯 가지 패함을 차례로 말하였으니, 사람들이 지형만을 중요한 것으로 인식할까 염려하였기 때문에 지형은 군대에 보조가 될 뿐임을 發明한 것이다.

故로 戰道必勝이면 主曰無戰이라도 必戰이 可也요 戰道不勝이면 主曰 必戰이라도 無戰이 可也라 故로 進不(來)〔求〕[1]名하고 退不避罪하며 惟民是保而利於主면 國之寶也니라

1) (來)〔求〕 : 저본에는 '來'로 되어있으나 諸本에 의거하여 '求'로 바로잡았다.

그러므로 싸우는 방도에 반드시 승리할 수 있으면 군주가 싸우지 말라고 지시하더라도 반드시 싸우는 것이 옳고, 싸우는 방도에 승리할 수 없으면 군주가 반드시 싸우라고 지시하더라도 싸우지 않는 것이 옳은 것이다. 그러므로 장수가 전진할 적에는 명예를 구하지 않고 후퇴할 적에는 죄를 피하지 않으며, 오직 백성을 보호하고 군주를 이롭게 하면 이것이 나라의 보배인 것이다.

言將旣知兵이면 則不可懾於君命而失悞事機요 必以保民利主爲歸也라 此節은 承上文必勝必敗句하여 附論將道하니 蓋五利에 已言君命有所不受로되 而此復論其地也라 無

戰必戰은 進不求名也요 必戰無戰은 退不避罪也라

장수가 이미 병법을 안다면 군주의 명령을 두려워하여 중요한 일을 그르쳐서는 안 되고, 반드시 백성을 보호하고 군주를 이롭게 함을 귀결로 삼아야 함을 말한 것이다.

이 節은 윗글의 '必勝'과 '必敗'의 句를 이어서 장수의 도리를 덧붙여 논하였으니, '다섯 가지 이로움〔五利〕' 가운데 이미 군주의 명령을 받지 않는 경우가 있음을 말하였으나, 여기에서 또다시 군주의 명령을 받지 않을 지형이 있음을 논한 것이다.

군주가 싸우지 말라고 지시하더라도 반드시 싸움은 전진함에 명예를 구하지 않는 것이요, 반드시 싸우라고 지시하더라도 싸우지 않음은 후퇴함에 죄를 피하지 않는 것이다.

視卒如嬰兒故로 可與之赴深谿요 視卒與愛子故로 可與之俱死니 愛而不能令하고 厚而不能使하고 亂而不能治하면 譬如驕子하여 不可用也니라

장수가 병사 보기를 어린아이와 같이 하므로 병사들과 함께 깊은 계곡으로 달려갈 수 있고, 병사들을 보기를 사랑하는 자식과 같이 하므로 병사들과 함께 죽을 수 있는 것이니, 사랑하여도 제대로 명령하지 못하고 親厚하여도 제대로 부리지 못하고 혼란하여도 제대로 다스리지 못하면, 비유하건대 교만한 자식과 같아서 쓸 수 없는 것이다.

嬰兒, 愛子는 親厚之至也니 徒知親厚하여 而不能使하고 不能治하여 狎恩恃愛하면 安肯與赴深谿與俱死乎아 故로 令文齊武를 不可偏廢也라 李靖謂孫子之愛先於威를 萬世不刊[1]이라하니 如尉繚之務殺[2]과 楊素之立威[3]는 乃孫子衛公之罪人也라 此節은 承上保民利主하여 而言治兵亦必恩威竝施也라

1) 李靖謂孫子之愛先於威 萬世不刊 : 이 내용은 《李衛公問對》 〈中卷〉의 "사랑을 앞에 베풀고 위엄을 뒤에 베풀어야 하니, 이것을 반대로 해서는 안 된다. 만약 위엄을 앞에 加하고 사랑으로 뒤에 구휼하면 일에 유익함이 없을 것이다.……그러므로 《손자》의 법은 만대에 바뀔 수 없는 것이다.〔愛設於先 威設於後 不可反是也 若威加於前 愛救於後 無益於事矣……孫子之法 萬代不刊〕"라는 구절을 인용한 것이다.

2) 尉繚之務殺 : 이 내용은 《尉繚子》 〈兵令 下〉의 "옛날에 용병을 잘하는 자는 병사의 반을 죽였고, 그 다음은 10분의 3을 죽였고, 그 아래는 10분의 1을 죽였으니, 병사의 반을 죽인 자는 위엄이 海內에 가해졌고, 10분의 3을 죽인 자는 힘이 제후에게 가해졌고, 10분의 1을 죽인 자는 명령이 병사들에게 행해졌다.〔古之善用兵者 能殺士卒之

半 其次 殺其十三 其下 殺其十一 能殺其半者 威加海內 殺十三者 力加諸侯 殺十一者 令行士卒]"라는 구절을 말한 것이다.

3) 楊素之立威 : 楊素(544~606)는 隋나라의 건국에 큰 공을 세워 越國公에 봉해지고 재상이 된 인물이다. 楊素는 군대를 다스림이 엄격해서 軍令을 어기는 자는 곧바로 참수하여 용서하는 법이 없었다. 적과 對陣함에 있어 먼저 1, 2백 명으로 하여금 적진으로 달려가게 하여 적진을 함락하면 괜찮지만, 만약 적진을 함락하지 못하고 돌아오는 자는 그 수효를 불문하고 모두 참수하였다. ≪隋書 권48 楊素列傳≫

어린아이와 사랑하는 자식은 親厚함이 지극하니, 親厚함만 알아서 제대로 부리지 못하고 제대로 다스리지 못하여 은혜에 익숙하고 사랑을 믿는다면, 어떻게 이들과 더불어 깊은 계곡으로 달려가고 함께 죽을 수 있겠는가. 그러므로 文敎로 명령하고 武罰로 통일함을 한 가지도 폐지할 수 없는 것이다.

李靖이 이르기를 "≪孫子≫의 '사랑을 위엄보다 먼저 해야 한다.'는 말은, 만대에 바뀔 수 없는 것이다." 하였으니, 尉繚子가 죽이기를 힘쓴 것과 楊素가 위엄을 세움과 같은 것은 바로 孫子와 李衛公의 罪人인 것이다.

이 節은 위의 '백성을 보호하고 군주를 이롭게 함'을 이어서 군대를 다스릴 적에 은혜와 위엄을 함께 베풀어야 함을 말한 것이다.

知吾卒之可以擊하고 **而不知敵之不可擊**이면 **勝之半也**요 **知敵之可擊**하고 **而不知吾卒之不可以擊**이면 **勝之半也**요 **知敵之可擊**하고 **知吾卒之可以擊**이로되 **而不知地形之不可以戰**이면 **勝之半也**라 **故**로 **知兵者**는 **動而不迷**하고 **擧而不窮**이라 **故**로 **曰 知彼知己**면 **勝乃不殆**요 **知天知地**면 **勝乃可全**이라하니라

장수가, 우리 병사들이 용감하여 적을 공격할 수 있는 것만 알고 적이 대비함이 있어 공격할 수 없는 것을 알지 못하면 승리의 절반이요, 적을 공격할 수 있는 것만 알고 우리 병사들이 적을 공격할 수 없는 것을 알지 못하면 승리의 절반이요, 적을 공격할 수 있음을 알고 우리 병사들이 적을 공격할 수 있음을 알더라도 지형이 싸울 수 없는 곳임을 알지 못하면 승리의 절반이다. 이 때문에 兵法을 아는 자는 출동하면 혼미하지 않고 조처하면 곤궁하지 않은 것이다. 그러므로 兵法에 이르기를 "적을 알고 우리를 알면 승리하여 마침내 위태롭지 않고, 天時를 알고 地利를 알면 승리를 온전히 할 수 있다."라고 한 것이다.

謀攻에 止擧知彼己로되 而此乃參以地形은 總結地爲兵助之意라 迷는 惑也요 窮은 困

也라 末引古語하여 以實彼己與地參乃全也라

〈謀攻〉에는 다만 '知彼知己'를 들었는데, 여기서 지형을 참고한 것은 지형이 군대의 보조가 되는 뜻을 總結한 것이다. '迷'는 미혹됨이요, '窮'은 곤궁함이다. 끝에 옛말을 인용하여 적과 자기와 지형을 참고하여야 비로소 온전함을 실증하였다.

附錄

遠形勢均을 舊註에 謂我與敵强弱多寡相若이라하니 誤矣라 當是相距稍遠하여 均難先挑也라 若六敗之勢均은 乃强弱勇怯等耳라

'遠形勢均'을 舊註에는 "우리와 적의 强弱과 병력의 多寡가 서로 비슷한 것이다." 하였으니, 잘못이다. 이는 마땅히 서로의 거리가 약간 멀어서 똑같이 먼저 도전하기 어려운 것이다. 六敗의 '勢均'은 바로 강하고 약함과 용맹하고 비겁함의 軍勢가 대등한 것이다.

以吏卒無常으로 爲吏無常卒하고 卒無常吏라하니 此因衛公說而誤解耳[1)]라 只謂將不嚴이면 則吏卒縱橫하여 不守常制而亂也라

1) 吏卒無常……此因衛公說而誤解耳 : 李衛公의 말은 ≪李衛公問對≫ 〈上卷〉의 "관리와 병사들이 일정한 직책이 없다는 것은, 將臣의 권세와 임무를 오래 맡기지 않는 것을 말한다.〔吏卒無常者 言將臣權任 無久職也〕"라는 구절을 이른다.

'吏卒無常'을 舊註에 "관리는 일정한 병졸이 없고, 병졸은 일정한 관리가 없다." 하였으니, 이는 李衛公의 말을 따라 잘못 해석한 것이다. 이는 다만 장수가 엄격하지 않으면 관리와 병사들이 제멋대로 縱橫하여 떳떳한 법칙을 지키지 않아서 혼란해짐을 말한 것이다.

以將不知其能으로 爲不知能否而聽其戰이라하니 似誤矣라 褊裨不服主將하여 遇敵自戰이면 則其剛狠忿戾하여 不任上命을 可知爾니 寧復論其能否耶아 不知其能은 猶云無如之何하여 不復能軍也라

'將不知其能'을 舊註에 "부하의 능하고 능하지 못함을 알지 못하고 그의 싸움을 허락하는 것이다." 하였으니, 잘못인 듯하다. 褊裨가 主將에게 복종하지 않아 적을 만나 제멋대로 싸운다면 그가 강하고 사납고 분통을 터뜨려 윗사람의 명령을 따르지 않음

을 알 수 있으니, 어찌 다시 그의 능하고 능하지 못함을 논하겠는가. '不知其能'은 '어떻게 할 수 없어서 다시 군대를 제대로 통솔하지 못한다.'는 말과 같다.

九地 第十一　제11편 아홉 가지 地勢

老蘇設勇者, 怯者, 勇怯半者三等人하여 以喩諫諍[1)]하니 今借以喩兵호리라 蓋一耳目하고 齊勇怯은 求之於勢하니 以勢戰人은 譬則勇者之貪賞也요 加以治氣, 治心, 治力하여 以至令文齊武는 譬則勇怯半者之恍而從之也요 陷死地는 則怯者之迫於虎也니 是는 兵家最高地位라 更無上一層이요 亦卽最危境界하여 更無前一步하니 所以不可輕言이요 亦不敢遽言也라 故로 其難其愼이라가 直至著書將竟하여 纔肯說出하니 旣已說出이면 則又不容引而不發[2)]이라 故로 屢言不一言하여 期至披露無餘而後已하니 此는 孫子之苦心也라 行兵所處之地凡九로되 而由淺漸深하여 至死地而無復所往矣러니 忽然開出生路하여 不惟免於危亡이요 且可藉以立功立事하니 此正所謂衆陷於危然後에 能爲勝敗者也[3)]니 學者宜深味而玩索也니라

1) 老蘇設勇者……以喩諫諍 : 老蘇는 北宋의 문장가인 蘇洵(1009~1066)으로 자는 明允, 호는 老泉이다. 아들인 蘇軾・蘇轍과 함께 三蘇로 칭해졌는바, 蘇洵은 老蘇, 蘇軾은 大蘇, 蘇轍은 小蘇로 불렸다. 政治와 歷史, 經書 등에 대한 평론이 많고 단시간 내에 수천 자의 글을 짓는 대문장가로 명성이 높아 두 아들과 함께 唐宋八大家로 칭송되었다. 본문의 내용은 ≪嘉祐集≫ 권9 〈諫論 下〉에 보인다.
2) 引而不發 : 화살을 끼우고 활시위만 잡아당길 뿐 활을 쏘지 않는다는 뜻으로, 남을 가르침에 있어 단지 기본적인 방법만 가르쳐주고, 요령은 배우는 자로 하여금 궁리하여 스스로 깨닫게 하는 것을 이른다.
3) 衆陷於危然後 能爲勝敗者也 : 이 내용은 본편의 "병사들은 해로운 곳에 빠진 뒤에야 승리하여 적을 패퇴시킬 수 있다.〔夫衆陷於害然後 能爲勝敗〕"라는 구절을 약간 바꾸어 인용한 것이다.

老蘇는 용감한 자와 겁이 많은 자와 용맹과 겁이 반반인 자로 세 등급의 인물을 가설하여 諫諍에 비유하였으니, 이제 이것을 빌려 병사들을 비유해보겠다.

귀와 눈을 통일시켜서 용감한 자와 겁이 많은 자를 고르게 함은 勢(기세)에서 구해야 하니, 기세로써 적과 싸움은 비유하면 용감한 자가 賞을 탐하는 것이요, 여기에 더하여 기운을 다스리고 마음을 다스리고 힘을 다스려 文敎로 명령하고 武罰로 통일시킴에 이름은 비유하면 용맹과 겁이 반반인 자로 하여금 두려워하여 따르게 하는 것이

요, 死地에 빠지게 하는 것은 비유하면 겁이 많은 자가 호랑이에게 쫓기는 격이니, 이는 兵家의 가장 높은 境地이다. 이 이상 다시 한 層이 없고 또한 가장 위험한 경계여서, 다시 앞으로 한 걸음의 餘地도 없으니, 이 때문에 가볍게 말할 수가 없고, 또한 감히 갑자기 말할 수가 없는 것이다.

그러므로 신중히 하고 또 신중히 하다가, 곧바로 지은 글이 장차 끝마칠 때에 이르러서야 겨우 말했으니, 이미 말을 하였으면 또 활을 당기기만 하고 발사하지 않을 수가 없다. 그러므로 한 번만 말하는 데 그치지 않고 여러 번 말하여, 기필코 다 드러내어 남김이 없음에 이른 뒤에야 끝났으니, 이는 孫子의 苦心이다.

군대를 출동하여 주둔하는 곳이 모두 아홉 가지인데, 얕은 데로부터 점점 깊어져서 死地에 이르러 다시 갈 곳이 없게 되었다. 그런데 갑자기 살길을 열어놓아 단지 위태로움과 멸망을 면할 뿐만이 아니요, 또 死地를 빌려 功을 세우고 일을 성취할 수 있으니, 이것은 바로 兵法에 이른바 "병사들이 위험에 빠진 뒤에야 승리하여 적을 패퇴시킬 수 있다."는 것이다. 배우는 자가 마땅히 깊이 음미하여 玩索해야 할 것이다.

孫子曰 用兵之法은 **有散地**하고 **有輕地**하고 **有爭地**하고 **有交地**하고 **有衢**(구)**地**하고 **有重地**하고 **有圮**(비)**地**하고 **有圍地**하고 **有死地**하니 **諸侯自戰其地者 爲散地**요 **入人之地而不深者 爲輕地**요 **我得亦利**하고 **彼得亦利者 爲爭地**요 **我可以往**하고 **彼可以來者 爲交地**요 **諸侯之地三屬**에 **先至而得天下之衆者 爲衢地**요 **入人之地深**하여 **背城邑多者 爲重地**요 **山林險阻沮澤凡難行之道者 爲圮地**요 **所由入者隘**하고 **所從歸者迂**하여 **彼寡**로 **可以擊吾之衆者 爲圍地**요 **疾戰則存**하고 **不疾戰則亡者 爲死地**라 **是故**로 **散地則無戰**하고 **輕地則無止**하고 **爭地則無攻**하고 **交地則無絶**하고 **衢地則合交**하고 **重地則掠**하고 **圮地則行**하고 **圍地則謀**하고 **死地則戰**이니라

孫子가 말하였다.

용병하는 법은 散地가 있고 輕地가 있고 爭地가 있고 交地가 있고 衢地가 있고 重地가 있고 圮地가 있고 圍地가 있고 死地가 있다.

제후(列國)가 자기 지역에서 스스로 싸우는 것을 散地라 하고, 남(적)의 지역에 들어가되 깊이 들어가지 않은 것을 輕地라 하고, 우리가 얻어도 이롭고 적이 얻어도 이로운 것을 爭地라 하고, 우리가 갈 수 있고 적이 올 수 있는 것을 交地라 하고, 제후의 땅이 三面으로 연결되어 있어서 먼저 이르면 천하의 무리를 얻을 수 있는 것을 衢地라 하고, 적의 지역에 깊이 들어가서 적의 城邑을 많이 등지고 있는 것을 重

地라 하고, 山林과 險阻와 沮澤(저습한 늪지대와 못)이어서 행군하기 어려운 모든 길을 圮地라 하고, 들어가는 길이 좁고 따라 돌아오는 길이 우회하여 적의 적은 병력으로 우리의 많은 병력을 공격할 수 있는 것을 圍地라 하고, 급히 싸우면 생존하고 급히 싸우지 않으면 망하는 것을 死地라 한다.

이 때문에 散地에서는 싸우지 말아야 하고, 輕地에서는 머물러 있지 말아야 하고, 爭地에서는 오랫동안 적을 공격하지 말아야 하고, 交地에서는 길을 끊지 말아야 하고, 衢地에서는 외국과 연합하여 사귀어야 하고, 重地에서는 노략질하여야 하고, 圮地에서는 〈빨리〉 떠나가야 하고, 圍地에서는 도모하여야 하고, 死地에서는 〈결사적으로〉 싸워야 하는 것이다.

四利[1)]者는 概論行軍之要니 地之凡也요 六形者는 擇便利而爲兵助니 地之形也요 九地者는 隨所處之各異하여 參人情而立名이니 地之勢也라 就中에 交地는 近於通形하고 圮地는 似乎斥澤이로되 而酌宜在人하니 則亦不妨其爲勢也라 九地之目을 孫子已自說明故로 今只論其法하노라 曰 散地無戰이로되 而敵若來攻이면 則不得無戰이라 故로 下文曰 一其志라하고 輕地無止로되 而阻險守固면 則不得無止라 故로 下文曰 使之屬이라하니 志一則自不散走요 連屬則難以徑返이니 皆以救前說之弊也라 爭地曰 無攻은 曰 趨其後니 詳見軍爭篇이라 交地曰 無絶은 曰 謹其守니 蓋聯據通路則善矣나 不然則謹守以備其來也라 衢地는 魏武云 我與敵相當而旁有他國[2)]이 是也라 得一與國이어늘 而曰 天下之衆은 猶云 多助之至엔 天下順之[3)]爾니 不以辭害義 可也라 曰 合交는 曰 固其結이니 無二義요 而特申東之하니 猶圮地之曰 行이니 曰 進其道也라 圮者는 水毁少固之地니 不可以築營壘요 且鹹鹵(함로)는 水草惡故로 不可止舍니 而此云 山林險阻沮澤凡難行之地는 蓋謂其類也라 由隘入而敵塞之하고 歸道迂而敵邀之에 非有奇謀면 何以自免이리오 謀而無及이면 則敵雖圍而故闕이라도 猶將自我塞之하니 欲其進於死地也라 故로 曰 謀라하니 曰 塞其闕이라 死地而處極矣면 惟有激厲士衆하여 決一死戰이라 故로 曰 戰이라하니 曰 示之以不活也[4)]라 本篇은 專以死地立論故로 雖歷敍九地나 而精神所聚는 都在尾結하니 所以爲一篇之大頭腦也라

1) 四利 : 군대를 주둔함에 있어 이로운 지역을 선택하는 네 가지 방법으로, 산에 군대를 주둔하는 방법〔處山之軍〕, 물가에 군대를 주둔하는 방법〔處水上之軍〕, 갯벌과 늪지대에 군대를 주둔하는 방법〔處斥澤之軍〕, 平陸에 군대를 주둔하는 방법〔處平陸之軍〕을 가리킨다. 위의 〈行軍〉에 네 가지 지형과 이에 주둔하는 유리한 방법을 차례로 서술하고, "무릇 이 네 가지 편리한 지역은 黃帝가 네 帝王과 싸워서 승리한 이유이다.〔凡此四軍

之利 黃帝之所以勝四帝也〕"라고 결론지은 것이 보인다.

2) 魏武云 我與敵相當而旁有他國 : 魏武는 曹操를 이르는바, 이 내용은 曹操의 ≪孫子≫ 주석에 보인다.

3) 多助之至 天下順之 : 이 내용은 ≪孟子≫ 〈公孫丑 下〉에 보인다. 孟子는 人和를 강조하면서 "城이 높지 않은 것이 아니며 해자가 깊지 않은 것이 아니며 병기와 갑옷이 견고하고 예리하지 않은 것이 아니며 쌀과 곡식이 많지 않은 것이 아니지만 〈人和를 얻지 못하면〉 이것을 버리고 떠나가니, 이는 地利가 人和만 못한 것이다. 그러므로 옛말에 이르기를 '백성을 한계 짓되 국경의 경계로써 하지 않으며, 국가를 견고히 하되 山과 江의 險固함으로써 하지 않으며, 天下를 두렵게 하되 兵革의 예리함으로써 하지 않는다.' 한 것이다. 道를 얻은 자는 도와주는 이가 많고, 道를 잃은 자는 도와주는 이가 적다. 도와주는 이가 적음이 지극한 경우에는 친척이 배반하고, 도와주는 이가 많음이 지극한 경우에는 천하가 순종한다.〔城非不高也 池非不深也 兵革非不堅利也 米粟非不多也 委而去之 是地利不如人和也 故曰 域民不以封疆之界 固國不以山谿之險 威天下不以兵革之利 得道者多助 失道者寡助 寡助之至 親戚畔之 多助之至 天下順之〕"라고 보인다.

4) 下文曰……示之以不活也 : '一其志', '使之屬', '趨其後', '固其結', '進其道', '塞其闕', '示之以不活'은 아래의 "散地 吾將一其志 輕地 吾將使之屬 爭地 吾將趨其後 交地 吾將謹其守 衢地 吾將固其結 重地 吾將繼其食 圮地 吾將進其途 圍地 吾將塞其闕 死地 吾將示之以不活"에 보인다.

〈行軍〉의 '네 가지 이로움〔四利〕'은 行軍하는 요점을 대략 논한 것이니 지형의 일반적인 것이고, '여섯 가지 지형〔六形〕'은 편리한 곳을 가려 군대의 보조로 삼은 것이니 땅의 형태이고, '아홉 가지 地勢〔九地〕'는 주둔한 지역이 각각 다름에 따라 人情을 참작하여 이름하였으니, 땅의 勢이다. 이 가운데 '交地'는 通形과 비슷하고 '圮地'는 斥澤(늪지대)과 유사한데, 참작하여 마땅하게 함은 사람에게 달려 있으니, 또한 勢가 됨에 무방하다. 九地의 조목을 孫子가 이미 직접 설명하였으므로, 이제 다만 그 法을 논한다.

"散地에서는 싸우지 말아야 한다." 하였으나, 만약 적이 와서 공격하면 싸우지 않을 수가 없으므로, 아랫글에 "병사들의 마음을 통일시켜야 한다." 하였고, "輕地에는 머물러 있지 말아야 한다." 하였으나, 험하고 막혀 있고 수비가 견고하면 머물지 않을 수가 없으므로, 아랫글에 "병사들로 하여금 연속되게 하여야 한다." 하였으니, 병사들의 마음이 통일되면 자연 흩어져 도망하지 않고, 병사들로 하여금 연속되게 하면 곧바로 돌아오기가 어려우니, 이는 모두 앞의 말의 부족한 병폐를 바로잡은 것이다.

爭地에서 '적을 공격하지 말라.' 한 것은 '뒤로 달려가 공격한다.'고 한 것이니, 〈軍爭〉에 자세히 보인다.

交地에서 '길을 끊기지 말라.' 한 것은 '수비를 철저히 하라.'는 것이니, 거점을 연결하여 길을 통하게 하면 좋으나, 이렇게 하지 못하면 수비를 철저히 하여 적이 쳐들어오는 것을 방비하여야 한다.

衢地는 魏 武帝가 이르기를 "내가 적과 서로 대치하고 있는데 옆에 다른 나라가 있는 것이 衢地이다." 한 것이 이것이다. 협조하는 동맹국 하나를 얻었는데 '천하의 무리'라고 말한 것은 '도와주는 이가 많음이 지극한 경우에는 천하가 순종한다.'는 것과 같으니, 글을 가지고 뜻을 해치지 않는 것이 옳다. '외국과 연합하여 사귀어야 한다.'라고 한 것은 '외국과의 결속을 견고히 하여야 한다.'는 것이니, 다른 뜻이 없고 다만 거듭 묶은 것이다. 圮地에서는 '빨리 떠나가야 한다.'고 말한 것과 같으니, '그 길에서 빨리 진출하여야 함'을 말한 것이다.

'圮'는 물에 훼상되어 견고하지 못한 땅이니, 이러한 곳에는 진영과 보루를 구축할 수가 없고, 또 짠 갯벌은 물과 풀을 구하기가 나쁘므로 주둔할 수가 없는 것이니, 여기에서 '山林과 險阻와 저습한 늪지대와 못이어서 행군하기 어려운 모든 길이다.'라고 말한 것은 대개 이러한 따위를 말한 것이다.

좁은 곳을 따라 들어갔는데 적이 막고, 돌아가는 길이 우회하여 먼데 적이 가로막을 경우 기이한 계책이 있지 않으면 어찌 스스로 패망을 면하겠는가. 도모하여 미치지 못하면 적이 비록 포위하고 일부러 한 곳을 비워두더라도 우리가 스스로 빈 곳을 막아야 하니, 병사들이 死地로 나아가고자 해서이다. 그러므로 '도모하여야 한다〔謀〕'라고 말하였으니, '그 빈 곳을 막음'을 말한 것이다.

死地에서는 극한 상황에 처하면, 오직 병사들을 격려하여 한 번 결사적으로 싸울 뿐이다. 그러므로 '결사적으로 싸워야 한다〔戰〕'라고 하였으니, '살지 못할 각오를 보임'을 말한 것이다.

本篇은 오로지 死地를 가지고 의논을 세웠으므로 비록 아홉 가지 地勢를 차례로 서술하였으나 정신이 집결되는 것은 모두 결말인 死地에 있으니, 이 때문에 이 한 편의 큰 頭腦가 되는 것이다.

古之所謂善用兵者는 **能使敵人**으로 **前後不相及**하고 **衆寡不相恃**하고 **貴賤不相救**하고 **上下不相〔收〕**[1]하고 **卒離而不集**하고 **兵合而不齊**하니 **合於利而動**하고 **不合於利而止**하니라

1) 〔收〕: 저본에는 '收'가 없으나 諸本에 의거하여 보충하였다.

옛날에 이른바 '용병을 잘하는 자'란 적으로 하여금 앞뒤가 서로 미치지 못하게 하고, 병력이 많은 부대와 적은 부대가 서로 믿지 못하게 하고, 귀한 사람과 천한 사

람이 서로 구원하지 못하게 하고, 윗사람과 아랫사람이 서로 수습하지 못하게 하고, 병사들이 이산하여 모이지 못하게 하고, 병사들이 모여도 정돈되지 못하게 하니, 이익에 부합하면 출동하고 이익에 부합하지 않으면 멈추었다.

前後不相及은 左不得以右하고 右不得以左也요 衆寡不相恃는 聚不得以散하고 散不得以聚也라 吏與卒伍는 有貴賤之倫하고 帥與群下는 有上下之等이로되 救死不贍이라 故로 莫相顧恤하여 潰其腹心하여 而四肢不收也라 威震則離而不集하고 氣奪則合而不齊하니 旣能使敵如是하고 而我却以利不利爲動止니 夫然故로 謂之善用兵也라 此節之不承上章而特地立論은 何오 蓋以下文不徑接死地하고 而種種爲主爲客하여 許多句語를 將次第說去라 故로 只以善用兵起端也라

'앞뒤가 서로 미치지 못하게 한다.'는 것은 왼쪽이 오른쪽을 구원할 수 없고 오른쪽이 왼쪽을 구원할 수 없게 하는 것이요, '병력이 많은 부대와 적은 부대가 서로 믿지 못하게 한다.'는 것은 모이면 흩어질 수 없고 흩어지면 모일 수 없게 하는 것이다. 관리와 병사들은 귀하고 천한 차등이 있고, 장수와 부하들은 높고 낮은 등급이 있는데, 자신의 죽음을 구원하기에도 겨를이 없으므로 서로 돌아보고 구휼하지 못해서 心腹이 무너져 四肢를 거두지 못하는 것이다.

위엄이 진동하면 이산하여 모이지 못하고, 기운이 빼앗기면 모여도 정돈되지 못하니, 적으로 하여금 이와 같게 만들고, 우리는 다만 이로움과 이롭지 않음에 따라 출동하고 멈추는 것이니, 이렇게 하기 때문에 用兵을 잘한다고 말한 것이다.

이 節이 윗장을 잇지 않고 특별히 따로 의논을 세운 것은 어째서인가? 이는 아랫글에 곧바로 死地와 연결하지 않고, 주인이 되고 客이 되는 수많은 句語를 가지고 차례로 말하였기 때문에 다만 '用兵을 잘한다.'는 말로 단서를 일으킨 것이다.

敢問敵衆整而將來면 待之若何오 曰 先奪其所愛면 則聽矣[1]리라하니 兵之情은 主速하니 乘人之不及하고 由不虞之道하여 攻其所不戒也니라

1) 敢問敵衆整而將來……則聽矣 : 이 내용은 바로 아래에 보인다.

감히 묻기를 "적의 병력이 정돈되어 장차 쳐들어오려고 하면 어떻게 상대하여야 합니까?" 하니, 대답하기를 "먼저 적이 아끼는 곳을 빼앗으면 〈우리의 진퇴를〉 적이 따를 것이다."라고 하였다. 군대의 실정은 신속함을 위주로 하니, 〈신속히 하면〉 적이 미처 대비하지 못한 틈을 타고 적이 예상하지 않은 길을 경유하여, 적이 경계(수

비)하지 않는 곳을 공격하게 된다.

散地居九地之首어늘 而諸侯自戰其地면 則乃受敵者也라 故로 先論以主待客之法하니 設爲答問之辭也라 孫臏伐魏以救趙曰 形格勢禁이면 自爲解耳[1]라하니 所謂奪愛也니 以下는 則奪愛之法也라 然이나 愛之所在에 安肯不虞不戒耶아 亦在形之而致敵虛實而已라 聽은 從也라

1) 孫臏伐魏以救趙曰……自爲解耳 : 이 내용은 ≪史記≫ 권65 〈孫子列傳〉에 보인다. 전국시대에 魏나라가 趙나라를 공격하여 위기에 처하자, 趙나라로부터 구원 요청을 받은 齊나라는 田忌를 大將으로, 孫臏을 軍師로 삼아 趙나라를 구원하게 하였다. 이때 齊나라는 孫臏의 계책을 따라 趙나라로 가지 않고 곧바로 魏나라의 수도를 공격하였다. 이 소식을 들은 魏軍이 놀라 趙나라에 대한 포위를 풀고 급히 魏나라로 달려왔는데, 齊軍이 桂陵에서 이를 맞이하여 대파하였다.

散地가 九地의 맨 앞에 있는데, 諸侯가 스스로 자기 지역에서 싸운다면 바로 적의 침공을 받은 것이다. 그러므로 먼저 主人으로서 客(적)을 대비하는 방법을 논하였으니, 문답하는 말을 가설한 것이다.

孫臏이 魏나라를 공격하여 趙나라를 구원하면서 말하기를 "형세가 막히면 저절로 포위가 풀린다." 하였으니, 이른바 '적이 아끼는 곳을 빼앗는다.'는 것이니, 이하의 내용은 적이 아끼는 곳을 빼앗는 방법이다. 그러나 적이 아끼는 곳을 어찌 대비하지 않고 경계하지 않겠는가. 또한 형체를 드러내 보여 적의 虛·實을 나타나게 함에 달려 있을 뿐이다.

'聽'은 따름이다.

凡爲客之道는 深入則專이니 主人不克이라 掠於饒野하여 三軍足食이어든 謹養而勿勞하여 竝氣積力하고 運兵計謀하여 爲不可測[1]이라 投(政)〔之〕[2]無所往이면 死且不北니 死焉이면 不得士人盡力이리오 兵士甚陷則不懼하고 無所往則固하고 入深則拘하고 不得已則鬪라 是故로 其兵이 不修而戒하며 不求而得하며 不約而親하며 不令而信하나니 禁祥去疑하면 至死無所之니라 吾士無餘財는 非惡(오)貨也요 無餘命은 非惡壽也[3]라 令發之日에 (土)〔士〕[4]卒 坐者涕沾襟하고 偃臥者涕交頤(이)하나니 投之無所往이면 則諸劌(귀)之勇也니라

1) 運兵計謀 爲不可測 : 劉寅은 ≪孫武子直解≫에서 이 구절을 "우리 군대를 운용하여 적이

측량할 수 없는 계책을 세운다.〔運用吾兵 爲不可測度之計謀〕"라고 해석하여 저자와 다른 견해를 보이고 있다.

2) (政)〔之〕: 저본에는 '政'으로 되어있으나 諸本에 의거하여 '之'로 바로잡았다.

3) 吾士無餘財……非惡壽也 : 결전에 앞서 병사들이 자신의 재물과 생명을 아끼지 않고 오직 최후의 一戰을 하려는 각오를 가짐을 말한 것이다.

4) (土)〔士〕: 저본에는 '土'로 되어있으나 諸本에 의거하여 '士'로 바로잡았다.

무릇 객이 되어 전투하는 방도는 깊이 쳐들어가면 병사들의 마음이 전일해지니, 주인이 된 자는 이기지 못한다. 풍요로운 들에서 노략질하여 三軍의 양식이 풍족하면, 병사들을 삼가 기르고 수고롭게 하지 말아서 기운을 합하고 힘을 축적하며 군대를 운용하고 계책을 세워서 우리의 장병들로 하여금 우리의 계책을 측량할 수 없게 하여야 한다. 도망할 곳이 없는 곳으로 병력을 투입하면 병사들이 죽어도 패주하지 않으니, 죽을 각오로 싸운다면 병사들이 힘을 다하지 않을 수 있겠는가.

병사들은 위급한 지역에 깊이 빠져 있으면 두려워하지 않고, 갈 곳이 없으면 견고해지고, 적지로 깊이 쳐들어가면 구속되고, 부득이하면 결사적으로 싸운다. 이 때문에 군대를 정돈하지 않아도 경계가 철저하며, 구하지 않아도 死力을 얻으며, 약속하지 않아도 친해지며, 호령하지 않아도 믿는 것이다. 요상함을 금지하고 의심스러운 계책을 제거하면, 병사들이 죽음에 이르러도 딴 생각이 없게 된다.

우리 병사들이 남긴 재물이 없는 것은 재물을 싫어해서가 아니요, 남긴 목숨이 없는 것은 長壽를 싫어해서가 아니다. 출전 명령을 내리는 날에 병사들 중에 〈출전하지 못하고〉 앉아 있는 자들은 눈물이 옷깃을 적시고, 병으로 누워 있는 자들은 눈물이 흘러 턱으로 내려가니, 도망할 곳이 없는 곳으로 병력을 투입하면, 이것은 專諸와 曹劌의 용맹이 나오는 것이다.

輕地以下는 皆客也라 故로 次論爲客之道하니라 輕地無止則重地也라 故로 曰 掠以足食이요 我旣入深而敵在散地라 故로 曰 主人不克也라 謹養勿勞는 所以竝氣積力也니 竝氣積力은 所以將致死於敵也라 然而猶患不得其力故로 必須潛運謀計하여 使衆不測而投之死地하니 如使知之면 安肯自陷哉아 夫然後에 如坐漏船하고 如伏燒屋[1]하여 求敵을 若求亡子하고 擊敵을 若救溺人[2]이니 死則死耳로되 決無敗北라 蓋旣辦一死故로 所以無求不得하여 而人人盡力也라 甚陷不懼는 望絶倖生也라 固는 專也요 拘는 囚也요 鬪는 困獸猶鬪[3]也라 修는 飭也요 戒는 備也요 求는 責也요 得은 得其力也라 禁祥去疑는 三略曰 禁巫祝하여 不得爲吏士卜問軍之吉凶하고 無使辯士談說敵美하니 爲其

惑衆[4]이 是也라 無餘는 猶言不惜命而可捐이니 財於何有리오 令은 戒戰之令也라 沾襟, 交頤는 坐臥之情也라 諸는 專諸요 劌는 曹劌[5]니 皆古之勇(土)〔士〕[6]也라

1) 如坐漏船 如伏燒屋 : 이 내용은 ≪吳子≫ 〈治兵〉의 "물이 새는 배의 가운데 앉아 있는 것과 같고 불타는 지붕 아래 엎드려 있는 것과 같다.〔如坐漏船之中 伏燒屋之下〕"라는 구절을 약간 바꾼 것으로, 장병들이 위기를 느껴 결사적으로 싸움을 비유한 것이다.
2) 求敵……若救溺人 : 이 내용은 ≪尉繚子≫ 〈攻權〉에 보인다.
3) 困獸猶鬪 : 이 내용은 B.C. 506년 吳나라와 楚나라의 전투에서 吳王 闔閭의 아우인 夫槪王이 궁지에 몰린 楚軍을 공격하려는 闔閭에게 諫한 말로, ≪春秋左氏傳≫ 定公 4년 조에 "곤경에 빠진 짐승도 오히려 죽을힘을 다해 싸우는 법인데, 하물며 사람에 있어서이겠습니까. 저들이 만약 죽기로 싸운다면 저들은 반드시 우리를 패퇴시킬 것입니다. 그러나 만약 그들로 하여금 먼저 강을 건너간 자들이 죽음을 면할 수 있다는 것을 알게 한다면, 뒤따라가는 자들이 그것을 부러워하여 싸우려는 마음이 없어질 것이니, 저들이 강을 반쯤 건너간 뒤에 공격하여야 합니다."라고 보인다.
4) 三略曰……爲其惑衆 : 이 내용은 ≪三略≫ 〈中略〉에 보이는바, 각각 별개의 문장인데 저자가 합쳐놓았다.
5) 諸專諸 劌曹劌 : 專諸는 춘추시대 吳나라의 刺客으로 吳王 闔閭의 왕위 등극을 위해, 생선의 뱃속에 숨긴 비수로 吳王 僚를 암살한 뒤 호위무사들의 공격을 받고 비장하게 최후를 마친 인물이다. ≪史記 권86 刺客列傳≫

   曹劌는 춘추시대 魯나라의 대부로 齊 桓公이 魯나라를 공격했을 때 魯軍을 지휘하여 齊軍에 승리를 거둔 명장이다. 劉寅은 ≪孫武子直解≫에서 曹劌는 智士이지 勇士가 아니란 이유로 曹劌를 曹沫의 오류로 보았다. 曹沫은 춘추시대 魯나라 장수로 ≪春秋左氏傳≫에는 曹劌으로 표기되어 있다. 魯나라와 齊나라가 會盟하는 자리에서 齊 桓公을 비수로 위협하여, 齊나라가 魯나라에서 빼앗은 땅을 돌려달라고 위협한 인물이다. ≪史記 권32 齊太公世家≫
6) (土)〔士〕: 저본에는 '土'로 되어있으나 文理에 따라 '士'로 바로잡았다.

輕地 이하는 모두 客이므로 다음에 客이 되어 싸우는 방도를 논한 것이다. 輕地에서는 머물지 말아야 하니, 그렇다면 重地인 것이다. 그러므로 "〈重地에서는〉 노략질하여 양식을 풍족히 한다." 하였고, 우리가 이미 깊이 쳐들어갔으면 적은 散地에 있으므로 "主人이 된 자는 이기지 못한다."라고 한 것이다.

'병사들을 삼가 기르고 수고롭게 하지 말라.'는 것은 기운을 합하고 힘을 축적하기 위해서이니, 기운을 합하고 힘을 축적함은 장차 결사적으로 적과 싸우기 위해서이다. 그래도 여전히 병사들의 사력을 얻지 못할까 염려되므로 반드시 계책을 은밀히 운용하여 병사들로 하여금 측량하지 못하게 해서 死地로 투입하는 것이니, 만약 병사들로

하여금 자신이 死地로 들어가는 것을 알게 한다면 어찌 기꺼이 스스로 死地에 빠지려 하겠는가.

이렇게 한 뒤에야 물이 새는 배에 앉은 듯하고 불타는 지붕에 엎드려 있는 듯하여, 적을 찾기를 잃어버린 자식을 찾듯이 하고 적을 공격하기를 물에 빠진 사람을 구원하듯이 할 수 있으니, 死地는 死地이나 결코 패배함이 없는 것이다. 이미 한번 죽기로 작정했기 때문에 구하는 것마다 얻지 못함이 없어서 사람마다 사력을 다하는 것이다. '위급한 지역에 깊이 빠져 있으면 두려워하지 않음'은 요행으로 살기를 바라는 희망을 끊는 것이다.

'固'는 전일함이요, '拘'는 갇힘이요, '鬪'는 '곤궁한 짐승도 오히려 싸운다.'는 것이다. '修'는 신칙함이요, '戒'는 경계하여 대비함이요, '求'는 責함이요, '得'은 병사들의 사력을 얻는 것이다.

'요상함을 금지하고 의심스러운 계책을 제거함'은 ≪三略≫에 "무당과 축원하는 사람을 금지하여 관리와 병사들로 하여금 군대의 길흉을 점쳐 묻지 못하게 하고, 辯士들로 하여금 적의 아름다움을 말하지 못하게 하여야 하니, 이는 사람들을 미혹하게 하기 때문이다."라고 한 것이 이것이다.

'남긴 목숨이 없다.'는 것은 목숨을 아끼지 않고 버릴 수 있다고 말함과 같으니, 재물이 무슨 소용이 있겠는가. '令'은 경계하여 싸우게 하는 명령이다. '눈물이 흘러 옷깃을 적시고 턱에 흐름'은 질병으로 앉아 있고 누워 있는 자들의 심정이다. '諸'는 專諸이고 '劌'는 曹劌이니, 모두 옛날의 용사이다.

故로 **善用兵者**는 **譬如率然**하니 **率然者**는 **常山之蛇也**라 **擊其首則尾至**하고 **擊其尾則首至**하고 **擊其中則首尾俱至**하나니라 **敢問〔兵〕**[1]**可使如率然乎**아 **曰 可**하다 **夫越人與吳人**[2]이 **相惡也**나 **當其同舟(濟而)〔而濟〕**[3]하여 **遇風**이면 **其相救也 如左右手**하니 **是故**로 **方馬埋輪**[4]이라도 **未足恃也**라 **齊勇若一**[5]이 **政之道也**요 **剛柔皆得**이 **地之理也**라 **故**로 **善用兵者 攜手若使一人**은 **不得已也**니라

1) 〔兵〕: 저본에는 '兵'이 없으나 諸本에 의거하여 보충하였다.
2) 夫越人與吳人 : 諸本에는 '吳人與越人'으로 되어있다.
3) (濟而)〔而濟〕: 저본에는 '濟而'로 되어있으나 諸本에 의거하여 '而濟'로 바로잡았다.
4) 方馬埋輪 : 劉寅은 ≪孫武子直解≫에서 "'方'字는 '放'字의 오자이니, 말을 풀어놓아 보내고 수레바퀴를 땅속에 묻어놓아서 멍에를 말에 채울 수 없고 수레를 바퀴로 달릴 수 없게 하더라도 병사들이 오히려 달아나고 도망하며 흩어지고 어지러워 한결같지 못하니, 이는

말을 풀어놓아 보내고 수레바퀴를 땅속에 묻어놓는 것이, 믿고 흩어지지 않게 하는 방법이 될 수 없는 것이다."라는 혹자의 설을 소개하였다.

5) 齊勇若一 : 劉寅의 ≪孫武子直解≫에는 "힘의 가지런함과 기운의 용맹함을 만 명이 똑같게 만드는 것〔力之齊 氣之勇 萬人如一〕"으로 해석하였으나, 趙義純은 '齊勇怯若一'로 보아 '용감한 자와 겁이 많은 자를 막론하고 똑같이 분발하게 하는 것'으로 보았다.

그러므로 用兵을 잘하는 자는 비유하건대 率然과 같이 하니, 솔연이란 常山에 있는 뱀이다. 그의 머리를 치면 꼬리가 이르고, 꼬리를 치면 머리가 이르고, 중간을 치면 머리와 꼬리가 함께 이른다.

감히 묻겠습니다. "군대를 率然이라는 뱀과 같게 할 수 있습니까?"

대답하였다. "가능하다. 越나라 사람과 吳나라 사람은 서로 미워하나 한 배를 타고 물을 건너다가 풍랑을 만나면 서로 구원하기를 왼손과 오른손이 서로 구원해주듯이 한다. 이 때문에 말을 묶어놓고 수레바퀴를 땅속에 묻어두더라도 믿을 수가 없는 것이다. 용맹한 자와 겁이 많은 자를 하나로 통일시킴은 軍政의 道이고, 剛한 자와 柔弱한 자가 모두 쓰임을 얻는 것은 처지가 그렇게 만드는 이치이다. 그러므로 用兵을 잘하는 자가 손을 잡고 한 사람을 부리는 것과 같이 함은 〈형세가〉 부득이하기 때문이다."

率然은 蛇名이니 博物志[1]云 今亦多有之라하니라 吳越은 世爲讐國[2]하여 干戈日尋하여 相惡成俗故로 借以爲喩라 方馬는 魏武云 縛馬라하니 今從之라 言人固可使如率然고 今夫吳越之人相惡로되 而當其同舟遇風이면 則如左右手之相救어든 況良將之養士에 不易于身而同陷死地乎아 故로 人無勇怯而可以齊一이요 性無剛柔而皆得其力이니 由將之政謀與所處之地有不得已之理也라 苟非然者면 雖縛其馬하고 埋其輪하여 而使不去라도 猶懷爾我하여 莫肯相恤이니 尙何足恃哉아 故로 善用兵者 犯三軍之衆하여 而若携手使一人은 無他謬巧也요 誠以勢不得已故耳니라

1) 博物志 : 西晉의 張華가 지은 책으로, 仙人이나 괴이한 짐승과 곤충에 대한 이야기가 많이 수록되어 있으며 자연 관찰에 관한 사항도 들어 있다. 모두 10권이다.

2) 吳越 世爲讐國 : 춘추시대, 吳·越 두 나라는 국경을 마주하여 대를 이어 싸웠다. 吳王 闔閭는 越王 句踐과의 싸움에서 끝내 죽음을 면치 못하였으며, 句踐은 闔閭의 아들 夫差와 싸워 패배하여 패망 직전에까지 몰렸다가 온갖 수치를 감수하고 겨우 나라를 유지하였으며, 夫差는 무리하게 패권을 추구하다가 국력을 회복한 越나라에 의해 끝내 멸망하였다.

'率然'은 뱀의 이름이니, ≪博物志≫에 "지금도 많이 있다." 하였다. 吳나라와 越나라는 대대로 원수의 나라로서 날마다 방패와 창을 찾아 전쟁이 계속되어서 서로 미워함이 풍속이 되었으므로 빌려서 비유한 것이다.

方馬는 魏 武帝가 이르기를 "말을 묶어놓은 것이다." 하였으니, 지금 이 말을 따른다.

사람(병사들)을 진실로 率然처럼 만들 수 있는가? 지금 吳나라와 越나라 사람들은 서로 미워하지만 한 배를 타고 가다가 풍랑을 만나게 되면 왼손과 오른손이 서로 구원하듯이 하는데, 하물며 훌륭한 장수가 병사들을 기를 적에 자기 몸과 차별을 두지 않아 함께 死地에 빠짐에 있어서랴.

그러므로 사람들은 용맹한 자와 겁이 많은 자를 막론하고 하나로 통일시켜 똑같게 만들 수 있고, 성품은 강하고 유약함을 막론하고 모두 그의 사력을 얻을 수 있는 것이니, 이는 장수의 軍政과 계책, 처한 바의 위치에 부득이한 이치가 있기 때문이다. 만일 그렇지 않다면 비록 말을 묶어놓고 수레바퀴를 묻어놓아 병사들을 도망가지 못하게 하더라도 오히려 너는 너이고 나는 나라는 마음을 품어서 서로 구휼하려 하지 않을 것이니, 어찌 믿을 수 있겠는가.

그러므로 用兵을 잘하는 자는 三軍의 무리를 범하여 마치 손을 잡고 한 사람을 부리는 것과 같게 하니, 이는 특별한 속임수와 공교로운 계책이 있어서가 아니요, 진실로 형세가 부득이하기 때문이다.

將軍之事는 **靜以幽**하고 **正以治**니라

장군의 일은 고요하고 그윽하며 바르고 엄정해야 한다.

靜은 安閒也요 幽는 淵深也요 正은 端凝也요 治는 整暇也라

'靜'은 편안하고 한가로움이요, '幽'는 깊음이요, '正'은 바르고 진중함이요, '治'는 엄정하고 침착함이다.

能愚士卒之耳目하여 **使之無知**니 **易其事**하고 **革其謀**하여 **使人無識**하며 **易其居**하고 **迂其途**하여 **使人不能慮**[1)]하여 **帥**(수)**與之期**호되 **若登高而去其梯**하며 **帥與之深入諸侯之地**호되 **而發其機**라 **若驅群羊**하여 **驅而往**하고 **驅而來**하여 **莫知所之**니 **聚三軍之衆**하여 **投之于險**이 **此將軍之事也**니라

1) 易其居……使人不能慮 : 劉寅은 ≪孫武子直解≫에서 주둔하는 지역을 바꾸고 경유하는

길을 우회하여, "사람들로 하여금 장수 자신이 생각하는 계책을 알지 못하게 하여야 한다.〔使人不曉吾所慮之謀〕"라고 해석하였으나, 저자는 附錄에서 "거처(주둔지)를 바꾸는 것은 경계 태세를 강화하기 위한 것이요, 길을 우회하는 것은 적을 속이기 위한 것이다.〔易其居 所以警也 迂其途 所以詭也〕" 하였다.

병사들의 귀와 눈을 어리석게 만들어서 알지 못하게 하여야 하니, 일을 바꾸고 계책을 변경하여 병사들로 하여금 알지 못하게 하며, 주둔하는 지역을 바꾸고 길을 우회하여 병사들로 하여금 생각할 수 없게 하여야 한다. 그리하여 장수가 병사들과 기약하기를 마치 높은 곳에 올라가면 사다리를 제거하듯이 하고, 장수가 병사들과 함께 諸侯의 땅에 깊이 쳐들어가되 機牙를 발동하듯이 하여야 한다. 양 떼를 몰듯이 하여 병사들을 몰고 가고 몰고 와서 가는 곳을 알지 못하게 하여야 하니, 三軍의 무리를 모아서 위험한 곳으로 투입하는 것이 장군의 일이다.

能愚士卒之耳目은 如狙公賦芧[1)]에 喜之而勿怒하고 如梁鴦養虎[2)]에 順之而勿逆也라 易其事는 謂不循陳跡이요 革其謀는 謂不襲前謀니 若規矩繩墨[3)]이면 則人皆易知하여 非所以愚也라 易其居는 恐其停久而懈也요 迂其(得)〔途〕[4)]는 恐其徑行而疑也라 期는 期於所之也라 去梯는 退不得也요 發機는 矢離弦也라 如驅群羊은 以其無所知識하고 無所思慮也라 羊若知就屠肆면 則安肯揮以肱而畢來[5)]哉리오 險은 艱險也라 承上文하여 言人在死地라야 方肯盡力이로되 而所以投之者는 將也니 若非靜幽正治之人이면 何以顚倒愚弄於股掌之上乎아 如是而後에 乃可謂將軍之事也라

1) 如狙公賦芧 : 狙公은 전국시대 宋나라의 사람으로, 원숭이를 좋아하여 많이 길렀기 때문에 붙여진 이름이다. 원숭이에게 양식으로 줄 상수리가 모자라자, 狙公은 아침에 원숭이들을 모아놓고 상수리를 줄여 아침에 3개, 저녁에 4개를 주겠다고 하니 원숭이들이 모두 화를 내었다. 狙公이 곧바로 말을 바꾸어 아침에 4개, 저녁에 3개를 주겠다고 하자, 원숭이들이 모두 만족하였다. ≪莊子 齊物論≫ 이는 하루에 똑같이 7개를 주면서 아침과 저녁을 바꾸었을 뿐인데, 원숭이들은 이것을 알지 못하고 당장 많이 주는 것을 좋아한 것이다. 이로 인해 상대방을 잔꾀로 우롱하는 것을 '朝三暮四'라 하게 되었다. 3은 3개인지 3홉인지 자세하지 않다.
2) 梁鴦養虎 : 梁鴦은 周 宣王의 牧正이었는데, 각종 야생 동물을 잘 길렀으므로 宣王이 매우 신임하였다. 宣王이 梁鴦의 사육법이 실전될까 우려하여 다른 사람에게 이를 전수하도록 하자, 梁鴦은 호랑이 사육법을 예로 들면서, 호랑이를 잘 사육하기 위해서는 호랑이의 성질을 잘 살펴 이에 어긋나지 않게 하여야 한다고 설파하였다. ≪列子 黃帝≫
3) 規矩繩墨 : 표준이 되는 일정한 法度(기준)를 이른다. 規는 圓形을 만드는 기구이고,

矩는 方形을 만드는 曲尺이며, 繩墨은 목수가 나무를 바로잡는 먹줄이다.

4) (得)〔途〕: 저본에는 '得'으로 되어있으나 앞의 경문에 의거하여 '途'로 바로잡았다.

5) 揮以肱而畢來 : 팔뚝으로 양 떼를 지휘하여 우리로 들여보냄을 이른다. ≪詩經≫ 〈小雅 無羊〉은 양을 기르는 일을 읊었는데, 여기에 "팔뚝으로 지휘하니 모두 와서 우리로 들어간다.〔揮之以肱 畢來既升〕"라고 하였는바, 이 詩句를 인용하여 장수가 병사들을 어리석게 만들어서 마음대로 사지에 몰아넣을 수 있음을 말한 것이다.

'병사들의 귀와 눈을 어리석게 만든다.'는 것은 狙公이 원숭이에게 상수리를 줄 적에 원숭이들을 기쁘게 하고 노엽게 하지 않은 것이며, 梁鴦이 호랑이를 기를 적에 그 성질에 순히 하고 거슬리지 않은 것과 같은 것이다.

'일을 바꾼다.'는 것은 묵은 자취를 따르지 않음을 이르고, '계책을 변경한다.'는 것은 예전의 계책을 답습하지 않음을 이르니, 만약 계책을 規矩와 繩墨처럼 똑같게 한다면 사람들이 모두 쉽게 알아차릴 것이니, 〈병사들을〉 어리석게 하는 방법이 아니다.

'주둔하는 지역을 바꾸는 것'은 오래 머물면 병사들이 해이해질까 두려워해서요, '길을 우회하는 것'은 곧바로 가면 병사들이 의심할까 두려워해서이다. '期'는 가는 곳을 기약하는 것이다. 사다리를 제거함은 물러날 수 없게 하는 것이요, 機牙를 발동하듯이 함은 화살이 활시위를 떠난 것이다. 양 떼를 몰고 가듯이 하는 것은 병사들이 아는 바가 없고 생각하는 바가 없기 때문이다. 양이 만약 도살장으로 가는 것을 안다면 어찌 팔뚝으로 지휘하여 모두 오게 할 수 있겠는가.

'險'은 어렵고 험한 곳이다. 윗글을 이어서 말하기를 "병사들이 死地에 있어야 비로소 힘을 다하는데, 병사들을 死地로 투입하는 자는 장수이니, 만약 고요하고 그윽하며 바르고 엄정한 사람(장수)이 아니면 어떻게 넓적다리와 손바닥 위에 올려놓고 병사들을 전도시켜 우롱할 수 있겠는가. 이와 같이 한 뒤에야 비로소 장군의 일이라고 말할 수 있는 것이다."라고 한 것이다.

九地之變과 **屈伸之利**와 **人情之理**를 **不可不察也**니라

장수는 九地의 변통과 屈伸의 이익과 人情의 이치를 살피지 않으면 안 된다.

至此하여 方回顧篇首하여 將更申九地也로되 仍就死地上立論은 承上文也라 無所往은 屈也요 疾戰則存은 伸也요 戰而勝은 利也요 死且不北는 理也라

이에 이르러 비로소 篇의 머리를 돌아보고 다시 九地를 거듭 말하려 하였는데, 그대로 死地에 나아가 의논을 세운 것은 위의 글을 이어받은 것이다. '갈 곳이 없음'은

굽힘〔屈〕이요, '급히 싸우면 생존함'은 폄〔伸〕이요, '싸워서 승리함'은 이로움〔利〕이요, '죽어도 패주하지 않음'은 이치〔理〕이다.

凡爲客之道는 深則專하고 淺則散이니 去國越境而師者는 絶地也요 四通者는 衢地也요 入深者는 重地也요 入淺者는 輕地也요 背固前隘者는 圍地也요 無所往者는 死地也라 是故로 散地엔 吾將一其志하고 輕地엔 吾將使之屬하고 爭地엔 吾將趨其後하고 交地엔 吾將謹其守하고 衢地엔 吾將固其結하고 重地엔 吾將繼其食하고 圮地엔 吾將進其途하고 圍地엔 吾將塞其闕[1]하고 死地엔 吾將示之以不活이니라

1) 圍地 吾將塞其闕 : 圍地에 빠져 적에게 포위되었을 경우에는 포위망의 빈 곳을 막아놓아 병사들에게 탈출할 길이 없음을 보여줌으로써 결사적으로 싸우게 함을 말한 것이다. 적을 포위할 적에는 완전포위를 하지 않고 포위망의 일부를 터놓아 적병이 이곳으로 탈출하게 하여야 하는바, 위의 〈軍爭〉에 '圍師必闕'이 바로 이것이며, 적에게 포위되었을 적에는 반대로 이곳을 봉쇄하여야 하는 것이다.

무릇 客이 되어 싸우는 방도는 적지에 깊이 쳐들어가면 병사들의 마음이 전일해지고, 얕게 들어가면 병사들의 마음이 흩어진다. 國都를 떠나 국경을 넘어 군대를 운용하는 것은 끊긴 땅〔絶地〕이고, 사방으로 통하는 곳은 衢地이고, 깊숙이 들어간 것은 重地이고, 얕게 들어간 것은 輕地이고, 뒤에 산이 있고 앞이 좁은 곳은 圍地이고, 갈 곳이 없는 것은 死地이다.

이 때문에 散地에서는 내(장수)가 병사들의 마음을 통일시켜야 하고, 輕地에서는 내가 병사들로 하여금 〈부대가 끊이지 않고〉 연속되게 하여야 하고, 爭地에서는 내가 장차 적의 뒤로 달려가야 하고, 交地에서는 내가 수비를 철저히 하여야 하고, 衢地에서는 내가 외국과의 사귐을 견고히 하여야 하고, 重地에서는 내가 군량을 계속하여야 하고, 圮地에서는 내가 빨리 다른 길로 진출하여야 하고, 圍地에서는 내가 적의 포위망의 빈 곳을 막아야 하고, 死地에서는 내가 병사들에게 살지 못할 것을 보여주어야 한다.

主爲客而言故로 先擧衢重輕圍死로되 而復攙數外之絶地는 何오 因無留一語하여 僅附見於九變篇이로되 而去國越境而師者도 亦容有而不可沒者也라 以下重宣은 竝解篇首하니라

客이 된 입장을 위주로 말했으므로 먼저 衢地, 重地, 輕地, 圍地, 死地를 들었는데,

다시 열외의 絶地를 끼워 넣은 것은 어째서인가? '絶地에서는 머물지 말라.'고 한 말을 겨우 〈九變〉에 붙여 보였는데, 國都를 떠나 국경을 넘어서 군대를 출동한 경우에는 혹 絶地에 머물 수가 있어서 없앨 수 없기 때문이다. 이하 거듭 말한 것은 모두 篇 머리에 해석하였다.

故로 兵之情이 圍則禦하고 不得已則鬪하고 過則從[1)]이니라

1) 過則從 : 劉寅은 ≪孫武子直解≫에서 이 구절을 "위태롭고 어려운 지역에 깊이 빠지면 사람마다 장수의 계책을 따르는 것이다."라고 해석하였으나, 저자는 아래 附錄에서 '過'를 다만 甚하다는 뜻으로 보았다.

그러므로 군대의 情狀이, 포위되면 적을 막고, 부득이하면 싸우고, 위급한 지역에 심하게 빠지면 내(장수)가 가는 바를 따르는 것이다.

此는 承圍地死地而申結也니 與上文甚陷不懼一節로 略同이라 過는 猶陷之過也요 從은 從我所之也라

이는 圍地와 死地를 이어 거듭 맺은 것이니, 윗글의 '병사들이 위급한 지역에 깊이 빠져 있으면 두려워하지 않는다.'는 한 節과 대략 같다. '過'는 빠지기를 심하게 함과 같고, '從'은 병사들이 내가 가는 바를 따르는 것이다.

是故로 不知諸侯之謀者는 不能豫交하고 不知山林險阻沮澤之形者는 不能行軍하고 不用鄕導者는 不能得地利하나니 四五者[1)]에 一不知면 非霸王之兵也라 夫霸王之兵은 伐大國이면 則其衆不得聚하고 威加於敵이면 則其交不得合이라 是故로 不爭天下之交하고 不養天下之權하고 信己之私[2)]하여 威加於敵이라 故로 其城可拔이요 其國可隳(휴)[3)]니라

1) 四五者 : 劉寅은 ≪孫武子直解≫에서 이 구절을 "네 가지와 다섯 가지는 〈합하여〉 九地를 이른다."라고 하였다.
2) 信己之私 : 劉寅은 ≪孫武子直解≫에서 이 구절을 "자신이 하고 싶은 대로 하는 것이다."라고 해석하였다.
3) 其國可隳(휴) : 劉寅은 ≪孫武子直解≫에서 이 구절을 "적의 나라를 멸망시킬 수 있다."라고 해석하였다.

이 때문에 諸侯의 계책을 알지 못하는 자는 미리 외국과 사귀지 못하고, 山林과

險阻와 沮澤을 알지 못하는 자는 군대를 출동시키지 못하고, 鄕導를 사용하지 않는 자는 地利를 얻지 못하는 것이다.

네 가지와 다섯 가지 중에 하나라도 알지 못하면 霸者와 王者의 군대가 아니다. 패자와 왕자의 군대는 큰 나라를 정벌하면 적의 무리가 모일 수 없고, 위엄을 적에게 가하면 적의 사귐(외교)이 합할 수 없는 것이다. 그러므로 천하의 사귐을 다투지 못하게 하고 천하의 권세를 기르지 못하게 하고서, 자신의 사사로운 야망을 펼쳐서 위엄을 적에게 가한다. 그러므로 적의 성을 함락할 수 있고 적의 國都를 허물 수 있는 것이다.

三者는 非止軍爭之務요 而尤深入之要也라 故로 重述之라 四五者는 疑有闕誤하니 不敢强解라 聲先加人이면 則衆不得聚요 威先加人이면 則交不得合이라 故로 秦甲塞成皐而韓國中分[1)]하고 白起攻邯鄲(한단)而晉鄙止鄴[2)]하니 是則天下莫與我爭交하여 而交不合於敵이요 天下草如我養權하여 而權自歸於我니 所伸이 雖一已之私나 而威已震矣라 故로 城可拔而國可隳也라 隳는 墮(휴)也니 魯墮其三都[3)] 是也라

1) 秦甲塞成皐而韓國中分 : 成皐는 지금의 河南省 成皐縣 지역으로 지형이 험하여 요새로 알려져 있는데, 전국시대 韓나라의 소유였다. 連衡을 주장한 張儀는 韓王을 설득하면서 "大王이 秦나라를 섬기지 않으면 秦나라에서 군대를 파견하여 宜陽을 점거하고,……成皐를 막고 그 위쪽에 있는 지역을 끊는다면 大王의 나라는 한가운데가 분단될 것입니다.〔大王不事秦 秦下甲據宜陽 斷韓之上地……夫塞成皐 絶上地 則王之國分矣〕"라고 한 내용이 보이며, 뒤에 "秦나라가 장군 蒙驁로 하여금 韓나라를 공격하자, 韓나라에서는 成皐와 鞏邑을 바쳤다."는 기록이 ≪史記≫ 〈張儀列傳〉과 〈秦本紀〉에 각각 보인다.

2) 白起攻邯鄲(한단)而晉鄙止鄴 : 白起(?~B.C. 257)는 전국시대 秦나라의 장군으로 秦나라와 대적하던 여러 제후국의 군대를 차례로 물리쳐 천하통일의 초석을 다진 名將이며, 晉鄙(?~B.C. 257)는 魏나라 安釐(희)王 때의 장군이다. 白起가 대군을 이끌고 趙나라의 國都인 邯鄲을 포위하자 趙나라가 魏나라에 구원을 요청하니, 魏나라는 晉鄙로 하여금 군대를 이끌고 趙나라를 구원하게 하였다. 秦 昭襄王은 이 소식을 듣고 魏나라에 사신을 보내 "만약 어느 나라라도 邯鄲을 구원하러 온다면 趙나라를 멸망시킨 다음, 즉시 그 나라로 진격할 것이다."라고 위협하였다. 이에 놀란 安釐王이 급히 晉鄙에게 사람을 보내 군대를 鄴 땅에서 멈추고 사태를 관망하게 하였다. ≪史記 권77 魏公子列傳≫

3) 魯墮其三都 : 三都는 魯 定公 때 국정을 전단하던 三桓들의 邑都로, 季孫氏의 費邑,

叔孫氏의 郈邑, 孟孫氏의 郕邑을 이른다. 孔子가 大司寇가 되자 이들 三桓의 세력을 억제하기 위해 定公을 설득하여 세 성을 허물게 하였는데, 仲由를 시켜 費邑과 郈邑은 허물었으나 郕邑은 끝내 허물지 못하였다. ≪春秋左氏傳 定公 12년≫

세 가지는 軍爭(군대가 서로 다툼)의 일에 그치지 않고, 더욱 깊이 적지에 쳐들어가는 요점이므로 거듭 기술한 것이다. '四五'는 의심컨대 脫字나 誤字가 있는 듯하니, 감히 억지로 해석하지 못한다.

聲勢를 먼저 적에게 가하면 적의 무리가 모일 수 없고, 위엄을 먼저 적에게 가하면 外交가 합할 수 없다. 그러므로 秦나라 군대가 成皐를 막으면 韓나라의 가운데가 분단되었고, 白起가 邯鄲을 공격하자 晉鄙가 鄴 땅에서 멈추고 전진하지 못했으니, 이는 천하가 우리와 더불어 外交를 다툴 수 없어서 적의 외교가 합하지 못하는 것이요, 천하에 우리의 권세를 기르는 것보다 더한 자가 없어서 권세가 저절로 우리에게 돌아오는 것이니, 펼친 것은 비록 장수 한 사람의 사사로운 야망이나, 위엄이 이미 진동하였다. 그러므로 적의 城을 함락하고 적의 國都를 허물 수 있는 것이다.

隳는 허무는 것이니, '魯나라가 세 도읍을 허물었다.'는 것이 이것이다.

施無法之賞하고 **懸無政之令**이니라

법에 없는 賞을 시행하고, 정사에 없는 명령을 걸어놓아야 한다.

無於法之賞과 無於政之令은 亦皆出人意外하여 而爲不可測也라 懸은 如懸法象魏[1]之懸이라

1) 懸法象魏 : 象魏는 고대 중국에서 궁궐 문 밖에 마주 보게 세운 한 쌍의 건축물로, 여기에 국가의 法令을 드러내 보였다 한다. 象은 法象, 魏는 높다는 뜻이다.

法에 없는 賞과 정사에 없는 명령은 또한 모두 사람의 예상 밖에서 나와 측량할 수 없는 것이다. '懸'은 '象魏에 法을 걸어놓는다.'는 懸과 같다.

犯三軍之衆호되 **若使一人**[1]이니 **犯之以事**에 **勿告以言**하며 **犯之以利**에 **勿告以害**하여 **投之亡地然後存**하고 **陷之死地然後生**이니 **夫衆陷於害然後**에 **能爲勝敗**[2]니라

1) 犯三軍之衆 若使一人 : 劉寅은 ≪孫武子直解≫에서 '犯'을 일로써 요구하여 범함으로 보고, 이 구절을 "信賞必罰을 하여 많은 사람을 쓰기를 적은 사람을 쓰는 것처럼 함을 말한 것이다."라고 해석하였다.

2) 夫衆陷於害然後 能爲勝敗 : 劉寅은 ≪孫武子直解≫에서 이 구절을 "삼군의 무리가 患害의 땅에 빠진 뒤에야 우리의 승리를 만들어, 적을 패퇴시킬 수 있는 것이다." 하였다.

三軍의 무리를 犯하되 한 사람을 부리듯이 하여야 하니, 일로써 범할 적에 처음에 계획한 말을 일러주지 말며, 이익으로써 범할 적에 병사들에게 해로움을 말해주지 말아야 한다. 그리하여 병사들을 망할 땅에 투입한 뒤에야 생존하고, 죽을 땅에 빠뜨린 뒤에야 살 수 있으니, 병사들이 利害에 빠진 뒤에야 승패를 결단할 수 있는 것이다.

犯은 如犯顔[1]之犯이니 犯所難犯也라 可與樂成而不可與慮始[2]요 可使由之而不可使知之[3]는 常情也니 若竝計利害하여 告戒諄複이면 則孰肯冒死就險哉아 李愬襲蔡에 令曰 但西行[4]이라하니 犯之以事하고 勿告以言也요 韓信伐趙에 約曰 破趙會食[5]이라하니 犯之以利하고 勿告以害也라 易曰 危者는 安其位者也요 亡者는 保其存者也[6]라하니 孫子豈嘗學易者歟아 何其言之有合也오 兵法極致는 盡此數語어늘 而前此十篇에 故秘不發하니 蓋不可妄傳也요 至此하여 遂和盤托出[7]者는 亦不可不傳也일새라 害는 猶云利害也요 勝敗는 猶云判決也라 -俗語云 甚是利害者는 猶云甚害也니 害之帶利는 正如勝之帶敗라 故로 如是解라 然이나 易曰 潤之以風雨라하니 風非可潤之物也요 下文曰 敵人開闔이어든 必亟入之라하니 闔은 非可入之機也니 古人行文에 故多此類[8]하니라-

1) 犯顔 : 임금의 뜻을 거스르고 정면으로 범하여 直言함을 이른다.
2) 可與樂成而不可與慮始 : 보통 사람들과는 함께 성공을 즐길 수 있으나 함께 시작을 도모할 수는 없다는 뜻으로, 전국시대 衛나라의 公族 출신인 公孫鞅(商鞅)이 秦 孝公에게 올린 말이다. ≪史記 권68 商君列傳≫
3) 可使由之而不可使知之 : 이 내용은 ≪論語≫ 〈泰伯〉에 보이는 孔子의 말씀인데, 이에 대한 해석은 두 가지가 있다. 하나는 '백성들은 윗사람이 시키는 것을 그대로 따르게만 하여야 하고 깊은 뜻을 알게 해서는 안 된다.'는 것으로, 愚民 정책을 써야 한다는 의미인데, 여기서도 이 해석을 따른 것이다. 또 하나는 '백성은 도리를 따르게 할 수는 있어도 깊은 이치를 다 알게 할 수는 없다.'는 것으로 程子와 朱子는 뒤의 설을 따랐다.
4) 李愬襲蔡……但西行 : 李愬(773~820)는 唐나라 중엽인 德宗·憲宗 때의 명장이다. 憲宗 元和 10년(815)에 淮西節度使 吳元濟가 반란을 일으키자, 당나라에서는 토벌을 단행하였는데, 李愬는 叛軍의 본거지인 蔡州의 대비가 허술함을 틈타 이를 급습하여 승부를 결판내고자 하였다. 이에 군대를 출동시키면서 장병들이 어디로 가는가를 물었으나, 李愬는 다만 "동쪽으로 60리 가서 머문다.〔東六十里止〕"라 하고는, 쉬지 않

고 빠른 속도로 행군을 계속하여 蔡州城을 기습 점령하고 반군의 괴수 吳元濟를 사로 잡았다. ≪舊唐書 권133 列傳 第83 李晟≫ 여기에서 "다만 서쪽으로 가라.〔但西行〕" 라고 한 것은 저자의 착오로 보인다.

5) 韓信伐趙……破趙會食 : 漢 高祖와 楚霸王인 項羽가 천하를 다투던 B.C. 204년에, 漢나라 將軍인 韓信이 수만의 병력을 거느리고 동쪽으로 趙나라를 공격하여, 趙王 歇과 成安君 陳餘가 거느린 20만 대군과 회전하였는데, 이때 韓信은 諸將에게 명령을 내려 장병들에게 식사를 전달하며 "오늘 趙軍을 무찌른 다음 會食하겠다."라고 하였으나 사람들은 모두 믿지 않았다. 그러나 韓信은 과연 背水陣으로 趙軍을 대파하였다. ≪史記 권92 淮陰侯列傳≫ 이 전투에 대한 자세한 내용은 본서 239쪽 주 1) 참조.

6) 易曰……保其存者也 : 위태롭게 생각하여 조심하고 조심함은 자신의 지위를 편안하게 하는 방법이고, 망할까 우려하여 철저히 대비함은 자신의 생존을 보존하는 방법임을 말한 것으로, 이 내용은 ≪周易≫ 〈繫辭傳 下〉에 보인다.

7) 和盤托出 : 떡을 쪄서 소반 채 다 들어내 놓는다는 뜻으로, 남김없이 다 드러내 보임을 이른다.

8) 俗語云……故多此類 : "潤之以風雨"는 ≪周易≫ 〈繫辭傳 上〉에 보인다. 漢文 문장은 '害' 한 글자를 써도 利害를 겸하여 말하는 경우가 있는 반면, 비로써 적셔줌을 말하면서 風(바람)을 함께 쓰고 적이 문을 열어놓았을 적에 빨리 쳐들어가야 함을 말하면서 闔(닫힘)을 함께 말하는 경우가 있음을 든 것이다.

'犯'은 '얼굴을 犯한다.'는 犯과 같으니, 범하기 어려운 바를 범하는 것이다. 성공은 함께 즐길 수 있으나 시작은 함께 도모할 수 없고, 따르게 할 수는 있어도 알게 할 수 없는 것은 사람의 떳떳한 情이니, 만약 장수가 이롭고 해로움을 장병들과 함께 계산하여 자세히 일러주면 누가 기꺼이 죽음을 무릅쓰고 위험한 곳으로 나아가겠는가. 李愬가 蔡州를 습격할 적에 명령하기를 "다만 서쪽으로 가라." 하였으니, 일로써 범하고 말로써 고하지 않은 것이요, 韓信이 趙나라를 정벌할 적에 약속하기를 "趙나라를 격파하고 會食하겠다." 하였으니, 이로움으로써 범하고 해로움으로써 고하지 않은 것이다.

≪周易≫에 이르기를 "위태로움은 그 지위를 편안하게 하는 것이요, 망함은 그 생존을 보존하는 것이다." 하였으니, 孫子는 아마도 일찍이 ≪周易≫을 배운 자인가 보다. 어쩌면 그리도 말이 ≪周易≫에 합치된단 말인가.

兵法의 극치가 이 몇 마디 말에 다하였는데, 앞의 10편에서는 일부러 숨기고 말하지 않았으니, 이는 함부로 전할 수 없기 때문이요, 여기에 이르러 마침내 소반 채로 남김없이 다 드러내 보인 것은 또한 전하지 않을 수 없어서이다.

'害'는 利害라는 말과 같고, '勝敗'는 勝敗를 결단한다는 말과 같다.

-속담에 '甚是利害'라고 말함은 '심히 해롭다.'는 말과 같으니, 害에 利를 겸하여 덧붙인 것은 바로 勝에 敗를 겸하여 덧붙인 것과 같다. 그러므로 이와 같이 해석하였다. 그러나 ≪周易≫에 이르기를 "바람과 비로써 적셔준다." 하였는데, 바람은 적셔줄 만한 물건이 아니요, 아랫글에 "적들이 성문을 열고 닫을 적에 반드시 빨리 쳐들어가야 한다." 하였는데, 닫음은 들어갈 수 있는 기회가 아니니, 옛사람이 글을 쓸 적에 진실로 이와 비슷한 것이 많다.-

故로 **爲兵之事**는 **在順詳**[1]**敵之意**하고 **竝力一向**하여 **千里殺將**이니 **是謂巧能成事**라 **是故**로 **政擧之日**에 **夷關折符**하여 **無通其使**하고 **厲於廊廟之上**하여 **以誅其事**하며 **敵人開闔**이어든 **必亟**(극)**入之**하여 **先其所愛**호되 **微與之期**[2]하고 **踐墨隨敵**하여 **以決戰事**라 **是故**로 **始如處女**하여 **敵人開戶**하고 **後如脫兎**하여 **敵不及拒**니라

1) 順詳 : 劉寅은 ≪孫武子直解≫에서 이를 '적의 뜻을 순종하고 자세히 살피는 것'으로 풀이하였다.

2) 先其所愛 微與之期 : 이 부분은 본편 부록의 저자의 해석에 따라 번역하였다.

그러므로 군대를 출동하는 일은 적의 뜻을 순종하여 거짓으로 속는 체하고, 힘을 합하여 적에게 專一한 마음으로 향해서 천 리를 달려가 적장을 죽임에 있으니, 이것을 일러 '공교하여 능히 일을 이룬다.'라고 하는 것이다. 이 때문에 軍政을 거행하는 날에 關門을 폐쇄하고 符信(신표)을 꺾어버려서 적의 使者가 왕래하지 못하게 하고, 廊廟(조정)의 위에서 엄격히 통제하여 일을 다스리고, 적들이 성문을 열고 닫을 적에 반드시 빨리 쳐들어가서 적이 아끼는 곳을 먼저 공격하되 은밀히 시기에 맞추어 달려가고, 법도를 실천하고 적의 변화에 따라 전쟁하는 일을 결정하여야 한다. 이 때문에 처음엔 처녀와 같이 유순하게 행동하여 적들이 문을 열게 하고 뒤에는 그물을 빠져나가는 토끼와 같이 신속히 행동하여 적이 미처 막지 못하게 하는 것이다.

順은 將順也라 詳은 佯也니 古字通用이니 謂敵詐我以形이어든 我外示將順하여 佯若被愚하고 却竝我兵力하여 專意向之라 故로 能千里殺將也라 夷는 魏武曰 閉也라하니 從之라 符는 以竹爲通使之信이니 (吏)〔史〕[1]記에 齊王折楚符而合于秦[2]이 是也라 謀已定矣면 無益於事요 慮泄於機라 故로 無通其使也라 厲는 磨礪也요 誅는 治也라 開闔은 有隙也라 先字下에 着攻奪等字하면 太重故로 但云先其所愛라하여 使人自會意也라 若將有事於其所愛而微示之期는 所以啓其隙也라 墨은 繩墨也니 遵我成算하고 因敵變化하여 以決戰事하니 所以亟入也라 處女婉弱하고 脫兎捷疾하니 脫은 脫於罝也라

1) (吏)〔史〕: 저본에는 '吏'로 되어있으나 文理에 따라 '史'로 바로잡았다.
2) 齊王折楚符而合于秦 : 전국시대, 楚 懷王이 秦나라와 동맹하면 商 땅 600리를 주겠다는 秦나라 사신 張儀의 甘言에 속아 齊나라와의 동맹을 깨니, 齊 湣王이 대노하여 楚나라 사신의 신표를 꺾어 楚나라와 斷交하고 秦나라와 연합하였다. ≪史記 권40 楚世家≫

'順'은 받들어 순종함이요, '詳'은 거짓〔佯〕이니, 詳과 佯은 古字에 통용되었다. 이는 敵이 형태로써 우리를 속이거든 우리가 겉으로 적의 속임수를 받들어 순종해서 거짓으로 어리석어 속는 것처럼 하고는 우리의 병력을 총동원하여 한마음으로 적에게 향해야 한다는 것이다. 그러므로 능히 천 리 멀리 있는 적장을 죽일 수 있음을 말한 것이다.

'夷'는 魏 武帝가 말하기를 "닫는 것이다." 하였으니, 이 말을 따른다. '符'는 대나무로 만들어 사신을 통행하게 하는 信標이니, ≪史記≫에 "齊王이 楚나라의 信標를 부러뜨리고 秦나라와 연합했다."는 것이 이것이다. 계책이 이미 정해졌으면 일에 유익함이 없고 기밀이 누설될 우려가 있으므로 사신을 통행하지 못하게 하는 것이다.

'厲'는 칼을 가는 숫돌로 갈고 닦음이요, '誅'는 다스림이다. 열고 닫을 때에는 틈이 있게 마련이다. '先'자 아래에 '攻'자와 '奪'자 등을 놓는 것이 너무 무거우므로 다만 "그 아끼는 곳을 먼저 한다.〔先其所愛〕" 하여, 사람들로 하여금 스스로 뜻을 이해하게 한 것이다. 만약 장차 적이 아끼는 곳을 공격하게 되면 은밀히 시기에 맞추어 달려감을 보여줌은 그 틈을 열기 위해서이다. '墨'은 繩墨(법도)이다. 내가 이루어놓은 계책을 따르고 적의 변화를 인하여 전쟁하는 일을 결단하니, 이 때문에 급히 쳐들어갈 수 있는 것이다. 처녀는 순하고 약하며, 그물을 빠져나가는 토끼는 빠르니 '脫'은 그물에서 탈출하는 것이다.

附錄

賈林은 以死地로 爲誤居此地에 速戰則生[1)]이라하니 善用兵者는 惟死地是求하나니 何云誤居耶아

1) 賈林……速戰則生 : 이 부분은 ≪孫子十家註≫ 본편의 "不疾戰則亡者 爲死地" 아래의 주석에 보인다.

賈林은 死地에 대하여 "잘못해서 이러한 死地에 주둔하였을 경우에는 속히 싸우면

산다." 하였는데, 用兵을 잘하는 자는 오직 死地를 찾으니, 어찌 잘못 주둔했다고 말한단 말인가.

衆寡不相恃를 **舊註云 衆者**는 **大陣也**요 **寡者**는 **大陣之小陣**이라하니 **誤矣**라 **只當以分合言**이니라

'병력이 많은 부대와 적은 부대가 서로 믿지 못하게 한다.〔衆寡不相恃〕'를 舊註에는 "衆은 큰 陣이고 寡는 큰 陣의 작은 陣이다." 하였으니, 잘못이다. 다만 마땅히 분산과 집합으로 말해야 한다.

古之所謂善用兵一段을 **題矩曰 合利**는 **切定九地說**이니 **利**는 **卽九地中之利**라 **合字**에 **有審時, 度勢, 相機, 因變意**하니 **承上死地則戰**하여 **言動卽戰也**라 **合利**는 **是兵入死地**어든 **而我以節制之兵衝擊也**라하고 **周魯觀曰 動無主**하여 **以利爲主**하니 **死地求生**은 **卽死地之利也**라하고 **侯天放曰 此**는 **專承死地則戰而言之**라하니라 **按火攻篇**에 **亦有合於利而動**하고 **不合於利而止之語**하니 **蓋泛論也**라 **安所從見承死地而言乎**아 **九地一篇**이 **旣專論死地**어늘 **而歷敍九地之後**에 **便次此節**이라 **故**로 **三家之說如是**하니 **而顧行文如何耳**라 **何可强解**리오

'古之所謂善用兵' 한 단락에 대하여, 題矩는 "이익에 부합한다는 것은 九地의 說에 매우 적합하니, 利는 바로 九地 가운데의 이익이다. '合'자에는 때를 살피고 勢를 헤아리고 기회를 살피고 변화를 이용한다는 뜻이 있으니, 위의 '死地에서는 결사적으로 싸워야 한다.'는 글을 이어서 動함이 바로 싸움임을 말한 것이다. '이익에 부합한다.'는 것은 군대가 死地에 들어갔으면 내가 節制하는 군대로 衝擊하는 것이다." 하였고, 周魯觀은 말하기를 "출동할 적에 일정한 주장이 없어서 이익을 위주로 하니, 死地에서 삶을 구함은 바로 死地의 이익이다." 하였고, 侯天放은 말하기를 "이는 오로지 '死地에서는 결사적으로 싸워야 한다.'는 글을 이어서 말한 것이다." 하였다.

살펴보건대, 〈火攻〉에도 "이익에 부합하면 출동하고 이익에 부합하지 않으면 중지하여야 한다."라는 글이 있는데, 이는 범연히 논한 것일 뿐, 死地를 이어 말하였음을 어디에서 볼 수 있겠는가. 〈九地〉 한 편은 오로지 死地를 논하였는데 아홉 가지 지형을 차례로 서술한 뒤에 곧 이 절을 다음에 두었으므로, 三家의 說이 이와 같은 것이다. 글을 씀이 어떠한지를 돌아볼 뿐이니, 어찌 억지로 해석할 수 있겠는가.

運兵計謀 爲不可測을 **舊註云 運我兵機**하여 **令敵人不可測度**(탁)이라하니 **誤矣**라 **正使自己士衆**으로 **不測吾計**라 **故**로 **便承以投之無所往耳**라

'運兵計謀 爲不可測'을 舊註에는 "우리 兵機를 운용하여 적으로 하여금 측량해서 헤아릴 수 없게 하는 것이다." 하였으니, 잘못이다. 이는 바로 자기 병사들로 하여금 자신의 계책을 측량하지 못하게 하는 것이다. 그러므로 '도망할 곳이 없는 곳으로 병력을 투입한다.'는 글로 뒤를 이은 것이다.

以率然으로 爲相應之速이라하니 誤矣라 率然은 自是蛇名이로되 而所以命名은 則殆以速也[1]라

1) 以率然……則殆以速也 : 率에 '빠르다'는 뜻이 있으므로 혹자는 '率然'을 뱀의 이름으로 보지 않고, 뱀이 신속히 대응하는 것으로 본 것이다. 그러나 이 뱀을 '率然'이라고 이름한 것은 역시 신속히 대응하기 때문임을 말한 것이다.

率然을 "서로 대응하기를 신속히 하는 것이다." 하였으니, 잘못이다. 率然은 본래 뱀의 이름인데, 뱀을 가지고 命名한 까닭은 아마도 이 뱀이 신속히 대응하기 때문일 것이다.

以携手로 爲擧手指揮하니 誤矣라 言擧三軍而若携一人之手也라

'携手'를 "손을 들어 지휘하는 것이다." 하였으니, 잘못이다. 三軍을 총동원하되, 한 사람의 손을 잡는 것과 같이 함을 말한 것이다.

杜牧曰 易其居는 去安從危요 迂其道는 舍近即遠이라하고 梅堯臣曰 更(경)其所安之居하고 迂其所趨之道하여 無使人能慮[1]라하니 皆未瑩矣라 若無緣而去安從危하고 舍近即遠이면 則非以愚之요 乃反擾之니 豈理也哉아 易其居는 所以警也니 吳子曰 停久不移면 將士懈怠[2] 是也라 迂其道는 所以詭也니 如漢兵繞出延岑軍後[3] 是也라 若直前徑犯이면 則衆心畏憚故也라

1) 杜牧曰……無使人能慮 : 杜牧과 梅堯臣의 설은 ≪孫子十家註≫ 본편의 "易其居 迂其途 使人不得慮" 아래의 주석에 보인다.
2) 吳子曰……將士懈怠 : 이 내용은 ≪吳子≫ 〈論將〉에 보인다.
3) 漢兵繞出延岑軍後 : 延岑은 後漢 건국 당시 蜀 지방을 점거하고 있던 군벌 公孫述의 장수이다. 光武帝 建武 11년(35)에 光武帝의 장수 臧宮이 沅水에 진을 치고 있는 延岑을 공격하였는데, 새벽에 수많은 旗幟를 늘어세우고 산에 올라가 요란하게 북을 치며 오른쪽에는 步兵, 왼쪽에는 騎兵을 배열하여 함성을 지르게 하고, 기병으로 하여금 延岑 軍의 뒤로 돌아 기습하게 하였다. 延岑은 漢軍이 갑자기 들이닥치자, 크게 두려워하고 어찌할 바를 몰랐다. 臧宮이 이 틈을 타 공격을 가하여 대파하였다. ≪資

治通鑑 권42 漢紀 世祖光武皇帝≫

杜牧이 말하기를 "'주둔하는 지역을 바꿈〔易其居〕'은 편안함을 버리고 위험함을 따르는 것이요, '길을 우회함〔迂其途〕'은 가까운 곳을 버리고 먼 곳으로 가는 것이다." 하였고, 梅堯臣은 "편안한 거처를 바꾸고 달려가는 길을 우회하여 사람들로 하여금 생각하지 못하게 한 것이다." 하였으니. 모두 분명하지 않다. 만약 이유 없이 편안한 곳을 버리고 위태로움을 따르고, 가까운 곳을 버리고 먼 곳으로 간다면, 군사들을 어리석게 하는 것이 아니고 도리어 동요시키는 것이니, 어찌 이치에 맞겠는가.

'주둔하는 지역을 바꿈'은 장병들을 경계시키기 위한 것이니, ≪吳子≫에 "군대를 오랫동안 정체시키고 이동시키지 않으면 장병들이 태만해진다."는 것이 이것이다. '길을 우회함'은 적을 속이기 위한 것이니, 漢나라 군대가 延岑의 군대 뒤로 돌아 나온 경우가 이것이다. 만약 곧장 앞으로 나아가 범한다면 장병들의 마음이 두려워하고 꺼리기 때문이다.

過則從을 以爲過註誤也니 人有誤失하여 陷在危難이면 則皆聽從이라하니 誤矣라 豈可作過失解리오 過는 只是甚底意니라

'過則從'에 대해 "過는 잘못이니, 사람이 잘못이 있어서 위험하고 어려운 곳에 빠져 있으면 장수인 나의 말을 모두 듣고 따른다." 하였으니, 잘못이다. 어찌 '過'를 過失로 해석할 수 있겠는가. '過'는 다만 甚하다는 뜻이다.

以四五者로 爲指九地言이라하니 誤矣라 若以四五合爲九하여 而爲謂九地라하면 則謂五利爲二三者可乎아 此必有闕誤라 若曰四當作此요 五當作三이라하면 則卽指上三者而言也어니와 若九地則不須於此段에 更提也니라

'四五'에 대해 "'아홉 가지 지형〔九地〕'을 말한 것이다." 하였으니, 잘못이다. 만약 "4와 5를 합하면 9가 된다고 해서 아홉 가지 지형이라고 말한다면, '다섯 가지 이로움〔五利〕'은 2와 3을 합쳤다고 말할 수 있는데, 이것이 되겠는가. 여기에는 반드시 脫字와 誤字가 있을 것이다. 만약 "四자는 마땅히 '此'가 되어야 하고, 五자는 마땅히 '三'이 되어야 한다."고 한다면, 바로 위의 세 가지 일을 가리켜 말한 것이 되지만, 만약 아홉 가지 지형이라면 이 단락에서 다시 제기할 필요가 없는 것이다.

犯三軍之犯을 犯은 用也라하니 誤矣라 不依訓(誥)〔詁〕[1)]하고 因文起意면 則大不可也라 能爲勝敗를 爲能爲勝兵而使敵敗라하니 誤矣라 如此文法을 從何見之오 以順詳之詳으로 爲審察하고 以厲於廊廟之厲로 訓嚴, 訓惕은 皆不穩妥라 微與之期의 微는 潛也니 潛往

赴期也라 劉寅曰 微는 無也니 先奪敵人之所顧愛호되 無與之相期也라하니라 按期者는 待人之辭也니 未審此時에 與敵爲期乎아 與吾士卒爲期乎아 抑謂內應之期乎아 微는 當如字讀이라 與는 猶予也라

1) (詰)〔詁〕: 저본에는 '詰'로 되어있으나 文理에 따라 '詁'로 바로잡았다.

'犯三軍'의 犯을 "犯은 쓰는 것이다." 하였으니, 잘못이다. 訓詁를 따르지 않고 글에 따라 제멋대로 해석한다면 크게 옳지 않다.

'能爲勝敗'를 "능히 승리하는 군대가 되어서 적으로 하여금 패하게 한다." 하였으니, 잘못이다. 이와 같은 文法을 어디에서 보았는가. '順詳'의 '詳'을 "자세히 살피다."라 하고, '厲於廊廟'의 '厲'를 嚴함으로 訓하고 두려움으로 訓하는 것은 모두 온당치 못하다.

'微與之期'의 '微'는 은밀함이니, 은밀히 時期에 맞춰 달려가는 것이다. 劉寅은 말하기를 "'微'는 無이니, 적이 돌아보고 아끼고 의지하고 믿는 곳을 먼저 빼앗되 더불어 기약하지 말아야 한다." 하였다. 살펴보건대, '期'라는 것은 남을 기다린다는 말이니, 알지 못하겠다. 이때에 적과 기약하는가? 우리 병사들과 기약하는가? 아니면 內應하는 기약을 말하는가? '微'는 마땅히 本字(은미함)와 같이 읽어야 한다. '與'는 '予(보여줌)'와 같다.

火攻 第十二 제12편 火攻法

近世火法大行하여 戰必以火, 硝, 磺, 毒烟,猛火油之料하니 何如灌脂束葦之具며 地雷大砲火箭之器 何如燔其積聚하고 乘其救火耶아 況復不拘躔離하고 無待內應하여 發之自我而氣燄所及이 盈野盈城하니 此는 古今之大變也라 機變而用亦隨之하니 此篇所論은 幾於陳跡이라 然이나 圓機之士 勿泥於法하고 而善推其意하면 則亦足以發矣리라

근세에 火攻하는 방법이 크게 유행하여 전쟁에 반드시 불과 焰硝(염초)와 硫黃과 毒煙과 猛火油 등의 재료를 사용하니, 이것들이 어찌 예전의 전투에 쓰던 묶은 갈대에 기름을 부어놓는 도구와 같으며, 地雷와 大砲와 火箭의 병기가 어찌 쌓아놓은 식량과 꼴을 불태우고 적이 불을 끄는 빈틈을 타려는 것과 같겠는가. 더구나 또 달이 별자리에 걸려 있는 것에 구애하지 않고 내응하기를 기다리지 않고서, 우리가 불을 놓아 氣燄이 미치는 곳에 화염이 들에 가득하고 城에 가득하니, 이는 예와 지금이 크게 변한 것이다.

兵機가 변하면 운용도 이에 따라 변해야 하니, 이 편에서 논한 것은 옛 자취에 가깝다. 그러나 機智를 원활히 운용하는 人士가 방법에 구애받지 않고 그 뜻을 잘 미룬다면 또한 충분히 발명할 수 있을 것이다.

孫子曰 凡火攻有五하니 一曰火人이요 二曰火積이요 三曰火輜요 四曰火庫요 五曰火隊라 行火에 必有因하고 煙火를 必素具하며 發火有時하고 起火有日하니 時者는 天之燥也요 日者는 月在箕壁翼軫也니 凡此四宿(수)者는 風起之日也니라

孫子가 말하였다.

무릇 火攻에 다섯 가지가 있으니, 첫 번째는 사람(적의 진영)을 불태우는 것이고, 두 번째는 적이 저축해놓은 것을 불태우는 것이고, 세 번째는 적의 輜重을 불태우는 것이고, 네 번째는 적의 창고를 불태우는 것이고, 다섯 번째는 적의 대오를 불태우는 것이다. 화공을 행할 적에는 반드시 내응을 인함이 있어야 하고, 불을 놓는 도구를 반드시 평소에 장만해두어야 하며, 불을 놓는 것이 때가 있고 불을 일으키는 것이 날짜가 있으니, 때는 날씨가 건조한 것이고, 날짜는 달이 箕宿, 壁宿, 翼宿, 軫宿에 있는 것이니, 무릇 이 네 별은 바람이 일어나는 날짜이다.

火人은 謂火敵人所居營壘房屋也라 積은 芻糧也요 輜는 器仗之裝車니 在道者也라 庫는 凡貨物軍資所藏也요 隊는 謂臨陣也니 輕重先後之序 宜如是也라 因은 因內應也라 煙火는 引燒繼料之物也라 素는 預也요 燥는 旱乾也라 月在者는 躔離之宿次也라 二十八宿環居黃道之南北하여 周天之度와 七政之行[1]이 皆於是乎紀焉하니 月行이 若値箕壁翼軫이면 則是風起之候也라 推算하면 可預知故로 將欲行火인댄 必須借風爲勢라 書(日)〔曰〕月之從星은 則以風雨라하고 又曰 星有好風[2]이 是也라

1) 七政之行 : 七政은 해와 달, 金, 木, 水, 火, 土 五星의 운행을 이른다. 옛날에는 이 일곱 가지의 운행에 맞추어 백성들에게 농사철을 가르쳐주어 시기를 잃지 않게 하였으므로, '일곱 가지 정사〔七政〕'라고 한 것이다. ≪書經 虞書 舜典≫

2) 書(日)〔曰〕……星有好風 : 저본에는 '日'로 되어있으나 ≪書經≫에 의거하여 '曰'로 바로잡았다. 이 내용들은 모두 ≪書經≫ 〈周書 洪範〉에 보인다.

'火人'은 적이 거주하는 진영과 보루의 房屋(막사)을 불태움을 이른다. '積'은 꼴과 양식이고, '輜'는 병기와 의장을 실은 수레(輜重車)이니, 길에 있는 것이다. '庫'는 모든 화물과 군수물자를 보관하는 곳이고, '隊'는 적진(적의 대오)에 임함을 이르니, 輕重과 先後의 순서가 마땅히 이와 같아야 하는 것이다. '因'은 內應을 인하는 것이다. '煙火'는 불을 일으켜 계속 타게 하는 물건이다. '素'는 미리(평소)이고, '燥'는 날씨가 가물어 건조한 것이다.

'月在'라는 것은 달이 28宿의 位次(위치)에 걸려 있는 것이다. 28宿가 黃道의 남쪽과 북쪽에 둘러 있어서 周天(天體)의 度數와 七政의 운행이 모두 여기에서 비롯되니, 달의 운행이 만약 箕宿, 壁宿, 翼宿, 軫宿를 만나면 이는 바람이 일어날 조짐인 것이다. 이것을 미루어 계산해보면 바람이 일어날 시기를 미리 알 수 있으므로 장차 火攻을 행하고자 하면 반드시 바람을 빌려 기세로 삼아야 하는 것이다. ≪書經≫에 "달이 별을 따름을 가지고 비바람을 알 수 있다." 하였고, 또 이르기를 "별 중에는 바람을 좋아하는 것이 있다."는 것이 이것이다.

凡火攻에 必因五火之變而應之니 火發於內어든 卽早應之於外호되 火發而其兵靜者는 待而勿攻하고 極其火力하여 可從而從之하고 不可從則止니라 火可發於外어든 無待於內하고 以時發之라 火發上風이요 無攻下風[1]이며 晝風久요 夜風止니라

1) 火發上風 無攻下風 : 劉寅의 ≪孫武子直解≫에 "불이 일어나 바람이 위로 불거든 마땅히 〈낮은 지역에서〉 바람이 부는 위쪽으로 불을 놓아 공격할 것이요, 〈높은 지역에서〉

바람이 불어오는 아래쪽으로 불을 놓아 공격하지 말아야 한다.〔火發上風 當從上風攻之 無攻於火之下風〕"라고 주해하였는바, 文法은 맞지 않으나 우선 이를 따랐음을 밝혀둔다.

무릇 火攻할 적에는 반드시 다섯 가지 불을 놓는 변화에 따라 대응하여야 하니, 불이 안에서 일어나면 즉시 밖에서 호응하여야 한다. 불이 타고 있는데도 적이 조용하면 기다리면서(관망하면서) 공격하지 말고, 火力이 극도로 일어나도록 하고서 따라 싸울 만하면 싸우고 따라 싸울 만하지 않으면 중지하여야 한다. 불을 밖에서 일으킬 수 있으면 굳이 내응을 기다리지 말고 제때에 불을 놓아야 한다. 불이 일어나면 높은 지역에서 바람이 부는 아래쪽으로 불을 놓아 공격하지 말아야 한다. 낮바람은 오래 불고 밤바람은 그친다.

火攻有五라 故曰變이니 非謂因救火而亂也라 火發敵營之中이면 則是必內應이 與期而發하여 不可失悞事機니 可卽以兵應之於外라 然이나 若其靜而不擾면 則是將能整暇하여 救火有方하여 而亦有以應敵矣요 倘或內應洩漏故로 發火致我而設奇伏이면 則必反墮其計라 故로 待而勿攻이라 火力旣極이면 而動靜을 益可見也라 如無內應而發之自我면 則但可隨時而已라 無攻下風은 煙焰所及에 彼我俱困하여 利不專於我也라 晝風久, 夜風止는 謂風起於晝면 則久而不息이요 起於夜면 則旋止라 或謂晝風旣久면 遇夜而止[1]라하니 亦通이라

1) 或謂晝風旣久 遇夜而止 : 이는 劉寅의 ≪孫武子直解≫의 해석이다.

火攻에 다섯 가지가 있으므로 '變'이라 하였으니, 불을 끄느라 적의 장병들이 혼란해짐을 말한 것이 아니다. 불이 적진 가운데에서 일어나면 반드시 內應이 시기에 맞추어 일어나 事機를 놓쳐서는 안 되니, 즉시 兵力을 출동시켜 밖에서 호응하여야 한다.

그러나 만약 불이 났는데도 적진이 고요하고 소요하지 않으면 이는 적장이 근엄하고 침착하여 불을 끌 방책이 있고, 또한 상대(우리)에게 대응할 수 있는 것이며, 아니면 혹 內應하려던 계책이 누설되었으므로 불을 놓아 우리를 불러들이고 奇兵으로 매복을 설치하여 반격하려는 것이니, 이렇게 되면 반드시 도리어 적의 계략에 빠진다. 그러므로 기다리면서 공격하지 말아야 하는 것이다. 火力이 이미 지극하면 적의 動靜을 더욱 잘 볼 수 있다. 만일 내응이 없이 우리 스스로 불을 놓은 경우에는 다만 때에 따를 뿐이다.

'바람이 부는 아래쪽으로 불을 놓아 공격하지 말아야 한다.〔無攻下風〕'는 것은, 연기와 화염이 미치는 곳에는 적과 우리가 모두 곤궁하여 이로움이 우리에게만 있지 않기 때문이다. '낮바람은 오래 불고 밤바람은 그친다.'는 것은 '바람이 낮에 일어나면 오래

도록 그치지 않고 밤에 일어나면 곧바로 그침'을 이른다. 혹자는 '낮바람이 오래 불면 밤에는 그친다.' 하니, 이 또한 통한다.

凡(兵)〔軍〕[1]은 **必知〔有〕**[2]**五火之變**하여 **以數守之**라 **故**로 **以火佐攻者**는 **明**하고 **以水佐攻者**는 **强**하니 **水**는 **可以絶**이나 **不可以奪**이니라

1) (兵)〔軍〕: 저본에는 '兵'으로 되어있으나 諸本에 의거하여 '軍'으로 바로잡았다.

2) 〔有〕: 저본에는 '有'가 없으나 諸本에 의거하여 보충하였다.

모든 군대는 반드시 다섯 가지 불의 변화가 있음을 알아서 度數(때)에 맞추어 잘 기다려야 한다. 그러므로 불로써 공격을 돕는 것을 明이라 하고, 물로써 공격을 돕는 것을 强이라 한다. 水攻은 적진을 끊을 수는 있으나, 적의 식량을 빼앗을 수는 없다.

此는 承上文하여 總論火攻之法也라 數는 卽天之燥와 月之宿也라 守는 猶待也니 言凡欲火攻이면 必當預知五火之情而行之라 然이나 又必待時而發이요 不可造次也라 明은 謂其光也요 强은 謂其勢也라 水可以絶 不可以奪은 言以水佐攻이면 止可絶而分之하여 未若火之奪而罄也라

이것은 위의 글을 이어서 火攻하는 방법을 總論한 것이다. '數'는 '하늘이(날씨가) 건조함과 달이 별자리에 걸려 있음'을 이른다. '守'는 '待(기다림)'와 같으니, 무릇 火攻을 하고자 하면 반드시 다섯 가지 불 놓는 실정을 미리 알아서 행하여야 한다. 그러나 또 반드시 때를 기다려 불을 놓아야 하고, 별안간에 불을 놓아서는 안 됨을 말한 것이다. '明'은 불의 광채를 이르고, '强'은 물의 기세를 이른다. '水攻은 적진을 끊을 수는 있으나 적의 식량을 빼앗을 수는 없다.'는 것은, 水攻으로 공격을 보조하면 다만 적을 끊어 나눌 뿐이어서, 빼앗아 다 없애는 火攻만 못함을 말한 것이다.

夫戰勝攻取而不修其功者는 **凶**이니 **命曰費留**라 **故**로 **曰 明主慮之**하고 **良將修之**라하니라

싸워서 승리하고 공격하여 점령하였는데 功이 있는 자에게 賞을 주지 않는 것은 흉하니, 이것을 이름하여 費留라 한다. 그러므로 말하기를 "현명한 군주는 깊이 사려하고, 훌륭한 장수는 닦고 거행한다."라고 한 것이다.

司馬法曰 賞不踰時는 欲民速得[1]爲善之利也라하니라 夫戰勝攻取어늘 而不修其功이면

則軍政不信하여 而必致凶咎하니 是名費留니 費留者는 費日留時之謂也라 故로 明主良將은 必思量而以時修擧也라 此下二節은 當不涉火攻하여 而各自爲段[2)]이라 軍爭以下는 文雖不屬이나 而每多借接類附요 惟此二段은 非借非類하여 徒然相附者也라

1) 司馬法曰……欲民速得 : 이 내용은 ≪司馬法≫ 〈天子之義〉에 보인다.
2) 此下二節……而各自爲段 : 劉寅의 ≪孫武子直解≫에는, 아래의 '將不可以慍而致戰'까지 이어진 문장으로 보아 해석하였기 때문에 이렇게 말한 것이다.

≪司馬法≫에 이르기를 "때를 넘기지 않고 賞을 내림은 백성들이 善을 한 이로움을 빨리 얻게 하고자 하는 것이다." 하였다. 전쟁하여 이기고 공격하여 점령하였는데, 그 공을 제대로 따져주지 않으면 軍政이 信義가 없어서 반드시 재앙을 부르게 될 것이다. 이것을 이름하여 '費留'라 하니, '費留'는 '날짜를 허비하고 때를 지체함'을 이른다. 그러므로 현명한 군주와 훌륭한 장수는 반드시 이것을 생각하고 헤아려서 제때에 賞을 주는 일을 닦고 거행하는 것이다.

이 아래 두 節은 위의 火攻과는 연관되지 않아서 따로 한 단락이 되어야 한다. 〈軍爭〉 이하는 글(문장)이 연결되지 않으나 매번 빌려 연결하거나 비슷한 종류끼리 붙인 것이 많은데, 오직 이 두 단락은 빌린 것도 아니고 같은 종류도 아니면서 공연히 서로 붙인 것이다.

非利不動하며 非得不用하며 非危不戰이니 主不可以怒而興師요 將不可以慍而致戰이라 合於利而動하고 不合於利而止니 怒可以復喜요 慍可以復悅이나 亡國은 不可以復存이요 死者는 不可以復生이라 故로 曰 明主愼之하고 良將警之라하니 此는 安國全軍之道也니라

이로운 경우가 아니면 가볍게 출동하지 말고, 승리를 얻을 수 있는 경우가 아니면 함부로 用兵하지 말고, 위태로운 경우가 아니면 가볍게 싸우지 말아야 하니, 君主는 노여움 때문에 군대를 일으켜서는 안 되고, 將帥는 서운함 때문에 싸워서는 안 된다. 이익에 부합하면 출동하고, 이익에 부합하지 않으면 중지하여야 하니, 노여움은 뒤에 다시 기뻐할 수 있고 서운함은 뒤에 다시 기쁠 수 있지만, 망한 나라는 다시 보존될 수 없고 죽은 장병들은 다시 살릴 수 없는 것이다. 그러므로 말하기를 "현명한 君主는 전쟁을 삼가고, 어진 將帥는 싸움을 경계한다." 하였으니, 이는 나라를 편안히 하고 군대를 온전히 하는 방도이다.

兵凶戰危하여 聖人不得已用之하니 安在其利而動, 得而用哉아 此는 孫子所以止於霸者之佐歟인저 怒는 見(현)於外也요 慍은 蓄於中也니 主怒, 將慍은 互文也[1)]라 因怒興師는 吳子所謂剛兵[2)]也니 鮮不覆敗라 故로 以喪師亡國으로 告戒君將하여 宜警愼而不可輕擧也라 尉子曰 兵起는 非可以忿也니 見勝則興하고 不見勝則止[3)]라하니 正與此同이라

1) 主怒將慍 互文也 : 互文이란 똑같은 내용이 중복될 경우 두 번 다 쓰지 않고 각각 한 가지 씩만 씀을 이르는바, 곧 '怒'와 '慍'을 군주와 장수에게 모두 해당시킨 것이다.
2) 吳子所謂剛兵 : 剛兵은 ≪吳子≫ 〈圖國〉에 '노여움을 인하여 일으키는 것을 剛忿의 군대라 한다.〔因怒興師曰剛〕'라 하였다.
3) 尉子曰……不見勝則止 : 이 내용은 ≪尉繚子≫ 〈兵談〉에 보인다.

兵器는 흉기이고 전쟁은 위험한 것이어서 聖人이 부득이하여 사용하니, '이로우면 출동하고 승리를 얻으면 전쟁을 쓴다.'고 하는 것이 어디에 있겠는가. 이는 孫子가 다만 霸者의 보좌에 그친 이유일 것이다.

'怒'는 밖에 나타나고, '慍'은 마음속에 쌓여 있는 것이니, 군주가 노여워하고 장수가 서운해함은 互文이다. 노여움을 인하여 군대를 일으키는 것은 ≪吳子≫에 이른바 '剛兵'이라는 것이니, 전복되고 패하지 않는 자가 드물다. 그러므로 군대를 잃고 나라를 망침을 가지고, 전쟁을 경계하고 삼가 경솔히 일으켜서는 안 된다고 君主와 將帥에게 告戒한 것이다.

≪尉繚子≫에 이르기를 "군대를 일으킴은 忿怒로써 할 수 있는 것이 아니니, 승리할 수 있는 요소가 보이면 군대를 일으키고, 승리할 수 있는 요소가 보이지 않으면 중지하여야 한다." 하였으니, 바로 이와 같다.

附錄

舊註云 臨戰에 以火砲火車로 燒其隊伍라하니 孫子時에 安得有火砲乎아 砲者는 本投石之機어늘 而後世借用耳라

舊註에 "임전할 적에 火砲와 火車로써 적의 대오를 불태운다." 하였는데, 孫子의 때에 어찌 火砲가 있을 수 있겠는가. 砲는 본래 돌을 던지는 기구〔投石器〕인데, 후세에 이름을 빌려 사용했을 뿐이다.

五火之變을 舊註에 以變爲救火驚亂之(象)〔衆〕[1)]이라하니 誤矣라 若爾면 則豈復云火發

而兵靜耶아 且下文知五火之變도 亦將作驚亂解耶아 蓋云五火之發各異故로 隨其變而應之耳라

1) (象)〔衆〕: 저본에는 '象'으로 되어있으나 ≪孫子十家註≫에 의거하여 '衆'으로 바로잡았다.

'五火之變'에 대해 舊註에는 "變은 적병들이 불을 끄느라 놀라고 혼란한 모습이다." 하였으니, 잘못이다. 만일 그렇다면 어찌 다시 "불이 타고 있는데도 적이 조용하다."라고 말할 수 있겠는가. 또 아랫글에 "五火의 變을 안다."는 것 또한 놀라고 혼란한 것으로 해석하겠는가. 이는 다섯 가지 火攻의 나타남이 각각 다르기 때문에 그 변화에 따라 대응함을 말했을 뿐이다.

以數守之를 舊註에 以爲不止用火攻人이요 亦當防敵火攻이라 故로 必於久旱乾燥之時와 月離四宿之日에 警備防守라하니 此說亦自好나 而但下守字不妥요 且便接以火佐攻句면 則仍是攻人語意也라 杜牧云 須算星纏之數하여 守風起日이라야 乃可發火요 不可偶然而爲之라하니 此言이 得之矣라

'以數守之'를 舊註에 "다만 불을 사용하여 적을 공격할 뿐만이 아니요, 또한 마땅히 적의 火攻을 막아야 하므로 반드시 오래 가물어 날씨가 건조할 때와 달이 네 별에 걸려 있는 날짜에 경계하여 적의 火攻을 막고 지킨다." 하였으니, 이 말이 또한 본래 좋기는 하나, '守'자를 놓은 것이 적절치 못하고 또 곧바로 "불로써 공격을 보조한다."는 句와 이어져 있으니, 이는 여전히 남을 공격한다는 뜻이다. 杜牧이 이르기를 "모름지기 별자리의 度數를 계산해서 바람이 일어나는 날을 기다려야 비로소 불을 놓을 수 있고, 우연히 火攻을 해서는 안 된다." 하였으니, 이 말이 맞다.

水可以絶, 不可以奪을 諸家皆以爲水但能絶敵道, 分敵軍이요 不可以奪敵積蓄이라 然이나 水亦可奪이요 火亦可絶이니 何常之有리오 火烈風猛하여 各自救命이면 則不啻絶矣요 城上行船하여 三軍爲魚면 則不啻奪矣니 不求於理하고 而苟從附會면 則非闕疑之義也라 此段은 疑有闕誤하니 而姑從舊說하노라

'水可以絶 不可以奪'을 諸家들은 모두 해석하기를 "물(水攻)은 다만 적이 침공하는 길을 끊고 적진을 나눌 수 있을 뿐이요, 적이 쌓아놓은 식량과 저축을 빼앗을 수는 없다."고 하였다. 그러나 水攻 또한 적의 식량과 저축을 빼앗을 수 있고, 火攻 또한 적진을 끊을 수 있으니, 어찌 일정함이 있겠는가. 〈火攻을 해서〉 불이 맹렬하고 바람이 사나워 적의 장병들이 각자 목숨을 구하고자 한다면 적의 진영을 끊을 뿐만이 아

니요, 〈水攻을 하여〉 城 위에도 배가 다녀서 적의 三軍이 물고기가 된다면 적의 식량과 저축을 빼앗을 뿐만이 아니니, 이치에서 찾지 않고 구차히 견강부회하는 말을 따른다면 의심스러운 것을 제쳐놓는 意義가 아니다.

이 단락은 脫字나 誤字가 있는 듯하니, 우선 舊說을 따른다.

戰勝攻取一段을 **張預曰 戰攻**에 **所以能必勝必取者**는 **水火之助也**요 **水火所以能破軍敗敵者**는 **士卒之用命也**니 **不修擧有功而賞之**는 **凶咎之道也**요 **財竭師老而不得歸**는 **費留之謂也**라하니 **審如是說**이면 **則其不用水火佐攻而勝取者**는 **可不修其功乎**아 **費留之說**은 **又何辭費耶**아 **此節**은 **當自爲一段**이요 **不連屬火攻**이어늘 **而必欲强相牽屬故**로 **不成文理耳**니라

'戰勝攻取' 한 단락을 張預는 말하기를 "싸우고 공격할 적에 반드시 승리하고 반드시 점령할 수 있는 것은 물과 불의 도움 때문이요, 물과 불로 공격하여 적군을 격파하고 적을 패퇴시킬 수 있는 것은 士卒이 명령을 따르기 때문이니, 功이 있는 자를 들어 賞을 주지 않음은 재앙을 불러오는 방도이며, 재물이 고갈되고 군대가 지쳤는데도 돌아갈 수 없음은 費留를 이른다." 하였다. 참으로 이 말과 같다면, 물과 불을 사용하여 공격을 보조하지 않고서 싸워 승리하고 공격하여 점령한 경우에는 병사들에 대한 論功行賞을 하지 않아도 된단 말인가. 費留의 說은 또 어찌 쓸데없이 많은 말을 하였는가.

이 節은 마땅히 따로 한 단락이 되고 火攻과 연결되지 않는데, 굳이 억지로 끌어다가 연결시키고자 했으므로 文理를 이루지 못한 것이다.

非利不動一段도 **亦與火攻無干**이어늘 **而註家附會**하여 **以爲不可輕用火攻**이요 **而尤宜警愼**이라하니 **五兵五火**는 **等是凶器**니 **殺人以梃與刃**이 **有以異乎**아

'非利不動' 한 단락 또한 火攻과 상관이 없는데, 주석가들이 견강부회하여 "火攻을 가볍게 써서는 안 되고, 더욱 마땅히 경계하고 삼가야 한다." 하였으니, 다섯 가지 兵器와 다섯 가지 불은 똑같이 凶器인데, 사람을 죽일 적에 몽둥이와 칼날을 사용함이 차이가 있겠는가.

用間 第十三　제13편 간첩의 활용

幾者는 動之微니 吉凶之先見(현)者[1)]也니 未有蓄於中而不見乎外者라 故로 登樓謀莒에 而莫掩野老之目[2)]하고 密室議赦에 而先播市人之耳[3)]라 矧玆樞機 形於色辭乎아 是以로 見側目이면 則知其說之已泄[4)]이요 聽言肆면 而察其情之懼我[5)]니 由此推之하면 明者는 見於無形而無待乎間이요 愚者는 不能役耳目이니 而況間乎아 然이나 貪貨怵威는 難免於常情이요 言挑色聽은 尤易於宣露하니 苟或間非其人이면 則欲以鉤情이나 希不輸情이라 故로 曰 非聖知면 不能用間이요 非仁義면 不能使間이요 非微妙면 不能得間之實[6)]이라하니 後之用間者 其亦有以自量矣리라

1) 幾者動之微 吉凶之先見(현)者 : 幾는 機微 또는 은미한 것으로, 움직임이 아직 드러나지 않았으나 그 조짐에 吉凶을 알 수 있는 것인바, 이 내용은 ≪周易≫ 〈繫辭傳下〉에 보인다.

2) 登樓謀莒 而莫掩野老之目 : 野老는 춘추시대 齊나라의 隱士인 東郭郵를 이른다. 齊桓公이 管仲과 함께 문을 걸어 잠그고 莒나라를 정벌할 것을 은밀히 의논하였는데, 이 일이 이미 國都에 소문이 났다. 桓公이 놀라 당시 사역하던 사람〔役人〕을 수배한 끝에 東郭郵를 찾아 불러 물으니, 東郭郵는 "그날 신이 두 君께서 臺 위에 계신 것을 보았는데, 입을 벌리고 다물지 않으시니, 이는 莒나라 정벌을 말씀하신 것이라고 생각하였습니다.〔日者 臣視二君之在臺上也 口開而不闔 是言莒也〕" 하였다. ≪管子 권16 小問≫

3) 密室議赦 而先播市人之耳 : 남북조시대 前秦의 苻堅이 황제를 칭한 지 5년 되던 해에 봉황새가 동쪽 대궐에 내려앉은 祥瑞가 있자, 경내에 大赦令을 내리고 백관들을 1계급씩 특진시켰다. 이에 앞서 大赦令을 내리려 할 적에 苻堅은 좌우측근들을 모두 물리치고, 王猛과 苻融만을 남아 있게 하고 함께 밀실에서 상의하면서 王猛과 苻融이 올린 종이와 먹으로 자신이 직접 사면하는 글을 지었다. 이때 큰 쉬파리 한 마리가 창문으로 들어와서 윙윙거리며 붓 끝에 앉았는데, 쫓아도 다시 날아들었다. 얼마 후, 나라에서 大赦令을 내린다는 소문이 長安의 길거리에 파다하게 퍼졌다. 보고를 받고 苻堅이 놀라 王猛과 苻融에게 이르기를 "궁중에 엿들은 자가 있을 리 만무한데 이 일이 어찌 누설되었단 말인가." 하고, 외부에 명하여 이 일이 유포된 사유를 끝까지 추궁하게 하니, 모두들 말하기를 "검은 옷을 입은 한 백성이 시장에서 큰소리로 '나라에서 이제 大赦令을 내릴 것이다.'라고 고함치더니, 잠시 후에 사라지고 보이지 않았습니다."

하였다. 苻堅이 "아! 지난번 글을 쓸 적에 붓 끝에 앉았던 쉬파리가 이 사람일 것이다. 소리와 모습이 너무 커서 내 몹시 미워하였다. 속담에 이르기를 '남이 알지 못하게 하려면 하지 않는 것만 못하다.' 하였다. '소리는 아무리 작아도 듣지 못하는 것이 없고 일은 형태가 있으면 드러나지 않는 것이 없다.'는 말은 이것을 말함일 것이다."라고 감탄하였다. ≪晉書 권113 載記 苻堅 上≫

4) 見側目 則知其說之已泄 : 이 내용은 자세하지 않다.

5) 聽言肆 而察其情之懼我 : 춘추시대인 B.C. 615년에 秦나라가 晉나라를 공격하여 河曲에서 대치하였는데, 秦나라의 行人(외교관)이 밤중에 晉軍에 가서 다음 날 교전할 것을 요청하였다. 이때 晉나라의 臾駢이 말하기를 "秦나라 사신의 눈이 두리번거리고 말을 함부로 하니, 우리를 두려워하는 것이다.〔使者目動而言肆 懼我也〕" 하였는데, 秦나라 군대가 과연 밤중에 도망하였다. ≪春秋左氏傳 文公 12년≫

6) 故曰……不能得間之實 : 이 내용은 바로 아래에 보이는 孫子의 말이다.

幾는 動함의 隱微함이니, 吉·凶이 먼저 나타나는 것이다. 심중에 쌓여 있는데 밖에 드러나지 않는 경우는 있지 않다. 그러므로 樓臺에 올라가 莒나라를 정벌할 것을 도모하자 시골 노인의 눈을 가리지 못하고, 密室에서 赦免을 의논하자 먼저 시장 사람의 귀에 전파된 것이다. 더구나 이 樞機(言行)가 얼굴빛과 말에 나타남에 있어서랴. 이 때문에 곁눈질하는 것을 보면 그 말이 이미 누설되었음을 알고, 말을 함부로 하는 것을 들으면 상대방의 마음이 우리를 두려워함을 살필 수 있는 것이다. 이로써 미루어보면, 지혜가 밝은 자는 형체가 드러남이 없을 때에 보니 間諜을 필요로 하지 않고, 어리석은 자는 자기의 귀와 눈도 제대로 사용하지 못하니 하물며 間諜을 쓸 수 있겠는가.

그러나 재물을 탐하고 위엄을 두려워함은 人之常情상 면하기 어렵고, 말로 도발하고 얼굴빛으로 따름은 더욱 드러나기가 쉬운 것이니, 간혹 間諜을 사용하되 올바른 사람을 쓰지 않으면 적국의 실정을 정탐하려고 하다가 도리어 자국의 실정이 적국에 알려지는 경우가 많다. 그러므로 "聖스럽고 지혜로움이 아니면 간첩을 사용하지 못하고, 仁과 義가 아니면 간첩을 사용하지 못하고, 미묘함이 아니면 간첩의 실제를 알지 못한다." 하였으니, 뒤에 간첩을 활용하는 자는 또한 스스로 헤아림이 있어야 할 것이다.

孫子曰 凡興師十萬하여 **出征千里**하면 **百姓之費**와 **公家之奉**이 **日費千金**이요 **內外騷動**하고 **怠于道路**하여 **不得操事者 七十萬家**라 **相守數年**하여 **以爭一日之勝**호되 **而愛爵祿百金**하여 **不知敵之情者**는 **不仁之至也**니 **非人之將也**요 **非主之佐也**요 **非勝之主也**니라

孫子가 말하였다.

무릇 10만 명의 군대를 일으켜서 천 리를 출정하게 되면, 백성들의 비용과 국가의 공급이 하루에 千金을 소비하고, 내외가 소동하고 도로에 지쳐서 농사일을 제대로 하지 못하는 자(농부)가 70만 가호가 된다. 서로 몇 년 동안 대치하여 하루의 승리를 다투면서 爵祿(官爵과 祿俸)과 百金을 아껴서 적의 실정을 알지 못하는 것은 不仁이 지극한 것이니, 人民의 장수가 아니요 군주의 보좌가 아니요 승리를 쟁취하는 주체가 아닌 것이다.

語意略同作戰篇하니 均以十萬爲率故也라 古者에 八家同井하여 一家從役이면 七家供之라 故로 曰七十萬家라 相守數年은 極言其持久也니 所以持久는 以不知敵情也일새라 苟有鉤探之道어늘 而吝爵祿與百金之微하여 繹騷勞弊而不恤하고 國貧兵鈍而不計하면 則玆豈非不仁之至乎아 則不可謂爲民司命之將이요 不可謂係國安危之輔요 不可謂以勝爲貴之主也니라

말한 뜻이 대략 〈作戰〉과 비슷하니, 똑같이 10만을 비율로 삼았기 때문이다. 옛날에 여덟 집이 한 井의 농지를 함께 경작해서 한 집이 軍役에 나가면 일곱 집에서 그 집의 경작을 위한 노동을 제공하였으므로 '70만 가호'라 한 것이다. '서로 몇 년 동안 대치한다.'는 것은 持久戰을 함을 지극히 말한 것이니, 지구전을 하는 까닭은 적의 실정을 알지 못하기 때문이다.

만약 적의 실정을 탐지하는 방도가 있는데도, 하찮은 爵祿과 百金을 아껴서 내외가 소란하고 백성들이 수고롭고 피폐한데도 돌아보지 않고, 나라가 가난하고 병기가 무뎌지는데도 계산하지 않는다면 이 어찌 不仁함이 지극한 것이 아니겠는가. 그렇다면 백성의 목숨을 맡은 장수라 할 수 없고, 국가의 安危가 달려 있는 보좌라 할 수 없고, 승리를 귀하게 여기는 주체라 할 수 없는 것이다.

故로 明君賢將이 所以動而勝人하여 成功出於衆者는 先知也니 先知者는 不可取於鬼神이요 不可象於事요 不可驗於度니 必取於人하여 知敵之情者也라 故로 用間有五하니 有鄕間하고 有內間하고 有反間하고 有死間하고 有生間하니 五間俱起하여 莫知其道를 是謂神紀니 人君之寶也니라

그러므로 명철한 군주와 어진 장수가 출동하면 적을 이겨서 성공함이 보통 사람보다 뛰어난 이유는 적의 실정을 미리 알기 때문이다. 敵情의 허실을 미리 아는 것은

귀신에게서 취할 수 없고 일의 유사한 것에서 형상할 수 없고 度數에 징험할 수 없으니, 반드시 사람(諜者)에게서 취하여 적의 실정을 아는 것이다. 그러므로 간첩을 활용하는 것이 다섯 가지가 있으니, 鄕間이 있고 內間이 있고 反間이 있고 死間이 있고 生間이 있다. 다섯 가지 간첩이 함께 일어나서 그 방도를 알 수 없는 것을 신묘한 紀綱이라 이르니, 군주의 보배이다.

間은 不專在軍故로 兼擧君也라 所謂先知者는 有取於鬼神者하니 巫祝是也요 有象于事者하니 卜筮是也요 有驗于度者하니 推測是也라 然이나 此三者는 俱不足以知敵情이요 惟取於人而後에 可라 夫明君賢將이 所以預知敵情하여 動而有合者는 捨間而奚以哉아 其名有五하여 詳如下文하니 而若兼用五間하여 一時俱起면 則非止人莫能知요 雖謂之鬼神之綱紐라도 可也라 故로 曰人君之寶也라하니라

間諜은 오로지 군대에만 있지 않으므로 군주를 겸하여 든 것이다. 이른바 '적의 실정을 미리 안다.'는 것은 鬼神에게서 취하는 경우가 있으니 巫祝(무당)이 이것이요, 일에서 형상하는 경우가 있으니 卜筮(점침)가 이것이요, 度數에서 징험하는 경우가 있으니 추측함이 이것이다. 그러나 이 세 가지는 모두 적의 실정을 충분히 알 수가 없고, 오직 첩자에게서 취한 뒤에야 가능하다.

현명한 군주와 훌륭한 장수가 적의 실정을 미리 알아서 군대를 출동할 경우에 이로움에 부합하게 하는 것은, 간첩을 버리고서 어떻게 할 수 있겠는가.

그 이름이 다섯 가지가 있는데, 아랫글에 자세히 보인다. 만약 다섯 가지 간첩을 겸하여 사용해서 일시에 모두 일으키면 〈그 효험을〉 사람이 능히 알지 못할 뿐만이 아니요, 비록 귀신의 神妙한 紀綱이라고 말하더라도 괜찮을 것이다. 그러므로 군주의 보배라 한 것이다.

鄕間者는 因其鄕人而用之요 內間者는 因其官人而用之요 反間者는 因其敵間而用之요 死間者는 爲誑事於外하여 令吾間知之하여 而傳於敵間也요 生間者는 反報也라

鄕間이란 그 고장의 사람을 이용하여 쓰는 것이요, 內間이란 그 나라의 벼슬한 사람을 이용하여 쓰는 것이요, 反間이란 적의 間諜을 이용하여 쓰는 것이요, 死間이란 밖에서 적을 속이는 일을 만들어내어 우리 간첩으로 하여금 이것을 알게 해서 적의 간첩에게 전달하는 것이요, 生間이란 살아 돌아와서 보고하는 것이다.

間之事와 間之情이 雖多나 而所以間之者는 不外此五者也라 下文云 鄕間, 內間, 死

間, 生間이 必因反間而知요 而死間은 又必因生間反間而成이라하니 何則고 敵間而不爲我用이면 則敵之生間也요 吾間而反爲敵用이면 則敵之反間也니 此二者는 可借敵而殺이라 蓋我示以謬情誑事하고 因以告敵하여 以誤敵成我면 而間者必見殺이니 此豈非死間乎아 吾間而不爲敵用하고 敵間而誠心爲我하면 則是吾之生間反間也니 雖示以謬情誑事하여 將認眞이나 而不以輸敵이면 間何由行이리오 然則死間을 可用於敵間이요 而不可用於吾間矣라 論者雖以酈生唐儉爲死間[1)]이나 而亦適蹈危機耳니 何嘗有心於間乎아 惟梁武帝擧兵雍州時에 蕭寶融爲荊州하고 而蕭穎胄爲政이러니 東昏侯使劉山陽으로 將兵三千하고 就穎胄兵하여 使襲之한대 梁武知其謀하고 遣參軍王天虎하여 馳驛致書於穎胄호되 而不明言하고 但云在天虎口具라하니 天虎者는 穎胄之心膂也라 於是에 山陽疑穎胄與天虎隱之하여 而遲回不上한대 穎胄大懼하여 斬天虎하여 送首于山陽하니 山陽信之하고 單騎赴之어늘 穎胄遂殺山陽而合於雍州[2)]하니 此則有心而用死間也라 鄕間內間而爲敵所厚면 則不肯背其所厚而款於我矣요 與敵讐隙이면 則疎不知情이니 而我何賴哉아 生間而明用이면 則十輩易而婁敬難[3)]이요 暗用則趙主父[4)], 達奚武[5)] 詎有幾人이리오 凡吾可以用於敵者 亦須防敵反用이니 此其所以擬之神紀而歸功仁義歟인저 善乎라 李靖之論이여 曰 水能載舟요 亦能覆舟[6)]하며 或用間以成功하고 或憑間以傾敗라 孫子用間이 最爲下策이라하니 可爲不善用間者之戒니라

1) 酈生唐儉爲死間 : 酈生은 漢 高祖의 謀士인 酈食其(역이기)를 이른다. B.C. 204년 高祖가 酈食其를 齊王 田廣에게 보내어 楚나라를 배반하고 漢나라와 연합하도록 설득하니, 田廣이 그의 말을 믿고는 歷下에 주둔했던 군대를 해산하고 방비를 소홀히 하였다. 이때 韓信의 군대가 동쪽으로 진격하고 있었는데, 韓信은 齊王이 이미 귀순했다는 말을 듣고 진격을 중지하려 하였으나, 辯士인 蒯(괴)徹이 “장군이 詔命을 받고 齊나라를 공격하는데, 漢나라가 홀로 間使를 내어 齊나라를 항복시켰으니, 어찌 詔命으로 장군을 중지시킨 적이 있었습니까? 또 酈生은 한 선비로 수레에 기대어 세 치의 혀를 놀려서 齊나라의 70여 성을 항복시켰는데, 장군은 수만 명의 병력으로 1년이 넘어서야 비로소 趙나라의 50여 성을 함락하였으니, 장수가 된 지 여러 해에 도리어 한 선비의 공만도 못하단 말입니까?”라고 설득하였다. 韓信이 그의 말을 옳게 여겨 歷下의 군대를 기습, 격파하고 마침내 齊나라의 도성인 臨淄에 이르니, 齊王은 酈食其가 자신을 속였다 하여 삶아 죽이고 군대를 이끌고 동쪽 高密로 도망하였다. ≪史記 권8 高祖本紀 · 권92 淮陰侯列傳≫

唐儉(579~656)은 唐 太宗 때의 문신으로 벼슬이 天策府長史에 이르렀다. 貞觀 4년(630)에 李靖과 李世勣이 돌궐을 기습하여 격파하자, 鐵山으로 후퇴한 頡利可汗(힐리카칸)이 勢의 불리함을 알고는 병력을 이끌고 磧北으로 달아나 후일을 도모하기 위

해 사신을 唐나라에 보내 화친을 청하였다. 太宗이 이를 받아들여 唐儉 등을 보내어 위무하고, 李靖에게 명하여 군대를 거느리고 가서 頡利可汗을 맞이해 오게 하였는데, 頡利可汗의 본심을 알아차린 李靖이 군대를 무장시켜 밤중에 출동하여 방심하고 있는 돌궐의 본진을 급습해서 1만여 명의 首級을 베고 10여 만을 포로로 잡는 대승을 거두었다. 이때 唐儉은 가까스로 빠져나와 생명을 구했는데, 사람들은 李靖이 唐儉을 死間으로 이용했다고 말하였다. ≪李衛公問對直解 中卷≫

2) 梁武帝擧兵雍州時……合於雍州 : 梁 武帝는 蕭衍(464~549)으로, 南朝의 梁나라를 일으킨 인물이다. 齊나라에서 벼슬하여 雍州刺史로 있던 시절, 폭군 東昏侯(齊나라 제6대 황제)를 타도하고 그의 아우인 蕭寶融(488~502)을 和帝로 세웠다가 폐위시키고 스스로 帝位에 올랐다. 蕭穎冑는 제나라 황족으로, 東昏侯가 임명한 荊州刺史 蕭寶融이 어렸기 때문에 대신 형주를 다스리고 있었다.

3) 十輩易而婁敬難 : 婁敬은 漢 高祖의 謀士로 수도를 長安으로 정하는 데 功을 세워 劉氏 姓을 하사받아 劉敬이 된 인물이고, 十輩는 匈奴에 사신으로 간 10명의 무리이다. B.C. 200년, 韓王 信이 匈奴와 내통하여 漢나라를 공격하려 한다는 보고를 받은 高祖는 匈奴에 사신을 보내어 그 실정을 탐지하고자 하였는데, 匈奴는 그들의 건장한 병사들과 살진 牛馬를 숨기고 노약자와 여윈 가축들만 보이게 하였다. 이로 말미암아 匈奴에 사신으로 갔다 온 10명의 사자들이 모두 제대로 실정을 파악하지 못하고, 匈奴를 경시하여 언제든지 공격할 수 있다고 보고하였다. 高祖가 다시 劉敬을 匈奴에 사신으로 보내어 실정을 탐지하도록 하였는데, 劉敬은 匈奴의 계책을 간파하고 돌아와서 匈奴를 공격해서는 안 된다고 보고하였다. 그러나 劉敬의 보고가 과장되었다고 여긴 高祖는 劉敬을 廣武의 감옥에 가두고서 친히 대군을 거느리고 匈奴를 정벌하였는데, 平城에 이르러 匈奴의 기습을 받고 본진과 떨어진 채 白登山에서 포위되었다. 高祖는 冒頓單于(묵특선우)의 왕후인 閼氏(연지)에게 후한 뇌물을 주고 겨우 포위망을 빠져나올 수 있었다. ≪史記 권99 劉敬列傳≫

4) 趙主父 : 전국시대 趙나라 武靈王의 자호이다. 趙王 主父는 아들에게 國政을 맡기고 자신은 오랑캐(흉노)의 복장을 하고는 장병들을 거느리고 서북쪽으로 오랑캐 땅을 경략하고, 雲中과 九原을 거쳐 남쪽으로 秦나라를 기습 공격하기 위해 거짓으로 使者가 되어 秦나라 조정에 들어갔다. 秦 昭王은 처음에 그를 알아보지 못하다가 그의 범상치 않은 모습에 남의 신하가 될 인물이 아니라고 의심하여 사람을 보내 뒤쫓게 하였으나 이미 관문을 통과한 뒤였다. 정탐한 결과 그가 趙王 主父인 것을 알고 秦나라 사람들은 크게 놀랐다. 主父가 秦나라에 들어간 이유는 秦나라의 지형을 직접 살피고 昭王의 인품을 관찰하기 위해서였다. ≪史記 권43 趙世家≫

5) 達奚武 : 504~570. 南北朝 시대 北周의 장수로 자는 成興이며 代郡 사람이다. 535년 東魏의 高歡이 西魏를 침공하자, 宇文泰가 격퇴하였다. 宇文泰가 高歡과 沙苑에서

大會戰을 하면서 達奚武를 파견하여 東魏를 정탐하게 하였는데, 達奚武는 세 명의 기병을 거느리고 적군의 복장을 하고서 은밀히 東魏를 정탐하여 실정을 宇文泰에게 보고하니, 宇文泰는 유리한 정보를 얻고 東魏의 군대를 격파하였다. 達奚武는 이 功으로 大都督에 이어 高陽郡公에 봉해지고 車騎大將軍이 되었다.

6) 李靖之論……亦能覆舟 : 이 내용은 ≪李衛公問對≫ 〈中卷〉의 "살펴보건대, ≪孫子≫에 間諜을 사용하는 것이 가장 하책이었습니다. 臣이 일찍이 그 끝에 論을 짓기를 '물은 배를 띄우기도 하지만 배를 엎기도 하며, 혹은 間諜을 사용하여 성공하기도 하지만 혹은 間諜을 이용하여 패망하기도 한다.' 하였습니다.〔按孫子 用間 最爲下策 臣嘗著論其末云 水能載舟 亦能覆舟 或用間以成功 或憑間以傾敗〕"라고 보인다.

간첩의 일과 간첩의 실정이 비록 많으나, 간첩질을 하는 것은 이 다섯 가지에서 벗어나지 않는다. 아랫글에 "鄕間과 內間, 死間과 生間은 반드시 反間을 인하여 안다." 하였고, 死間은 또 "반드시 生間과 反間을 인하여 이루어진다." 하였으니, 어째서인가?

적의 간첩으로서 우리에게 이용되지 않는다면 적의 生間인 것이요, 우리 간첩으로서 도리어 적에게 이용된다면 적의 反間인 것이니, 이 두 가지는 적을 빌려 죽일 수 있는 것이다. 우리가 그릇된 정보와 속이는 일을 우리 간첩에게 보여주고 인하여 적에게 알려주게 해서 적을 그르치고 우리를 성공하게 하면 간첩질을 한 자가 반드시 죽임을 당하니, 이것이 어찌 死間이 아니겠는가.

우리 간첩으로서 적에게 이용당하지 않고 적의 간첩으로서 충심으로 우리를 위한다면, 이것은 우리의 生間이요 反間인 것이니, 비록 그릇된 정보와 속이는 일을 우리 간첩에게 보여주어서 장차 이것을 진실인 것으로 알더라도 적에게 실정을 제대로 일러바치지 않는다면 간첩질을 어떻게 행할 수 있겠는가. 그렇다면 死間은 적의 간첩에만 사용할 수 있고, 우리 간첩에게는 사용할 수 없는 것이다.

논하는 자들이 비록 酈生과 唐儉을 死間이라고 하나 때마침 위기를 만났을 뿐이니, 어찌 이들이 일찍이 간첩질에 마음을 두었겠는가.

梁 武帝가 雍州에서 擧兵할 적에 蕭寶融이 荊州刺史가 되고 〈蕭寶融이 어렸기 때문에〉 蕭穎胄가 대신 政事를 하였는데, 東昏侯(蕭寶卷)가 劉山陽으로 하여금 3천 명의 군대를 거느리고 蕭穎胄의 軍營으로 가서 雍州(梁 武帝)를 습격하게 하였다. 梁 武帝는 이 계책을 알고 參軍 王天虎를 보내어 파발마를 달려 蕭穎胄에게 편지를 전달하였는데, 내용을 분명하게 말하지 않고 다만 "王天虎의 입으로 자세히 말할 것이다." 하였으니, 王天虎는 蕭穎胄의 심복이었다. 이에 劉山陽은 蕭穎胄와 王天虎가 자신에게 숨기는 것이 있는가 의심하여 머뭇거리고 올라오지 않자, 蕭穎胄가 크게 두려워하여 王天虎의 목을 베어 首級을 劉山陽에게 보냈다. 劉山陽이 이것을 믿고 單騎로 달려오

자, 蕭穎冑가 마침내 劉山陽을 죽이고 雍州에서 梁 武帝의 군대와 연합하였으니, 이는 마음을 먹고 死間을 사용한 것이다.

鄕間과 內間으로서 적에게 후대를 받는다면 자기를 후대해주는 적을 배반하고 우리에게 정성을 바치려 하지 않을 것이요, 적과 원수지간이면 적과 소원하여 적의 실정을 제대로 알지 못할 것이니, 우리가 무슨 도움을 받겠는가.

生間을 너무 드러나게 사용하면 10명의 무리가 되기 쉽고 婁敬이 되기 어려우며, 은밀하게 쓰면 趙主父와 達奚武 등처럼 할 자가 몇 사람이나 있겠는가. 무릇 우리가 적에게 첩자를 쓸 때에는 모름지기 적이 역이용하는 것을 막아야 하니, 이것이 신묘한 紀綱에 견주어 仁義에 功을 돌린 이유일 것이다.

李靖의 의논이 훌륭하니, 그가 말하기를 "물은 배를 띄우기도 하지만 또한 배를 뒤엎기도 하며, 혹은 간첩을 이용하여 성공하기도 하지만 혹은 간첩을 이용하였다가 기울고 패하기도 한다. ≪孫子≫에서 用間이 가장 下策이 된다."라고 하였으니, 간첩을 잘 사용하지 못하는 자들의 경계가 될 만하다.

故로 **三軍之事 莫親於間**하고 **賞莫厚於間**하고 **事莫密於間**하니 **非聖智**면 **不能用間**이요 **非仁義**면 **不能使間**[1]이요 **非微妙**면 **不能得間之實**이니 **微哉微哉**라 **無所不用間也**니라 **間事未發而先聞者**는 **聞與所告者 皆死**니라

1) 不能用間……不能使間 : 劉寅의 直解本에는 '不能'이 모두 '莫能'으로 되어있다.

그러므로 三軍의 일은 間使보다 더 친애함이 없고, 賞을 줌이 간사보다 더 후함이 없고, 일이 간사보다 더 비밀스러움이 없는 것이다. 성스럽고 지혜로움이 아니면 간첩을 부리지 못하고, 仁과 義가 아니면 간첩을 쓰지 못하고, 미묘함이 아니면 간첩의 실제를 알지 못한다. 미묘하고 미묘하니, 간첩을 쓰지 않는 바가 없는 것이다. 간첩의 일이 드러나기 전에 먼저 들은 자는, 들은 자와 알려준 자가 모두 죽는다.

李祐感泣而淮西平[1]하고 郭修不防而元帥戕[2]하니 密與不密이 間不容髮이라 惟通明則周知情僞요 仁義則可以服人이요 微妙則極深研幾니 兼此三者而後에 方可用間而得實이니 間可易言乎哉아 用間은 總謂五間也요 使間은 專指反間也라 無所不用은 謂敵人動靜을 輒因間知也니 如信陵君이 知趙王之獵而不寇[3] 是也라 未發先聞이면 則軍情宣泄故로 皆殺以滅口也라

1) 李祐感泣而淮西平 : 李祐는 唐 憲宗 元和 연간에 淮西에서 반란을 일으킨 淮西節度使 吳元濟의 장수이다. 憲宗이 李愬를 唐鄧節度使로 임명하여 반란을 평정하게 하였

는데, 李愬가 전투에서 李祐를 사로잡자 포박을 풀어주고 그를 우대하니, 李祐가 그의 정성에 감읍하여 귀순하였다가 李愬가 蔡州城을 공격할 적에 선봉이 되어 吳元濟를 사로잡는 데 결정적인 역할을 하였다. ≪舊唐書 권161 李祐列傳≫

2) 郭修不防而元帥戕 : 郭修는 字가 孝先으로 삼국시대 魏나라 西平 사람이며, 元帥는 蜀漢의 정승이자 대장군인 費禕를 가리킨다. 郭修는 魏나라의 中郎將이었는데 蜀漢의 장수 姜維에게 패하여 투항하고 左將軍에 임명되었으나 기회가 있을 때마다 後主 劉禪을 암살하려 하였다. 그러던 중 後主 延熙 6년(253) 정월에 費禕가 장병들과 회식하고 크게 취하자, 그를 칼로 찔러 죽였다. 그 후 蜀漢이 魏나라에 의해 멸망하자, 魏나라 황제 曹芳은 郭修를 長樂鄕侯로 추봉하고 시호를 威侯라 하였다. ≪三國志≫ 〈後主傳〉과 〈費禕傳〉에는 '郭循'으로 표기되어 있다.

3) 信陵君 知趙王之獵而不寇 : 信陵君은 전국시대 魏나라 公子인 魏無忌로 安釐王의 이복형제이다. 당대에 가장 뛰어난 정치가이자 병법가로, 선비들을 좋아하여 趙나라의 平原君 趙勝, 齊나라의 孟嘗君 田文, 楚나라의 春申君 黃歇과 함께 戰國 四公子로 불렸다. 어느 날 信陵君이 安釐王과 장기를 두는데, 조나라의 군대가 출동하였다는 급보가 들어와 모두 놀랐으나 信陵君은 홀로 침착하게 "이는 趙王이 사냥을 하는 것이지 우리를 침략하는 것이 아닙니다."라고 말하였는데, 과연 그러하였다. 安釐王이 어떻게 알았는가를 묻자, 信陵君은 趙王의 측근에 자신의 문객이 있어 趙나라의 소식을 전해주고 있다고 말하였다. ≪史記 권77 信陵君列傳≫

李祐가 感泣하여 淮西가 평정되었고, 郭修를 방비하지 않아 元帥가 살해당하였으니, 치밀함과 치밀하지 않음은 사이에 터럭 하나를 용납하지 않는다. 오직 〈聖스럽고 지혜로워〉 통달하고 밝으면 실정과 거짓을 두루 알고, 仁義가 있으면 사람을 복종시킬 수 있고, 미묘하면 깊음을 다하고 幾微를 알 수 있다. 이 세 가지를 얻은 뒤에야 비로소 간첩을 사용하여 실정을 얻을 수 있으니, 간첩을 쉽게 말할 수 있겠는가.

用間은 五間을 총괄하여 말한 것이고, 使間은 오로지 反間을 가리킨 것이다. '간첩을 사용하지 않는 바가 없다.'는 것은 적의 動靜을 곧 간첩을 통하여 알 수 있음을 말한 것이니, 예컨대 信陵君이 趙王이 사냥하는 것이지 침략하는 것이 아님을 안 것과 같은 것이 이것이다.

출발하기 전에 먼저 소문이 나면 군대의 실정이 누설되므로 모두 죽여서 입을 없애는(봉함하는) 것이다.

凡軍之所欲擊과 **城之所欲攻**과 **人之所欲殺**을 **必先知其守將, 左右, 謁者, 門者, 舍人之姓名**하여 **令吾間**으로 **必索知之**하며 **必索敵間之**[1] **來間我者**하여 **因而利之**하고 **導**

而舍之라 故로 反間을 可得而用也요 因是而知之라 故로 鄕間, 內間을 可得而使也요 因是而知之라 故로 死間爲誑事하여 可使告敵이요 因是而知之라 故로 生間을 可使如期라 五間之事를 主必知之로되 知之는 必在乎反間이라 故로 反間을 不可不厚也니라

1) 敵間之 : 諸本에는 '敵人之間'으로 되어있다.

무릇 공격하려는 적군과 공격하려는 적의 城과 죽이려는 적의 사람(장수나 모사)에 대해서는, 반드시 먼저 그 지키는 장수와 左右와 謁者와 문지기와 舍人(집사장)의 성명을 알아서, 우리 간첩으로 하여금 반드시 모두 알게 하여야 하며, 적의 間諜이 우리 측에 와서 첩자노릇을 하는 자를 반드시 모두 찾아내어, 인하여 이롭게 해주고 인도하여 머물게 하여야 한다. 그러므로 反間을 얻어 부릴 수가 있는 것이요, 이 反間을 인하여 알기 때문에 鄕間과 內間을 부릴 수 있는 것이요, 이 反間을 인하여 알기 때문에 死間이 속이는 일을 만들어내서 적에게 알릴 수 있는 것이요, 이 反間을 인하여 알기 때문에 生間을 기약한 것과 같이 이용할 수 있는 것이다.

다섯 가지 간첩의 일을 군주가 반드시 알아야 하나, 적의 실정을 아는 것은 반드시 反間에게 달려 있다. 그러므로 反間을 후대하지 않으면 안 되는 것이다.

軍之所欲擊三句는 以用間이 概不出三者也라 左右는 親密之人也요 謁者는 典賓客者也라 門者는 大而關隘와 小而帷幕에 司出入者也라 舍人은 手下給事者也라 先知其姓名者는 一以信間者之說이요 一以通間者之行也라 不然이면 華元이 何以登子反之牀[1)]하고 偸兒何以刼韓琦之帶[2)]리오 索知之索은 猶悉也니 此特易事故로 使吾間知之也요 敵間之來에 類多潛跡故로 必待求索也라 因而利之하고 導而舍之하여 其反爲我用이면 則其鄕人官人을 可因而知也요 死間을 可因而告也요 生間을 可因而如期니 是四間이 皆因反間而起라 所以不惜百金而獨厚於反間也니라

1) 華元 何以登子反之牀 : 華元은 춘추시대 宋나라의 大夫이고, 子反은 楚나라의 장수이다. B.C. 594년 楚나라가 宋나라를 공격하자, 宋나라가 두려워하여 華元으로 하여금 밤중에 楚나라 軍中으로 잠입하게 하였다. 華元이 軍中에 잠입하여 子反의 침상으로 올라가 잠을 깨워놓고, 협박하기를 "우리 임금께서 나를 보내어 우리나라의 고충을 고하게 하며 말씀하시기를 '우리나라가 현재 자식을 식량과 바꾸어 먹고 해골을 쪼개어 땔감으로 쓰고 있으나, 城下의 맹약은 나라가 망하는 한이 있더라도 따를 수 없으니, 성에서 30리를 물러간다면 楚나라가 명령하는 대로 따르겠다.'라고 하셨습니다." 하니, 子反이 두려워하여 華元과 맹약하고 楚王에게 고하여 30리를 물러갔다. ≪春秋左氏傳 宣公 15년≫ '城下의 맹약'은 城에서 내려와 盟約하는 것으로 항복함을

이른다.

2) 偸兒何以劫韓琦之帶 : 宋 仁宗 때 西夏國 相公 張元이 韓琦의 비범함을 시기하여 자객을 보냈는데, 자객이 오히려 韓琦의 언행에 감복하여 죽이지 못하고 그의 金帶만 가지고 돌아간 사건을 가리킨다. ≪言行龜鑑≫ 西夏國은 黨項族(탕구트족)이 세운 나라로 宋나라 서북방에 위치하였다. 처음에는 宋나라에 대해 臣從하였으나 1038년에 西夏의 군주인 趙元昊가 황제를 자처하며 국호를 大夏라 고친 뒤로 宋나라와 마찰이 많았다. 韓琦는 당시 宋나라의 명재상이다.

'軍之所欲擊' 이하의 세 句는 간첩을 사용하는 일이 대략 이 세 가지에서 벗어나지 않음을 말한 것이다. '左右'는 친밀한 사람이고, '謁者'는 賓客을 주관하는 자이다. 門者는 크게는 關門과 작게는 軍幕의 출입을 맡은 자이다. '舍人'은 手下에서 일을 하는 자이다. 먼저 그 성명을 아는 이유는 한편으로는 우리 간첩의 말을 믿게 하고, 한편으로는 간첩의 통행을 용이하게 하는 것이다. 이렇게 하지 않는다면 華元이 어떻게 子反의 침상에 올라가고, 자객이 어떻게 韓琦의 띠를 훔칠 수 있었겠는가.

'索知'의 '索'은 悉(모두)과 같으니, 이는 다만 쉬운 일이므로 우리의 간첩으로 하여금 알게 하는 것이요, 적의 첩자가 왔을 적에는 대부분 자취를 숨기는 경우가 많으므로 반드시 모두 자세히 찾아내어야 하는 것이다. 인하여 이롭게 해주고 인도하여 머물게 해서 적의 첩자가 도리어 우리에게 이용된다면 적의 고장 사람과 벼슬하는 사람을 이 反間을 인하여 알 수 있고, 反間을 인하여 死間을 알려줄 수 있고, 反間을 인하여 生間을 기약한 것과 같이 이용할 수 있으니, 이 네 간첩이 모두 反間으로 인하여 일어난다. 이 때문에 百金을 아까워하지 않고 유독 反間을 후대하는 것이다.

昔殷之興也에 **伊摯在夏**하고 **周之興也**에 **呂牙在商**[1)]이라 **故**로 〔**惟**〕[2)] **明君賢將**이 **能以上智爲間者**는 **必成大功**하니 **此**는 **兵之要**요 **三軍**〔**之**〕[3)] **所恃而動也**니라

1) 昔殷之興也……呂牙在商 : 伊尹은 이름이 摯로, 원래 有莘이라는 나라에서 농사지으며 은거하고 있었는데, 商나라의 湯王이 세 번 사람을 보내 초빙해서 세상에 나오게 하고 夏나라의 桀王에게 천거하였다. 그러나 桀王이 등용하지 못하자, 伊尹은 돌아와 湯王을 보좌하여 桀王을 토벌하고 商나라의 천하를 열었다. ≪孟子≫ 〈告子 下〉에 "다섯 번 湯王에게 나아가고 다섯 번 桀王에게 나아간 자는 伊尹이다."라고 보인다.

呂牙는 姜太公으로, 처음 殷나라 紂王이 도읍한 朝歌에 거주하면서 칼을 두들겨 백정 노릇을 하였으나, 紂王의 暴政으로 세상이 어지러워지자 周나라로 들어가 渭水 가에서 낚시질하며 은거하다가 文王에게 발탁되고 武王을 보좌하여 紂王을 정벌하였다. 殷나라는 처음에 商나라라고 하였는데, 뒤에 盤庚이 偃師로 천도한 뒤에 殷나라라고 칭하였으

며, 殷과 商을 겸칭하였으므로 '殷之興也'라 한 것이다.

2)〔惟〕: 저본에는 '惟'가 없으나 諸本에 의거하여 보충하였다.

3)〔之〕: 저본에는 '之'가 없으나 諸本에 의거하여 보충하였다.

옛날 殷나라가 일어날 적에 伊摯(伊尹)가 夏나라에 있었고, 周나라가 일어날 적에 呂牙(姜太公)가 商나라에 있었다. 그러므로 오직 명철한 군주와 어진 장수만이 능히 上智의 사람을 이용하여 적의 간첩으로 삼는 것이니, 이렇게 하는 자는 반드시 큰 공을 이룬다. 이는 用兵의 요체이며 三軍이 믿고 출동하는 것이다.

伊尹之五就桀은 庶幾王改之요 庶幾王用我也라 自任以天下之重하여 伐夏救民[1)]하니 豈行間者哉아 呂牙之在殷에 鼓刀釣魚之人耳니 何有於間이리오 因上文聖字下得重이라 故로 引湯武伊呂做證이라 然이나 未免戰國人口氣하니라

1) 自任以天下之重 伐夏救民 : 이 내용은 ≪孟子≫ 〈萬章 上〉의 "伊尹이 천하의 重任으로써 自任함이 이와 같았다. 그러므로 湯王에게 나아가 설득하여 夏나라를 정벌해서 백성을 구제한 것이다.〔其自任以天下之重 如此 故就湯而說之 以伐夏救民〕"라고 보인다.

伊尹이 桀王에게 다섯 번 나아갔던 것은 桀王이 행여 잘못을 고치기를 바라고, 桀王이 행여 자신을 등용하기를 바라서였다. 伊尹은 〈천하를 구제하겠다는〉 重任으로써 자임하여 夏나라를 정벌해서 백성을 구제하였으니, 어찌 간첩질을 할 자이겠는가. 呂牙가 殷나라에 있을 적에는 칼을 두들겨 백정 노릇을 하고 물고기를 낚는 사람이었을 뿐이니, 간첩과 무슨 상관이 있겠는가. 윗글에 '聖'字를 놓은 것이 너무 무거우므로 湯王과 武王, 伊尹과 呂牙를 인용하여 증명한 것이다. 그러나 이는 孫子가 전국시대 사람들의 말투를 면치 못한 것이다.

附錄

爵祿百金을 舊註에 不分明이나 而要之컨대 爵祿은 屬之君하고 百金은 屬之將이라 然이나 非勝之主는 則謂以勝爲主也니 非謂人君也라 故로 吳子亦曰 明於四輕二重一信은 勝之主也[1)]라하니라 舊註에 以爲人主라하니 誤矣라

1) 吳子亦曰……勝之主也 : 이 내용은 ≪吳子≫ 〈治兵〉에 보인다.

爵祿과 百金을 舊註에는 분명하게 말하지 않았으나, 요컨대 爵祿은 군주에게 속하

고 百金은 장수에게 속한다. 그러나 '非勝之主'는 승리를 주체로 삼음을 이른 것이니, 군주를 말한 것이 아니다. 그러므로 ≪吳子≫에 또한 이르기를 "四輕과 二重과 一信에 밝음은 승리의 주체이다." 하였다. 舊註에 이것을 '人主'라 하였으니, 잘못이다.

舊註에 以取於鬼神으로 爲卜筮而知하고 象於事로 爲比類而求라하니 疎矣라 古者에 軍中必有巫하니 田單所托[1]이 是也니 豈容捨巫祝而謂卜筮乎아 象於事는 如裨竈梓愼[2]之爲니 正卜筮之類也니 安見比類推求而有先知之術乎아

1) 田單所托 : 田單은 전국시대 齊나라의 장수인바, 먼 王族 출신으로 燕나라에게 거의 멸망하게 된 나라를 구한 명장이다. B.C. 279년 齊軍이 卽墨에서 燕軍에 포위되어 농성전을 벌일 적에 田單은 城 안의 군사와 백성들에게 매 끼니마다 뜰에 음식을 차려놓고 祖上에게 제사를 지내게 하였다. 그러자 새들이 모두 내려와 이 음식을 먹었다. 성 밖의 燕軍이 새 떼가 성 안으로 날아가 내려앉는 것을 보고 이상하게 여기자, 田單은 "神明께서 내려오셔서 우리를 가르쳐주시는 것이다."라고 선전하는 한편, 城 안의 군대와 백성들에게도 "神明이 오셔서 우리의 스승이 되실 것이다."라고 말하고, 병졸 한 사람을 데려다가 그를 스승으로 모시고 군령을 내릴 적마다 반드시 神師의 지시라고 가탁하여, 병사와 백성들의 사기를 진작시켰다. 결국 田單이 이끈 齊나라는 이후 승승장구하여 燕軍을 몰아내고 이전의 영토를 다 수복하였다. ≪史記 권82 田單列傳≫

2) 裨竈梓愼 : 모두 춘추시대 점술에 능하고 천문학에 정통한 인물들로 裨竈는 鄭나라, 梓愼은 魯나라의 대부이다.

舊註에 〈본문의〉 '取於鬼神'을 '卜筮하여 아는 것이다.' 하고, '象於事'를 '일이 서로 비슷한 것을 견주어(비교하여) 아는 것이다.' 하였으니, 엉성하다. 옛날 軍中에는 반드시 무당이 있었으니, 齊나라 장수 田單이 가탁한 것이 이것이다. 어찌 巫祝을 버리고 卜筮한다고 말할 수 있겠는가. '象於事'는 바로 裨竈와 梓愼이 점친 것과 같은 것이니, 바로 卜筮의 따위이다. 어찌 비슷한 종류끼리 유추하여 미리 아는 방법이 있겠는가.

附錄 武經七書 索引

索引凡例

1. 색인의 대상

≪譯註 武經七書直解≫는 전4책으로, 제1책은 ≪譯註 孫武子直解≫, ≪譯註 吳子直解≫, 제2책은 ≪譯註 六韜直解≫, ≪譯註 三略直解≫, 제3책은 ≪譯註 尉繚子直解≫, ≪譯註 李衛公問對直解≫, 제4책은 ≪譯註 司馬法直解≫ 및 附錄인 ≪孫子髓≫와 〈武經七書索引〉으로 구성하였다.

본 색인의 대상은 ≪譯註 武經七書直解≫ 중에서 經文과 直解의 漢文 原文을 대상으로 하였으며, 색인의 배열은 冊數가 아닌 冊名略號로 하였다.

2. 색인 작성 방법

1) 표제어는 아래와 같이 선정하여 추출하였다.

① 人名, 地名, 國名, 書名, 官職名, 物名 등의 고유명사와 주요 用語 및 특수하게 사용된 語彙 등

② 軍事用語는 軍政, 軍制, 人事, 計策, 外交, 戰法, 陣法, 論將, 賞罰, 用兵, 用間, 兵器, 天時, 地利 등과 관련된 用語 및 名句 등

③ 일반적으로 널리 활용되는 成語와 名句 등

2) 표제어의 변별력을 높이고 내용을 분명히 하기 위해 附加情報인 地名, 族名, 書名, 年號, 單位, 인물의 國名 등을 ( ) 안에 표기하였다.

예) 薊(地)　　　開皇(隋文帝 年號, 581~600)
庫莫奚(部族)　　　軍(12,500人)
廣武君(書)　　　諸葛亮(蜀漢)

3) 人名의 경우 일반적으로 통용되는 名稱을 대표 표제어로 정하고, 異稱, 略稱, 別稱 등은 모두 추출하여 대표 표제어와 상호 참조하게 하였다. 원문에 異稱, 略稱, 別稱 등

으로만 표기된 표제어는 本名이나 完稱으로 대표 표제어로 정하였다.

예) 諸葛亮(蜀漢) ← 葛亮, 孔明, 武侯, 亮, 臥龍, 諸葛, 諸葛孔明, 諸葛武侯
孔明(字) → 諸葛亮(蜀漢)
漢高祖가 없는 경우 : 漢高祖← 高祖, 劉, 劉高祖, 沛公, 漢, 漢高, 漢高帝, 漢王, 漢祖
祿山만 있는 경우 : 祿山 → 安祿山(唐)　　安祿山(唐) ← 祿山

4) 書名의 경우 略稱일 경우 完稱을 대표 표제어로 정하고 상호 참조하게 하였다. 篇名의 경우 (　) 안에 書名과 篇名을 부기하였다.

예) 春秋左氏傳(書) ← 左氏說, 左氏傳, 左傳, 春秋傳, 春秋左傳
洪範(書經篇名)

5) 國名의 경우 (　) 안에 '國'이라 부기하였으며, 同名異國의 경우 (　) 안에 그 國名에 해당하는 異稱을 부기하여 구분하였다.

예) 葛(國)
吳(國)
吳(國, 孫吳)
吳(國, 吳楚七國)

6) 竝稱인 경우에는 해당 표제어에 竝稱을 모두 표기하여 상호 참조하였다.

예) 黥彭 → 黥布(前漢)·彭越(前漢)
黥布(前漢) ← 黥彭
彭越(前漢) ← 黥彭

7) 人名이나 軍事用語의 대표 표제어 하단에는 관련된 내용을 종속항목으로 추출하여 참조하게 하였다.

예) 孔子(魯) ← 仲尼
——— 嘗爲委吏而會計當
——— 循循然善誘人
——— 稱其至德
——— 罕言利

兵法三等
——— 道
——— 將法
——— 天地

3. 항목 배열 및 표시

1) 표제어의 배열은 한글 가나다 순서를 따랐으며 두음법칙을 적용하였다.

2) 종속항목에는 대표 표제어 하단에 ——을 표기하고 가나다 순서로 배열하였다.

3) 표제어의 위치는 '〔冊名略號〕面數'로 하고, 冊名略號는 아래와 같이 표기하였으며, 面數는 아라비아숫자로 표시하였다. 같은 책에서 面數만 다른 경우에는 略號는 생략하고 面數만 ','로 이어 표기하였다.

예) 兵車〔韜〕202, 203,〔司〕82,〔孫〕99, 100

〈武經七書直解 冊名略號〉

卷次	冊名	冊名略號	冊名	冊名略號
1	孫武子直解	〔孫〕	吳子直解	〔吳〕
2	六韜直解	〔韜〕	三略直解	〔略〕
3	李衛公問對直解	〔李〕	尉繚子直解	〔尉〕
4	司馬法直解	〔司〕		

4) 색인에 사용한 부호는 다음과 같다.

〔 〕: 冊名略號

아라비아숫자 : 面數

—— : 종속항목의 표시

→ : 대표 표제어로 가는 표시

← : 대표 표제어로 모아주는 표시

( ) : 표제어의 변별력을 높이고 내용을 분명히 하기 위해 보충한 부가정보

武經七書 索引

【ㄱ】

笳〔孫〕153,〔吳〕453, 454
嘉(五禮)〔司〕45
賈→賈復(後漢)〔李〕428
可擊之道〔吳〕420
可怒而不怒 姦臣乃作〔韜〕94
可離而間(用間)〔吳〕448
可薄而擊〔吳〕449
賈復(後漢)←賈
可使無鬪〔孫〕185
可使由之 不可使知之〔孫〕311,〔李〕397
可殺而不殺 大賊乃發〔韜〕94
哥舒翰(唐)〔孫〕131
可乘而前〔吳〕449
可勝者攻〔孫〕142,〔李〕404, 405
可與之同死〔吳〕395
可與之同生〔吳〕395
可與之死 可與之生〔孫〕62,〔司〕95,〔吳〕426,〔李〕449, 458
假王→吳廣(秦)〔李〕374
賈羺(秦)←羺〔孫〕260,〔尉〕69
笳笛〔司〕62
可定渾氏(前燕)〔李〕271
假齊興師〔李〕286
可從而從之 不可從則止〔孫〕339
賈充(晉)〔孫〕131
可汗〔李〕310
可合而不可離〔略〕378
角(五音)〔韜〕194, 195, 197, 198, 199,〔李〕370, 371, 372
郤克(晉)〔孫〕277,〔尉〕146
各藏其半〔尉〕65
卻敵報遠之符→八符〔韜〕172
郤至(晉)〔吳〕389
角之而知有餘不足之處〔孫〕190,〔李〕326
角逐〔尉〕83
艮(卦)〔李〕279
干(兵仗器)〔孫〕108,〔吳〕410
間遠觀邇(用間)〔司〕109
間道(用間)〔孫〕365
干令犯禁〔尉〕181, 182, 183, 184, 186
干櫓(兵仗器)〔韜〕208
間使(用間)〔司〕109,〔孫〕82, 110, 329, 352
間事未發而先聞者 聞與所告者皆死(用間)〔孫〕360
姦臣以虛譽取爵〔韜〕97
干羽(兵仗器)〔尉〕88
姦雄〔略〕406, 407, 423
姦人〔韜〕90
間人(用間)〔孫〕230
干將(名劍)〔尉〕238
澗井(地利)〔李〕394
間諜(用間)〔韜〕140, 148,〔吳〕444, 457, 458,〔尉〕160, 221
簡治〔司〕105

葛(國)〔司〕71
褐→董褐〔孫〕259
葛亮→諸葛亮(蜀漢)〔李〕462
羯虜〔孫〕233
葛藟相連〔略〕401
葛伯〔司〕42, 71
葛薛(鐵勒九姓, 氏族)〔李〕308
弇(後漢)→耿弇〔孫〕174
敢高言者誅〔尉〕201
堪久信〔司〕148
監軍〔孫〕132
堪大勇〔司〕148
堪物〔司〕105
堪物簡治〔司〕103
堪物智〔司〕148
敢不從令者誅〔尉〕201
敢死樂傷〔韜〕299
甘延壽(前漢)〔韜〕301
减竈〔孫〕80, 161, 162
敢行者誅〔尉〕201
甲(兵仗器)〔尉〕232, 233,〔李〕302
甲堅〔吳〕423
甲兵(兵仗器)〔尉〕146,〔李〕299, 447, 455
甲士〔韜〕213, 226,〔孫〕99, 100,〔尉〕156〔李〕302, 304, 336, 337, 339, 361, 362
甲首有賞〔尉〕206
甲乙〔韜〕196
甲以重固〔司〕134, 135
甲胄(兵仗器)〔韜〕208,〔司〕144,〔孫〕108,〔尉〕133
甲胄而奮擊〔吳〕471
羌(部族)〔孫〕244, 347
康→康王〔李〕298
剛→剛兵〔吳〕388, 389, 390
强→强兵〔吳〕388, 389, 390
姜→姜姓〔吳〕400
强車(兵仗器)〔吳〕465
江南〔尉〕126
强弩(兵仗器)〔韜〕189, 213, 214, 215, 226, 231, 232, 237, 259, 260, 261, 270, 272, 273, 276, 277, 278, 284, 285, 290, 291, 326, 327, 332, 333, 334,〔吳〕456,〔李〕317
强弩將軍王圍射法(書)〔李〕296
講德論(書, 四子講德論)〔吳〕373
降婁(十二辰次)〔司〕48,〔李〕359
江陵(地)〔孫〕186
綱目集覽(書)→資治通鑑綱目集覽〔尉〕59
資治通鑑綱目集覽(書)←綱目集覽〔尉〕59
講武〔司〕37
講武料敵〔尉〕87
剛兵←剛〔吳〕388
强兵←强〔吳〕388
姜姓(姓氏)←姜〔韜〕41,〔吳〕392
强弱〔孫〕287, 88,〔李〕291, 410
——相虜〔略〕403
——一勢〔孫〕310
——虛實〔略〕351,〔司〕108,〔孫〕279, 280,〔吳〕399,〔尉〕91
——形〔孫〕160
康王(周)←康〔李〕298
强勇輕戰 僥倖於外〔韜〕89
剛柔〔吳〕440
江逌(東晉)〔孫〕347
剛柔皆得〔孫〕310
剛毅而自用者→十過〔韜〕152, 153
强而弱←道之所起〔韜〕68
强而避之〔孫〕89
康正八極 密定九夷〔略〕350, 351
江州(地)〔孫〕114
强徵←兵徵〔韜〕201
江沱〔韜〕107

江表〔孫〕138
江河(地利)〔韜〕75, 76,〔尉〕71, 72, 91
江夏王(唐)→李道宗〔李〕308, 441
江漢(地)〔李〕378, 389
愷歌〔司〕37, 89
鎧甲堅固〔吳〕423
蓋金→蓋蘇文(高句麗)〔李〕242
開道百里〔尉〕136
介馬〔孫〕268
開方(陣法)〔孫〕147
開方法(陣法)〔李〕342, 360
開方之形(陣法)〔李〕360
開塞→必勝之道〔尉〕215
蓋蘇文(高句麗)←蓋金, 東部大人, 蘇文, 泉蓋蘇文, 泉氏〔司〕143,〔李〕241, 242
介者(兵仗器)〔司〕82
——————不拜〔司〕82
皆戰則强〔司〕97
介冑(兵仗器)〔吳〕470
——————而奮擊〔吳〕470
——————之士不拜〔尉〕144, 145
蓋形有縷〔尉〕162
開皇(隋文帝 年號, 581~600)〔李〕268
車(兵車)〔司〕143, 144, 146
車甲之奉〔孫〕102
車堅〔吳〕444, 453
擧軍爭利〔孫〕197, 198
車騎(篇名)〔韜〕231
車騎〔韜〕209, 219, 232, 233, 234, 235, 243, 244, 254, 255, 256, 270, 272, 273, 276, 277, 278, 281, 284, 285, 286, 288, 297, 309, 310, 325, 326, 327, 331, 332, 333, 334,〔孫〕295,〔吳〕407, 437, 438, 457, 462, 463, 464, 473,〔李〕394
——深入長驅〔韜〕256
——銳兵〔韜〕277
——銳士〔韜〕254, 258, 259
——擾亂其前後〔韜〕288
——遠要其前 勿令遺脫〔韜〕255
——翼我兩旁〔韜〕333
——之勝〔韜〕331
——之敗〔韜〕331
——必遠 屯衛警戒〔韜〕254
渠答(兵器)→鐵蒺藜〔尉〕131
車徒〔李〕356
——常教以正〔李〕356
車徒因〔司〕106
契丹(部族)〔孫〕207,〔李〕319, 320
鉅鹿城〔李〕456
巨里(城)〔孫〕167
車馬〔司〕144
去病(漢)→霍去病〔李〕254
車步騎三者〔李〕357
車不結轍〔尉〕97, 98
車不得方軌〔孫〕231,〔吳〕443
車士〔韜〕314,〔李〕362
擧事動衆〔吳〕389
居巢(地)〔李〕427
拒守之器〔韜〕206
居守持重〔尉〕99
車輿(兵車)〔韜〕207
車以密固〔司〕134, 135
距闉〔孫〕123
去一利萬 政乃不亂〔略〕459
車者軍之羽翼〔韜〕308
車戰〔孫〕111
擧措伐功〔略〕404
車之竭地(地利)→十死之地〔韜〕317
車之困地(地利)→十死之地〔韜〕317
車之壞地(地利)→十死之地〔韜〕317
車之勞地(地利)→十死之地〔韜〕317
車之拂地(地利)→十死之地〔韜〕319

車之死地(地利) → 十死之地 〔韜〕 317
車之勝地(地利) → 八勝之地 〔韜〕 321
車之逆地(地利) → 十死之地 〔韜〕 319
車之絶地(地利) → 十死之地 〔韜〕 318
車之敗地(地利) → 十死之地 〔韜〕 319
車之陷地(地利) → 十死之地 〔韜〕 320
擧陳加形之論 → 奪敵者五 〔尉〕 91
鋸齒(地利) 〔尉〕 71
————亦勝(地利) 〔尉〕 71
擧賢(篇名) 〔韜〕 95
擧賢 〔韜〕 95
——任能 〔尉〕 100
——立明 〔司〕 52
——之道 〔韜〕 98
炬火(兵仗器) 〔韜〕 274
乾(卦) 〔李〕 279
搴旗斬將 〔孫〕 145, 192
搴旗取將 〔吳〕 409
建德(唐) → 竇建德 〔孫〕 214, 291, 〔李〕 450
建武(高麗) → 榮留王 〔李〕 242
建武(光武帝 年號, 25~56) 〔李〕 399
建成(唐) → 李建成 〔李〕 251, 252
李建成(唐) ← 建成
建城稱地 ← 三相稱 〔尉〕 64
建興(西晉 愍帝 年號, 313~316) 〔李〕 245, 392
桀(夏) ← 夏桀 〔孫〕 363, 〔吳〕 382, 〔李〕 425
儉(唐) → 唐儉 〔李〕 382, 383
劍(兵仗器) 〔尉〕 78
儉(北周) → 長孫儉 〔孫〕 186
劍閣(地) 〔吳〕 443, 〔尉〕 69
劍道(書) 〔李〕 296
劍斧(兵仗器) 〔尉〕 230
劒刃(兵仗器) 〔韜〕 206
擊强之道 〔吳〕 458
擊鼓 〔吳〕 434
—— 四鼓嚴辦 〔吳〕 433
—— 三鼓趨食 〔吳〕 433
—— 五鼓就行 〔吳〕 433
—— 二鼓習陳 〔吳〕 433
——而進 〔尉〕 209
—— 一鼓整兵 〔吳〕 433, 434
擊鼓而進 〔尉〕 209
擊金鳴鼓 〔吳〕 455
擊金而退 〔尉〕 209
擊其倦勞 〔司〕 149
擊其大懼 〔司〕 149, 156
擊其微靜 〔司〕 149
擊其尾則首至(陣法) 〔孫〕 307
擊其不意 〔韜〕 240
擊其首則尾至(陣法) 〔孫〕 307
擊其疑 加其卒 〔司〕 156
擊其中則首尾俱至(陣法) 〔孫〕 307
擊尾首救(陣法) 〔孫〕 159
檄書 〔韜〕 294
擊首尾救(陣法) 〔孫〕 159
激水之疾 〔孫〕 157
擊如發機 〔韜〕 187
擊圓破方 〔韜〕 188
擊敵 〔李〕 412
——若救溺人 〔尉〕 107, 108
擊之勿疑 〔李〕 267
擊便寇 〔韜〕 308
堅 → 苻堅(前秦) 〔李〕 270, 271
苻堅(前秦) ← 堅 〔司〕 107, 〔孫〕 88, 128, 138, 183, 197, 215, 279, 〔吳〕 417, 〔李〕 269, 270, 271, 314, 398, 400, 401
見可而進 知難而退 〔吳〕 416
堅甲利兵 〔尉〕 115, 116
堅固 〔韜〕 250, 251, 279, 290, 321, 324
見其始則知其終 〔韜〕 118
犬韜(篇名) 〔韜〕 293

見亂 暇〔司〕111
遺良犬馬以勞之〔韜〕129
見侮者敗〔尉〕105
見物與侔〔司〕98
堅壁拒守〔孫〕89, 175, 232
堅壁自守〔孫〕302
堅壁淸野〔孫〕300
見善而怠→道之所止〔韜〕68
堅守〔韜〕209
——壁壘〔吳〕458
見勝則興〔尉〕68
見勝則興 不勝則止〔孫〕346
堅臥不起〔司〕111,〔孫〕264
見危難 無忘其衆〔司〕111
犬戎(部族)〔吳〕399
畎夷(九夷)〔略〕351
見敵無謀〔司〕116
堅陣〔韜〕213, 214, 215, 216, 217, 277, 278, 308, 309, 332,〔吳〕410, 411, 436, 454, 462, 463,〔尉〕76
——固守〔吳〕463
——而處〔韜〕277, 278
——之士〔吳〕410
——之人〔吳〕411
——疾戰〔韜〕332
決江河 漑爝火〔略〕451
決罰於後〔尉〕77
決死生之分〔尉〕211
決勝〔吳〕376, 410
結伍法(陣法)〔李〕342
決壅囊〔孫〕342, 347
結泉鉏鋙(兵器)〔韜〕224
兼舍環龜(地利)〔司〕154
兼愛〔司〕35
兼用其人〔司〕117
鴂冶子(書)〔李〕296
耿(後漢)→耿弇〔李〕428
耿弇(後漢)←弇, 耿〔孫〕167, 174, 312
輕車(兵車)〔韜〕42, 217〔司〕104,〔孫〕100, 260
景公→齊景公〔李〕290, 291
輕騎〔韜〕196
敬其衆則和〔韜〕79
勁弩强矢〔尉〕115, 116, 120
驚東擊西〔孫〕300
景略(字)→王猛(東晉)〔李〕401
輕薄賦斂〔略〕370
更發更止〔韜〕332
輕兵〔吳〕444〔尉〕72, 212
景星〔尉〕59
敬勝怠則吉〔韜〕69
更始(漢 更始帝 年號, 23~25)〔李〕374, 380, 399
經始勿亟〔司〕89
庚辛〔韜〕196
輕銳〔孫〕197,〔吳〕451
耕有不終畝〔尉〕165
景子(書)〔李〕296
輕者若霆〔尉〕212
耕田蠶桑〔略〕370
京兆(地)〔李〕242
輕足〔吳〕392, 393, 462, 463
輕足善走〔韜〕301, 302,〔吳〕392, 393, 463
輕卒〔韜〕270, 271
經卒令〔尉〕189
經卒令(篇名)〔尉〕189
經卒者三分〔尉〕190
警衆堅守之符→八符〔韜〕172
輕地(地利)〔司〕136,〔孫〕290, 291, 295, 316, 317
經之以五事〔孫〕62
輕地則無止〔孫〕295

輕進求戰〔尉〕175
輕進速退〔吳〕405, 406
更迭變化〔李〕260
輕疾制敵〔李〕295
黥彭→黥布(前漢), 彭越(前漢)〔李〕416
黥布(前漢)←黥彭, 英布, 布〔孫〕120, 186
梗河(天時)〔吳〕435
戒〔吳〕441, 442
薊(地)〔吳〕400
戒→五事〔吳〕441, 442
鷄犬 其伺候〔韜〕209
谿谷(地利)〔吳〕460
溪谷險阻(地利)〔韜〕186
棨钁(兵仗器)〔韜〕225
鷄豚狗彘之畜 無失其時 七十者可以食肉〔尉〕96
稽留其使 勿聽其事〔韜〕124
繫馬千駟而不視〔李〕416
誡命〔司〕80
計謀〔吳〕433
計不先定〔尉〕197
繫辭(周易繫辭傳)〔李〕449, 458
雞津(地)〔李〕381
計策〔略〕419
契苾(部族)〔李〕322
契苾何力(唐)←何力〔李〕321, 322
鼓〔韜〕140, 145, 168, 171, 189, 240, 243, 244, 274, 301,〔司〕62, 138, 139, 143, 144,〔孫〕72, 75, 79, 85, 153, 161, 174, 178, 189, 204, 206, 207, 208, 210, 216, 223, 298, 314, 327, 328, 339,〔吳〕424, 425, 446, 453, 454, 455, 460, 461,〔尉〕73, 74, 145, 146, 193, 194, 196, 209, 217, 232, 233,〔李〕255, 259, 260, 264, 347, 348, 350, 351, 391, 412, 413, 439, 440
顧(國)〔韜〕47,〔孫〕203,〔李〕458
鼓車→七鼓〔司〕143
高車部(部族)〔李〕310
高熲(隋)〔孫〕238, 334
古公亶父(周)←先君太公, 太公, 太王
股肱→王翼一十八等〔韜〕140, 141, 146
高句驪(國)〔李〕241
固軍〔吳〕384
固軍深壘〔吳〕384
高克(鄭)〔尉〕102
古今勝敗 率由一誤而已〔李〕402
高談虛論 說於人主〔韜〕91
高德儒(隋)〔司〕30
鼓徒→七鼓〔司〕143
皐狼(地)〔略〕435,〔尉〕124
孤旅〔吳〕431,〔李〕400, 401
高麗(國)〔李〕241, 242, 244
孤鹿車(兵車)〔孫〕122
高壘〔吳〕456
——深溝〔孫〕177
固陋在於離賢→十二陵之反〔尉〕124
窖廩〔尉〕115, 116, 120
高陵勿向〔孫〕217, 221, 222
高陵山〔韜〕334,〔孫〕319
鼓馬→七鼓〔司〕143
庫莫奚(部族)〔孫〕224
鼓無音 鐸無聲〔韜〕263
顧方略如何耳 不至學古兵法〔李〕254
鼓兵→七鼓〔司〕143
古司馬法←司馬法〔李〕290, 291
高山(地利)〔吳〕460, 461, 462
————盤石〔韜〕278, 279
————仰止〔韜〕64
姑洗(六律)〔韜〕195
高城〔韜〕171, 302
——深池〔韜〕171

姑蘇(築名)〔吳〕385
高巢車(兵車)〔韜〕207
固守〔尉〕117, 118, 122
瞽叟(人)〔韜〕41
鼓首→七皷〔司〕143
固守險阻〔韜〕253
高辛(五帝)←帝嚳〔略〕410,〔尉〕168
鼓失次者有誅〔尉〕196
高洋(東魏)〔孫〕120
皐陶(夏)〔韜〕40, 41,〔尉〕152
膏油〔孫〕337
皷而進則以鐸止之〔司〕131
姑臧(地)〔孫〕85
高張旗幟〔孫〕216
辜在一人〔韜〕256, 257
鼓旌旗→七皷〔司〕143
鼓譟〔韜〕243, 244,〔孫〕207, 208, 210,
298,〔吳〕460, 461
——奔陳〔孫〕339
高祖→漢高祖〔李〕186, 292, 370, 422, 423,
429
高祖→唐高祖〔李〕253, 254
高鳥死 良弓藏〔略〕425
古朝鮮〔李〕241
鼓足→七皷〔司〕143
高宗(唐)→唐高宗〔李〕417, 420, 441
高宗(商)〔略〕449
鼓之不進〔孫〕72
告之以難 以觀其勇→八徵〔韜〕158
鼓之則進〔尉〕194, 196
固陳〔司〕104
高昌(國)〔李〕329, 420
告畢書絶〔孫〕316
鼓行交鬪〔尉〕192
鼓行讙囂〔韜〕189
孤虛(天時)〔尉〕59, 101, 137
賈衙〔尉〕126
高歡(北齊)←神武, 齊神武〔孫〕128〔尉〕138
古訓是式〔略〕422
曲(陣法)→五陣〔李〕363, 364, 365, 366
曲梁(地)〔李〕381
斛律光(北齊)〔孫〕238
曲而上行〔尉〕72, 73
谷戰〔吳〕462, 463
曲折相對〔孫〕159,〔李〕245, 341, 344
斛唱素(鐵勒九姓, 氏族)〔李〕308
坤(卦)〔李〕279
崑崙山〔尉〕76
昆陽(地)〔李〕374, 430
昆吾(國)〔韜〕47,〔略〕413,〔孫〕203,
〔李〕458
閫外之寄〔孫〕132
公家之費〔孫〕108
攻車(兵車)〔孫〕100,〔李〕305, 306
攻擊〔略〕383,〔尉〕114, 122, 173
公卿〔司〕44, 91,〔李〕432, 433
公卿大夫士〔司〕44
攻權〔尉〕103
攻權(篇名)〔尉〕103
攻金之工〔尉〕156
攻其國 愛其民〔司〕30
攻其無備〔孫〕96
攻其不意〔孫〕317
攻其所必救〔孫〕177
攻其心者 所謂知彼〔李〕408
孔明(字)→諸葛亮(蜀漢)〔李〕245
攻無堅陳〔略〕386,〔吳〕454
攻伐之道〔韜〕177
攻不知守〔李〕407
攻不必拔〔尉〕107
洪敘→天子者四焉〔尉〕169
攻城〔韜〕168, 209,〔孫〕100, 103, 108,

122, 123, 163, 232, 295
——略地〔尉〕81
——不拔〔略〕380
——圍邑〔韜〕203, 204, 205, 237, 253, 254, 294
——爲下〔李〕409
——爭先登〔韜〕168
——之災〔孫〕123
攻城輕車(兵車)〔孫〕100
攻城器〔韜〕208
公孫文懿(曹魏)←文懿, 懿〔司〕136,〔孫〕178,〔李〕462
公孫述(後漢)←述, 子陽〔李〕398, 399
公孫鞅→商鞅(秦)〔李〕296
公孫瓚(後漢)〔孫〕157, 245
攻守〔尉〕228, 236, 237〔李〕291, 305, 306
——皆得〔尉〕236
——兩齊〔李〕403, 407
——二事 其實一法〔李〕403
——一道〔李〕407
——一法〔李〕406, 462
——之計〔李〕311
——之具〔韜〕212, 213
——之軍〔尉〕131
——之器〔尉〕88
——之術〔孫〕177
——之勝〔李〕295
公勝子(書)〔李〕296
攻是守之機〔李〕407
攻心爲上〔李〕409
控御〔吳〕444
攻王之工〔尉〕156
恭而敬→道之所起〔韜〕68
恭以遜〔司〕81
攻强以强〔韜〕136
攻而必取〔孫〕174
孔子(魯)←仲尼〔韜〕41, 47, 50, 77, 80, 131,〔略〕443, 449,〔司〕150,〔孫〕200,〔吳〕380, 383,〔李〕289
———— 嘗爲委吏而會計當〔孫〕200
———— 循循然善誘人〔韜〕47
———— 稱其至德〔韜〕131
———— 罕言利〔韜〕50
公子光→闔閭(吳)〔略〕373〔孫〕306
公子燮(蔡)〔吳〕385
公子心(楚)〔尉〕63, 69, 138
孔萇(後趙)〔李〕391, 392
攻在於意表→十二陵〔尉〕122
攻敵圍城〔吳〕466, 467
攻敵疾則備不及設〔略〕390
攻戰〔韜〕103,〔李〕392, 393
攻戰守〔司〕106
攻則有餘〔李〕404
攻取制勝〔孫〕314
攻取之國〔略〕395
公侯伯子男〔司〕44
功勳〔略〕413
果〔吳〕441, 442
果→五事〔吳〕441, 442
戈(兵仗器, 五兵)〔司〕95, 97,〔吳〕410,〔尉〕232, 233
果敢輕死〔韜〕91
戈戟(兵仗器)〔司〕73
寡利煩 衆利正〔司〕151
過時則坐法〔尉〕200
寡者備人〔孫〕182
郭〔尉〕60
郭開(趙)〔韜〕123, 137
霍去病(漢)←去病〔李〕253, 254
钁鍤(兵仗器)〔韜〕208
郭圉〔尉〕115, 116
郭隗(燕)〔略〕373〔尉〕123

霍邑〔李〕249, 251, 252, 257
廓地分利〔孫〕205
郭淮(曹魏)〔孫〕245
灌(前漢)→灌嬰〔李〕423
棺槨衣衾〔尉〕96
官等以權→三權〔韜〕43
關梁(地利)〔韜〕250
廣澤(地利)〔韜〕251
關梁津要〔司〕158,〔孫〕316
官無事治〔尉〕161
官府〔尉〕126
官分文武 惟王之二術〔尉〕159
關塞(地利)〔韜〕186, 250
管叔(周)〔李〕388
灌嬰(前漢)←灌〔李〕424
關羽(蜀漢)→羽〔孫〕96
管子(書)〔孫〕106,〔李〕451
官者治本〔尉〕154
官爵班列〔尉〕96
管仲(齊)〔李〕285, 286, 287, 288, 417, 454, 457, 460, 461
關中(地)〔李〕426
關津〔尉〕114,〔李〕286
廣→吳廣(秦)〔李〕374
廣(部隊)〔李〕301, 302
廣固(城)〔孫〕125
光武→光武帝(後漢)〔孫〕116, 227,〔李〕372, 373, 399, 400, 401, 428, 429, 430
廣武君(書)〔李〕296
光武帝(後漢)←光武, 蕭王, 劉公, 漢光, 漢光武
曠野(地利)〔韜〕221, 222
光於四方 顯於西土〔尉〕169
光耀〔韜〕215
廣塹〔韜〕233, 234
掛(地利)〔孫〕271, 280
掛形(地利)〔孫〕272
絞(地)〔孫〕87
巧→七政〔司〕118
絞車(兵車)〔韜〕214, 215, 222
教極省則民興良〔司〕66
巧能成事〔孫〕328, 329
教道不明〔孫〕278,〔李〕313, 314
教得其道〔李〕316
橋梁(地利)〔韜〕250,〔尉〕114
教練〔吳〕444
蛟龍(兵仗器, 旂)〔韜〕39,〔司〕76,〔吳〕435
教百姓而親萬民〔吳〕376
交兵接刃〔司〕80, 103,〔孫〕144,〔吳〕468
交鋒〔李〕248, 249
教士〔李〕361
教成三軍〔吳〕429
教約 人輕死〔司〕141
教閱之法〔李〕316
教惟豫 戰惟節〔司〕100
教者如犯法之罪〔尉〕207
巧者一決而不猶豫〔韜〕185
交戰〔吳〕442
教戰(篇名)〔韜〕305
教戰〔吳〕432,〔李〕349
——之所〔李〕363, 364
——之術〔李〕259, 260
交趾(地)〔吳〕370
交地(地利)〔孫〕290, 292, 295, 318
校之以計〔孫〕62, 69
教之以奇正相變〔李〕325
交地則無絶〔孫〕296
交和而舍 莫難於軍爭〔孫〕195
溝〔韜〕109, 146, 192, 202, 210, 223, 239, 240, 246, 247, 315, 316, 320, 330,〔孫〕177, 232, 298,〔尉〕66, 91, 114, 185,〔李〕362, 452, 462

丘(十六井)〔孫〕99, 107,〔李〕281
寇→寇恂(後漢)〔李〕428, 429, 430
矩→李矩(晉)〔孫〕260
丘甲〔孫〕107
溝渠〔韜〕210
丘車〔孫〕100
鉤車(兵車)〔司〕74, 75,〔孫〕122
九官〔司〕82
九軍(陣法)〔李〕277, 341, 342, 344
九軍方陳(陣法)〔李〕278
九軍陣法(陣法)←陳數有九〔孫〕308,〔李〕245, 344
衢道(地利)〔韜〕279, 280, 290
溝瀆(地利)〔韜〕320
溝壘〔韜〕246, 247,〔吳〕418
丘陵(地利)〔韜〕141, 319,〔吳〕460, 461,〔李〕362, 396
————必崩(地利)〔尉〕141
丘墓(地利)〔韜〕234, 235, 250,〔李〕394, 396
九伐之法〔司〕55,〔李〕299
九變(篇名)〔孫〕219
九變〔孫〕219, 220, 221, 234, 235, 236, 242
——之法〔孫〕235, 236
——之術〔孫〕236
寇兵之士〔韜〕301, 302
寇不敢敵〔吳〕445
口尙乳臭〔孫〕70
九成縣〔尉〕72
寇恂(後漢)←寇, 恂〔孫〕210,〔李〕429, 430
丘役〔孫〕107
丘牛〔孫〕100
——大車〔孫〕108
九夷〔略〕350, 351
久而不合〔孫〕267
驅而往 驅而來 莫知所之〔孫〕314
救者開圍〔尉〕121
求敵若求亡子〔尉〕107, 108
求敵如求亡子〔尉〕197
丘甸之數〔孫〕107
丘井之法〔李〕281
九族〔韜〕77
驅衆 若驅群羊〔李〕350
衢地(地利)〔孫〕220, 296, 290, 292, 296, 316, 318
九地(篇名)〔孫〕220, 290
九地〔韜〕185,〔孫〕142, 151, 220, 221, 315, 316, 317, 320, 321,〔李〕358
——之利(地利)〔孫〕320
——之變〔孫〕315, 321
求之於勢 不責於人〔孫〕163,〔李〕317
衢地合交〔孫〕220, 296
勾陳→五行之符〔韜〕196, 197, 198
溝塹〔韜〕109, 146, 192, 223, 239,〔吳〕419,〔尉〕91, 114,〔李〕362
句踐(越)←越句踐, 越王, 越子〔略〕376,〔孫〕283, 284, 323,〔吳〕387, 417,〔尉〕86
———— 投醪而兵衆喜〔孫〕283
———— 投醪而飮士〔孫〕284
九天(天時)〔韜〕185〔孫〕142〔李〕358
九敗←騎之九敗(地利)〔韜〕327
—— 騎之艱地〔韜〕329
—— 騎之竭地〔韜〕329
—— 騎之困地〔韜〕329, 330
—— 騎之沒地〔韜〕328, 329
—— 騎之死地〔韜〕328, 330
—— 騎之圍地〔韜〕323, 326
—— 騎之敗地〔韜〕327, 330
—— 騎之陷地〔韜〕330
—— 騎之患地〔韜〕330

溝洫〔尉〕66
國家法令素行〔司〕33
國家安而衆善至〔略〕441
國家之興亡〔尉〕130
國家必衰〔吳〕376
國家必興〔吳〕376
國姦〔略〕402
國工〔韜〕179
國內空虛〔尉〕236
國務〔韜〕58
國務(篇名)〔韜〕58
國無商賈〔尉〕161
國門〔尉〕211
國柄←政柄〔韜〕75, 76
國富〔尉〕67
——兵强〔尉〕85
國不可從外治 軍不可從中御〔韜〕163
國士〔尉〕81, 150
國師〔韜〕179
國容〔司〕62, 81
——不入軍〔司〕62, 81
麴義(後漢)〔孫〕157
國以專勝〔尉〕103
國賊〔尉〕179
國定主安〔略〕411
國中之聽 必得其情〔司〕64
國之寶〔孫〕281
國必喪亡〔略〕357
群(10車)〔韜〕326
軍(10,000人)〔李〕287, 288
軍(12,500人)〔孫〕115, 〔吳〕369, 〔李〕288
軍(五禮)〔司〕45
軍校〔李〕333, 334
軍校之法 以一爲十〔李〕334
君國主民〔韜〕70
軍器〔孫〕335
君當臣處〔略〕456
君道〔司〕59
軍略〔韜〕235
軍略(篇名)〔韜〕235
軍旅〔韜〕35, 163, 〔略〕397, 〔司〕64, 79, 80, 83, 124, 127, 134, 〔吳〕369, 383, 〔李〕378
——以舒爲主〔司〕79
——之難〔略〕397
——之政〔司〕127
——之聽 必得其宜〔司〕64
軍壘〔孫〕258, 〔尉〕101
——成而後舍〔尉〕101, 102
軍吏〔略〕401, 〔孫〕174, 〔尉〕149, 〔李〕436
群吏朋黨〔略〕400, 401
軍命←三軍之司命〔吳〕409
君命有所不受→五利〔孫〕234, 281, 〔李〕275
軍無賞 士不往〔略〕393
軍無小聽 戰無小利〔司〕125
君無疑於臣〔略〕411
軍無二令〔尉〕199, 200
軍無輜重則亡〔孫〕199
軍門→和門〔司〕41, 69, 83, 〔孫〕83, 195, 〔尉〕201
君民繼世〔尉〕160
君不肖則國危而民亂〔韜〕53
君不許臣 臣不敢將〔韜〕163, 164
軍士〔韜〕168, 〔司〕159, 〔孫〕110, 132, 133, 264, 309
群邪比周而蔽賢〔韜〕97
軍師將軍(官)〔李〕245
軍城〔韜〕290
軍勢〔韜〕176, 〔孫〕129
軍勢(書)〔略〕413, 414, 415, 416
軍勢(篇名)〔韜〕176

君勢日孤〔略〕370
軍宿野 忘其親〔尉〕145
軍食〔尉〕101
君臣讓功 四海化行〔略〕410
君身以斧鉞授將〔尉〕199, 200
軍樂〔司〕37
軍擾者 將不重〔孫〕264
軍容〔司〕62, 81,〔李〕350, 351
——不入國〔司〕62, 81
軍用〔韜〕212
軍用(篇名)〔韜〕212,〔李〕393
軍有所不擊→五利〔孫〕232
群夷〔孫〕233
軍資〔孫〕69,〔吳〕413,〔尉〕128
君子急於進賢而美名彰〔略〕456, 457
君子樂得其志 小人樂得其事〔韜〕41
軍裝〔孫〕335
軍爭(篇名)〔孫〕195, 320,〔李〕331, 411, 445
軍爭〔孫〕195, 196, 206, 321
——爲利〔孫〕197
——之法〔孫〕321
軍賊〔尉〕180
軍政〔略〕379,〔孫〕206, 310, 329,〔李〕206, 310, 329
——不戒而備〔李〕300, 301, 303
軍井〔略〕377,〔尉〕101
——未達 將不言渴〔略〕377
軍制〔李〕283, 306
軍竈未炊 將不言飢〔略〕377
軍中但聞將軍令 不聞天子詔〔司〕83
軍中但聞將軍之令 不聞君命〔李〕431, 432
軍中之事 不聞君命〔韜〕164
軍中之制〔尉〕181, 182
軍之練士〔韜〕304
軍之微權〔略〕414
軍之所欲擊 城之所欲攻〔孫〕360
軍之所以患於君者三〔孫〕131
軍讖(書)〔略〕346, 355, 377, 379, 382, 383, 384, 386, 390, 392, 393, 394, 395, 396, 399, 400, 401, 402, 403, 404, 405, 406, 407
君治內 將治外〔略〕385
君賢聖則國安而民治〔韜〕53
軍形〔孫〕140, 160, 185
軍形(篇名)〔孫〕140
堀羅勻(鐵勒九姓, 氏族)〔李〕308
屈力殫貨〔孫〕104, 112
屈諸侯者以害〔孫〕238
弓(兵仗器)〔孫〕276
宮(五音)〔韜〕194, 195, 197, 198, 199
宮(五刑)〔司〕45
窮居靜處而誹時俗〔韜〕90
躬耕版築〔略〕449
窮寇勿迫〔孫〕218, 229
弓弩(兵仗器)〔韜〕266,〔吳〕432, 460, 461,〔尉〕75
窮兵深討〔孫〕104
弓矢(兵仗器, 五兵)〔司〕95, 97, 104,〔孫〕75, 108
窮之以辭 以觀其變→八徵〔韜〕158
卷甲而趨〔孫〕82, 196, 198, 205, 258
權道〔韜〕43,〔略〕413,〔李〕250
權謀→四種〔吳〕383,〔李〕250, 291, 295, 296
權變〔略〕320, 419, 423, 424,〔司〕108, 123, 135, 142,〔孫〕178,〔吳〕447,〔尉〕115, 172, 174,〔李〕291
——之道〔韜〕177,〔孫〕79
——之法〔孫〕315
權士→王翼一十八等〔韜〕140, 147
勸士以賞〔孫〕284

權詐之兵〔李〕464
勸賞〔尉〕208, 211
——畏罰〔吳〕410
權然後知輕重 度然後知長短〔孫〕149
權威一與而不可卒移〔略〕426
權者一時之用〔司〕30
卷之不盈杯〔略〕353
勸之以義則致死〔司〕140
權譎〔李〕250
詭道〔韜〕130,〔孫〕80,〔李〕365, 371, 372, 397, 437
—— 可使由之 不可使知之〔李〕397
詭伏設奇〔韜〕187
詭詐〔韜〕188, 283,〔孫〕80, 201, 347, 365,〔李〕250, 365, 371, 397, 417, 435, 437, 460
劌→曹沫(魯)〔孫〕305, 306, 210
鬼方(部族)〔李〕244
貴犯命〔司〕79
龜蛇(旐)〔吳〕435
歸師勿遏〔孫〕218, 226
貴速不貴久〔李〕388, 389
龜勝微行〔司〕102
貴陽而賤陰〔孫〕250
鬼容區(書)〔李〕296
龜兆〔吳〕378,〔尉〕137
貴之而不驕者 義〔韜〕72
規矩〔略〕411
虯龍〔韜〕39
九合一匡〔李〕289
九合諸侯〔尉〕80
均兵〔韜〕307
均兵(篇名)〔韜〕307
劇(地)〔李〕401
戟(兵仗器, 五兵)〔司〕95, 97,〔孫〕108,〔吳〕372, 373, 410, 432,〔尉〕75, 118, 135, 136, 230
亟去勿留〔孫〕248
戟弩(兵仗器)〔尉〕230
戟櫓(兵仗器)〔韜〕226
戟楯(兵仗器)〔韜〕266
郤溱(晉)〔李〕252
謹(西魏)→于謹〔孫〕186
靳尚(楚)〔韜〕122
謹選而使之〔司〕65
近敵都必有進路〔司〕157
謹候敵人〔韜〕200, 269, 270
金〔韜〕168, 171,〔吳〕424, 425, 455
金(國)〔略〕455
金(五星)〔司〕48
金(五行)〔韜〕195, 196, 198, 199,〔李〕364, 365, 371, 372
金剛→宋金剛(隋)〔孫〕199
金鼓(篇名)〔韜〕246
金鼓→必勝之道〔尉〕217
金鼓〔韜〕243, 244, 246, 269, 301, 305,〔孫〕72, 75, 153, 206, 207,〔吳〕432, 433, 446, 453, 454,〔尉〕73, 194, 196, 209, 217,〔李〕350, 351
——笳笛〔司〕62
——俱擊而坐〔尉〕208
——旌旗〔孫〕206, 207
——之節〔韜〕305
禁令〔司〕52,〔吳〕418, 446,〔尉〕167, 189, 190, 226
金木之性〔尉〕164
擒武→韓擒武(隋)〔李〕268
禁巫祝〔略〕415
擒搏鳥雀〔孫〕157
禁舍開塞〔尉〕66, 81
金山(地)〔李〕244
禁祥去疑〔司〕109, 116,〔孫〕304,〔李〕394

金石絲竹〔略〕432
擒敵殺將〔尉〕220
金之不止〔孫〕72
金之則止〔尉〕194
金鐸〔韜〕202, 203
禁暴救亂〔略〕347,〔尉〕109
禁暴亂〔韜〕86
禁暴除害〔尉〕227
禁必武成〔尉〕172
擒虎→韓擒武(隋)〔李〕268
伋(齊)〔李〕285
急擊勿疑〔吳〕420
急勝爲下→五致〔尉〕219
急而心速者→十過〔韜〕152, 153
奇(60人)〔李〕338, 339
機→機牙〔孫〕159
箕(四宿)〔孫〕337
旗(星旗)〔司〕76,〔孫〕79, 161,〔吳〕393, 409, 433, 434, 435,〔尉〕74, 145, 146, 194, 196, 209, 210, 218,〔李〕255, 259, 260, 264, 279, 280, 352, 353, 354, 439, 440, 445
旂(星旗)〔司〕76,〔吳〕435
起(衛)→吳起〔吳〕370, 375, 396, 401, 418, 419, 422, 424, 425, 434, 437, 451, 455, 460, 462, 464, 466, 468, 469, 471, 472,〔尉〕145, 146,〔李〕462
蘄(地)〔李〕374
岐→岐山〔尉〕76,〔李〕298
棄甲曳兵而走〔孫〕279
騎劫(燕)〔孫〕332, 347,〔吳〕406, 445
器械〔韜〕230, 231, 236, 237,〔孫〕100, 121, 122, 146, 336,〔尉〕128,〔李〕295
旗鼓〔韜〕145, 213,〔孫〕79, 161, 189, 204, 327, 326,〔尉〕145, 146, 232, 233,〔李〕259, 260, 264, 439
——戈甲〔尉〕232, 233
——毁折〔李〕439
技巧→四種〔李〕291, 295, 296
其教可復〔司〕68
技巧華飾〔韜〕91
其國彌光〔略〕355,〔吳〕440
其國彌彰〔略〕355
其國必亡〔略〕355, 357
其國必削〔略〕355, 357
奇技〔韜〕188
氣機→四機〔吳〕443, 444,〔李〕412
氣機爲上〔李〕412
畿內(地)〔吳〕399
騎隊〔李〕355, 356
——常敎以奇〔李〕356
岐都(地)〔李〕283, 284
驥騄騏〔尉〕83
驥馬〔尉〕83
其名不全〔略〕456, 457
機謀〔韜〕241,〔孫〕314,〔尉〕122,〔李〕275, 294
機變之數〔孫〕148
起兵〔孫〕104,〔吳〕387,〔尉〕65, 133,〔李〕374, 379, 399, 436
騎兵←步騎〔韜〕227, 323, 324, 326, 327, 328, 329, 330,〔司〕130,〔李〕307, 357
奇兵〔韜〕184, 188,〔孫〕93, 170,〔尉〕76, 194, 195, 198, 230,〔李〕244, 248, 249, 257, 261, 263, 265, 275, 303, 304, 316, 328, 353, 369
——輕出〔尉〕108
——貴後〔尉〕198
——旁擊〔李〕261
——將所自出〔李〕275
其兵爲天下雄〔略〕382, 383
奇伏〔韜〕180, 242,〔孫〕240, 267, 296,

〔李〕255
騎士〔韜〕315,〔李〕362
沂泗(沂水, 泗水)〔孫〕347
岐山(地)←岐〔李〕284
其徐如林〔孫〕203
其城可拔 其國可隳〔孫〕323
其勢險 其節短〔司〕134,〔孫〕157,〔李〕347
箕水豹(四宿)〔孫〕337
奇勝〔李〕357, 358
其勝可全〔略〕396
機牙←機〔尉〕72
——發動〔尉〕72
岐陽(地)〔李〕298
騎有十勝九敗〔韜〕323
棄任節食〔司〕159
箕子(商)〔韜〕107
騎者軍之伺候〔韜〕308
器仗〔司〕99,〔孫〕100, 108, 335,〔李〕335
旗章〔尉〕231
機在於應事→十二陵〔尉〕122
奇正〔韜〕177, 281,〔孫〕128, 154, 156, 180, 193,〔李〕257, 258, 259, 260, 261, 265, 276, 283, 312, 326, 327, 334, 339, 367, 368, 447
——發於無窮之源〔韜〕177
——方略〔韜〕281
——相變〔李〕268, 270, 369
——相變之法〔尉〕198
——相生〔李〕317, 318
——相生 如循環之無端 孰能窮之〔孫〕156,〔李〕259
——之道 變化無窮〔李〕264
旗齊鼓應〔李〕255
冀州(地)〔韜〕56
騎之艱地(地利)→九敗〔韜〕329
騎之竭地(地利)→九敗〔韜〕329
騎之困地(地利)→九敗〔韜〕329, 330
騎之九敗→九敗〔韜〕327
騎之沒地(地利)→九敗〔韜〕328, 329
騎之死地(地利)→九敗〔韜〕328, 330
騎之十勝→十勝
騎之圍地(地利)→九敗〔韜〕323, 326〔韜〕328
騎之敗地(地利)→九敗〔韜〕327, 330
騎之陷地(地利)→九敗〔韜〕330
騎之患地(地利)→九敗〔韜〕330
其疾如風〔孫〕202
旗幟〔司〕115, 124,〔孫〕208,〔李〕255
氣奪則走〔尉〕90
蒯通(前漢)〔李〕378, 389
奇表〔韜〕300
器必堅利〔李〕451
其下攻城〔孫〕122
棄灰〔吳〕403
吉(五禮)〔司〕45

【ㄴ】

羅(地利)→六害之地〔李〕394, 395
羅郭〔孫〕186
羅其英雄 則敵國窮〔略〕371
羅英雄〔略〕428
羅川令〔李〕379
洛澗(地)〔孫〕183, 190
樂聞〔吳〕468, 469
樂死〔吳〕468, 469
洛水〔孫〕347
樂身者不久而亡〔略〕433
洛陽(地)〔孫〕230, 237, 295
樂而勿苦〔韜〕59
樂人〔司〕103

樂人者久而長〔略〕433
樂戰〔吳〕468, 469
洛州(地)〔吳〕400
亂→將之過, 敗之道〔孫〕275, 276
亂根〔略〕401
欒黶(晉)〔孫〕277
亂源〔略〕400
難以挑戰 戰而不利〔孫〕274
亂而不能治〔孫〕284
亂而取之〔孫〕87
亂將〔略〕380
難從則亂 易行則理〔略〕437
欒枝(晉)〔孫〕80,〔李〕252, 255, 264
難知如陰〔孫〕204
欒枝僞遁〔李〕255
難進易退〔司〕81, 82
亂行可擊→十四變〔韜〕297
南谷山〔韜〕39
南郡(地)←秦豊〔孫〕85, 96
南呂(六呂)〔韜〕195
南宮适(周)〔略〕355
南唐(國)〔孫〕114
南宋(國)〔孫〕114
南陽(地)〔李〕286
南燕(國)→燕〔司〕109,〔孫〕64, 114,〔李〕436
攬英雄之心〔略〕419
藍田(地)〔孫〕230
南中(地)〔李〕245, 409
狼顧〔吳〕472
廊廟之論〔尉〕178, 179
廊廟之上〔孫〕330
廊廟之語〔略〕387, 388
囊沙壅水〔孫〕80, 189
琅琊(地)〔李〕245
郎將(官)〔李〕249
狼虎〔尉〕140
內間(用間)→五間〔孫〕353, 354, 355, 362
內顧→八事〔略〕389, 390
內亂〔吳〕387
內無暴亂之事〔尉〕167, 168
內修耕戰〔孫〕93
內修文德 外治武備〔吳〕374
內外失宜 禍亂傳世〔略〕454
內畏重刑〔尉〕179, 180, 181
內畏則外堅〔尉〕180
內圓外方(陣法)〔李〕343
來委謝者欲休息〔孫〕267
內精而外鈍〔韜〕102
內環之圓(陣法)〔李〕341, 342, 343
弩(兵仗器)〔孫〕159,〔吳〕432, 460, 461,〔尉〕230,〔李〕317, 318
魯(國)〔韜〕80,〔孫〕201,〔吳〕369, 383
櫓(兵仗器)〔韜〕207, 226,〔孫〕108, 122
怒可以復喜 慍可以復悅〔孫〕346
弩堅(兵仗器)〔尉〕118
盧杞(唐)〔尉〕124
駑馬角逐〔尉〕83
老兵〔略〕380, 381, 382
魯三家〔略〕453
老生→宋老生(隋)〔李〕248, 249, 252, 257
弩牙(兵仗器)〔韜〕109,〔吳〕443
魯哀公〔李〕391
魯襄公〔李〕381
魯莊公〔孫〕306
勞政多怨民〔略〕434
魯仲連(齊)〔略〕445
露布(戰勝文書)〔李〕384
路狹(地利)〔吳〕443
魯僖公←僖公〔李〕299
鹿角車(兵車)〔李〕246, 247, 248
鹿車(兵車)〔韜〕215

鹿臺〔尉〕124
祿等以權→三權〔韜〕43
轆轤(兵仗器)〔韜〕223
轆轤轉關〔韜〕234
祿山→安祿山(唐)〔孫〕103, 131
騄駬馬〔尉〕83
祿重則義士輕死〔略〕373
論語(書)←語
論將〔韜〕149, 150, 〔吳〕440, 441
論將(篇名)〔韜〕149, 〔吳〕440
隴(地)←隴蜀〔吳〕403
農工商賈〔略〕453, 〔尉〕154
農隙以講武事〔司〕37
農器〔韜〕205
農器(篇名)〔韜〕205
農不失時〔韜〕60
農戰〔尉〕127, 128
隴蜀→隴, 蜀〔吳〕403
牢(地利)→六害之地〔李〕394, 395
雷鼓〔韜〕238
耒耜〔韜〕206
賂以重寶 因與之謀〔韜〕126
雷霆(天時)〔尉〕140
牢之→劉牢之(東晉)〔李〕271
壘〔韜〕102, 103, 146, 149, 192, 196, 202, 207, 210, 222, 231, 233, 238, 240, 246, 247, 248, 252, 262, 263, 269, 270, 325, 333, 334, 〔尉〕88
婁敬(漢)←劉敬〔孫〕357
壘口〔韜〕325
樓櫓〔孫〕123, 〔尉〕114
壘門〔韜〕222
——拒守〔韜〕222
壘石爲文 縱橫皆八(陣法)〔孫〕308, 〔李〕245, 344
壘虛〔韜〕262
壘虛(篇名)〔韜〕262
勒→石勒(後趙)〔李〕391, 392
勒卒令〔尉〕193
勒卒令(篇名)〔尉〕193
廩庫〔韜〕210
陵→李陵(前漢)〔韜〕260, 〔孫〕342
能圖山川〔略〕386
能獨專而不制兵〔韜〕177
陵犯無節破〔尉〕178
能爲勝敗〔孫〕146, 327
能而示之不能〔孫〕82, 〔李〕255
陵而遠之〔吳〕407
能以衆擊寡則吾之所與戰者約〔孫〕181
能自保而全勝〔孫〕142
能制軍權〔略〕386
能擇人而任勢〔孫〕163, 〔李〕317

【ㄷ】

多多益善〔孫〕152
多黨者進 少黨者退〔韜〕96
多力〔司〕104
多算勝少算〔李〕273
————不勝〔孫〕97
多營宮室臺榭〔韜〕61
多威〔司〕78
單(齊)→田單〔李〕437
裋褐不蔽形〔尉〕163
段龕(鮮卑族)〔韜〕257, 〔孫〕125
段熲→段紀明(後漢)〔孫〕85
短戟(兵仗器)〔吳〕372
段紀明(後漢)←段熲〔孫〕84
簞醪投河〔略〕376
短兵(兵仗器)〔韜〕332, 〔司〕73
段韶(北齊)〔孫〕166, 347

丹陽(地)〔孫〕186
段業(北凉)〔孫〕226
段暢(北齊)←暢〔孫〕210
澹→姬澹(人)〔李〕391, 392
黨(500家)〔李〕288
唐(國)←李唐〔韜〕54,〔孫〕72, 132, 227,〔李〕254, 307, 310, 379, 434
唐儉(唐)←儉〔李〕382, 383, 384, 385, 386
唐高祖←高祖, 唐公, 李淵, 神堯, 神堯高祖〔李〕253, 254
唐高宗←高宗, 太子治〔李〕417, 420, 441
唐公→唐高祖〔李〕91, 249
唐紀(書)〔李〕415
堂堂決去〔尉〕72, 73
唐德宗〔尉〕124, 310
螳螂(兵仗器)〔韜〕206
螳螂武士〔韜〕216, 217
唐堯→堯〔略〕410,〔尉〕168
唐太宗←太宗〔司〕30, 143,〔孫〕199, 202, 214, 223, 287, 291, 347,〔李〕241
唐憲宗〔尉〕123
唐玄宗←玄宗〔尉〕124
唐侯→堯〔韜〕54
隊(10騎)〔韜〕326,〔李〕306, 338, 339
代(地)〔孫〕20
大柯斧(兵仗器)←天鉞〔韜〕217
隊間〔韜〕311, 312, 313
大澗(地利)〔韜〕329
隊間容隊(陣法)〔李〕276, 277
帶甲〔孫〕99, 259
——十萬〔孫〕99
大江之險 投鞭可濟〔孫〕138
大開四門〔孫〕178
大車(兵車)〔韜〕207,〔孫〕100, 335
大谷(地利)←天竈〔韜〕236, 260
大工→三寶〔韜〕73〔韜〕73
大國三軍〔孫〕116,〔李〕362
大國地方百里〔司〕52
大軍〔司〕103, 104,〔孫〕197,〔尉〕202, 203, 204, 232,〔李〕269, 284, 285
——以固〔司〕103
——一倍其道〔尉〕202
大龜〔吳〕378
大紀〔韜〕116, 117
戴其君如日月〔韜〕58
大農→三寶〔韜〕73
大彤〔李〕380
大梁(十二辰次)〔司〕48,〔李〕359
大梁(地)〔孫〕169,〔吳〕400,〔尉〕60
大呂(六呂)〔韜〕195
大禮〔韜〕62
大禮(篇名)〔韜〕62
大櫓(兵仗器)〔韜〕214, 215, 231, 237, 291
大鹵(地)〔李〕304
大櫓刃(兵仗器)〔韜〕225
大利不利〔韜〕109
大林(地利)〔韜〕251, 265
大漠(地利)〔李〕384
大明發而萬物皆照〔韜〕113
待命之士〔韜〕304
大謀不謀〔韜〕109
大武(六樂)〔司〕45
隊法〔李〕354
大辟(五刑)〔司〕45
大兵無創〔韜〕109
大兵發而萬物皆服〔韜〕113
大夫〔司〕44, 62, 91,〔吳〕369, 399, 400, 469, 470,〔尉〕100, 126, 152, 153, 296
大扶胥衝車(兵車)〔韜〕216, 231
大夫種(書)〔李〕296
大司馬〔司〕55,〔李〕299

大商→三寶〔韜〕73
大塞(地利)〔吳〕443
大城〔韜〕253, 255
大韶(六樂)〔司〕45
大小堅柔〔司〕108
大水(地利)〔吳〕420, 463
大楯(兵仗器)〔孫〕108, 122
大盾(兵仗器)〔韜〕207
大勝克敵之符→八符〔韜〕172, 173
大勝之徵→兵徵〔韜〕202
大失〔韜〕117, 118
大圄(監獄)〔尉〕151, 152
大營包小營(陣法)〔李〕277, 341, 344
隊伍〔韜〕210,〔孫〕121, 336,〔李〕279, 280, 447
代王侑(隋)←侑〔李〕249
大智不智〔韜〕109
大勇不勇〔韜〕109
大牛〔孫〕100
大邑〔韜〕255
大義滅親〔李〕387, 388
大將〔韜〕159, 163, 164, 166, 294,〔略〕381,〔孫〕70, 76, 77, 79, 131, 136, 140, 152, 222, 278, 279, 282,〔吳〕375, 431,〔尉〕105, 106, 146, 200, 204, 233, 234, 237,〔李〕274, 276, 277, 282, 334, 335, 342, 424
隊仗〔孫〕336
——教成〔尉〕209, 210
——之權〔略〕381
大將軍〔尉〕189,〔李〕254
大鎗〔孫〕116,〔李〕380
大定〔韜〕117
大衆所合爲正〔李〕262
大陣(陣法)〔李〕277, 283, 341, 344
——包小陣(陣法)〔李〕277, 341, 344
大捷不賞〔司〕86
大澤(地利)〔韜〕260,〔孫〕339, 342, 460, 461,〔李〕362
大敗不誅〔司〕87
大敗之徵→兵徵〔韜〕202, 203
大彭(商)〔略〕413
大風歌〔李〕352
大風甚雨(天時)〔韜〕189, 190, 202, 203, 297
大夏(六樂)〔司〕45
大學(書)〔孫〕219
大峴山〔司〕109,〔孫〕71
大濩(六樂)〔司〕45
大火(十二辰次)〔司〕48,〔李〕359
大黃參連弩大扶胥(兵車)〔韜〕215
德〔吳〕383, 445
—乃洋溢〔略〕407
—同勢敵〔略〕419
—以附之〔略〕417
—以守之〔尉〕60
—以合之〔韜〕85
德星〔尉〕59
德義不相踰〔司〕61, 63
德行〔略〕423
度(陣法)→兵法〔孫〕147
道〔吳〕379, 380, 381, 382, 383
道→兵法三等〔李〕448, 449
道→五事〔孫〕62
—者令民與上同意　可與之死　可與之生而不畏危〔孫〕62
道家忌三世爲將〔李〕456
陶侃(西晉)〔孫〕233
刀劍(兵仗器)〔司〕73
悼公→晉悼公〔孫〕72
渡溝塹飛橋(兵器)〔韜〕223
圖國(篇名)〔吳〕369

擣其巢穴〔孫〕171
盜端〔略〕400
渡大水飛江(兵器)〔韜〕223
道德〔略〕423
道德仁義禮五者一體〔略〕437
都督(官)〔李〕319, 320, 329, 415
度量方圓(陣法)〔李〕345
度量數稱勝(陣法)〔孫〕147
道路潰陷(地利)〔韜〕320
禱祠得福〔尉〕142
塗山(地)〔李〕298
度尙(後漢)〔孫〕110
徒尙驕侈 謀患辯訟〔尉〕223
度生量〔孫〕148,〔李〕345
道勝〔尉〕87
道也者 不可須臾離也 君子戒愼乎其所不睹
恐懼乎其所不聞〔略〕453,〔李〕461
道約 人死正〔司〕141
道遠日暮〔吳〕413
都尉(官)〔司〕83,〔孫〕85,〔李〕423
塗有所不由→五利〔孫〕230
度以量地〔孫〕149
徒以坐固〔司〕134, 135
挑戰者無全氣〔尉〕108
道宗→李道宗(唐)〔李〕307, 308, 440, 441
道之說 至精至微〔李〕449
道之所起〔韜〕68, 69
———— 强而弱〔韜〕68
———— 恭而敬〔韜〕68
———— 柔而靜〔韜〕68
———— 忍而剛〔韜〕68
道之所在 天下歸之〔韜〕51, 52
道之所止〔韜〕68
———— 見善而怠〔韜〕68
———— 時至而疑〔韜〕68
———— 知非而處〔韜〕68
道千乘之國而首曰敬〔韜〕80
道天地將法→五事〔孫〕97,〔李〕457, 461, 464
跳盪〔李〕307
跳盪騎兵〔李〕348
刀筆吏(官)〔李〕430
道險(地利)〔吳〕443
韜形晦迹〔孫〕142, 151
都護(官)〔李〕319, 320, 329, 330
篤近擧遠〔吳〕376
獨樂樂〔略〕433
獨往獨來〔韜〕100, 101
獨出獨入〔尉〕115
獨行車(兵車)〔孫〕122
豚魚車(兵車)〔孫〕122
突厥(部族)〔孫〕72, 166, 168, 210,〔尉〕138,〔李〕244, 247, 248, 307, 308, 309, 310, 322, 381, 382
突兵〔韜〕268
突戰〔韜〕267, 270, 271
突戰(篇名)〔韜〕267
董褐(晉)〔孫〕259
潼關(地)〔孫〕131,〔吳〕443
東光(地)〔孫〕245
動怒 將之明誡〔略〕392
冬道藏(天時)〔韜〕83
同流而飮〔略〕376
同里相勸〔尉〕96
銅馬〔孫〕116,〔李〕380
動莫大於不意〔韜〕179
同病相救〔韜〕109
東父(書)〔李〕296
東部大人→蓋蘇文(高句麗)〔李〕242
同死同生〔尉〕94
東廂三陣(陣法)〔李〕364
冬狩〔李〕297

冬實倉廩〔韜〕209, 210
同心同德〔孫〕63,〔尉〕62,〔李〕362
同心一德〔略〕411
同心一力〔吳〕430
同心齊力〔孫〕298
董偃(前漢)〔韜〕92
動如九天〔李〕359
動如雷震〔孫〕205
動如風雨〔尉〕97, 98, 193
東夷〔李〕241
董子→董仲舒(前漢)〔略〕436
動靜(篇名)〔韜〕242
動靜〔韜〕178, 200, 242, 245
——之理〔李〕326
同罪保伍〔尉〕214
同舟而濟〔韜〕110
董仲舒(前漢)←董子
冬至〔韜〕181
東晉(國)←司馬晉〔李〕270
同天下之利者則得天下〔韜〕49, 50
銅築固爲垂〔韜〕225
東平(地)〔李〕246
冬夏不興師〔司〕35
東漢(國)→後漢〔孫〕174
東海〔尉〕134
東胡(部族)〔韜〕121,〔略〕435,〔孫〕91, 328,〔李〕320
銅虎符〔尉〕65
同患同利〔司〕54
竇建德(唐)←建德〔孫〕214, 245
杜牧(唐)←牧預〔孫〕100, 187, 200, 220, 300, 316, 342, 365
兜鍪(兵仗器)〔孫〕108, 210,〔李〕244
斗柄〔韜〕226
杜佑(唐)〔孫〕188
杜曾(晉)←曾〔孫〕157, 216
屯(20車)〔韜〕311, 312, 313, 326
鈍馬〔尉〕83
鈍兵挫銳〔孫〕102, 104, 105, 114
屯而伺之〔司〕154
得己得人 德之路〔略〕438
得其法則昌〔李〕448
得士者昌〔李〕451
得失之計〔李〕326
得意則愷歌〔司〕89
得衆在於下人→十二陵〔尉〕122
得賢將者兵强國昌〔韜〕192, 193
鄧→鄧禹(後漢)〔李〕428, 429, 430
滕公(前漢)〔李〕424
等其色→立法〔司〕123, 124
騰陵張膽〔尉〕72, 73
簦笠(兵仗器)〔韜〕208
鄧艾(曹魏)〔孫〕96, 173, 313,〔尉〕69, 138
鄧禹(後漢)←鄧〔李〕429, 430

【ㅁ】

馬車堅 甲兵利〔司〕139
馬軍〔李〕347, 348, 354, 355
馬頭車(兵車)〔孫〕122
馬良〔吳〕453
馬陵(地)〔略〕355,〔司〕67, 136,〔孫〕182,〔李〕264
馬服君→趙奢(趙)〔孫〕94
馬謖(蜀漢)〔孫〕77, 167,〔尉〕116,〔李〕409
———— 舍水上山〔尉〕116,〔孫〕167
馬鞍山〔孫〕222
馬牛〔韜〕207,〔司〕99,〔吳〕467
——之性〔尉〕164
馬援(後漢)←援〔孫〕64, 230, 244, 251, 325

馬隆(西晉)←孝興〔李〕246, 247, 248
馬超(後漢)〔孫〕120, 224
馬閑馳逐〔吳〕444
莫離支(官)〔李〕242
莫邪(名劍)〔尉〕141
莫知所終 莫知所始〔韜〕82
莫進而爭 莫退而遜〔韜〕84
蠻〔孫〕64, 252, 322
萬弩〔孫〕182, 183
——齊發〔略〕349, 355
萬代鑒〔李〕400
曼曼綿綿 其聚必散〔韜〕47
萬乘農戰〔尉〕127
萬乘之國 其地可出兵車一萬乘〔尉〕127, 128
萬乘之主〔韜〕93
蠻夷〔李〕322
萬人教成〔尉〕196
萬人而成武〔尉〕172, 173
萬人齊力〔尉〕73
萬人之守〔尉〕118
萬人之鬪〔尉〕238
萬人學戰〔吳〕429
萬戰必勝〔韜〕322
萬徹→薛萬徹(唐)〔李〕321, 441
莽→王莽(新)〔李〕429, 430
望→太公望(周)〔尉〕220
亡國不可以復存〔孫〕346
亡國之禍〔尉〕124
亡國破家〔略〕345
望其士卒則知其來去〔韜〕262
亡不候代〔尉〕232
亡失君令者誅〔尉〕200
亡伍而得伍〔尉〕187,〔李〕336
望遠連弩射法具(書)〔李〕296
亡將得將〔尉〕187,〔李〕336
亡長得長〔尉〕187,〔李〕336
亡章者有誅〔尉〕191
亡在於無所守→十二陵之反〔尉〕124
忘戰必危〔司〕36,〔李〕407
望諸君→樂毅(燕)〔李〕286
亡地(地利)〔孫〕327
每變皆習〔吳〕431
每戰必敗〔孫〕139
貊歌息紇(鐵勒九姓, 氏族)〔李〕308
孟軻→孟子(鄒)〔吳〕383
甍桷椽楹 不斲〔韜〕54
孟德新書←新書, 曹公新書
猛獸將搏 弭耳俯伏〔韜〕111
孟子(書)〔韜〕57,〔略〕372, 433,〔司〕100, 149,〔尉〕94, 169,〔李〕285, 296, 361, 362, 450
孟子(鄒)←孟軻〔韜〕50,〔孫〕100,〔吳〕383,〔尉〕60,〔李〕362
孟子不言利〔韜〕50
孟津(地)←盟津〔司〕71,〔尉〕134
盟津→孟津(地)〔尉〕135, 136
孟獲(南蠻)〔李〕244, 245
滅(毁其宗廟社稷)〔司〕57
滅國者五十〔李〕458
滅厲祥〔司〕116
———之道〔司〕119
滅厲之道〔司〕117
命(出君下臣)〔略〕439
鳴笳〔韜〕238
明君〔司〕60,〔孫〕352, 364
——求賢〔略〕447
明其禮〔司〕40
明其信〔司〕41, 42
明其勇〔司〕42
明其義〔司〕42
明其仁〔司〕41
明其智〔司〕43

命籠(陣法)〔韜〕333, 334
明白顯問 以觀其德→八徵〔韜〕158
明法審令〔尉〕100, 142
名山(地利)〔吳〕443
名山大川←山川〔司〕48
明賞於前〔尉〕77
明盛衰之源〔略〕424, 447
明視而高居〔尉〕177
命失則令不行〔略〕440
明王〔吳〕391
明將〔韜〕200, 〔孫〕64, 〔李〕436
——之所以能避〔韜〕320
——之所以遠避〔韜〕330
明傳(篇名)〔韜〕66
明主〔孫〕333, 344, 347, 〔吳〕374
——慮之〔孫〕344
——愼之〔孫〕333, 347
——戰攻之日 合鼓合角 節以兵刃 不求勝而勝〔尉〕111
溟海(四海)〔司〕48
矛(兵仗器, 五兵)〔司〕95, 96, 97, 〔孫〕108, 〔尉〕75, 118, 〔李〕462
謀→六守〔韜〕70, 71, 72, 〔吳〕380, 383
旄→右旄〔尉〕135, 136
牡→左牡〔李〕366, 367, 368, 369
謀攻〔孫〕114, 126
謀攻 (篇名)〔孫〕114
某國爲不道 征之〔司〕49
矛戟(兵仗器)〔韜〕198, 199, 207, 208, 213, 214, 215, 266, 267, 〔吳〕432, 〔尉〕75, 118
矛戟扶胥(兵車)〔韜〕231
矛戟扶胥輕車(兵車)←霆擊〔韜〕217
矛戟小櫓(兵車)〔韜〕222
謀及負薪〔略〕407
謀莫大於不識〔韜〕179
募士〔孫〕74, 325, 〔吳〕392
暮舍〔韜〕321
謀事〔吳〕395, 396
謀士→王翼一十八等〔韜〕140, 143, 〔略〕391
暮死則暮代〔尉〕112
矛楯(兵仗器)〔韜〕226
慕容恪(前燕)〔韜〕257, 〔孫〕125
慕容寶(後燕)←寶〔李〕270, 271
慕容垂(後燕)←垂, 吳王, 霸〔李〕270, 271
慕容超(南燕)〔孫〕64, 71, 〔李〕436
謀疑則事不成〔略〕384
謀疑則敵國奮〔略〕385
謀而利之 利之必信〔韜〕126
冒刃之士〔韜〕299, 300
謀者近之〔略〕361
茅茨偏庭 不翦〔韜〕54
謀將〔韜〕151
謀主〔吳〕432
蝥弧(旗)〔尉〕88
木(五星)〔司〕48
木(五行)〔韜〕195, 196, 198, 199, 〔李〕364, 365, 371, 372
穆→穆王(周)〔李〕298
目貴明〔韜〕65
木器液 金器腥〔尉〕163
木弩(兵仗器)〔尉〕72
木螳螂劍刃扶胥(兵器)←行馬〔韜〕218, 〔李〕393
穆生(魯)〔略〕430
木犀〔吳〕370
木罌(兵仗器)〔孫〕86
牧野(地)〔李〕283, 284, 439, 440
木葉山(地)〔李〕320
牧預→杜牧(唐), 張預(宋)〔孫〕219
穆王(周)←穆〔李〕298
木蒺藜(兵器)〔韜〕206, 219, 333, 334

蒙→呂蒙(孫吳)〔孫〕83
蒙衝(兵器)〔尉〕131
卯(十二辰次)〔司〕48,〔李〕359
廟堂〔孫〕61, 76, 77, 97, 99
廟門〔韜〕161
苗民〔尉〕88
苗賁皇(晉)〔孫〕355
廟算〔孫〕96
廟勝之論→奪敵者五〔尉〕91
苗子(書)〔李〕296
武→武王(周)〔略〕411,〔司〕30,〔孫〕365,〔吳〕382, 389,〔尉〕168,〔李〕425, 426, 459, 463
無甲兵而勝〔韜〕109
武剛車(兵車)〔韜〕280
武車(兵車)→戰車〔韜〕228, 275, 276, 279, 290, 296
武車士〔韜〕313
武車士(篇名)〔韜〕313
武車之士〔韜〕314,〔李〕362
武庚(殷)〔李〕388
武庫〔孫〕295
鶩鼓〔尉〕194, 195
巫蠱左道〔韜〕91, 92
巫蠱之禍〔韜〕92
無困在於豫備→十二陵〔尉〕122
無功〔吳〕469, 470
無過於度數→十二陵〔孫〕149,〔尉〕122
武關(地)〔孫〕230
務廣德者强〔略〕435
務廣地者荒〔略〕435
無溝塹而守〔韜〕109
撫軍如挾纊〔孫〕284
謬忌(漢)〔韜〕92
戊己(五行)〔韜〕196
無忌→長孫無忌(唐)〔李〕418, 419, 420
武騎士〔韜〕315
武騎士(篇名)〔韜〕315
撫其左右〔韜〕75
武騎之士〔韜〕315, 316,〔李〕362
無待於內 以時發之〔孫〕339
武德(唐高祖 年號, 618~626)〔李〕379
無德則臣叛〔略〕417
武都(地)〔孫〕244
武韜(篇名)〔韜〕105
無道者敗〔孫〕70
武落(兵仗器)〔韜〕237, 238
無亂其鄉 無亂其族〔韜〕73
務攬英雄之心〔略〕345
無糧食則亡〔孫〕199
茂陵(地)〔孫〕230,〔李〕399
無法之賞〔孫〕325
武兵〔韜〕310
武鋒〔韜〕295
武鋒(篇名)〔韜〕295
武備〔吳〕374
無使人奪汝威〔韜〕80
武三思(唐)〔略〕457
無喪其利〔尉〕222
無生之辱〔吳〕442
武城(地)〔孫〕201, 219
無疏其親〔韜〕75
無所不備 無所不寡〔孫〕182
無所往者死地(地利)〔孫〕316
無所往則固〔孫〕165, 304, 315
武昭儀→則天武后(唐)〔李〕420
武安君(秦)〔孫〕83
無約而請和者 謀〔孫〕260
無餘命 非惡壽〔孫〕305
無射(六律)〔韜〕195
武銳之士〔韜〕296
武王→周武王〔韜〕39, 67, 100, 102, 103,

104, 135, 140, 141, 142, 149, 150, 154, 155, 158, 159, 160, 165, 166, 168, 169, 172, 174, 175, 176, 177, 184, 185, 194, 197, 198, 199, 200, 205, 206, 210, 211, 212, 213, 226, 227, 228, 229, 230, 233, 234, 235, 236, 239, 240, 241, 242, 243, 244, 245, 246, 247, 248, 249, 250, 251, 252, 253, 254, 255, 256, 257, 258, 261, 262, 263, 265, 267, 268, 269, 270, 271, 272, 273, 274, 275, 276, 277, 278, 279, 282, 283, 284, 285, 286, 287, 288, 289, 290, 291, 293, 296, 297, 299, 305, 306, 307, 308, 311, 312, 313, 314, 315, 316, 317, 321, 322, 323, 327, 332, 333, 334 〔司〕30, 32, 49, 70, 〔孫〕63, 100, 363, 〔吳〕385, 〔尉〕62, 134, 135, 136, 220, 〔李〕 298, 361, 425, 426, 436, 439, 440, 459

——伐紂 師渡盟津 右旄左鉞 〔尉〕135

—— 以甲子日興 〔李〕436

—— 一戰而天下定 〔司〕32

無邀正正之旗 〔孫〕217, 〔李〕445

武勇精鋭之士 〔韜〕286, 295

武威(地) 〔孫〕85

武衛大扶胥(兵車) 〔韜〕213

無威則國弱 〔略〕417

無威則失權 〔略〕417

武議 〔尉〕125, 126, 134

武議(篇名) 〔尉〕125, 126

武以威敵 〔吳〕440

武翼大櫓(兵仗器) 〔韜〕214, 231, 291

武翼大櫓矛戟扶胥(兵車) 〔韜〕214

武子 → 孫子(齊) 〔尉〕80, 86

無敵 → 天子者四焉 〔尉〕169

無敵於前 〔尉〕138, 140

無政之令 〔孫〕325

武帝(北魏) 〔孫〕124

武帝 → 漢武帝 〔尉〕132

無主於後 〔尉〕138, 140

無地於下 〔尉〕140

武昌(地名) 〔孫〕233

無天於上 〔尉〕140

———— 無地於下 無敵於前 無君於後 〔韜〕164

武衝(兵車) → 武衝扶胥 〔韜〕237, 252, 290, 291

武衝車(兵車) 〔韜〕280

武衝扶胥(兵車) ← 武衝 〔韜〕231, 252, 290, 291

無取天下者 天下利之 〔韜〕110, 111

無奪其時 〔尉〕222

無奪民時 〔尉〕171

無怠其衆 〔韜〕75

無形而合戰 〔孫〕300

無形者 〔李〕263

武侯 → 諸葛亮(蜀漢) 〔李〕313, 314, 343, 344

武侯 → 魏武侯 〔吳〕391, 393, 394, 396, 397, 399, 401, 410, 417, 418, 419, 422, 424, 434, 435, 437, 450, 451, 453, 454, 456, 459, 460, 462, 463, 464, 465, 468, 469, 470, 471, 472, 473

墨(五刑) 〔司〕45

嘿嘿昧昧 其光必遠 〔韜〕47

冒頓(匈奴) 〔韜〕121, 〔略〕435, 〔孫〕91, 328

文 → 晉文公 〔李〕463

文 → 文王(周) 〔略〕411 〔尉〕168

文啓 〔韜〕114

文啓(篇名) 〔韜〕114

聞鼓聲而喜 〔韜〕168, 171

聞鼓聲合 〔吳〕433

文茵暢轂(兵車) → 小戎 〔孫〕100

聞金聲而怒 〔韜〕168, 171

文能附衆 武能威敵〔李〕379
文德〔吳〕374, 385
文韜(篇名)〔韜〕38
文武→文王(周), 武王(周)〔略〕411,〔尉〕168
文伐(篇名)〔韜〕120, 139
文伐〔韜〕120
——之法〔韜〕130, 131
文師〔韜〕38
文師(篇名)〔韜〕38
聞喪乃止〔司〕34
文成(漢)〔韜〕92
文與武左右〔司〕84
文王→周文王〔韜〕38, 39, 40, 41, 42, 43, 44, 45, 47, 49, 52, 53, 54, 55, 57, 58, 59, 60, 62, 63, 64, 65, 66, 67, 68, 70, 71, 73, 74, 75, 79, 81, 82, 85, 86, 87, 94, 95, 96, 97, 98, 99, 105, 107, 112, 114, 119, 120, 121, 130, 131, 133, 257,〔略〕355,〔司〕49, 89,〔孫〕114, 125,〔尉〕88, 134, 169, 284, 298
——發政施仁〔韜〕57
——三分天下有其二〔韜〕47, 131
——所以不大聲色 不長夏革 不識不知 順帝之則〔韜〕47
文懿→公孫文懿(曹魏)〔司〕136,〔孫〕178,〔李〕462
文以附衆〔吳〕440
門者〔孫〕360
問之以言 以觀其詳→八徵〔韜〕158
文侯→魏文侯〔吳〕369, 370, 375
勿擊堂堂之陣〔孫〕217,〔李〕445
物旣章 目乃明〔司〕115
勿妄而許〔韜〕64
勿逆而拒〔韜〕64
勿以獨見而違衆〔韜〕162
勿以辯說爲必然〔韜〕162
勿以三軍爲衆而輕敵〔韜〕162
勿以受命爲重而必死〔韜〕162
勿以身貴而賤人〔韜〕162
未(十二辰次)〔司〕48,〔李〕359
未見形而戰 雖衆必敗〔韜〕181
縻軍〔孫〕131,〔吳〕431,〔李〕400, 401
微權〔略〕414
微妙之神〔韜〕196, 198
芈姓〔吳〕396, 399
微子(殷)〔韜〕107,〔略〕430
微乎微乎 至於無形〔孫〕177
微號相知〔韜〕274
民罔常懷 懷於有仁〔司〕120
民機之情〔韜〕81
民盜其內〔略〕398
民得其所而天下寧〔略〕442, 443
民無信不立〔司〕120
緡微餌明 小魚食之〔韜〕45
民不失務〔韜〕60
岷山〔尉〕76
民先成其慮〔司〕69
民先意以待事〔司〕69
民失其務〔韜〕61
民心日離〔略〕370
民有必戰之心〔尉〕87, 88
民有孝慈者愛敬之〔韜〕56
緡隆餌豊 大魚食之〔韜〕45
愍帝(西晉)〔李〕392
緡綢餌香 中魚食之〔韜〕45
民之所好好之 民之所惡惡之 此之謂民之父母〔韜〕51
民體其命〔司〕69
密(國)〔韜〕130,〔略〕355
密敎邊將〔李〕312

【ㅂ】

薄其賦斂〔韜〕120,〔尉〕156
朴其身躬 惡其衣服〔韜〕90
薄賦斂〔韜〕60,〔略〕369
反間(用間)→五間〔孫〕353, 356, 361, 362, 363
返擊〔韜〕327
班固(後漢)〔韜〕157
潘黨(楚)〔孫〕257
半渡而薄之〔吳〕464
班聯〔尉〕215
反本緣理〔尉〕167
班師振旅〔尉〕88
半隱半出〔吳〕414
反者廢之〔略〕362
反坫〔李〕289
半濟而擊之〔孫〕245
叛則伐之〔司〕43
半進半退者誘〔孫〕262
潘鴻(後漢)〔孫〕110
發(名)→武王(周)〔韜〕67
發啓〔韜〕105
發啓(篇名)〔韜〕105
發攻必衂〔尉〕103
發禁〔司〕54
發粟散錢〔李〕426
發欲畢〔尉〕99
拔而勿久〔略〕366
拔出餘衆〔司〕111
發必中節〔李〕390
渤海(四海)〔司〕48
發號施令〔吳〕468
發號出令〔尉〕85
方(陣法)→五陣〔李〕363, 364, 365, 366
方→張方(西晉)〔孫〕237
龐煖(書)〔李〕296
方慮極物〔司〕91
方馬埋輪〔孫〕309
方伯三師〔略〕418
方士→王翼一十八等〔韜〕148, 149
方色五旗〔李〕352
方首鐵棓維朌(兵仗器)←天棓〔韜〕217
方首鐵槌(兵仗器)←天槌〔韜〕217
放弑其君〔司〕57
方亦勝(陣法)〔尉〕71, 197
龐涓(魏)←涓〔略〕347, 457,〔司〕67, 136,〔孫〕136, 161, 182, 197,〔尉〕175,〔李〕264
方圓(陣法)〔李〕366, 369
房遺愛(唐)〔李〕441
方夷(九夷)〔略〕351
防敵乘我〔李〕394
方則止 圓則行〔孫〕164
放之則彌六合 卷之則退藏於密〔略〕354
方陣(陣法)〔吳〕431,〔尉〕71,〔李〕278, 342
妨賢病國〔尉〕124
方胸兩枝鐵叉 (兵仗器)〔韜〕225
方胸鋌矛(兵仗器)〔韜〕221, 222
方胸鐵叉(兵仗器)〔韜〕225
北→將之過, 敗之道〔孫〕275, 276
背固前隘(地利)〔孫〕316
背公立私〔略〕400
背丘勿逆〔孫〕217, 221
背棄公道〔略〕401
背大阻險〔吳〕456
背德逆天〔司〕47
倍道兼行〔孫〕172, 198
背水爲陣(陣法)〔孫〕313
背水陣(陣法)〔孫〕79, 327,〔尉〕62
北而勿罰〔李〕266
倍日倂行〔司〕136,〔孫〕197

倍則分之〔孫〕127
背風背高(地利)〔司〕154
裴行儉(唐)〔孫〕312
伯(百人之長)〔尉〕188
白(五方色)〔李〕364, 365
白→白起(秦)〔李〕271
伯鼓〔尉〕194, 195
柏谷(城)〔孫〕347
白公→白公勝(楚)〔略〕445, 〔吳〕396
白公勝(楚)←白公〔尉〕110
百官〔略〕439, 〔司〕50, 66, 123, 124, 〔李〕300, 301, 303
百官宜無淫服→立法〔司〕123, 124
百金不刑〔尉〕151
白起(秦)〔孫〕116, 117, 170
白道(地)〔李〕383
百祿是遒〔韜〕114
百吏死職〔司〕141
百里之海〔尉〕171
白馬津〔孫〕334
百萬之衆〔尉〕238
白旄〔尉〕136
百畝之田 勿奪其時 數口之家 可以無飢〔尉〕96
百步而決〔尉〕209, 210
百步而鶩〔尉〕209, 210
百步而趨〔尉〕209, 210
百夫制師 以成武功〔李〕283
伯嚭(吳)←太宰嚭〔韜〕123
百姓不得其敍〔司〕78
百姓財竭〔孫〕107
百姓足 君孰與不足〔司〕102
白霫(部族)〔李〕320
百乘之國 其地可出兵車一百乘〔尉〕128
伯顔(元)〔孫〕114
伯有分地〔尉〕185
白夷(九夷)〔略〕351
伯益(夏)〔略〕411, 〔吳〕399
白刃始合 士爭先赴〔韜〕171
百人而教戰教成〔尉〕196
伯長〔尉〕209, 210
白章→卒有五章〔尉〕190, 191
伯長教成〔尉〕209, 210
百戰百勝〔孫〕117, 145, 〔尉〕60, 〔李〕406, 462
————者中〔李〕452
百戰不殆〔孫〕137〔吳〕418
伯州犁(楚)〔孫〕355
柏直(魏)〔孫〕70
白虎(五行)〔韜〕196, 197, 198
白虎(陣法)→八陣〔李〕279
白虎→五行之符〔韜〕196, 197, 198
白虎(旗)〔吳〕435
百貨之官〔尉〕132
樊→樊噲(前漢)〔李〕423
番落〔李〕309
番兵〔李〕308, 311, 316, 317, 318, 319
樊崇(部族)〔李〕380
番臣〔李〕321
番將〔李〕308
煩陳〔司〕105
樊噲(前漢)←樊〔李〕424
番漢→番兵, 漢兵〔李〕308, 310, 311, 312, 317, 329, 381
——之衆〔孫〕72, 〔李〕381
——之兵〔李〕312, 329
播麾〔司〕115, 〔吳〕453, 〔李〕352
伐(聲罪致討)〔司〕57
伐交〔孫〕119, 120
伐國 必因其變〔尉〕221
伐謀〔司〕156, 〔孫〕118
伐兵〔孫〕121, 〔吳〕384

罰不遷列〔司〕86
罰如谿〔尉〕220, 221
罰一以懲衆〔韜〕99
罰罪〔吳〕425
范蠡(書)〔李〕296
范蠡(越)〔李〕367, 368, 450, 453, 457, 460
法令孰行→七計〔孫〕72
犯令必死〔尉〕231
犯命〔司〕65
范文子(晉)〔吳〕385
犯三軍之衆 若使一人〔孫〕326
范昭(晉)〔孫〕118,〔尉〕110
范雎(魏)←秦應侯〔略〕434
范純仁(北宋)〔略〕454
范氏→范祖禹(北宋)〔李〕416
范祖禹(北宋)←范氏
范陽(地)〔孫〕245
凡戰之法〔吳〕453, 454
范增(西楚)←亞父〔孫〕94, 356,〔李〕386, 427
犯之以利 勿告以害〔孫〕326
犯之以事 勿告以言〔孫〕326
法→立法〔司〕123, 124
法→五事〔孫〕62
一者曲制官道主用〔孫〕68
法禁〔吳〕419
法度〔吳〕425,〔尉〕100
法令〔韜〕281,〔孫〕62, 72,〔吳〕424, 441, 442,〔尉〕88
犯令不舍〔尉〕218, 219
法算→王翼一十八等〔韜〕148, 149
法外之賞〔孫〕324
法章(齊)〔略〕366
法制〔尉〕87
——詳審〔尉〕77
壁(四宿)〔孫〕337
壁壘〔韜〕103, 146, 192, 207,〔吳〕419, 458
壁水貐(四宿)〔孫〕337
闢土四面〔吳〕375,〔尉〕80
變→治亂之道〔司〕123
變客爲主〔李〕390, 391
變古易常〔略〕404
變動無常 因敵轉化〔略〕350
變勞爲佚〔李〕392
變法〔尉〕84
變生於兩陳之間〔韜〕177
變弱爲强〔吳〕417
變主爲客〔李〕390
邊縣列侯〔尉〕232
變化莫測〔李〕263
變化無測〔尉〕169
別徑奇道(地利)〔韜〕316, 317
別軍〔韜〕253, 255, 268, 269
別隊〔韜〕270
別堡〔韜〕255
兵不妄擧〔李〕300, 301
別成子望軍氣(書)〔李〕296
別將〔韜〕284
兵→七政〔司〕119
兵家〔略〕413,〔吳〕383, 417,〔尉〕59,〔李〕250, 291, 330, 331, 367, 394, 395, 409, 410, 437
——詭道〔李〕371, 372, 437
——流〔李〕295
——勝敗〔李〕374
——陰陽書〔尉〕59
——陰陽之妙〔李〕367
——之間(用間)〔孫〕365
——之法〔孫〕250
——之勢不常〔吳〕417
——之勝〔孫〕96
兵甲(兵仗器)〔司〕138, 146〔吳〕416

兵車〔韜〕202, 203,〔司〕82,〔孫〕99, 100, 261,〔吳〕372, 385,〔尉〕127, 128, 156
——不式〔司〕82
兵教（篇名）〔尉〕206, 213
兵教〔尉〕206, 208, 213, 345
——手法〔李〕344, 345
——之法〔尉〕206, 208
兵詭道〔李〕365
兵貴勝〔孫〕111
兵貴爲主 不貴爲客〔李〕388, 389
兵貴致人〔李〕392, 393
兵起〔孫〕346,〔尉〕68
兵器(兵仗器)〔韜〕205,〔司〕70, 73, 74, 144,〔吳〕372
————備具〔尉〕61
兵機〔吳〕369
幷氣一力〔孫〕294, 298
幷氣積力〔孫〕302
兵談〔尉〕64
兵談(篇名)〔尉〕64
兵道〔韜〕100
兵道(篇名)〔韜〕100
倂力齊心〔尉〕73
倂力齊刃〔尉〕74
兵令〔尉〕226
兵令(篇名)〔尉〕226, 232
兵無道〔尉〕177
兵無常勢〔孫〕193
兵無選鋒〔孫〕279
兵聞拙速 未覩巧之久〔孫〕105
兵法(陣法)〔孫〕147
———— 度〔孫〕147
———— 數〔孫〕147
———— 勝〔孫〕147
———— 量〔孫〕147
———— 稱〔孫〕147
兵法→王翼一十八等〔韜〕140, 144
兵法〔孫〕329,〔吳〕369,〔尉〕115, 153, 172, 173, 176,〔李〕242, 248, 250, 251, 252, 254, 255, 268, 269, 274, 275, 281, 283, 286, 292, 294, 296, 338, 339, 340, 351, 352, 366, 374, 401, 414, 448, 460, 462
兵法可以意授 不可以語傳〔李〕352
兵法三等〔李〕448
———— 道〔李〕448, 449
———— 將法〔李〕448, 451
———— 天地〔李〕448
兵伏者〔李〕369
兵賦畝稅〔尉〕156
兵不頓而利可全 此謀攻之法〔孫〕126
兵不兩勝〔韜〕154
兵不血刃〔尉〕136
————而克商誅紂〔尉〕135
————而天下親〔尉〕126
兵士〔韜〕326,〔司〕111,〔孫〕165, 214, 304, 333,〔李〕374
兵散則以合爲奇〔李〕354
兵書〔李〕328, 413
——無出孫武〔李〕324
兵勢(篇名)〔孫〕152,〔李〕347
兵勢〔韜〕176,〔孫〕89, 152, 160, 163, 194
——不行 敵國乃强〔韜〕94
兵勝之術〔韜〕103
兵弱能强〔尉〕218, 219
兵役相從〔尉〕96
兵尉〔尉〕209, 210
——教成〔尉〕209, 210
兵有分聚〔李〕398
兵有三勝〔尉〕87, 109, 110
兵惟雜〔司〕114
兵有全勝〔略〕375

兵以輕勝〔司〕135
兵以靜勝〔尉〕103
兵刃鋒鋭〔吳〕423
兵刃相接〔司〕113
兵因敵而制勝〔韜〕331,〔孫〕193
兵者國家之大事 存亡之道〔韜〕154
兵者國之大事〔孫〕61
兵者詭道〔孫〕80,〔李〕435
兵者不祥之器〔略〕451, 452
兵者凶器〔尉〕140, 226,〔李〕464
兵戰爲下〔李〕409
兵戰之場〔吳〕427
丙丁(五行)〔韜〕196
兵卒有制 雖庸將未敗 若兵卒自亂 雖賢將危之〔李〕313
兵衆孰强→七計〔孫〕74
合則以散爲奇〔李〕354
兵之道 莫過乎一〔韜〕100
兵之利 地之助〔孫〕252
兵之三勝〔尉〕236, 237
兵之用者其狀不定見〔韜〕177
兵之制度〔尉〕73
兵徵(篇名)〔韜〕199
兵徵〔韜〕199
—— 强徵〔韜〕201
—— 大勝之徵〔韜〕202
—— 大敗之徵〔韜〕202, 203
—— 弱徵〔韜〕201
兵春秋(書)〔李〕296
兵合而不齊〔孫〕298, 299
兵革(兵仗器)〔韜〕145,〔司〕54
兵形象水〔孫〕192,〔李〕365
寶→慕容寶(後燕)〔李〕270, 271
輔車相依→輔車脣齒之相依〔吳〕409
輔車脣齒之相依←輔車相依, 脣齒相依〔吳〕409
步鼓〔尉〕194, 195
步敎足法〔李〕344, 345
步騎→步兵, 騎兵〔韜〕215, 216, 217, 219, 220, 221, 222,〔孫〕163
——相半〔李〕307, 348
輔其淫樂 以廣其志〔韜〕124
步兵←步騎〔韜〕209, 219,〔司〕104, 144,〔孫〕295,〔李〕394
保業守成〔吳〕380
保庸〔略〕405
步定綴齊〔李〕343
步卒〔韜〕297, 308, 309, 310〔孫〕99, 100〔尉〕156〔李〕302, 304, 336, 337, 361
保險阻〔韜〕192
伏姦之所(地利)〔孫〕243, 253
伏雞搏狸〔吳〕373
僕固懷恩(唐)〔尉〕146
覆軍殺將〔孫〕241, 328,〔尉〕73, 85, 86
伏旗鼓→王翼一十八等〔韜〕140, 145
伏其鋭士 高其壘〔韜〕102
福流子孫〔略〕456, 457
伏兵〔韜〕231, 232, 245, 248, 249, 270, 271, 277, 278, 283, 284, 288,〔孫〕87, 182, 208, 224, 230, 254, 256,〔李〕392
卜筮獲吉〔尉〕100, 101, 142
卜式(前漢)〔尉〕132
腹心→王翼一十八等〔韜〕140, 142
僕射(官)〔李〕306, 415
卜陽(地)〔孫〕110
輻湊竝進〔韜〕65, 56
服則捨之〔司〕43
福昌縣(地)〔吳〕400
伏羲〔韜〕196,〔略〕409
本心固〔司〕133,〔孫〕215
本弱末强〔略〕404
逢門射法(書)〔李〕296

奉使行符稽留者若符事泄聞者告者皆誅之〔韜〕173
烽燧〔韜〕233
鋒銳甲堅〔吳〕423
封胡(書)〔李〕296
斧(兵仗器)〔尉〕135, 136, 199, 200, 230, 238
夫槩王(吳)〔孫〕229
斧鋸(兵仗器)〔韜〕208
府庫〔孫〕335
部曲(部隊)〔孫〕68, 69, 160, 〔尉〕217, 218, 〔李〕248
富國强兵〔韜〕93, 210, 211, 〔尉〕132
掊克聚斂〔尉〕132
賦斂〔尉〕156
——如取於已〔韜〕62
夫無雕文刻鏤〔尉〕162
父不敢舍子〔尉〕77
父不得以私其子〔尉〕183, 184
剖冰濟水〔吳〕411
扶胥(兵車)〔韜〕206, 213, 214, 215, 231
符信〔韜〕209, 210, 〔孫〕329
負薪之言〔略〕387, 388
傅說(商)←說〔略〕449
部伍〔孫〕264, 265, 296, 〔吳〕377, 〔李〕247, 248
附庸〔吳〕399
斧越(兵仗器)〔韜〕160, 161, 〔尉〕231, 〔李〕432, 423
扶而安之〔略〕359
復益增壘〔孫〕196
父子之兵〔吳〕425
阜財→五慮〔司〕93, 94〔司〕93, 94
夫在芸耨〔尉〕162
符籍〔尉〕187, 〔李〕335, 336
符節〔尉〕65, 185, 186, 205
賦重斂數〔略〕399
負重致遠〔韜〕304
富之而不犯者仁〔韜〕72
付之而不轉者忠〔韜〕72
富之而後敎之〔韜〕77
苻秦(國, 前秦)〔李〕455
傅鎭(後漢)〔孫〕227
夫差(吳)〔孫〕323, 〔吳〕385, 389
夫出於南畝〔尉〕163
浮海(船舶)〔韜〕239
苻黃眉(前秦)←黃眉〔孫〕345
北斗〔吳〕435
北山〔孫〕82, 140, 166, 196, 205, 222, 295
北狄←狄〔李〕320
北海〔李〕401
奔北不追〔李〕266
奔北之禍〔尉〕236
奮兵擊之如破竹〔孫〕153
分兵三處〔韜〕240
分塞令〔尉〕184
分塞令(篇名)〔尉〕184
忿速可侮→五危〔孫〕240
分數〔孫〕152
轒轀(兵車)〔韜〕237, 〔孫〕122
奮威→王翼一十八等〔韜〕140, 145
分爲三隊〔李〕302, 303, 304
分爲三隊 隨而追之〔韜〕249
分而相合〔尉〕65
分而迭擊〔司〕152
分而合之〔吳〕430
奮敵若驚〔尉〕212
分田制祿〔尉〕96
分卒據要害〔尉〕202
奔走可擊→十四變〔韜〕299
奔走而陳兵車者期〔孫〕261
焚舟破釜〔孫〕229, 265

奔進致死〔尉〕146
奔衝敵陳〔李〕317
分限→必勝之道〔尉〕215
分合(篇名)〔韜〕293
分合〔韜〕293
——爲變〔孫〕201,〔李〕259, 260, 265, 352, 353
——解結〔韜〕305,〔司〕62
分險(篇名)〔韜〕289
分險〔韜〕289
——者無戰心〔孫〕255,〔尉〕108
不暇可擊→十四變〔韜〕297
不加喪 不因凶〔司〕34
不可勝者守〔孫〕141,〔李〕404, 405
不可勝在己 可勝在敵〔孫〕141,〔李〕410, 411
不戒可擊→十四變〔韜〕297
不校勿敵〔司〕50
不窮不能〔司〕41
不貴久〔孫〕111
不能預交〔孫〕320
不能分移 不可以語奇〔韜〕192
不圖大事〔韜〕91
不度在於竭民財→十二陵之反〔尉〕124
不動如山〔孫〕203
不得已則鬪〔孫〕165, 304, 315, 320
不令而信〔孫〕304
不忘武備〔李〕300, 301
不明在於受間→十二陵之反〔尉〕124
不伐則無求〔司〕63
不伐之士〔司〕63, 146
不服〔司〕106
不卜而與之戰者八〔孫〕134,〔吳〕411
不服則法〔司〕125
不富無以爲仁〔韜〕77
不祥在於惡聞己過→十二陵之反〔尉〕124
不施無以合親〔韜〕77
不信〔司〕106
不信仁賢則國空虛〔略〕371
不實在於輕發→十二陵之反〔尉〕124
不失敵之敗〔孫〕145, 146
不若則能避之〔孫〕129
不用戰而屈人之兵〔李〕464
不戰而屈人之兵〔孫〕118, 347,〔吳〕384,〔李〕452, 462
不戰而服〔尉〕178, 179
不戰者在我〔李〕445, 446
不占而避之者 六〔孫〕134,〔吳〕414, 415
不知軍之不可以進而謂之進〔孫〕131
不知軍之不可以退而謂之退〔孫〕131
不知三軍之權而同三軍之任則軍士疑〔孫〕133
不知三軍之事而同三軍之政則軍士惑〔孫〕132
不知戰攻之策 不可以語敵〔韜〕192
不知彼 不知己 每戰必敗〔孫〕139
不知彼而知己 一勝一負〔孫〕138
不聽金鼓鈴旗而動者有誅〔尉〕196
不出乎多方以誤之〔李〕402
不奪其時〔韜〕120,〔略〕369
不通治亂 不可以語變〔韜〕192
不和〔司〕106
不患寡而患不均〔略〕443
崩→將之過, 敗之道〔孫〕275, 276
朋黨〔韜〕87, 88
朋友相信〔尉〕98
鼙〔吳〕446
羆(獸)〔韜〕38, 39
剕(五刑)〔司〕45
備→五事〔吳〕441, 442
飛江(兵器)〔韜〕189, 223, 224, 233, 234, 239, 290

鞞鼓〔韜〕202, 203, 240, 270, 271
飛橋(兵器)〔韜〕239
飛鉤(兵器)〔韜〕218
備其前後〔韜〕284
飛廉(殷)〔尉〕135, 136,〔李〕459
費留〔孫〕343
費耗留滯〔孫〕344
飛梟(兵器)〔韜〕215, 216
卑鄙怯弱〔尉〕121
卑辭委聽 順命而合〔韜〕124
卑辭厚賂〔孫〕91
比小事大〔司〕54
淝水〔孫〕88, 138, 183,〔李〕270, 271, 314, 398, 401
非勝之主〔孫〕352
備實擊虛〔李〕324
比屋可封〔司〕84
卑而驕之〔孫〕91
非人之將〔孫〕352
非子(秦)〔吳〕399
卑者貴之〔略〕360
費棧(孫吳)〔孫〕207
裨將〔孫〕171,〔尉〕207, 209, 210,〔李〕334
裨將敎成〔尉〕209, 210
秘藏於地〔尉〕66
飛鳥而不驚〔韜〕263
非主之佐〔孫〕352
圮地(地利)〔孫〕290, 293, 297, 319
————無舍〔孫〕220
————則行〔孫〕297
鞞鐸〔韜〕238
圮下漸澤(地利)〔韜〕319, 320
賓(五禮)〔司〕45
臏→孫臏(齊)〔司〕67
牝→右牝〔李〕366, 367, 368, 369
牝牡←陰陽〔李〕366, 368, 369
——之形〔李〕368
憑間以傾敗〔李〕385, 386
憑陵敵國〔尉〕121
憑弱犯寡〔司〕55

【ㅅ】

師〔略〕418,〔李〕306
駟〔孫〕99
舍(30里)〔尉〕147
蛇(四獸)〔李〕370, 372
巳(十二辰次)〔司〕48,〔李〕359
蛇(陣法)→八陣〔李〕269, 274, 279, 280, 281
死→四守〔司〕119
辭→七政〔司〕118
使間(用間)〔李〕387, 388
死間(用間)→五間〔孫〕353, 356, 362,〔李〕382, 383
辭强而進驅者退〔孫〕259
舍車用騎〔李〕338
舍車爲行〔李〕358
四輕〔吳〕422
四鼓嚴辦→擊鼓〔吳〕433
師曲爲老〔略〕381
師曠(書)〔李〕296
伺隙擣虛〔李〕347
事極修則百官給〔司〕66
舍近取遠〔略〕440
士氣〔司〕104, 111, 121,〔尉〕177
史記(書)〔孫〕200, 249,〔李〕290, 437
四奇(陣法)→八陣〔尉〕202, 203,〔李〕269, 277
四機〔吳〕443, 444,〔李〕412, 413

—— 氣機〔吳〕443, 444,〔李〕412
—— 事機〔吳〕443, 444
—— 力機〔吳〕443
—— 地機〔吳〕443
事機→四機〔吳〕443, 444
伺其空隙〔略〕396
舍己而敎人〔略〕436
師隊〔李〕347, 348
事大國之君 下隣國之士〔韜〕288
士大夫〔吳〕469, 470,〔尉〕126, 152, 153
———不離官府〔尉〕126
四德(道義禮仁)〔吳〕381, 382, 383
四瀆〔司〕48
四頭八尾(陣法)〔李〕245, 276, 277, 278, 350, 351, 354
死等以權→三權〔韜〕43
師旅〔司〕78,〔孫〕106, 107,〔吳〕391, 442, 443,〔李〕250, 284
射獵而生〔李〕329, 330
死怒〔司〕140
師老將貪 爭掠易敗〔尉〕224
四輪車(兵車)〔孫〕122
娑陵(地)〔李〕310
死利〔司〕140
四隣不至〔吳〕413
士馬〔孫〕138, 166, 167
司馬〔孫〕99, 208,〔吳〕385,〔尉〕77, 78, 106
——之官〔李〕290, 291
司馬光(北宋)〔略〕454
司馬督(官)〔李〕246
司馬法(書)←司馬穰苴書〔孫〕75, 214, 215, 316,〔吳〕431, 467,〔李〕287, 288, 290, 291, 297, 335, 336, 338, 407, 408, 443
司馬法→古司馬法〔李〕285
司馬宣王→司馬懿(曹魏)〔司〕136,〔孫〕171, 178
司馬氏→田穰苴(齊)〔李〕290, 291
司馬穰苴→田穰苴(齊)〔李〕290, 291
司馬穰苴書→司馬法(書)〔李〕293, 336
司馬懿(曹魏)←司馬宣王, 宣王, 懿〔孫〕138, 188,〔李〕462
司馬子魚(楚)←子魚〔孫〕247
司馬晉(國)→東晉〔李〕455
事莫大於必克〔韜〕179
四網羅之〔略〕365
死亡喪葬〔尉〕96
四面見敵〔韜〕325, 326
四面奮擊〔孫〕319
四面受敵〔韜〕278, 279,〔吳〕464
四面通達(地利)〔孫〕292
四面八軍(陣法)〔李〕277
四面八向(陣法)〔李〕276, 277, 282, 342
徙木〔吳〕403
徙木示信〔尉〕85
士無死志〔吳〕408
士無餘財〔司〕159
士無餘財 非惡貨〔孫〕305
四武衝陳(陣法)←衝陳〔韜〕228, 234, 235, 261, 266, 267, 291, 333, 334
士未食勿食〔韜〕162
士未坐勿坐〔韜〕162
四民(農工商賈)〔略〕453,〔尉〕154
使民揚臂〔尉〕84
使民如四肢〔略〕358
士半功倍〔韜〕180
四方〔略〕351,〔李〕279
使法在己曰專〔司〕124
蓑薛〔韜〕208
舍本治末〔韜〕75, 76
四分五裂〔韜〕188
死憤之士〔韜〕302
事不師古 匪說攸聞〔略〕422

士不先教 不可用〔司〕60
士不旋踵〔尉〕97, 98
師不宿飽〔略〕397
四不和〔吳〕376, 377
辭卑而益備者進〔孫〕258
士非好死而樂傷〔韜〕171
辭辭〔司〕120
死士→必勝之道〔韜〕43,〔孫〕230,〔尉〕135, 136, 217
史思明(唐)〔孫〕227,〔尉〕146
思士如渴〔略〕387
師散而歸〔尉〕102
師尚父→太公望(周)〔韜〕42
死喪相救〔尉〕96
死生之地〔孫〕61,〔李〕326
使城自保〔略〕367
四星→四宿〔孫〕341
汜水〔孫〕214, 245
四獸(陣法)〔李〕370
四守〔司〕119
—— 死〔司〕119
—— 榮〔司〕119
—— 利〔司〕119
—— 恥〔司〕119
四宿←四星〔孫〕337
舍水上山〔尉〕116
四獸之陣(陣法)〔李〕370, 371
士習戰陳〔吳〕444
四勝〔吳〕385
——者弊〔吳〕385
四時所生〔韜〕81
姒氏〔韜〕41
謝安(東晉)〔孫〕138,〔李〕270, 455, 457, 460, 461
死愛〔司〕140
辭讓之心 禮之端〔司〕40
詐譽取名〔略〕400
死威〔司〕140
四維〔略〕351,〔李〕279
師尹(周, 太師尹氏)〔略〕443
四音〔李〕370
死義〔司〕140
四夷〔韜〕76
社爾→阿史那社爾(突厥)〔李〕308
死而更生〔孫〕155
師以義擧者正〔李〕251
舍人(官)〔孫〕360
使人可用難〔司〕145
使人可陳難〔司〕145
使人均平 不失其所 道之化〔略〕438
使人惠〔司〕111
使自其內〔司〕118
死者不可以復生〔孫〕346
死戰〔韜〕254, 255,〔孫〕110, 319
死節〔尉〕95, 96
四正(陣法)→八陣〔李〕269, 277
四帝〔孫〕249, 250
四蹄〔吳〕437
士卒輕刑〔略〕382
士卒相囂〔尉〕75
士卒孰練→七計〔孫〕74
士卒用命〔略〕386
士卒用命 乃可越境〔略〕379
四種〔李〕293, 295
—— 權謀〔吳〕383,〔李〕250, 291, 295, 296
—— 技巧〔李〕291, 295, 296
—— 陰陽〔李〕291, 295, 296
—— 形勢〔李〕291, 295, 296
史疇(太史 疇, 周文王 太祖)〔韜〕40, 41
士衆死行列〔司〕141
師中承天寵〔孫〕284

死地(地利)〔韜〕245, 316, 317,〔略〕454, 455,〔孫〕68, 189, 282, 290, 294, 298, 304, 309, 316, 320, 327,〔吳〕428,〔尉〕62, 94
———— 吾將示之以不活〔孫〕320
師之九二(周易)〔孫〕284
事之而不窮者謀〔韜〕72
使之而不隱者信〔韜〕72
使之以財 以觀其廉→八徵〔韜〕158
死地則戰〔孫〕220, 298
師之初六(周易)〔孫〕284
社稷〔韜〕67, 160,〔略〕366,〔司〕57,〔尉〕213,〔李〕425
——安寧〔韜〕165
——安危 一在將軍〔韜〕160
四陳(陣法)〔李〕274
蛇陣(陣法)→八陣〔李〕279
師出以律〔孫〕284
四通(地利)〔孫〕316
————者衢地(地利)〔孫〕316
————之地(地利)〔孫〕296
死鬪之士〔韜〕302
史編(周太史 編)〔韜〕38, 39, 40, 41, 42
四下〔吳〕437
四海〔略〕351, 353, 354, 407, 409, 411, 439,〔司〕48, 50,〔尉〕68
——會同 王職不廢〔略〕411
師行〔司〕80
謝玄(東晉)〔孫〕88, 128, 190, 215, 279,〔李〕269, 270, 271, 314
謝玄傳(晉書謝玄傳)〔李〕270, 271
士會(晉)〔孫〕118, 178,〔李〕348
數罰者困〔孫〕266
數賞者窘〔孫〕266
削心約志 從事乎無爲〔韜〕56
山都縣(地)〔孫〕85
山東(地)〔孫〕186
散亂而成行〔吳〕425
山林(地利)〔韜〕250, 255, 265, 317,〔尉〕71, 72
————茂穢〔韜〕192
山林險阻沮澤(地利)〔孫〕200, 201, 293, 320
散不得聚〔尉〕71, 72
散生→散宜生(周)〔李〕440
山城〔韜〕279, 280
散宜生(周)←散生〔略〕355,〔李〕439, 440
散而成八 復而爲一(陣法)〔李〕282
散而成行〔李〕328
散而自戰〔吳〕403
散衆→三疑〔韜〕135, 139
散衆以衆〔韜〕136
散地(地利)〔孫〕290, 294, 302, 317
————則無戰〔孫〕294
山川→名山大川〔司〕48
——險阻 (地利)〔孫〕172
山阪(地利)〔韜〕186, 297, 319
————峻絶〔吳〕455
殺貴大 賞貴小〔韜〕167
殺其半者 威加海內〔尉〕237
殺馬肉食〔孫〕265
殺身之禍〔尉〕124
殺十三者力加諸侯〔尉〕237
殺十一者令行士卒〔尉〕237
殺人安人〔司〕30
殺一人而萬人喜者殺之〔尉〕129
殺一人而三軍震者殺之〔韜〕167,〔尉〕129
殺妻求將〔吳〕383
三家〔韜〕80
三綱五常〔略〕440
三鼓趨食→擊鼓〔吳〕433
三軍(37,500人)〔韜〕306, 307,〔吳〕429
三軍〔韜〕144, 145, 147, 149, 154, 162,

168, 171, 172, 192, 193, 194, 201, 202, 212, 218, 222, 228, 232, 234, 235, 237, 239, 241, 242, 246, 247, 248 251, 253, 254, 255, 258, 259, 266, 267, 268, 269, 270, 271, 272, 274, 275, 279, 280, 281, 282, 283, 284, 285, 290, 291, 293, 294, 297, 305, 306, 307, 309, 316, 321, 325, 329, 333, 334, 〔略〕381, 383, 396, 418, 〔司〕38, 97, 133, 141, 142, 143, 144, 〔孫〕60, 87, 93, 106, 116, 121, 122, 123, 132, 133, 140, 141, 154, 157, 162, 171, 178, 187, 188, 191, 194, 197, 205, 206, 210, 213, 216, 239, 262, 263, 268, 271, 275, 276, 282, 286, 294, 296, 297, 298, 302, 304, 310, 313, 314, 320, 325, 326, 327, 331, 345, 358, 364, 415, 〔吳〕406, 410, 413, 414, 418, 419, 428, 429, 430, 434, 440 443, 444, 446, 454, 473, 〔尉〕77, 78, 79, 129, 141, 147, 148, 171, 178, 190, 196, 206, 224, 〔李〕265, 287, 288, 362, 377, 393, 411, 443

——可奪氣之法〔李〕411

——大戰〔尉〕234

——同力〔孫〕135

——壘成〔尉〕102

——服威〔略〕386

——勇鬪〔韜〕232

——以戒爲固 以怠爲敗〔韜〕247

——之命〔韜〕154

——之事 莫密於間(用間)〔孫〕358

——之司命→軍命〔吳〕410

——之士 思爲致死〔略〕376

——之用〔韜〕172

——之長〔吳〕444

——之將〔孫〕352

——之將 吾可以奪其心〔孫〕209

——之災 莫過狐疑〔韜〕182

——之災 生於狐疑〔吳〕428

——之衆吾可以奪其氣〔孫〕209

——疾戰 敵人必走〔韜〕245

——疾戰 敵人必敗〔韜〕241, 242

——鑿井〔尉〕102

——炊爨〔尉〕102

三權〔韜〕43

—— 官等以權〔韜〕43

—— 祿等以權〔韜〕43

—— 死等以權〔韜〕43

三歸〔李〕289

三乃成章〔司〕122

三年不典〔司〕88

三達德〔韜〕150

三代〔韜〕131, 〔司〕71, 〔孫〕347, 〔李〕250

三隊合〔李〕353

三德〔尉〕155

三等之敎〔李〕334, 335

三略(書)〔略〕370, 423, 〔吳〕440, 〔李〕293, 451

三令〔韜〕305

—— 令甲〔韜〕305

—— 令丙〔韜〕305

—— 令乙〔韜〕305

三令五申〔孫〕325, 〔李〕354

三萬竈〔略〕355

三門(太公兵法)〔李〕293, 294

—— 太公謀〔李〕294

—— 太公兵〔李〕285, 294

—— 太公言〔李〕294

三寶〔韜〕70, 73, 74

—— 大工〔韜〕73

—— 大農〔韜〕73

—— 大商〔韜〕73
——全則國安〔韜〕74
三覆〔李〕356
——七覆〔孫〕254
三師〔略〕418
三司使〔略〕457
三散三合〔李〕354
三相稱〔尉〕64
——— 建城稱地〔尉〕64
——— 以城稱人〔尉〕64
——— 以人稱粟〔尉〕64
三勝〔韜〕168, 169, 〔吳〕385
—— 力將〔韜〕170
—— 禮將〔韜〕169
——者霸〔吳〕385
—— 止欲將〔韜〕170
三五相同 以結其聯〔尉〕214
三王〔韜〕38, 39, 〔略〕411, 〔司〕72, 〔尉〕168
三原(地)〔李〕242
三揖而進 一辭而退〔司〕82
三疑(篇名)〔韜〕135
三疑〔韜〕135
—— 散衆〔韜〕135, 139
—— 力不能攻强〔韜〕135
—— 離親〔韜〕135, 139
三義而有六〔李〕332
三戰三捷〔司〕136, 〔孫〕178, 〔李〕462
三晉〔吳〕401, 402, 408
三秦〔李〕292
三陳(陣法)〔韜〕226
—— 人陳〔韜〕226, 227
—— 地陳〔韜〕226, 227
—— 天陳〔韜〕226, 227
三陳(篇名)〔韜〕226
三尺之泉〔尉〕171
三悖〔尉〕70, 71
—— 目盲〔尉〕70, 71
—— 心狂〔尉〕70, 71
—— 耳聾〔尉〕70, 71
三皇〔韜〕196, 〔略〕409
商(國)〔韜〕39, 100, 112, 〔司〕32, 71, 73, 〔孫〕322, 363, 365, 〔尉〕62, 135, 136, 152
商(五音)〔韜〕194, 195, 197, 198, 199, 〔李〕370, 371, 372
尙→太公望(周)〔韜〕42
上暇人敎〔司〕105
上計〔孫〕186
上功〔吳〕469
賞功〔尉〕130, 〔吳〕425
相救也 如左右手〔孫〕308
相國〔李〕422
上軍〔孫〕277, 299, 〔李〕252
商君→商鞅(秦)〔尉〕85
上軍大夫〔尉〕106
商君徙木示信〔尉〕85
上卷(篇名)〔李〕241
相剋(五行)〔李〕365
上大夫〔司〕82
———言 闇闇如也〔司〕82
上略(篇名)〔略〕345, 423, 424
上牢〔吳〕469, 470
賞賚刑罰〔尉〕88
上滿下漏〔尉〕100
尙明〔司〕77
上無氛氣〔韜〕263
賞無所生〔司〕84
尙文〔司〕77
上煩輕 上暇重〔司〕138
賞罰(篇名)〔韜〕98
賞罰〔韜〕93, 98, 143, 293, 〔司〕147, 〔孫〕

97,〔吳〕403, 424,〔尉〕87
——明則將威行〔略〕383
——如加於身〔韜〕62
——必信〔略〕379
賞罰孰明→七計〔孫〕75
常法之賞〔孫〕324
賞法之常〔孫〕324
上兵〔司〕156,〔孫〕118
上兵伐謀〔司〕156,〔孫〕118
尙父→太公望(周)〔韜〕52, 131
賞不踰時〔司〕86,〔孫〕75
上不忍廢〔略〕404
上不制於天〔尉〕69
上士〔司〕60
上死不勝〔司〕139
常山蛇(陣法)〔孫〕307
常山蛇勢(陣法)〔孫〕308,〔李〕245, 277, 344
常山之蛇(陣法)←率然〔孫〕307
相生相剋(五行)〔李〕365
尙書→書經〔孫〕219,〔尉〕155,〔李〕284, 361, 376, 377
上聖〔韜〕179
相守數年〔孫〕351
常習戰鬪〔李〕330
賞信罰必〔韜〕99,〔司〕109
賞信刑察〔吳〕415
商鞅(秦)←公孫鞅, 商君, 衛鞅〔尉〕186
賞如山〔尉〕220, 221
賞如日月〔尉〕238
上逆天道〔吳〕388
商王→紂(商)〔韜〕101, 102, 105
尙威〔司〕77
相爲勝敗〔尉〕173
賞一以勸百〔韜〕99
賞一人而萬人說〔韜〕167
上將之道〔孫〕271, 280, 289
相敵〔孫〕243, 255
相敵三十二法〔孫〕189
上專多死〔司〕139
常政之令〔孫〕324
上帝〔司〕48
象州(地)〔孫〕210
相衆而受裹〔司〕153
上智爲間(用間)〔孫〕363
常陳(陣法)〔尉〕230
上察而與天下圖之〔韜〕129
上察天 下察地 徵已見 乃伐之〔韜〕130
上天之載 無聲無臭〔尉〕168
商湯→湯王(商)〔略〕411,〔尉〕168
賞必文成〔尉〕172
上下同心〔孫〕304
上下分惡〔司〕87
上下不能相信〔尉〕113
上下不伐善〔司〕86, 87
上下相聯〔尉〕183, 184
上行虐 下急刻〔略〕399
上賢〔韜〕85, 86
上賢(篇名)〔韜〕85
桑弘羊(前漢)←弘羊〔尉〕132
塞令〔尉〕185
璽書〔孫〕85
塞易開險〔吳〕449
塞井夷竈〔司〕159,〔孫〕298
生間(用間)→五間〔孫〕353, 357, 362, 363
生而勿殺〔韜〕59
生地〔孫〕68, 244, 247
書→書經〔略〕422,〔司〕46, 59,〔尉〕96, 397,〔李〕362, 458
胥甲父(晉)〔司〕41
西南夷〔孫〕109
西都(地)〔吳〕399
西樓(地)〔李〕320

胥靡(罪人)〔韜〕303
庶民者國之本〔略〕372
西伯→周文王(周)〔韜〕39,〔尉〕134,〔李〕362
──出獵〔尉〕134
暑不張蓋〔尉〕101, 102
犀象〔吳〕370
西廂三陣(陣法)〔李〕364
西施(越)〔韜〕124
胥臣(晉)〔李〕252
西安(城)〔孫〕174, 312
西域(地)〔李〕321, 322
鋤櫌(兵車)〔韜〕207, 208
西魏(國)〔孫〕186
誓作章 人乃强〔司〕115
西州(地)〔孫〕232,〔李〕329
舒之彌四海 (天時)〔略〕353
西晉(國)←晉〔李〕392
西蜀(國)〔孫〕172
書親絶〔司〕158,〔孫〕316
西平太守〔李〕246
西夏(國)〔孫〕357
西河(地)〔吳〕375, 470,〔尉〕80
西漢(國)→漢〔孫〕186
席卷渡江〔孫〕186
釋近謀遠〔略〕434
釋旗〔司〕153
石勒(後趙)←勒〔孫〕224,〔李〕391, 392
析木(十二辰次)〔司〕48,〔李〕359
釋遠謀近〔略〕434
石顯(前漢)〔韜〕94,〔略〕457,〔孫〕75
獮(狩獵)〔司〕37, 38
選擧賢德〔尉〕142
先擊而勇〔尉〕198
先結伍法〔李〕333
先庚後甲〔孫〕325
先計而後戰〔李〕295
先縠(晉)〔孫〕277
先攻其城〔尉〕222
善攻能守〔尉〕121
善攻者動於九天之上〔孫〕142
善攻者敵不知其所守〔孫〕176,〔李〕403
先君太公→古公亶父(周)〔韜〕42
先其所愛〔孫〕330
善能用兵者〔李〕318
選良次兵〔司〕158
選鋒〔韜〕296
鮮卑(部族)〔孫〕84, 279,〔李〕320
選士〔略〕369, 370,〔孫〕210,〔吳〕411,〔李〕155
善善不進〔略〕403
善守勿應〔吳〕466
善守者〔孫〕151
─── 藏於九地之下〔孫〕142
─── 敵不知其所攻〔孫〕176,〔李〕403
先勝而後求戰〔孫〕146
先勝者先見弱於敵而後 戰〔韜〕180
善施於順民〔略〕442
先神先鬼 先稽我智〔尉〕63, 64
善惡同→八事〔略〕389, 390
善御敵者正兵先合〔尉〕230
善與而不爭〔韜〕63, 64
先零(羌族)〔孫〕229
繕完自固〔李〕455, 460
宣王→司馬懿(曹魏)〔司〕136,〔孫〕171, 178
先王專於兵有五焉〔尉〕98, 99
先王之三本務〔尉〕98
先王之治〔司〕44
善用兵者〔韜〕183, 276,〔孫〕106, 124, 146, 213, 298, 300, 307, 310,〔尉〕92, 116,〔李〕248, 257, 264, 265, 269, 311, 317, 332, 349, 411, 450

——— 屈人之兵而非戰〔孫〕124
——— 能殺士卒之半〔尉〕237
——— 拔人之城而非攻〔孫〕125
——— 毁人之國而非久〔孫〕125
選用賢士 以司牧之〔略〕370
單于(匈奴)〔韜〕260,〔孫〕339, 342
善爲國者〔韜〕61
先爲不可勝 以待敵之可勝〔孫〕140,〔李〕410
宣威將軍〔李〕246
善者得其祐〔略〕441
善將〔吳〕427
——者〔孫〕284,〔尉〕106
選將〔韜〕155
選將(篇名)〔韜〕155
選才考能〔韜〕98
先戰而後求勝〔孫〕146
善戰者〔孫〕140, 141, 144, 145, 154, 157, 163, 167,〔李〕347
——— 居之不撓 見勝則起 不勝則止〔韜〕181
——— 見利不失 遇時不疑〔韜〕183
——— 其勢險 其節短〔孫〕157
——— 不待張軍〔韜〕178
——— 非能戰於天上 非能戰於地下〔韜〕185
——— 勝於易勝〔孫〕144
——— 之勝也 無智名 無勇功〔孫〕145
——— 致人而不致於人〔孫〕167
先正而後奇〔李〕250
先主→劉備(蜀漢)〔孫〕178,〔李〕245
先處戰地以待敵〔孫〕166, 272
善出奇者〔孫〕155
先出合戰爲正〔李〕262
善治國者〔韜〕62
先奪其所愛〔司〕118,〔孫〕300
先偏後伍(陣法)〔李〕335, 336, 357
先形之 使敵從之〔李〕319
薛→薛延陀〔李〕308
薛公(楚)〔略〕420,〔孫〕186
設奇取勝〔尉〕138
薛萬均(唐)〔孫〕245
薛萬徹(唐)←萬徹〔李〕319, 320, 322, 440, 441
設伏投機〔吳〕405
薛延陀(部族)←延陀, 薛〔李〕307, 308, 310
設營布陣(陣法)〔韜〕294
薛仁杲(唐)←仁杲〔孫〕223
薛仁貴(唐)←仁貴〔司〕143,〔孫〕210
薛將軍→薛仁貴(唐)〔孫〕210
葉(葉縣)〔尉〕110
葉公→沈諸梁 字子高(楚)〔吳〕396,〔尉〕110
葉勿葛(鐵勒九姓, 氏族)〔李〕308
涉長路 可擊→十四變〔韜〕297
城〔韜〕203, 204, 207, 237, 253, 254, 255, 256, 268, 269, 270, 271, 279, 280, 282, 290, 302,〔尉〕60, 61, 62, 64, 65, 101, 118, 126, 127, 128, 222, 223
盛强無敵〔尉〕79
聖去則國乖〔略〕430
城堅〔尉〕118, 119, 120
成皐(地)〔孫〕186, 291,〔李〕450
城高池深〔尉〕61
成公(魯)〔孫〕107
城郭〔韜〕210,〔略〕353, 354, 459,〔尉〕116, 117
星旗〔吳〕435
星紀(十二辰次)〔司〕48,〔李〕359
成其大兵 立威於天下〔韜〕306, 307
旌旗指麾之變法〔韜〕305
星旗招搖〔吳〕435
聖德之至〔司〕44

聖慮天縱 聞一知十〔李〕312
成列而鼓〔司〕41
城壘〔尉〕107
聖明之慮〔略〕387
城上有鳥〔孫〕263
星辰〔司〕48
星辰風雲(天時)〔尉〕137
星夜襲之〔孫〕172
聲言掩襲〔孫〕169
成王(周)〔韜〕39
聖王御世〔略〕418
聖王之用兵〔略〕450
聖王號兵爲凶器〔韜〕100, 101
城有所不攻→五利〔孫〕232
星有好雨(天時)〔孫〕337
星有好風(天時)〔孫〕337
城邑〔韜〕250, 254, 268, 282,〔尉〕112, 113, 114
成而勿敗〔韜〕59
城闉〔尉〕88
聖有將動 必有愚色〔韜〕111
聖人不得已而用兵〔略〕452
聖人不自明 故能名彰〔韜〕116
聖人所歸 則六合同〔略〕429, 430
聖人存之方寸 以應酬事機〔略〕354
聖人存之 以應事機〔略〕353
聖人之謀〔吳〕457
聖人之政 降人以心〔略〕431
聖人體天〔略〕422
聖帝明王〔尉〕132
———— 專用仁義〔李〕250
城主〔韜〕204
性州異 教成俗〔司〕145
城池〔尉〕98, 101
聖智用間〔孫〕358, 366
成陳〔吳〕425
成湯→湯王(商)〔韜〕47,〔略〕449,〔孫〕203,〔吳〕382, 397,〔李〕458
成敗〔略〕423
盛夏炎熱(天時)〔吳〕412
世家〔孫〕200
世亂則叛逆生〔略〕418
世不絶聖〔吳〕396, 397
歲星(五星)〔司〕48,〔孫〕64
勢如破竹〔孫〕165
勢如彍弩〔孫〕159,〔李〕347
勢因敵之動〔韜〕177
勢者因利而制權〔孫〕79
世將〔尉〕74, 137
——不能禁〔尉〕74, 75, 76
——不知法者 專命而行〔尉〕198
世勣→李世勣(唐)〔李〕340, 383, 384, 415, 416, 417, 419, 420
世世作姦〔略〕402
勢險節短〔孫〕157,〔尉〕82,〔李〕348
紹〔孫〕342
召(詩經召南)〔韜〕131
召→召公(周)〔略〕411
蕭→蕭何(前漢)〔李〕423, 429, 430
繡→張繡(後漢)〔孫〕226
小車〔尉〕217
巢車(兵車)〔韜〕207
小鼓〔尉〕194, 195
召公(周)←周召〔吳〕400
小國一軍〔孫〕116
小國地方五十里〔司〕52
疏其親則害〔韜〕77
蕭同叔子(齊)〔吳〕389
小櫓(兵仗器)〔韜〕215
召陵(地)〔李〕299
蕭望之(前漢)〔略〕457,〔孫〕75,〔李〕274
蘇茂(後漢)〔孫〕89, 210

蘇文 → 蓋蘇文(高句麗)〔李〕242
小白 → 齊桓公〔吳〕392
素分者敎閱〔李〕260
小序〔李〕284, 361, 362
素書(書)〔略〕435, 436, 438, 447, 449
蕭銑(梁) ← 梁王〔李〕378, 389
紹聖(宋哲宗 年號, 1094~1098)〔略〕455
小圄(監獄)〔尉〕151, 152
蕭繹 → 梁元帝〔略〕420,〔孫〕186
蕭淵明(東魏)〔孫〕120
昭烈 → 劉備(蜀漢)〔孫〕333
蕭王 → 光武帝(後漢)〔孫〕190,〔尉〕138,〔李〕374, 380
昭王 → 燕昭王〔吳〕445
小戎(50人)〔孫〕100,〔李〕287, 288
———— 僔收〔孫〕100
少而往來者營軍〔孫〕258
訴者察之〔略〕360
小敵之堅 大敵之擒〔孫〕129
少衆〔韜〕286
少衆(篇名)〔韜〕286
少則能逃之〔孫〕128
掃地却洒〔孫〕178
小陣(陣法)〔李〕277, 283, 341, 344
蕭何(前漢) ← 蕭, 何〔略〕370,〔李〕422, 424, 425, 426, 429, 430, 460
少昊(五帝)〔略〕410,〔尉〕168
屬(50人)〔尉〕181, 182
屬國都尉〔孫〕85
束縛旌旗〔韜〕314
束伍令〔尉〕187,〔李〕335, 336
束伍令(篇名)〔尉〕187
束人之指〔尉〕150
俗州異 道化俗〔司〕145
粟行三百里則國無一年之積〔孫〕106, 203
粟行五百里則衆有饑色〔孫〕106
巽(卦)〔李〕279
遜 → 陸遜(孫吳)〔孫〕255
孫 → 孫子(書)〔李〕407
孫 → 孫子(齊)〔李〕253, 254, 464
孫權(孫吳)〔司〕111,〔孫〕83, 163, 210
孫武 → 孫子(書)〔孫〕289,〔李〕260, 262, 293, 324, 411, 442, 445, 446, 447, 452
孫武 → 孫子(齊)〔韜〕151,〔李〕259, 265, 268, 346, 348, 453, 457, 460
孫武子 → 孫子(書)〔孫〕333,〔李〕293, 446, 448
孫武子 → 孫子(齊)〔韜〕332,〔尉〕80,〔李〕259
孫臏(齊) ← 臏〔略〕347, 355, 457,〔司〕67,〔孫〕80, 136, 161, 162, 169, 182, 314,〔李〕264, 361
孫子(書) ← 孫, 孫武, 孫武子〔韜〕176, 237, 239, 331,〔司〕116, 118, 134, 140, 145, 159,〔孫〕346, 366,〔吳〕425, 430,〔尉〕91, 94,〔李〕313, 317, 318, 332, 333, 337, 345, 347, 375, 385, 389, 394, 395, 396, 403, 404, 405, 409, 411, 457, 458, 460
孫子(齊) ← 孫, 孫武, 孫武子〔司〕129,〔孫〕61, 62, 77, 97, 99, 109, 114, 140, 152, 166, 195, 199, 219, 220, 221, 222, 243, 271, 290, 300. 309, 333, 347, 351, 363, 366,〔李〕262, 263, 273, 296, 313, 317, 318, 326, 331, 332, 333, 345, 347, 361, 375, 377, 385, 389, 394, 395, 396, 403, 404, 405, 409, 411, 413, 449, 457, 458, 460
孫子敎女兵 分左右隊〔司〕129
孫子之法 萬代不刊〔李〕377
孫軫(書)〔李〕296
孫皓(孫吳)〔孫〕131

帥師之法〔韜〕252
率然(陣法)→常山之蛇〔孫〕307, 308, 309
宋(國)←趙宋〔略〕455, 457,〔孫〕124
宋金剛(隋)←金剛〔孫〕199, 202
宋老生(隋)←老生〔李〕248, 249, 251
松漠(地)〔李〕320, 321, 322
松漠都督(官)〔李〕319, 320
宋武帝(劉宋)←劉裕〔李〕436
宋藝祖→宋太祖〔尉〕200
訟獄〔尉〕152
宋曹彬(北宋)〔孫〕114,〔尉〕126
宋哲宗(北宋)〔略〕454
宋太祖(趙匡胤, 北宋)←宋藝祖〔略〕426,
〔孫〕125
率(1,000人)〔尉〕112
率(50車)〔韜〕311, 312, 313
戍〔司〕57
隋(國)〔孫〕125, 169, 170,〔李〕268
殳(兵仗器, 五兵)〔司〕95, 97
狩(狩獵)〔李〕297, 298, 299, 300
蒐(狩獵)〔司〕37, 38,〔李〕297, 298, 299,
300
水(五星)〔司〕48
水(五行)〔韜〕195, 196, 198, 199,〔李〕365,
364, 365, 371, 372
數(陣法)→兵法〔孫〕147
垂→慕容垂(後燕)〔李〕270, 271
受→立法〔司〕123, 124
受→紂(商)〔韜〕102
水→七政〔司〕119
水可以絶 不可以奪〔孫〕342
守車(兵車)〔孫〕100,〔李〕305, 306
帥鼓〔尉〕194, 195
隋恭帝〔李〕379
垂光→天子者四焉〔尉〕169
守國〔韜〕81, 84, 85,〔尉〕235
守國(篇名)〔韜〕81
雖窮不處亡國之位〔略〕448
守權〔尉〕115, 120
守權(篇名)〔尉〕115
收其內 間其外(用間)〔韜〕125
樹機能(羌族)〔李〕246
數起於五而終於八(陣法)〔李〕276, 277, 281
水能載舟 亦能覆舟〔孫〕365, 385
修德廢武〔司〕36,〔吳〕373
修德行政〔尉〕87
樹立私恩〔略〕401
受命之論→奪敵者五〔尉〕91, 178, 179
水無常形〔孫〕193
隋文帝〔孫〕334
首尾相應(陣法)〔孫〕309
手搏(書)〔李〕296
戍兵〔司〕88
守不固〔尉〕83
守不知攻〔李〕407
守備〔孫〕163, 210, 258,〔尉〕112
雖貧不食亂邦之粟〔略〕448
殊死戰〔孫〕110, 298, 303
殊死鬪〔孫〕306
隨士會(晉)〔孫〕277, 355
水上軍皆殊死戰〔孫〕327
數生稱〔孫〕149,〔李〕345
守城〔尉〕117, 118, 119
壽星(十二辰次)〔司〕48,〔李〕359
守城權法〔尉〕115
守城權變〔尉〕121
守城者不出戰〔尉〕117
輸粟取芻〔韜〕210
睢水〔略〕357,〔李〕430
守勝〔吳〕384
守是攻之策〔李〕407
守隘險阻〔司〕95

睢陽〔孫〕103
守禦之具〔李〕392, 393
守禦之備〔韜〕205, 206
帥與之深入諸侯之地〔孫〕313, 314
守吾氣者所謂知己〔李〕408
帥有分地〔尉〕185
收遊士〔司〕91
守以强弩〔吳〕456
數以量兵〔孫〕149
守而不走〔吳〕406
守而必固〔孫〕175
水因地而制流〔孫〕193
守者奮出〔尉〕121
守者出戰〔尉〕121
守者必固〔尉〕212
率長〔李〕306
守將〔孫〕360,〔李〕276
守在於外飾→十二陵〔尉〕122
水戰〔吳〕444, 464
數終於八(陣法)〔李〕282
守則不固〔韜〕251,〔略〕380, 381
守則不足〔李〕404
綏之斯來〔吳〕381
獸之將搏必伏其身〔司〕135
水泉(地利)〔韜〕227, 250
壽春(地)〔司〕107
守土〔韜〕74, 75
守土(篇名)〔韜〕74
守必固〔吳〕393,〔李〕454, 457, 460
隨何(漢)〔韜〕247,〔孫〕120
獸駭而知其覆〔司〕109
獸駭者覆〔孫〕256
叔向(晉)〔孫〕263
夙興夜寐〔略〕438
楯(兵仗器)〔韜〕226
盾(兵仗器, 五兵)〔孫〕108,〔吳〕410,〔李〕462
舜(五帝)←堯舜, 姚氏, 有虞氏〔韜〕40, 41,〔司〕82,〔孫〕118,〔吳〕385,〔尉〕88, 151,〔李〕458, 460
純(天子之義)〔司〕59
恂→寇恂(後漢)〔孫〕210
純剛純强〔略〕355, 357
荀卿(趙)〔孫〕63,〔尉〕227
順啓〔韜〕133
順啓(篇名)〔韜〕133
荀林父(晉)〔孫〕299,〔吳〕408
舜命九官 濟濟相讓〔司〕82
舜舞干羽〔孫〕118
荀文若(荀彧, 曹魏)〔孫〕226
鶉尾(十二辰次)〔司〕48,〔李〕359
循省其職〔司〕132
巡狩〔司〕46,〔尉〕132,〔李〕299
鶉首(十二辰次)〔司〕48,〔李〕359
巡狩省方〔司〕46
荀罃(晉)〔孫〕232
純陽〔韜〕181
荀偃(晉)〔孫〕277,〔吳〕408
荀吳(晉)←中行穆子〔李〕303, 304, 305, 306, 358
純柔純弱〔略〕355, 357
舜有天下 選於衆 擧皐陶 不仁者遠〔韜〕41
純陰〔韜〕181
栒邑(地)〔孫〕204
順而行之〔李〕439
順者任之以德〔韜〕80
順職之吏〔尉〕205
順天→五慮〔司〕93, 94
鶉火(十二辰次)〔司〕48,〔李〕359
戌(十二辰次)〔司〕48,〔李〕359
述→公孫述(後漢)〔李〕398
術士→王翼一十八等〔韜〕140, 148
崇(國)〔韜 80, 130,〔略〕355,〔孫〕125,〔尉〕88

嵩→皇甫嵩(後漢)〔孫〕339
崇侯(封爵)〔韜〕257
膝行而寬誓之〔司〕130
膝行而推之〔司〕131, 132
襲(輕行而掩之)〔司〕57
習貫成則民體俗〔司〕66
習兵之學〔李〕455, 457
襲而觀其治〔司〕155
勝(陣法)→兵法〔孫〕147
勝→陳勝(秦)〔李〕374
丞(官)〔孫〕85
勝可爲〔孫〕185
乘廣〔李〕301, 302, 303
乘其無備〔司〕156
乘其慍〔司〕156
勝兵似水〔尉〕141
勝兵若以鎰稱銖〔孫〕150,〔李〕345
勝負〔吳〕417
勝否勿反〔司〕147
丞相(官)〔李〕245
承桑氏(國)〔司〕36,〔吳〕373, 374
乘城納降〔孫〕258
勝心〔司〕135
乘闉發機〔尉〕87
勝者之戰〔孫〕151
勝敵者勝於無形〔韜〕178
勝地(地利)〔韜〕316, 317
勝之半〔孫〕286, 287, 288
勝敗〔尉〕106,〔李〕402
詩→詩經〔韜〕45, 114, 130,〔略〕422, 443,〔司〕75, 89,〔孫〕100, 200,〔尉〕168
矢竭糧盡〔孫〕127
矢强(兵仗器)〔尉〕118
詩經←詩〔韜〕64
始計〔孫〕61, 77, 97, 366
始計(篇名)〔孫〕61,〔李〕457
時及將至 若天喪之〔韜〕128
示其所死則所求者至〔略〕394
示飢而實飽〔韜〕102
施無法之賞〔孫〕324
視不相見 故爲之旌旗〔孫〕206
市不易肆〔尉〕126
矢射未交〔尉〕231
視生處高〔孫〕244, 247
矢石繁下 士爭先登〔韜〕171
厮養〔吳〕432, 433
時與大勢以誘之〔韜〕129
屍與城平〔孫〕124
始如處女〔略〕349
——— 敵人開戶〔孫〕331
柴營(兵器)〔韜〕224
恃吾有以待之〔孫〕239
豕韋(商)〔略〕413
試以名行 必善行之〔司〕121
時日不遷〔司〕102
時日支干孤虛旺相〔孫〕64
視敵而擧〔司〕99, 154
示敵以不足則敵必來攻〔李〕405
示敵以有餘則敵必自守〔李〕405
視卒如愛子〔孫〕282
視卒如嬰兒〔孫〕282
恃衆好勇〔吳〕373
試之以色 以觀其貞→八徵〔韜〕158
時至而疑→道之所止〔韜〕68
市賤賣貴〔尉〕132
息必當備〔尉〕109
息侯(封爵)〔孫〕130, 345
申(十二辰次)〔司〕48,〔李〕359
神(因敵變化而取勝)〔孫〕193
信→六德〔司〕41, 42
信→六守〔韜〕70, 71, 72
信→五材〔韜〕150

信→治亂之道〔司〕123
信→韓信(前漢)〔司〕67,〔孫〕79, 302,〔李〕424
信見信〔司〕32
申公→申叔時(楚)〔吳〕396
申敎詔〔司〕91
神紀(用間)〔孫〕354
新氣勝〔司〕133,〔孫〕214
信己之私 威加於敵〔孫〕323
身內情外 國將生害〔韜〕123
神農〔韜〕196, 206,〔略〕409
神農兵法(書)〔李〕296
新羅(國)〔李〕241
身戮家殘〔尉〕179, 180
信陵君(魏)〔韜〕137
神明→天子者四焉〔尉〕169
神明之德正靜其極〔韜〕64
愼謀用財〔韜〕139
神妙不測〔尉〕171
神武→高歡(北齊)〔孫〕319
神師〔孫〕305,〔李〕437
身死家殘〔尉〕180, 187, 188,〔李〕336
身死國亡〔尉〕130
神師火牛〔孫〕80
信賞必罰〔孫〕326
新書→曹公新書〔李〕258, 261, 262, 305, 306, 349, 350, 354, 355, 356, 386
神勢〔韜〕185
身受其害〔略〕456, 457
申叔時(楚)←申公, 申縣尹〔吳〕396
信如四時〔尉〕238
神堯→唐高祖〔李〕254
神堯高祖→唐高祖〔李〕251
信而喜信人者→十過〔韜〕152, 153
愼在於畏小→十二陵〔尉〕122
迅電不及瞑目〔韜〕176, 183
臣主之權〔尉〕157
神祗〔司〕48, 50
身之使臂 臂之使指〔司〕100
信讒→八事〔略〕389, 390
——則衆離心〔略〕388
新豊侯(封爵)〔孫〕85
臣下之節〔尉〕157
申縣(地)〔吳〕396
信賢如腹心〔略〕358
申縣尹→申叔時(楚)〔吳〕396
神乎神乎 至於無聲〔孫〕176
失其法則亡〔李〕448
失其衆則敗〔韜〕77
失利亡士之符→八符〔韜〕172
失命亂常〔司〕47
實而備之〔孫〕89
實沈(十二辰次)〔司〕48,〔李〕359
深間(用間)〔孫〕191
心降可以保終〔略〕431
深溪(地利)〔韜〕236
深谷(地利)〔韜〕329,〔吳〕460, 461
深溝〔韜〕330,〔吳〕456
——高壘〔韜〕192, 202,〔吳〕456,〔李〕462
——高壘以自守者下〔李〕452
——重壘〔孫〕232
——增壘〔韜〕240, 241
深溝高壘之論→奪敵者五〔尉〕91
心貴智〔韜〕65
深壘〔吳〕384
——固軍〔孫〕118, 178, 297
深謀遠計〔吳〕448
深山(地利)〔吳〕460, 461
深淵度之〔韜〕64
沈攸之(南宋)〔孫〕232
尋邑→王尋(前漢), 王邑(前漢)〔孫〕190
心一〔李〕394

深入其地〔尉〕112, 113
深入長驅〔韜〕267, 268, 325
深入則專 主人不克〔孫〕301
心戰爲上〔李〕409
心中仁 行中義〔司〕148
深則專 淺則散〔孫〕315
審察其治亂〔吳〕460, 461
深草(地利)〔韜〕186, 222, 235, 241, 258, 260, 286, 287, 288
————翳薈〔韜〕186
審治國之紀〔略〕424
審治亂之機〔略〕447
心怖可擊→十四變〔韜〕297
什(十人之長)〔孫〕149,〔吳〕433, 434,〔尉〕74, 76, 97, 112, 181, 182, 183, 188, 207 236, 237,〔李〕288
十擊百〔韜〕188
十過〔韜〕149, 152
—— 剛毅而自用者〔韜〕152, 153
—— 急而心速者〔韜〕152, 153
—— 信而喜信人者〔韜〕152, 153
—— 廉潔而不愛人者〔韜〕152, 153
—— 勇而輕死者〔韜〕152, 153
—— 懦而喜任人者〔韜〕152, 153
—— 仁而不忍人者〔韜〕152, 153
—— 智而心怯者〔韜〕152, 153
—— 智而心緩者〔韜〕152, 153
—— 貪而好利者〔韜〕152, 153
十隊合〔李〕353
十萬竈〔略〕355
十萬之師出 日費千金〔尉〕153
十夫〔吳〕443
十夫所守 千夫不過〔司〕95
十四變〔韜〕296
——— 奔走可擊〔韜〕299
——— 不暇可擊〔韜〕297
——— 不戒可擊〔韜〕297
——— 涉長路 可擊〔韜〕297
——— 心怖可擊〔韜〕297
——— 人馬未食可擊〔韜〕299
——— 將離士卒可擊〔韜〕300
——— 敵人新集可擊〔韜〕301
——— 濟水可擊〔韜〕297
——— 阻難狹路可擊〔韜〕301
——— 地形未得可擊〔韜〕297
——— 天時不順可擊〔韜〕297
——— 疲勞可擊〔韜〕301
——— 亂行可擊〔韜〕297
十死之地(地利)←十害〔韜〕316, 317
————— 車之竭地〔韜〕317
————— 車之困地〔韜〕317
————— 車之壞地〔韜〕317
————— 車之勞地〔韜〕317
————— 車之拂地〔韜〕319
————— 車之死地〔韜〕317
————— 車之逆地〔韜〕319
————— 車之絶地〔韜〕318
————— 車之敗地〔韜〕319
————— 車之陷地〔韜〕320
十勝←騎之十勝〔韜〕323
十勝九敗〔韜〕323
什伍相結〔尉〕183
什伍相連〔尉〕236
十二陵(篇名)〔尉〕121
十二陵←十二事〔尉〕121, 122, 123, 124
——— 攻在於意表〔尉〕122
——— 機在於應事〔尉〕122
——— 得衆在於下人〔尉〕122
——— 無困在於豫備〔尉〕122
——— 守在於外飾〔尉〕122
——— 愼在於畏小〔尉〕122
——— 威在於不變〔尉〕122

——— 戰在於治氣〔尉〕122
——— 除害在於敢斷〔尉〕122
——— 智在於治大〔尉〕122
——— 惠在於因時〔尉〕122
十二陵之反〔尉〕124
——— 固陋在於離賢〔尉〕124
——— 亡在於無所守〔尉〕124
——— 不度在於竭民財〔尉〕124
——— 不明在於受間〔尉〕124
——— 不祥在於惡聞己過〔尉〕124
——— 不實在於輕發〔尉〕124
——— 孽在於屠戮〔尉〕124
——— 危在於無號令〔尉〕124
——— 偏在於多私〔尉〕124
——— 害在於親小人〔尉〕124
——— 禍在於好利〔尉〕124
——— 悔在於任疑〔尉〕124
十二事→十二陵〔尉〕121, 122, 123, 124
十二將兵〔吳〕431,〔李〕269
十二節〔韜〕120, 121, 130, 139
十二辰→十二辰次〔李〕359
十二辰次←十二辰, 十二次〔李〕359
十二次→十二辰次〔司〕48
十人爲隊〔李〕338, 339
十一征而無敵於天下〔司〕71,〔李〕458
什長〔尉〕209, 210
什長敎成〔尉〕209, 210
十則圍之〔孫〕126
十害(地利)→十死之地〔韜〕322

【ㅇ】

亞卿〔李〕286
兒良(書)〔李〕296
阿勿嘀(鐵勒九姓, 氏族)〔李〕308
阿房〔略〕435
亞父→范增(西楚)〔孫〕94
亞夫→周亞夫(前漢)〔司〕111,〔孫〕175, 264,〔李〕427
阿史那(姓氏, 突厥)〔李〕308
阿史那社爾(突厥)←社爾, 柘設〔李〕307, 308, 321, 322
阿史那氏(姓氏, 突厥)〔李〕244
我專爲一 敵分爲十〔孫〕180
我衆敵寡〔孫〕180
惡加於凶民〔略〕442
握奇(陣法)〔李〕276
握機(陣法)〔李〕274, 276, 278,
握機文(陣法)〔李〕274, 278
惡來(商)〔尉〕135, 136
樂羊(魏)〔李〕286
樂毅(燕)←望諸君, 毅, 昌國君〔略〕373, 384, 445,〔孫〕165,〔吳〕445,〔李〕286, 454, 457, 460, 461
惡者受其誅〔略〕441
樂進(曹魏)〔孫〕163
惡草具進〔李〕427
安國全軍之道〔孫〕347
安祿山(唐)←祿山
安能動之〔孫〕171
安燾(北宋)〔略〕455
安得猛士兮 守四方〔李〕351, 352
按名督實〔韜〕98
安北(地)〔李〕320
安北都護(官)〔李〕319, 320
顔師古(唐)〔李〕294
安西(地)〔李〕329
安西都護(官)〔李〕329, 330
安西都護府〔李〕329
安識虛是實 實是虛〔李〕325
晏嬰(齊)〔孫〕118,〔尉〕110

安危〔略〕423
安邑(地)〔司〕69,〔吳〕400
安則靜 危則動〔孫〕164
閼與(地)〔孫〕82, 89, 196, 205
謁者〔孫〕360
闇將〔孫〕64,〔李〕436
——之所以陷敗(地利)〔韜〕330
巖穴隱逸〔略〕407
殃及三世〔略〕456, 457
隘(地利)〔孫〕271, 280
哀憐傷病〔司〕41
艾陵(地)〔孫〕323
愛民〔韜〕58, 59, 61
——可煩→五危〔孫〕241
隘塞(地利)〔韜〕170, 186, 246, 247
——山林(地利)〔韜〕186
愛設於先〔李〕376, 377
愛子出質〔尉〕82
隘形(地利)〔孫〕273
罃→梁惠王(魏)〔尉〕60
夜戰〔韜〕239, 274,〔孫〕207
野戰〔韜〕168
——爭先赴〔韜〕168
野荒民散〔司〕56
約→五事〔吳〕441, 442
若決積水〔孫〕151
弱能制强〔略〕346
藥羅葛(鐵勒九姓, 氏族)〔李〕308, 310
約法省罰〔司〕92
若邃於天 若秘於地〔孫〕142
若勝若否〔司〕141
若淵之深不可測〔韜〕94
略地〔韜〕253,〔尉〕81
略地(篇名)〔韜〕253
弱徵←兵徵〔韜〕201
若天若人〔司〕141
若天之高不可極〔韜〕94
掠取〔韜〕282
兩〔李〕301, 302
梁(國)〔孫〕234
梁(梁山)〔尉〕76
量(陣法)→兵法〔孫〕147
良→張良(前漢)〔李〕426
亮→諸葛亮(蜀漢)〔孫〕178
梁(國)〔孫〕120
羊角(天時)〔尉〕72, 73
————旋風〔尉〕72
楊干(晉)〔孫〕72,〔李〕381
養雞者不畜狸〔吳〕373
襄公(秦)〔吳〕399
兩軍銜枚〔吳〕458
良弓(兵仗器)〔略〕425
佯棄旗鼓〔孫〕161, 189, 327, 328
養其亂臣以迷之〔韜〕129
粮道〔韜〕144, 249, 250, 251, 256, 309, 325, 329, 330
糧道〔韜〕190,〔孫〕170, 216, 271, 272, 294, 300, 342
梁燾(北宋)〔略〕455
陽都(地)〔李〕245
兩頭皆救(陣法)〔李〕276, 277
養力索巧〔司〕91
陽律→六律〔韜〕195
良馬〔尉〕83, 135
良馬有策 遠道可致〔尉〕135
養民致賢〔尉〕87
佯北勿從〔孫〕217, 222
佯北勿追〔李〕255, 328
佯北不止〔韜〕248
兩服(馬)〔孫〕99
糧不三載〔孫〕106
兩廂(陣法)〔李〕356, 363, 364

量生數〔孫〕148,〔李〕345
陽舒陰慘〔司〕59
梁成(秦)〔孫〕183, 190, 240
楊素(隋)〔孫〕168, 284
――――― 流血盈前而言笑自若〔孫〕284
粮食儲備〔韜〕209
兩心交定 兩利若一〔司〕135
兩葉不去 將用斧柯〔韜〕75
梁王→蕭銑(梁)〔李〕379
楊畏(北宋)〔略〕455
梁元帝←蕭繹, 繹〔孫〕186
陽夷(九夷)〔略〕351
攘夷狄〔李〕289
讓以和 人自洽〔司〕149
良將(威, 德, 仁, 勇)〔韜〕179,〔略〕376, 382, 383, 396,〔孫〕344,〔吳〕445
良將〔李〕246
――警之〔孫〕333, 347
――修之〔孫〕333, 344, 347
――之用兵〔略〕376
――之統軍〔略〕382
羊腸(陣法)〔尉〕71
――――亦勝(陣法)〔尉〕71
穰苴(齊)→田穰苴(齊)〔李〕290, 291, 293, 338, 339, 381, 462
穰苴傳(史記司馬穰苴列傳)〔李〕290
陽節〔李〕367
煬帝(隋)〔李〕249
兩簇蒺藜(兵器)〔韜〕220, 221
涼州(地)〔李〕246
佯走〔韜〕327
兩之〔司〕98
養之以味 娛之以樂〔韜〕138
兩驂(馬)〔孫〕99
陽處父(晉)〔孫〕246
佯敗而走〔韜〕327
襄平(地)〔司〕136,〔孫〕171, 178,〔李〕462
陽平(地)〔孫〕178
兩漢〔李〕306
梁惠王(魏)←罃, 魏侯, 惠王〔尉〕60
語→論語〔司〕102
御其服→立法〔司〕123, 124
御其四旁〔韜〕75
魚麗之陣→魚麗陣(陣法)〔李〕336
魚麗陣←魚麗之陣(陣法)〔李〕357
語無爲以求名〔韜〕90
魚腹平沙(地)〔孫〕308,〔李〕245, 278
御將統衆〔略〕424
禦敵〔尉〕235
魚之在水 得水而生 失水而死〔略〕452
抑挫仁賢〔略〕400
焉耆(國)〔李〕322
偃旗息鼓〔孫〕178
言無欲以求利〔韜〕90
言文而語溫〔司〕81
偃伯→周文王〔司〕89
言不相聞故 爲之金鼓〔孫〕206
偃革爲軒〔李〕426
孽在於屠戮→十二陵之反〔尉〕124
奄(國)〔司〕30,〔吳〕385,〔李〕459
嚴光(後漢)〔略〕445
掩其無備〔孫〕299
嚴明〔吳〕468
掩善揚惡 進退爲巧〔韜〕89
嚴位〔司〕127
嚴位(篇名)〔司〕127
嚴誅責〔尉〕157
嚴刑明賞〔吳〕468
嚴刑峻法〔李〕372
嚴刑重罰〔韜〕190
閭(100人)〔尉〕181, 182
旅(2,000人)〔李〕287, 288

旅(500人)〔孫〕116,〔吳〕369,〔李〕288
呂(地)〔韜〕42
旅→楚莊王〔吳〕396,〔李〕301
旟(星旗)〔吳〕435
呂→太公望(周)〔孫〕365,〔尉〕134
如決川源〔尉〕147
黎丘(地)〔孫〕85
如驅群羊〔李〕260
勵軍〔韜〕168
勵軍(篇名)〔韜〕168
慮旣定 心乃强〔司〕115
慮多成則人服〔司〕115
呂大防(北宋)〔略〕454
勵鈍之士〔韜〕303
呂梁(地)〔尉〕76
女練於布帛〔尉〕163
呂望→太公望(周)〔尉〕221
呂蒙(孫吳)〔孫〕83, 96
女無綉飾纂組〔尉〕162
呂文靖公→呂夷簡(宋)〔略〕457
與民同志〔司〕92
勵士〔吳〕468, 472, 473,〔尉〕95, 96, 97
勵士(篇名)〔吳〕468
驪山(地)〔孫〕186
厲祥〔司〕116
呂尙→太公望(周)〔韜〕38, 42,〔尉〕134
礪石投卵〔孫〕154
輿柴而走〔李〕264
呂牙→太公望(周)〔孫〕363
慮勇將之所重〔略〕392
呂夷簡(宋)←呂文靖公
勵以義則士死之〔略〕374
與人同憂同樂 同好同惡 義〔韜〕51
與人樂樂〔略〕433
與衆相得〔孫〕270
勵衆勝敵〔韜〕190
與之間諜 以觀其誠→八徵〔韜〕158
與之俱死〔孫〕283
予之 敵必取之〔孫〕162,〔李〕446, 447
與天地同光〔韜〕84, 85
呂布(後漢)〔孫〕347
與下畏法曰法〔司〕124
汝漢(汝水, 漢水)〔韜〕107
呂惠卿(北宋)〔略〕455
呂弘(後凉)〔孫〕226
呂后(前漢)〔李〕292, 422
繹→梁元帝〔孫〕186
逆→逆兵〔吳〕389, 390
易→周易〔韜〕63,〔吳〕382,〔尉〕171,〔李〕449, 458
力屈財殫〔孫〕107
力機→四機〔吳〕443
易其居 迂其途〔孫〕313
易其事 革其謀〔孫〕312
力牧(書)〔李〕296
逆兵←逆〔吳〕388
力不能攻强→三疑〔韜〕135
役不再籍〔司〕88
──── 糧不三載〔孫〕106,〔李〕389
酈生→酈食其(前漢)〔孫〕356
力勝〔尉〕87, 88
酈食其(前漢)←酈生〔孫〕260,〔李〕425
逆而取之〔李〕439
逆者難從 順者易行〔略〕437
逆者絶之以力〔韜〕80
力將→三勝〔韜〕170
役諸侯者以業〔孫〕238
力卒→必勝之道〔尉〕218
懌衆→五慮〔司〕93, 94
力取天下〔司〕71
歷沛歷圮(地利)〔司〕154
聯(10家)〔尉〕215

燕(國)〔略〕366, 384, 445,〔孫〕110, 124, 154, 186, 258, 305,〔吳〕399, 400, 401, 402, 406, 445,〔尉〕88,〔李〕271, 286, 290, 377, 437, 438, 439, 454, 462,
燕(國)←南燕〔尉〕138
燕(國, 後燕)〔李〕271
涓→龐涓(魏)〔孫〕183
連繫牛驢〔孫〕319
連弩〔韜〕214, 215, 222
練士〔韜〕299, 304
——之道〔韜〕299
練士(篇名)〔韜〕299
緣山亦勝〔尉〕71
燕賞〔吳〕468, 469
燕昭→燕昭王〔略〕373, 384
燕昭王←昭王, 燕昭〔尉〕123,〔李〕286
埏埴以爲器〔尉〕163
涓涓不塞 將爲江河〔韜〕75
練銳〔韜〕304,〔吳〕392
燕王皝(慕容皝, 前燕)〔李〕271, 286, 290, 377, 436, 437, 438, 439, 454, 462,
連雨(天時)〔吳〕464
延岑(蜀漢)←岑〔孫〕208
練卒才士〔韜〕256
連坐(罪)〔尉〕184
兗州(地)〔李〕246
閼氏〔略〕435,〔孫〕91, 328
延陀→薛延陀(部族)〔李〕307, 308
燕饗〔吳〕469, 470
連刑→必勝之道〔尉〕214
燕惠王←惠王〔略〕384
煙火必素具〔孫〕336
列(5車)〔尉〕74, 76
說→傳說〔略〕422
列士〔韜〕124,〔孫〕91
廉潔可辱→五危〔孫〕241
廉潔而不愛人者→十過〔韜〕152, 153
廉潔愛人者厚其祿〔韜〕56
冉有(魯)〔韜〕77
廉將軍→廉頗(趙)〔孫〕94
炎帝〔孫〕249
廉頗(趙)←廉將軍〔韜〕137,〔孫〕94,〔李〕386
鈴〔尉〕194, 196
令(施於竹帛)〔略〕439
滎→四守〔司〕119
郢(地)〔孫〕104,〔吳〕399,〔尉〕81
令甲→三令〔韜〕305
永康軍〔尉〕76
影車(兵車)〔孫〕122
榮枯代謝〔略〕351
郢郡(地)〔孫〕232
令軍減竈〔略〕349
靈龜〔韜〕160
靈臺〔司〕89
營壘〔韜〕149, 207, 231, 237, 238, 262, 263
令民與上同意 可與之死 可與之生〔司〕94,〔孫〕62,〔吳〕426,〔李〕449, 458
令民從上令 如四支應心〔尉〕212
令丙→三令〔韜〕305
令不行〔略〕440
營舍〔孫〕336
嬴姓→秦穆公〔吳〕392, 399
靈壽(地)〔李〕286
佞臣〔略〕404, 405
寧我薄人 勿人薄我〔吳〕461
囹圄(監獄)〔尉〕152, 153, 167
令如斧鉞〔尉〕238
英雄者國之幹〔略〕372
榮留王(高麗)←建武
令乙→三令〔韜〕305

盈而勿從 不盈而從之〔孫〕273
佞人〔略〕404
靈州(地)〔李〕307
令主失忠〔略〕406
英俊〔尉〕115, 116, 120
盈則藏 藏則復起(天時)〔韜〕82
令之輕業而蓄積空虛〔韜〕126
令之以文〔孫〕269
令出惟行 弗惟反〔司〕126
英蕩符〔尉〕65
英布→黥布(前漢)〔略〕420
營表〔尉〕200
令行無變〔尉〕212
令行而無怨〔略〕442
盈虛〔韜〕52, 53
令狐潮(唐)〔孫〕103
永徽(唐高宗 年號, 650~655)〔李〕441
禮→六德〔司〕40,〔吳〕381, 382, 383, 384
銳(陣法)→五陣〔李〕363, 364, 365, 366
禮記(書)〔孫〕219
銳士〔韜〕102, 240, 241, 247, 248, 254, 255, 258, 268, 270, 334
禮賞不倦則士爭死〔略〕394
禮崇則智士至〔略〕373
曳柴揚塵〔韜〕241, 242,〔孫〕80
曳柴僞遁〔李〕252
禮樂法度〔司〕45
禮與法表裏〔司〕84
禮者國之幹〔略〕372
禮將→三勝〔韜〕169
銳卒勿攻〔孫〕217, 223
伍(5人)〔司〕100, 127, 130,〔孫〕117, 149,〔吳〕433, 434,〔尉〕74, 76, 97, 112, 181, 182, 183, 187, 206, 209, 210, 236, 237,〔李〕287, 288, 333, 336, 338, 339
吳(國)〔韜〕123, 124,〔司〕34, 97,〔孫〕61, 64, 77, 85, 91, 93, 104, 185, 186, 187, 201, 207, 210, 259, 306, 308, 309, 323, 355,〔吳〕406, 417,〔李〕391, 460
吳(國, 孫吳)〔孫〕71, 125, 163, 233, 251, 255,〔司〕143, 153
吳(國, 吳楚七國)←吳楚〔孫〕170, 175, 183, 216, 230, 232, 295,〔尉〕225
午(十二辰次)〔司〕48,〔李〕359
吳→吳起(衛)〔李〕253, 254, 267, 464
吳→吳子(書)〔李〕407
吾間〔孫〕356, 360, 361
五間(用間)〔孫〕354, 363
————俱起(用間)〔孫〕354
———— 內間〔孫〕353, 354, 355, 362
———— 反間〔孫〕353, 356, 361, 362, 363
———— 死間〔孫〕353, 356, 362,〔李〕382, 383
———— 生間〔孫〕353, 357, 362, 363
————之事 主必知之〔孫〕363
———— 鄕間〔孫〕353, 354, 362
五溪(地)〔孫〕230
五鼓就行→擊鼓〔吳〕433
五穀〔尉〕114, 162
五管→五音〔韜〕196, 197
吳廣(秦)←假王, 廣〔李〕374
五交之旗〔李〕353, 354
五軍〔吳〕457, 458
吳起(衛)←起, 吳, 吳子〔韜〕307,〔孫〕128, 134, 187, 207, 216, 283, 284,〔吳〕369, 370, 375, 383, 391, 394, 399, 401, 418, 419, 422, 423, 424, 434, 437, 450, 451, 453, 454, 455, 456, 457, 459, 460, 461, 463, 464, 465, 466, 468, 471, 473,〔尉〕79, 80, 100, 143, 145, 146, 147, 148,〔李〕265, 266, 267,

296, 345, 412, 413, 462
——— 吮瘡而士卒奮〔孫〕283
吳起 → 吳子(書)〔李〕294,
五旗交〔李〕353
伍內互揭〔尉〕206
五隊合〔李〕353
五慮〔司〕93
—— 阜財〔司〕93, 94
—— 順天〔司〕93, 94
—— 懌衆〔司〕93, 94
—— 右兵〔司〕93, 95
—— 利地〔司〕93, 95
五禮(古禮)〔司〕45
五利(五利將軍 欒大, 前漢)〔韜〕92
五利〔孫〕235, 236
——君命有所不受〔孫〕234, 281,〔李〕275
——軍有所不擊〔孫〕232
——塗有所不由〔孫〕230
——城有所不攻〔孫〕232
——地有所不爭〔孫〕233
五萬竈〔略〕355
五畝之宅 樹之以桑 五十者可以衣帛〔尉〕96
五味之變〔孫〕156
吳班(蜀漢)〔孫〕255
五方〔李〕360
五方色〔李〕365
五幡〔李〕380
五伐六伐 乃止齊〔司〕152
伍法〔李〕335, 338, 339
五兵(戈, 戟, 盾, 酋矛, 夷矛)〔吳〕410
五兵(弓矢, 殳, 矛, 戈, 戟)〔司〕97
五兵五當〔司〕97〔李〕338
五服五章〔尉〕96
伍符〔李〕335, 336
五事 ← 道天地將法〔孫〕62, 77, 97
—— 道〔孫〕62
—— 法〔孫〕62
—— 將〔孫〕62
—— 地〔孫〕62
—— 天〔孫〕62
五事 ← 將之所愼者〔吳〕441
—— 戒〔吳〕441, 442
—— 果〔吳〕441, 442
—— 備〔吳〕441, 442
—— 約〔吳〕441, 442
—— 理〔吳〕441, 442
惡死而樂生 好德而歸利 能生利者道〔韜〕51
五事之目〔李〕448
五色之變〔孫〕156
五瑞〔司〕46
吾先君太公 望子久〔韜〕41
五星〔司〕48
五聲之變〔孫〕155
吳孫子(書)〔李〕293, 296
五勝〔吳〕385
——者禍〔吳〕385
五嶽〔司〕48
惡惡不退〔略〕403
五王〔略〕457
吳王 → 慕容垂(後燕)〔李〕271
吳王 → 闔閭(吳)〔孫〕77, 230, 259, 295, 323, 355,〔李〕391
吳王恪(隋)〔李〕420
吳王僚 → 闔閭(吳)〔孫〕306
烏雲(陣法) → 烏雲之陣〔韜〕285
烏雲山兵(陣法)〔韜〕278
烏雲山兵(篇名)〔韜〕278
烏雲之陣(陣法) ← 烏雲〔韜〕278, 279, 280, 281, 282, 284, 285, 286,
烏雲澤兵(陣法)〔韜〕282
伍員 → 伍子胥(吳)〔尉〕86
吳元濟(唐)〔孫〕311

五危〔孫〕239, 241, 242
—— 忿速可侮〔孫〕240
—— 愛民可煩〔孫〕241
—— 廉潔可辱〔孫〕241
—— 必死可殺〔孫〕240
—— 必生可虜〔孫〕240
吳爲三軍 迭出以疲楚〔司〕97
五音(篇名)〔韜〕194
五音←五管〔韜〕194, 195, 199
吳人與越人相惡也 同舟而濟(吳越同舟)〔孫〕308
五人爲伍〔李〕335, 336, 338, 339
———— 共一符〔尉〕187,〔李〕336
伍臨陳(陣法)〔尉〕207
吳子(書)←吳, 吳起〔韜〕39, 182,〔尉〕79
吳子←吳起(衛)〔韜〕297, 304,〔孫〕325,〔吳〕376, 377, 379, 383, 385, 387, 409, 411, 417, 426, 427, 428, 429, 430, 432, 440, 443, 446, 447, 453, 466, 467,〔尉〕141
伍子胥(書)〔李〕296
伍子胥(吳)←伍員, 子胥〔孫〕355
伍長〔尉〕209, 210
五章→必勝之道〔司〕77,〔尉〕216
伍長教成〔尉〕209, 210
五材〔韜〕149, 150
——信〔韜〕150
——勇〔韜〕150, 151
——仁〔韜〕150
——智〔韜〕150, 151
——忠〔韜〕150
五戰〔吳〕458
五帝〔略〕410,〔尉〕168
伍制令〔尉〕181
伍制令(篇名)〔尉〕181
五則攻之〔孫〕127
五陣(陣法)〔孫〕150,〔李〕361, 364
———— 曲〔李〕363, 364, 365, 366
———— 直〔李〕363, 364, 365, 366
———— 方〔李〕363, 364, 365, 366
———— 銳〔李〕363, 364, 365, 366
———— 圓〔李〕363, 364, 365, 366
伍參(楚)〔孫〕268, 277
敖倉〔孫〕186, 295
五彩龍文〔孫〕347
吳楚(吳楚七國)→吳〔孫〕170
五致〔尉〕219
—— 戈急勝爲下〔尉〕219
—— 爲將忘家〔尉〕219
—— 踰垠忘親〔尉〕219
—— 指敵忘身〔尉〕219
—— 必死則生〔尉〕219
五伯〔李〕416, 417
汙下沮澤(地利)〔韜〕330
吳漢(後漢)〔李〕398, 399, 400, 401
五行〔韜〕195, 196, 197, 199,〔孫〕194,〔李〕365
五行無常勝〔孫〕194
五行之符〔韜〕197, 198
———— 勾陳〔韜〕196, 197, 198
———— 白虎〔韜〕196, 197, 198
———— 朱雀〔韜〕196, 197, 198
———— 靑龍〔韜〕196, 197, 198
———— 玄武〔韜〕196, 197, 198
五行陣(陣法)〔李〕365, 366, 369
五刑〔司〕45
五火〔孫〕338, 341
—— 火庫〔孫〕335
—— 火隊〔孫〕336
—— 火人〔孫〕333
—— 火積〔孫〕334
—— 火輜〔孫〕335

獄弭兵寢〔司〕44
壅塞主聰〔略〕406
臥旗息鼓〔孫〕178
臥龍→諸葛亮(蜀漢)〔孫〕284
臥龍 垂泣而行戮〔孫〕284
緩攻徐戰而示之以仁〔韜〕257
完其壁 堅其陳〔李〕408
宛城(地)〔孫〕227
宛春(楚)〔孫〕90, 188
王國富民〔尉〕100
王道〔李〕289
王離(秦)〔李〕430, 456
王莽(新)←莽〔李〕372, 373, 374, 429, 430
往亡日(天時)〔尉〕138
王猛(前秦)〔孫〕138,〔李〕400, 401, 455, 457, 460, 461
旺相(天時)〔尉〕59, 101
王孫(書)〔李〕296
王尋(前漢)←尋邑〔尉〕138,〔李〕374, 430
王元(後漢)〔孫〕204
王邑(前漢)←尋邑〔李〕374, 430
王翼〔韜〕140
王翼(篇名)〔韜〕140
王翼一十八等〔韜〕140
———— 股肱〔韜〕140, 141, 146
———— 權士〔韜〕140, 147
———— 謀士〔韜〕140, 143,〔略〕391
———— 方士〔韜〕148, 149
———— 法算〔韜〕148, 149
———— 兵法〔韜〕140, 144
———— 伏旗鼓〔韜〕140, 145
———— 腹心〔韜〕140, 142
———— 奮威〔韜〕140, 145
———— 術士〔韜〕140, 148
———— 羽翼〔韜〕140, 141, 148, 214, 215, 308, 309
———— 遊士〔韜〕140, 148,〔司〕91
———— 耳目〔韜〕140, 147
———— 爪牙〔韜〕140, 147
———— 地利〔韜〕144
———— 天文〔韜〕140, 143
———— 通粮〔韜〕140, 144
———— 通才〔韜〕140, 146
王者伐暴亂〔尉〕226, 227
王者之道如龍首〔韜〕94
王者之師〔司〕51
王翦(秦)〔韜〕301,〔孫〕135, 153, 302,〔李〕456
王佐之才〔李〕286
王中正(北宋)〔略〕455
王職〔略〕411
王蠋(齊)〔略〕445
王霸〔司〕52, 54,〔尉〕79
王霸(後漢)〔孫〕89
外結英豪〔孫〕93
外交諸侯 不重其主〔韜〕88
外闔內則禍不制〔略〕391
外內亂 禽獸行〔司〕57
外亂而內整〔韜〕102
外方內圓〔李〕346
畏心〔司〕135
畏我侮敵〔尉〕105
畏敵侮我〔尉〕105
畏則察〔司〕128
外畫之方(陣法)〔李〕341, 342, 343, 345
隗囂(後漢)〔吳〕417
遼→張遼(曹魏)〔司〕111,〔孫〕210, 264
要〔吳〕380, 383
堯(五帝)←唐堯, 唐侯, 堯舜, 帝堯〔韜〕54, 55,〔李〕458, 460
要强敵〔韜〕308

要擊〔韜〕287
邀擊〔韜〕327
遼東(地)〔司〕136, 143,〔孫〕85, 171, 178,〔李〕462
遼東屬國都尉(官)〔孫〕85
妖祥數起〔吳〕412
要塞〔尉〕113, 114, 120, 121
要塞關梁〔尉〕203, 204
繇敍(書)〔李〕296
堯舜→堯, 舜〔李〕420
堯舜之智〔尉〕151
拗矢〔尉〕75
姚氏→舜〔韜〕41
要我隘路〔韜〕241
饒樂(地)〔李〕320, 321, 322
饒樂都督(官)〔李〕319, 320
料敵〔孫〕267, 268, 279, 287, 289,〔吳〕399, 411, 433,〔尉〕87, 91, 177,〔李〕409, 410
料敵(篇名)〔吳〕399
料敵制勝〔孫〕145, 280,〔尉〕177
料敵取人〔孫〕267
瑤池(地)〔李〕329
瑤池都督(官)〔李〕329
坳澤窈冥(地利)〔韜〕187
要害 (地利)〔孫〕295,〔尉〕157, 202, 203
僥幸而勝〔尉〕104
欲其西 襲其東〔韜〕102
欲勝義則亡〔韜〕69
龍(四獸)〔韜〕38, 39,〔李〕370, 372
龍(章)〔司〕77
龍(陣法)(陣)〔李〕269, 274, 279, 280, 281
勇〔吳〕445
庸(國)〔孫〕322,〔吳〕387
勇→六德〔司〕43
勇→六守〔韜〕70, 71, 72
勇→五材〔韜〕150, 151
用間〔孫〕351, 353, 359, 363, 365, 366,〔李〕385, 386
用間(篇名)〔孫〕351
用間以成功〔李〕385, 386
用間最爲下策〔李〕385
勇怯勢〔孫〕160
勇見方〔司〕32
用寡固 用衆治〔司〕151
用寡進退〔司〕152
龍韜(篇名)〔韜〕140
龍頭(地利)〔吳〕434
勇力冒將之士〔韜〕232
勇力不相犯〔司〕61, 65
勇力飛足冒將之士〔韜〕231
勇力銳士〔韜〕270
勇力材士〔韜〕233, 234
勇力之士〔韜〕301
用命〔略〕379
用命之士〔略〕191
龍門(地)〔尉〕76
用兵〔韜〕100, 101, 177, 182, 183, 204, 213, 226, 227, 285, 286,〔略〕450, 452,〔孫〕77, 105, 127, 190, 219, 235, 271, 280, 281, 308, 346,〔吳〕369, 419, 422, 428, 429, 440,〔尉〕87, 197, 231,〔李〕247, 248, 290, 324, 402, 441
——之具〔韜〕210, 211
——之奇〔韜〕285, 286
——之道〔韜〕100, 101,〔孫〕235,〔吳〕422
——之法〔韜〕185, 294,〔孫〕99, 114, 126, 195, 217, 218, 220, 221, 222, 230, 239, 290,〔吳〕419, 429,〔李〕412
——之變〔孫〕221
——之變法〔孫〕230
——之要〔韜〕296,〔略〕373

——之要 必先察敵情〔略〕396
——之刃〔司〕70, 71
——之災〔孫〕241
——之害 猶豫最大〔韜〕182,〔吳〕428
勇士〔韜〕128, 233,〔孫〕306
庸常之將〔孫〕242
姚襄(羌族)〔孫〕345
勇銳冒將之士〔韜〕274
勇銳之士〔韜〕300
勇而輕死者→十過〔韜〕152, 153
用人之道〔略〕374
勇者必輕合〔吳〕440
庸將〔李〕314, 347, 397
勇將獨出〔尉〕108
龍且(西楚)〔司〕67,〔孫〕161, 189, 223, 342, 347,〔尉〕175
用衆(篇名)〔司〕151
用衆〔司〕151
——之法〔孫〕207
——進止〔司〕152
龍陣→八陣〔李〕279
勇鬪則生 不勇則死〔韜〕234
龍虎鳥蛇四獸之陣(陣法)〔李〕370
虞(國)〔韜〕41
禹(夏)←夏禹〔韜〕41,〔略〕411,〔吳〕385,〔尉〕88,〔李〕298
羽(五音)〔韜〕194, 195, 197, 198, 199,〔李〕370, 371, 372
羽→項羽(西楚)〔李〕423, 424, 427
羽→關羽(蜀漢)〔孫〕83
右角〔李〕303, 304, 305, 306
右高左險(地利)〔司〕154
右軍〔韜〕229, 291,〔尉〕200, 208,〔李〕251, 252, 254, 257
——白旗 卒戴白羽〔尉〕190
——少却者奇〔李〕251
于謹(西魏)〔略〕420,〔孫〕186
迂其途而誘之以利〔孫〕196
牛童馬圉〔尉〕129
隅落鉤連〔孫〕159,〔李〕245, 341, 344
尤來(前漢)〔孫〕116,〔李〕380
牛驢爲隊〔韜〕334
右留君所〔尉〕65
牛馬〔韜〕138, 209, 267, 268, 269, 282, 283, 333, 334,〔吳〕465
——隊伍〔韜〕333, 334
宇文泰(北周)←周文帝〔孫〕128,〔尉〕138
宇文憲(北周)←憲, 齊王〔孫〕210
右白虎〔吳〕436,〔尉〕190
右兵→五慮〔司〕93, 95
愚夫蠢婦〔尉〕119, 120
右不能救左〔尉〕72
右不得以左〔尉〕71
右山左水(地利)〔吳〕457
虞舜→舜〔略〕410,〔尉〕168
右衛大將軍〔李〕441
遇有還者誅之〔孫〕316
于夷(九夷)〔略〕351
盱眙(地)〔孫〕124
愚而信人〔吳〕448
羽翼→王翼一十八等〔韜〕140, 141, 148, 214, 215, 308, 309
偶人(兵器)〔韜〕263
愚者不顧其死〔略〕414
愚將〔吳〕452
迂直之計〔孫〕196, 206
虞阪(地)〔司〕69
虞詡(後漢)〔孫〕162
雲(陣法)〔李〕269, 274, 279, 280, 281
雲→趙雲(蜀漢)〔孫〕178
運粮千里〔略〕398
雲夢(地)〔略〕427

雲門(六樂)〔司〕45
運兵計謀〔孫〕302
雲梯(兵器)〔韜〕237, 238, 259, 263,〔孫〕122
雲州(地)〔孫〕210
運籌帷幄〔略〕354
運籌帷幄之中 決勝千里之外〔略〕354
雲陣(陣法)→八陣〔李〕279
運土豚魚車(兵車)〔孫〕122
震駭(兵器)〔韜〕213
尉繚→尉繚子(魏)〔尉〕85, 132, 164
尉繚→尉繚子(書)〔尉〕190,〔吳〕410
尉繚子(書)←尉繚〔韜〕235, 295,〔司〕77,〔孫〕142, 149, 255, 284, 316, 346,〔李〕297, 335, 336, 397
尉繚子(魏)←尉繚〔尉〕60, 162, 236
尉遲敬德(唐)〔李〕418, 419, 420
尉遲逈(北周)〔孫〕172
熊繹(楚)〔吳〕399〔李〕301
熊宜僚(楚)←宜僚
熊虎(旗)〔吳〕435
元(國)〔孫〕114, 219
遠(地利)〔孫〕271, 280
圓(陣法)→五陣〔李〕363, 364, 365, 366
援→馬援(後漢)〔孫〕231
垣車爲固〔尉〕215
遠裹闕之〔司〕152
原官〔尉〕154
原官(篇名)〔尉〕154
遠交近攻〔略〕434
元龜〔吳〕378
遠望左右〔韜〕259
原武(地)〔孫〕227
轅門〔韜〕294,〔尉〕200,〔李〕430
元封(漢武帝 年號, B.C. 110~B.C. 105)〔尉〕59
袁紹(後漢)〔孫〕93, 224, 335, 342
遠輸則百姓貧〔孫〕106,〔李〕389
圓亦勝〔尉〕71, 197
元祐(宋哲宗 年號, 1086~1094)〔略〕454, 455
元魏(國, 北魏)→魏〔李〕310, 320
元戎(兵車)〔司〕75
元戎十乘 以先啓行〔司〕75
元夷(九夷)〔略〕351
遠而挑戰〔孫〕255
圓而方之(陣法)〔吳〕430
遠張誑誘〔韜〕187
元濟→吳元濟(唐)〔孫〕325
元珍(突厥)〔孫〕210
原軫(晉)〔李〕252
圓陣(陣法)〔吳〕431,〔尉〕71,〔李〕342
援枹而鼓 忘其身〔尉〕145
遠形(地利)〔孫〕274
越(國)〔韜〕123, 124,〔孫〕64, 85, 104, 184, 185, 207, 308, 323,〔吳〕387, 389,〔尉〕86,〔李〕367, 391, 460
鉞(兵仗器)〔尉〕135, 136, 199, 200, 231, 238
越句踐→句踐(越)〔李〕391
越其前後〔韜〕243, 244
刖荆〔韜〕303
越我前後〔韜〕249, 251, 283, 284
越王→句踐(越)〔孫〕355
越子→句踐(越)〔孫〕91,〔李〕391
威〔吳〕445
衛(國)〔韜〕77,〔吳〕369
韋(國)〔韜〕47,〔孫〕203,〔李〕458
魏(國)〔韜〕121, 125, 137,〔略〕355, 357, 434,〔孫〕70, 86, 183, 186, 359,〔吳〕369, 383, 399, 400, 402, 409, 470, 471,〔尉〕190,〔李〕264, 266, 286

魏(國) ← 曹魏〔孫〕245, 251, 333,〔李〕306, 310, 320
魏(國, 北魏) ← 元魏, 後魏〔孫〕124, 136, 224,〔李〕244
圍(環其城邑)〔司〕57
威加於敵則其交不得合〔孫〕322
威加於前〔李〕377
魏絳(晉)〔孫〕72,〔李〕381
爲客之道〔孫〕301, 302, 315
委曲弄文〔略〕402
衛公 → 李靖(唐)〔李〕242, 417
魏公子(書)〔李〕296
魏軍〔孫〕333
魏郡(地)〔李〕401
委軍爭利〔孫〕197
爲君之道〔李〕408, 409
威克厥愛 愛克厥威〔李〕376, 377
渭南(地)〔韜〕38,〔孫〕251
威多則身蹶〔略〕418
尉吏〔尉〕210
委吏(官)〔孫〕200
威利章〔司〕114
魏武 → 曹操(曹魏)〔孫〕100
魏無知(前漢)〔李〕423
魏武侯(魏) ← 武侯〔吳〕395, 399,〔李〕266
魏文帝(文成帝 拓跋濬, 北魏)〔孫〕224
魏文侯 ← 文侯, 魏斯〔吳〕369, 375, 391
危邦不入 亂邦不居〔略〕449
僞方異技〔韜〕91, 92
爲兵之事〔孫〕328
威服天下〔尉〕218, 219
魏斯(魏) → 魏文侯〔吳〕369
圍師必闕〔司〕152,〔孫〕218, 227
魏舒(晉)〔李〕304, 358
圍城〔吳〕466
圍城必開其小利〔尉〕225
威勢〔尉〕112
渭水〔韜〕39, 42,〔尉〕134
威勝〔尉〕87, 88
魏氏射法(書)〔李〕296
衛鞅 → 商鞅(秦)〔尉〕84, 184
渭陽(地)〔韜〕38, 41
魏延(蜀漢)〔孫〕178
蔿敖(楚)〔李〕303
衛吾左右〔韜〕259
魏王豁〔李〕423
位欲嚴 政欲栗〔司〕127
圍邑不廢〔略〕380
魏錡(晉)〔孫〕277
威以臨之〔略〕417
威以齊之〔孫〕270
僞人〔韜〕90
爲將忘家 → 五致〔尉〕219
爲將之法〔李〕408, 409
危在於無號令 → 十二陵之反〔尉〕124
威在於不變 → 十二陵〔尉〕122
危絶之地(地利)〔孫〕230, 316
爲政之要〔尉〕158
威制天下〔尉〕67
圍則禦〔孫〕320
危則坐〔司〕128
危地(地利)〔孫〕164
圍地(地利)〔韜〕228, 229,〔孫〕290, 293, 297, 316, 319, 320
爲之先唱而天下和之〔韜〕84
危之而不恐者勇〔韜〕72
圍地則謀〔孫〕220, 297
威震天下〔吳〕473
威震海內〔略〕355
魏徵(唐) ← 徵〔李〕434
衛青(前漢)〔韜〕280,〔李〕254
魏豹(魏)〔孫〕86,〔李〕292

委環鐵杙(兵仗器)〔韜〕225
韋孝寬(北齊)〔孫〕354
魏侯→梁惠王(魏)〔尉〕60, 164
劉→漢高祖〔李〕423., 427
酉(十二辰次)〔司〕48,〔李〕359
孺→賈孺(秦)〔孫〕260
侑→代王侑(隋)〔李〕249
留(地)〔略〕352
劉賈(漢)〔孫〕334
柔剛弱强〔略〕349
乳犬犯虎〔吳〕373
劉敬→婁敬(漢)〔孫〕329
踰高絶遠〔韜〕301
劉高祖→漢高祖〔李〕423, 427
劉公→光武帝(後漢)〔孫〕210
有功必賞〔韜〕57,〔孫〕324,〔尉〕231
遊觀倡樂〔韜〕86, 87
踰垠之論→奪敵者五〔尉〕91
遊騎〔李〕354, 355, 356
有奇有正〔李〕248
柔能制剛〔略〕346
有道者勝〔孫〕70
有道之主〔吳〕377
庾亮(東晉)〔孫〕233
劉牢之(東晉)←牢之〔孫〕190, 240, 279
羑里(監獄)〔略〕355,〔尉〕152
有名無實 出入異言〔韜〕89
有苗(部族)〔孫〕118,〔吳〕385,〔尉〕88,
〔李〕458
臾駢(晉)〔孫〕118, 171, 178, 259, 277
由不虞之道 攻其所不戒〔孫〕301
劉備(蜀漢)←先主, 昭烈, 劉昭烈
蕤賓(六律)〔韜〕195
有司〔韜〕88
遊士→王翼一十八等〔韜〕140, 148,〔司〕91
維絲伊緡〔韜〕45
有死之榮 無生之辱〔吳〕442
劉尙(後漢)〔李〕398, 399
有善〔司〕101, 102
流星(兵器)〔韜〕215
遊說〔尉〕160
劉昭烈→劉備(蜀漢)〔孫〕183, 222, 245,
255
濰水〔司〕67
幽邃於天〔尉〕66
有實其積〔孫〕200
猶豫〔韜〕182,〔吳〕428
踰五行而進者 有賞〔尉〕192
有虞氏→舜〔司〕69, 85
劉裕→宋武帝(劉宋)〔司〕109,〔孫〕64, 114,
〔尉〕138,〔李〕436
踰垠忘親→五致〔尉〕219
踰垠之論〔尉〕178, 179
柔而靜→道之所起〔韜〕68
懦而喜任人者→十過〔韜〕152, 153
唯仁有親〔司〕120
惟仁人能受正諫 不惡至情〔韜〕45
柳子厚(柳宗元, 唐)〔司〕38
有財〔司〕101, 102
有制之兵〔李〕313, 316
有罪必罰〔韜〕57
劉摯(北宋)〔略〕455
有枝兵(兵仗器)〔吳〕372
誘之以利則致死〔司〕140
劉暢(後趙)←暢〔孫〕260
劉表(後漢)←表〔孫〕226
猶合符節〔尉〕64, 65
有賢而不肖〔韜〕157
流血及屨〔尉〕146
有扈氏(國)〔司〕36,〔吳〕373, 374
踰五行而後者有誅〔尉〕192
留侯→張良(前漢)〔李〕292

劉黑闥(隋)〔孫〕347
六甲〔韜〕196
六卿〔韜〕80,〔司〕44, 49
六國〔吳〕399, 400, 401, 402,〔李〕424, 426
六軍〔略〕418,〔孫〕61, 115,〔李〕342
六德〔司〕43,〔尉〕155
—— 信〔司〕41, 42
—— 禮〔司〕40,〔吳〕381, 382, 383, 384
—— 勇〔司〕43
—— 義〔司〕42
—— 仁〔司〕41
—— 智〔司〕43
六德以時合教〔司〕43
六韜(書)←六弢〔李〕293, 362, 392, 393
六弢→六韜〔李〕294
六韜(書)←六弢, 太公書〔李〕294
六呂←陰呂〔韜〕195
六律←陽律〔韜〕195
六伐七伐〔李〕283, 284, 328
六步七步〔吳〕431
六步七步 乃止齊〔司〕129
六師〔略〕418
陸遜(孫吳)〔孫〕83, 183, 207, 222, 255, 333, 347
六守(篇名)〔韜〕70
六守〔韜〕70, 71, 72, 74
—— 謀〔韜〕70, 71, 72,〔吳〕380, 383
—— 信〔韜〕70, 71, 72
—— 勇〔韜〕70, 71, 72
—— 義〔韜〕70, 71, 72
—— 仁〔韜〕70, 71, 72
—— 忠〔韜〕70, 71, 72
六守長則君昌〔韜〕74
六樂(古樂)〔司〕45
六賊〔韜〕86, 87
陸戰〔吳〕444
六陣(陣法)〔李〕343, 346
六畜〔韜〕210, 211,〔司〕50,〔吳〕466, 467,〔尉〕114
六出奇計〔略〕420
六合〔略〕353, 354, 429, 430
六害之地(地利)〔孫〕253,〔李〕395, 396
———— 羅〔李〕394, 395
———— 牢〔李〕394, 395
———— 絶澗〔孫〕230, 252, 253,〔李〕395
———— 天隙〔孫〕230, 252, 253,〔李〕394, 395
———— 天羅〔韜〕222, 237, 238,〔孫〕230, 252, 253
———— 天牢〔孫〕252, 253
———— 天井〔韜〕328,〔孫〕230, 252, 253,〔李〕395
———— 天陷〔孫〕230, 252, 253,〔李〕395
六害之地 必亟去之〔李〕396
六花(陣法)〔孫〕159,〔李〕342, 347
六花陣(陣法)〔李〕269, 342, 344, 348, 363, 364
六花陣法(陣法)〔李〕340, 341, 401
輪番〔司〕88
允常(越)〔司〕34,〔吳〕389
尹子奇(唐)〔孫〕103
胤征(書經篇名)〔李〕376
尹鐸(晉)〔司〕33
律管〔韜〕195, 196
戎車(兵車)←輜車〔司〕74,〔李〕283, 284, 361, 362
戎車三百輛〔李〕361, 362
————— 虎賁三百人〔李〕284
戎馬〔韜〕202, 203,〔孫〕100,〔吳〕409
戎衣(兵仗器)〔吳〕385
戎戰之服〔司〕124

殷(國)〔韜〕84,〔略〕431,〔司〕69, 70, 72, 74, 76, 77, 85,〔孫〕363,〔吳〕382,〔李〕244, 423, 426, 436, 439
殷白 天之義〔司〕76
隱伏〔韜〕103, 188, 232, 244, 248, 270, 278, 285, 287,〔吳〕463, 472
——之兵〔韜〕285
殷王(前漢)〔李〕423
殷戮於市〔司〕72
誾誾如也〔司〕82
殷義〔司〕70
恩以附之〔孫〕270
殷之興也 伊摯在夏〔孫〕363
殷湯→湯(商)〔司〕71
殷見〔略〕411
陰計〔略〕320, 419
陰其謀 密其機〔韜〕102
陰內智士 使圖其計〔韜〕128
陰呂→六呂〔韜〕195
陰賂左右〔韜〕123
陰陵(地)〔略〕357
陰謀〔李〕294
陰符〔韜〕172, 173
陰符(篇名)〔韜〕172
陰符八等→八符〔韜〕172, 182
陰事大慮當用書 不用符〔韜〕175
陰山(地)〔李〕244, 384
陰殺陽生〔司〕59
陰書〔韜〕174, 175, 176
陰書(篇名)〔韜〕174
陰陽→牝牡〔李〕366, 367, 368
陰陽→四種〔李〕291, 295, 296
陰陽家〔孫〕337,〔尉〕137
陰陽書〔尉〕59
陰陽術數〔李〕435
陰陽寒暑(天時)〔孫〕64
陰節〔李〕367
淫之以色 啗之以利〔韜〕138
陰通成射法(書)〔李〕296
陰通言語〔韜〕174, 175
陰平(地)〔孫〕96, 173, 313,〔尉〕69, 138
邑(4井)〔孫〕99
揖讓有天下〔司〕70
應龍〔韜〕39
應變(篇名)〔吳〕453
應變〔吳〕453
——無窮〔韜〕184
鷹揚之將〔司〕71
———— 以百夫致師〔司〕71
應敵周密〔尉〕112
鷹爪方胸鐵把(兵仗器)〔韜〕225
應鍾(六呂)〔韜〕195
應天順人〔吳〕382
應形於無窮〔孫〕192
義〔吳〕379, 381, 382, 383
劓(五刑)〔司〕45
懿→公孫文懿(曹魏)〔李〕462
義→六德〔司〕42
義→六守〔韜〕70, 71, 72
懿→司馬懿(曹魏)〔孫〕188
毅→樂毅(燕)〔略〕384,〔李〕286
義→義兵〔吳〕388, 389, 390
儀→張儀(魏)〔韜〕122
義→治亂之道〔司〕123
義見說〔司〕32
義寧(隋恭帝 年號, 617~618)〔李〕379
衣糧器仗〔孫〕100, 108, 335
宜僚→熊宜僚(楚)〔略〕445
義兵←義〔吳〕388
蟻附〔孫〕123
義士爲我死之〔略〕375
義成公主(隋)〔李〕384

義勝欲則昌〔韜〕69
宜陽(地)→弘農〔吳〕400
義者不爲不仁者死〔略〕416
疑定惑還〔略〕441
疑志不可以應敵〔韜〕163
義之所在 天下赴之〔韜〕51
義取天下〔司〕71
吏(10車)〔韜〕311, 312, 313
里(25家)〔吳〕433, 434,〔李〕288
利→四守〔司〕119
理→五事〔吳〕441, 442
伊→伊尹(商)〔孫〕365
耳→張耳(前漢)〔孫〕302
弛→將之過, 敗之道〔孫〕275, 276
以(以弱假强而能左右之)〔司〕58
以竿爲旗〔尉〕209
以甲固〔司〕133
吏强卒弱〔孫〕276
以決戰事〔孫〕331
以輕行重則敗〔司〕136
以固久〔司〕133
二鼓習陳→擊鼓〔吳〕433
以寡勝衆〔略〕395
夷關折符 無通其使〔孫〕329
二廣〔李〕300
李光弼(唐)〔孫〕227,〔尉〕146
二交之旗〔李〕353, 354
李矩(東晉)←矩〔孫〕224, 260
以國取天下 天下可畢〔韜〕46
二軍〔略〕418
耳貴聰〔韜〕65
以近待遠〔孫〕216,〔吳〕430,〔李〕331
以近通遠〔韜〕172
以氣勝〔司〕133
以奇示敵〔李〕369
伊祈氏〔韜〕54
以奇爲正〔李〕325, 327
離其親(用間)〔韜〕136, 137, 138
二南之化〔韜〕131
吏多民寡〔略〕403
李唐→唐〔李〕289
以德守之〔李〕397
泥塗(地利)〔韜〕170
以道爲上〔李〕456
以道爲至精至微〔李〕457, 460
李道宗(唐)←江夏王, 道宗
李良(書)〔李〕296
以力久〔司〕133
以禮信親諸侯〔司〕53
以禮爲固〔司〕68
吏怒者倦〔孫〕264
以祿取人 人可竭〔韜〕46
螭龍〔韜〕39
李陵(前漢)←陵〔韜〕260,〔孫〕130, 339, 342,〔尉〕175
以利動〔孫〕201
以利動之 以本待之〔孫〕163,〔李〕447
夷矛(兵仗器, 五兵)〔韜〕208,〔司〕96,〔吳〕410, 432
以謀人維諸侯〔司〕53
李牧(趙)〔韜〕137,〔孫〕87, 163, 168, 239
耳目→王翼一十八等〔韜〕140, 147
以武衝爲前後 列其强弩〔韜〕290
耳聞雷霆 不爲聰〔孫〕144
李密(隋)〔孫〕91
以半擊倍〔吳〕418
以罰審爲禁止而令行〔韜〕166
以犯强敵〔尉〕228
利兵〔吳〕462
餌兵勿食〔孫〕217, 224
以兵勝〔司〕133
以兵革服諸侯〔司〕54

吏部尚書(官)〔李〕242
吏士〔韜〕234, 305, 306,〔略〕415,〔吳〕473,〔尉〕103
李斯(秦)〔略〕443
二師〔略〕418
以詐立〔孫〕201
李士衡(北宋)〔略〕457
離散則敗〔尉〕228
李常(晉)〔孫〕216
以賞小爲明〔韜〕166
以石縱橫(陣法)〔李〕278
以城稱人→三相稱〔尉〕64
李世勣(唐)←李勣, 世勣, 勣〔李〕340, 383, 415, 418, 456
二世胡亥→秦二世〔孫〕64
李愬(唐)〔孫〕311, 325
以少擊衆〔韜〕186, 264, 286
李少君(前漢)〔韜〕92
吏屬無節〔尉〕184
以守待攻〔李〕332
二勝〔吳〕385
二勝者王〔吳〕385
二心不可以事君〔韜〕163
離心離德〔孫〕63,〔尉〕62
以十攻其一〔孫〕180
以樂樂身〔略〕433
以樂樂人〔略〕433
以弱擊强〔韜〕286
以弱勝强〔略〕395
以約失之者 鮮〔吳〕380
以嚴待懈〔李〕332
李淵→唐高祖〔孫〕91
以五萬衆爲一死賊〔尉〕79
以瓦爲金〔尉〕209
利用厚生〔尉〕96
以虞待不虞者勝〔孫〕135
以迂爲直〔孫〕196
李衛公→李靖(唐)〔尉〕95
以威武爲植 以文德爲種〔尉〕227
以危勝〔司〕133
以誘待來〔李〕332
伊尹(商)←伊, 伊摯〔韜〕84,〔略〕411, 449,〔孫〕363,〔吳〕397
以陰奪陽〔李〕450
李膺(後漢)〔略〕457
以義制事〔司〕59,〔吳〕379
以義誅不義〔略〕451
以義治之之謂正〔吳〕381
利而勿害〔韜〕59
利而誘之 亂而取之〔孫〕87,〔李〕252
以餌取魚 魚可殺〔韜〕46
以仁爲本 以義治之〔司〕29
以仁爲勝〔司〕68
以人稱粟→三相稱〔尉〕64
以一擊十〔孫〕275,〔吳〕455
以佚待勞〔孫〕216,〔吳〕430,〔李〕331
以一守之〔略〕354
利一害百 民去城郭〔略〕459
李林甫(唐)〔尉〕124
李子(書)〔李〕296
李將軍射法(書)〔李〕296
以將法爲下〔李〕457
以材力說諸侯〔司〕53
李勣→李世勣(唐)〔李〕308, 340, 366, 414, 440, 441, 456
夷狄〔尉〕80
李典(曹魏)〔孫〕163
以戰則敗〔吳〕427
易戰之法〔韜〕309, 311, 312
以戰止戰〔司〕32
李靖(唐)←靖, 衛公, 李衛公〔韜〕307,〔孫〕72, 149, 284,〔尉〕69, 116, 138,〔李〕242,

243, 244, 245, 248, 249, 250, 252, 255, 268, 271, 289, 308, 331, 344, 346, 383, 407, 430, 434, 456, 460
以正擊敵〔李〕369
以靜待躁〔李〕332
以靜待譁〔孫〕215,〔李〕409
以政令平諸侯〔司〕52
以正爲奇〔李〕325, 327, 328
吏卒無常〔孫〕278,〔李〕313, 314
李左車(趙)〔司〕109,〔孫〕79, 170, 188, 302
以誅大爲威〔韜〕166
爾朱兆(北魏)←兆〔韜〕334,〔孫〕319
二重〔吳〕422, 423
以重待輕〔李〕332
以重行輕則戰〔司〕136
利地→五慮〔司〕93, 95
易地(地利)〔韜〕321
伊摯→伊尹(商)〔孫〕363
離地逃衆〔尉〕179, 180
離地遁逃〔尉〕189
易地戰陣〔韜〕311, 313
以天地爲次〔李〕457
利天下者天下啓之〔韜〕110
吏淸不苛擾〔韜〕61
以治待亂〔孫〕215,〔李〕332, 409
以致民志〔司〕69
以治爲勝〔吳〕424
夷則(六律)〔韜〕195
離親→三疑〔韜〕135, 139
已親附而罰不行〔李〕375
離親以親(用間)〔韜〕136
吏濁苛擾〔韜〕61
李兌(趙)〔韜〕77
以土地形諸侯〔司〕52
以板爲鼓〔尉〕209
以飽待飢〔孫〕216,〔吳〕430,〔李〕331
以險攻易(地利)〔李〕450
以顯其功〔略〕425
以刑伐之〔李〕397
以患爲利〔孫〕196
翼(四宿)〔孫〕337
翼其兩旁〔韜〕326
翼火蛇(四宿)〔孫〕337
仁〔吳〕381, 382, 383, 384, 445
寅(十二辰次)〔司〕48,〔李〕359
仁→六德〔司〕41
仁→六守〔韜〕70, 71, 72
仁→五材〔韜〕150
仁→治亂之道〔司〕123
人→七政〔司〕118
寅車(兵車)〔司〕74, 75
仁見親〔司〕32
人戒分日〔司〕133
仁杲→薛仁杲(唐)〔孫〕223
人教厚靜〔司〕114
仁貴→薛仁貴(唐)〔孫〕210
因飢〔吳〕387
因其驚駭〔韜〕188
因其勞倦暮舍〔韜〕188
因其形而用其權〔吳〕447
人樂其道德〔略〕432
人樂其都邑〔略〕432
人樂其政令〔略〕432
仁德賢能之士〔略〕401
人道無災〔韜〕106
人力之强弱〔尉〕138
人馬未食可擊→十四變〔韜〕299
人馬不帶甲曰輕兵〔尉〕212
引兵深入諸侯之地〔韜〕258, 278, 279
仁本〔司〕29
仁本(篇名)〔司〕29
人不信上 則行其不復〔司〕126

刃上果以敏〔司〕113, 114
仁聖之道〔韜〕81
因勢破之〔略〕365
人習陳利〔司〕102
因時因財〔司〕109
人食其祿 乃服於君〔韜〕46
人有飢色 馬有瘠形〔尉〕132
人有短長 氣有盛衰〔吳〕471
仁義使間(用間)〔孫〕358, 366
仁義之紀〔韜〕79
仁義之兵〔司〕30, 40,〔李〕463, 464
忍而剛→道之所起〔韜〕68
仁而不忍人者→十過〔韜〕152, 153
人人〔司〕120
仁人之兵 上下一心〔孫〕63, 135, 283
人災〔韜〕106, 107
因敵變化而取勝者 謂之神〔孫〕193
因敵令陳〔司〕106
人主重將〔尉〕129
人衆能治〔尉〕218, 219
仁之所在 天下歸之〔韜〕51
人陳(陣法)→三陳〔韜〕226, 227
仁賢之智〔略〕387, 388
人和〔尉〕101, 142
鎰(單位)〔孫〕150
一→治亂之道〔司〕123
一擊十〔韜〕188
一鼓整兵→擊鼓〔吳〕433
一匡天下〔尉〕80
佚能勞之〔李〕390
一怒而安天下〔略〕355
日暮道遠〔吳〕438
一文一武〔韜〕191
一復散而爲三〔李〕353, 354
一復散而爲十〔李〕353, 354
一復散而爲五〔李〕353, 354
日費千金〔孫〕102, 351,〔尉〕153
一師五旅 一旅五卒〔李〕287, 288
一死賊〔吳〕472, 473,〔尉〕79
一徐一疾〔韜〕191
日成行微曰道〔司〕125
一勝〔吳〕385
一乘法〔李〕304
一勝一負〔孫〕138
一勝者帝〔吳〕385
一視同仁〔吳〕376, 381
一信〔吳〕422, 423
一心併力而取勝〔孫〕309
一與一奪〔韜〕191
一盈一虛〔韜〕53
日月(天時)〔司〕48, 77
日月星辰(天時)〔韜〕226,〔司〕48
一戎衣而天下定〔吳〕385
佚而勞之〔孫〕93
一人之禁無過皆息〔司〕141
一人投命足懼千夫〔吳〕472
一者〔韜〕100, 101
一者階於道 幾於神〔韜〕100, 101
一戰而天下定〔尉〕134
佚政多忠臣〔略〕434
日中必彗〔韜〕75
一進一退〔司〕155
一天下之形〔司〕117
一聚一散〔韜〕102
一治一亂〔韜〕53
一合而再離 三發而一知〔韜〕175, 176
一合一離〔韜〕102
一喜一怒〔韜〕191
臨車(兵車)〔韜〕237,〔孫〕100, 122
臨境〔韜〕239, 240
臨境(篇名)〔韜〕239
壬癸〔韜〕196

林谷(地利)〔吳〕460, 461
任宏(前漢)〔李〕295
任氣游俠〔韜〕87
臨難決疑〔尉〕145, 146
臨難決戰〔尉〕130
林木(地利)〔韜〕186, 235, 250, 265, 329
臨不測 擠欲墜〔略〕451
臨事而懼〔司〕150
任詐慝〔司〕79
任勢〔孫〕163, 164
臨時制變者 不可勝窮〔李〕260
林堯叟(南宋)〔李〕302
任勇力〔司〕79
任用才能之士〔尉〕142
霖雨(天時)〔韜〕320
任將〔略〕390,〔李〕432
任將擇材〔李〕455, 457, 460
臨敵決戰 無有二心〔韜〕164
臨敵交鋒〔尉〕189
臨敵變化〔李〕248
臨敵不懷生〔吳〕441
林戰〔韜〕265, 266, 267
林戰(篇名)〔韜〕265
臨戰自北〔尉〕75
林鍾(六呂)〔韜〕195
臨晉(地)〔孫〕86
臨陳出奇〔李〕270
臨陳出奇 攻人不意〔李〕269
臨衝(兵車)〔韜〕237
臨淄(地)〔吳〕400,〔孫〕174, 312
臨險亦勝〔尉〕197
任賢擒敵〔略〕424
任賢使能〔司〕44,〔吳〕416
任賢守城〔略〕368
任賢則敵國畏〔略〕383
任好(名)→秦穆公〔吳〕392
立→立法〔司〕123, 124
入(造其國都)〔司〕57
入谷亦勝(地利)〔尉〕71
立國辨職〔司〕44
立隊〔李〕347, 348
立名於世〔尉〕130
立法←立〔司〕123, 124
—— 等其色〔司〕123, 124
—— 百官宜無淫服〔司〕123, 124
—— 法〔司〕123, 124
—— 受〔司〕123, 124
—— 御其服〔司〕123, 124
—— 疾→立法〔司〕123, 124
立法於棄灰〔吳〕403
立信於徙木〔吳〕403
入深者重地(地利)〔孫〕316
立於不敗之地 而不失敵之敗〔孫〕145,〔李〕442
立威者勝〔尉〕105
立而勿取〔略〕366
立一府柱〔尉〕185
立將〔韜〕159,〔尉〕91
——之道〔韜〕160
立將(篇名)〔韜〕159
立卒伍〔司〕127
立之兵 戟弩〔尉〕230
立陳〔尉〕230
立斬之〔尉〕148
入淺者輕地(地利)〔孫〕316

【ㅈ】

子(十二辰次)〔司〕48〔李〕359
子反(楚)〔孫〕361
子房(字)→張良(前漢)〔略〕351, 352, 354,

〔李〕292
自伐→八事〔略〕389, 390
子不敢舍父〔尉〕77
刺史(官)〔孫〕110
子思(孔伋, 魯)〔李〕461
子產(鄭)〔孫〕237,〔吳〕385
子西(楚)〔李〕252
子胥→伍子胥(吳)〔孫〕91
柘設→阿史那社爾(突厥)〔李〕308
子城〔孫〕186
粢盛〔司〕71
子牙→太公望(周)〔韜〕42
子陽→公孫述(後漢)〔李〕399
子魚→司馬子魚(楚)〔孫〕247
子嬰(秦)〔略〕357,〔孫〕70
子玉(楚)〔孫〕188, 240,〔尉〕69
子元(鄭)〔李〕336
自裁進退〔孫〕131
爵祿〔尉〕95
爵祿百金〔孫〕352
作兵義〔司〕111
斫樹伏兵〔孫〕314
灼人之脅〔尉〕150
作戰〔孫〕99, 114
作之而知動靜之理〔孫〕187,〔李〕326
殘滅之政 累世受患〔略〕435
岑→延岑(蜀漢)〔孫〕208
潛居抱道〔略〕449
潛軍〔孫〕154
潛名抱道〔略〕449
潛兵渡洒〔孫〕85
潛襲其中〔韜〕240
潛如九地〔李〕359
箴尹固(楚)〔尉〕110
岑彭(後漢)〔孫〕85
雜家兵法(書)〔李〕296
將(百車)〔韜〕311, 312, 313
臧(寶藏王, 高句麗)〔李〕242
長(五車)〔韜〕311, 312, 313
將(千人, 萬人之將)〔尉〕77, 78, 112, 188
將→五事〔孫〕62
莊賈(齊)〔孫〕72,〔尉〕200,〔李〕377, 381
張角(後漢)〔孫〕339
蔣幹(曹魏)〔李〕386
章邯(秦)〔略〕357
將拒諫→八事〔略〕389, 390
將拒諫則英雄散〔略〕388
壯健捷疾〔韜〕315
長劍(兵仗器)〔韜〕300
將輕壘卑衆動 可攻〔尉〕224
將鼓〔尉〕194, 195
長轂車(兵車)〔孫〕100
莊公→鄭莊公〔李〕336
張公謹(唐)〔李〕383
長關遠候〔韜〕189
將軍〔韜〕160,〔司〕100,〔孫〕216, 230,
〔尉〕146, 200, 201,〔李〕377
——受命 君必先謀於廟〔尉〕199, 200
——入營〔尉〕201
——制之〔韜〕161, 162
——之事〔孫〕311, 314, 415
——之事 靜以幽 正以治〔孫〕310
臧宮(後漢)〔孫〕208, 227
長戟(兵仗器)〔吳〕372
將旣受命 乃命太史卜〔韜〕160, 161
張南(蜀漢)〔孫〕333
將能納人〔略〕386
將能而君不御者勝〔孫〕134
將能制勝 則國家安定〔略〕385
章惇(北宋)〔略〕455
將得人〔孫〕62
張鄧公(北宋)〔略〕457

張良(前漢)←良, 留侯, 子房〔李〕292, 293, 423, 425, 426, 453, 457, 460
將令〔尉〕199
將禮〔略〕377
將吏〔韜〕273, 294,〔孫〕110, 265, 276, 299,〔吳〕377, 471, 473,〔尉〕103, 104, 185, 186, 192, 232, 233, 234,〔李〕306, 336, 349, 423
將理〔尉〕149
將理(篇名)〔尉〕149
將吏棄卒獨北〔尉〕233
將吏符節〔尉〕185, 186
將離士卒可擊→十四變〔韜〕300
張孟談(趙)〔孫〕329
將命〔韜〕201
將謀密則姦心閉〔略〕390
將謀泄則軍無勢〔略〕391
將無慮則謀士去〔略〕391
將無勇則士卒恐〔略〕391
將無遠慮〔略〕392
將無才勇〔略〕392
將無還令〔略〕379
臧文仲(魯)〔略〕457
將薄吏輕〔吳〕413
張方(西晉)〔孫〕237
將法→兵法三等〔李〕448, 451
——爲下〔李〕456
——天地道〔李〕461
長兵(兵仗器)〔韜〕189, 332,〔司〕73, 95,〔吳〕432
————以衛 短兵以守〔司〕73
張步(後漢)〔孫〕167
藏鋒畜銳〔孫〕160
丈夫平壤〔韜〕209
張賁(唐)〔孫〕69, 77, 188, 204, 219, 221, 230, 252, 274, 341, 342
將不能料敵〔孫〕279
將不勝其忿而蟻附之〔孫〕123
將不身服力 無以知士卒之勞苦〔韜〕170
將不身服禮 無以知士卒之寒暑〔韜〕169
將不身服止欲 無以知士卒之飢飽〔韜〕170
壯士〔司〕62,〔孫〕161,〔尉〕121
將事〔吳〕431
將士〔韜〕231,〔司〕38,〔孫〕178, 216, 242, 319,〔吳〕450, 453,〔尉〕220,〔李〕443
長沙(地)〔孫〕186
長社(地)〔司〕111,〔孫〕264, 339
將死鼓 御死轡〔司〕141
將相分職〔韜〕98
張商英(北宋)〔略〕455
章昭達(陳)〔孫〕347
將所自出〔李〕275
————爲奇〔李〕262
長孫儉(西魏)〔孫〕186
長孫無忌(唐)〔李〕418, 419
長孫皇后(唐)〔李〕418
將帥〔韜〕209, 210, 242, 243, 273,〔略〕375, 379,〔司〕99,〔孫〕345,〔吳〕405, 443,〔尉〕104, 229,〔李〕433, 440, 441, 455
張繡(後漢)←繡〔孫〕226
將受命於君〔孫〕220, 221
將受命之日 忘其家〔尉〕145
將帥之道〔韜〕150
將孰有能→七計〔孫〕70
張巡(唐)〔孫〕103
將勝〔尉〕67
張柴村(地)〔孫〕325
將臣權任〔李〕314
將心心也 衆心心也〔司〕99
將弱不嚴〔孫〕278
張預(北宋)〔孫〕77, 100, 108, 185, 188,

197, 200, 220, 284, 304, 316, 323, 336, 342
莊王→楚莊王〔吳〕396, 397
莊王旅→楚莊王〔李〕301
張遼(曹魏)←遼〔司〕111, 143, 153,〔孫〕163, 210, 215, 264, 279
將威〔韜〕166, 167, 382, 383
將威(篇名)〔韜〕166
將威不行〔略〕382
將威之所行〔韜〕167
將有分地〔尉〕184, 185
將有所不見而視者明〔韜〕183
將有所不言而守者神〔韜〕183
將有羽翼七十二人〔韜〕141
張儀(魏)←儀〔韜〕122, 125,〔孫〕120, 359
張耳(漢)〔李〕456
將異其旗〔尉〕208
長刃未接〔尉〕231
將者國之輔〔孫〕130
將者國之輔 先王之所重〔韜〕154
將者死官〔尉〕140
將者上不制於天〔尉〕138, 140
壯者以暇日 修其孝悌忠信 入以事其父兄 出以事其長上〔尉〕94
將者人之司命〔韜〕192
將者中不制於人〔尉〕138, 140
將者智信仁勇嚴〔孫〕68
將者下不制於地〔尉〕138, 140
將在自專〔略〕413
張齊賢(北宋)〔孫〕207
莊宗(後唐)〔尉〕100
障主明〔韜〕87, 88
將重壘高衆懼 可圍〔尉〕224
將之過〔孫〕241, 275
——— 亂〔孫〕275, 276
——— 北〔孫〕275, 276
——— 崩〔孫〕275, 276
——— 弛〔孫〕275, 276
——— 走〔孫〕275
——— 陷〔孫〕275, 276
將之所愼者→五事〔吳〕441
將之威武〔尉〕129
將之至任〔孫〕275, 280
藏之胸臆 而敵國服〔略〕353
臧質(南宋)〔孫〕124
將通於九變之利〔孫〕235
障蔽主明〔略〕406
將必上知天道 下知地利 中知人事〔韜〕262, 263
將必先己〔尉〕101
章號制度〔李〕335
萇弘(書)〔李〕296
張侯(晉)〔尉〕146
載記(晉書載記)〔李〕270, 272
材技兼人〔韜〕304
材技不相掩〔司〕61, 64
才德相稱〔尉〕155
材士〔韜〕213, 214, 215, 231, 237, 259, 260, 272, 273, 276, 277, 278, 291,〔吳〕462
——强弩〔韜〕232, 332, 333, 334
才臣外相 敵國內侵(用間)〔韜〕125
載與俱歸 立爲師〔韜〕52
財用〔尉〕114
材勇之士〔韜〕213, 214, 215, 299,〔尉〕149
爭名〔吳〕387
爭奮赴敵〔尉〕88
爭勝於白刃之前者 非良將〔韜〕179
爭心必起〔韜〕136
爭義不爭利〔司〕42
爭者逆德〔尉〕140, 226
爭舟濟河〔孫〕299

爭地(地利)〔孫〕290, 291, 295, 317
爭地則無攻〔孫〕295
爭出農戰〔尉〕84
爭奪止〔尉〕167
爭奪之患起〔尉〕165
爭必當待〔尉〕109
著功罪〔司〕91
杵臼〔韜〕208
諸劌→專諸(吳), 曹沫(魯)〔孫〕305
諸劌之勇〔孫〕305
低旗則趨〔尉〕209
俎豆同制〔尉〕159
泜水〔孫〕246
笛〔孫〕153,〔吳〕453, 454
赤(五方色)〔李〕364, 365
籍(五帝之書)←典籍〔李〕364, 365
狄→北狄〔李〕304, 358
勣→李世勣(唐)〔李〕340, 415, 416, 417, 418, 420, 441
敵間(用間)〔孫〕356, 362
敵强(篇名)〔韜〕271
敵强〔韜〕271
——我弱〔韜〕272, 277
敵攻其外〔略〕398
磧口(地)〔李〕384
敵國滅 謀臣亡〔略〕425
敵近備之〔略〕364
敵動伺之〔略〕364
積粮〔韜〕192
敵睦携之〔略〕364
敵武〔韜〕275
敵武(篇名)〔韜〕275
敵無備 出而勝之〔孫〕272
赤眉〔孫〕116,〔李〕380
赤眉兵〔孫〕88
敵半出而擊之〔孫〕272
敵白者垩之〔尉〕147, 148
磧北(地)〔李〕308, 383
敵詐而爲偶人〔韜〕263
賊殺其親〔司〕56
敵所備者多 吾所與戰者寡〔孫〕181
赤松子〔略〕352,〔李〕460
積惡〔吳〕387
寂若無聲 敵不知我所備〔韜〕102
積粮多〔韜〕192
敵有智謀〔李〕266
赤夷(九夷)〔略〕351
狄人〔吳〕417,〔李〕304
敵人開闔 必亟入之〔孫〕330
敵人新集可擊→十四變〔韜〕301
敵人自至〔孫〕168
敵佚能勞之〔孫〕169
敵者殘之〔略〕360
赤章→卒有五章〔尉〕190, 191
敵赤者赭之〔尉〕147, 148
賊衆大潰〔尉〕146
敵則能戰之〔孫〕127
敵衝其中〔李〕276, 277
敵衝其中 兩頭皆救〔李〕245
積聚〔韜〕256
赤幟〔孫〕79, 189
積土爲山〔孫〕123
敵必可擊之道〔韜〕297
賊賢害民〔司〕55
甸(16井)〔孫〕99
甸(64井)〔孫〕108,〔尉〕156
典(三皇之書)←典籍〔略〕410
專→治亂之道〔司〕123
篆刻文字而中分〔尉〕65
前拒〔李〕247, 248, 303, 304, 305, 306
田車〔韜〕41, 42
戰車〔韜〕266, 267, 316, 317, 321,〔司〕99,

〔孫〕100,〔尉〕217, 218,〔李〕306, 307
電車(兵車)→輜車騎寇〔韜〕216
戰車(篇名)〔韜〕316
全車→必勝之道〔尉〕214
戰車騎〔韜〕209
電擊(兵車)→輜車騎寇〔韜〕216
全曲→必勝之道〔尉〕217
戰攻〔尉〕111
全功保身〔略〕424
全功尙人〔略〕440
戰攻之具〔韜〕205, 206
轉關(兵器)〔韜〕233, 234
轉關轆轤(兵器)〔韜〕223, 239
戰國〔吳〕383, 385,〔尉〕226, 227
——相攻 大伐有德〔尉〕223
全國爲上〔孫〕114
戰國諸侯〔尉〕227
前軍〔韜〕240, 241
全軍爲上〔孫〕115
戰權〔司〕101, 108,〔尉〕172, 174
戰權(篇名)〔尉〕172
展禽(柳下惠, 魯)〔略〕457
戰騎〔韜〕322, 323,〔李〕354, 355, 356
田忌(齊)〔略〕355
戰騎(篇名)〔韜〕322
專己→八事〔略〕388
前奇後正〔李〕347
田單(齊)〔孫〕80, 110, 258, 305, 332, 347,〔李〕437, 438, 439
戰隊〔李〕347, 348
前徒倒戈〔孫〕322,〔尉〕136
戰道不勝〔孫〕281
戰道不違時〔司〕34
顚倒敵人〔尉〕121
戰道必勝〔孫〕281
全旅爲上〔孫〕116
全閭有誅〔尉〕182
傳令〔尉〕194
田里相伍〔韜〕209
田馬〔韜〕41, 42
戰無强敵〔略〕386,〔吳〕454
戰北守降〔尉〕179, 180
戰伐〔吳〕369, 378
戰法〔司〕121
戰步〔韜〕331
戰步(篇名)〔韜〕331,〔李〕394
戰步兵〔韜〕209
戰鋒隊〔李〕307, 348
專斧鉞之威〔韜〕163
戰不勝〔尉〕83
戰不必勝〔尉〕107
戰士〔李〕362
戰死〔尉〕235
前死後生〔孫〕249
戰相爲輕重〔司〕136
鱄設諸→專諸(吳)〔略〕373
戰勢 不過奇正 奇正之變 不可勝窮〔孫〕156,〔李〕259
全屬有誅〔尉〕182
戰守〔孫〕62, 140,〔李〕395
轉輸糧〔韜〕209
戰守之法〔孫〕166
全勝〔吳〕375
戰勝〔孫〕61, 143, 144, 192,〔吳〕384, 458,〔尉〕64, 85, 86, 210, 211
戰勝攻取〔孫〕343
戰勝得旗〔尉〕210
全勝不鬪〔韜〕109
戰勝不忒〔孫〕145
戰勝於敵〔尉〕65
戰勝易 守勝難〔吳〕384
戰勝而天下曰善〔孫〕143

戰勝在乎立威〔尉〕211
戰勝之功〔孫〕289
全什有誅〔尉〕182
田氏(田和, 齊)〔吳〕400
田穰苴(齊)←司馬穰苴, 司馬氏, 穰苴〔孫〕124, 268,〔尉〕88, 200,〔李〕290, 291, 377, 381, 462
前如雷霆〔尉〕193
戰如風發 攻如河決〔略〕382
電影(兵器)〔韜〕215
全伍爲上〔孫〕117
全伍有誅〔尉〕181
顓頊(五帝)〔略〕410,〔尉〕168
田完(齊)〔李〕291
轉圓石於千仞之山〔韜〕176,〔孫〕165
戰威〔尉〕87
戰威(篇名)〔尉〕87
戰惟密〔司〕114
戰而亡其將吏〔尉〕233
前而後之〔吳〕430
專一無二〔尉〕103
專一則勝〔尉〕228
專任自己〔略〕404
戰者以正合 以奇勝〔孫〕154
戰者必鬪〔尉〕212
戰在於治氣→十二陵〔尉〕122
戰爭之事〔孫〕345
專諸(吳)←鱄設諸, 諸劇〔略〕373,〔孫〕306
前低後高〔孫〕249
典籍→典(三皇之書), 籍(五帝之書)〔略〕410
戰定爵位〔司〕91
前正後奇〔李〕347
前阻險絶(地利)〔吳〕456
箭鏃(兵器)〔韜〕187
全卒爲上〔孫〕117
專主旗鼓〔尉〕145, 146
前朱雀〔吳〕437
戰誅之法〔尉〕189
戰則奔北〔略〕380, 381
戰則不勝〔韜〕251
戰則必勝〔孫〕288
戰陣〔孫〕61,〔吳〕416, 429, 444,〔尉〕98, 107, 136, 173, 174, 210,〔李〕284
——之道〔孫〕281
——之事〔司〕69
——之勢〔尉〕202, 203
戰參〔司〕106
戰鬪〔略〕379,〔尉〕98, 122, 236, 237,〔李〕269, 270
田豊(後漢)〔孫〕93
戰必勝〔吳〕393,〔李〕454, 457, 460
戰必以義〔韜〕190
戰合之表〔尉〕202
戰合表起〔尉〕204, 205
前行〔吳〕392, 454, 462, 463, 469, 470
前向爲正 後却爲奇〔李〕252
前狹後險(地利)〔孫〕293, 316
轉禍爲福〔吳〕417
戰患〔司〕106, 107
前獲雙首而還〔尉〕148
前後拒守〔韜〕231, 237
前後及中 分爲三覆〔李〕356
前後不相及〔孫〕298, 299, 301
前後相知〔韜〕252
前後序〔司〕106
前後縱橫〔尉〕217
顚頡(晉)〔尉〕126
絶澗(地利)→六害之地〔孫〕230, 252, 253,〔李〕395
絶江(船舶)〔韜〕239
絶顧之慮〔司〕158,〔孫〕316
竊公爲恩〔略〕400

絶紀〔尉〕62
絶其粮道〔尉〕120, 121
絶道〔韜〕249
絶道(篇名)〔韜〕249
絶粮〔韜〕268
絶滅旌旗〔韜〕301
折矛〔尉〕75
絶山依谷〔孫〕243
絶水必遠水〔孫〕244
絶我粮道〔韜〕228, 249, 250, 329, 330
絶我糧食〔韜〕230
絶糧道〔韜〕190, 308
節如發機〔孫〕159,〔李〕347
節義之士〔略〕445, 447
節以兵刃〔尉〕111
絶而不離〔李〕345
絶而成陣〔李〕328
節制在我〔李〕442
節制之兵〔李〕463, 464
節制之師〔李〕285
絶地(地利)〔孫〕230, 315, 316
————無留〔孫〕220, 221, 230
絶斥澤 唯亟去勿留〔孫〕248
絶行亂陳〔尉〕213
點頭服義〔李〕321, 322
接武齊列〔韜〕300
接兵角刃〔尉〕130
井(900畝)〔尉〕156
井(8家)〔孫〕99,〔李〕281
鄭(國)〔韜〕263,〔孫〕95, 237, 263, 322,〔吳〕385, 387
政(奉而行之)〔略〕439
正(正道)〔司〕30
靖→李靖(唐)〔李〕242, 243, 244, 247, 248, 250, 252, 255, 257, 258, 262, 263, 265, 266, 268, 269, 270, 271, 274, 277, 278, 279, 280, 281, 283, 284, 287, 288, 290, 292, 293, 294, 295, 297, 301, 302, 303, 304, 307, 309, 310, 311, 312, 313, 316, 317, 318, 319, 321, 322, 325, 326, 327, 328, 329, 330, 331, 333, 335, 336, 340, 341, 343, 345, 347, 349, 350, 353, 354, 355, 357, 360, 361, 363, 364, 365, 366, 369, 371, 372, 374, 376, 380, 383, 384, 388, 389, 390, 391, 392, 393, 394, 395, 397, 398, 402, 404, 407, 408, 410, 412, 414, 415, 418, 419, 420, 423, 426, 429, 432, 433, 434, 435, 436, 439, 441, 443, 445, 446, 448, 453, 456, 460
正→七政〔司〕118
正諫〔韜〕45
精甲銳騎〔孫〕172
靖康(宋徽宗 年號, 1126~1127)〔略〕455
靖康之亂〔略〕455
霆擊(兵車)→矛戟扶胥輕車〔韜〕217
貞觀(唐太宗 年號, 627~649)〔李〕242, 244, 308, 310, 320, 329, 383, 415, 420, 441
旌旗〔韜〕202, 203, 209, 238, 240, 243, 244, 247, 266, 269, 270, 271, 279, 280, 290, 301, 321, 324, 326,〔孫〕79, 145, 161, 178, 188, 189, 192, 204, 206, 207, 208, 217, 223, 262, 264, 327, 328,〔吳〕418, 420, 432, 446, 452, 453, 454,〔尉〕218,〔李〕362
精騎〔孫〕295
旌旗動者亂〔孫〕264
正己而化人〔略〕436
旌旗麾幟〔司〕62
政令之常〔孫〕325
正明法度〔尉〕155
鋌矛〔韜〕221, 222
廷無忠臣 社稷必危〔韜〕122

鄭文公〔尉〕102
鄭伯→鄭莊公〔孫〕130, 154, 345,〔尉〕88,〔李〕336
正百官以正萬民〔略〕436
征伐〔吳〕385,〔李〕275
正罰者 所以明賞〔尉〕211
旌別淑慝 表其門閭〔韜〕56, 57
正兵〔尉〕198, 230,〔李〕243, 244, 245, 246, 247, 248, 249, 257, 263, 265, 267, 275, 303, 304, 316, 317, 328, 353, 369
精兵〔孫〕297
政柄→國柄〔韜〕76
——貴先〔尉〕198
——先合〔尉〕230
——受之於君〔李〕275
井分四道 八家處之〔李〕281
政不立〔略〕440
鄭師必登逡入許〔尉〕88
鄭袖(楚)〔韜〕122
正身以正朝廷〔略〕436
定襄道總管(官)〔李〕244
征役分軍而逃歸〔尉〕75
正亦勝 奇亦勝〔李〕265
精銳之士〔韜〕241, 268, 269, 296,〔孫〕279
廷玉→郝廷玉(唐)〔尉〕146
政外之令〔孫〕324
鄭友賢(宋)〔孫〕321, 324, 365
廷尉(官)〔李〕422
正義(史記正義)〔尉〕212
整而不久〔吳〕405
丁子(書)〔李〕296
正者當敵〔李〕262
定爵〔司〕91
定爵(篇名)〔司〕91
亭障〔尉〕115, 116
鄭莊公←莊公, 鄭伯〔李〕357
井田〔李〕286
——之制〔孫〕99, 100
正殿〔韜〕160
正正〔司〕120
整齊士衆〔韜〕305
正朝廷以正百官〔略〕436
正縱横〔司〕127
程朱(程子(北宋), 朱子(南宋))〔孫〕219
井地〔尉〕156
政之道〔孫〕310
政之所施 莫知其化〔韜〕114
征討〔司〕69, 70
定行列〔司〕127
井陘(地)〔孫〕79, 188,〔尉〕88
齊(國)〔略〕352, 355, 366, 384, 434, 445,〔孫〕61, 74, 104, 110, 120, 136, 165, 183, 186, 197, 208, 210, 263, 306, 319, 323, 332, 354,〔吳〕369, 387, 389, 399, 400, 401, 402,〔尉〕63, 64, 69, 80, 81, 86, 92, 110, 138, 146,〔李〕255, 285, 286, 287, 288, 290, 291, 292, 296, 299, 383, 438, 454
諸葛→諸葛亮(蜀漢)〔李〕278
諸葛孔明→諸葛亮(蜀漢)〔孫〕138, 251
諸葛亮(蜀漢)←葛亮, 孔明,諸葛, 武侯, 亮, 臥龍, 諸葛孔明, 諸葛武侯〔孫〕77, 188, 249, 308,〔李〕244, 245, 278, 286, 313, 341, 409, 454, 457, 460, 461, 462
諸葛武侯→諸葛亮(蜀漢)〔孫〕178,〔李〕313, 343
齊景公←景公〔李〕290
提鼓揮枹(兵器)〔尉〕130
帝嚳→高辛〔韜〕54
制國治軍(禮, 義, 恥)〔吳〕383
制談〔尉〕73

制談(篇名)〔尉〕73
制度〔李〕334
諸部連繞〔李〕282
制士以權 結士以信〔略〕413
齊師敗績〔尉〕146
齊孫子(書)〔李〕296
濟水(水名)〔尉〕62
濟水可擊→十四變〔韜〕297
制勝〔韜〕272, 279, 331, 380, 385,〔略〕385,〔司〕79, 93, 113, 134, 135, 141, 142, 143, 151, 152,〔孫〕62, 141, 270, 280, 289,〔吳〕424,〔尉〕82, 87, 110, 173, 175, 177,〔李〕264, 265
——之道〔孫〕143, 145, 275
——之形〔孫〕192
——敗敵〔略〕380
齊神武→高歡(北齊)〔韜〕334,〔孫〕136, 319
濟弱扶傾〔略〕347,〔尉〕109
制如干將〔尉〕238
齊王(田廣, 齊)〔孫〕356
齊王→宇文憲(北周)〔孫〕210, 356
帝王師〔略〕350, 351
帝堯→堯〔韜〕55,〔尉〕169
帝堯乃聖乃神〔尉〕169
齊勇若一〔孫〕310
齊威王〔略〕355,〔李〕291
濟陰王〔孫〕224
提翼小櫓(兵器)〔韜〕215
提翼小櫓扶胥(兵車)〔韜〕215
制人以道〔略〕411
齊一衆心〔尉〕92
制者治之分〔尉〕154
制敵〔尉〕198
齊之以禮〔吳〕381
齊之以武〔孫〕269
齊之以法〔孫〕284
除害在於敢斷→十二陵〔尉〕122
齊桓→齊桓公〔略〕413,〔司〕120,〔孫〕74,〔吳〕385, 389, 392,〔李〕299
齊桓公←小白, 齊桓, 桓, 桓公〔孫〕306,〔吳〕392,〔尉〕80,〔李〕286
齊侯(齊頃公)〔孫〕268
諸侯說懷〔司〕44
諸侯二師〔略〕418
諸侯會於孟津者八百〔司〕71
曹(國)〔尉〕126
趙(國)〔韜〕123, 137,〔略〕435,〔孫〕79, 82, 94, 110, 116, 169, 188, 223, 311, 313, 327, 328, 329, 358,〔吳〕399, 408, 409, 445,〔尉〕110,〔李〕286, 292, 315, 386, 392, 456
鳥(四獸)〔李〕370, 372
旐(星旗)〔吳〕435
鳥(陣法)→八陣〔李〕269, 274, 279, 280, 281
曹→曹參(前漢)〔李〕423, 429, 430
兆→爾朱兆(北魏)〔孫〕319
操→曹操(曹魏)〔孫〕93
阻(地利, 坑坎高下)〔吳〕455
朝歌(地)〔孫〕363,〔尉〕134
組甲〔尉〕219
糟糠不充腹〔尉〕163
鳥擊〔尉〕82
趙高(秦)〔韜〕77,〔略〕443
曹公→曹操(曹魏)〔孫〕224, 227, 232, 284, 310, 342, 347,〔李〕258, 261, 262, 350, 354, 355, 356, 386
曹公新書→孟德新書〔李〕258, 261, 262, 305, 306, 349, 350, 354, 355, 356, 386
趙括(趙)〔孫〕84, 94, 170,〔李〕386
曹咎(海春侯, 西楚)〔孫〕245
左軍蒼旗 卒戴蒼羽〔尉〕190

曹劌 → 曹沫(魯)〔孫〕210, 306
阻其圖 奪其慮〔司〕156
朝氣銳〔李〕412
———晝氣惰 暮氣歸〔孫〕213,〔李〕411
鳥起而知其伏〔司〕109
鳥起者伏〔孫〕256
阻難狹路可擊 → 十四變〔韜〕301
操刀必割〔韜〕75
朝督暮責〔李〕316
曹沫(魯) ← 劌, 諸劌, 曹劌〔孫〕306
雕文刻鏤〔韜〕91
操兵起居〔韜〕305
曹彬 → 宋曹彬(北宋)〔尉〕200
趙奢(趙)〔司〕154,〔孫〕82, 89, 136, 140, 166, 196, 203, 206, 222, 258, 295, 329, 356, 358, 362,〔尉〕138
趙宋(國) → 宋〔孫〕207, 356
阻水拒守〔孫〕171
趙盾(晉)〔司〕38, 41, 97,〔孫〕118, 171, 178,〔李〕443
措勝於衆〔孫〕191, 192
爪牙 → 王翼一十八等〔韜〕140, 147
趙襄子(晉)〔司〕33,〔孫〕342
趙王(趙王歇)〔司〕109,〔孫〕79, 94, 223,〔李〕456
趙雲(蜀漢) ← 雲〔孫〕178
曹魏(國) → 魏〔李〕306
釣有三權〔韜〕43
譟以先之〔司〕132
曹仁(魏)〔孫〕227
造作苛政〔略〕404
趙籍(晉)〔吳〕369, 399
趙旃(晉)〔孫〕277
朝廷〔尉〕67
曹操(曹魏) ← 魏武, 操, 曹公〔司〕109,〔孫〕71, 136, 163, 178, 226, 251, 279, 333, 335
祖祖爲親〔略〕368
鳥準(旟)〔吳〕435
鳥之將擊 必斂其翅〔司〕135
鳥陣(陣法) → 八陣〔李〕279
鳥集者虛〔孫〕263
曹參(前漢) ← 曹〔李〕424, 429, 430
趙穿(晉)〔司〕41,〔孫〕118, 171, 178, 277
趙充國(前漢)〔孫〕229
趙佗(秦)〔略〕347
曹太尉(北宋)〔孫〕356
趙太祖 → 趙匡胤(北宋)〔孫〕110
曹翰(北宋)〔孫〕114
祖孝孫(唐)〔李〕434
族帥(周禮篇名)〔尉〕215
存亡死生 在枹之端〔尉〕231
存亡之道〔孫〕61
尊卑相若〔略〕403
存社稷〔略〕428
尊以爵則士自來〔略〕374
尊爵重賞〔韜〕190
卒(100人)〔韜〕300,〔司〕100, 127, 130, 141, 142,〔孫〕119,〔尉〕77, 78, 112,〔李〕301, 302
卒(200人)〔李〕287, 288
卒强吏弱〔孫〕276
卒未親附而罰之〔孫〕268,〔李〕375
卒伯(100人)〔尉〕97
卒有五章〔司〕77,〔尉〕190, 191
——— 白章〔尉〕190, 191
——— 赤章〔尉〕190, 191
——— 蒼章〔尉〕190, 191
——— 黃章〔尉〕190, 191
——— 黑章〔尉〕190, 191
卒異其章〔尉〕208
卒已親附而罰不行〔孫〕269

卒長〔尉〕209, 210
——敎成〔尉〕209, 210
拙將之所以見擒〔韜〕320
踵軍〔韜〕234, 235, 252,〔司〕158,〔孫〕316,〔尉〕202, 203, 204
踵軍令〔尉〕201
踵軍令(篇名)〔尉〕201
從命〔司〕65
宗廟〔司〕57,〔尉〕170,〔李〕297
縱兵擊之〔李〕383
從奔〔司〕38, 157
從奔無息〔孫〕320
從奔不息〔司〕38, 157
宗社傾危〔略〕357
縱綏〔司〕38, 40, 67
縱綏不過三舍〔司〕38, 40
縱綏不及〔司〕67,〔李〕443
趙嬰齊(晉)〔孫〕240
終而復始〔韜〕114,〔孫〕155
從中應外〔韜〕172
從此上至天者 將軍制之〔韜〕161
踵敗軍〔韜〕308
縱橫八行〔李〕278, 344
左角〔李〕303, 304, 305, 306
左軍〔韜〕229, 291,〔尉〕200, 208
左不能救右〔尉〕72
左不得以右〔尉〕71
左射馬 右射人〔韜〕314
左庶長(官)〔尉〕84, 132
左氏說→春秋左氏傳〔李〕301
左氏傳→春秋左氏傳〔李〕302
左驍騎大將軍(官)〔李〕308
左右角之〔孫〕190,〔吳〕407
左右拒→左拒右拒〔李〕357
左右相合〔尉〕65
左右應麾〔吳〕425
左右前後軍〔尉〕184, 185
坐而起之〔吳〕430
左以與人〔尉〕65
左而右之〔吳〕430
坐作〔吳〕377, 429
——進退〔韜〕305,〔司〕62, 144,〔吳〕377, 429
左傳→春秋左氏傳〔略〕372,〔司〕95,〔李〕303, 304, 317
坐之兵劍斧〔尉〕230
坐陳〔尉〕230
左靑龍〔吳〕435,〔尉〕190
周(國)←周家, 周室〔韜〕39, 67,〔略〕411,〔司〕69, 71, 72, 73, 75, 76, 77, 85, 86,〔孫〕99, 202, 322, 363,〔吳〕382, 399, 417,〔尉〕134, 152,〔李〕244, 283, 284, 285, 298, 299, 362, 436
紂(商)←商王, 受〔韜〕107,〔略〕355,〔司〕30, 32,〔孫〕63, 64, 363,〔吳〕382, 385,〔尉〕62, 124, 134, 135, 136,〔李〕283, 284, 361, 425, 436, 438, 459
走→將之過, 敗之道〔孫〕275
周→周公(周)〔略〕411
周家→周(國)〔李〕301
主客相變〔李〕390
主客之勢〔李〕390
周建(後漢)〔孫〕89
奏鼓輕 舒鼓重〔司〕138
周公(周)←周, 周召〔李〕387, 388
主權一失〔韜〕80
周紀(書)〔韜〕39
走能逐奔馬〔韜〕314
周黨(後漢)〔略〕445
駐隊〔李〕307, 347, 348
舟梁之備〔韜〕236
周力〔司〕71

周禮(書)〔司〕55, 76,〔孫〕261,〔尉〕156, 215,〔李〕298
誅戮暴亂〔尉〕126
舟利櫓楫〔吳〕444
主明〔韜〕65
朱蒙(高句驪)〔李〕241
周武→周武王〔孫〕64
走無所適 則如拘係〔孫〕304
周武王←武, 武王, 文武, 發, 太子發〔尉〕62, 136, 221
周文王←文, 文王, 文武, 西伯, 偃伯, 昌, 姬昌
周文帝→宇文泰(北周)〔孫〕172
周密爲寶〔韜〕136
周訪(東晉)〔孫〕157, 216,〔李〕348
走北〔韜〕190
紂兵前徒倒戈 自相攻殺〔尉〕136
主父(武靈王, 趙)〔韜〕77
主聘巖穴〔略〕407
主聘儒賢〔略〕407
周史→周太史〔韜〕131
誅殺〔尉〕129
周賞於朝 戮於市〔司〕72
主上之操〔尉〕157
郱城〔孫〕233
周召→周公(周), 召公(周)〔韜〕131
主孰有道→七計〔孫〕69
主勝〔尉〕67
周室→周(國)〔尉〕80,〔李〕289
周亞夫(前漢)←亞夫〔司〕83,〔孫〕89, 170, 175, 216, 230, 232, 234, 264,〔尉〕225
周易←易〔李〕458
主曰無戰 必戰〔孫〕281
主曰必戰 無戰〔孫〕281
周原(地)〔李〕284
主位〔韜〕63
主威傷〔略〕440
周瑜(孫吳)〔李〕386
紂以甲子日亡〔李〕436
籌以輕重〔司〕130
主一無適〔韜〕69
主任舊齒〔略〕407
朱雀(星旗)〔吳〕435
朱雀(五行)〔韜〕196
朱雀(陣法)→八陣〔李〕279
朱雀→五行之符〔韜〕196, 197, 198
主將〔韜〕239,〔略〕355, 357,〔孫〕215, 277,〔李〕309, 310, 394, 395
——秘聞〔韜〕174
——之謀 疑而不定〔略〕385
——之法〔略〕345
晝戰〔韜〕239,〔孫〕207
——多旌旗 夜戰多火鼓〔韜〕239
周制〔尉〕156,〔李〕288, 300, 301, 302
朱儁(後漢)→儁〔孫〕174, 227
周則天也 定則地也〔韜〕62
舟楫〔韜〕290,〔尉〕76
——之備〔韜〕233
周之興也 呂牙在商〔孫〕363
主察異言〔略〕407
籌策〔略〕388, 420,〔孫〕186
主聽〔韜〕64
周太史←周史〔韜〕39
誅暴討亂〔略〕450
晝風久 夜風止(天時)〔孫〕341
周桓王〔李〕336
周黃 地之道〔司〕76
籌畫〔略〕361
周孝王〔吳〕399
竹帛〔略〕439
竹符〔尉〕65
儁→朱儁(後漢)〔孫〕174
峻其陴堞〔孫〕186

重車(兵車)〔韜〕224,〔孫〕99, 100, 108,〔尉〕62,〔李〕361
中計〔孫〕186
重鼓則擊〔尉〕194, 196
衆寡凡兩〔司〕108
衆寡不相恃〔孫〕301
衆寡以觀其變〔司〕155
中官〔孫〕132
中國(地利)〔韜〕76,〔孫〕219,〔吳〕408,〔李〕322
中軍〔韜〕229, 291,〔孫〕85, 190, 207, 215, 216, 299,〔尉〕138, 184, 185, 200, 208,〔李〕252, 271, 274, 336, 341, 342, 391
——之旗〔吳〕435
——黃旗 卒戴黃羽〔尉〕190
中軍大夫〔尉〕106
中卷(篇名)〔李〕324
重金則退〔尉〕194
仲尼→孔子(魯)〔李〕289
中略(篇名)〔略〕324, 409, 423, 428
仲呂(六呂)〔韜〕195
重祿之下必有死士〔韜〕43
重兵〔司〕144,〔尉〕72
重賦斂〔韜〕61
衆不二志〔尉〕93
衆不二聽〔尉〕93
中不制於人〔尉〕69
中士〔司〕60
重賞之下必有勇夫〔略〕393, 394
中心零者〔李〕278
中圄〔尉〕152
中外相應〔韜〕274,〔尉〕120, 121
中外相合 擊我表裏〔韜〕253
中庸(書)〔韜〕151,〔略〕353, 454,〔孫〕219,〔李〕461
中原〔孫〕186,〔李〕400, 401
重耳→晉文公〔吳〕392
重而不堅〔吳〕402
中人絶粮 外不得輸〔韜〕254
衆者使人備己〔孫〕182
衆爭爲危〔孫〕197
中州〔略〕425, 426
——善國〔略〕425, 426
重地(地利)〔司〕136,〔孫〕290, 293, 302, 304, 316, 318
————則掠〔孫〕297
重進勿盡〔司〕144
中陳而立〔司〕111
中陳而立 有頃卽定〔孫〕264
重親〔韜〕126
重幣固結〔孫〕318
重幣出聘〔尉〕82
中行穆子→荀吳(晉)〔李〕304
衆賢集而無遺才〔略〕386
重刑令〔尉〕179
重刑令(篇名)〔尉〕179
卽墨(地)〔孫〕110, 332,〔李〕437
鄫(地)〔孫〕201
曾→杜曾(晉)〔孫〕216
曾西(魯)〔李〕289
曾子(魯)〔吳〕383
增竈〔孫〕162
池〔尉〕61, 62, 101
支(地利)〔孫〕271, 280
地(陣法)〔李〕269, 274, 279, 280, 281
智→六德〔司〕43
地→五事〔孫〕62
智→五材〔韜〕150, 151
智→智謀〔吳〕383
止車禦騎〔韜〕186
智見恃〔司〕32
地界出割〔尉〕82

地官(周禮篇名)〔尉〕215
至敎〔司〕85
持久〔韜〕192
地禁→必勝之道〔尉〕214
知己〔李〕406, 408, 409, 410
地機→四機〔吳〕443
地大能守〔尉〕218, 219
至德〔司〕85
知動靜之理〔孫〕187
地羅〔韜〕220, 221
知樂而不知殃〔韜〕101, 102
地利〔韜〕262,〔孫〕62, 71, 200, 320,〔尉〕61, 101, 142,〔李〕450, 454, 457, 460, 461, 464
地利→王翼一十八等〔韜〕144
智謀←智〔尉〕123
——果決〔尉〕178
知謀如神〔李〕359
智伯(晉)〔韜〕121,〔略〕435,〔司〕33,〔孫〕342,〔尉〕124
知兵者動而不迷 擧而不窮〔孫〕288
知兵之將〔孫〕113
知非而處→道之所止〔韜〕68
智士〔韜〕128,〔略〕373, 416,〔孫〕306
至死無所之〔孫〕304
至事不語 用兵不言〔韜〕177
知死生之地〔孫〕189
止奢侈〔韜〕86
地生度〔孫〕147
地生萬物〔韜〕82
至誠之道 可以前知〔略〕447
地勢〔韜〕252
——之險易〔尉〕138
知勝有五〔孫〕134
知勝之道〔孫〕137
知神明之道者野無橫敵 對無立國〔韜〕184
池深〔尉〕118
止如堵墻〔尉〕97, 98
枝葉强大 比周居勢〔略〕404
止欲將→三勝〔韜〕170
智愚勇怯〔尉〕112
至威〔司〕85
地有所不爭→五利〔孫〕233
知有餘不足之處〔孫〕190
智而心怯者→十過〔韜〕152, 153
智而心緩者→十過〔韜〕152, 153
智者樂立其功〔略〕414
智者不能謀〔孫〕191
智者不爲闇主謀〔略〕416
智者師古〔略〕422
地者遠近險易廣狹死生〔孫〕68
智者從之而不失〔韜〕184
智將〔孫〕109,〔吳〕451
智在於治大→十二陵〔尉〕122
指敵忘身→五致〔尉〕219
地典(書)〔李〕296
知戰之地 知戰之日〔孫〕182, 185
鷙鳥將擊 卑飛斂翼〔韜〕111
鷙鳥之擊〔尉〕82
鷙鳥之疾〔孫〕157
鷙鳥逐雀〔尉〕133
知存而不知亡〔韜〕101
地之道〔孫〕275
地之理〔孫〕310
地之說 險易〔李〕450
地陳(陣法)→三陳〔韜〕226, 227
地陣(陣法)→八陣〔李〕279
知天知地〔孫〕288
肢體相隨 骨節相救〔略〕358
地平而易〔韜〕325
知彼〔吳〕411,〔李〕406, 408, 409, 410, 411

知彼知己〔孫〕288
———— 百戰不殆〔孫〕137,〔李〕406
———— 兵家大要〔李〕409, 410
地穴(地利)〔韜〕328
地形(地利)〔韜〕316, 331,〔孫〕150, 236, 271, 280, 287, 288, 289, 290,〔尉〕112
————未得可擊→十四變〔韜〕297
直(陣法)→五陣〔李〕363, 364, 365, 366
織有日斷機〔尉〕165
晉(國)〔韜〕80, 315,〔司〕38, 41,〔孫〕74, 90, 95, 104, 118, 138, 178, 188, 198, 208, 216, 233, 238, 240, 246, 257, 259, 263, 268, 277, 299, 303, 322, 323, 355, 357,〔吳〕369, 387, 389, 399, 408,〔尉〕81, 86, 88, 110, 126, 146,〔李〕252, 264, 290, 317, 358, 377, 443
陳(國)〔司〕34,〔孫〕125,〔李〕252, 268
晉(國)→東晉〔司〕107,〔孫〕125, 183, 197, 308,〔李〕245, 271, 314, 344, 455, 460
晉(國)→西晉〔略〕341,〔孫〕125, 260,〔李〕246
秦(國)←秦項〔韜〕123, 125, 137, 357,〔略〕434, 435,〔司〕97, 107,〔孫〕64, 70, 74, 82, 83, 88, 89, 94, 95, 109, 116, 117, 118, 120, 125, 128, 134, 136, 140, 166, 178, 198, 205, 207, 222, 258, 259, 277, 295, 327, 329, 355, 356, 357, 358, 362,〔尉〕69, 84, 94, 138, 143, 147, 148, 149,〔李〕292, 374, 386, 398, 423, 430, 443, 456, 460, 462
秦(國, 前秦)〔孫〕88,〔李〕270, 271, 398, 455,
軫(四宿)〔孫〕337
辰(十二辰次)〔司〕48,〔李〕359
秦間〔孫〕82, 205, 258, 300, 329, 356
陳間容陳〔李〕276, 277, 278, 360
陳車→必勝之道〔尉〕217
塵高而銳者車來〔孫〕257
陳巧〔司〕101
震寇〔韜〕272, 273
晉軍〔李〕271
秦軍〔李〕430
陣圖(陣法)〔李〕334, 335
晉悼公←悼公〔李〕381
津梁〔尉〕114
振旅〔司〕37, 38
晉厲公←厲公〔吳〕385
盡力農桑者慰勉之〔韜〕56
振馬譟徒甲〔司〕130
秦穆→秦穆公〔孫〕74,〔吳〕392
秦穆公←嬴姓, 任好, 秦穆〔吳〕392
晉文→晉文公〔略〕413,〔孫〕74,〔吳〕392,〔李〕299
晉文公←文, 重耳, 晉文〔孫〕188,〔吳〕392,〔尉〕126,〔李〕250
晉文公霸諸侯〔李〕299
晉文公譎而不正〔李〕250
陳文惠公(陳堯佐, 北宋)〔略〕457
進美女淫聲以惑之〔韜〕129
秦伯(封爵)〔孫〕95, 171, 178
陳蕃(後漢)〔略〕457
陣法〔韜〕311, 312,〔李〕277, 281, 316, 321, 322
陳兵縱橫曰亂〔孫〕278,〔李〕313
陳寶應(陳)〔孫〕347
進不可當 退不可追〔司〕152
進不求名〔孫〕281
晉鄙(魏)〔韜〕137
進死爲榮〔吳〕378
辰星(五星)〔司〕48
鎭星(五星)〔司〕48
陳數有九(陣法)→九軍陣法〔李〕276, 277

軫水蚓(四宿) 〔孫〕 337
陳勝(秦) ← 勝, 楚王 〔李〕 374
秦始皇 ← 秦王 〔孫〕 64
晉陽(地) 〔司〕 33, 〔孫〕 342
陳餘(趙) 〔司〕 109, 〔孫〕 79, 188, 〔尉〕 88
進如風雨 〔吳〕 456
秦王 → 秦始皇 〔孫〕 134
陳王純 〔孫〕 210
晉六卿 〔略〕 453
秦應侯 → 范雎(魏) 〔孫〕 94
陳以密則固 〔尉〕 228
進而不可禦 〔孫〕 177
秦二世 ← 二世胡亥, 胡亥 〔略〕 443, 〔李〕 374
晉人角之 諸戎掎之 〔李〕 317
陳人病之 〔孫〕 169
盡敵陽節 〔李〕 450
盡敵陽節 盈吾陰節 〔李〕 367
陳戰 〔吳〕 377
進戰 〔吳〕 373, 376
——而致死 〔吳〕 378
——退守 〔吳〕 376
進止 〔司〕 138
震震冥冥 〔尉〕 140
陳治而不用 〔吳〕 401
進退 〔吳〕 377, 429, 448, 462, 463
——不定 〔尉〕 197
——誘敵 〔韜〕 330
——以觀其固 〔司〕 155
——漸洳 〔韜〕 330
——止 〔司〕 106
陳平(前漢) ← 平 〔略〕 420, 〔孫〕 94, 356, 358, 359, 〔李〕 423, 427
秦豊 → 南郡 〔孫〕 85
陳必定 〔吳〕 393
陳韓(國) 〔李〕 241
秦項 → 秦, 項羽(西楚) 〔略〕 351
陳行惟疏 〔司〕 114
晉桓溫 → 桓溫(東晉) 〔孫〕 308
陳囂(趙) 〔尉〕 227
晉侯 → 晉厲公 〔孫〕 355
疾 → 立法 〔司〕 123, 124
疾擊其不意 〔韜〕 103
疾擊其後 〔韜〕 268, 269
蒺藜 〔韜〕 206, 237, 238, 333, 334
疾雷不及掩耳 〔韜〕 176, 183
疾如流矢 〔韜〕 187
疾戰(篇名) 〔韜〕 228
疾戰 〔韜〕 187, 228, 241, 242, 245, 267, 268, 270, 271, 274, 281, 284, 285, 332, 333, 334
——則久 〔司〕 97
——則存 〔孫〕 294
疾風大寒(天時) 〔吳〕 411
疾行亟去 〔吳〕 460, 461
執略守微 〔司〕 142
集兵千里 〔尉〕 112, 113
執斧必伐 〔韜〕 75
執失思力(突厥) 〔李〕 321, 322, 383
徵 → 魏徵(唐) 〔李〕 434
懲罰其惡 〔尉〕 155
徵兵 〔孫〕 106

【ㅊ】

次功 〔吳〕 469
次國二軍 〔孫〕 116
錯斜亦勝 〔尉〕 197
錯斜之形 〔尉〕 197
遮走北 〔韜〕 308
從此下至淵者 將軍制之 〔韜〕 161, 162
錯絶其道 〔尉〕 112

察其天地〔略〕396
察敵之氣〔李〕409, 410
察衆心 施百務〔略〕359
察地之形勢 務求便利〔韜〕250
讒佞苟得〔韜〕91
塹壘〔韜〕210
斬使焚書〔吳〕457
參連織女〔韜〕220, 221
暢→段暢(北齊)〔孫〕210
暢→劉暢(後趙)〔孫〕260
昌→周文王〔韜〕38, 39
倉庫〔略〕396,〔尉〕162
昌國君→樂毅(燕)〔李〕286
倉廩〔韜〕209
彰明威武〔尉〕129
彰明有罪〔司〕48
彰明前列 始卒不亂〔尉〕216
蒼章→卒有五章〔尉〕190, 191
滄海(四海)〔司〕48
蔡(國)〔略〕435,〔孫〕237,〔吳〕385,〔尉〕124,
〔李〕252
蔡卞(北宋)〔略〕455
蔡氏→蔡沈(南宋)〔孫〕219
蔡州(地)〔孫〕325,〔吳〕378
策不從→八事〔略〕389, 390
策不從則謀士叛〔略〕388
策之而知得失之計〔孫〕185,〔李〕326
處高敞〔韜〕192
處軍〔孫〕243
處軍之法〔孫〕250, 254
處羅可汗(突厥)〔李〕308
處山之軍〔孫〕244
處水上之軍〔孫〕247
妻在機杼〔尉〕162
處斥澤之軍〔孫〕248, 249
處平陸之軍〔孫〕249
斥鹵之地(地利)〔韜〕282
尺籍〔李〕335, 336
拓地千里〔尉〕80
斥澤(地利)〔孫〕248
斥候〔韜〕233, 246, 247,〔孫〕188,〔李〕309,
310
遷(徙其朝市)〔司〕57
天(陣法)→八陣〔李〕269, 274, 279, 280,
281
天→五事〔孫〕62
泉蓋蘇文→蓋蘇文(高句麗)〔李〕242
天官(篇名)〔尉〕59
天官〔尉〕59, 60, 61, 62, 63, 64,〔李〕397,
436, 437
——書〔尉〕59
——時日〔尉〕60, 61, 62,〔李〕397, 436, 437
——時日支干孤虛旺相〔尉〕59
天久連雨(天時)〔吳〕464
天隙(地利)→六害之地〔孫〕230, 252, 253,
〔李〕394, 395
千金不死〔尉〕151
———— 百金不刑〔尉〕151
天多陰雨(天時)〔吳〕413
天道〔韜〕262,〔略〕451
——無殃〔韜〕106
天羅(地利)→六害之地〔韜〕222, 237, 238,
〔孫〕230, 252, 253
天牢(地利)→六害之地〔孫〕252, 253
千里饋糧〔略〕397,〔孫〕102, 106, 109
千里馬〔略〕435,〔孫〕91, 328,〔李〕384
千里殺將〔孫〕328
千里迎賢 其路遠〔略〕440
千里而會戰〔孫〕182
天命有德 五服五章〔尉〕96
天明則日月不明〔韜〕116
天無爲而成事 民無與而自富〔韜〕119

踐墨隨敵〔司〕151,〔孫〕331
天文→王翼一十八等〔韜〕140, 143
千變萬化〔孫〕342,〔李〕343
天棓(兵器)→方首鐵棓維肦〔韜〕217
天浮(兵器)〔韜〕223, 224, 225
天浮鐵螳蜋(兵器)〔韜〕223, 224, 290
天生四時(天時)〔韜〕82
天船→天潢〔韜〕223
千乘救守〔尉〕127
千乘萬騎〔韜〕322,〔吳〕457
千乘之國〔尉〕128
天時〔孫〕62, 71,〔吳〕378,〔尉〕60, 61, 101, 142,〔李〕291, 450, 460, 461, 464
——不如地利 地利不如人和〔尉〕61, 101
——燥旱〔孫〕336
——之逆順〔尉〕138
天時不順可擊→十四變〔韜〕297
泉氏→蓋蘇文(高句麗)〔李〕242
天殃〔韜〕106, 107
輣轀車(兵車)〔孫〕100
天雨(重車上板)〔韜〕224
天鉞(兵仗器)→大柯斧〔韜〕217
天有常形 民有常生〔韜〕119
天有時地有財 能與人共之者仁〔韜〕51
天遺汝師〔韜〕38, 39
天有七十二候〔韜〕141
千人敎成〔尉〕196
天人相變之陰陽〔李〕368
千人而成權〔尉〕172, 173
千仞之谿〔尉〕82
天一兵法(書)〔李〕296
天子〔韜〕41, 54,〔略〕367, 368, 418,〔司〕36, 37, 38, 49, 51, 52, 59, 62, 83, 89, 95,〔孫〕115,〔尉〕159, 160, 169, 170, 196,〔李〕298, 299
——大愷〔司〕36
——右之 吾亦右之〔司〕95
——六軍〔孫〕115
——六師〔略〕418
——地方千里〔司〕52
天者陰陽寒暑時制〔孫〕64
天子者四焉〔尉〕169
———— 洪敘〔尉〕169
———— 無敵〔尉〕169
———— 垂光〔尉〕169
———— 神明〔尉〕169
天子之義〔司〕59
天子之義(篇名)〔司〕59
擅自進退〔尉〕206
千章萬句〔李〕402
———— 不出乎致人而不致於人〔李〕327, 328
千丈之城〔尉〕118
————則萬人之守〔尉〕118
天井(地利)→六害之地〔韜〕328,〔孫〕230, 252, 253,〔李〕395
天竈(地利)→大谷〔吳〕434
天燥疾風〔韜〕258
天尊地卑 乾坤定矣 卑高以陳 貴賤位矣〔韜〕63
天地→兵法三等〔李〕448
天地經紀〔韜〕82
天之說陰陽〔李〕450
天地孰得→七計〔孫〕71
天地爲中〔李〕456
天之燥〔孫〕337
天地之經〔韜〕81
天地風雲之號〔李〕371, 372
天陳(陣法)→三陳〔韜〕226, 227
天陳(陣法)→八陣〔李〕279
擅天下之利者則失天下〔韜〕49, 50
踐土(地)〔李〕299

天槌(兵仗器)→方首鐵槌〔韜〕217
天下亂 仁聖昌〔韜〕83
天下莫當其戰〔尉〕141
天下無費〔尉〕163
天下無敵〔尉〕84, 169
天下非一人之天下 乃天下之天下〔韜〕49, 110, 134
天下有民 聖人牧之〔韜〕82
天下之交〔孫〕323
天下之權〔孫〕323
天下之節制〔尉〕132
天下之制〔尉〕84
天下治 仁聖藏〔韜〕83
天陷(地利)→六害之地〔孫〕230, 252, 253,〔李〕395
天潢←天船〔韜〕189, 223, 224, 239, 290
鐵脛(兵器)〔孫〕116,〔李〕380
銕械鎖(兵器)〔韜〕222
鐵騎〔李〕248, 249, 252, 254, 257
鐵勒(部族)←勅勒〔李〕307, 308, 310
鐵勒九姓(氏族)〔李〕308
鐵山(地)〔李〕383
鐵杙(兵器)〔韜〕224
鐵蒺藜(兵器)〔韜〕220,〔尉〕114, 131,〔李〕392, 393
疊州都督(官)〔李〕415
青(五方色)〔李〕364, 365
請粮益兵之符→八符〔韜〕172
青龍(星旗)〔吳〕435
青龍(陣法)→八陣〔李〕279
青龍→五行之符〔韜〕196, 197, 198
淸白之士〔略〕445, 447
淸水〔李〕399
淸邑(地)〔尉〕102
體降可以圖始〔略〕431
體天則地〔略〕410
楚(國)←荊〔韜〕122, 263,〔略〕430,〔司〕34, 97, 120,〔孫〕85, 87, 90, 93, 104, 120, 134, 153, 186, 188, 229, 237, 238, 240, 246, 257, 263, 268, 277, 284, 290, 299, 322, 323, 355, 361,〔吳〕383, 387, 389, 397, 399, 401, 402, 405, 406,〔尉〕63, 69, 70, 81, 86, 94, 110,〔李〕252, 264, 292, 296, 300, 301, 302, 303, 374
楚(國, 西楚)〔孫〕189, 334, 356, 358, 359,〔李〕423, 424, 427, 430
楚(國, 吳楚七國)←吳楚〔孫〕89, 170, 216, 230, 232, 295,〔尉〕225
楚樂伯→樂伯(楚)〔韜〕314
楚幕有烏而知其去〔韜〕263
楚幕有烏〔孫〕263
楚黎王〔孫〕85
招延賢士〔略〕365
楚王(楚共王)〔孫〕355
楚王→陳勝(秦)〔李〕292, 374
楚王信→韓信(前漢)〔略〕427
招搖(星旗)〔吳〕435
楚莊王(楚)←旅, 莊王, 莊王旅, 楚莊〔吳〕396, 397
超絶倫等〔韜〕315
楚懷王〔孫〕120
蜀(國, 蜀漢)〔孫〕96, 110, 125, 172, 173, 178, 333,〔吳〕403, 443,〔尉〕69, 138,〔李〕286, 344, 399, 400, 409
觸而迫之〔吳〕407
觸處爲首〔李〕245, 276, 277
聰明睿智〔李〕457, 458, 460
聰明睿智神武而不殺〔李〕449
冢社〔司〕48
冢宰〔司〕49, 50
摧枯拉朽〔孫〕125, 154

衰功總麻〔尉〕96
追(已行而躡之)〔司〕58
趨鼓〔尉〕194, 195
推己及物〔略〕383
趨其所不意〔孫〕172
秋道斂〔韜〕82
酋矛(兵仗器, 五兵)〔韜〕208,〔司〕96,〔吳〕410, 432
芻牧〔韜〕282
秋獮(狩獵)〔司〕37, 38
秋刈禾薪〔韜〕209
陬訾(十二辰次)〔司〕48,〔李〕359
趨戰〔尉〕202
趨諸侯者以利〔孫〕239
推惠施恩〔略〕382, 383
丑(十二辰次)〔司〕48,〔李〕359
蹵鞠(書)〔李〕296
築大堙以臨之〔尉〕222
逐奔〔司〕38, 40, 67, 80
逐奔 不過百步〔司〕38, 40
逐奔不遠〔司〕67,〔尉〕175,〔李〕443
軸旋短衝矛戟扶胥(兵車)〔韜〕219
築室反畊而施之以德〔韜〕257
蓄恩不倦 以一取萬〔略〕378
春道生〔韜〕82
春蒐(狩獵)〔司〕37, 38,〔李〕297
春秋〔韜〕131,〔孫〕64, 107, 118, 208, 210,〔尉〕64, 105, 146,〔李〕252, 300, 301, 303, 304, 357, 391, 443
春秋傳→春秋左氏傳〔略〕381,〔司〕43, 158,〔吳〕407, 461
春秋左氏傳←左氏說, 左氏傳, 左傳, 春秋傳, 春秋左傳〔司〕129,〔李〕335, 336
春秋左傳→春秋左氏傳〔司〕37, 38, 159,〔孫〕190, 254,〔尉〕212, 219,〔李〕443
出甲陳兵 縱卒亂行〔韜〕185
出軍〔吳〕376
出軍行師 將在自專〔略〕413,〔孫〕281
出奇擊之〔孫〕295,〔李〕309, 310
出其不意〔孫〕96, 174, 299
出其所不趨〔孫〕172
出奇勝之〔李〕319
出奇制敵〔尉〕217
出奇取勝〔孫〕297
出兵擊之〔韜〕264
出上計 山東 非漢有〔孫〕186
出敵人之不意〔韜〕179
出戰交綏〔孫〕118
出戰者不守城〔尉〕117
出戰必勝〔尉〕120
出旌列斾〔吳〕462, 463
出卒陳兵 有常令〔尉〕229
出中計 勝敗 未可知〔孫〕186
出陳〔吳〕376
出下計 陛下高枕而臥 漢無事〔孫〕186
忠→六守〔韜〕70, 71, 72〔韜〕70, 71, 72
忠→五材〔韜〕150
忠→韓忠(後漢)〔孫〕174
衝車(兵車)〔韜〕109, 216, 237,〔孫〕100, 122
衝其左右〔韜〕276, 284, 285
充道〔孫〕230
衝東擊西〔孫〕127,〔李〕269, 328
充腹有粒〔尉〕162
忠臣死於無罪〔韜〕97
忠以盡節 信以竭誠〔李〕385
衝敵絶陣〔韜〕233, 234
忠正奉法者尊其位〔韜〕56
忠則無二心〔韜〕150
衝陳(陣法)→四武衝陳〔韜〕266, 267, 281, 284, 285, 286, 291
聚(10車)〔韜〕311, 312, 313, 326
取(悉虜而俘之)〔司〕58

吹角〔李〕353, 354
槜李(地)〔吳〕385
取法天地〔司〕59
聚不得散〔尉〕71, 72
聚三軍之衆 投之於險〔孫〕315
取誠信〔韜〕86
取勝〔韜〕104, 323, 327,〔司〕101,〔孫〕249, 296,〔李〕248, 254, 269
——於敵〔尉〕199
——在我〔孫〕185
——朝廷者 主勝〔尉〕67
——行伍者 將勝〔尉〕67
醉之以酒 以觀其態→八徵〔韜〕158
取出奇勝〔李〕357, 358
惻隱之心 仁之發〔略〕438,〔司〕41
則天武后(唐)←武昭儀
徵(五音)〔韜〕194, 195, 197, 198, 199,〔李〕370, 371, 372
恥〔吳〕383
恥→四守〔司〕119
輜車→戎車〔孫〕99, 100, 108,〔李〕306, 361
輜車騎寇(兵車)←電車, 電擊〔韜〕216
馳車千駟〔孫〕99
致教其民〔司〕65
治國〔司〕29
治國安家〔略〕345
治軍〔司〕29,〔吳〕383
馳其强車〔吳〕465
馳騎彀射〔韜〕315, 316
致其屈 襲其規〔司〕156
致其死戰〔尉〕93
治亂數〔孫〕160
治亂之道〔司〕123
———— 變〔司〕123
———— 信〔司〕123
———— 義〔司〕123
———— 仁〔司〕123
———— 一〔司〕123
———— 專〔司〕123
治亂進止〔司〕92
治力〔李〕247, 248, 331
治力之法〔吳〕430,〔李〕323, 330, 331, 332
治民使平〔略〕442
治兵(篇名)〔吳〕422
治兵〔司〕37, 38,〔吳〕391, 422, 441
——料人固國之道〔吳〕391
治本〔尉〕161
致仕〔略〕411
治失其本〔尉〕164
蚩尤〔孫〕249
蚩尤(書)〔李〕296
蚩尤氏〔韜〕219
致而還之〔略〕360
馳而後之〔吳〕407
輜重〔韜〕234,〔孫〕170, 197, 199, 224, 229, 335, 342
輜重之車〔孫〕100
馳陣〔韜〕296
馳逐〔吳〕444
勅勒→鐵勒〔李〕310
親其君如父母〔韜〕58
親而信之 其君將復合之〔韜〕125
親戚相救〔尉〕98
七計〔孫〕62, 69, 77, 97
—— 法令孰行〔孫〕72
—— 兵衆孰强〔孫〕74
—— 士卒孰練〔孫〕74
—— 賞罰孰明〔孫〕75
—— 將孰有能〔孫〕70
—— 主孰有道〔孫〕69

—— 天地孰得〔孫〕71
七鼓〔司〕143, 144
—— 鼓車〔司〕143
—— 鼓徒〔司〕143
—— 鼓馬〔司〕143
—— 鼓兵〔司〕143
—— 鼓首〔司〕143
—— 鼓旌旗〔司〕143
—— 鼓足〔司〕143
七國〔孫〕175
七軍(陣法)〔李〕342
七軍陣(陣法)〔李〕344
七擒孟獲〔李〕244
七德舞〔李〕351
七政〔司〕118, 119
—— 巧〔司〕118
—— 兵〔司〕119
—— 辭〔司〕118
—— 水〔司〕119
—— 人〔司〕118
—— 正〔司〕118
—— 火〔司〕118
七縱而七擒〔李〕245
七陣(陣法)〔李〕344
七害〔韜〕86, 89
侵(潛師入境)〔司〕57
侵盜縣官〔略〕402
侵掠我地〔韜〕267, 268, 269
侵掠如火〔孫〕203
沉船破甑〔司〕159,〔孫〕314, 327
沉竈產蛙 民無叛意〔司〕33
稱(陣法)→兵法〔孫〕147
稱生勝〔孫〕149,〔李〕345
稱衆因地〔司〕106

【E】

鐸〔韜〕238,〔吳〕446
奪其威 廢其權〔略〕425
涿鹿(地)〔孫〕249
椓杙大槌(兵器)〔韜〕225
呑滅〔孫〕64
誕敷文德〔尉〕88
奪其好〔司〕118
奪其火勢〔韜〕260
奪在位權 侵侮下民〔略〕401
奪嫡而無前則加之〔尉〕177
奪敵者五〔尉〕91
———— 擧陳加形之論〔尉〕91
———— 廟勝之論〔尉〕91
———— 受命之論〔尉〕91, 178, 179
———— 深溝高壘之論〔尉〕91
———— 踰垠之論〔尉〕91
奪之以國〔略〕426, 427
貪而好利→十過〔韜〕152, 153
貪財→八事〔略〕389, 390
湯→湯王(商)〔略〕411,〔司〕30, 42, 69, 71,〔孫〕363, 365,〔吳〕382, 389,〔李〕425, 459, 463
湯武革命 應乎天而順乎人〔吳〕382
郜(地)〔李〕284
太輕則銳〔司〕73, 74
太公→太公望(周)〔韜〕41, 42, 43, 44, 45, 47, 49, 50, 52, 53, 54, 55, 59, 60, 62, 63, 64, 65, 66, 67, 68, 70, 71, 73, 75, 79, 80, 81, 82, 84, 85, 86, 87, 95, 96, 97, 98, 99, 100, 101, 102, 103, 104, 105, 106, 114, 119, 120, 121, 131, 133, 135, 136, 140, 141, 142, 149, 150, 151, 155, 156, 158, 159, 160, 166, 168, 169, 172, 173, 174, 175, 176, 177, 184, 185,

194, 195, 198, 199, 200, 205, 206, 212, 213, 226, 227, 228, 229, 230, 231, 233, 234, 236, 237, 239, 240, 241, 242, 243, 244, 245, 246, 247, 249, 250, 252, 253, 254, 255, 258, 259, 261, 262, 263, 265, 266, 267, 268, 269, 270, 272, 273, 274, 275, 276, 277, 278, 279, 280, 282, 283, 284, 285, 286, 287, 288, 289, 290, 293, 294, 296, 297, 299, 305, 308, 309, 311, 314, 315, 316, 317, 321, 323, 327, 332, 333, 334, 〔略〕411, 413, 〔孫〕249, 363, 〔吳〕400, 431, 434, 〔尉〕91, 134, 221, 〔李〕283, 285, 287, 293, 361, 362, 392, 393, 394, 396, 400, 438, 439, 440

太公望←望, 師尙父, 尙, 尙父, 呂, 呂望, 呂尙, 呂牙, 子牙, 太公, 太師 〔韜〕42, 67, 〔尉〕134, 220, 〔李〕284, 288

太公望 年七十 屠牛朝歌 賣食盟津 〔尉〕134

太公謀→三門 〔李〕294 〔李〕294

太公兵→三門 〔李〕285, 294 〔李〕285, 294

太公書→六韜 〔李〕359

太公善於武議 〔尉〕134

太公言→三門 〔李〕294 〔李〕294

太公坐茅以漁 〔韜〕41

太短不及 〔司〕73, 74

太牢具進 〔孫〕94, 〔李〕427

太廟 〔韜〕160, 161

太武(太武帝, 後魏) 〔孫〕136

太白(五星) 〔司〕48

太僕 〔李〕423

大社 〔司〕48

太師→太公望(周) 〔韜〕42

太史 〔韜〕160, 161

太上無過 〔尉〕220, 221

太上神化 〔尉〕171

怠勝敬則滅 〔韜〕69

泰始(晉武帝 年號, 256~274) 〔李〕246

太阿(名劍) 〔韜〕77

太王(周)→古公亶父(周) 〔吳〕417, 〔李〕284

太原(地) 〔李〕358

笞人之背 〔尉〕150

太一兵法 〔李〕296

太子發→周武王 〔韜〕67

太子承乾(李承乾, 唐) 〔李〕420

太子申(魏) 〔略〕355, 〔孫〕183

太子治→唐高宗 〔李〕414, 415

太長難犯 〔司〕73, 74

太宰嚭→伯嚭(吳) 〔孫〕355

太宗→唐太宗 〔孫〕72, 〔尉〕69, 〔李〕241, 242, 243, 244, 246, 248, 249, 251, 252, 253, 254, 255, 257, 258, 261, 262, 263, 265, 266, 268, 269, 270, 271, 273, 274, 276, 277, 279, 281, 283, 286, 289, 290, 292, 294, 295, 297, 300, 301, 303, 304, 307, 308, 310, 311, 312, 313, 316, 317, 318, 319, 320, 322, 323, 324, 326, 327, 328, 329, 331, 332, 333, 335, 340, 343, 344, 345, 346, 349, 351, 352, 353, 354, 355, 356, 357, 358, 359, 363, 364, 365, 366, 369, 370, 371, 372, 373, 376, 378, 379, 382, 387, 388, 389, 390, 391, 392, 393, 394, 396, 397, 398, 400, 401, 402, 403, 405, 407, 408, 409, 410, 411, 414, 415, 416, 417, 418, 419, 422, 428, 431, 434, 435, 436, 438, 440, 441, 442, 443, 445, 446, 448, 450, 452, 456, 462

大簇(六律) 〔韜〕195

太重則鈍 〔司〕73, 74

太疾則前後不相次 〔韜〕264

擇人任勢 〔司〕145, 〔孫〕163

土(五星) 〔司〕48

土(五行) 〔韜〕195, 196, 198, 199, 〔李〕364,

365, 371, 372
土德〔孫〕249
土崩瓦解〔孫〕222
討賊報讐 義之決〔略〕438
土河〔李〕320
通谷(地利)〔韜〕279, 280, 290
統軍持勢〔略〕380
通粮→王翼一十八等〔韜〕140, 144
通成敗之端〔略〕447
通才→王翼一十八等〔韜〕140, 146
通形(地利)〔孫〕271, 280
退不避罪〔孫〕281
退如山移〔吳〕456
退而不可追〔孫〕177
退必有反慮〔司〕157
鬪亂而法不亂〔李〕282
鬪亂而不可亂〔孫〕159
投石超距〔韜〕301
投石投距〔韜〕301
鬪欲齊(戰鬪欲齊心而進)〔尉〕99
鬪勇〔司〕101
鬪將〔韜〕151,〔李〕276
鬪戰者 無勝兵〔尉〕108
投之亡地然後 存〔孫〕326
投之無所往〔孫〕303, 305, 306, 309

【ㅍ】

破車罷馬〔孫〕108
破堅如潰〔尉〕213
破國次之〔孫〕114
破軍擒將〔韜〕187,〔尉〕107
破軍殺將〔韜〕154, 155,〔孫〕143,〔尉〕87, 88,〔李〕265
破軍殺將之符→八符〔韜〕172
破軍次之〔孫〕115
破軍敗敵〔孫〕344
破旅次之〔孫〕116
巴陵(地)〔李〕379
破伍次之〔孫〕117
破敵之勢〔孫〕152
破卒次之〔孫〕117
破陳樂舞〔李〕350, 351, 352
阪泉(地)〔孫〕249
八家同井〔孫〕351
八家爲井〔孫〕99, 100
八公山(地)〔司〕107
八軍爲尾(陣法)〔李〕277
八極〔略〕350, 351
八符←陰符八等〔韜〕174
—— 卻敵報遠之符〔韜〕172
—— 警衆堅守之符〔韜〕172
—— 大勝克敵之符〔韜〕172, 173
—— 失利亡士之符〔韜〕172
—— 請粮益兵之符〔韜〕172
—— 破軍殺將之符〔韜〕172
—— 敗軍亡將之符〔韜〕172
—— 降城得邑之符〔韜〕172
八事〔略〕389, 390
—— 內顧〔略〕389, 390
—— 善惡同〔略〕389, 390
—— 信讒〔略〕389, 390
—— 自伐〔略〕389, 390
—— 將拒諫〔略〕389, 39
—— 專己〔略〕388
—— 策不從〔略〕389, 390
—— 貪財〔略〕389, 390
八勝(地利)→八勝之地〔韜〕322
八勝之地(地利)←車之勝地, 八勝〔韜〕321
八州(地)〔吳〕403
八陣(陣法)〔孫〕147, 159,〔李〕248, 269,

279, 280, 282, 342, 343, 344
———— 白虎〔李〕279
———— 蛇〔李〕269, 274, 279, 280, 281
———— 四奇〔尉〕202, 203,〔李〕269, 277
———— 四正〔李〕269, 277
———— 蛇陣〔李〕279
———— 龍陣〔李〕279
———— 雲陣〔李〕279
———— 爲六〔李〕343, 344
———— 鳥〔李〕269, 274, 279, 280, 281
———— 鳥陣〔李〕279
———— 朱雀〔李〕279
———— 地陣〔李〕279
———— 天〔李〕269, 274, 279, 280, 281
———— 天陳〔李〕279
———— 靑龍〔李〕279
———— 風〔李〕269, 274, 279, 280, 281
———— 風陣〔李〕279
———— 玄武〔李〕279
———— 虎〔李〕269, 274, 279, 280, 281
———— 虎陣〔李〕279
八陣開方之法(陣法)〔孫〕147
八陣法(陣法)〔李〕341
八徵〔韜〕158
—— 告之以難 以觀其勇〔韜〕158
—— 窮之以辭 以觀其變〔韜〕158
—— 明白顯問 以觀其德〔韜〕158
—— 問之以言 以觀其詳〔韜〕158
—— 使之以財 以觀其廉〔韜〕158
—— 試之以色 以觀其貞〔韜〕158
—— 與之間諜 以觀其誠〔韜〕158
—— 醉之以酒 以觀其態〔韜〕158
霸→慕容垂(後燕)〔李〕271
敗(詭道而勝之)〔司〕57
沛公→漢高祖〔孫〕125,〔李〕430
霸國富士〔尉〕100
敗軍亡將之符→八符〔韜〕172
霸道〔略〕427
敗法亂刑〔韜〕112
敗兵〔韜〕275
敗兵若以銖稱鎰〔孫〕150,〔李〕345
霸王之兵〔孫〕321, 322
霸者〔略〕413
——之略〔略〕426, 427
敗地(地利)〔韜〕323
敗之道〔孫〕280
——— 亂〔孫〕275, 276
——— 北〔孫〕275, 276
——— 崩〔孫〕275, 276
——— 弛〔孫〕275, 276
——— 走〔孫〕275
——— 陷〔孫〕275, 276
彭→彭越(前漢)〔李〕422, 427, 460
彭城(地)〔李〕427
彭越(前漢)←黥彭, 彭〔李〕422, 427
偏(十五乘爲偏)〔尉〕74, 76,〔李〕301, 302, 336
便寇〔韜〕308
偏裨(偏將, 裨將)〔李〕259
——————卒伍〔孫〕152
——————之將〔孫〕76, 78
偏箱車(兵車)〔李〕246, 247, 248
偏在於多私→十二陵之反〔尉〕124
平→陳平(前漢)〔李〕423
平頭戟(兵仗器)〔吳〕410
平虜將軍〔李〕246
平陸(地)〔李〕246
平緬(地)〔吳〕370
平壤(地)〔李〕241
平陽(地)〔韜〕54
平王(周)〔吳〕399
平易(地利)〔韜〕219, 220, 251, 311, 318,

319, 321
廢軍〔尉〕62
閉城偃旗鼓〔孫〕204
閉城休士〔孫〕89
蔽左右〔韜〕231
蔽賢智〔韜〕87, 88
布→黥布(前漢)〔孫〕186
枹鼓〔尉〕146
抱戟〔尉〕75
飽能飢之〔孫〕170
飽能饑之〔李〕390
布爲八行(陣法)〔李〕278
鮑子兵法(書)〔李〕296
蒲苴子弋法(書)〔李〕296
怖敵決疑〔吳〕445
布陣(陣法)〔李〕349
————堅固〔尉〕99
暴虐殘賊〔韜〕112
暴→暴兵〔吳〕388, 389, 390
暴寇〔吳〕465, 466
暴內陵外〔司〕56
暴兵←暴〔吳〕388
豹→韓擒武(隋)〔李〕268
表→劉表(後漢)〔孫〕226
驃騎將軍(官)〔李〕254
豹韜(篇名)〔韜〕265
表十二辰〔李〕359
票姚校尉〔李〕254
表柱〔尉〕202, 203, 210
酆(地)〔韜〕105
風(陣法)→八陣〔李〕269, 274, 279, 280, 281
酆宮〔李〕298
馮唐傳(史記馮唐列傳)〔李〕336
風勢順便 (天時)〔孫〕336
風順(天時)〔吳〕436
馮習(蜀漢)〔孫〕333
風逆 堅陣以待之〔吳〕436
風雨(天時)〔尉〕140
風夷(九夷)〔略〕351
馮異(後漢)〔司〕63, 〔孫〕204, 〔李〕380
風陣(陣法)→八陣〔李〕279
風后(書)〔李〕296
披距伸鉤〔韜〕301
避其强靜〔司〕149
避其小懼〔司〕149
避其銳氣 擊其惰歸〔孫〕213, 〔李〕411
避其閑佻〔司〕149
疲勞可擊→十四變〔韜〕301
辟兵威勝方(書)〔李〕296
避實而擊虛〔孫〕192
彼爲諸侯〔略〕367
避之開之〔司〕153
皮革〔吳〕370, 371, 372, 373
必居高陽 以待敵〔孫〕274
必潰〔略〕398
必擒於人〔孫〕268
必死可殺→五危〔孫〕240
———— 必生可虜〔司〕140
必死與必生 固不侔〔尉〕78
必死則生→五致〔尉〕219
———— 幸生則死〔吳〕427
必死之士〔韜〕303
必死之心〔孫〕304
必死之榮〔吳〕442
必死之志〔吳〕428, 442
必喪其權〔尉〕176
必生可虜→五危〔孫〕240
必勝〔孫〕76, 251, 281
——之術〔尉〕230
必勝之道〔尉〕213
———— 開塞〔尉〕215

———— 金鼓〔尉〕217
———— 分限〔尉〕215
———— 死士〔韜〕43,〔孫〕230,〔尉〕135, 217
———— 力卒〔尉〕218
———— 連刑〔尉〕214
———— 五章〔司〕77,〔尉〕216
———— 全車〔尉〕214
———— 全曲〔尉〕217
———— 地禁〔尉〕214
———— 陳車〔尉〕217
———— 號別〔尉〕216
必戰者在敵〔李〕445, 446
必戰之心〔孫〕305
必出〔韜〕230, 231, 256
必出(篇名)〔韜〕230
必取〔孫〕269
——於人而知敵之情〔孫〕353
必敗〔孫〕76, 281

【ㅎ】

夏(國)〔韜〕39, 41, 84,〔司〕71, 72, 73, 85,〔孫〕363, 365,〔吳〕382,〔尉〕152,〔李〕244
河→河水〔韜〕39,〔司〕41,〔尉〕76
何→蕭何(前漢)〔李〕422
夏桀→桀王(夏)〔韜〕47,〔孫〕203,〔李〕458
下計〔孫〕186
下軍〔孫〕299
下軍大夫〔尉〕106
下卷(篇名)〔李〕394
河南(地)〔孫〕93
夏臺〔尉〕152
夏道長〔韜〕82
河東(地)〔孫〕199
河東垣(地)〔李〕268
下略(篇名)〔略〕323, 424, 429
何力→契苾何力(唐)〔李〕322
下馬羅拜〔孫〕210
蝦蟆木(兵器)〔孫〕122
河北(地)〔韜〕56
下不制於地〔尉〕138, 140
下不制於地〔尉〕69
下不肖〔韜〕86
下士〔司〕60
夏賞於朝 貴善〔司〕72
河水←河〔尉〕76
瑕叔盈(鄭)〔尉〕88
賀若弼(隋)〔李〕268
夏陽(地)〔孫〕86
河陽(地)〔尉〕146
夏禹→禹王(夏)〔略〕411,〔尉〕168
夏至〔韜〕181
下之必信 以得其情〔韜〕128
夏徵舒(陳)〔吳〕387
下蔡(地)〔孫〕186
下下爲君〔略〕368
下賢惠民〔韜〕106
夏侯惇(魏)〔孫〕136
夏后氏〔司〕69, 70, 72, 74, 76, 77, 85
———正其德〔司〕70
———玄首 人之執〔司〕76
學者徒誦空文而爲敵所誘〔李〕412
學戰〔吳〕429, 430
——教成〔韜〕306, 307
郝廷玉(唐)←廷玉〔尉〕146
韓(國)〔韜〕121,〔略〕357, 434,〔吳〕399, 400, 402, 408, 409
漢(國)→後漢〔略〕445,〔孫〕79, 86, 110, 174,〔李〕380, 400, 401
漢(國, 前漢)←西漢〔略〕341, 343, 427,

445, 〔孫〕64, 70, 72, 104, 109, 132, 161, 186, 189, 245, 260, 295, 334, 358, 359, 〔尉〕65, 〔李〕244, 254, 292, 295, 308, 335, 336, 378, 379, 423, 425, 426, 427, 430
漢→漢高祖〔李〕378, 398, 424, 425
韓→韓信(前漢)〔李〕271, 292, 422, 423, 427, 460
後漢(國)←東漢, 漢〔孫〕208, 227, 347
漢家制度〔李〕374
韓虔(韓)〔吳〕369, 400
漢景帝〔孫〕295
漢高→漢高祖〔略〕351, 427, 〔孫〕64, 70, 161, 〔吳〕385, 〔李〕379, 416, 426
漢高帝→漢高祖〔李〕351, 352, 379, 422, 429
漢高祖←高祖, 劉, 劉高祖, 沛公, 漢, 漢高, 漢高帝, 漢王, 漢祖
漢光→光武帝(後漢)〔李〕401
漢光武→光武帝(後漢)〔略〕426, 〔李〕373, 374, 380, 428
韓擒武(隋)←擒武, 擒虎, 豹〔李〕268
漢紀(漢書 本紀)〔李〕425
邯鄲(地)〔孫〕82, 169, 203, 〔吳〕399
漢沔(漢水, 沔水)〔孫〕186
漢武→漢武帝〔韜〕92, 〔孫〕104, 109, 〔尉〕59, 〔李〕254
漢武帝←武帝, 漢武〔尉〕132
漢文帝〔略〕347, 〔司〕83
漢兵〔李〕311, 316, 317, 318, 319
寒不重衣〔尉〕101, 102
漢書〔司〕76
寒暑必同〔韜〕162
漢成帝〔李〕295
漢戍〔李〕309
漢水〔尉〕76
韓遂(蜀漢)〔孫〕120
漢戍宜自爲一法〔李〕309
漢戍卒〔李〕330
韓信(前漢)←信, 楚王信, 韓, 淮陰侯〔孫〕70, 79, 80, 86, 152, 161, 170, 188, 189, 223, 311, 313, 327, 328, 342, 347, 〔尉〕88, 110, 〔李〕255, 292, 293, 296, 315, 383, 422, 423, 424, 427
韓信佯北〔李〕255
漢業之興〔略〕370
漢藝文志(漢書藝文志)〔李〕292, 293, 294, 296, 367
漢王→漢高祖〔略〕357, 〔孫〕70, 245, 260, 〔李〕426, 427, 430
漢元帝〔韜〕94, 〔孫〕75
韓子→韓愈(唐)〔尉〕154
漢長於弩〔李〕317
漢制〔李〕335, 336
漢祖→漢高祖〔李〕424
漢卒〔李〕330, 331
韓忠(後漢)←忠〔孫〕174, 227
瀚海(四海)〔司〕48
函(函谷關)←崤函〔吳〕403
陷→將之過, 敗之道〔孫〕275, 276
陷堅陣〔韜〕308
陷隙(地利)〔李〕394
陷騎〔李〕354, 355, 356
銜枚(兵器)〔韜〕231, 〔司〕131, 132, 〔吳〕458
咸陽(地)〔吳〕399
陷於天井 頓於地穴(地利)〔韜〕328
咸池〔尉〕137
咸池(六樂)〔司〕45
陷地(地利)〔韜〕330
鹹地(地利)〔孫〕248
陷之死地(地利)〔孫〕310
陷之死地然後生〔孫〕326

陷陣〔孫〕74,〔吳〕392
陷陳之士〔韜〕300
陷行亂陳〔尉〕220
合鼓合角〔尉〕111
合軍聚衆〔孫〕195, 220, 221
合其親則喜〔韜〕79
闔閭(吳)←公子光, 吳王, 吳王僚〔司〕34,〔孫〕64, 229, 284,〔吳〕385, 389,〔李〕460
合肥(地)〔司〕111, 143,〔孫〕163, 210
合於利而動〔孫〕300
合於利而動 不合於利而止〔孫〕346
合戰〔韜〕270, 271, 293, 294
項→項羽(西楚)〔李〕423, 427
項梁(西楚)〔司〕107,〔李〕424
行列〔司〕138,〔吳〕377
——之政〔司〕80
降城得邑之符→八符〔韜〕172
行伍〔孫〕160,〔吳〕377,〔李〕335, 377
——疏數有常法〔尉〕229
項王(書)〔李〕296
項王→項羽(西楚)〔孫〕94,〔李〕423, 427
項羽(西楚)→羽, 秦項, 項, 項王, 項籍〔略〕357,〔司〕159,〔孫〕70, 75, 94, 116, 120, 314, 327,〔吳〕385,〔李〕292, 386, 423, 430, 456
降者勿殺 得而勿戮〔韜〕256
降者脫之〔略〕362
項籍→項羽(西楚)〔李〕426, 429, 430
抗志高節 以爲氣勢〔韜〕88
奚(部族)〔李〕319, 320
亥(十二辰次)〔司〕48,〔李〕359
奚邪忽(鐵勒九姓, 氏族)〔李〕308
海外來服〔司〕44
害在於親小人→十二陵之反〔尉〕124
害天下者 天下閉之〔韜〕109
垓下(地)〔李〕292
蟹合車(兵車)〔孫〕122
行軍(篇名)〔孫〕243,〔李〕395, 396
行軍〔韜〕176, 235,〔略〕383,〔孫〕200, 243, 270, 320, 341,〔吳〕426,〔尉〕179
——制勝〔李〕254
——之道〔吳〕426
——之政〔司〕159
行令於廷〔尉〕199
行馬→木螳螂劍刃扶胥〔韜〕206, 218, 237, 238, 270,〔李〕392, 393
行罰〔李〕334, 335
行兵〔吳〕443, 453,〔尉〕126
倖生之心則必死〔吳〕428
幸生之辱〔吳〕442
行巡(後漢)〔孫〕204
行於無人之地〔孫〕173
行豫〔司〕103
幸用之士〔韜〕303
行而止之〔吳〕430
行人〔孫〕259
行一不義 殺一不辜而得天下 皆不爲〔韜〕131
行之以信〔吳〕423
行止縱橫〔李〕267
行陳〔韜〕243, 245, 264, 290, 321, 323, 324, 325, 326,〔司〕144,〔吳〕414
行千里而不勞〔孫〕173
行阪涉險 半隱半出〔吳〕414
鄕(12,500家)〔吳〕433, 434,〔李〕288
鄕間(用間)→五間〔孫〕353, 354, 362
鄕導〔孫〕200
鄕道〔孫〕320
鄕里相比〔吳〕433
饗士之禮〔吳〕471
香餌之下 必有死魚〔韜〕43,〔略〕393, 394
享天下之樂〔略〕429
向阪陣(陣法)〔尉〕62

許(國)〔尉〕88
虛論高議〔韜〕90
虛實(篇名)〔孫〕166
虛實〔韜〕178, 182, 262, 263, 〔司〕99, 135, 154, 〔孫〕123, 154, 166, 176, 190, 191, 201, 204, 206, 243, 268, 288, 297, 329, 352, 〔吳〕399, 418, 419, 447, 〔尉〕87, 176, 231, 〔李〕260, 324, 325, 326, 327, 406, 410, 447
——强弱〔司〕106, 〔孫〕138, 139, 〔尉〕112
——變化〔孫〕193
虛心平志 待物以正〔韜〕63, 64
許遠(唐)〔孫〕103
許攸(魏)〔孫〕335
許朝(晉)〔孫〕216
憲→宇文憲(北周)〔孫〕210
憲陵園〔孫〕85
軒轅→黃帝〔韜〕196, 〔略〕409, 〔孫〕249, 〔李〕250, 274, 281
險(地利)〔孫〕271, 280
玁狁(部族)〔孫〕202, 〔李〕244
險戰〔韜〕312
險戰之法〔韜〕291, 310, 311
險阻(地利)〔韜〕186, 192, 230, 233, 234, 235, 236, 250, 253, 267, 289, 290, 297, 310, 315, 316, 318, 319, 325, 328, 332, 333, 〔孫〕182, 249, 253, 254, 〔吳〕414, 460, 461, 〔尉〕101, 〔李〕307, 362, 394, 450
————沮澤(地利)〔孫〕200, 201, 293, 320
險地(地利)〔韜〕310, 312, 313, 〔孫〕165
險必下步〔尉〕101, 102
險形(地利)〔孫〕274
革車(兵車)〔韜〕227, 〔司〕32, 71, 〔孫〕99, 100, 108, 〔吳〕372, 423, 〔尉〕62, 〔李〕284, 361, 362
————三百輛〔司〕32, 71, 〔李〕361
————三百輛 虎賁三千人〔李〕284
————千乘〔孫〕99
奕碁兩敵均焉 一著或失 竟莫能救〔李〕402
赫赫師尹 不平謂何〔略〕443
賢去則國微〔略〕430
縣官〔略〕402
懸權而動〔孫〕281
玄旗〔韜〕231
玄武(星旗)〔吳〕435
玄武(陣法)→八陣〔李〕279
玄武→五行之符〔韜〕196, 197, 198
懸無政之令〔孫〕324
懸缻不返其舍〔孫〕265
賢士有合 大道可明〔尉〕135
賢士自來〔略〕375
玄首〔司〕76
賢王〔司〕45, 84
賢人君子〔略〕447, 448
賢人法地〔略〕422
賢人所歸 則其國强〔略〕429, 430
賢人之政 降人以體〔略〕431
賢者所適 其前無敵〔略〕384
賢者隱蔽〔略〕403
賢將〔孫〕347, 352, 364, 〔李〕313, 314
玄宗→唐玄宗〔孫〕131
賢之有啓 以王天下〔韜〕138
玄枵(十二辰次)〔司〕48, 〔李〕359
夾鍾(六呂)〔韜〕195
荊(國)→楚〔孫〕302
荊軻(衛)〔吳〕406
刑罰〔孫〕268, 〔吳〕446, 〔尉〕73, 88, 95, 151, 208
——無極〔略〕399
形兵之極 至於無形〔孫〕191
兄不得以私其弟〔尉〕183, 184

刑賞〔尉〕84, 107
刑上極 賞下通〔韜〕167
形勢→四種〔李〕291, 295, 296
滎陽(地)〔略〕357,〔孫〕321,〔李〕426, 427, 430
形圓(陣法)〔孫〕159
————而不可敗(陣法)〔孫〕159
————而勢不散(陣法)〔李〕282
刑以伐之〔韜〕85,〔尉〕60
形人〔李〕263
——而我無形〔孫〕180,〔李〕260
荊州(地)〔孫〕110
荊州刺史(官)〔孫〕110
刑重則內畏〔尉〕180
形之而知死生之地(地利)〔李〕326
形之 敵必從之〔孫〕162,〔李〕446, 447
熒熒不救 炎炎奈何〔韜〕75
熒惑(五星)〔司〕48
彗柄(兵器)〔尉〕138
彗星〔尉〕63, 69
惠施於民 必無愛財〔韜〕138
惠施流布〔吳〕415
惠王→燕惠王〔李〕286
惠王→梁惠王〔吳〕400,〔尉〕236
惠在於因時→十二陵〔尉〕122
虎(四獸)〔韜〕38, 39,〔司〕77,〔李〕370, 372
鎬(地)〔李〕298
虎(陣法)→八陣〔李〕269, 274, 279, 280, 281
豪傑〔尉〕115, 116, 120
豪傑英俊〔尉〕115, 116, 120
壺關(地)〔孫〕227
胡宏(北宋)〔略〕370
護軍射師王賀射書(書)〔李〕296
虎韜(篇名)〔韜〕212
胡咄葛(鐵勒九姓, 氏族)〔李〕308
壺頭(地)〔孫〕230
虎落(兵器)〔韜〕222, 224
虎落劍刃扶胥(兵車)〔韜〕222
號令〔韜〕145, 146, 190,〔略〕379,〔司〕125,〔孫〕72, 207, 223, 278, 298, 304,〔吳〕419, 425, 452, 473,〔尉〕84, 88, 92, 101, 124, 149, 212, 236, 237,〔李〕255, 259, 260, 447
號令明信〔尉〕236
號令嚴明〔尉〕77
狐毛(晉)〔李〕252, 264
號別→必勝之道〔尉〕216
虎賁〔司〕32, 71,〔吳〕409,〔李〕283, 284, 361, 362
虎賁三百人〔李〕361, 362
虎賁三千人〔司〕32, 71,〔李〕361
虎賁之士〔韜〕284, 361,〔吳〕409
豪士一謀〔尉〕61
好善罰惡〔尉〕155
胡氏(胡安國, 北宋)〔司〕57
狐偃(晉)〔李〕252
好用世俗之所譽而不得其賢〔韜〕96
狐疑〔韜〕182,〔吳〕428
胡人〔孫〕163, 239
好戰必亡〔司〕36,〔李〕407
虎陣(陣法)→八陣〔李〕279
胡亥→秦二世〔韜〕77,〔孫〕64
或動九天〔李〕358
或潛九地〔李〕358
渾渾沌沌〔孫〕159
弘恭(前漢)〔韜〕94,〔略〕457,〔孫〕75
弘農(地)←宜陽〔吳〕400
鴻臚卿(官)〔李〕382, 383
鴻門(地)〔李〕430
洪範(書經篇名)〔孫〕337,〔尉〕169
弘羊→桑弘羊(前漢)〔尉〕132

火(五星)〔司〕48
火(五行)〔韜〕195, 196, 198, 199, 〔李〕365, 364, 371, 372
火→七政〔司〕118
火可以擊〔孫〕342
火車(兵車)〔孫〕336
火鎌(兵器)〔孫〕337
火鼓〔韜〕232, 239, 274, 〔孫〕207
火庫→五火〔孫〕335
火攻〔司〕119, 〔孫〕183, 333, 347
火攻(篇名)〔孫〕333, 346
火弩(兵器)〔孫〕347
火隊→五火〔孫〕336
化流四海〔略〕409
和門←軍門〔孫〕195
化民成俗〔司〕146
火發上風 無攻下風〔孫〕340
火發於內則早應之於外〔孫〕338
火發而其兵靜者待而勿攻〔孫〕338
禍福在君 不在天時〔韜〕53
華費(地)〔孫〕232
火石(兵器)〔孫〕337
火牛〔孫〕80, 258, 332, 〔李〕437
火牛之勢〔孫〕110
華元(宋)〔孫〕361
火人→五火〔孫〕333
禍在於好利→十二陵之反〔尉〕124
火積→五火〔孫〕334
火戰〔韜〕258
火箭(兵器)〔孫〕336, 337
火戰(篇名)〔韜〕258
火槍(兵器)〔孫〕337
火輜→五火〔孫〕335
化行而衆惡消〔略〕444
火火〔司〕120
桓→齊桓公〔李〕463
桓公→齊桓公〔吳〕397, 〔尉〕79, 80, 〔李〕285
鰥寡孤獨〔韜〕57
環龜(地利)〔司〕154
患難相救〔孫〕309
還師罷軍〔略〕426, 427
桓溫(東晉)←晉桓溫〔李〕245, 344
患在百里之內 不起一日之師〔尉〕68
患在四海之內 不起一歲之師〔尉〕68
患在千里之內 不起一月之師〔尉〕68
桓帝(漢)〔孫〕85
患地(地利)〔韜〕330
桓冲(東晉)〔孫〕138
黃(五方色)〔李〕365
黃蓋(吳)〔司〕109, 〔孫〕333, 347
黃巾→黃巾賊〔孫〕347
黃巾賊←黃巾〔孫〕174, 245, 339
黃龍(地)〔李〕320
黃眉→苻黃眉(前秦)〔孫〕345
皇甫嵩(後漢)←嵩〔孫〕339, 347
黃石公(漢)〔略〕376, 413, 423, 〔孫〕281, 〔李〕293
湟水〔孫〕229
潢水〔李〕320
黃鉞(兵器)〔尉〕136
黃夷(九夷)〔略〕351
黃章→卒有五章〔尉〕190, 191
潢井(地利)〔孫〕253, 254
黃帝←軒轅〔韜〕101, 219, 〔孫〕249, 250, 〔尉〕60, 63, 〔李〕250, 274, 278, 281, 283, 296
黃帝九軍方陳(陣法)〔李〕278
黃帝紀(史記黃帝紀)〔孫〕249
黃帝兵法(書)〔李〕274
黃帝刑德〔尉〕60
黃鍾(六律)〔韜〕195

黃池(地) 〔孫〕104, 323, 〔吳〕387
皇天 〔司〕48
潢河 〔李〕320
會稽(地) 〔孫〕323
回鶻(部族)→回紇 〔李〕310
懷生之心 〔吳〕442
淮西(地) 〔尉〕123
淮陰(地) 〔略〕427, 〔李〕292, 424
淮陰侯→韓信(前漢) 〔略〕427, 〔李〕292
悔在於任疑→十二陵之反 〔尉〕124
會戰 〔韜〕294
會之以發禁 〔司〕54
會天子正刑 〔司〕49
回紇(部族)←回鶻 〔李〕309, 310
獲固守之 〔略〕363
獲難屯之 〔略〕363
獲城割之 〔略〕363
獲阨塞之 〔略〕363
獲財散之 〔略〕363
獲地裂之 〔略〕363
畫地而守 〔孫〕178, 〔李〕445, 446
畫地之法 〔李〕361
獲天下之福 〔略〕429
橫門誅之 〔尉〕186
橫者挫之 〔略〕362
橫行天下 〔吳〕438, 〔尉〕220
崤(崤山)←崤函 〔吳〕403
驍騎 〔韜〕228, 275, 276, 296
孝廉(官) 〔孫〕85
崤澠(地) 〔孫〕230
餚席 〔吳〕469, 470
梟視狼顧 〔吳〕472
崤函(崤山, 函谷關) 〔吳〕403
孝興→馬隆(西晉) 〔李〕246
侯景(東魏) 〔孫〕120
侯君集(唐) 〔李〕418, 419, 420
厚其幣 卑其辭 〔韜〕288
侯覽(後漢) 〔略〕457
厚賂珠玉 娛以美人 〔韜〕124
後發先至 〔孫〕295, 317, 321, 331, 〔李〕295
後如脫兎 〔略〕349
後如脫兎 敵不及拒 〔孫〕331
後魏(國, 北魏) 〔孫〕124, 136
後人發 先人至 〔孫〕196
後主(蜀漢, 劉禪) 〔李〕245
後則用陰 先則用陽 〔李〕367
后稷(周) 〔韜〕39, 〔李〕284
厚集其陣 〔司〕154, 〔孫〕89, 136, 140
後處戰地而趨戰者 勞 〔孫〕167
后土 〔司〕48
後玄武(星旗) 〔吳〕438
獯鬻(部族) 〔孫〕249, 〔李〕244
諠譁者 有誅 〔尉〕196
毀車爲行 〔李〕303, 304
毀折 〔司〕106
揮兵指刃 〔尉〕145, 146
麾右而右 〔韜〕306
麾左而左 〔韜〕306
麾之右則右 〔尉〕194
麾之左則左 〔尉〕194
麾幟 〔孫〕153, 〔吳〕446
譎奇 〔略〕320, 419
凶(五禮) 〔司〕45
匈奴(部族) 〔韜〕280, 〔孫〕64, 109, 130, 161, 168, 339, 357, 〔李〕244, 308, 310
黑(五方色) 〔李〕365
黑章→卒有五章 〔尉〕190, 191
興甲兵 以討不義 〔司〕46
興軍 〔尉〕202, 203, 204
興亡盛衰 〔略〕351
興兵 〔李〕305
興師 〔孫〕62, 64, 99, 345, 351, 〔吳〕385,

388, 389, 468, 470, 471, 〔李〕286, 306
——動衆〔吳〕468
——伐亂〔尉〕222
——征伐〔吳〕385, 388
——之國〔略〕395
興衰之事〔略〕387
興有功 致有德〔尉〕217
僖公→魯僖公〔略〕372
僖負羈(曹)〔尉〕126
犧牲〔司〕71
姬姓〔吳〕392, 400
喜而勿怒〔韜〕59
姬昌→周文王〔韜〕39
頡利→頡利可汗(突厥)〔尉〕69, 116, 138,
〔李〕383, 384
頡利可汗(突厥)←頡利〔李〕244, 322

譯註者 略歷

成百曉

忠南 禮山 出生
家庭에서 父親 月山公으로부터 漢文 修學
月谷 黃璟淵, 瑞巖 金熙鎭 先生 師事
民族文化推進會 國譯硏修院 修了
高麗大學校 教育大學院 漢文教育科 修了
한국고전번역원 부설 고전번역교육원 名譽漢學教授(現)
傳統文化硏究會 副會長(現) 해동경사연구소 소장(現)
古典國譯賞 受賞

論文 및 譯書
〈艮齋의 性理說小考〉〈燕岩의 學問思想硏究〉
四書集註 《詩經集傳》 《書經集傳》 《周易傳義》
《古文眞寶》 《牛溪集》 등 數十種 國譯
《宣祖實錄》 《宋子大全》 《茶山集》 《退溪集》 등 共譯

李蘭洙

忠南 論山 出生
瑞巖 金熙鎭, 松潭 李栢淳 先生 師事
民族文化推進會 國譯硏修院 修了
韓國放送通信大學校 中語中文學科 卒業
高麗大學校 中央圖書館 特殊資料管理部(漢籍室)
中國 北京語言大學校 語學硏修課程 修了

譯書
《孫武子直解 · 吳子直解》 《尉繚子直解 · 李衛公問對直解》 등 共譯

東洋古典譯註叢書74
武經七書直解4
譯註 司馬法直解
정가 26,000원

2014년 11월 25일 초판 발행
2014년 12월 10일 초판 2쇄

譯 註 成百曉 李蘭洙
編 輯 古典國譯編輯委員會
發行人 李啓晃
發行處 社團法人 傳統文化硏究會
서울시 종로구 낙원동 284-6 낙원빌딩 411호
전화 : (02)762-8401 전송 : (02)747-0083
전자우편 : juntong@juntong.or.kr
홈페이지 : juntong.or.kr
사이버書堂 : cyberseodang.or.kr
온라인서점 : book.cyberseodang.or.kr
등록 : 1989. 7. 3. 제1-936호

인쇄처 : 한국법령정보주식회사(02-462-3860)
총 판 : 한국출판협동조합(070-7119-1750)

ISBN 979-11-85856-17-9 94150
978-89-85395-71-7(세트)

※ 이 책은 2014년도 교육부 고전문헌 국역지원사업 지원비에 의해 초판 간행.